1 MONTH OF
FREE
READING

at
www.ForgottenBooks.com

By purchasing this book you are eligible for one month membership to ForgottenBooks.com, giving you unlimited access to our entire collection of over 1,000,000 titles via our web site and mobile apps.

To claim your free month visit:

www.forgottenbooks.com/free978550

ISBN 978-0-332-65305-1
PIBN 10978550

MONUMENTA

HUNGARIAE HISTORICA.

DIPLOMATARIA.

XXII.

MONUMENTA HUNGARIAE HISTORICA.

MAGYAR
TÖRTÉNELMI EMLÉKEK.

KIADJA

A MAGYAR TUDOMÁNYOS AKADEMIA.

TÖRTÉNELMI BIZOTTSÁGA.

ELSŐ OSZTÁLY.

HUSZONKETTEDIK KÖTET.

BUDAPEST, 1874.
EGGENBERGER FERDINÁND M. AKADEMIAI KÖNYVÁRUSNÁL.

CODEX DIPLOM. ARPADIANUS CONTINUATUS.

ÁRPÁDKORI
ÚJ OKMÁNYTÁR.

A M. TUD. AKADEMIA TÖRT. BIZOTTSÁGA

MEGBÍZÁSÁBÓL KÖZZÉ TESZI

WENZEL GUSZTÁV,

M. AKAD. RENDES TAG.

TIZENKETTEDIK KÖTET.

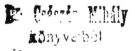
BUDAPEST, 1874.

EGGENBERGER FERDINÁND M. AKADÉMIAI KÖNYVÁRUSNÁL.

Budapest, 1874. Nyomatott as Athenaeum köuyvnyomdájiba

TARTALOM.

Lap.

b •

Lap.

1298.

1299.

c *

Lap.

PÓTLÉK.

ÁRPÁDKORI
UJ
OKMÁNYTÁR.
XII.

(HARMADIK FOLYAM II. KÖTET.)

MONUM. HUNG. HIST. — DIPL. XXII.

1.

V. István király koronáztatásának emlékére, s atyja lelk i üdveért, az esztergami káptalannak Epel helységet adományozza. 1270.

Stephanus Dei gracia Hungarie, Dalmacie, Crowacie, Rame, Seruie, Gallicie, Lodomerie, Cumanie, Bulgarieque Rex vniuersis Christi fidelibus presentes litteras inspecturis salutem in eo, qui Regibus dat salutem. Cum ecclesiastice utilitati salubriter de bonis temporalibus congrua consideracione Regia prospicit Celsitudo; iuri Regio per hoc nil decrescit, ymo pocius id augetur; cum taliter faciendo, in celsis thesaurizari dicatur, ubi nec tinea demolitur, nec fures effodiunt, uel furantur. Proinde ad uniuersitatis uestre noticiam harum serie uolumus peruenire, quod nos hac contemplacione permoti, cum post obitum seu transitum inclite recordacionis domini Regis Bele quarti, karissimi genitoris nostri, plenum ius et regimen tocius Regni Hungarie iure geniture ad nos deuoluta fuissent, rege regum et domino dominancium largiente; quandam villam nostram, seu terram, nomine Epel, in Comitatu Strigoniensi existentem, cum vinitoribus seu condicionarijs nostris, eidem terre ascriptis, qui progenitoribus nostris et nobis annuatim ad dandam certam vini quantitatem ex honere seruitutis, eis ab antiquo imposite, fuerant deputati, et cum omnibus vineis, iuribus, pertinencijs et utilitatibus ipsius ville seu terre, fidelibus nostris Capitulo Strigoniensis Ecclesie, a qua inuncti sumus et Regium suscepimus 'Diadema, ac alia ecclesiastica, uoluntaria et necessaria incliti Reges Hungarie recipiunt sacramenta, pro remedio anime eiusdem domini Bele Regis karissimi patris nostri, tenore presencium dedimus et damus, donauimus et donamus, tradidimus et tradimus, ab eodem Capitulo iure perpetuo possidendam; ita, vt ex hac

1*

donacione et tradicione nostra neri domini ipsius ville seu
terre, ac vinearam, iurium et pertinenciarum, nec non et utilitatum einsdem effecti, de eadem villa seu terra, ac condicio-
uarijs suprascriptis, ordinaudi et disponendi plenam et liberam imperpetuum habeant potestatem. Predictumque Capitulum per Magistrum Andream, specialem Domus nostre Notarium, in possessionem corporalem predicte ville seu terre,
iurium, vinearum, pertinenciarum, ac utilitatum ipsius, nullo
refragante, fecimus pacifice introduci. Plane facta per nos
ipsi Capitulo huiusmodi donacione, condicionarij seu vinitores predicti ad nos accedentes, nobis humiliter supplicabant
et fecerant instancius supplicari : quod ex quo ipsam villam
seu terram dicto Capitulo dederamus, saltem eisdem vinitoribus et condicionarijs, de ipsa villa seu terra recedendi absolutam et liberam licenciam concedere dignaremur. Nos igitur attendentes, quod ijdem vinitores seu condicionarij de
dicta villa Epel erant eidem terre ad dandam nobis et inclitis
Regibus Hungarie annuatim certam, vt premissimus, vini
quautitatem astricti et in perpetuum deputati; eis de villa,
seu terra ipsa recedendi huiusmodi licenciam duximus penitus denegandam; ymo circa predictam Strigoniensem Ecclesiam in beneficijs eidem exhibendis crescere cupientes, ac
nostram munificenciam interpretacione largissima dechorare ;
sicut ipsam villam seu terram predicto dedimus Capitulo, ita
eosdem vinitores et condicionarios cum eisdem servicijs et
honeribus, quibus antea nobis et alijs Regibus Hungarie, progenitoribus nostris, seruiebant, eidem Strigoniensi Capitulo
inreuocabiliter concessimus et donauimus, quemadmodum est
premissum ; non obstantibus litteris nostris, si quas forsitan
eisdem condicionarijs et vinitoribus concessissemus super
huiusmodi ipsorum exempcione, vel nos concedcre contingeret in futurum ; exceptis tamen de eisdem vinitoribus et condicionarijs Berka et fratribus suis, cum liberis eorundem,
quos ante donacionem dicto Capitulo Strigoniensi factam ab
huiusmodi honeribus exemeramus, nostrum eis super hoc priuilegium concedendo. Vt igitur presens donacio nostra dicto
Strigoniensi Capitulo facta robur perpetue firmitatis obtineat,
et ne ab aliquo ullo unquam tempore ualeat retractari ; presentem paginam eisdem concessimus, dupplicis sigilli nostri

munimine roboratam. Datum per manus Magistri Benedicti Orodiensis Prepositi aule nostre Vice-Cancellarij dilecti et fidelis nostri, anno Domini millesimo ducentesimo septuagesimo, tercio kalendas Augusti, Regni autem nostri anno primo.

(Az eredeti után Knauz Nándor Magyar Sion III. köt. 141. l.'

2.

V. István király Epel helységet az esztergami káptalannak adományozván, az onnan elköltözni kivánó szöllömivelő népektől az ez iránti engedelmet megtagadja. 1270.

Nos Stephanus Dei gracia Rex Hungarie damus pro memoria, quod cum nos uillam nostram nomine Epel, cum condicionarijs nostris, qui nobis et progenitoribus nostris annuatim vina dare consuenerant, cum eisdem condicionariis, exceptis tribus mansionibus, Borke videlicet et duobus fratribus suis, quos ante donacionem huiusmodi, fidelibus nostris Capitulo Strigoniensi factam, exemcramus, nostrum eis super hoc priuilegium concedendo, ipsi Strigoniensi Capitulo pro remedio anime clare memorie domini B. Regis gloriosissimi, genitoris nostri, de perpetuum dedissemus; tandem condicionarii predicti ad nos accedentes, nobis supplicarunt et fecerunt instancius supplicari, ut ex quo ipsam uillam dicto Capitulo dederamus, saltim eisdem condicionariis de ipsa uilla recedendi liberam licentiam concedere dignaremur. Nos ergo attendentes, quod ijdem condicionarij de dicta uilla Epel erant eidem terre ad dandum inclytis Regibus Vngarie annuatim certam vini quantitem astricti et in perpetuum deputati; eis huiusmodi licenciam de ipsa terra recedendi, exceptis predictis tribus mansionibus, duximus penitus denegandam; sed circa predictam Strigoniensem Ecclesiam in beneficijs eidem exhibendis crescere cupientes, ac nostram munificenciam interpretacione largissima decorare; predictos condicionarios de ipsa uilla Epel, sicut eandem villam predicto dedimus Capitulo, ita eosdem condicionarios cum eisdem seruiciis et oneribes, quibus antea Regibus Hungarie, nostris progenitoribus, seruiebant, concedendos irreuocabiliter duximus et donandos; non obstantibus litteris nostris, si quas forsitam eisdem condicionariis concessissemus super ipsorum exempcione, uel nos concedere contingeret in futurum. Et nos super hoc ipsi Capitulo nostrum priuilegium concederimus; cum ab eodem fuerimus requisiti. Datum in Insula Helunba die sabbati post festum Jacobi Apostoli, anno Domini M°CC°LXX°

(Az eredeti után Knauz Nándor, Magyar Sion III. köt. 60. l.)

3.

V. István királynak a hütlenségben bünös Miklós, Arnold comes fia birtokát tárgyazó adománya, Ponych bán számára. 1270.

Stephanus Dei gracia Hungarie, Dalmacie, Croacie, Rame, Seruie, Gallicie, Lodomerie, Cumanie Bulgarieque Rex omnibus presentes litteras inspecturis salutem in omnium saluatore. Ad hoc Regibus mundi ex superna prouidencia gladius potestatis datus est, vt male meritos vlciscantur; illis vero, quos iusti vigor examinis dignos fauore Regio demonstrauit, ac fidelitatis scruicia acceptos reddiderunt, debeant iuxta merita respondere. Proinde ad uniuersorum noticiam harum serie volumus peruenire, quod cum dilectus et fidelis noster Ponych Banus de genere Myskouch Comes Zaladiensis a tenere iuuentutis sue indole primitiua, primo domino Regi karissimo patri nostro, ac demum nobis et Regno nostro grata et continuata fidelitate seruiuit indfesse, et

fidelitatis sue laudabiles titulos operis exhibicione semper
adeo solempniter demonstrauit, ut omnia opera eius ad
iustruccionem reformacionemque ceterorum deberent specialiter annotari : quia tamen omnia longum esset per singula
recitare, quedam de gestis eius et fidelitatis seruicijs, vt
memorie posterorum commendentur, eorumque exemplo
discant ceteri fidelitatis operibus feruencius inherere, presentibus duximus annotanda. Primo enim, cum inopinata Tartarorum calamitas, prohdolor, pristine deuastacionis non inme-
mor, reliquias populi nostri in ore gladij consumere cupientes Regnum nostrum adire hostiliter voluissent, nos molem
tanti negocij humeris ipsius Ponych Bani imponentes, misimus eum in legacione nostra ad Regem seu Imperatorem
Tartarorum; vnde idem loco formidinis leticiam, meroris
gaudium, et desperacionis spem incolis Regni nostri de sua
uita conseruanda laudabiliter reportauit. Et cum quibusdam
annis in prosperitate peractis homines Regni nostri metus
quasi preteriti inmemores fruerentur tranquillitate peroptata ;
ecce per incitacionem vicinorum nostrorum idem Tartari
actus et animos habentes ad bellum preparatos, de eorum
ad Regnum nostrum introitu nobis quasdam legaciones
premiserunt, quibus auditis eundem Ponych Banum ad eosdem Tartaros transmisimus iterato ; vbi virtutem virtutibus
cumulando, manus illorum contra nos iam ad arma incitatas
fidelitatis sue studio, et innate probitatis ingenio compescuit
reuocando, reddendo in hoc tam nobis quam nostris hominibus quietis optate nutrimentum. Preterea cum dominus Rex,
karissimus pater noster, illustris Rex Hungarie clare memorie, relegata pietate paterna, qua filij non compellendi, sed
sunt pocius confouendi, quorundam Baronum infidelium
incitacione ad fines Regni Hungarie vsque ad locum, qui
Feketeuhalm dicitur, nos transferre cohegisset, nobis in
castro predicti montis inclusis, et per armatorum multitudinem coharctatis et vallatis ; idem Ponych Banus cum
quibusdam suis socijs, licet paucis, fortune casibus se committere non formidans, tam per potenciam quam per astuciam
suam deuicit exercitum Baronum infidelium, quo ibidem
vallati fueramus et obsessi, restaurando nobis fiduciam de
Regni gubernaculo et uita conseruanda ; et insuper exercitum

Ernerij Bani ex missione predicti patris nostri contra nos
venientem debellauit, adducendo nobis ipsum Ernerium
Banum, dicti exercitus Capitaneum captiuatum. Item cum
ijdem Barones infideles iniuriam iniurie cumulando induxis-
sent, ymo pocius cohegissent dictum karissimum patrem
nostrum contra nos exercitum connuocare : idem Ponych
Bauus in conflictu, quem in Ilsuazeg cum exercitu habuimus
supradicto, virtutem exercuit laudabilem coram nostre
Maiestatis oculis; ita vt per eius et aliorum fidelium nostrorum probitatem victor extitimus, recuperantes nobis clausis
per hoc apercionem domine Regine consorti nostre karissime, tunc vna cum filio nostro Duce Ladizlao in captiuitate
permanenti absolucionem, et alijs nobis adherentibus fiduciam apud nos permanendi. Porro cum Zuetizlaus Bulgarorum Imperator, karissimus gener noster, tunc nostre Maiestati
oppositus terram nostram de Zeurino miserabiliter deuastas-
set, nos iniuriam nostram huiusmodi propulsantes, cum ad
Bulgariam congregato exercitu venissemus, dictus Ponych
Bauus ibidem incepte fidelitatis ardore flagrans castrum
Plonn Bulgarorum optinuit expugnando. Licet itaque pro
tot et tantis seruiciorum meritis apud nos merito fuisset remuneracionum premijs attolendus ; ad Regie tamen dignitatis gubernacula post Sanctos progenitores nostros illustres
Reges Hungarie ex Diuina gracia sublimati, eidem Ponych
Bano contulimus omnes possessiones et castra Nicolai filij
Comitis Arnoldi senioris inferius expressim annotatas, que
propter euisdem Nicolay infidelitatem et actus infideles
ad manus nostras fuerant deuolute; cum eciam iure sit
proditum, quod male meriti egestate laborent, et labores
inpiorum iusti edant. Nam cum post obitum predicti domini
Regis karissimi patris nostri Albam venissemus Regali dya-
demate insigniri, dictus Nicolaus ad solempnitatem coronacionis nostre non accessit, ymo pocius ad castrum suum
Pliske (Pölöske) Teutonicos nobis et Regno Hungarie ab
antiquo capitales inimicos introduxit, detinendo contra nos
ipsum castrum, et faciendo per eos de castro eodem occisio-
nes pauperum, spoliaciones quoque plurimas, et deuastacio-
nes non modicas exerceri. Nos vero, qui ex suscepti
regiminis officio indempnitati seu conseruacioni incolarum

Regni nostri tenemur inuigilare, cum huiusmodi maliciam
dicti Nicolay voluissemus comprimere, Michaelem filium
Aladar tunc Comitem Zaladiensem, propter eiusdem prouincie tuicionem ad Comitatum Zaladiensem dirigendo, idem
Nicolaus filius Arnoldi et eius complices de castro eodem
super eum irruentes, ipsum, et Mykem fratrem suum, non
sine nostre Maiestatis iniuria miserabiliter occiderunt. Et
licet idem Nicolaus propter tam manifestam infidelitatem
suam et notorium nocumentum non tam possessionibus
quam uita priuari debuisset; ad instanciam tamen venerabilis patris Ph. miseracione Diuina Sancte Strigoniensis
Ecclesie Archiepiscopi, in cuius defensionis vmbraculum
se postmodum transtulerat, vitam sibi ex misericordia reseruantes, omnes possessiones et castra sua ab ipso aufercntes
ipsi Ponych Bano, et per eum suis heredibus heredumque
suorum imposterum successoribus contulimus, quemadmodum
est premissum, iure perpetuo et irreuocabiliter possidendas.
Videlicet castrum Plyske, simul cum villa subiecta ipsi
castro; item tres villas Burnuk vocatas; item villam Terpen,
villam Forcosyulese, villam Scent Laduzlo, villam Clynk,
villam Hetes cum libertinis existentibus in eadem, villam
Bok simul cum terra Migfelde nocata; item villam Guntur-
felde simul cum septem villis spectantibus ad eandem; nec
non porcionem et ius, quam et quod idem Nicolaus habuit
apud Monasterium de Hoholth, tam in terris videlicet, quam
in alijs; item villam Ilmarfelde, vilam Zobozlou cum vinea
et alijs vtilitatibus ad illam spectantibus, existentes in
Zaladiensi Comitatu. Item castrum Purpach, simul cum
villa Kuesd, ac porcione quam habuit in Nykch, cum omnibus illarum vtilitatibus, seruis videlicet et ancillis, mancipijs,
libertinis, vineis, siluis, pratis, piscaturis et alijs vtilitatibus
vniuersis; salua tamen porcione Arnoldi filij Arnoldi iunioris,
castro videlicet de Zturgo et eius pertinencijs et appendicijs
omnibus, que ipsi Arnoldo, cum de huiusmodi infidelitatis
nota excusauit eum etatis inperfeccio, pacifice remanserunt.
Vt igitur hec nostra donacio pro tam multiplicibus et laudabilibus seruicijs facta robor optineat perpetue firmitatis; et
nec nostris, nec successorum nostrorum temporibus retractari
valeat aut in irritum reuocari; presentes dicto Ponych Bano,

et per eum suis heredibus heredumque suorum inposterum successoribus concessimus litteras duplicis sigilli nostri munimine roboratas. Datum per manus Magistri Benedicti Orodiensis Ecclesie Prepositi aule nostre ViceCancellarij dilecti et fidelis nostri, anno Domini M°CC° septuagesimo, quarto idus Decembris, Regni autem nostri anno primo.

(Eredetie bőrhártyán, melyről a király kettős pecsétje zöld selyemzsinóron függ ; a főmélt. herczeg Batthyány család levéltárában.)

4.

V. István királynak privilegiuma, melylyel János comest, Gagnak fiát, és fiait Donouch helység birtokában és a Szeth-i monostor kegyúri jogában megerősíti. 1270.

Stephanus Dei gracia Hungarie, Dalmacie, Croacie, Rame, Seruie, Gallicie, Lodomerie, Cumanie Bulgarieque Rex omnibus presentes litteras inspecturis salutem in eo, qui Regibus dat salutem. Ad vniuersorum noticiam tenore presencium volumus peruenire, quod cum superna disponente gracia post transitum karissimi patris nostri Bele Regis felicis recordacionis ad Regni nostri gubernacula coronarique accessissemus, et per uniuersale edictum omnes Barones nostri, seu quicunque et qualescunque Comitatus, dignitates et honores Regni nostri tenentes in Albensem ciuitatem conuenissent; et nos eisdem inviolabilis fidei firmitatem tactis sacrosanctis reliquijs nec non viuifice crucis ligno interposito obseruaturos promisissemus, ut singulos singulariter et vniuersos vniuersaliter in suis juribus illesos conseruaremus et indempnes, ac iniusta alienata seu occupata restauraremus; inter ceteros Johannes Comes filius Gug, vnacum filijs suis, Petro videlicet Comite Albensi, Comite Selke, et alijs filijs suis, exhibuerunt nobis priuilegium seu instrumentum predicti patris nostri karissimi, in quibus lucide continebatur; quod quanquam possessio ville Donouch, et patronatus Monasterij de Seth cum suis utilitatibus et pertinencijs hereditario iure possessa per Johannem Comitem et filios suos prenotatos, curriculo parui temporis ad regimen Comitis Nicolai Siuistri deuenerat; idem karissimus pater noster circumspecta vtilitate ipsius possessionis et patronatus Monasterij antedicti, dicto Comiti Nicolao in concambium eorundem contulit et dedit duas villas, Moniad videlicet et Scederees vocatas, adiecta insuper non modica pecunie quantitate. Consideratis itaque idem karissimus pater noster et pensatis fidelitatibus ac seruicijs Comitis Selke et fratrum suorum, congregata ad eandem possessionem Donouch multitudine populorum sub nomine et proteccione Regia, restituit eisdem, prout antea iure hereditario possidebant. Verum quia idem Comes Selke viuente adhuc patre nostro karissimo, propter specialem cius dileccionem nobis multas iniurias et ingratitudines inferebat ; omnimode intencionis nostre erat, ipsum de predicta possessione Donouch et patronatu Monasterij de Sceth eliminare et penitus extirpare. Sed quia fidei nostre nolentes esse transgressores, et multiplicia ac fidelia seruicia fratrum suorum pietate Regia ad animum reuocauimus; sepedictam possessionem Donouch, et patronatum Monasterij de Seth cum suis appendicijs, prout in priuilegio predicti patris nostri karissimi plenius uidimus contineri, sibi, et suis heredibus, heredumque successoribus reliquimus et permisimus inreuocabiliter possidere, presentes dupplicis sigilli nostri munimine roborando. Datum per manus Magistri Benedicti Prepositi Orodiensis, aule nostre Vice-Cancellarij, dilecti et fidelis nostri, anno Domini M °CC °LXIX ° (helyesebben 1270.), Regni autem nostri anno primo. Venerabilibus patribus Philippo Strigoniensi, St. Colocensi, Johanne Spalatensi (Archiepiscopis); Job Quinqueecclesiensi, Philippo Waciensi, Lodomerio Waradiensi, Thimotheo Zagrabiensi Episcopis Ecclesias Dei gubernantibus; Egidio Magistro Tawarnicorum, Moys Palatino, Iwanch Bano, Matheo Woyuoda Transsiluano, et alijs quam pluribus Comitatus Regni nostri tenentibus et honores.

(A váradi konventnek 1277-ki átiratából, a főmélt. herczeg Eszterházy család levéltárában.)

5.

V. István királynak Rozgonyt, Baasföldét, Lápuspatakot és több más javakat tárgyazó adománya Rainald comes királyi fölovászmester számára. 1270.

Stephauus Dei gracia Hungarie, Dalmacie, Croacie, Rame, Scruie, Gallicie, Lodomerie, Cumanie, Bulgarieque Rex omnibus Christi fidelibus presens scriptum inspecturis salutem in salutis largitore. Ad vniuersorum noticiam tam presencium quam posterorum harum serie volumus peruenire; quod cum dilectus et fidelis noster Reynoldus Magister Dapiferorum Ducis Ladizlay karissimi filij nostri, Comes Agasonum nostrorum, et de Zabolch, a primeuis sue et nostre puericie temporibus, et specialiter ab eo tempore, quo Ducatum Styric tenebamus, tam in Teotonia, Karinthya et Bohemia, quam eciam in alijs omnibus expedicionibus nostris, quas secundum mutabilitatem temporum et negociorum karissimi patris nostri inclite recordacionis, et nostrorum qualitatem habere nos oportuit, fidele semper et laudabile seruicium impendendo, se nostris beneplacitis et Regni vtilitatibus commendabilem adeo studuerit exhibere, vt coram nostre Maiestatis oculis propter meritoria sua seruicia non inmerito placidus haberi debuit et acceptus; que licet per singula longum esset enarrare, quedam tamen specialiora presentibus duximus inserenda. Uerum cum olim superstite adhuc predicto karissimo patre nostro Ducatum Transsiluanum teneremus, idem Magister Reynoldus cum honesta et armata familia in exercitu nostro, quem in Greciam simul cum alijs Baronibus nostris miseramus, coram omnibus in ipso insultu seu deuastacione Regni Grecie claruit tamquam miles strenuus. Exinde successibus prosperis redeundo, postmodum eciam quinque vicibus, de Bulgaria scilicet bis cum nostra persona, et ter cum alijs Baronibus nostris per nos in Bulgariam cum exercitu destinatis, dictus Magister Reynoldus uictoriosus laudabilem triumphum, se et suos diuersis fortune casibus exponere non formidans reportauit. Demum cum adhuc eundem tenentibus nobis Ducatum Transsiluanum graues persecuciones parentum nostrorum, licet extra meritum perpessi fuissemus, idem Magister Reynoldus inconcusse fidelitatis feruore perseuerans, nobiscum semper affuit et astitit fidelissimum famulatum exercendo. Et cum in ipsa eadem persecucione debellatis et captiuatis per nos quibusdam Baronibus eorundem parentum nostrorum, uidelicet Laurencio Palatino et Ernerio Bano, cum toto auxilio nostro super reliquum exercitum dictorum parentum nostrorum in locum qui Ilsazeg dicitur versus Danubium venissemus, ibi aciebus hincinde astantibus et inuicem concurrentibus idem Magister Reynoldus nobis cernentibus ante alios Herricum Banum, Principem illius exercitus, lancea deiectum captinauit; vbi in sinistro oculo dictus Magister Reynoldus extitit crudeliter wlneratus; alia eciam fidelitatis opera plurima in eodem conflictu exercuit vtiliter dimicando. Qvi licet post tot seruiciorum merita maiora seu ampliora debuisset promereri, in reconpensacionem tamen aliqualem seruiciorum suorum volentes eidem de munificencia Regia occurrere debito cum fauore, quasdam terras Ruzgun, Baasfelde et Lopuspotok vocatas in Comitatu de Aba Uyuar existentes cum omnibus pertinencijs et vtilitatibus suis; item terras Tuser et Budunfelde uocatas in Comitatu de Zabolcb existentes cum omnibus vitilitatibus et pertinencijs ac appendicijs suis; item quandam posessionem Chychywa vocatam in Comitatu de Zemlen sitam in confinio Polonie, cum villis ad ipsam pertinentibus, Hussceumezeu et Wysno uocatis, simulcum utilitatibus et pertinencijs earundem, prout Dux Ratizlaus habuit et posssedit, eidem Magistro Reynoldo contulimus, dedimus et donauimus; ymmo collacionem sibi dudum cum nostro priuilegio factam innouamus, et pariter confirmamus. Contulimus insuper eidem et conferimus quandam terram Zelench uocatam in dicto Comitatu de Aba Vywar existentem, que condam apud Mykocham fuerat, et ab eodem propter varia et diuersa nocumenta ipsius Mykoche ad nostras manus fuerat deuoluta; item dedimus eidem quandam particulam terre Woyk et Tyburcij Zokola

uocatam cum seruis et ancillis eorundem ad manus nostras
deuolutam; qui similiter maleficijs, furto scilicet, et latro-
cinijs, ac alijs pluribus notorijs nocumentis perpetratis, aufu
gerunt suas personas absentando; excepta porcione Thybe
fratris eorundem Woyk et Tyburcij, qui eciam postmodum
eandem porcionem suam, ipsum in dicta terra Zokola iure
hereditario contingentem pro eo, quod seruos et ancillas
predictorum fratrum suorum ab ipso Magistro Reynoldo ad
se redimere ualeat et habere, in redempcionem seu concambium eorundem seruorum et ancillarum dedit et tradidit
eidem Magistro Reynoldo perpetuo possidendam. Vt igitur
hee nostre collaciones iuste et racionabiliter facte robur
optineant perpetue firmitatis, nec imposterum ualeant per
quempiam in irritum reuocari, presentes eidem concessimus
litteras dupplicis sigilli nostri munimine roboratas. Datum per
manus Magistri Benedicti Orodiensis Ecclesie Prepositi aule
nostre ViceCancellarij dilecti et fidelis nostri anno ab
Incarnacione Domini millesimo ducentesimo septuagesimo.

(Eredetie bőrhártyán, melyről a zöld-barna selyemzsinóron függött
pecsét elveszett; a budai királyi kamarai levéltárban. Töredékét közli
Fejér Cod. Dipl. V. köt. 1. r. 54. l.)

6.

*V. István király megerősíti a pannonhalmi apátság népei-
nek vámszabadságát. 1270.*

Stephanus Dei gracia Hungarie, Dalmacie, Croacie
Rame, Seruie, Gallicie, Lodomerie, Cumanie Bulgariequere Rex
omnibus tam presentibus quam futuris presentes litteras inspecturis salutem in omnium saluatore. Ad vniuersorum
Comitum, Posonyensis videlicet, Nitriensis, Jauriensis, Kama-
riniensis, Wesprimiensis, Zaladyensis, Symigiensis et Thol-

nensis, seu omnium aliorum Judicum et Viceiudicum, nec
non et jobagionum Castrorum et Collectorum noticiam harum
serie volumus peruenire : quod cum causa denocionis
diuertissemus Ecclesiam Beati Martini de Sacro Monte
Pannonie, preciosi Christi confessoris visitare, venerabilis
vir Bonifacius Abbas et fratres eiusdem Ecclesie, condicionarios populos suos per diuersos collectarum exactores miserabiliter fuisse aggrauatos, nobis conquerendo significare
curauerunt; petentes, vt propter anime nostre salutem ipsis
populis sic miserbiliter aggrauatis et afflictis releuacionis
remedium ex debite sollicitudinis officio adhibere dignaremur,
priuilegium Sanctissimi Regis Stephani predecessoris nostri
exhibendo. Cuius tenore perlecto, quia comperimus euidenter,
et fide oculata inspeximus, in eodem ex forma indulti eiusdem
sanctissimi predecessoris nostri, ipsum Monasterium et eius
populum ab omni inquietudine semotum : nos eiusdem sanctissimi Regis Stephani felicibus vestigijs inherentes, concessimus statuendo, ut quemadmodum a judicio, et potestate ac
jurisdiccione omnium Judicum ac vninersorum Comitum Paro-
chyalium seu Viceiudicum et Curialium Comitum eorundem ex
forma priuilegij supradicti expediti sunt penitus et exempti; ita
et a uexacionibus et grauaminibus, que per collectores tam victualium, quam denariorum, seu quarumlibet aliarum manerie-
rum possent eis imponi, mandari et iuberi, expediti habeantur
penitus, more populorum Albensis Ecclesie, et exempti. Ita
tamen, quod si vnquam in Regno nostro generaliter, vel in aliquibus Prouincijs seu Comitatibus, in quibus fuerint populi
Monasterij supradicti, specialiter collectam aliquam in denarijs, lignis aut victualibus, sicut consuetum est, facere nos
contingat; Abbas Monasterij eiusdem quicunque fuerit pro
tempore, aut Decanus, vel aliqui maiores et pociores de
fratribus, siue officiales ipsius, ad nos personaliter accedere
debeant, recepturi, et audituri, ac facturi ordinacionem
nostram, quam super facto collectarum huiusmodi facere et
ordinare nobis videbitur iuxta qualitatem temporis cum eisdem
de misericordie lenitate, ne populis ipsius Ecclesie per grauamina ad nimiam paupertatem et exinanicionem virtutis
extreme redactis, in ea per subtraccionem alimentorum
Diuine laudis organa suspendantur. Vt igitur presens nostra

ordinacio, ymo iam dudum ordinati negocij salubris innonacio robor optincat perpetne firmitatis, nec per predictos eorundem Comitatuum Judices, Comites seu Rectores et collectarum exactores valeat aliquatenus inmutari, presentes populis dicti Monasterij super hoc in priuilegium firmitatis perpetne concessimus litteras, dupplicis sigilli nostri munimine roboratas. Datum per manus Magistri Benedicti Orodyensis Ecclesie Prepositi aule nostre ViceCancellarij dilecti et fidelis nostri anno Domini M⁰ ducentesimo septuagesimo, septimo idus Nouembris, Regni autem nostri anno primo.

(Károly királynak 1327. XIII. kalendas Februarij kelt megerősítő privilegiumából, melyet Miklós nádor 1347. akkor »quum nos Regya benignitas ad quoslibet Comitatus Regni sui ad faciendas Generales Congregaciones pro exterminandis quibuslibet malefactorihus, et juribus quorumlibet conseruandis iuxta debitum officij nostri Palatinatus destinasset; inter ceterosque Comitatus primo et principaliter in Jauriensi et Komarinyensi Comitatibus Vniuersitati Nobilium et aliorum cuiusuis status et condicionis hominum prope Civitatem Jaurinum secunda feria proxima post festum Sancti Georgij martiris Congregacionem celebrassemus Generalem« — »Comes Dechlynus et officialis et legitimus procurator Vyllermi Abbatis Monasterij Sancti Martini« kérésére átírt; az országos levéltárban.)

7.

V. István király atyjának IV. Bélának Hidvég földet tárgyazó adománylevelét Mikó zólyomi ispán fiai részére átírja s megerősíti. 1270.

Stephanus Dei gracia Hungarie, Dalmacie, Croacie, Ramc, Seruie, Gallicie, Lodomerie, Cumanie, Bulgarieque Rex omnibus Christi fidelibus presentem paginam inspecturis salutem in eo qui est salus omnium. Ad vniuersorum noticiam tenore presencium volumus peruenire, quod cum tocius

Regni gubernaculum adepti fuissemus, Petrus, Othoucb, et Byther, filij Myko, ad nostram presenciam accedentes, obtulerunt nobis priuilegium domini Regis, patris nostri karissimi felicis recordacionis, petentes humilitur, vt ipsum nostro dignaremur priuilegio confirmare. Cuius quidem priuilegeij tenor talis est. Bela D. gr. Hungarie stb. Rex stb. (következik IV. Béla királynak Hidvég helységet tárgyazó 1252-ki adománya, mint Okmánytárunk XI. vagyis a III. folyam I. kötetében 377. l.)

Nos siquidem ad iustanciam et preces eorumdem Petri Othouz et Byter inclinati, factumque domini Regis patris nostri karissimi ratum habentes et acceptum, auctoritate presencium duximus confirmandum duplicis sigilli nostri munimine roborando. (D)atum per manus Magistri Benedicti Orodiensis Ecclesie Prepositi aule nostre ViceCancellarij, dilecti et fidelis nostri. (A)nno Domini millesimo ducentesimo septuagesimo quarto, kalendas Augusti, Regni autem nostri primo anno.

(Eredetie bőrhártyán, melynek alul felhajtott hasadékaiból függött pecséte hiányzik, a kékkői levéltárban. Néhai Érdi János közleménye.)

8.

V. István királynak Danócz birtokot és a gecsi monostor kegyúri jogát tárgyazó adománya Selke comes számára. 1270.

(A gróf Zichy család Okmánytára I. köt. 20. l. Nagy Imre közleménye.)

9.

V. István királynak Visnyó helységet tárgyazó adománya Rajnold fölovászmestere számára. 1270.

1. Nos Comes Paulus Judex Curie domini Regis damus pro memoria ; quod cum Magnificus vir Wyllermus Druget Palatinus causam per Petrum filium Ladizlay et Ladizlaum filium Johannis Rozgon actores racione cuiusdam possessionis Wysno vocate in Comitatu de Zemlyn existentis contra Ladizlaum filium Johannis de Sowar in sui presencia diucius ventilatam ob Regie Maiestatis preceptum ad quindenas festi Beati Mychaelis Archangeli ad examen Judicij eiusdem domini Regis transmisisset; tandem ipsis quindenis occurrentibus predicto Ladizlao filio Johannis sua personaliter et profati Petri filij Ladizlay in persona cum procuratorijs litteris nostris coram nobis astante, et inter alias largifluas donaciones Serenissimi Principis domini Stephani quondam incliti Regis Hungarie quandam possessionem Wysno vocatam in Comitatu de Zemlyn existentem, Reynoldo Magistro Agasonum ipsius domini St. Regis proauuo ipsorum in recompensacionem fidelissimorum obsequiorum suorum per ipsum dominum St. Regem perpetuo datam et collatam fore exhibicione litterarum priuilegialium eiusdem domini Stephani Regis anno ab Incarnacione Domini M° ducentesimo septuagesimo confectarum comprobante ; Dominicus frater Mochou pro eodem Ladizlao filio Johannis de Sowar cum procuratorijs litteris domini Regis ad nostram accedendo presenciam stb. (a maga részéről is több okmányt felhozván, a per elhalasztatik.) Datum in Wissegrad octauo die termini prenotati, anno Domini M°CCC, XXX° nono.

2. Excellentissimo Principi domino Karulo D. gr. Regi
Hungarie illustri stb. Willermus Drugeth Palatinus et Judex
Comanorum stb. quod Ladizlaus filius Johannis stb.
juxta
contineneiam Iitterarum Comitis Issep Judicis nostri, in octauis festi Natiuitatis Virginis Gloriose ad nostrum Judiciarium
examen accedendo contra Magistrum Ladislaum filium Johannis de Sovaar, quandam possessionem Wysnyo vocatam in
Comitatu de Zemplen existentem suam esse asserendo, et per
eundem Ladislaum occupatam; exhibuit mihi litteras priuilegiales Serenissimi Principis domini Stephani eadem gracia
condam incliti Regis Hungarie, anno ab Incarnacione Domini
M⁰ ducentesimo septuagesimo emanatas, in quibus inter cetera
reperi contineri, quod ipse dominus Stephanus Rex attendens
fidelia scruicia Magistri Reynoldi, Magistri videlicet Agasonum suorum et Dapiferorum domini Ducis Ladislai filij sui,
ex quibus quedam specialiter declarantur in eisdem, quasdam
possessiones, quarum nomina in eodem priuilegio continentur, et specialiter possessionem Vyssno eidem contulisset
perpetuo possidendam stb. Datum in Vyssegrad octauo die
termini prenotati anno Domini M⁰CCC⁰ tricesimo nono.

(Ilsvai Leusztach nádornak 1393-ki itéletleveléből, a budai kir.
kamarai levéltárban.)

10.

*V. István királynak itéletlevele, melylyel Billege és Váson bir-
tokokat Igmándi Miklósnak oda határozza. 1270.*

(A gróf Zichy család Okmánytára I. köt. 23. lap. Véghelyi Dezső
közleménye.)

11.

V. István király megerősíti II. Endre királynak több vasvári várjobbágy felszabadulását tárgyazó 1205-ki okmányát a Szelestey családbéliek kértére. 1270.

(Hazai Okmánytár I. köt. 42. l. Néhai Ráth Károly közleménye. V. ö. Okmánytárunk VI. vagyis a második folyam I. kötetét 300. l.)

12.

V. István király megerősíti Timotét zágrábi püspököt Vaska melletti birtokában. 1270.

(Tkalcsics, Monumenta historica Episcopatus Zagrabiensis I. köt. 152. l. V. ö. Fejér Cod. Dipl. V. köt. 1. r. 82. l.)

13.

V. István király megerősíti testvére Béla szlavoniai herczegnek három helységet tárgyazó ítéletét a zágrábi egyház és Bratogna fiai és unokái közt. 1270.

(Tkalcsics, Monum. hist. Episc. Zagrabiensis I. köt. 147. lap. V. ö. Gyűjteményünk XI. köt. 586. l.)

14.

*V. István király megerősíti Béla szlavoniai herczegnek Pri-
bizló comes özvegye és a zágrábi káptalan közti itéletét. 1270.*

(Tkalcsics, Monum. hist. Episc. Zagr. I. köt. 153. l. V. ö. Gyűjteményünk XI. kötetét 138. l.)

15.

*V. István király megerősíti a nyúlszigeti apdczazárddnak
1259-ki alapítólevelét. 1270.*

Stephanus Dei gracia Hungarie, Dalmacie, Croacie,
Rame, Seruie, Gallicie, Lodomerie, Cumanie Bulgarieque Rex
omnibus tam presentibus quam futuris presens scriptum inspecturis salutem in eo, qui cunctis dat salutem. Ad vniuersorum noticiam harum serie volumus peruenire, quod frater
Nicolaus conuersus de Ordine Fratrum Predictorum, procurator Monasterij Beate Marie Virginis Gloriose de Insula, ad
nostram accedens presenciam exhibuit nobis quoddam priuilegium confirmacionis priuilegij domini Bele incliti Regis Hungarie, karissimi patris nostri felicissime recordacionis, tempore Ducatus datum, petens instantissime verbo
domine Elisabeth filie nostre karissime, ac aliarum sororum
de Insula supradicta, nobis in Christo karissimarum, ut idem
nostro Regali sigillo dignaremur innouare. Cuius quidem priuilegij tenor talis est:

Stephanus Dei gracia junior Rex Hungarie stb. (következik István akkor ifjabb királynak 1264-ki privilegiuma,

mint Fejérnél Codex Diplom. IV. kötet 3. részének 205. lapján.)

Nos igitur ipsius domine Elisabeth karissime filie nostre aliarumque sororum de Insula supradicta peticionibus iustis condescendentes Regio cum fauore, ipsum priuilegium auctoritate presencium duximus innouandum, et per apposicionem dupplicis sigilli nostri fecimus communiri. Datum per manus Magistri Benedicti Prepositi Orodiensis Ecclesie, aule nostre Vice Cancellarij dilecti et fidelis nostri ; anno Domini M°CC• septuagesimo, Regni autem nostri anno primo.

(Eredetie bőrhártyán, melyről a pecsétnek töredéke vörös selyemzsinóron függ, a budai kir. kamarai levéltárban.

16.

V. István királynak Lövöld, Rendek, Esztergár és Fenyöfő helységeket tárggazó adománya Csák bán számára. 1270.

(Hazai Okmánytár III. köt. 17. l. Véghelyi Dezső közleménye.)

17.

V. István király megerösiti IV. Béla királynak Tönye helységet tárgyazó adományát a Szent Mária szigetén fekvö apáczazárda számára. 1270.

(S)tephanus Dei gracia Hungarie, Dalmacie, Croacie, Rame, Seruie, Gallicie, Lodomerie, Cumanie Bulgarieque Rex vniuersis Christi fidelibus presentem paginam inspecturis salutem in eo qui cunctis dat salutem. Ad vniuersorum tam presencium quam futurorum noticiam harum serie volumus peruenire, quod Comes Stephanus de gencre Kata officialis domine Elisabeth karissime filie nostre aliarumque sororum de Insula Beate Marie Virginis Gloriose nobis in Christo karissimarum, exhibuit nobis priuilegium domini Bele incliti Regis Hungarie patris nostri karissimi felicissime recordacionis, petens instanter verbo eorundem, ut idem ratum habere dignaremur, et nostro priuilegio confirmare. Cuius quidem priuilegij tenor talis est:

Bela Dei gracia Hungarie stb. Rex stb. (következik IV. Béla királynak 1261-ki Tönyére vonatkozó adománylevele, mint Okmánytárunk XI. vagyis a harmadik folyam I. kötetében 503. l.)

Nos igitur iustis precibus ipsius domine Elisabeth karissime filie nostre et aliarum sororum iam dictarum per dictum Comitem Stephanum nobis porrectas condescendentes Regio cum fauore; dictum priuilegium de verbo ad verbum presentibus inseri facientes, apposicione dupplicis sigilli nostri fecimus communiri. Datum per manus Magistri Benedicti Prepositi Orodiensis Ecclesie aule nostre Vice-Cancellarij dilecti et fidelis nostri, anno Dominice Incarnacionis millesimo ducentesimo septuagesimo, Regni autem nostri anno primo.

(Eredetie bőrhártyán, melyről a király kettős pecsétjének töredéke zöld selyemzsinóron függ; a budai kir. kamarai levéltárban.)

18.

V. István király megerősíti IV. Béla királynak Ujbecset tárgyazó adományát a nyúlszigeti apáczazárda számára. 1270.

S!ephanus Dei gracia Hungarie, Dalmacie, Croacie, Rame, Seruie, Gallicie, Lodomerie, Cumanie Bulgarieque Rex omnibus Christi fidelibus presens scriptum inspecturis salutem in eo, qui Regibus dat salutem. Ad vniuersorum tam presencium quam postcrorum noticiam harum serie volumus peruenire; quod frater Nicolaus conuersus de Ordine Fratrum Predictorum, prourator rerum seu bonornm Monasterij Beate Marie Virginis Glorioso de Insula ad nostram accedens presenciam, exhibuit nobis quasdam litteras domini Bele inliti Regis Hungarie patris nostris karissimi, felicimime rccordacionis, patentes cum sigillo anuli eiusdem patris nostri karissimi notorij impressas, petens instantissime verbo domine Elisabeth karissime filie nostre, aliarumque sororum nobis in Christo karissimarum de Insula supredicta, vt easdem ratas habere, et nostro dignaremur priuilegio confirmare. Quarum quidem litterarum tenor talis est.

Bela Dei gracia Rex Hungarie stb. (következik IV Béla királynak 1268 ki adománylevele, mint Okmánytárunk VIII. vagyis a második folyam III. kötetében 192. l.)

Nos igitur predictos, litteras, karissimi partris nostri ratas habentes, presentibus de verbo ad verbum inseri faciendo ad peticionem domine Elisabet karissime filie nostre aliarumque sororum predictarum, auctoritate presencium confirmamus per apposicionem dupplicis sigilli nostri faciendo communiri. Datum per manus Magistri Benedieti Orodicnsis Ecclesie Prepositi aule nostre Vice Cancellarij dilecti et fidclis nostri anno Domini M^0 CC^0 LXX^0, Regni autcm nostri anno primo.

(Eredetie bőrhártyán, sárga-violaszínű selyemzsinóron függő pecsét alatt; a budai kir. kamarai levéltárban.)

19.

V. István király megerősíti IV. Béla királynak Megyer helységet tárgyazó 1268-ki adományát János, Isipnek fia számára.
1270.

(Hazai Okmánytár III. köt. 18. l. V. ö. Okmánytárunk XI. vagyis a harmadik folyam I. kötetét 574. l.)

20.

V. István királynak Gáh helység adományát megerősítő privilegiuma Tiba, Györyy comes testvére számára. 1270.

Stephanus Dei gracia Hungarie, Dalmacie, Croacie, Rame, Seruie, Gallicie, Lodomerie, Cumanie Bulgarieque Rex omnibus tam presentibus quam futuris presentes litteras inspecturis salutem in eo qui est vera salus. Ad vniuersorum tam presencium quam futurorum noticiam harum serie volumus peruenire ; quod Tyba frater Comitis Georgij de Kueskuth ad nostram accedens presenciam exhibuit nobis priuilegium domini B. illustris Regis Hungarie felicis recordacionis karissimi patris nostri, petens a nobis cum instancia, ut idem ratum habere, et nostro dignaremur priuilegio confirmare. Cuius quidem priuilegij tenor talis est.

Bela Dei gracia Hungarie stb. Rex stb. (következik IV. Béla királynak Gah helységet tárgyazó 1263-ki adománylevele, mint Okmánytárunk VIII. vagyis a második folyam III. kötetében 59. l.)

Nos itaque iustis peticionibus predicti Tyba annuentes, iam dictum priuilegium karissimi patris nostri insertum presentibus confirmanus, dupplicis sigilli nostri munimine roborando. Datum per manus Magistri Benedicti Orodiensis Ecclesie Prepositi aule nostre ViceCancellarij dilecti et fidelis nostri anno Domini M°CC° septuagesimo, XIII. kalendas Julij, Regni autem nostri anno primo.

(Eredetie bőrhártyán, vörös selyemzsinóron függő királyi kettős pecsét alatt; a főmélt. herezeg Batthyány család levéltárában.)

21.

V. István király megerősíti IV. Béla királynak a Galgóczi-i és Nyitra-i vár több birtokát tárgyazó adományát Serefel comes számára. 1270.

(S)tephanus Dei gracia Hungarie, Dalmacie, Croachie, Rame, Seruie, Gallicie, Lodomerie, Cumanie Bulgarieque Rex omnibus Christi fidelibus tam presentibus quam futuris salutem in omnium saluatore. Ad vniuersorum noticiam harum serie volumus peruenire, quod fidelis noster Comes Serefil filius Kuntha ad nostram accedens presenciam exhibuit nobis priuilegium karissimi patris nostri Bele Regis inclite recordacionis confectum super donacione et collacione quarundam terrarum Castri nostri de Golgouch, Ozus uidelicet, Rupon, Haradicha, et Dumbou, item aliarum duarum terrarum Castri nostri Nitriensis, Zahurch scilicet et Cheteruch, petendo cum instancia, ut ipsum priuilegium nostro dignaremur priuilegio confirmare. Cuius quidem tenor talis est: Bela D. gr. Hungarie stb. Rex stb. (következik IV. Béla királynak 1262-ki adománylevele, mint Okmánytárunk VIII. vagyis a második folyam III. kötetében 24. l.) Nos igitur priuilegium dicti karissimi patris nostri super huiusmodi collacionibus seu donacionibus confectum ratum habentes et acceptum, de uerbc ad uerbum presentibus insertum auctoritate presencium duximus confirmandum. In cuius rei memoriam firmitatemque perpetuam presentes concessimus litteras dupplicis sigilli nostri munimine roboratas. Datum per manus Magistri Benedicti Orodiensis Ecclesie Prepositi aule nostre UiceCancellarij dilecti et fidelis nostri, anno Domini millesimo CC° septuagesimo, Regni autem nostri anno primo.

(Eredetie bőrhártyán, melyről a vörös-violaszínű selyemzsinóron függött pecsét elveszett, a budai kir. kamarai levéltárban.)

22.

V. István király megérősíti IV. Béla királynak Harka helységet tárgyazó adományát Kurui, Fülöp mesternek fia számára. 1270.

(Hazai Okmánytár II. köt. 7. lap. Nagy Imre kö. leménye. V. ö. Okmánytárunk II. kötetét 284. l.)

23.

V. István király megerősíti IV. Béla királynak a Fehérvári és Szolgagyőri várak bizonyos földeit tárgyazó adományát Miklós Emrihnek fia számára. 1270.

Stephanus Dei gracia Hungarie, Dalmacie, Croacie, Rame, Seruie, Gallicie, Lodomerie, Cumanie Bulgarieque Rex omnibus presens scriptum inspecturis salutem in omnium saluatore,

Ad vniuersorum noticiam harum serie volumus peruenire, quod Nicolaus filius Emrih ad nostram accedens presenciam, exhibuit nobis priuilegium karissimi patris nostri domini Bele incliti Regis Hungarie felicis recordacionis, petens humiliter, ut ipsum priuilegium nostro dignaremur priuilegio confirmare. Cuius tenor is est:

Bela Dei gracia Hungarie stb. Rex stb. (következik IV. Béla királynak 1259-ki adománylevele, mint Okmánytárunk VII. vagyis a második folyam II. kötetében 504. l.)

Nos igitur ad instanciam et peticionem ipsius Nicolay inclinati, donacionem predictarum terrarum per ipsum karissimum patrem nostrum ipsi Nicolao iam dudum factam ratam habentes, auctoritate presencium confirmamus duplicis sigilli nostri munimine roborando. Datum per manus Magistri Benedicti Prepositi Orodiensis aule nostre Vice Cancellarij dilecti et fidelis nostri, anno Domini millesimo ducentesimo septuagesimo, Regni autem nostri anno primo.

(Eredetie bőrhártyán, melyről a királynak kettős pecsétje sárga-zöld selyemzsinóron függ; a budai kir. kamarai levéltárban.)

24.

V. István királynak itéletlevele, melylyel a Chalomja nemesek közt Szelény földét tárgyazó pert elintézi. 1270.

(Hazai Okmánytár I. köt. 43. l.; néhai Ráth Károly közleménye.)

25.

V. István király megerősíti Omodé győri püspöknek 1255-ki bizonyságlevelét, mely szerint IV. Béla király parancsára Györgyöt Olpernek fiát Uglin rábaközi esperest által Oblanch földnek birtokába iktatta. 1270.

(Hazai Okmánytár I. köt. 46. l. Nagy Imre közleménye. V. ö. Okmánytárunk VII. vagyis a második folyam II. kötetét 399. l.)

26.

V. István király megerősíti a berényi vendégek szabadalmait. 1270.

(S)tephanus Dei gracia Hungarie, Dalmacie, Crouacie, Rame, Seruie, Gallicie, Lodomerie, Cumanie Bulgarieque Rex vniuersis Christi fidelibus presens scriptum inspecturis salutem in salutis largitore. Ad vniuersorum noticiam harum serie volumus peruenire, quod hospites de Beryn ad nostram accedentes preseneiam exhibuerunt litteras patentes Ducis Bele tocius Sclauonie, Dalmacie et Crouacie, pie memorie fratris nostri karissimi, a nobis humiliter suplicando petentes, vt nos easdem litteras super ordinacione libertatis seu status eorundem nostro priuilegio dignaremur confirmare. Quarum quidem litterarum tenor talis est :

Bela Dei gracia tocius Sclauonie, Dalmacie, Crouacicque Dux stb. (lásd Fejér Cod. Dipl. IV. köt. 3. r. 529. l.)

Bela Dei gracia Hungarie, Dalmacie stb. Rex stb. (lásd Fejér Cod. Dipl. IV. köt. 3. r. 201. l.)

Nos itaque considerantes libcrtatcm seu statnm predictorum hospitum nostrorum de Beryn tam cx parte patris nostri, quam Ducis Bele fratris nostri predilecti rite et legitime prestitisse, conccssissc siue (igy), et ordinacionʌm eorundem ratam habentes ct acceptam, ac priuilegium eorundem de uerbo ad uerbum presentibus inscri facientes, auctori · tate presencium duximus confirmandum, duplicis sigilli nostri munimine roborando. Datum per manus Magistri Benedicti Prepositi Orodiensis aule nostre Vice Cancellarij dilecti et fidelis nostri, anno ab Incarnacione Domini millesimo ducentesimo septuagcsimo, Regni autem nostri anno primo.

(Eredetie bőrhártyán, melyről a királyi pecsétnek töredéke barnavörös selyemzsinóron függ; a budai kir. kamarai levéltárban.) .

27.

V. Istvdn király megerősiti IV. Béla királynak a György földbirtokos és a csepregi vendégek közti birtokcserét helybenhagyó okmányát. 1270.

Stephanus Dei gracia Hungarie, Dalmacie, Croacie, Rame, Seruie, Gallicie, Lodomerie, Cumanie, Bulgarieque Rex omnibus Christi fidelibus tam presentibus quam futuris presentes littcras inspecturis salutem in omnium saluatore. Ad vniuersorum noticiam harum serie volumus peruenire; quod Georgius filius — — — — — — presenciam exhibuit nobis priuilegium domini Bcle Regis karissimi patris nostri recordacionis f — — — — — s cum instancia, vt idem ratum habere et nosíro diguaremur — — — — — — — :

Bela Dei gracia Hungarie stb. Rex stb. (következik IV. Béla királynak 1257-ki okmánya, mint gyüjteményünk VII. vagyis második folyama II. kötetében 325. sz. a.)

Nos itaque iustis peticionibus predicti Georgij fauorabiliter annuentes ipsum priuilcgium karissimi patris nostri de uerbo ad uerbum insertum presentibus confirmamus, duplicis sigilli nostri munimine roborando. Datum per manus Magistri Benedicti Orodiensis Ecclesie Prepositi dilecti et fidelis nostri anno Domini M°CC° septuagesimo, Regni nostri anno primo.

(Eredetie bőrhártyán, igen megrongált állapotban, őriztetik Vasmegyében a Meszlény-i közbirtokosság levéltárában. Tek. Ajkas Károly h. ügyvéd úr közleménye, 1864. september 1-jén.)

28.

V. István király megerősíti IV. Béla királynak a guethi monostor egyházi védjogát tárgyazó 1265-ki intézkedését. 1270.

(Hazai Okmánytár IV. köt. 41. l.; néhai Ráth Károly közleménye.)

29.

V. István király megerősíti IV. Béla király 1262-ki okmányát, melylyel ez Zonukot és fiait Bobuti birtokaikban védte. 1270.

(Hazai Okmánytár IV. köt. 47. l. Néhai Ráth Károly közleménye.)

30.

V. István király megcrösíti IV. Béla királynak Voyszló helység megszerzését tárgyazó okmányát a nyúlszigeti apáczazárda számára. 1270.

(N)os Nicolaus de Gara Regni Hungarie Palatinus et Judex Comanorum stb. quod in Congregacione Generali Magnifici domini Nicolai Kont olym similiter dicti Regni Hungarie Palatini Vniuersitati Nobilium Comitatus de Baranya feria secunda, vidclicet in festo Beati Mathei Apostoli et Ewangeliste anno Domini MᵒCCCᵒ septuagesimo preterita prope villam Nogfalu per ipsum celebrata, Jacobus filius Nicolai de Nempty stb. proposuit isto modo; quod religiose domine sanctimoniales Claustri Beate Virginis de Insula Leporum quandam possessionem suam Vayzlo vocatam in Districtu Ormaukuz in dicto Comitatu existentcm ipsum de jure contingentem occupatiue detincrent stb. Quo percepto Stephanus filius Ladislai amministratur prouentuum villarum dictarum dominarum coram ipso domino Nicolao Palatino comparendo in personis earundem respondisset ex aduerso, quod prescripte domine in facto annotate possessionis Vayzlo efficacia haberent instrumenta stb. (Ennek folytán Konth Miklós nádor úgy itélvén) ut prescripte domine dicta litteralia earum munimente in octauis festi Sancti Martini confessoris tunc · affecturis in Curia Regia sui in presencia exhibere tenerentur stb. (az ügynek többszöri elnapoltatása után, végre az) ad presentes octauas fcsti Beati Georgij martiris deuenisset stb. prefatus Jacobus filius Nicolai presente fratre Dominico amministratorc prouentuum possessionum ipsarum religiosarum dominarum stb. quasdam quinque litteras omnino priuilegiales nostrum judiciarium produxit in conspectum stb. Quo percepto prefatus frater Dominicus stb. quasdam sex litteras nostro judicario examini curauit exhibere. Quarum prima scilicet ipsius domini Bele Regis stb. (lásd 1267-ki okmá-

nyát Okmánytárunk XI. vagyis a harmadik folyam I. kötetében 569. l.) Ex serie siquidem prescripte secunde littere
ipsius domini Stephani Regis in Veteri Buda feria quinta proxima post festum Exaltacionis Sancte Crucis anno Dominice
Incarnacionis M·CC· septuagesimo emanate, ipsum dominum
Stephanum Regem predictas litteras ipsius domini Bele Regis
patentes ratas habendo confirmasse comperimus manifeste stb.
Datum Bude octuagesimo die octauarum Beati Georgij mar
ris anno Domini M·CCC· octuagesimo quarto.

(Eredetie a budai kir. kamarai levéltárban. V. ö. Fejér Cod. Dipl.
V. köt. 1. r. 56. l.)

31.

V. Istvdn királynak bizonyságlevele, hogy Péter és János a
soproni vár emberei Sadani birtokukat a borsmonostrai apát-
ságnak átengedték. 1270.

St. Dei gracia Rex Vngarie memorie commendantes
significamus vniuersis quibus expedit presencium per tenorem,
quod Petrus et Johannes castrenses Castri Suprvnienses de
uilla Sadan, tam pro se quam pro alijs cognatis seu socijs
suis de predicta uilla Sadan coram nobis constituti, dimidietatem cuiusdam terre Sadan uocate, quam nomine iuris
Castri ijdem castrenses ab Ecclesia Montis Sancte Marie
requirebant, dimiserunt et reliquerunt eidem Ecclesie pacifice possidendam. Datum in Erchy anno Domini M·CC·
LXX·.

(Eredetie bőrhártyán, a pecsét elveszett; a budai kir. kamarai levél-
tárban.)

32.

Erzsébet királynénak Böös és Árpás helységeket tárgyazó adománya Lothard, Omodénak fia számára, 1270.

(Hazai Okmánytár I. kötet. 48. lap. Véghelyi Dezső közleménye.)

33.

István kalocsa-bácsi érseknek szabadalma Rima-Bánya-i vendégei számára. 1270.

Stephanus Dei gracia Colocensis et Bachiensis Archiepiscopus, Aule Regie Cancellarius vniuersis presentes litteras inspecturis salutem in Domino. Ad vniuersorum noticiam harum serie volumus peruenire, quod omnibus hospitibus nostris in villa Bana commorantibus hanc graciam duximus faciendam, quod ab omni collecta, que pro communi descensu in Rymoa-Zumbota fieri consueuit, sint penitus liberi et exempti, et nullus officialium nostrorum ipsos hospites nostros pro ipsa collecta presumat molestare. Ita tamen quod ipsi hospites nostri numerum jobagionum et mansionum nostrorum ob fidelitatem nobis debitam teneantur augmentare. Concessimus eciam, vt omnes cumulones, qui in ueteribus aurifodinis crescere consueuerunt, ipsi hospites nostri ac eorum successores colligere possint pacifice in perpetuum et quiete, nec ipsos aliquis officialium nostrorum, aut eciam de custodibus siluarum nostrarum racione cumulonum predictorum presumat molestare, aut de cetero in aliquo inpedire. Vt igitur supradictis hospitibus nostris hec a nobis facta gracia inuiolabiliter perseueret, litteras presentes eisdem concessimus sigilli nostri munimine roboratas. Datum anno Domini M·CC·LXX·.

:(János kalocsa-bácsi érseknek 1278-iki megerősítő okmányából, mint alább ; a budai kir. kamarai levéltárban.)

34.

Joakim szlavoniai bán megerősíti Hodus zágrábi főispánnak a zágrábi püspök s Ábrahám moruchai comes és érdektársai közt hozott itéletét. 1270.

Nos Joachimus Banus tocius Sclauonie significamus quibus expedit universis presencium per tenorem, quod cum venerabilis pater dominus Thimotheus Episcopus Zagrabiensis fecerit nobis offerri processum seu sentenciam Hodus Comitis nostri Zagrabiensis, dilecti et fidelis nobis, in eiusdem litteris comprehensum et inclusum, habitum inter ipsum ex parte una, Abram Comitem de Moroucha, iobagiones castri et castrenses de Glaunycha ex altera, super terra Pzerych vocata, super qua lis inter ipsos vertebatur, petens, ut sentenciam et iudicium dicti iudicis nostri, nostris litteris stabilibus muniremus. Cuius litterarum tenor talis est :

Nos Hodus stb. (következik Hodus zágrábi főispánnak 1270-ki itéletlevele, mint alább 35. sz. a.)

Nos itaque attendentes iuris ordinem in ipso facto esse servatum, processimus, seu sentenciam iudicis nostri prenominati litteris eiusdem non cancellatis, non viciatis, nec in aliqua sui parte diminutis de verbo ad verbum litteris nostris insertis ratificantes, ymmo ratum et firmum habentes duximus confirmandum. Datum et actum Zagrabie quinta feria proxima post festum Sancti Egidii confessoris anno Domini MCC septuagesimo.

(Tkalcsics, Monum. hist. Episc. Zagrabiensis I. köt. 155. l.)

3*

35.

Hodus zágrábi föispánnak Pzerich helységet tárgyazó itélete
Timoté zágrábi püspök s Abraham moruchai comes és
a Glavnichai várnak több jobbáyyai és várnépei közt.
1270.

Nos Hodus Comes Zagrabiensis significamus quibus
- expedit memorie commendantes presencium per tenorem,
quod cum questio esset suborta inter venerabilem patrem
dominum Thimotheum Episcopum Zagrabiensem ex parte
una, et Abram Comitem de Moroucha, iobagiones Castri et
castrenses de Glaunicha, vidolicet Berwey, Nerad, Myko, Scelk,
Wlkozlou, Zlobysa, Paulus, Joseph, Drugan, Wlchyna, Vechez-
lou, Gurga, Prouoneg, Paulum, Hrenco, Stephanum, Borych,
Matheico, Pauco, Zouidrug, Coporto, Petrum, Vulchylo, Zlo-
byna, Petrus, Martin, filium Dragchyn et Zlobizlaum ex altera, super terra Pzerych vocata, quam idem dominus Episcopus dicebat esse occupatam per dictum Abram Comitem,
iobagiones Castri et castrenses de Glaunycha; et huiusmodi
questio coram nobis fuisset inter partes diucius ventilata ;
nos, volentes parcium laboribus consulere et expensis, de-
crevimus, ut prefate questionis contencio amicabiliter ordinacione proborum nostrorum decidatur. Tandem partes ex nostra permissione et inductu in arbitrium proborum virorum
hinc inde communiter electorum, scilicet Gabriani Comitis et
Petri capitosi ex parte dicti domini Episcopi nominatorum, et
Iwan Comitis filii Irizlaii, ex parte Abram Comitis de Moroucha
iobagionumque Castri et castrensium nominati et assumpti
ex altera, compromiserunt pari voluntate et consensu. Per quos
arbitros, arbitratores seu amicabiles compositores taliter
exstitit diffinitum : quod ex parte dicti domini Episcopi
debeant statui octo persone de Capitulo Zagrabiensi, de
quibus quatuor persone assummi debeant ad prestandum

huiusmodi iuramentum per dictum Abram Comitem de Moroucha, iobagiones Castri et castrenses, quod sepedicta terra
fuerit domini Episcopi Zagrabiensis, et quod semper spectaverit ad eundem. Que quidem quatuor persone nominate per
eosdem, scilicet Magister Petrus Archidiaconus Zagrabiensis,
Magister Mychael Prepositus Chasmensis, Stephanus Archidiaconus de Guerthe, et Crachynus Cantor Ecclesie Zagrabiensis, iurare debeant super eo videlicet : quod prenotata
terra, ut premisimus, semper fuerit domini Episcopi, et
spectaverit ad eundem. Qui tercio die post festum Sancti
Regis Stephani coram hominibus nostris Petro filio Bogdaz-
lou, et Laztych filio Drugan, ad recipiendum iuramentum eorumdem per nos deputatis iuraverunt. Nos itaque tali iuramento recepto, et rei veritate deducta in lucem, ut finis
ipsi questioni imponatur, ad reambulandam et restituendam terram superius nominatam dicto domino Episcopo
dedimus et assignavimus homines nostros fidedignos :
Petrum scilicet filium Bogdozlo, Laztych filium Drugan pristaldum terrestrem, cum Petrus Comite filio
Petrilo, perpreceptorem de Chychan, et Gyurg filium Drask,
perpreceptorem de Sancto Martino pro testimonio destinatis.
Qui ad nos redeuntes retulerunt, quod sepedictam terram
convocatis vicinis et commetaneis reambulantes et certis
metis distinguentes, contradictoribus aliquibus non extantibus,
dicto domino Episcopo restituerunt. Cuius terre prima meta
incipit a meridie ubi fluvius Pzerych defluit in fontem Zelne
vocatum, et in eodem fluvio Pzerych ascendens versus septemtrionem pervenit ad unum pontem, qui est super eundem
fluvium Pzerich, ibique est meta terrea ; deinde procedens
superius in eodem fluvio venit ad unam viam, que pertransit
eundem fluvium, et tendit versus orientem; inde procedens
ad unum lapidem per viam memoratam, venit ad duas arbores nucum, et pertransiens easdem arbores ascendit ad montem ubique iungitur terre dicti domini Episcopi Zagrabiensis
de qua iidem iobagiones Castri et castrenses occupaverant.
Nos itaque inducti premissis racionibus pretactam terram
dicto domino Episcopo et per eum suis successoribus sentencialiter duximus restituendam et reddendam, parti adverse
super ipsa terra perpetuum silencium imponentes. Datum

Zagrabie in festo Sancti Egidii Confessoris anno ab Incarnacione Domini MCCLXX.

(Tkalcsics, Monum. hist. Episc. Zagrab. I. köt. 154. L)

36.

Az esztergami káptalan ujból átírja III, Béla királynak több jószágot tárgyazó adományát a nyitrai egyház számára.
1270,

Nos Capitulum Ecclesie Strigoniensis significamus omnibus quibus expedierit presencium per tenorem, quod cum venerabilis pater W. Dei gracia Episcopus Nitriensis, a nobis· per suas petiuisset litteras, ut tenorem cuiusdam priuilegij per nostros antecessores dati, quod idem dominus Episcopus nobis fecit exhiberi, rescribi faceremus; nos ipsum priuilegium sub antiquo et uero sigillo nostro nobis exhibitum, perspicacibus oculis diligenter intuentes, et ipsum non rasum, non cancellatum, nec in aliqua sui parte uiciatum esse inuenientes, tenorem eiusdem ad huiusmodi iustam peticionem dicti domini Episcopi de uerbo ad uerbum rescribi fecimus, anno Domini millesimo CC°LXX°, nono kalendas. Nouembris. Qui quidem tenor talis est:

Nicolaus Prepositus stb. (következik III. Béla király 1183-ki adománylevele, az esztergami káptalan által 1226. átírva, mint Okmánytárunk XI. vagyis a harmadik folyam I. kötetében 47. és 198. ll.)

redetie börhártyán, a pecsét már lemállott; a budai kir. kamarai levéltárban.)

37.

Az esztergami káptalannak bizonyságlevele, hogy Máté mester esztergami őrkanonok és három esztergami lelkész az átszolgáltatandó gyertyák ügyében egyezkedtek. 1270.

Nos Capitulum Ecclesie Strigoniensis significamus omnibus, quibus expedierit, presencium per tenorem; quod cum inter Magistrum Matheum Custodem Ecclesie nostre ab una parte, Chedem, Nicolaum, et Andream Sacerdotes Ecclesiarum Sancti Michaelis Archangeli, Sancti Johannis Ewangeliste, et Sanctorum Cosme et Damiani de villa Monethariorum Strigoniensium ab altera, mota fuisset contencio super eo, quo predictus Magister M. Custos quemlibet prefatorum sacerdotum de obuencionibus candelarum dicebat sibi racione Custodie dare debere in septem festiuitatibus anno quolibet singulam marcam candelarum, et super hoc ipsi Custodi venerabilis pater dominus noster Ph. Archiepiscopus Strigoniensis, nobis presentibus, iuramentum indixisset; tandem inter predictas partes, mediantibus quibusdam ex nobis, extitit taliter ordinatum: quod prefatus Magister M. Custos predictorum sacerdotum paupertati compaciens, duas marcas candelarum, quas de semptem festiuitatibus in duabus sibi deberi dicebat, eisdem sacerdotibus remisit, et indulsit, reliquas autem quinque marcas candelarum quilibet ipsorum sacerdotum, preter porcionem, que ipsi Custodi de candelis in die festo Ecclesiarum eorum debetur, cuius porcionis quantitas inferius est expressa, assumpsit et obligauit se daturum eidem Custodi in quinque festivitatibus annuatim, scilicet in festo Nativitatis Domini, in festo Resurrectionis eiusdem, in festo Pentecostes, in festo Assumpcionis Beate Uirginis, et in festo Omnium Sanctorum. De candelis autem, que in festo Ecclesiarum eorum offeruntur, debent dare Custodi terciam partem, sicut ijdem sacerdotes affirmarunt, assumpserunt

eoram nobis. Datum in octauis Apostolorum Petri et Pauli,
anno Domini millesimo ducentesimo septuagesimo.

(Az eredeti után Knauz Nándor Magyar Sion III. köt. 60. lap.)

38.

*A zágrábi káptalannak bizonyságlevele, hogy Miklós zágrábi
várjobbágynak fiai Sepnichai birtokukat Pernikol comesnek
elzálogosították. 1270.*

(Tkalcsics, Monum. hist. Episc. Zagrabiensis I. k. 155. l.)

39.

*V. István királynak Ujhely helységet tárgyazó adománya
Lörincz szörényi bán számára. 1271.*

Stephanus Dei gracia Hungarie, Dalmacie, Croacie,
Rame, Seruie, Gallicie, Lodomerie, Cumauie Bulgarieque
Rex omnibus Christi fidelibus presens scriptum inspecturis
salutem in omnium saluatore. Prouida Regum dispensacio a
Celesti Numine descendens nouit singulorum merita circumspeccionis oculis intueri, et intuendo prospicere, et prospiciendo consulere, quod fidelium suorum ntilitati consulit et

honori. Huiusmodi consideracionis tenore perpenso fidem
ac fidei constanciam dilecti ac fidelis nostri Laurencij Bani
de Zeurino et Comitis de Doboka tranquillitatis nostre oculis
intuentes; attendentes eciam, quod cum post obitum patris
nostri domini B(ele) Serenissimi Regis Hungarie clare memorie Nobis e uicino deberetur Regni gubernaculum et Corona
quibusdam ex Baronibus patris nostri telo perfidie sauciatis
statim post eiusdem Serenissimi Regis decessum ad confinia
commento malicie diuertentibus, et sua uersucia et fraude tesaurum Regni nostri perducentibus in potestatem Regis
Boemie ac districtum; ipse tamen Laurencius, tunc Palatinus Regni et Comes Simigiensis ac de Kemluk, vtpote qui
in diuersis fidelitatum meritis ab annis adolescensie penes
dominum Regem patrem nostrum pro Regni vtilitate et obse
quio fidelibus semper coaluit sudoribus et uiguit coalescens,
quem ambit et commendat perstans et inmobilis fidei forti-
tudo ante alios Barones et proceres Regni nostri Celsitudini
Nostre se obsequiosum exhibuit ac deuotum, ita ut uiam
aperiret et pararet suo exemplo reliquis omnibus ad Nostram
Maiestatem fiducialiter accedendi; post coronacionem eciam
nostram, cum peregrinacionis gracia haberemus votum et
desiderium paucis comitantibus in Poloniam diuertendi,
personam nostram et tanti Regis fortunam deuocionis intuitu
externe regionis euentibus et casibus committendo; prefatus
Laurencius Banus nostro semper adherens lateri, solacio
et consilio inter viarum discrimina graciosum Nobis exhibuit
famulatum. Ad hec, quum ad habendum tractatum et colloquium cum Rege Boemie apud Posonium conuenissemus
communiter, et uicissim ac ex condicto; malo tamen et
excogitato ingenio capitalis hostis nostri Regis Boemie in
quadam insula cum certo et paucissimo numero personarum
debuissemus cum ipso Rege Boemie inuicem nos uidere,
quamuis austicia (igy) uirus portaret in animo suo more
precogitata, tamen fraude et insidijs ac versucijs dicti Regis,
licet personam Regiam, in qua salus pendet et integritas
subiectorum, non expediret ancipiti fortune casui inmissere,
fortitudine tamen animi galeati dictam adiuimus insulam cum
Rege Boemie prenotato, ipso Laurencio Bano Nobis inter
reliquos asseclas et fidcles constanter et fideliter assistente;

ubi eum laudabilem agnouimus rerum experiencia comprobantet In expedicione eciam nostra, quam contra Austrenses mouimus propter uersuciam et iniusticiam Regis Boemie comprimendam, qui Nobis multipliciter fidem fregit, infideles nostros in suum dominium admittendo, et tesaurum Regni nostri ausu temerario contractando, dictum Banum sollertem, prouidum et bellicis sudoribus expositum inuenimus, et circa omnia nostra exsequenda mandata promptissimum et attentum pro fidelitate Corone debita, et conseruacione Patrie sue, post tergum omnia relinquendo, et continue in nostro exercitu contra potenciam Regis Boemie laudabiliter concertando, sibi non parcens, nec vite, gloriosam uitam reputans pro patria dimicare, quin ymo cum proclamato et uocato nostro exercitu contra insultum prefati Regis Boemie paulisper nostra se milicia prepararet, dictum Laurencium Banum de sua fide et industria per multa auspicia confidentes, quamuis continuis belli sudoribus fatigatum, necessario premisimus ante exercitum ad Regni confinia defendenda. Pro huiusmodi igitur eiusdem Laurencij Bani, dilecti et fidelis nostri, et multis alijs meritis et obsequijs graciosis, que non possunt per singula recenseri, ex mansuetudine Regia precordialiter inclinati, vt eius exemplo reliquos Regni nostri fideles ad nostra beneplacita et Regni seruicia efficasius (igy,) attendamus, licet modicum uideatur inspectis suorum qualitatibus meritorum, quandam possessionem Vyhel uocatam, cum omnibus suis pertinencijs, Debrete scilicet, Lybo, Potworich et Zerdahel uocatis, ipsi Laurencio Bano, et per eum suis heredibus heredumque successoribus, dedimus, donauimus, contulimus et tradidimus iure perpetuo et inreuocabiliter possidendam, et eum per hominem nostrum in corporalem apprehensionem dicte possessionis auctoritate fecimus Regia introduci. Vt igitur huiusmodi nostra donacio pro tam perspicuis seruiciorum premijs illibata permaneat, et robur optineat perpetue firmitatis, nec in posterum ullo unquam ingenio vel fraude hominum maliciose ualeat retractari, in perpetuam rei memoriam presentes litteras concessimus dupplicis sigilli nostri munimine roboratas. Datum per manus Magistri Benedicti Orodiensis Ecclesie Preposili aule nostre Vice-Cancellarij, dilecti et fidelis nostri, anno

Domini millesimo ducentesimo septuagesimo primo, decimo
kalendas Aprilis, Regni autem nostri anno primo.

(A kw-i káptalannak 1365. »in festo Beatorum Apostolorum Philippi
et Jacobi« »discretus vir Magister Nicolaus de Vylak, et procurator
Magnifici viri domini Nicolai de Konth Regni Hungarie Palatini«
kérésére kiadott átiratából, a budai kir. kamarai levéltárban. Ugyanott őriztetik a fentebbi okmánynak Lajos király által 1365. »tercio
idus Marcij« kiadott megerősítő privilegiuma is. Az okmánynak része,
de sok hibával kiadva Fejérnél Cod. Dipl. V. köt. 1. r. 98. l.)

40.

*V. István király megerősíti a zágrábi püspök jogait és szabad-
ságait. 1271.*

(Tkalcsics, Monum. hist. Episc. Zagrabiensis I. köt. 158. l.)

41.

*V. István király a zágrábi püspök népeit pártfogása alá veszi.
1271.*

(Tkalcsics, Monum. hist. Episc. Zagrab. I. köt. 159. l.)

42.

V. István király rendelete a bánok és főispánokhoz, hogy a zdgrábi püspök népeit ne háborgassák. 1271.

(Tkalcsics, Monumenta hist. Episcopatus Zagrabiensis I. köt. 156. l.)

43.

A győri káptalannak bizonyságlevele, hogy Henrik comes Ditriknek fia hét girát a Bösön okozott károk fejében Lothard comes szolgájának Peechi Miklósnak fizetett. 1271.

(Hazai Okmánytár I. köt. 54. l. Véghelyi Dezső közleménye.)

44.

A veszprémi káptalanuak bizonyságlevele, hogy Szalók nemzetségbeli Heym mester, Péter, Pál és Onth a Marczal mellett fekvő Szalókfölde birtokon megosztoztak. 1271.

(Hazai Okmánytár I. köt. 53. l. Véghelyi Dezső közleménye.)

45.

*A zágrábi káptalannak bizonyságlevele, hogy Aghai nemzet-
ségbeli Tamásnak fiai Scekeric nevű birtokukat eladták Iván
comesnek és testvérének Jakabnak. 1271.*

(Tkalcsics, Monum. hist. Episc. Zagrabiensis I. köt. 157. l.)

46.

*A zágrábi káptalannak bizonyságlevele, hogy Miklós zágrábi
várjobbágynak fiai Sepnicha-i birtokukat Pernichol comesnek
elzálogosították. 1271.*

(Tkalcsis, Monum. hist. Episc. Zagrabiensis I. köt. 158. l.)

47.

*Segna város hatóságának bizonyságlevele, hogy Belsaninus,
ottani lakos, házait a topuskai apátnak átengedte. 1271.*

Nos Jacobus Vicepotesta, Judicesque, Consiliarii, tota-
que Communitas Scenniensis significamus quibus expedit
universis, quod cum frater Henricus, monachus Toplicensis

electus eiusdem Civitatis, in ipsam veniens Civitatem, vice et
nomine domini Abbatis de Toplica, literas Magistri Petri
Archidyaconi Zagrabiensis presentasset, continentes : quod
domus suas, quas dominus Belzaninus in supradicta Civitate
ab eodem Magistro Petro tenebat et possidebat, cum omnibus
utilitatibus suis et pertinenciis ad manus predicti domini
Abbatis, vel ipsius hominis ad hoc per eundem deputati
deberet assignare. Qui quidem Belzaninus ad nostram veniens presenciam claves predictarum domorum ad manus ipsius
fratris Henrici porrigendo, ipsas domos sine aliqua contradiccione assignavit, et ipsum fratrem Henricum coram Archi-
dyacono, et toto Capitulo, ac nobis, in corporalem possessionem
ipsarum domorum introduxit, statuens coram nobis debitores
pro precio ipsarum domorum; et cum tempus solucionis ad-
veniret, eidem domino Abbati vel fratri Henrico solvere
tenerentur pro domibus supradictis sive alicui alteri, cui
dominus Abbas deputaverit vel decreverit. In cuius rei testimonium et evidenciam ampliorem literas nostras concessimus sigilli nostri munimine roboratas. Nam virorum sapientum decrevit industria, ut quitquid in presenti geritur, viva-
cibus elementorum indiciis in posterum transferatur. Datum
et actum in Scennia, ante ecclesiam Sancti Johannis Baptiste
anno Domini MCC septuagesimo primo.

(Tkalcsics, Monum. historica Episcopatus Zagrabiensis I. köt. 160, 1.)

48.

Bihács város és a topuskai apát közti egyesség, hogy az egyik a másiknak jobbággait birtokában be nem fogadja. 1271.

Nos Jacobus Maior Ville et tota Communitas Ciuitatis de Bihig ad vniuersorum noticiam uolumus peruenire, quod nos cum venerabili patre domino M(atheo) venerabili Abbate de Toplica, de beneplacito suo et nostro communi consilio et assensu talem inter nos et ipsum ordinauimus composicionem, ut ipse nullum de nostris iobagionibus de Veliho ad suum Districtum in Crala recipiat, et nos e conuerso nullum equidem de suis iobagionibus de Crala ad nostrum Districtum de Veliho, auctoritate presentis ordinacionis recipere presumimus. Quod si pars alterutra ordinacionem istam aliquatenus in recipiendo alterius partis iobagionem infringere presumpserit, ex vi presentis statuti ipsum iobagionem cum rebus ablatis cum judicio duplici aduerse parti restituere teneatur. Datum in Bihig anno Domini MCCLXXI.

(Eredetie bőrhártyán, a budai kir. kamarai levéltárnak Zágrábban lévő részében.)

49.

V. István több Gömörmegyei helységet tárgyazó itéletlevele a
Záh nemzetségbeliek, s kopasz Detrik és érdektársai közt.
1272.

Stephanus Dei gracia Hungarie, Dalmacie Croacie,
Rame, Seruie, Gallicie, Lodomerie, Cumanie Bulgarieque
Rex omnibus Christi fidelibus presentes litteras inspecturis
salutem in eo, qui Regibus dat salutem. Ad vniuersorum
noticiam tam presencium quam futurorum harum serie volumus peruenire, quod cum inter venerabilem patrem Job Dei
gracia Episcopum Quinqueecclesiensem, Comitem Musuniensem, dilectum et fidelem Baronem nostrum, et fratres eius
filios Zah Comitis de genere Zah ex una parte; et Detricum
caluum et filios eiusdem, et Lukach filium Philipi ac suos
fratres ex altera, questio siue lis verteretur super possessionibus seu terris Suethe, Prelaz, Lyponuk, Rosusna et Sumkut vocatis in Comitatu Gumuriensi existentibus, licet idem
venerabilis pater diuersa priuilegia karissimi patris nostri
domini Bele Illustris Regis gloriose recordacionis et nostra
super eisdem possessionibus et terris concessa, confecta, data
et tradita, in Judicio nobis pro tribunali sedentibus exhibuerunt, que suam plene justiciam declarabant, et ad ferendam
sentenciam pro eodem domino Episcopo nostrum animum
informabant siue inducebant; quia tamen dictus Detricus
Comes, et Lukach filius Philipi frater eiusdem se habere
priuilegium sub bulla aurea, et eciam alia priuilegia seu
instrumenta in nostra et Baronum nostrorum presencia fate-
bantur, ex habundanti dictorum Detrici et Lukach peticionibus et instancijs, non iuris necessitate, sed benignitate Regia
indulgere curantes, ad superandam omnem maliciam, eisdem
Detrico et Lukach terminum prefiximus peremptorium, octauam scilicet Ascensionis Domini, in quo precise sine diffugio
quolibet seu occasione, priuilegium cum bulla aurea, et alia

priuilegia uel quelibet documenta, si que haberent, proferrent
et exhiberent in Judicio coram nobis contra Episcopum
antedictum. Quo termino adueniente, octaua scilicet Ascep-
sionis Domini, quamuis venerabilis pater dominus Episcopus
Quinqueecclesiensis, suis non parcens laboribus et expensis,
sua iusticia mediante ad Nostre Maiestatis presenciam accessisset, omnia sua priuilegia tam patris nostri quam nostra
super eisdem possessionibus impetrata coram nobis in medium proferendo ; memoratus tamen Detricus Comes et Lukachius frater eius non comparuerunt per se vel per alium
aliquem defensorem, nec prefatum priuilegium sub aurea
bulla et cetera munimenta exhibuerunt vel exhiberi fecerunt,
sicut facere et exhibere peremptorie tenebantur, iuxta nostrarum continenciam litterarum. Nos itaque non uallentes
vlterius iuri deesse et iusticie, cum veritas equitatis eiusdem
venerabilis sepius exagitata in lucem resplenduerit coram
nobis, ne si nimirum Regalem emolliamus iusticiam, in peiora
malignorum animi inflamentur, inspectis omnibus priuilegijs
eiusdem domini Episcopi, et ipsorum priuilegiorum, instrumentorum seu munimentorum continencia sepius reçensita
seu perlecta, et sine reprehensione aliqua cognita et reperta,
que super premissis possessionibus seu predijs Sueche, Prelaz,
Liponuk, Rosusna et Sumkut ius et iusticiam eiusdem domini
Episcopi plenissime exprimebant, prout vigor iusticie questionem huiusmodi dirimere exigebat, prefatas possessiones seu
predia iuxta tenorem priuilegiorum patris nostri et nostrorum
decreuimus sentencialiter dicto Episcopo et fratribus suis,
filijs Zah Comitis, sub eisdem metis, que in priuilegio karissimi patris nostri antedicti plenius continentur, restituendas,
reddendas ac statuendas siue statuenda, sibi suisque heredibus heredumque successoribus perpetuo possidendas pariter
et possidenda, ipsumque dominum Episcopum in corporalem
possessionem earundem per dilectum et fidelem Capellanum
nostrum Chepanum Sacerdotem Canonicum Zagrabyensem
sub testimonio Agriensis et Bachyensis Capituli fecimus
introduci, prefatis Detrico et Lukach et eorum heredibus
heredumque successoribus super premissis omnibus perpetuum silencium inponentes; decernentes et pronunciantes
sentencialiter in Baronum nostrorum presencia et consensu

omnia priuilegia, munimenta, documenta ac litteras tam karissimi patris nostri quam nostra vel nostras judicumque nostrorum, si que habent vel haberent Detricus et frater suus superius memorati, cassa, irrita et inualida ac inania, nullas vires in posterum penitus habitura; auctoritate nichilominus Regia sentencialiter pronunciauimus, vt exhibitores dictorum priuilegiorum seu instrumentorum, quocumque tempore vel judicio, irretiti seu notati ipso facto labe et vicio calumpnie habeantur. In cuius rei testimonium et eternam memoriam presentes litteras concessimus dupplicis sigilli nostri muni- mine roboratas. Datum per manus Magistri Benedicti Prepositi Orodyensis aule nostre Vice Cancellarij dilecti et fidelis nostri anno Domini M°CC° septuagesimo II°, Regni autem nostri anno tercio, Indiccione quinta decima, decimo octauo kalendas Julij. Philipo Strigoniensi, Stephano Colo- chensi aule nostre Cancellario, et Johanne Spalatensi Archye- piscopis ; Lamperto Agriensi, Job Quinqueecclesiensi Comite Mosoniensi, Briccio Chanadyensi, Philipo Wachyensi aule domine Regine Cancellario, Paulo Wesprimiensi, Tymotheo Zagrabiensi, Lodomerio Waradyensi, Dyonisio Jauriensi et Petro Transsiluano Episcopis Ecclesias Dei feliciter guber- nantibus. Moys Palatino, Comite Supruniensi, Judice Cuma- norum ; Nicolao Judice Aule nostre Comite Symigiensi ; Egydio Magistro Tauarnicorum, Comite Posoniensi ; Joua- chino Bano tocius Sclauonie, Matheo Woyuoda Transsiluano, Comite de Zonuk, Laurencio Bano de Zeurino Comite de Doboka ; Petro Magistro Dapiferorum, Comite de Gechke ; Alberto Magistro Agazonum, Comite de Scebino, Philipo Magistro Pincernarum, Gregorio Comite Tauarnicorum domine Regine, Comite Castri Ferrei ; Ponich Bano, Comite Zala- dyensi ; Mychaele Comite Nitriensi, et alijs quam pluribus Regni nostri Comitatus tenentibus et honores.

(IV. László királynak 1275-ki megerösítö privilegiumából.)

50.

V. István király megerősíti azon szerződést, melylyel Herck barsi polgár a Garam folyón lévő malmát a sz. benedeki monostornak eladta. 1272.

Nos Stephanus Dei gracia Hungarie Dalmacie, Croacie, Rame, Seruie, Gallicie, Lodomerie, Cumanie Bulgarieque Rex omnibus tam presentibus quam futuris presentes litteras inspecturis salutem in omnium saluatore. Ad vniuersorum tam presencium quam futurorum noticiam harum serie volumus peruenire : quod vir venerabilis frater Martinus Abbas Monasterij Beati Benedicti de Grana ad nostram accedens presenciam obtulit Nobis priuilegiales litteras fidelium nostrorum Capituli Nitriensis, datas seu concessas super empcione cuiusdam molendini existentis in fluuio Grana in uilla Bors. Quarum quidem litterarum tenor talis est :

Vniuersis stb. Capitulum Nytriensis Ecclesie stb. (következik a nyitrai káptalannak 1270-ki bizonyságlevele, mint Okmánytárunk VII. vagyis a második folyam II. kötetében 322. l.)

Nos itaque contractum huiusmodi aprobantes, prout eciam primitus per Dionisium Comitem Borsiensem aprobatus fuerat, secundum quod ipsius littere declarabant, et eciam collacionem vnius aree siue situs curie per dominum Regem felicis recordacionis karissimum patrem nostrum dicto Monasterio in uilla eadem collati, iuxta suarum continenciam litterarum ratum habentes presentibus confirmamus, duplicis sigilli nostri munimine roborando. Volentes, quod Abbas predicti Monasterij super premissis nec per Comitem Borsiensem, quicunque fuerit pro tempore, nec per alios quoslibet valeat vllo vnquam tempore molestari. Datum per manus Magistri Benedicti Orodiensis Ecclesie Preposit aule nostre ViceCancellarij, dilecti et fidelis nostri, anno Domini M•

4*

CC° septuagesimo secundo, Regni autem nostri anno secundo.

(Az eredeti után Knaux Nándor, Magyar Sion III. köt. 222. L.)

51.

*V. István király megerősíti IV. Béla királynak szabadalom-
levelét több trencsénmegyei várjobbágy számára. 1272.*

Stephanus Dei gracia Hungarie, Dalmacie, Croacie,
Rame, Gallicie, Lodomerie, Cumanie Bulgarieque Rex omnibus presens scriptum inspecturis salutem in omnium saluatore. Ad vniuersorum noticiam tenore presencium volumus
peruenire, quod Newer, Buda, Ordirad, Raschoh, Radila et
Damaslou de villa Vetislou ad nostram accedentes presenciam exhibuerunt nobis priuilegium Bele Regis inclite recordacionis karissimi patris nostri super libertate eorum eis
concessum, petentes instanter, vt id ratificare, et nostro dignaremur priuilegio confirmare. Cuius quidem tenor talis est :
Bela Dei gracia Hungarie stb. Rex stb. (következik IV.
Béla királynak 1243-ki szabadalma, mint Okmánytárunk
VII. vagyis a második folyam II. kötetében 135. l.)
Nos itaque priuilegium eiusdem karissimi patris nostri
ratum habentes et acceptum, ad instanciam et suplicacio-
nem predictorum jobagionum Castri auctoritate presencium
duximus confirmandum, duplicis sigilli nostri munimine
roborando. Datum per manus Magistri Benedicti Orodiensis
Prepositi aule nostre Vice Cancellarij, dilecti et fidelis nostri
anno Domini M°CC° septuagesimo secundo, Regni autem
nostri anno secundo. Venerabilibus patribus Phylippo Strigoniensi, Stephano Colocensi aule nostre Cancellario, et
Johanne Spalatensi Archiepiscopis; Lamperto Agriensi,

Briccio Chanadiensi, Job Quinqueecclesiensi, Phylippo
Waciensi, Thymoteo Zagrabiensi, Lodomerio Waradiensi,
Dyonisio Jauriensi, et Petro Transyluano Episcopis Ecclesias
Dei feliciter gubernaatibus. Moys Palatino Comite Supruni-
ensi Judice Cumanorum; Nycolao Judice Curie nostre Comite
Symygiensi, Egidio Magistro Tawarnicorum Comite Posoni-
ensi, Joachyno Bano tocius Sclauonie, Matheo Waynoda
Transyluano Comite de Zounuk, Laurencio Bano de Zeurino
Comite de Doboka, Petro Magistro Dapiferorum Comite de
Gwechke, Alberto Magistro Agasonum Comite de Scybinio,
Phylippo Magistro Pincernarum nostrorum, Paulo Bano
Comite Bachiensi, Gregorio Magistro Tawarnicorum domine
Regine Comite Castri Ferrei, Ponich Bano Comite Zaladiensi,
Mychaele Comite Nitriensi, et alijs quam pluribus Comitatus
Regni nostri tenentibus et honores.

(Eredetie bőrhártyán, a függő pecsét elveszett; a méltóságos báró
Mednyánszky család beczkói levéltárában.)

52.

*V. István király Zsörkön lakó vasvári nyolcz várjobbágyot a
nemesek rendjébe iktat. 1272.*

(Hazai Okmánytár I. köt. 55. l.; néhai Ráth Károly közleménye.)

53.

V. István király Teresztenye földtért Tornamegyében Kachuzi Mokud fiainak adományozza. 1272.

(A gróf Zichy család Okmánytára I. köt. 28. lap. Nagy Imre közleménye.)

54.

V. István királynak a somogyvári vendégek állására vonatkozó okmánya. 1272.

Capitulum Ecclesie Albensis stb. omnibus Christi fidelibus stb. quod cum dominus noster Sigismundus Rex Hungarie etc. Ciuitatem suam Regalem Somogywar vocatam in Comitatu Simigiensi existentem cum castro murum antiquum habente, ac predijs Zaabar et Dob, item tributo in eadem exigi consueto, molendinisque super fluuio Hidas decurrentibus, montibusque, vineis et alijs cunctis vtilitatibus viris Magnificis Nicolao et Dionysio filijs Stephani de Marczaly, Georgio filio Johannis, alteri Nicolao filio alterius Stephani, et Ladislao filio Petri fratribus eorum, noue sue donacionis titulo conferendo stb. tempore statucionis ipsarum dictis nobilibus faciende in persona Conuentus Ecclesie Sancti Eegidij de Simigio contradiccio facta fuisset; propter quod pro defensione juris dicte Ecclesie in persona dicti Conuentus coram domino Nicolao de Gara dicti Regni Hungarie Palatino uti Judice Ordinario tenor littere Stephani et Ladislai Regum in litteras domini Caroli Regis inserte stb.

presentate extitissent stb. postmodum prefatus dominus noster Rex nobis firmis dedit in mandatis, vt stb. prefatas Ciuitatem Somogywar cum prescriptis alijs sibi adnexis a juribus prefate Ecclesie sequestrando prefatis Nicolao, Dionysio
stb. (a királyi és konventbéli emberek) statuerent stb. (A
statutio feria sexia ante festum Ascensionis Domini» megtörténvén) vbi quia prefati domini Nicolaus et Dionysius exhibicione litterarum domini Stephani Regis filij Bele Regis
— — — anno Domini M°CC° septuagesimo secundo, quintodecimo kalendas Maij — — — — quintadecima, Regni
autem sui anno secundo emanatarum, preterea aliarum
litterarum dominorum Ladislai filij eiusdem domini Stephani
Regis, ac Caroli, et prefati Sigismundi Regum, dictas litteras
prefati Stephani Regis confirmancium, hospites Regales de
ipsa Somogywar Abbati Simigiensi racione terragij omni
anno in octauis Sancti Martini pondera soluere debuisse
declarassent : ideo ipsam Ciuitatem Somogywar exceptis
tribus sessionibus cum media stb. prefatis Nicolao et Dionysio stb. statuissent nullo contradictore apparente stb.

(Néhai Rajcsányi Ádám kézirati gyűjteményéből.)

55.

V. István király megerősíti II. Endre és IV. Béla királynak
privilegiumait a zágrábi egyház számára. 1272.

(Tkalcsics, Monum. hist. Episc. Zagrabiensis I. köt. 162. l.)

56.

V. István király megerősíti Buza mester zágrábi kanonoknak misealapítványát. 1272.

(Tkalcsics, Monum. hist. Episc. Zagrab. I. köt. 164. l.)

57.

Teopolo Lőrincz velenczei doge a curzolai és meledai grófot Trau város elöljáróságának ajánlja. 1272.

Laurentius Teupol — — — — — — — nobilibus viris Rectoribus Tragurij et eiusdem Terre Vniuersitati dilectis sibi salutem et dilectionis affectum. Cum nobilem nostrum dilectum . . . in Comitem Curzure et Melete presentialiter dirigamus, prudentiam vestram requirendam duximus et rogandam per nos et nostrum Consilium, quatenus eundem nobilem et homines dicti Comitatus recommendatos habentes in hijs, que pro ipsius regimine facienda habuerit, fauorem vestrum et auxilium taliter impendatis, quod preces nostras penes vos sibi sentiant fructuosas, et nos reputemus ad gratiam. Datum — — — — die nona exeunte mensis Februarij indictione XV.

(Lucius, Memorie Istoriche di Trau 108. l.)

58.

Bruno olmüczi érseknek jelentése X. Gergely pápához a magyar és cseh király közt kötendő békesség tárgyában. 1272.

Sanctissimo Patri domino suo Gregorio Sacrosancte Romane Sedis Summo Pontifici B. Dei gratia Episcopus Olomucensis debitam reuerentiam deuotaque pedum oscula beatorum. Sanctitatis Vestre litteras, et mandatum quod continebatur, reuerenter, vt decuit, suscepimus et deuote, et si non exacta ea, tamen quod potuimus iuxta conditionem temporis sumus illud diligenter executi. Quod vero in missione litterarum, quas vobis inscripsimus, tardasse videmur, supplicamus humiliter et deuote, quatenus Sanctitatis Vestre clementia nos in hoc excusatos habere dignetur. Receptis enim litteris Vestris ad exequendum id quod continebant, nulla prius propter diram guerre commotionem inter Serenissimum dominum nostrum Regem Bohemorum Illustrem, et dominum Hungarie Regem nobis obtulit se facultas. In his etiam, que Sanctitati Vestre sub spe fiducie scripsimus, provida et circumspecta discretio Vestra nobis, quod necessarium arbitramur valde, cauere dignetur. Datum XVII. kalendas Januarij.

(A Rómában lévő Valicelli-féle könyvtár kézirataiból közli Dudik Béda.)

59.

Moys nádornak száztiz hold szántóföldet és ötven hold térséget tárgyazó itéletlevele Ivanka Mod fiának, Miklós Chepán fia és Tamás Endre fia ellen indított perében. 1272.

(Hazai Okmánytár I. köt. 58. l. Nagy Imre közleménye.)

60.

A bácsi káptalannak bizonyságlevele, hogy Endre mester Iván-nak fia Nyék nevü földet serviensének Léndrdnak inscribálta. 1272.

Nos Franciscus Bubek de Pelseuch Banus Machouien-sis memorie commendantes tenore presencium siguificamus quibus expedit vniuersis, quod in Congregacione nostra Gene-rali Vniuersitati Nobilium Comitatus Bachiensis feria secun-da proxima post festum Beati Bartholomei Apostoli ex speciali Regis edicto prope Ciuitatem Bachyensem celebrata Ladislaus filius Johannis de Kerezthwr, et Gregorius filius alterius Johannis de eadem, de medio aliorum exurgendo proposuerunt eo modo : quod nobilis domina Anna vocata consors Ladislai de Feldwar, et Stephanus de Vereufeu, ac nobilis domina mater eiusdem Stephani relicta videlicet Fabia-ni Farkasverew dicti, Johannes filius Johannis, Stephanus et Paulus filij Endre, ac Dominicus filius Nicolai, Nobiles de Nagwelgh ipsius (így) de porcione possessionaria in eadem Vereufeu (alio nomine Nyek) ipsos contin(g)enti potencia-liter exclusissent, et eandem pro se occupando conseruarent

de presenti stb. (Ennek folytán) quasdam litteras Capituli
Ecclesie Bachiensis priuilegiales stb. Quo percepto annotati-
Stephanus de Vereufeu, ac Johannes filius Johannis, et Dominicus filius Nicolai de dicta Nagwelgh, nec non nobilis
domina eiusdem Stephani mater personaliter, ae idem Stephanus de Vereufeu pro prescripta domina Anna vocata
consorte dicti Ladislai de Feldwar cum litteris procuratorijs
predicti Capituli Ecclesie Bachiensis, ipsum Stephanum
filium Endre ab hac luce decessum fore referentes, prefato
Paulo filio eiusdem Endre non veniente, nec mittente stb. (ta-
gadják a hatalmaskodást); nam eadem possessio Nyek alio
nomine Vereufeu vocata totalis eidem domine Anna vocate
vigore litteralium instrumentorum pertineret; dicta autem
nobilis domina mater dicti Stephani pro suis iuribus dotali-
cijs, idem vero Stephanus, Johannes filius Johannis, et
Dominicus filius Nicolai, cum alijs eorum fratribus, in eadem
possessione Nyek ex participacione eiusdem domine Anne
porciones haberent et conseruarent. Et ibidem in declaracio-
nem iuris prefate domine Anne quasdam tres litteras, duas
annotati Capituli Ecclesie Bachiensis priuilegiales, et terciam
domini Stephani de Lochonch condam Bani Machouiensis paten-
tem nobis presentarunt. In quarum prima, videlicet onnotati Capituli priuilegiali littera, anno Domini Mᵒ ducentesimo septuagesimo secundo confecta, alphabeto intercisa habebatur, quod
accedentes ad presenciam dicti Capituli Andreas filius Iwan
ex vna parte, et ex altera Leonardus filius Dombaldi, seruiens eiusdem Magistri Andree, idem Magister Andreas confessus exstitisset, vt ipse quandam terram suam per ipsum de-
Itew pro viginti marcis comparatam Nyek vocatam, adiacentem terris commetaneorum, videlicet venerabilis patris
domini Archiepiscopi Colocensis in Doba, Laurencij, Ladizlai et Chititz filiorum Ananye, et Symonis filij Georgij, ac
Blasij, eidem Leonardo pensatis fidelibus seruicijs suis per
eundem exhibitis indefesse, in recompensacionem eorundem
fidelium seruiciorum suorum dedisset, donasset et contulisset,
sibi et heredibus suis heredumve successoribus jure perpetuo
sub eisdem metis, quibus possessa fuisset ab antiquo, de
voluntate et consensu eorundem commetaneorum suorum
pacifice possidendam. Altera stb. Datum quarto decimo die

Congregacionis nostre predicte in loco memorato anno Domini M‘CCC‘ nonagesimo nono.

(Eredetie a budai kir. kamarai levéltárban.)

61.

Sixtus mester esztergam-káptalani lector mint kiküldött királyi biró a Ják nemzetségbeli Elek- és Chepánnak néhány királyi udvarnok által kétségbe vont öröktulajdon-jogát Thukurch helységre nézve elismeri, és erről bizonyságot ád. 1272.

(Ifj. Kubinyi Ferencz, Magyar Történelmi Emlékek I. köt. 83. l.)

62.

A chaszmai káptalannak bizonyságlevele, hogy a Buchcha nemzetség tagjai Ochna-i birtokuk egy részét Jakab comesnek örökösen eladták. 1272.

(Ifj. Kubinyi Ferencz, Magyar Történelmi Emlékek I. köt. 85. l.)

63.

A fehérvári káptalan átírja a zágrábi egyház privilegiumait.
1272.

(Tkalcsics, Monum. hist. Episc. Zagrabiensis I. köt. 161. l.)

64.

A pozségai káptalannak bizonyságlevele, hogy Borich bánnak
utódjai bizonyos peres ügyben egyezkedtek. 1272.

Vniuersum Capitulum Ecclesie Sancti Petri de Posoga omnibus Christi fidelibus presentem paginam inspecturis salutem in omnium saluatore. Quoniam labilis est humana memoria, et rerum turbe non sufficit; ob hoc racio mater equitatis adinuenit, vt res geste litterarum debeant viuacitate perhennari. Hinc est, quod ad vniuersorum noticiam volumus peruenire, quod constituti coram nobis nobiles viri de genere Borych Bani, videlicet Marczel, Michael, Wysen et Wydus filij Benedicti ab vna parte, et Beryzlaus filius Beryzlaui ex altera, viua voce et amicabili personaliter affirmarunt : Quod quamquam diu et multociens super diuisione ipsorum generali lites et contenciones in aterutrum coram domino Rege et diuersis Judicibus Regni fuissent ventilate; tandem probis viris et idoneis inter ipsos pacem et composicionem de voluntate parcium iam dictarum facientibus, scilicet Petri filij Otholyn, Johannis fratris eiusdem, Georgij filij Mutimerij, Nicolai filij Descysclow, Simonis filij Gyrizlo, Pauli filij Boryho, Gregorij filij Zawda, Stephani filij Jacow, Syrgerardi

·Comitis, et Thome filij Comelij, vt discordia et lites de medio
eorundem penitus tollerentur et sopirentur in hunc modum
conuenissent, vt medietas silue inter aquam Moruzna vocatam
et aquam Zawa existentis in solitis prouentibus, scilicet in
pastu porcorum, et omnibus vtilitatibus, quas eadem silua
consueuit pro tempore ministrare, in duas partes debet sine
diminucione bipartiri. Similiter eciam medietas ipsius aque
Moruzna ab inicio eiusdem, que fok wlgariter appellatur, secundum cursum eiusdem aque in lausulis (így), que wlgo
scege nuncupantur, partibus communiter ministrabit. Vt autem
premissa ordinacio inter nobiles prenotatos robur obtineat
perpetue firmitatis, ad peticionem eorundem presentes litteras
concessimus nostri sigilli impressione roborantes. Datum
anno Gracie millesimo ducentesimo septuagesimo secundo.

(Mátyás király személynöke által 1461. Budán »quarto die termini ferie
quarte proxime ante festum Beati Gregorij« kiadott oktávás átiratból,
a budai kir. kamarai levéltárban.)

65.

*A pozsonyi káptalannak bizonyságlevele, hogy Potun-i Mór
és Farkas birtokuk két harmadrészét örökösen eladják Bulch-
nak, a pápai udvarnokok comesének. 1272.*

(Ifj. Kubinyi Ferencz, Magyar Történelmi Emlékek I. köt. 87. l.)

66.

*A zágrábi káptalannak bizonyságlevele, hogy Dávid Pousá-
nak fia zágrábi malmát eladta Péter zágrábi főesperestnek.
1272.*

(Tkalcsics, Monum. hist. Episc. Zagrab. I. köt. 161. l.)

67.

*A keresztesek esztergami konventjének bizonyságlevele, hogy
Szent Pál, Dorogh, és egyéb helységek határait illetőleg, az
esztergami érsekkel és káptalannal békésen egyezkedett. 1272.*

Nos frater Elias Magister et Conuentus Cruciferorum
Ecclesie Sancti Stephani Regis de Strigonio significamus quibus expedit vniuersis presencium per tenorem, quod licet inter venerabilem in Christo patrem dominum Philipum Dei gracia Archiepiscopum Strigoniensem eiusdemque loci Comitem
Perpetuum super metis ville sue Sancti Pauli, et suum Capitulum super metis possessionum (így) ipsorum Dorogh vocate
ab una parte, ab altera vero parte inter nos super metis
possessionum Ecclesie nostre, videlicet Sancti Stephani
prope Villam Sancti Pauli, ac Sancti Stephani Regis, ac terre Bylle vocate, cuius ecclesia est in honore Beate Margarete uirginis, in presencia Judicis Curie Regalis litis materia
et questionis discordia usque modo fuisset suscitata;
tamen quia omnis controuersie et discordie finis est pax et
concordia, ideo super metis litigiosis predictarum villarum
et possessionum, de permissione et voluntate eiusdem Judicis
Curie Regalis, ad talem pacis et concordie deuenimus unio-

nem, quod quicquid Comes Dominicus, ciuis de contrata
Latina Regalis Ciuitatis Stigoniensis, Comes Lorandus de
Gywa, Magister Mychael Vicecomes Nitriensis, Magister
Stephanus filius Texew, Comes Jacobus de Tezer et Comes
Benedictus nobilis de Nyir, pro arbitrys per nos rogati et
asumpti super ipsis metis, Deum habendo pre oculis et eius
iusticiam, sub penis centum marcarum preter porcionem
iudicis per eosdem nobis impositis, arbitrarentur inter nos
et dominum Philipum Archiepiscopum et suum Capitulum
Strigoniense, modis omnibus teneremur acceptare. Qui quidem Comes Dominicus et nobiles supradicti hoc modo inter
nos extiterunt ad ipsorum fidem arbitrati in metis villarum
predictarum et causa nostra supradicta : quod quia instrumenta nostra et priuilegia de metis dictarum villarum nostrarum non plene informabant, ut exinde idem dominus
Archiepiscopus et suum Capitulum contentari potuissent ;
ideo ipsi arbitry nobis Magistro et Dominico Custodi eiusdem
Ecclesie nostre Sancti Stephani Regis, eo quod actores eramus, iuramentum imposuerunt tali modo, ut ubicunque fide
nostra mediante, quemadmodum secundum Regni consuetudinem in terris et metis litigiosis iuramenta fieri solent, metas
erigeremus, idem dominus Archiepiscopus et suum Capitulum
ipsam ereccionem tenerentur acceptare, alias in centum
marcis contra nos, vt premisimus, preter porcionem iudicis
remanerent ipso facto ante litis ingressum nobis persoluendis.
Nos itaque iuxta formam arbitrij dictorum arbitratorum in
octauis Ascensionis Domini, presentibus dictis arbitrys, Judice, Juratis de contrata Latina Regalis Ciuitatis Strigoniensis ad finem Ville Sancti Pauli accessimus, de ripa parui
Danubij directe exundo (igy) ad litus ipsius aque in ipso
litore in latere ipsius litoris iuxta unam uiam antiquam, que
gregum uia dicitur, uenientem directe de Villa Sancti Stephani ad paruum Danobium, ereximus iurantes unam terream
metam, in cuius medio vnum erectum lapidem fecimus inponi ; deinde iuxta eandem uiam eundo aliquantulum ad
partem Ville Sancti Stephani aliam terream ereximus, in
cuius medio similiter unum lapidem fecimus inponi propter
cautelam firmiorem ; exinde iuxta eandem parum progrediendo ereximus terciam metam, in cuius medio pro-

signo similiter lapidem erectum fecimus introponi; item
quartam metam terream ereximus ad eandem partem eundo
prope villam nostram Sancti Stephani similiter cum uno
magno lapide, ubi separatur terra ville nostre Sancti Stephani a terra Ville Sancti Pauli, et separatur eciam a terra
Ecclesie Sancti Egidij, que dicitur ipsius Latine contrate
Regalis Ciuitatis ; et sic cum eodem domino Philipo Archiepiscopo Strigoniensi concordauimus. Preterea hys peractis
cum prenominatis arbitris et alijs communibus hominibus
accessimus ad metas ville nostre Sancti Stephani et terre
Bille a parte ville Capituli Strigoniensis Dorogh vocate, et
inuenimus in fine eiusdem prati longe a parte ville nostre
Sancti Stephani in fine terrarum arabilium et a parte occidentis, quantum ad villam et terram Bille ibidem uicinantem
unam metam magnam antiquam communiter separantem
nobis et ipsi Capitulo, ubi ereximus concorditer cum ipso
Capitulo duas metas, in nummero (igy) faciunt tres satis
magnas, quarum una separat Ville Sancti Stephani a parte
ville predicte, et a parte ville Dorogh que est, separat eidem
ville Dorogh, et que est a parte ville seu terre Bille, separat
terre Bille. Item ab ipsis tribus metis incipientes fleximus nos
aliqualiter circulando iuxta terram eiusdem ville Dorogh, et
transiuimus quasi ad partem meridionalem directe supra ad
latus cuiusdam montis, et ibi in latere eiusdem montis inuenimus unam metam terream iuxta vnam magnam viam, que
ueniet de uilla Dorogh, et uadit in uillam nostram Taat nominatam, et de voluntate euisdem Capituli Strigoniensis iuxta
ipsam unam metam ereximus aliam metam terream, que
separat ville nostre Sancti Stephani Regis a predicta villa
Dorogh, que est Capituli ; et deinde tenere incipit metas possessio Ecclesie nostre Sancti Stephani cum terra Cruciferorum
Ecclesie Sancti Lazary usque ad villam nostram Tat currendo cum metis continuis. Et sic cum Capitulo Strigoniensi concordauimus in metis et causis nostris supradictis, presentibus
eisdem Comitibus Dominico, Lorando, Magistro Mychaele,
Stephano, Jacobo et Benedicto, arbitrys nostris supradictis.
Et quia jus est, quod cuiuslibet Capituli vel Conuentus propria
littera suo sigillo autentico in negocijs discordantibus et
causis sopitis modo supradicto contra sibi inuicem partibus

concordantibus, maioris est vigoris et forcioris firmitatis, et plus ligat quoad antedictum Judicem Curie Regie, et eciam quoad nosmet ipsos : voluerunt dicti arbitry nostri, vt super predicta concordia et ereccionibus metarum ipsis domino Philipo Archiepiscopo et suo Capitulo Strigoniensi in huiusmodi testimonium nostras litteras priuilegiales cum nostro pendenti sigillo daremus; et quod ipsi dominus Archiepiscopus et Capitulum suam uberiorem ad cautelam eorum litteras sigillis eorum consignando dari facerent et emanari. Quorum dictis annuentes ipsi domino Archiepiscopo et suo Capitulo de predicta nostra concordia presentes nostras litteras priuilegiales sigillo nostro consignando dari fecimus et assignari per manus predictorum arbitrorum nostrorum. Litteras autem ipsius domini Archiepiscopi et sui Capituli in eisdem tenoribus, in quibus nos dedimus, sub eorum sigillis nobis uoluimus presentari; quas idem dominus Archiepiscopus et suum Capitulum sub eorum sigillis in tenore premisso per manus dictorum arbitrorum nobis assignauerunt, in nostra camera conseruandas; tali condicione interiecta, quod si litem aliquam non suscitanti exinde susscitaret, in centum marcis remaneret parti litem et in concordia perseueranti ante litis ingressum pers poluendis. In cuius rei firmitatem dicti arbitry hoc ligamen fieri de (creuerunt). Datum feria tercia post quindenas Pentecos tes anno Domini M⁰CC⁰LXX⁰ secundo.

(Az eredeti után Knauz Nándor, Magyar Sion III. köt. 218. l.)

68.

Sebenico és Trau városoknak egyezkedése Cettina és Clissa városok községeivel a jogszolgáltatás viszonosságának tárgyában. 1272.

MCCLXII. die VII. Januarij. Comes Stepicius de Ceptina et sui consanguinei Vulcepta filius Preuislaui, et Predis-

Jauus filius Qualimeri de Ceptina ex una parte; et dominus
Elias filius Radouani Volchenza de Sibenico nomine Communitatis Scibenico, et domini Dessa Amblasij, Luca Petri
et Lomprus Jacobi Judices Ciuitatis Tragurij nomine Communitatis Tragurij ex altera, ad tale pactum et concordiam
insimul peruenerunt, videlicet : Quod si aliquis de Ceptina
dampnum dederit alicui de Tragurio vel de Sibenico, et eum
percusserit, et si in eum sanguinem fecerit, et ille qui percussus fuerit notificauerit hominibus quos inuenerit veniendo per
viam, et notificauerit sue Curie; detur ei credencia, et sibi
credatur; et ille, qui eum percusserit, et sibi damum dederit,
teneatur et debeat dictum damnum emendare; et si emendare non poterit, tradatur personaliter illi, cui dampnum datum fuerit, et percussus fuerit. Et e conuerso, si aliquis de
Tragurio, vel de Sibenico dampnum dederit alicui de Ceptina, et eum percusserit, et in eum sanguinem fecerit; et ille,
qui percussus fuerit, notificauerit hominibus quos inuenerit
eundo per viam, et notificauerit sue Curie, detur ei credencia,
et sibi credatur; et ille, qui eum percusserit, teneatur et debeat dictum damnum emendare; et si emendare non poterit,
tradatur et detur personaliter illi, cui dampnum datum fuerit,
et percussus fuerit. Et si aliquis de Ceptina, vel de Scibenico,
vel de Tragurio, qui dixerit se percussum esse, et in eum
sanguinem factam fuisse, et sibi dampnum datum esse, postea
aliquo tempore inuentus fuerit, et sciri poterit, quod maliciose
dixerit, et pecijt quod pecijt, teneatur solvere duplum de eo,
quod accepit pro damno, illi a quo accepit emendam damni.
Que quidem omnia et singula suprascripta predicti Comes
Stepcus Vulcepta filius Preuislaui, et Predislaus filius Qualimeri pro se et omnibus hominibus de Ceptina ex una parte;
et predicti Elias et Volcheusa nomine dicte Communitatis
Sibenici et pro ipsa Communitate; et predicti Judices Ciuitatis Tragurii pro dicta Communitate Tragurij ex altera ad
inuicem alter alteri promiserunt, et corporaliter ad Sancta
Dei Euangelia iurarunt firma et rata habere.

Die dicta. Domini Stepcus filius Stancij, et Juannes
filius Boghidani Judices de Chlissza ex una parte nomine
Communitatis Chlissze; et Elias filius Radouani, et Volchesza
de Scibenico nomine Ciuitatis Sibenici; et domini Judices

5*

Ciuitatis Tragurij nomine Communitatis Tragurij ex altera ad tale pactum etc. ut in superiori.

Actum in Ciuitate Tragurij in ecclesia Sancte Marine presentibus dominis Zancia Casotti, Marino de Casariza, Georgio de Cega, et Mauro Stoche, et Duymo Domiche, et alijs pluribus testibus, et Stefano Marini Ruge Examinatore.

(Trau város jegyzőkönyvéből Lucius, Memorie Storiche di Trau 86. l.)

69.

F. székesfehérvári örkanonok V. István királynak, Dénes comes fiai érdi birtokának határjárásáról jelentést tesz. 1270—1272.

(A gróf Zichy család Okmánytára I. köt. 27. l. Supala Ferencz közleménye.)

70.

A budai káptalan V. István királynak jelenti, hogy az érdi királyi fegyverviselöket az érdi sziget birtokába visszahelyezni akarván, ennek az ócsai prépost és emberei ellenmondottak. 1270—1272.

A gróf Zichy család Okmánytára I. köt. 28. l. Nagy Imre közleménye.)

71.

A vasvári káptalan jelentése V. István királyhoz, hogy Saari Pál comes több birtokot eröszakosan elfoglalt, melyekre Barnabás comes Geregének fia igényt tart. 1270—1272.

Excellentissimo domino suo St. Dei gracia Illustri Regi Hungarie Capitulum Ecclesie Sancti Michaelis de Castro Ferreo inclinacionem et oraciones in Deo debitas ac deuotas. Serenitatis Vestre litteras nobis destinastis, in quibus uidimus contineri, quod Comes Barnabas filius Gerege sua uobis conquestione demonstrasset, vt Comes Paulus filius Sech de Saar de possessionibus suis in concambium per eundem mediautibus nostris litteris sibi datis, Fanchka, Kuzepfolu, Gykynus, Pinche et Pozuba uocatis excludens expulisset, et usumfructum ipsarum possessionum antedicto tempore ipse Paulus Comes perciperet potencialiter in ipsius preiudicium; super quo precipiebatis nobis, ut unum ex nobis uirum ydoneum atque iustum cum Paulo nepote Kathuna homine uestro ad sciendam et inquirendam ipsius rei ueritatem mitteremus. Verum cum Uestris preceptis et mandatis obedire debeamus, ut tenemur, unum ex nobis de senioribus Capituli nostri, virum utique iustum, cum dicto homine uestro transmisimus ad ipsius rei ueritatem requirendam. Qui demum ad nos reuersi, requisiti recitarunt, quod ipsas possessiones uidissent sub potestate dicti Comitis Pauli vniuersaliter constitutas, et sciuissent a uicinis et commetaneis possessionem earundem, prefatum Comitem Barnabam de dictis possessionibus dudum potencialiter exclusum et expulsum per eundem. Datum in octauis Sancti Regis Stephani.

(A győri káptalannak 1281-ki átiratából, mint alább, a budai királyi kamarai levéltárban.)

72.

*IV. László király megerősíti II. Endre királynak Lesnissa~
helységnek adományozását helybenhagyó privilegiumát a*
templomrend számára. 1272.

(L)adizlaus Dei gracia Hungarie, Dalmacie, Croacie,
Rame, Seruie, Gallicie, Lodomerie, Cumanicque Rex omnibus, ad quos presens scriptum peruenerit, salutem in omnium
saluatore. Ad vniuersorum noticiam harum serie volumus peruenire, quod accedens ad nostram presenciam frater Wyllermus Magister Domorum Milicie Templi per Vngariam et Sclauoniam, exhibuit priuilegium incliti Regis Andree clare memorie super donacione cuiusdam terre Lesnissa vocate, petens illud nostro priuilegio confirmari. Cuius verba hec sunt :
In nomine stb. (A)ndreas Dei gracia Vngarie stb. Rex
stb. (következik II. Endre király 1210- ki privilegiuma, mint
Okmánytárunk XI. vagyis a harmadik folyam I. kötetében
105. l.)
Nos itaque ob deuocionem dicte Domus Milicie Templi
iustis peticionibus pium et benignum prebentes assensum,
dictum priuilegium Regis Andree de uerbo ad uerbum insertum presentibus auctoritate presencium duximus confirmandum. In cuius rei memoriam et perpetuam firmitatem presentes concessimus litteras dupplicis sigilli nostri munimine roboratas. Datum per manus Magistri Nicolai Albensis Ecclesie
Transsiluane Prepositi aule nostre Vicecancellarij dilecti
et fidelis nostri anno Domini M^{o}CC^o septuagesimo secundo,
indiccione quintadecima, sexto kalendas Decembris, Regni
autem nostri anno primo. Venerabilibus patribus Philippo
Strigoniensi, eiusdem loci Comite perpetuo, Stephano Colocensi et Johanne Spalatensi Archiepiscopis, Lamperto Agriensi, Job Quinqueecclesiensi Comite Musuniensi, Philippo
Vaciensi aule domine Regine karissime matris nostre Cancellario, Paulo Vesprimiensi aule nostre Cancellario, Bene-

dicto Chenadiensi, Lodomerio Waradiensi, Tymotheo Zagrabiensi, Dyonisio Jauriensi, et alijs Episcopis Ecclesias Dei feliciter gubernantibus; Rolando Palatino, Joachino Bano tocius Sclauonie, Nicolao Woyauoda Transsiluano Comite de Zounuk, Ladizlao Comite Posoniensi, Erney Magistro Tauarnicorum Comite Worosdiensi, Alexandro Judice Curie nostre, Emerico Comite Simigiensi, (Pau)lo Bano de Zevrino, Ponich Comite Zaladiensi, Ormodeo Comite Castri Ferrey, Reynoldo Magistro Dapiferorum, Laurencio Magistro Pincernarum Comite de Kewe et de Crasu, Vgrino Magistro Agasonum, Michaele Comite Vesprimiensi, Salomone Comite Albensi, Michaele Comite Nitriensi, et aliis quam pluribus Comitatus Regni nostri tenentibus et honores.

(Eredetie bőrhártyán, melyről a pecsét töredéke vörös-zöld selyem-zsinóron függ; a budai kir. kamarai levéltárban.)

73.

IV. László király megerősíti atyjának azon okmányát, melyben az Percs földét Chepánnak adományozta. 1272.

(Hazai Okmánytár IV. köt. 52. l. Ráth Károly közleménye. V. ö. Okmánytárunk III. kötetét 274. l. és IV. kötetét 289. l.)

74.

Salamon fehérmegyei főispánnak bizonyságlevele, hogy Seel és Miklós Imrének fiai Regum helységre vonatkozó birtokjogukat igazolták. 1272.

Nos Salomon Comes Albensis memorie commendamus significantes vniuersis, quod cum nos Seel et Nycolaum filios Emeryci super terra Castri Albensis Regum uocata residentes, que quidem terra est in valle Kuaza, ad nostram presenciam feoissemus euocari, uolentes scire et experiri, quibus racionibus mediantibus eandem terram dicti Nycolaus et Seel possident: ipsi Nycolaus et Seel exhibuerunt nobis litteras domini L. illustris Regis Hungarie benefactoris domini nostri, in quibus uidimus contineri, quod eosdem Seel et Nycolaum racione eiusdem terre non deberemus molestare. Exhibuerunt eciam priuilegium Bele Regis pie memorie, et priuilegium felicis recordacionis Regis Stephani super collacione et donacione dicte terre confecta. Quibus visis eandem terram predictis Nycolao et Seel permisimus pacifice et quiete possidendam; promittentes eisdem data fide, quod donec Comes Albensis fuerimus, nec nos ipsos Nycolaum et Seel molestabimus, nec per Curialem Comitem nostrum, nec eciam per iobagiones predicti Castri faciemus molestari racione terre supradicte. Datum Albe anno Domini M°CC° septuagesimo secundo.

(Eredetie bőrhártyán, a hátul oda nyomott pecsét elveszett; a budai kir. kamarai levéltárban. V. ö. Okmánytárunk VIII. vagyis a második folyam 3. kötetét 414. l.)

75.

IV. László királynak Szent Mihály helységet tárgyazó adománya Jaak nemzetségbeli Chepán számára. 1273.

Ladizlaus Dei gracia Hungarie, Dalmacie, Croacie, Rame, Seruie, Gallicie, Lodomerie, Comanie, Bulgarieque Rex vniuersis Christi fidelibus presentem paginam inspecturis salutem in eo, qui Regibus salutem elargitur. Regalis benignitatis sublimitas recto pensans libramine merita singulorum, et maxime illorum, quos sicut generosi sanguinis nobilitas, et morum innata probitas, sic et approbate fidelitatis constancia ac strenuorum actuum experiencia commendabilis efficiunt ceteris digniores; dum eos digne retribucionis beneficio fauorabiliter refouet, dum eis largitur quod merentur, multos animos ad fidelitatis feruorem excitat, et obsequendi prebet exemplum, et prestat indubitatam fiduciam seruiendi. Hoc igitur pensantes in animo, hoc Regali moderamine in cordis nostri reuoluentes armariolo, noticie cunctorum presentibus declaramus : quod cum nobilis vir et strenuus Chepanus filius Kazmerij de genere Jaak ab ipso primo iuuentutis sue principio auo nostro, et patri nostro, quondam victoriosissimis Hungarie Regibus, ac nobis per consequens, ex commendabilibus actibus meruisset diuersimode complacere, diuersis semper fulgens meritorum uirtutibus, que longum esset per singula enarrare, aliqua gestorum eius, que a patre nostro, et a quibusdam Baronibus in subsequentibus nominatis veraciter intelleximus, ad memoriam posterorum et informacionem aliorum presentibus iussimus annotare. Primum siquidem memoratus pater noster propulsare volens iniuriam per Othocarum Boemorum Regem sub spe simulate pacis finitimis partibus terre sue irrogatam, cum Gregorium tunc Magistrum Tauarnicorum domine Regine karissime matris nostre Castri Ferrei, Ponith Banum Zaladiensem, Erney Banum Worosdiensem, Dyonisium filium Georgij de Moroucha Comites, nec non Chepanum filium Kazmerij, vnacum alijs Regni nobilibus

ad deuastandum Stiriam transmisisset; idem Chephanus sub
castro Rudguey cernentibus prenotatis Baronibus quendam
militem strenuum Theotonicum deiecit et captiuauit, prebens
in hoc alijs fiduciam preliandi. Preterea cum idem Boemorum Rex tunc patris nostri nunc autem noster capitalis
inimicus, fidem suam deserendo violata pace, fractis treugis
et ruptis juramenti sui vinculis, ducens secum in auxilium
Principes tocius Alamannie, fines Regni Hungarie adiisset,
Posonium et quedam alia castra ex prodicione quorundam
Baronum infidelium occupando, idemque pater noster contra
eum Regni sui leuasset exercitum generalem, prefatus
Chepanus apud Musunium, et post hoc apud fluuium Rebche
contra illius exercitum nunc hasta nunc sagittis laudabiliter
dimicans victoriosus extitit, letalia wlnera sustinendo, ita
quod per illius et aliorum fidelium nostrorum sudorem belli-
cum prefatus Boemie Rex de area certaminis, quam patri
nostro felix reliquit victoria, fuge presidio uix euasit. Ceterum cum Herricus Banus tocius Sclauonie post coronacionem patris nostri per quorundam emulorum suorum pestife-
ram suggestionem superatus et a familiaritate ac domo Regia
segregatus se ad prefatum Boemorum Regem corporaliter
transtulisset, castra sua, de Kuzeg videlicet, Scentwyd,
Zlaunuk et Perestyen manibus Regis eiusdem assignando;
ipse Chepanus in recuperacione castrorum ipsius Herrici in
societate Baronum nostrorum, quos idem dominus Rex pater
noster inibi tanquam exercitus sui ductores transmiserat,
gratum adeo strenue impendit fidelitatis obsequium, vt per
ipsius et aliorum fidelium nostrorum actus strenuos castra
huiusmodi potestati patris nostri fuerunt restituta. Ad hec
post decessum patris nostri nobis ad Coronam Regiam
et Regni solium per successionem hereditariam seu ordinem
geniture annuente Domino sublimatis, idem Bohemorum Rex
autumans nos in etate tenera constitutos per fideles nostros
non posse defensari, fines terrarum nostrarum spolijs et in-
cendijs fecisset deuastari, nosque de clemencia sumpmi patris, in cuius manu Principatuum potestates et omnium Reg-
norum jura consistunt, confisi Matheum Banum, Omodeum
Castri Ferrei, Magistrum Johannem Zaladiensem tunc Comites, ac Nicolaum Comitem de Zana, nec non et ipsum

Chepanum vnacum alijs nostris fidelibus ad profligendum huiusmodi nostram et hominum nostrorum iniuriam contra Stiriam misissemus, ipse Chepanus sub castro Frustim per quendam locum munitum prior ante alios in aduersam aciem ingressus, quendam ministerialem Stirie lancea propria viriliter deiecit et occidit, prout hoc per prefatos Barones nostros ipsis ab hostilitatis inpugnacione redeuntibus nobis extitit recitatum. Licet itaque ipse Chepanus propter tot tantosque fidelitatis sue actus strenuos a Magnificencia Regia supmmo (igy) fuisset honore sublimandus, aut ingenti remuneracione confouendus; nos tamen in aliqualem satisfaccionem commendabilium obsequiorum suorum et effusionis sanguinis sui, cum satis ampliora mereretur, de Baronum nostrorum consilio, conniuencia et consensu dedimus sibi et contulimus, ymo restituimus tanquam jus suum hereditarium, Villam Sancti Micaelis in finio (igy) Castri Ferrei constitutam, cum quadam parua villa ad illam pertinente, ab antiquo Inceed vocata, et omnibus vtilitatibus, pertinencijs et appendicijs suis, castro scilicet, terris, prouentibus, vineis, siluis, fenilibus, aquis, et alijs, quas habuit vel habet vniuersis irreuocabiliter perpetuo pacifice possidendam, presertim cum constiterit nobis per Prelatos, Barones et multos nobiles Regni nostri, prenotatam possessionem fuisse predecessorum dicti Chepani hereditariam, et ab eis esse receptam tempore predicti Bele Regis aui nostri de facto, non de iure; propter quod non suffragantibus vel precedentibus eius meritis, sed sola iuris equitate sibi restituenda fuerat et reddenda. Volentes siquidem, et Regia auctoritate inmutabiliter statuentes, vt tam ipse Chepanus, quam eius successores memoratam possessionem totam in metis antiquis et primis terminorum distinccionibus tanquam suam hereditariam et effusione multi sanguinis ac commendabili virtute denuo acquisitam irreuocabiliter perpetuo possidere valeant ad habere. Vt igitur huiusmodi nostre collacionis seu restitucionis series robur perpetue firmitatis optineat, presentes concessimus litteras dupplicis sigilli nostri munimine roboratas. Datum per manus Benedicti Orodiensis Ecclesie Prepositi Aule nostre ViceCancellarij dilecti et fidelis nostri anno Domini millesimo CC°LXX° tercio, secundo nonas Julij indic-

-cione prima, Regni autem nostri anno primo. Vacante Ecclesia Strigoniensi, venerabilibus patribus Stephano Colocensi et
Jhoanne Spalatensi Archiepiscopis; Lamperto Agriensi, Briccio Chanadiensi, Job Quinqueecclesiensi, Philippo Vaciensi
et Comite Neugradiensi, Paulo Wesprimiensi et Aule nostre
Cancellario, Tymotheo Zagrabiensi, Lodomerio Waradiensi,
Dyonisio (Jauri)ensi, et Petro Transyluano Episcopis Ecclesias Dei feliciter gubernantibus. Rolando Palatino, Herrico
Bano tocius Sclauonie, Nicolao Wayuoda Transyluano Comite
·de Zonuch, Egidio Bano de Machou et de Bozna, Paulo Bano
de Zeurino, Joachino Magistro Tauarnicorum Comite Posoniensi et de Plys, Reynoldo Magistro Dapiferorum Comite
Zulgageuriensi, Vgrino Magistro Agasonum, Laurencio Magistro Pincernarum nostrorum Comite de Kewe et de Karasou,
Moys Comite Symigiensi, Johanne Comite Supruniensi, Dedalo
Comite Zaladiensi, Gregorio Comite Castri Ferrei, alijsque
quam pluribus Comitatus Regni tenentibus et honores.

(Robert Károly királynak 1335. »III. nonas Februarij« kelt megerősitő privilegiumából, a nm. herczeg Batthyáni család levéltárában.)

76.

IV. László királynak Gan, Poncha, Botour és Meger helysége-
ket tárgyazó adománya Dénes comes számára. 1273.

(Tkalcsics, Monum. hist. Episc. Zagrab. I. köt. 166. l.)

77.

IV. László király megerősíti a zágrábi egyház jogait és sza-
badságait. 1273.

(Tkalcsics, Monum. hist. Episc. Zagrabiensis I. köt. 168. l.)

78.

IV. László királynak Vajszló helységet tárgyazó adománya
Nempty nemzetségbeli Miklós és Jakab számára. 1273.

Ladizlaus Dei gracia Hungarie, Dalmacie, Croacie,
Rame, Seruie, Gallicie, Lodomerie, Comanie Bulgarieque Rex
omnibus presens scriptum inspecturis salutem in omnium sal‑
uatore. Ad vniuersorum noticiam tam presencium quam po‑
sterorum tenore presencium volumus peruenire, quod Nicolaus
et Jacobus filij Comitis Jacobi de genere Nempty a primeuis
sue puericie temporibus domino condam Regi Stephano inclite
recordacionis karissimo patri nostro et nobis in diuersis
Regni nostri expedicionibus, et specialiter in exercitu nostro,
quem contra Regem habuimus Bohemorum inimicum nostrum
capitalem fideliter obsequiosa seruicia et fideles famulatus
impendere studuissent, per que ex munificencia Regia non
inmerito fuerant attollendi. Nos qui ex officio suscepti regi‑
minis metiri debemus merita singulorum, vt alij exemplo
huiusmodi ad fidelitatis opera forcius accendantur; in recom‑

pensacionem seruiciorum dictorum Nicolai et Jacobi, volentes
Regie remuneracionis beneficio respondere, quandam terram
Castri nostri Koazdi Vayzlo vocatam in Barana existentem,
cum omnibus vtilitatibus suis, quamquam in maioribus eisdem
prouidere deberemus, de consensu omnium Baronum nostrorum dedimus, donauimus et contulimus eisdem Nicolao et
Jacobo iure perpetuo et irreuocabiliter possidendam pariter
et habendam, in eisdem metis et terminis, quibus tempore
parentum vel auunculorum nostrorum dinoscuntur possedisse;
volentes ut tam idem Nicolaus et Jacobus, quam sui heredes
heredumque suorum in posterum successores, eandem terram perpetuo possideant pacifice et quiete. In cuius terre corporalem possessionem per Stephanum filium Isyp hominem
nostrum sub testimonio Conuentus Monasterij (Pécs) Vara-
dyensis fecimus introduci nullo contradictore apparente; prout
in litteris eiusdem Conuentus nobis constitit euidenter. Vt
igitur huius nostre collacionis series robur optineat perpetue
firmitatis, nec in posterum per quempiam retractari valeat aut
in irritum quomodolibet reuocari, presentes eisdem concessimus litteras dupplicis sigilli nostri munimine roboratas. Datum per manus Magistri Benedicti Orodyensis Ecclesie Prepositi aule nostre ViceCancellarij dilecti et fidelis nostri anno
Domini M° ducentesimo LXX° tercio Regni autem nostri
anno secundo. Metropolitana Sede Strigoniensi vacante;
venerabilibus patribus Stephano Colocensi et Johanne Spalatensi Archyepiscopis; Lamperto Agriensi, Briccio Chanadiensi, Job Quinqueecclesiensi, Phylippo Vacyensi, Paulo
Vesprimiensi aule nostre Cancellario, Lodomerio Waradiensi,
Tymotheo Zagrabiensi, Dyonisio Jauriensi et Petro Transsiluano Episcopis Ecclesias Dei feliciter gubernantibus; Lorando
Palatino, Herrieo Bano tocius Sclauonie, Nicolao Voyuada
Transsiluano Comite de Zonuk, Egidio Bano do Machou et
de Bozna, Paulo Bano de Zeurino, Joachino Magistro Tauer-
nicorum nostrorum, Renoldo Magistro Dapiferorum nostrorum
Comite Zulgageuriensi, Vgrino Magistro Agasonum nostrorum
Comite Sirymiensi, Laurencio Magistro Pincernarum nostro-
rum Comite de Keue et de Brassu (helyesebben Karassu),
Johanne Comite Supruniensi, Gregorio Comite Castri Ferrei,
Moyus Comite Symigiensi, Dedalo Comite Zaladiensi,

Mychaele Comite Nitriensi, et alijs quam pluribus Comitatus
Regni nostri tenentibus et honores.

(Garai Miklós nádornak 1384-ki itélőleveléből, a budai kir. kamarai
levéltárban.)

79.

*IV. László király megerősíti V. István királynak itéletlevelét,
melylyel ez Billege és Váson birtokokat Igmándi Miklósnak
oda határozta. 1273.*

(A gróf Zichy család Okmánytára I. köt. 32. l. Véghelyi Dezső közleménye. L. fentebb 10. sz. a.)

80.

*IV. László király megerősíti IV. Béla királynak Moys mester
végrendeletét megerősitő okmányát. 1273.*

Ladizlaus Dei gracia Hungarie, Dalmacie, Croacie,
Rame, Seruie, Gallicie, Lodomerie, Cumanie, Bulgarieque Rex
vniuersis presentem paginam inspecturis salutem in salutis
largitore. Ad vniuersorum noticiam harum serie volumus peruenire : quod Magister Mois Comes Symigiensis dilectus et
fidelis Baro noster ad nostram accedens presenciam presentauit nobis priuilegium domini B. quondam Illustris Regis Hungarie clare recordacionis karissimi aui nostri, petens instan-

ter, ut idem ratum habere, et nostro dignaremur priuilegio confirmare. Cuius tenor talis est:

Bela D. gr. Hungarie stb. Rex stb. (következik IV. Béla királynak privilegiuma, mint Okmánytárunk XI. vagyis a harmadik folyam I. kötetében 566. l.)

Nos itaque iustis eiusdem Magistri Moys´ peticionibus inclinati, et quia eciam idem Alexander id ipsum´ quod circa ordinacionem premissam coram eodem Rege auo nostro permiserat, concessit coram nobis, ipsum priuilegium ratificando de uerbo ad uerbum insertum presentibus confirmamus dupplicis sigilli nostri munimine roborando. Datum per manus Magistri Benedicti Orodiensis Ecclesie Prepositi aule nostre ViceCancellarij dilecti et fidelis nostri, anno Domini M⁰CC⁰ LXX⁰ tercio quarto idus Maij, Regni autem nostri anno primo. Venerabili viro Magistro Nicolao Sancte Strigoniensis Ecclesie Electo, aule nostre Cancellario; venerabilibus patribus Stephano Colocensi et Johanne Spalatensi Archyepiscopis; Lamperto Agriensi, Job Quinqueecclesiensi, Briccio Chanadiensi; Philippo Waciensi aule domine Regine karissime matris nostre Cancellario ´et Comite Neugradiensi; Paulo Wesprimiensi, Thymotheo Zagrabiensi, Lodomerio Waradiensi, Dyonisio Jauriensi et Petro Transiluano Episcopis Ecclesias Dei feliciter gubernantibus: Laurencio Palatino, Comite Supruniensi et de Barana ac Judice Comanorum; Ladizlao Judice Curie Regie, Henrico Bano tocius Sclauonie,. Egidio Bano de Macho et de Bozna; Johanne Woywoda Transiluano et Comite de Zonuk; Paulo Bano de Zeurino, Stephano Magistro Tauarnicorum, Reynoldo Magistro Dapiferorum et Comite Zulgageuriensi; Vgrino Magistro Agasosonum et Comite Syrmiensi; Laurencio Magistro Pincernarum nostrorum et Comite de Kewe et de Karasu; Emerico Comite Symigiensi, Gregorio Comite Castri Ferrei, Dedalo Comite Zaladiensi, Michaele Comite Nitriensi, et alijs quam pluribus Comitatus Regni tenentibus et honores.

(Eredetie bőrhártyán, a pecsétnek töredéke vörös selyemzsinóron függ; a budai királyi kamarai levéltárban.)

81.

IV. László királynak Kulked helységet tárgyazó adománya Trepk Jánosnak fia számára. 1273.

Nos Maria Dei gracia Regina Hungarie, Dalmacie, Croacie etc. commendantes tenore presencium significamus quibus expedit vniuersis, quod cum Serenissimus Princeps dominus Lodouicus pridem Illustris Rex Hungarie felicis recordacionis pyus genitor noster vniuersas possessiones et possessionarias porciones condam Stephani dicti — — — eo quod orbatus vtriusque sexus prole ab hac luce decessus putabatur, Magistris Georgio Comiti de Beregh, Andree Tesaurario nostro, nec non Stephano, Dyonisio et Dauid filijs Magistri Jakch de Kusal stb. perpetuo contulisset; sed tandem ipso glorioso Principe domino Rege genitore nostro ab hoc mundi ergastulo Diuino vocante judicio de medio sublato, vxor ipsius Stephani — — — — Stephano obito cognita grauida prole pregnans reperta ex — — — que tandem Diuino nutu superueniente prolem nomine Briccium genuisset masculinam, ipseque Briccius suscepto baptismatis sacramento citissimis diebus vitam temporalem finiuisset; Serenissima Princeps domina genetrix nostra karissima similiter Regina Hungarie easdem possessiones et possessionarias porciones antefati eiusdem Stephani et eius filij sibi succedentis, vbilibet habitas et existentes velud hominum sine herede decessorum ad manus nostras Regias deuolutas eisdem filijs de nouo et denuo contulisset, ijdemque filij Magistri Jakch vsi legitima Regni nostri consuetudine, vniuersas porciones possessionarias eiusdem Stephani, duas Keled, Dantheleke, Wyfalu, Edde, Sard, Mach et — — yh vocatas stb. statui facere sibi voluissent stb. Petrus de Byze, nobiles domine relicte Johannis dicti Olah, et Petri filij Thome, ac Stephani dicti Messer contradixissent stb. (s az innen eredt per) ad presentes octauas festi Epyphaniarum Domini stb. (tárgyaltatott,

6

mely alkalommal) Nos vnacum Prelatis, Baronibus et Proceribus Regni nostri super premissis inter predictas partes secundum Regni nostri consuetudinem approbatam iustieiam pandere cepissemus, mox Johannes filius Nicolai filij Trepk in sua, ac Trepk fratris sui vterini, nec non Pauli filij Mathei filij Petri filij eiusdem Trepk stb. ; item predictus Stephanus filius Johannis filij Stephani filij antefati Trepk, in Nostre Celsitudinis exurgentes Presenciam, Nostre Maiestati curarunt significare, quod stb. se immiscere niterentur cause prenotate ; nam dicta possessio Felseukulked, in qua ecclesia in honore Beati Andree Apostoli esset constructa, prefatis condam Stephano et filio eius, nec non predictis contradictoribus in nullo pertineret nec deberet pertinere, sed eis et eorum predecessoribus vigorosorum ac firmissimorum instrumentorum roboribus semper et ab antiquo pertinuisset et nunc deberet pertinere. Vbi in instanti quedam duo priuilegia vnum incliti Principis domini Ladislai Regis predicti Regni Hungarie protaui nostri, et aliud Andree Regis stb. Nostre Celsitudinis obtutui producere satagerunt. In cuius prime, videlicet ipsius domini Ladislai Regis priuilegij tenore anno Domini M°CC° septuagesimo quarto, decimoquinto kalendas Septembris, Regni autem sui anno secundo emanati enucleabatur, quod idem dominus Ladislaus Rex consideratis fidelitatibus et fidelium seruiciorum meritis Trepk filij Johannis fidelis sui, temporibus et locis opportunis sibi impensis, quandam terram Castri sui Symigiensis Kulked vocatam, vsui trium aratrorum sufficientem, super qua quatuor castrenses resedissent, cum omnibus suis vtilitatibus et pertinencijs vniuersis, sub suis veris et antiquis metis, quibus eadem vsque tunc per priores suos possessores habita fuisset et possessa, a iurisdiccione dicti Castri eximendo, eidem Trepk et suis heredibus ac successoribus in perpetuum dedisset et contulisset, et per Zetheud filium Both hominem suum specialem presente testimonio Conuentus Symigiensis ipsum Trepk in dominium eiusdem terre introduci fecisset, saluo tamen iure dicti Conuentus et Capituli Vesprimiensis, quod in eadem Kulked mixtim habere dicti fuissent, remanente. Reliqua vero, videlicet ipsius domini Andree Regis priuilegium anno Domini M°CC° nonagesimo primo decimo kalendas Augusti, Regni autem sui anno primo confectum tenorem premissi priuilegij ipsius dominī Ladislai Regis de uerbo ad uerbum in se inscribebat et confirmabat. Tercia stb. Datum Bude duodecimo die octauarum festi Epyphaniarum Domini predictarum anno Domini millesimo CCC° octuagesimo tercio.

(Eredetie bőrhártyán, a budai kir. kamarai levéltárban.)

82.

IV. László király Máté, Miklós, Tamás és Bassa gencsi lakosokat a vasvári várjobbágyság alól kiveszi és nemesi rangra emeli. 1273.

(Hazai Okmánytár II. köt. 12. l. Véghelyi Dezső közleménye.)

83.

IV. László király több vasmegyei várjobbágyot nemességi rangra emel. 1273.

Ladizlaus Dei gracia Hungarie, Dalmacie, Croacie, Rame, Seruie, Gallicie, Lodomerie, Cumanie Bulgarieque Rex omnibus Christi fidelibus presens scriptum cernentibus tam presentibus quam futuris salutem in salutis largitore. Cum condicio generis humani ab vno dignoscatur descendisse principio; racionis calculus nos commonet et inuitat, vt pro quibus propria vel aliorum interpellant merita, in pristinum

6*

libertatis titulum digni censeantur. Proinde ad vniuersorum
noticiam presencium serie volumus peruenire, quod Abraham
et Benedictus filij Ison, Venceslaus, Bandur et Salomon filij
Lehozon, Marcas, Cheb, Martinus, Botis et Iuanka filij Georgij jobagiones Castri Ferrei de villa Shuton eo tempore, quo
post decessum Stephani illustris Regis Hungarie gloriose
recordacionis, patris nostri karissimi, seuissima genera et
ingens exercitus Theutonicorum et Bohemorum Regnum nostrum inuasisset, et nos ad resistendum eisdem quandam
nostram miliciam misissemus, eidem adherentes, Baronibus
quibusdam nostris, qui ipsi milicie intererant, laudabile et
speciale seruicium impenderunt, in eo videlicet, quod non
paucos milites Theutonicos, non cum assistencia aliorum, sed
ipsorum viribus et virtutibus exigentibus nobis in captiuita-
tem adduxerunt. Demum cum ad expugnandum et recipiendum castrum nostrum Jauriense, quod per eosdem Theutonicos captum extiterat, contra quos Barones nostros, Magistrum
Gregorium Comitem Castri Ferrei, Magistrum Johannem Comitem Supruniensem filium Michkbani, ac Dedalum Comitem
Zaladiensem, dilectos et fideles nostros misissemus; ijdem
jobagiones Castri Ferrei, quorum nomina superius sunt expressa, sub eodem castro Jauriensi eisdem Baronibus nostris
cernentibus strenue et laudabiliter dimicarunt, prout per litteras Magistri Gregorij Comitis Castri Ferrei, Johannis Magistri
Comitis Supruniensis, fidelium Baronum nostrorum nobis constitit euidenter. Nos igitur, qui ex officio suscepti regiminis
metiri debemus merita singulorum, volentes eisdem jobagionibus Castri nostri antedicti cuilibet ipsorum in solidum pro
impensis seruicijs Regio occurrere fauore : in futurum ipsos
et posteros eorundem cum omnibus terris suis a jobagionatu
Castri et jurisdiccione penitus eximendo, ad numerum et
cetum seruiencium nostrorum Regalium liberaliter duximus
transferendos. Ita videlicet, quod tam ipsi, quam ipsorum
heredes, heredumque suorum successores ea gaudeant libertate, qua ceteri seruientes nostri Regales gratulantur et exul-
tant. In cuius rei memoriam firmitatemque perpetuam presentes eisddm concessimus litteras dupplicis sigilli nostri
munimine roboratas. Datum per manus Magistri Benedicti
Orodiensis Ecclesie Prepositi Aule nostre ViceCancellarij

dilecti et fidelis nostri anno Domini millesimo CC⁰ septuagesimo tércio, octauo kalendas Julij, Regni autem nostri anno
primo. Vacante Sede Strigoniensi; venerabilibus in Christo
patribus Stephano Colocensi et Johanne Spalatensi Archiepiscopis; Lamperto Agriensi, Briccio Chanadiensi, Joob Quinqueecclesiensi, Philippo Vaciensi, Paulo Wesprimiensi Aale
nostre Cancellario, Thimotheo Zagrabiensi, Lodomerio Varadiensi, Dyonisio Jauriensi et Petro Transsyluano· Episcopis
Ecclesias Dei feliciter gubernantibus. Lorando Palatino, Henrico Bano tocius Sclauonie, Nicolao Wayuoda Transyluano
Comite de Zonuk, Joachino Magistro Thauarnicorum nostrorum, Egidio Bano de Machou, Paulo Bano de Zeurino, Renoldo
Magistro Dapiferorum nostrorum Comite Zulgageuriensi,
Vgrino Magistro Agazonum nostrorum Comite Sirmiensi, Laurencio Magistro Pinceruarum nostrorum Comite de Kewe et
de Carassu, Moys Comite Simighiensi, Dedalo Comite Zaladiensi, Michaele Comite Nitriensi, et alijs quam pluribus Comitatus Regni tonentibus et honores.

(Rajcsányi Ádám hátrahagyott kézirati gyüjteményéből.)

84.

*Máté szlavoniai bánnak bizonyságlerel-, hogy Dydichi helység
és a Medvevári területén fekvő bizonyos szőlök a zágrábi polgárok tulajdonához tartoznak. 1273.*

Nos Matheus Banus tocius Sclauonie memorie commendantes significamus quibus expedit vniuersis, quod cum nos
terram Dydichi vocatam emticiam, et vineas cultas super terram Castri Medwed detineri et prohiberi fecissemus, et alienare uoluissemus a ciuibrs Grecensibus, tandem super facto
terre et uinearum per nos impeditarum idem ciues exibuerunt
priuilegia et municiones suarum litterarum. Quibus inspectis

nobis patuit euidenter, quod iu ius et proprietatem manus nostras et petenciam extendimus ciuium predictorum. Nos itaque cognita iusticia et iure ciuium prefatorum, eisdem in suis iuribus deesse nolentes, dictam terram et omnes uineas cultas seu sitas quoquo modo (et) titulo idem ciues possederunt super terram Castri, eisdem dimisimus et reliquimus pacifice perenniter possidendam; ista prerogatiue libertate, quod nec per nos nec per nostros officiales uel castellanos pro tempore constitutos uel priuilegiatos (?) Castri — — — — — — — super — — — — emticijs vel cultis super terram Castri — — — liceat (?) — — — aliquid terre inquietari. — — Datum — — quinta feria post octauam Pasce Domini — — — M°CC°LXX° tercio.

(Az eredeti után Kukuljevics Iván, Arkiv Zapovjestnicu jugoslavensku III. köt. Zágráb, 1854. 81. lap.)

85.

IV. László királynak biztosai megerősítik Fyothát javainak birtokában. 1273.

Nos Mychael Comes de Zoulum et de Zepus, et Magister Paska, pro expedicione terrarum omnium sub Comitatu Zoulum existencium a domino Rege destinati damus pro memoria; quod terram Fyotha sic possidere eidem Fiotha ex gracia domini Regis permisimus perpetuo, sicut eundem inuenimus, dictam terram possedisse. In cuius rei memoriam litteras presentes sigilli nostri munimine confecimus roborari. Anno Domini M°CC°LXX° tercio.

IV. László 1279-ki megerősítő privilegiumából. Néhai Érdi János közleménye.)

86.

A csaszmai káptalannak bizónyságlevele, hogy Voisa és Marizló Glodná-ban lévő birtokukat Gresenchei Endrének eladták. 1273.

(Tkalcsics, Monum. hist. Episc. Zagrab. I. köt. 169. l.)

87.

A zágrábi káptalannak bizonyságlevele, hogy Varqsdi Illés Polana nevű földét eladta Timoté zágrábi püspöknek. 1273.

(Tkalcsics, Monum. hist. Episc. Zagrabiensis I. köt. 166. l.)

88.

IV. László királynak Nilos helységet tárgyazó adománya Sebestyén tornai comes számára. 1273. körül.

Nos Ladizlaus Dei gracia Rex Hungarie significamus tenore presencium vniuersis, quod ob merita seruiciorum Sebastiani Comitis de Torna fidelis nostri quandam terram Nilos vocatam, existentem in Comitatu de Torna, contulimus eidem possidendam sine iuris preiudicio alieni. In cuius terre corporalem possessionem eundem per Matyam plebanum de Torna fecimus introduci, nullo contradictore comparente; prout in ipsius plebani litteris contineri uidimus euidenter. Datum in Zolum tercio die Sancti Regis.

(IV. László királynak 1274-ki megerősítő privilegiumából, mint alább 63. sz. a.)

89.

Törvénykezési bizonyítvány bizonyos Bálványosi Vrbas, és Sydon fiai közt fennforgó ügyről. 1273. körül.

(A gróf Zichy család Okmánytára I. köt. 33. l. Supala Ferencz közleménye.)

90.

IV. László királynak Szent Mihály helységet tárgyazó adománya Lörincz comes, Péternek fia számára. 1274.

Ladizlaus Dei gracia Hungarie, Dalmacie, Croacie, Rame, Seruie, Gallicie, Lodomerie, Cumanie Bulgarieque Rex omnibus Christi fidelibus presentes litteras inspecturis salutem in omnium saluatore. Regie benignitatis sublimitas recto pensans libramine merita singulorum, et maxime illorum, quos sicut generosi sanguinis alta nobilitas, et morum ignata probitas, sic et approbate fidelitatis constancia ac strenuorum actuum experiencia efficiunt digniores, dum eos

digne retribucionis beneficio refocillat, dum eis largitur quod
merentur, multorum mentes ad fidelitatis florem excitat, et ad
benemerendi studia fideliter obsequentibus prebet exemplum,
et prestat operosam fiduciam seruiendi. Hoc igitur pensantes
ex animo, noticie cunctorum declaramus, quod cum Comes
Laurencius filius Petri dilectus et fidelis noster tam predecessorum nostrorum Regum temporibus, quam nostris in omnibus Regni expedicionibus multa grata et diuersa fidelitatis
obsequia laudabiliter inpendisset, dubijs se fortune casibus
et mille in pericula submittendo, sudores bellicos et wlnera
letalia sustinendo; specialiter autem in conflictu, quem cum
Henrico, Joachino et alijs eorum sequacibus, Regni nostri
infidelibus, qui collectis suis complicibus, vexillis eleuatis.
contra Coronam Regiam ausu temerario uenire attemptaue-
rant, pugnaturi apud montem Bukensomla vocatum habuimus; in quo quidem conflictu idem Henricus, primipilarius
exercitus eorundem infidelium, morte miserabili per nostros
fideles extitit interemptus : idem Comes Laurencius actus
exhibuisset strenuos viriliter dimicando, et plures in aduersa
acie debellando. Nos qui ex officio suscepti regiminis nostri
metiri debemus merita singulorum, et vnicuique iuxta sui
meriti quantitatem respondere donatiuis, vt alij respecto eo
ad fidelitatis opera forcius accendantur, ipsius Comitis Laurencij seruicia meritoria in cordis nostri reuoluentes armariolo, volentesque ipsum bono quolibet refouere, licet maioribus dignus 'haberetur : quandam possessionem Scenmihal
vocatam, in Comitatu Ferei Castri existentem, quam idem
Comes Laurencius olim ex collacione Regia possidebat, et
postmodum ab eodem fuerat indebite alienata, reddidimus et
restituimus eidem Comiti Laurencio et suis heredibus heredumque successoribus perpetuo et irreuocabiliter possidendam, cum omnibus pertinencijs et suis vtilitatibus vniuersis,
prout idem primitus dinoscitur tenuisse. In cuius rei memoriam firmitatemque perpetuam presentes concessimus literas
duplicis sigilli nostri munimine roboratas. Datum per manus
Magistri Benedicti Sancte Strigoniensis Ecclesie Electi, Perpetuique Comitis loci eiusdem, Prepositi Budensis, aule nostre ViceCancellarij, dilecti ac fidelis nostri, anno Domini
millesimo CCº septuagesimo quarto, secundo kalendas Octo-

bris, Regni autem nostri anno tercio. Venerabilibus patribus Stephano Colocensi, et Johanne Spalatensi Archiepiscopis, Lamperto Agriensi, Briccio Chanadiensi, Job Quinqueeclesiensi, Phillipo Waciensi aule domine Regine Cancellario, Paulo Wesprimiensi aule nostre Cancellario, Tymoteo Zagrabiensi, Lodomerio Waradiensi, Dionisio Jauriensi et Petro Transsiluano Episcopis Ecclesias Dei feliciter gubernantibus Rolando Palatino et Judice Comanorum, Dionisio Bano tocius Sclauonie, Matheo Woyuoda Transsiluano Comite de Zonuk, Erney Judice Curie nostre, Comite de Zathmar; Egidio Magistro Tawarnicorum nostrorum, Nicolao Magistro Pincernarum nostrorum, Petro Magistro Agasonum nostrorum Comite Zolgageuriensi; et alijs quam pluribus Comitatus Regni tenentibus et honores.

(Robert Káioly királynak 1324. »secundo ydus Maij« Magister Johannes filius Laurencij dicti de Sopronio suo, item Magistrorum Jacobi et Petri vterinorum fratrum eius, ac Petri filij Nicolai fratris ipsorum nomine« kérésére kiadott megerősítő privilegiumából, a budai királyi kamarai levéltárban.)

91.

IV. László király megerősíti Nilos helységet tárgyazó saját adományát. 1274.

Ladizlaus Dei gracia Hungarie, Dalmacie, Croacie, Rame, Seruie, Gallicie, Lodomerie, Cumanie Bulgarieque Rex omnibus presentes litteras inspecturis salutem in omnium saluatore. (U)t collaciones Regum legitime factas Regalis Sublimitatis prouidencia suorum priuilegiorum testimonio muniat et confirmet, equitas suadet, racio postulat, jus requirit; presertim cum id inconcussum permaneat, quod Regni fuerat patrocinio communitum. Proinde ad vniuersorum tam

presencium quam futurorum noticiam tenore presencium
volumus peruenire : quod Sebastianus Comes de Torna fidelis noster ad nostram accedens presenciam exibuit nobis patentes litteras nostras super facto cuiusdam terre Nilos vocate emanatas, petens a nobis cum instancia, vt ipsas ratas
habere, et nostro dignaremur priuilegio confirmare. Quarum
quidem tenor talis est :

Nos Ladizlaus Dei gracia Rex Hungarie stb. (következik IV. László királynak adománylevele, mint fentebb 88. sz.
alatt.)

Nos igitur fidelitates et seruiciorum merita ipsius Comitis Sebastiani, que idem in diuersis expedicionibus (Regum)
Vngarie karissimi patris nostri Regis Stephani felicis recordacionis, et nostris temporibus, et specialiter in castro Ko-
pornicha vocato, ad quod a facie karissimi patris nostri nos
receperamus, ac in expugacione Castri Jauriensis, quod per
Teotonicos capi contigerat ; nec non sub castro Detrvh nuncupato, vbi exercitus Regis Boemorum contra nos insurgebat,
fideliter impendit, laudabiliter et denote, benignitate Regia
recensentes ; quamquam per hec et per alia sua meritoria
seruicia attollendus maioribus haheretur, eandem tamen
terram memoratam Comiti Sebastiano et per eum suis heredibus heredumque suorum sucessoribus dedimus, donauimus
et contulimus iure pepetuo possidendam ; et ipsas patentes
litteras nostras ratas habentes et acceptas, auctoritate presencium duximus confirmandas. In cuius rei memoriam firmitatemque perpetuam presentes concessimus litteras duplicis
sigilli nostri munimine roboratas. Datum per manus Magistri
Benedicti Sancte Strigoniensis Ecclesie Electi eiusdemque
loci Comitis perpetui, Prepositi Budensis et aule nostre Vice
Cancellarij dilecti et fidelis nostri, anno Domini M·CC·LXX·
quarto, VII. kalendas Octobris Indiccione secunda Regni
autem nostri anno tercio. Venerabilibus patribus Stephano
Colocensi et Johanne Spalatensi Archiepiscopis ; Lamperto
Agriensi, Briccio Chenadiensi, Job Quinqueecclesiensi, Paulo
Vesprimiensi aule nostre Cancellario, Philipo Waciensi aule
domine Regine karissime consortis nostre Cancellario, Lodomerio Waradiensi, Timoteo Zagrabiensi, Dionisio Jauriens
et Petro Transiluano Episcopis Ecclesias Dei feliciter gu-

bernantibus. Dionisio Palatino Comite de Oklych et Judice
Comanorum; Henrico Bano tocius Sclauonie; Nicolao Judice
Curie nostre, Joachino Magistro Tauarnicorum nostrorum
Comite de Plys; Nicolao Woynoda Transiluano Comite de
Zonuk; Herbordo Magistro Dapiferorum nostrorum Comite
de Barana; Petro Magistro Agasonum nostrorum Comite
Zolugageriensi; Nicolao Magistro Pincernarum nostrorum;
Moys Magistro Tauarnicorum ipsius domine Regine Comite
Symigiensi, Gregorio Comite Castri Ferrei, Dedalo Comite
Zaladiensi, Johanne Comite Nitriensi, et alijs quam pluribus
Comitatus Regni nostri tenentibus et honores.

(Eredetie börhártyán, melynek függő pecsétje elveszett, a budai kir.
kamarai levéltárban.)

92.

*IV. László királynak adómentességi privilegiuma a zágrábi
egyház népei számára. 1274.*

Ladizlaus Dei gracia Vngarie, Dalmacie, Croacie, Rame,
Seruie, Gallicie, Lodomerie, Cumanie, Bulgarieque Rex omnibus tam presentibus quam futuris, et specialiter collectoribus marturinarum undecim et septem denariorum per Sclauoniam ad presens et pro tempore contitutis, quibus expedit
et presentes ostendentur, salutem in omnium salvatore. Cum
populi Zagrabiensis Ecclesie, tam Episcopi videlicet quam
Capituli loci eiusdem, ab omni collecta seu exaccione qualibet, marturinarum videlicet et aliarum exactionum quarum-
cumque, iuxta antiquam et consuetam eiusdem Ecclesie
libertatem vallatam multis predecessorum nostrorum privilegiis, et specialiter privilegio domini Stephani Serenissimi
Regis, clare recordacionis, patris nostri, liberi sint penitus et
exempti; nosque eandem Ecclesiam ac populos ipsius in

prioribus velimus eorum libertatibus indempniter conservare universitati vestre presenti edictione perpetuo duratura specialiter inhibemus : ne quis predictos populos Episcopi et Capituli Zagrabiensis nomine, racione, seu occasione collecte cuiuslibet, et specialiter pretextu collecte undecim et septem denariorum presumant aliquatenus molestare, aut aliquam collectam exigere ab eisdem, non obstantibus litte˜ ris nostris que contra tenorem privilegiorum eorumdem seu contra formam libertatis Ecclesie memorate emanassent, vel deinceps quomodolibet contingeret emanare ; cum predictam Ecclesiam, sicut premisimus, ob reverenciam Sanctorum predecessorum nostrorum, Stephani et Ladizlai Regum Vngarie, nec non et propter approbatam fidelitatem venerabilis patris Thimothei eiusdem Ecclesie Episcopi, dictam Ecclesiam et populos ac iura eius velimus et intendamus manutenere et conservare in eorum consvetis et antiquis libertatibus inconcusse. In cuius rei memoriam et perpetuam firmitatem presentes dedimus literas duplicis sigilli nostri munimine roboratas. Datum per manus Benedicti, Sancte Strigoniensis Ecclesie Electi, eiusdemque loci Comitis Perpetui, aule nostre Vicecancellarii et Prepositi Budensis, dilecti et fidelis nostri, anno Domini MCCLXXIV., pridie kalendas Junii, indiccione II. Regni autem nostri anno secundo. Venerabilibus patribus Stephano Colocensi et Johanne Spalatensi Archiepiscopis, Lamperto Agriensi, Job Quinqueeclesiensi, Philippo Waciensi, aule domine Regine consortis nostre karissime Cancellario, Paulo Wesprimiensi aule nostre Cancellario, Thimotheo Zagrabiensi, Lodomerio Waradiensi, Dyonisio Jauriensi et Petro Transiluano Episcopis, Ecclesias Dei feliciter gubernantibus. Dyonisio Palatino Comite de Zounuk et Judice Cumanorum, Nycolao Judice Curie nostre Comite de Guecke, Henrico Bano tocius Sclauonie, Nycolao Woyuoda Transiluano et Comite de Zounuk, Paulo Bano de Zeurino, Joachino Magistro Tauarnicorum Comite de Plys, Reynoldo Magistro Dapiferorum Comite Zulgageuriensi, Nycolao Magistro Pincernarum, Herborto Magistro Agasonum nostrorum Comite de Barana, Moys Magistro Thavarnicorum domine Regine consortis nostre karissime, Comite Simigiensi, Johanne Comite Supruniensi, Gregorio Comite Castri Ferrei, Dedalo

Comite Zaladiensi, Jacobo Comite Nytriensi, et aliis quam pluribus Comitatus Regni tenentibus et honores.

(Tkalcsics, Monum. hist. Episc. Zagrabiensis I. köt. 171. l.)

93.

IV. László királynak Zaránka helységet tárgyazó adománya Salamon Gábornak fia számára. 1274.

Ladizlaus Dei gracia Vngarie, Dalmacie, Croacie, Rame, Seruie, Gallicie, Lodomerie, Cumanie, Bulgarieque Rex omnibus tam presentibus quam futuris presentes litteras inspecturis salutem in eo, qui eternam salutem Regibus elargitur. Vt collaciones Principum perpetue soliditatis firmitate fulciantur, priuilegiorum solent munimine confirmari; presertim quia id inconcussum permanet, quod Regio fuerit patrocinio communitum. Proinde ad vniuersorum tam presencium quam futurorum noticiam uolumus peruenire : quod Salomon filius Gabrielis fidelis noster ad nostram accedens presenciam, quandam terram Castri de Aba Wyuar Zaranca vocatam a nobis petiuit sibi dari dicendo, eandem uacuam esse et inhabitatoribus destitutam. Verum quia nobis de terra eadem ueritas non constabat; nos factum terre eiusdem inquisicioni Capituli Agriensis duximus committendam. Qui postmodum nobis prefatam terram esse terram Castri prenotati, uacuam penitus et babitatoribus destitutam, et vsui trium aratrorum sufficientem uel paulo plus, in suis litteris intimarunt. Nos itaque eiusdem Salomonis graciosa obsequia et fidelia seruicia, que idem a temporibus sue iuuentatis, primum karissimi patris nostri Regis St. clare recordacionis, et per consequens nostris temporibus in diuersis expedicionibus Regni nostri, et specialiter in expugnacione castri Jauriensis, quod per Teutonicos contra nostram Regiam Maiestatem conti-

gerat detineri, vsque sui sanguinis effusionem uiriliter dimicando fideliter exhibuit et deuote, terram predictam cum
pertinencijs et suis vtilitatibus vniuersis, eximendo a Castro
supradicto, dedimus donauimus et contulimus ipsi Salomoni,
et per eum suis heredibus heredumque suorum successoribus
iure perpetuo possidendam sine preiudicio alieno. In cuius
rey memoriam perpetuamque firmitatem presentes concessimus litteras duplicis sigilli nostri munimine roboratas. Datum
per manus venerabilis uiri Magistri Benedicti Sancte Strigoniensis Ecclesie Electi, Perpetuique Comitis loci eiusdem,
aule nostre Vice Cancellarij, Budensis Ecclesie Prepositi,
dilecti et fidelis nostri anno Domini M°CC°LXX° quarto,
Regni autem nostri anno II°. Venerabilibus patribus Stephano Colocensi, et Johanne Spalatensi Archiepiscopis;
Lamperto Agriensi, Briccio Chanadiensi, Job Quinqueecclesiensi, Philippo Wachiensi aule domine Regine Cancellario,
Paulo Wesprimiensi aule nostre Cancellario, Tymotheo Zagrabiensi, Lodomerio Waradiensi et Petro Transsiluano
Episcopis, Ecclesias Dei feliciter gubernantibus. Dyonisio
Palatino Comite de Oclych et Judice Cumanorum; Nycholao
Woyawoda Transsiluano et Comite de Sonuk; Herrico
Bano tocius Sclauonie, Joachino Magistro Tawarnicorum
nostrorum Comite de Plys; Nycholao Judice Curie nostre,
Comite de Zenia et de Guechka; Renoldo Magistro Dapi-
ferorum nostrorum Comite Zulgageuriensi; Nicholao Magis-
tro Pincernarum Comite de Bereg; Herbordo Magistro Aga-
sonum Comite de Barana, Johanne Comite Supruniensi, Moys
Magistro Tawarnicorum domine Regine Comite Symigiensi,
Gregorio Comite Castri Ferrey, Dedalo Comite Zaladiensi,
Jacobo Comite Nitriensi, et alijs quam pluribus Comitatus
Regni nostri tenentibus et honores.

(Eredetie bőrhártyán, a vörös-sárga selyemzsinóron függött pecsét
elveszett; a budai kir. kamarai levéltárban.)

94.

IV. László királynak Kuvál helységet táryyazó adománya Pousa mester Petresnek fia számára. 1274.

Ladizlaus Dei gracia Hungarie Dalmacie, Croacie, Rame, Seruie, Gallicie, Lodomerie, Cumanie, Bulgarieque Rex omnibus presentes litteras inspecturis salutem in omnium saluatore. Pro meritis subditorum digno nos conuenit remuneracionis premio respondere, ut dum eorum utilitati prospicimus, dum commoda propinamus, ipsos ad alciora fidelitatis munia deuocionis inuitamus. Proinde ad universorum noticiam tam presencium quam futurorum harum serie uolumus peruenire : quod Magister Pousa filius Petres ad nostram accedens presenciam a nostra munificencia humiliter postulauit, vt quandam terram Andree filij Mikola sine herede decedentis, Kvwalu uocatam, quam idem de Regni consuetudine approbata ad nostras manus dicebat esse deuolutam, sibi conferre benignitate Regia dingnaremur. Nos itaque attendentes fidelitates et seruiciorum merita ipsius Magistri Pousa, que idem nobis in diuersis expedicionibus Regni nostri tam nostris quam karissimi patris nostri Regis Stephani felicis recordacionis temporibus fideliter impendit et deuote, et specialiter sanguinis effusionem seu mortem fratris eiusdem Magistri Pousa, Judex nuncupati, qui sub castro Jauriensi contra Tevtonicorum insultum uiriliter dimicando coram nobis et Regni nostri nobilibus extitit interemptus, in memoriam reuocantes, prefatam terram Kuwalu cum omnibus utilitatibus et pertinencijs uniuersis, ipsi Magistro Pousa, et per eum suis heredibus heredumque suorum successoribus dedimus, donauimus et contulimus, prout ad nostras manus de Regni consuetudine deuoluta esse dignosscitur sine preiudicio iuris alieni perpetuo possidendam. Ut igitur huius nostre deuocionis (igy) series robur obtineat perpetue firmitatis, nec processu temporis possit per quempiam indebite retractari; presentes concessimus litteras dupplicis sigilli nostri munimine roboratas. Datum per manus Magistri Benedicti Sancte Strigoniensis Ecclesie Electi, Prepositi Budensis, aule nostre Uice Cancellarij dilecti et fidelitatis nostri anno Domini M°CC°LXX° quarto Regni autem nostri anno secundo. Venerabilibus patribus Stephano Colocensi et Johanne Spalatensi Archiepiscopis; Lamperto Agriensi, Briccio Chanadiensi, Job Quinqueecclesiensi, Paulo Wesprimiensi aule nostre Cancellario, Philippo Vaciensi aule domine Regine consortis nostre karissime Cancellario, Lodo-merió Varadiensi, Tymoteo Zagrabiensi, Dionisio Jauriensi et Petro Transiluano Episcopis Ecclesias Dei feliciter guber-nantibus. Dionisio Palatino Comite de Okilieh et Judice Cumanorum, Herrico Baño tocius Slauonie, Nicolao Voyauo-da Transiluano Comite de Zounuk, Joachino Magistro Ta-uarnicorum nostrorum Comite de Plys, Nicolao Judice Curie nostre Comite de Gecke, Paulo Bano de Zeurino, Renoldo Magistro Dapiferorum nostrorum Comite Zulgageuriensi, Herbordo Magistro Agasonum nostrorum Comite de Barana, Nicolao Magistro Pincernarum nostrorum, Johanne Comite Supruniensi, Moys Comite Symigiensi, Gregorio Comite Castri Ferrei, Dedalo Comite Zaladiensi, et alijs quam plu-ribus Regni Comitatus tenentibus et honores.

(Eredetie bőrhártyán, a függő pecsét elveszett; a főmélt. herczeg Eszterházy családnak levéltárában.)

IV. László király anyjával idősebb Erzsébet királynéval kibékülvén, Lőrincz comesnek visszaadja Vág-Ujhely birtokát.
1274.

Ladizlaus Dei gracia Hungarie, Dalmacie, Croacie, Rame, Seruie, Gallicie, Lodomerie, Comanie Bulgarieque Rex omnibus Christiane fidei cultoribus, salutem in uero salutari. Quia cor Regis in manu Dei est, et quo uult inclinat illud, reprehensibile non debet iudicari, si Regia sublimitate decorati secundum diuersitatem temporis se in suis uarient actibus, et inmutent debite sollicitudinis libramine prouido reformantes in melius, in quibus cernentur perperam processisse. Proinde ad vniuersorum noticiam harum serie uolumus peruenire, quod cum humani generis perspicax inimicus pestifero veneno sue fraudis innocenciam corrumpendo violare, puritatem mencium defedando inficere, et concordiam nisus malo discordie superare, nedum inter Barones Regni Hungarie necis seminarium et bellum intestinum, quorum fidelitate, uirtute et industria ipsum Regnum Hungarie defensatum fuerat predecessorum nostrorum temporibus et feliciter gubernatum; verum et inter nos ab una parte, et dominam Reginam matrem nostram Serenissimam ex altera, disscidium scandalo non vacuum, et grauium guerrarum materiam suscitasset : tamen pij patris per clemenciam, cuius vie iusticie et misericordie eius non est numerus, sedatis dissensionibus, discordantibus Baronum animis ad concordiam reuocatis, et restrictis manibus hinc inde ad bellum preparatis, Prelatorum et Baronum consilio mediante cum eadem domina Regina matre nostra karissima sub certis condicionibus ad pacis et concordie deuenimus vnionem. Hoc inter cetera sub huiusmodi tractatus nostri moderamine de utriusque nostrum partis beneplacito, conniuencia, et consensu firmato, in perpetuum duraturo specialiter statuendo ; vt possessiones Baronum, nobilium, et generaliter quorumcum-

que pretextu guerrarum huiusmodi recepte, reddi et restitui
debeant, et dampna data indempniter restaurari. Licet itaque
Comes Laurencius filius Kemen, dilectus et fidelis Baro
noster, qui temporibus predecessorum nostrorum, aui nostri
uidelicet et patris piarum recordacionum Regum Hungarie
illustrium, Palatinatum et maiores Regni honores laudabiliter obtinuit, eorum obsequijs ut fideliter, sic et immutabi-
liter in prosperis pariter et aduersis insistendo, apud Nostram
Maiestatem, cum non eramus capax consilij propter nostre
etatis inperfectum, per suos inimicos superatus, ea uice se et
filios suos coactus ad partem transtulerat predicte matris
nostre, et ob hoc possessio ipsius Vyhel uocata existens iuxta
Wag in Comitatu Trinchiniensi ad suggestionem quorundam
per nos recepta, fuisset Monasterio Beati Martini de Sacro
Monte Pannonie assignata nostro priuilegio mediante; quia
tamen ad reformacionem ipsius concordie comperimus eundem Comitem Lauencium pre omnibus alijs Baronibus
tunc eidem matri nostre adherentibus efficaciter laborasse,
commendate probitatis sue fidam fidem declarando, nos
pacis et concordie zelatores, cum propter huiusmodi uirtutis
sue actus strennuos, tum eciam quia nostrum et Baronum
nostrorum iuramentum predicte pacis reformacioni interpo-
situm infallibiliter attendere uolumus et seruare puro corde,
ac per nostros facere obseruare : iam dictam possessionem
Vyhel cum suis vtilitatibus omnibus et pertinencijs vniuersis
eidem Comiti Laurencio, et per eum filijs suis, filiorumque
suorum in posterum successoribus reddidimus et restituimus
eo iure et plenitudine, in quibus prius eam rite nosscitur
possedisse; priuilegium nostrum ipsi Monasterio Beati Martini super hoc traditum et concessum, cassantes et penitus
irritantes auctoritate presencium reuocamus; ita ut ubicunque in iudicio uel extra fuerit presentatum, viribus careat, et
nullius sit penitus firmitatis. Vt igitur huiusmodi restitucionis
series robur perpetue firmitatis obtineat, presentes concessimus litteras dupplicis sigilli nostri munimine roboratas.
Datum per manus Magistri Benedicti Budensis Prepositi,
aule nostre Vice Cancellarij, dilecti et fidelis nostri anno
Domini millesimo CC·LXX· quarto, decimo kalendas Februarij, Indiccione secunda, Regni autem nostri anno secun-

7*

36990

do. Vacante Ecclesia Strigoniensi, venerabilibus patribus Stephano Colocensi et Johanne Spalatensi Archyepiscopis; Lamperto Agriensi, Briccio Chanadiensi, Job Quinqueecclesiensi, Philippo Waciensi aule domine Regine karissime consortis nostre Cancellario et Comite Neugradiensi, Paulo Wesprimiensi aule nostre Cancellario, Thymotheo Zagrabiensi, Lodomerio Varadiensi, Dionisio Jauriensi, et Petro Transsiluano Episcopis, Ecclesias Dei feliciter gubernantibus. Dionisio Palatino, Judice Comanorum et Comite de Oklych; Nicolao Judice Curie Comite de Guetke; Herrico Bano tocius Slauonie, Nicolao Voyuoda Transsiluano et Comite de Zonuk, Paulo Bano de Sceurino, Joachino Magistro Tauarnicorum Comite de Plys, Reynoldo Magistro Dapiferorum et Comite Zulgageuriensi, Herbordo Magistro Agasonum nostrorum Comite de Barania, Mois Comite Symigyensi, Johanne Comite Supruniensi, Gregorio Comite Castri Ferrei; Dedalo Comite Zaladyensi, Thyba Comite Tolnensi, Jacobo Comite Nitriensi, et alijs quam pluribus Comitatus Regni tenentibus et honores.

(1365-ki átiratból, melyet bőrhártyán készített a »Capitulum Ecclesie de Kew — — discretus vir Magister Nicolaus Officialis de Vylak, et procurator Magnifici viri domini Nicolai Konth Regni Hungarie Palatini et Judicis Cumanorum« előterjesztésére »in festo Beatorum Philippi et Jacobi Apostolorum« »domini Nicolai Konth Regni Hungarie Palatini iustis et legitimis peticionibus annuentes«; a budai kir. kamarai levéltárban.)

96.

IV. László királynak Néveg helységet tárgyazó adománya Mihály comes újvári várnagy számára. 1274.

Ladizlaus Dei gracia Vngarie Dalmacie, Croacie, Rame, Seruie, Gallicie, Lodomerie, Cumanie Bulgarieque Rex omnibus Christi fidelibus quibus presentes ostenduntur salutem in eo qui Regibus dat salutem. Ad vniuersorum noticiam tenore presencium volumus peruenire, quod nos consideratis meritis, fidelitatibus et fidelitatis obsequijs Comitis Michaelis filij Budmerij Castellani de Vyuar fidelis nostri, et eiusdem grata obsequia et obsequiosa merita, que nobis in multis negocijs et pluribus expedicionibus Regni nostri frequenter inpendit et inpendere non cessauit, maxime in conseruaciene castri nostri Vyuar; quia cum omnes alie municiones, castra et opida in confinio Regni nostri per insultum Regis Boemorum tunc inimici nostri capitalis fuissent occupata, idem Comes Michael predictum castrum nostrum Vyuar uirtute mirabili conseruauit, et nobis restituit ea hora et eo termino, quo per ipsius castri conseruacionem inponere potuimus felices exitus negocijs Regni nostri. Pro hijs uero et alijs innumeris uirtutibus uolentes ipsum Comitem Michaelem insignire Regalibus donatiuis, quandam terram Neueg vocatam in Comitatu Supruniensi existentem, vacuam penitus et habitatoribus destitutam, prout fideles nostri Capitulum Castri Ferrei, quibus hoc specialiter dederamus in mandatis, nobis rescripserunt, eidem Comiti Michaeli, et per eum suis heredibus heredumque successoribus duximus conferendam, iure perpetuo irreuocabiliter possidendam, et ipsum in possessionem dicte terre nullo contradicente, conuocatis commetaneis et vicinis, per Johannem Comitem Supruniensem dilectum et fidelem nostrum, sicut in Comitis et Capituli litteris predictorum euidenter comperimus, fecimus introduci. Cuius quidem terre mete, prout in eiusdem litteris Capituli expressius

cauebatur, hoc ordine distinguntur : Prima meta progreditur
ab aquilone, ubi est meta terrea iuxta aquam Ikua vocatam;
vergens abhinc ad meridiem peruenit ad duas metas ; currens
adhuc directe peruenit ad duas metas terreas, quarum altera
fruticem salicis amplexatur ; tendens adhuc ad meridiem sunt
due mete ; deinde declinans versus occidentem peruenit ad
duas metas, que sunt iuxta uiam publicam circa ecclesiam
Sancti Nicolai; in qua quidem via declinando ad meridiem
currit ad quatuor metas angulares, que sunt in virgulto ex
vtraque parte uie, quarum una separat uersus orientem filijs
Mocha iobagionibus Castri, altera uero distingit a terris popu·
lorum ville Bodogd, tercia autem separat ad meridiem populis ville Chalad; deinde declinans uersus occidentem currendo
in eodem virgulto peruenit ad uiam *kurustuot* uocatam ; abhinc
tendens ad septemtrionem similiter in eodem uirgulto peruenit ad unam magnam metam, que separat a terra cuiusdam
Marcel uocata, vergens adhuc directe ad septemtrionem est
magna meta, que tres ilices in se amplexatur, ibique intrat
predictam aquam Ikua uocatam, cuius quidem aque medietas
separat a terris castrensium Gerse uocate (Igy), et per medium
eiusdem aque currendo uersus aquilonom per longum spacium
exit de eadem uersus occidentem, et peruenit ad vnam metam, que continet in se pirum ; vergens adhuc directe sunt
due mete ; abhinc declinans uersus aquilonem peruenit ad
quandem uiam, in qua currendo per modicum spacium sunt
due mete, ubi reflectitur ad orientem; currendo in campo peruenit ad duas metas ; deinde declinans ad meridiem peruenit
ad predictam aquam Ikua, ibique terminatur. In cuius rei certitudinem presentes concessimus litteras dupplicis sigilli nostri
munimine roboratas. Datum per manus Magistri Benedicti
Sancte Strigoniensis Ecclesie Electi, Prepositi Budensis aule
nostre ViceCancellarij dilecti et fidelis nostri, anno Domini
M°CC°LXX° quarto, Regni autem nostri anno secundo. Venerabilibus patribus Stephano Colocensi et Johanne Spalatensi
Archiepiscopis ; Lamperto Agriensi, Briccio Chanadiensi, Job
Quinqueecclesiensi, Paulo Vesprimiensi aule nostre Cancella-
rio, Philippo aule domine (Regine) karissime consortis nostre
Cancellario, Lodomerio Varadiensi, Tymotheo Zagrabiensi,
Dionisio Jauriensi et Petro Transsiluano Episcopis Ecclesias

Dei feliciter gubernantibus. Dionisio Palatino Comite de
Okilych et Judice Cumanorum; Herrico Bano tocius Sclauonie; Nicolao Voyauoda Transsiluano Comite de Zonuk; Iwa-
chyno Magistro Tawarnicorum nostrorum Comite de Plys;
Nicolao Judice Curie nostre Comite de Gechke; Paulo Bano
de Zeurino, Renoldo Magistro Dapiferorum nostrorum Comite
de Zulgageur, Herborto Comite Agasonum nostrorum Comite
de Barana; Nicolao Magistro Pincernarum nostrarum; Johanne Supruniensi, Gregorio Comite Castri Ferrei; Moys
Magistro Tawarnicorum domine Regine consortis nostre karissime Comite Symigiensi, Dedalo Cumite Zaladiensi, Jacobo
Comite Nitriensi; et alijs quam pluribus Comitatus Regni
tenentibus et honores.

(Eredetie bőrhártyán, melyről a király kettős pecsétje sárga-zöld
selyemzsinóron függ; a budai kir. kamarai levéltárban.)

97.

IV. László királynak Sahi Péter birtokát tárgyazó adománya
Kueskuthi György comes számára. 1274.

. Ladizlaus Dei gracia Hungarie, Dalmacie, Croacie,
Rame, Seruie, Gallicie, Lodomerie, Cumanie, Bulgarieque
Rex omnibus quibus presentes ostendentur salutem in omnium
saluatore. Mansuetudinis Regie erga eos maxime munificenciam aperimus, quorum sudoribus bellicis Regni gloria res-
plendescit, et proteruitas deprimitur reproborum. Ad vniuersorum igitur noticiam tam presencium quam futurorum harum
serie volumus peruenire; quod cum Petrus de Sah infidelitatis flagicium commisisset, se de Regno Vngarie cum filio suo
Wolfer nomine, et Ek fratre suo ad Regem Boemie transfe-
rendo, et militibus de Fredberck se sociauerant uastum in
Vngariam faciendo; Comes Georgius de Kueskuth innate

fidelitatis feruore et dulcedine natalis patric uehemencius inuitatus pro patria dimicare, eidem Petro ac societati sue in partibus Vngarie depredari uolentibus resᵗitit manu forti, ipsumque Petrum de Sah armis deiectum bellicis captiuauit. Et quia dignum fuit, ut a Regni nostri gremio idem Petrus et frater ac filius eius nullum consequerentur commodum, quod nisi sunt multipliciter inpugnare; dominus Stephanus pater noster clare memorie terram eorundem et locum castri, quam et quem habebant in Vngaria, in refrigerium et solacium fidelitatis inpense per Georgium Comitem ,ipsi Georgio, et per eum suis heredibus, heredumque suorum successoribus iure perpetuo contulit possidendam, in ipsorum possessionem per Magistrum Gregorium Comitem Castri Ferrei eundem faciendo introduci nullo contradictore penitus existente. Nos itaque, qui fidelium nostrorum actibus felicibus gloriamur, et eorum sudores benignitatis linteo satagimus refouere, quorum ministerio Regni negocia celesti numine prosperantur; ipsius patris nostri vestigiis inherentes, collacionem seu donacionem prefatam ratam et gratam habentes, iuxta continenciam litterarum domini patris nostri exinde confectarum in eternam rei memoriam auctoritate presencium ad peticionem eiusdem Georgij Comitis sub antiquis suis metis et terminis duximus confirmandam. In cuius rei memoriam firmitatemque perpetuam presentes litteras concessimus dupplicis sigilli nostri munimine roboratas. Datum per manus Magistri Benedicti Sancte Strigoniensis Ecclesie Electi, Prepositi Budensis, aule nostre Vice-Cancellarij dilecti et fidelis nostri anno Domini MᵒCCᵒLXXᵒ quarto, Regni autem nostri anno secundo. Venerabilibus patribus Stephano Colochensi et Johanne Spalatensi Archiepiscopis; Lamperto Agriensi, Briccio Chanadiensi, Job Quinqueecclesiensi, Paulo Vesprimiensi aule nostre Cancellario, Phylippo Vaciensi aule domine Regine karissime consortis nostre Cancellario, Lodomerio Waradiensi, Thymotheo Zagrabiensi, Dionisio Jauriensi et Petro Transsiluano Episcopis Ecclesias Dei feliciter gubernantibus. Dionisio Palatino Comite de Oclych et Judice Cumanorum; Herrico Bano tocius Sclauonie; Nicolao Woywoda Transiluano Comite de Zonuk; Iwachino Magistro Thawarnicorum nostrorum Comite de Plys, Nicolao Judice Curie nostre Comite de Guechke, Paulo

Bano de Zeurino, Reynoldo Magistro Dapiferorum nostrorum Comite Zulgageuriensi, Herbordo Magistro Agasonum nostrorum Comite de Barana, Nicolao Magistro Pincernarum nostrorum, Johanne Comite Supruniensi, Gregorio Comite Castri Ferrei, Moys Magistro Thawarnicorum domine Regine karissime consortis nostre Comite Symigiensi, Dedalo Comite Zaladiensi; et alijs quam pluribus Comitatus Regni tenentibus et honores.

(Eredetie bőrhártyán, melyről a pecsét sárga-zöld selyemzsinóron függ; a főmélt. herczeg Batthyáni család levéltárában.)

98.

IV. László királynak Vindornya Szöllős helységet tárgyazó adománya Pécz nemzetségbeli Benedek számára. 1274.

(Hazai Okmánytár I. köt. 60. l. Véghelyi Dezső közleménye.)

99.

IV. László királynak Halmi helységet tárgyazó adománya Tamás mester, Gábor mesternek fia számára. 1274.

Ladyzlaus Dei gracia Hungarie, Dalmacie, Crowacie, Rame, Seruie, Galltcie, Lodomerie, Cumanie Bulgarieque Rex omnibus Christi fidelibus, ad quos presens pagina peruenerit, salutem in vero salutari. Regalis magnificencie apex per uir-

tutum radices eo fecundius parturit incrementum, quo vberius
suorum fidelium remunerat famulatum. Hinc est, quod vniuersorum noticie volumus fieri manifestum, quod nobilis
vir Magister Thomas filius Magistri Gabrielis fidelis noster
ad Nostre Serenitatis auedens presenciam, petiuit a nobis
humiliter supplicando, quod nos terram Holmy vocatam in
Comitatu de Vgucha, ad nostram collacionem pertinentem,
terre sue Kukynus nuncupate vicinam et contiguam, quam
eidem iam dudum contulisse noscimur, nostri dignaremur
priuilegij patrocinio roborare pariter et conferre. Nos siquidem, qui ex officij nostri debito vniuscuiusque fidelitatibus
tenemur votiuis occurrere remedijs, ipsius Magistri Thome
meritoria obsequia innumerasque fidelitates, que et quas in
diuersis Regni nostri expedicionibus a primeuis. sue puericie
temporibus laudabiliter inpendit, in memoriam reuocantes,
presertimque eiusdem miliciam, quam nostro tempore sub
castro Lowa contra hostilem Regis Boemie turmam facie
ad faciem dimicando triumphaliter exercuit, iusto cordis libramine recensentes, ut eundem de strenuo reddamus magis strenuum atque promptum, quod et alij hoc pretextu ad fidelitatis
opera reddantur prompciores; predictam terram nostram
Holmy uocatam, cum omnibus vtilitatibus et pertinencijs suis,
sicut hactenus iusto titulo mediante possessa extitit, dedimus,
donauimus, contulimus et concessimus ipsi Magistro Thome,
ac per eum suis heredibus heredumque suorum successoribus
iure perpetuo pacifice possidendam. Et ad maiorem cautelam
in corporalem possessionem dicte terre per Nycola — — de
Vgucha fidelem nostrum fecimus introduci contradictore nemine apparente. Vt igitur huiusmodi nostre collacionis series
robur perpetue optineat firmitatis, nec processu temporum in
irritum valeat reuocari, presentes concessimus litteras duplicis
sigilli nostri munimine roboratas. Datum per manus venerabilis
viri Magistri Benedicti Sancte Strigoniensis Ecclesie Electi Perpetuique Comitis loci eiusdem, Prepositi Budensis, aule nostre
ViceCancellarij, dilecti et fidelis nostri anno Domini M ºCC º
LXX º quarto, Regni autem nostri anno secundo. Venerabilibus
patribus Stephaho Colocensi et Johanne Spalatensi Archiepiscopis; Lamperto Agriensi, Briccio Chenadiensi, Jaub Quinqueecclesiensi, Philippo Vaciensi aule karissime consortis

nostre Cancellario; Paulo Vesprimiensi aule nostre Cancella-
rio, Lodomerio Waradiensi, Thymotheo Zagrabiensi, Dyonisio
Jauriensi et Petro Transsiluano Episcopis Ecclesias Dei feli-
citer gubernantibus. Dyonisio Palatino, Comite de Ocluch,
Judice Cumanorum; Henrico Bano tocius Sclauonie, Nycolao
Voyuoda Transsiluano Comite de Zounuk; Iwachino Magistro
Tauarnicorum nostrorum Comite de Plys; Moys Magistro
Tauarnicorum domine Regine karissime consortis nostre,
Comite Symigiensi; Nycolao Judice Curie nostre, Comite de
Guechke; Paulo Bano de Zeurino, Johanne Comite Supru-
niensi; Herbordo Magistro Agasonum nostrorum Comite de
Barana; Reynoldo Magistro Dapiferorum nostrorum, Comite
Zulgageuriensi, Dedalo Comite Zaladiensi, Gregorio Comite
Castri Ferrei, Jacobo Comite Nytriensi, Ochuz Comite Vespri-
miensi et alijs quam pluribus Comitatus Regni tenentibus et
honores.

(Eredetie börhártyán, melynek pecsétje elveszett, a budai kir.
kamarai levéltárban.)

100.

*IV. László királynak Kökényes helységet tárgyazó adománya,
Tamás mester, Gábor mesternek fia számára. 1274.*

Ladyzlaus Dei gracia Hungarie, Dalmacie, Croacie,
Rame, Seruie, Gallicie, Lodomerie, Cumanie, Bulgarieque
Rex vniuersis Christi fidelibus presens scriptum inspecturis
salutem in omnium saluatore. Juri consonat, nec preiudicat
equitati, quod Regie fideliter Mayestati famulantes condigne
remuneracionis priuilegio gaudeant et fruantur. Proinde ad
vniuersorum noticiam harum serie volumus peruenire, quod
nobilis vir Magister Thomas filius Magistri Gabrielis fidelis
noster ad nostram accedens presenciam a nobis humiliter

postulauit, ut nos terram Kukynus vocatam in Comitatu de
Vgucha existentem, quam pro multiplicibus eiusdem meritorijs seruicijs in Feketewholm fideliter impensis eidem dominis karissimus pater noster pie recordacionis suo priuilegio
contulisse noscitur, eamque usque ad hec tempora pacifice
possedit et possidet sine detrimento iuris cuiuslibet, eidem et
suis heredibus de nostro fauore Regio liberaliter relinquere,
ymoque conferre deuocius dignaremur. Nos siquidem, qui
Diuina fauente gracia pro suscepti regiminis nostri officio
singulorum merita tenemur recompensare ex debito, gratuita
seruicia indefessasque fidelitates eiusdem Magistri Thome,
que et quas a primeuis puericie temporibus per temporum
curricula in diuersis Regni expedicionibus viriliter impendere
curauit, et in futurum impendere non desinit, in memoriam
reuocantes, paternamque concessionem in hac parte legitime
factam irritare nullatenus cupientes, ymo pocius admissionis
gracia solidantes; predictam terram Kukynus cum omnibus
vtilitatibus et attinencijs suis, sicut per priores limitaciones
et terminos nemini preiudicante possessa extitit, de Regie
specialis gracie benignitate, prout in priuilegio eiusdem karissimi patris nostri plenius continetur, reliquimus, permisimus,
contulimus et concessimus ipsi Magistro Thome, ac per eum
suis heredibus heredumque successoribus ad habendum iure
perpetuo pariter et possidendum; volentes et regaliter concedentes, quod a modo eundem et suos heredes super premissa terra nullus omnino inquietare debeat uel presumpmat
contra formam iusticie cuidentis. Vt igitur hec nostra concessio seu admissio super paterna collacione rite habita processu
temporum perseueret inconcussa, in euidens rei testimonium
presentes concessimus litteras duplicis sigilli nostri munimine
roboratas. Datum per manus venerabilis viri Magistri Benedicti Sancte Strigoniensis Ecclesie Electi, Perpetuique Comitis eiusdem loci, Prepositi Budeensis, aule Regie ViceCancellarij dilecti et fidelis nostri anno Domini M°CC°LXX° quarto,
Regni autem nostri anno secundo. Venerabilibus patribus
Stephano Colocensi et Johanne Spalatensi Archiepiscopis;
Lamperto Agriensi, Briccio Chenadiensi, Joub Quinqueecclesiensi, Phylippo Waciensi aule domine Regine karissime consortis nostre Cancellario, Paulo Vesprimiensi aule nostre Can-

cellario, Lodomerio Waradiensi, Tymotheo Zagrabiensi, Dyo-
nisio Jauriensi et Petro Transiluano Episcopis, Ecclesias Dei
feliciter gubernantibus. Dyonisio Palatino, Comite de Ocluch,
Judice Cumanorum; Henrico Bano tocius Sclauonie, Nycolao
Voyuoda Transiluano Comite de Zounuk, Iwancho Magistro
Tauarnieornm nostrorum Comite de Plys; Moys Magistro
Tauarnicorum domine Regine karissime consortis nostre;
Nycolao Judice Cürie nostre Comite de Guechke; Paulo Bano
de Zeurino, Johanne Comite Supruniensi; Herbordo Magistro
Agasonum nostrorum, Comite de Barana, Reynoldo Magistro
Dapiferorum nostrorum Comite Zulgageuriensi; Dedalo Co-
mite Zaladiensi, Gregorio Comite Castri Ferrei, Jacobo Comite
Nytriensi, Ochwz Comite Vesprimiensi, et alijs quampluribus
Comitatus Regni tenentibus et honores.

(Eredetie bőrhártyán, melynek zöld selyemzsinóron függött pecsétje
elveszett, a budai kir. kamarai levéltárban.)

101.

IV. László királynak Digne helységet tárgyazó adománya
János, Konrád comesnek fia számára. 1274.

Ladizlaus Dei gracia Hungarie, Dalmacie, Croacie,
Rame, Seruie, Gallicie, Lodomerie, Cumanie Bulgarieque
Rex omnibus Cristi fidelibus tam presentibus quam futuris
salutem in omnium saluatore. Ad vniuersorum noticiam
tenore presencium uolumus peruenire, quod Joahnes filius
Comitis Corrardi ad nostram accedens presenciam pecijt a
nobis cum (in)stancia, ut sibi in quadam terra Castri nostri
Musuniensis Digne uocata de Magnificencia Regia dignaremur prouidere. Nos quia de qualitate et quantitate ipsius
terre nobis plene ueritas non constabat, fidelibus nostris
Capitulo Vesprimiensi dedimus in mandatis, ut unum ex

ipsis cum Ogmand de Aka homine nostro transmitterent
fidedignum, coram quo dictam terram Digne conuocatis
commetaneis et uicinis eidem Joahni assignaret, si contradictores legitimi non conparerent super ipsa, et id nobis
postmodum remandarent. Idem itaque Capitulum demum
rescripsit nobis, quod dictam terram Digne presentibus
omnibus commetaneis et uicinis prefato Joahni dictus homo
noster assignasset nullo penitus contradictore existente;
sicut in litteris dicti Capituli uidimus contineri. Nos igitur
consideratis seruicijs meritorijs ipsius Joahnis, que nobis in
nostris expedicionibus, quas contra Regem Boemie oportuit
nos habere, exhibuit et inpendit, tunc specialiter cum de
castro Jauriensi, quod per Thethonicos fuerat occupatum,
deuastorius exercitus exierat, et uenerat super uillam Hanta,
ubi dictus Joahnes cum sua armata familia, sicut certo
cercius nobis constitit, contra ipsos Theuthonicos uiriliter
dimicauit, a quorum manibus quatuordecim captiuos Vngaros
liberauit, ubi eciam tres seruientes sui per eosdem Theuthonicos fuerunt interfecti; in alijs eciam multis grata semper
et laudabilia seruicia in fenore (igy) fidelitatis omnimode
studuit exhibere; propter que, licet de Regali Magnificencia
maiori remuneracione fuisset refouendus, in aliqualem tamen
recompensacionem seruiciorum suorum dictam terram Digne
a prefato Castro exceptam penitus et exemptam, et sub
eisdem metis et terminis, quibus dictum Castrum eandem
terram tenuit et possedit, cum omnibus pertinencijs et utilitatibus suis, contulimus, dedimus, donauimus eidem Joahni
et suis heredibus perpetuo et irreuocabiliter possidendam. In
cuius rei memoriam firmitatemque perpetuam presentes dedimus litteras dupplicis sigilli nostri munimine roboratas.
Datum per manus Magistri Benedicti Sancte Strigoniensis
Ecclesie Electi, Perpetuique Comitis loci eiusdem, Prepositi
Budensis et aule nostre Vice Cancellarij dilecti et fidelis
nostri, anno Domini millesimo CC° septuagesimo quarto
Regni autem nostri anno tercio. Venerabilibus patribus
Stephano Colocensi et Joahne Spalatensi Archiepiscopis;
Lamperto Agriensi, Briccio Chanadiensi, Job Quinqueeccle-
siensi, Paulo Vesprimiensi aule nostre Cancellario, Philipo
Vaciensi aule domine Regine consortis nostre karissime

Cancellario, Lodomerio Varadiensi, Tymotheo Zagrabiensi,
et Petro Transiluano Episcopis Ecclesias Dei feliciter gubernantibus. Deonisio (így) Palatino, Comite de Oklich et Judice
Cumanorum ; Herrico Bano tocius Sclauonie, Nicolao Voywoda Transiluano Comite de Zonuk, Joachino Magistro
Thawarnicorum nostrorum Crmite de Plis, Nicolao Judice
Curie Comite de Guecche, Moys Magistro Thawarnicorum
domine Regine consortis nostre karissime Comite Symigiensi,
Paulo Bano de Zeurino, Herbordo Magistro Agasonum nostrorum Comite de Barana, Nicolao Magistro Pincernarum
nostrorum, Joahne Comite Supruniensi, Deudalo Comite
Zaladiensi, et alijs quam pluribus Comitatus Regni tenentibus et honores.

(Eredetie bőrhártyán, melynek zöld-vörös selyemzsinóron függött
pecsétje elveszett, a budai kir. kamarai levéltárban.)

102.

*IV. László királynak a vasmegyei királyi íjászok birtokát
tárgyazó adománya Herránd a királyné főtálnoka számára.
1274.*

Ladizlaus Dei gracia Hungarie, Dalmacie, Croacie,
Rame, Seruie, Gallicie, Lodomerie, Cumanie, Bulgarieque
Rex vniuersis Christi fidelibus presentem paginam inspecturis
salutem in omnium saluatore. Erga Regiam Maiestatem
parui meriti putaretur fidelitas, si remaneret infidelitas im-
punita; tunc enim elucescunt uirtutes, cum inuicem oppo-
nuntur, et uirtutes uicijs preferuntur. Proinde ad uniuersorum
noticiam tenore presencium volumus poruenire : quod quia
sagittarij Regales de Comitatu Castri Ferrei, prius cum
Herrico quodam Bano Sclauonie, qui se tempore domini
Stephani Serenissimi Regis Hungarie patris nostri karissimi

ad Regem transtulerat Bohemorum, et demum cum eodem Herrico et filijs ac fautoribus suis, qui Ducem Andream fratrem nostrum karissimum rapere, et exercitum ducere contra Coronam Regiam, ac hastam dirigere contra personam nostram non sunt ueriti, infidelitatem manifestam, et crimen lese Maiestatis commiserunt; et specialiter in hoc, quia nacta temporis occasione cum hominibus Regis Bohemie se prodicionaliter immisscentes uastus fecerunt plurimos infra terminos Regni nostri : nos eosdem sagittarios a gracia nostra et fauore Regio propter tante infidelitatis notam finaliter excludentes, priuauimus eosdem in perpetuam infidelitatis ipsorum ignominiam terris eorum cultis et incultis, siluis, pratis, nemoribus, et omnibus alijs iuribus, que ante tempus huiusmodi infidelitatis commisse in Comitatu Castri Ferrei tenuerunt, sine spe ad illam vllo vnquam tempore redeundi. Et quia equitati congruit, et est consentaneum racioni, ut iusti laboribus impiorum perfruantur; nos commendabilem fidelitatem et grata obsequia Herrandi Magistri Dapiferorum domine Regine consortis nostre karissime et Comitis Borsiensis et de Semptey, quibus tam nostro quam predecessorum nostrorum Illustrium Regum Hungarie tempore studuit ut fideliter sic et laudabiliter famulari, attendentes, totam terram, et omnia alia jura sagittariorum eorundem in metis prioribus et antiquis, de Baronum nostrorum consilio, eidem Magistro Herrando, et per eum suis heredibus, heredumque suorum imposterum successoribus, de manu nostra contulimus irreuocabiliter perpetuo possidenda; inhibentes, ne ijdem sagittarij aut eorum posteri ullo unquam tempore regressum habere ualeant ad terram prenotatam. Ut igitur huius collacionis nostre series robur perpetue firmitatis obtineat, nec ullo unquam tempore retractari valeat, aut in irritum quomodolibet reuocari; presentes ipsi Magistro Herrando concessimus litteras dupplicis sigilli nostri munimine roboratas. Datum per manus Magistri Benedicti Sancte Strigoniensis Ecclesie Electi, eiusdemque loci Comitis Perpetui, Prepositi Budensis et aule nostre Vice-Cancellerij dilecti et fidelis nostri anno Domini M°CC° septuagesimo quarto, quarto nonas Decembris, Indiccione secunda, Regni autem nostri anno secundo. Venerabilibus patribus Stephano Colocensi, Johan-

ne Spalatensi Archiepiscopis ; Lamperto Agriensi, Job Quinqueecclesiensi, Philippo Wacyensi aule domine Regine
consortis nostre karissime Cancellario, Paulo Wesprimiensi
aule nostre Cancellario, Thymotheo Zagrabiensi, Lodomerio
Waradiensi, Dionisio Jauriensi, et Petro Transsiluauo Episcopis, Ecclesias Dei feliciter gubernantibus. Rolando Palatino Judice Comanorum, Dionisio Bano tocius Sclauonie;
Matheo Woywoda Transsiluano et Comite de Zonuk ; Egidio
Magistro Tauarnicorum nostrorum, Nicolao Magistro Dapiferorum nostrorum Comite Musuniensi, Chepano Magistro Pincernarum, Petro Magistro Agasonum nostrorum Comite Zul-
gageurensi, Petro Comite Supruniensi et Symigiensi, Philippo
Comite Castri Ferrei, Dedalo Comite Zaladiensi, et alijs quam
pluribus Comitatus Regni tenentibus et honores.

(Eredetie bőrhártyán, melyről a pecsét zöld-vörös selyemzsinóron
függ ; a fömélt. herczeg Eszterházy család levéltárban.)

103.

*IV. László királynak Tornova és Karalicha helységeket tár-
gyazó adománya orvosa Gellért mester számára. 1274.*

Nos Ladizlaus Dei gracia Rex Vngarie memorie commendantes significamus tenore presencium universis, quod
consideratis eximiis fidelitatibus Magistri Gerardi, fidelis et
intimi phisici nostri, quas idem circa recuperacionem sanitatis nostri regii corporis, medente altissimo, fideliter exercuit, quandam terram nostram, que terra Castri Zagrabiensis
Tornawa vocata, prope Zagrabiam, cum villa Karalicha
vocata, existenti in eadem, omni contradiccionis questione
remota, prout apud Castrum fore dinoscitur, ipsi Magistro
Gerardo perpetuo duximus conferendam. Promittentes ut cum
circumstancias eiusdem terre Capitulum Zagrabiense nobis

rescripserit, nos dictam terram eidem mediante vigore nostri privilegii ob evidencius argumentum perpetualiter conferemus. Datum in Lypcha, in festo Assumpcionis Virginis Gloriose.

(Tkalcsics, Monumenta hist. Episcopatus Zagrabiensis I. köt. 172. lap.)

104.

IV. László királynak parancsa Dénes szlavoniai bánhoz, hogy orvosát Gellért mestert a neki adományozott javak birtokába iktattassa. 1274.

Ladizlaus Dei gracia Rex Vngarie dilecto et fideli suo Dyonisio Bano tocius Sclauonie salutem et graciam plenam. Cum dominus Rex Bela avus noster, et dominus Rex Stephanus pater noster karissimus inclite memorie, quandam terram Castri nostri Zagrabiensis, Tornawa vocatam, prope Zagrabiam existentem, Magistro Gerardo, fideli fisico nostro contulerint, et nos contulerimus, prout in nostris literis inde confectis plenius poteris intueri; mandamus fidelitati vestre requirentes, quatenus ipsum Magistrum Gerardum in corporalem possessionem dicte terre velitis auctoritate nostra introducere, et introductum in eadem firmiter conservare; et post hec qualitatem, quantitatem ac cursus metarum dicte terre debeatis nobis in vestris litteris remandare, aliud non facturi pro nostra gracia pleniori. Cum id sic esse velimus, omnium Baronum nostrorum consilio mediante, eo maxime, quia idem Magister Gerardus nobis servivit fideliter et servit sicut scitis. Datum sub castro Zolounuk, in crastino Beati Andree Apostoli.

(Tkalcsics, Monum. hist. Episc. Zagrabiensis I. köt. 173. l.)

105.

IV. László királynak ezen adományt megerősítő ünnepélyes privilegiuma. 1274.

Ladizlaus Dei gracia Hungarie, Dalmacie, Croacie, Rame, Seruie, Gallicie, Lodomerie, Comanie, Bulgarieque Rex omnibus Christi fidelibus presentes litteras intuentibus salutem in omnium salvatore. Ad universorum noticiam tenore presencium volumus pervenire, quod gratam fidelitatem et commendabilia merita circumspecte providencie viri, Magistri Gerardi, Artis Medicine Professoris, fidelis phisici nostri, quibus coram nostris et predecessorum nostrorum Bele videlicet avi nostri, et Stephani genitoris nostri, domi norum, olim illustrium Regum Hungarie, occulis meruit multipliciter conplacere, nostrum et eorumdem corpora in adoptate sanitatis statu conservando per tempora longiora. Attendentes, revocantesque in animum, qualiter idem Magister Gerardus per exercitate sollicitudinis sue fidam operacionem, nos auxiliante Domino de gravi egritudinis articulo, ubi de vita nostra poterat merito dubitari, pristine restituit sanitati. Nos in aliqualem remuneracionem tot et tantorum meritorum suorum, ex certa sciencia et mera liberalitate, de Baronum nostrorum nichilominus consilio et consensu, contulimus eidem Magistro Gerardo quandam terram Castri Zagrabiensis, Tornowa vocatam, cum omnibus suis utilitatibus et pertinenciis universis, terris videlicet cultis et incultis, vineis, silvis, nemoribus, aquis, pratis, fenilibus, ab ipso Zagrabiensi Castro exceptam penitus et exemptam, per eum et per suos heredes heredumque suorum in posterum successores inrevocabiliter perpetuo pacifice possidendam, eam sibi per Dyonisium Comitem, tunc Banum tocius Sclauonie, nullo contradictore apparente, sicut id eiusdem Bani littere declarabant, assignari faciendo. Volentes et presenti ediccione perpetuo duratura statuentes, ut tam

8*

ipse Magister Gerardus, quam eius posteri, terram eandem
in metis prioribus et antiquis terminorum distinccionibus
sine inquietacione quorumlibet perpetuo possidere valeant
et habere. Ut igitur huius nostre collacionis series robur
obtineat perpetue firmitatis, nec processu temporum valeat
per quempiam retractari, aut in irritum quomodolibet revocari, presentes eidem Magistro Gerardo concessimus litteras
duplicis sigilli nostri munimine roboratas. Datum per manus
Magistri Benedicti, Sancte Strigoniensis Ecclesie Electi,
eiusdemque loci Comitis Perpetui, Prepositi Budensis et aule
regie Vicecancellarii, dilecti et fidelis nostri, anno Domini
MCCLXX quindo, IX. kalendas Aprilis Regni autem nostri
anno tercio. Venerabilibus patribus Stephano Colocensi et
Johanne Spalatensi Archiepiscopis, Philippo Waciensi aule
domine Regine consortis nostre karissime Cancellario, Job
Quinqueecclesiensi, Wesprimiensi Sede vacante, Thimotheo
Zagrabiensi, Dionisio Jauriensi et Petro Transsiluano Epis-
copis, Ecclesias Dei feiiciter gubernantibus. Rolando Palatino
Judice Comanorum, Vgrino Bano de Zeurino, Thoma filio
Chelley Judice Curie nostre Comite Posoniensi, Egidio Ma-
gistro Tawarnicorum, Nicolao Magistro Dapiferorum Comite
Musuniensi, Chepano Magistro Pincernarum, Petro Magistro
Agazonum nostrorum, Moys Magistro Tavarnicorum domine
Regine consortis nostre karissime, Herrando Magistro Dapi-
ferorum eiusdem domine Regine Comite Zaladiensi, Mateo
Woywoda Transiluano Comite de Zonuk, Petro Comite Su-
pruniensi et Symigiensi, Magistro Stephano Comite Wesprimiensi, et aliis quam pluribus Comitatus Regni nostri tenentibus et honores.

(Tkalcsics, Monum. historica Episc. Zagrabiensis I. köt. 174. l.)

106.

IV. László király átírja a nyitrai káptalannak Kezthelen helység határjárását tárgyazó jelentését. 1274.

Ladizlaus Dei gracia Hungarie, Dalmacie, Croacie, Rame, Seruie, Galicie, Lodomerie, Bulgarie Comanieque Rex vniuersis Christi fidelibus presentibus et futuris presencium noticiam habituris salutem in salutis largitore. Vniuersitatis vestre noticie tenore presencium declaramus, quod accedens ad nostre Maiestatis presenciam Alexander filius Zoth de Agar dilectus et fidelis noster, exhibuit nobis litteras Capituli Nitriensis, petens cum instancia, vt ipsas rescribi et in priuilegium redigi faceremus. Quarum quidem litterarum tenor talis est :

Excellentisimo domino eorum Ladizlao D. gr. illustri stb. (következik a nyitrai káptalannak jelentése, mint alább 111. sz. a.)

Nos igitur peticionibus dicti Alexandri dilecti et fidelis nostri ex benignitate Regia, ut tenemur, annuentes, predictas litteras nos abrasas, non cancellatas, nec in aliquo viciatas, de uerbo ad uerbum rescribi et in formam priuilegij redigi fecimus, dupplicis sigilli nostri apensione roborando. Datum per manus discreti viri Magistri Benedicti Sancte Strigoniensis Ecclesie Electi eiusdemque loci Comitis perpetui Prepositi Budensis, aule nostre ViceCancellarij dilecti et fidelis nostri, anno Domini M°CC°LXX° quarto, Regni autem nostri anno tercio. Venerabilibus patribus St(ephano) Colocensis et Johanne Spalatensis Ecclesiarum Archiepiscopis; Lamperto Agriensi, Briccio Chanadiensi, Job Quinqueecclesiensi, Paulo Wesprimiensi aule nostre Cancellario ; Philipo Wachiensi aule domine Regine consortis nostre karissime Cancellario, Lodomerio Waradiensi, Tymotheo Zagrabiensi, Dyonisio Jauriensi, Petro Transsiluano Episcopis, Ecclesias Dei feliciter gubernantibus. Dyonisio Palatino Comite de Occlich et Judice

Comauoruu; Vgrino Bano de Zeurino; Herbordo Magistro Dapiferorum nostrorum Comite de Barania; Laurencio Comite Supruniensi, Gregorio Comite Castri Ferrei, Moys Magistro Thauarnicorum domine Regine consortis nostre karissime Comite Symmigiensi, Jacobo Comite Nitriensi, et alijs quam pluribus Comitatus Regni tenentibus et honores.

(Eredetie bőrhártyán, melyről a pecsétnek töredéke vörös-zöld selyemzsinóron függ ; a budai kir. kamarai levéltárban.)

107.

Dénes bánnak bizonyságlevele, hogy a király orvosát Gellért mestert, a neki adományozott javak birtokába iktatta. 1274.

Nos Dyonisius Banus tocius Sclauonie. Significamus tenore presencium universis, quod Magister Gerardus, fidelis fisicus domini nostri Regis, ad nostram accedens presenciam exhibuit nobis literas eiusdem domini nostri Regis hunc tenorem continentes :

Ladizlaus D. gracia Rex Vngarie dilecto et fideli suo Dyonisio Bano tocius Sclauonie, stb. (következik a királynak 1274-ki bevezetési parancsa, mint fentebb 104. sz. a.)

Nos igitur visis ipsis literis dictam terram eidem Magistro Gerardo reliquimus et dimisimus iure perpetuo possidendam, in corporalem possessionem terre prefate per Comitem Bartholomeum, officialem nostrum de Pybyna introduci faciendo. Qui ipsam terram eidem statuit et assignavit cum omnibus utilitatibus et pertinenciis suis universis, in eisdem metis et terminis in quibus per priores possessores limitata exstiterat et possessa, nullo contradictore penitus existente. Datum anno Domini MCCLXXIV.

(Tkalcsics, Monum. hist. Episc. Zagrabiensis I. köt. 173. l.)

108.

Denes bánnak jelentése ugyanazon tárgyban IV. László király-
hoz. 1274.

Excellentissimo et benefactori suo Ladizlao Dei gracia
illustri Regi Vngarie Dyonisius Banus tocius Sclauonie perpetue fidelitatis obsequium indefessum. Literas Vestre Excellencie recepi debito cum honore, in quibus continebatur,
quod cum dominus Bela, avus vester, et Stephanus, pater
vester, illustres Reges Hungarie inclitarum recordacionum,
quandam terram Castri nostri Zagrabiensis Tornaua vocatam, prope Zagrabiam existentem, Magistro Gerardo, fideli
fisico vestro, contulissent, et eciam vos contullissetis ; ego
eandem cum omnibus utilitatibus et pertinenciis suis universis ipsi Magistro Gerardo statuere et assignare deberem, et
ipsum introductum in eandem auctoritate vestra firmiter
conservare. Ego igitur vestris mandatis obedire desiderans
fideliter et devote, ipsum Magistrum Gerardum per Comitem
Bartholomeum, officialem meum de Pyhyna, in corporalem
possessionem ipsius terre feci introduci. Qui demum meam
adiens presenciam, asseruit : quod predictum Magistrum
Gerardum in corporalem possessionem terre memorate intro-
duxisset, presentibus commetaneis et vicinis, nullo contradictore penitus existente, ipsam terram in metis et terminis
prioribus eidem assignando.

(Tkalcsics, Monum. hist. Episc. Zagrabiensis I. köt. 174. l.)

109.

1. Károly sziciliai király Sibenico és Spalato városokkal szövetkezik Almissa ellen. 1274.

Istrumentum federis inter Carolum Regem Sicilie, communitatem Sibenici et Spaleti de bello inferrendo terre Dalmasii, pactis infra notatis. In nomine Domini. Anno ab Incarnatione eius millesimo ducentesimo septuagesimo quarto, regnante domino nostro Carolo illustrissimo Rege Sicilie, Ducatus Apulie ac Principatus Capue, Alme Urbis Senatorie, Andegavie, Provincie ac Fordalguerre Comite ac Romani Imperii per Sacram Romanam Ecclesiam in Tuscia Generali Vicario, anno Regni eius decimo, die martis quarto mensis Septembris, tertie indictionis, apud locum Pensilos. Nos Bartholomeus de Regio et Jacobus de Varduno, de Alba, Magne Regie Curie Judices, et Matheus Barabolus de Gaieta einsdem Magne Curie actorum Notarius, et suscripti testes ad hoc specialiter vocati et rogati, presentis scripti publici serie declaramus : quod inter dictum dominum Regem ex parte una et Judicem Dobrenum et Judicem Heliam sindicos, actores et nuntios speciales Communitatis terre Sibenici ; et dominum Wlcinam Sreze et dominum Privolaum Dabache sindicos, ambaxiatores et nuntios speciales Civitatis Spaleti, nomine ac pro parte universitatum ipsarum terrarum ex altera, consentientes in nos expressim tanquam in suos Judices et Notarium quem scirent, scilicet dicti sindici se non esse iurisdictionis ; omnia infra scripta pacta et conventiones, tractata concorditer et firmata fuerunt solemni stipulatione et omnis iuris solemnitate vallata. In primis de facienda una guerra per ipsum dominum Regem et Universitates predictas terre Dalmisii, et omnibus et singulis eiusdem terre, ac fauctoribus, coadiutoribus suis. Item quod aliqua ipsarum Universitatum non facient pacta, finem, treguam seu guerram cum Dalmasibus seu fauctoribus suis sine con-

sensu et voluntate dicti domini Regis; et si contigerit ipsum
Regem facere pacta vel treguam cum predicta terra Dalmisii,
Universitates predictas in dicta pace et tregua ponere teneatur. Item quod dictus dominus Rex habebit pro ipsa guerra
facienda usque ad finem ipsius guerre duas galeas, bene
armatas hominibus, armis et aliis neccessariis, annis singulis,
quibus dicta guerra durabit, a kalendis Aprilis usque ad
festum Omnium Sanctorum in illis locis, in quibus predicta
guerra facienda Capitaneo et Comiti Galearum ipsarum melius videbitur expedire. Item quod dictus dominus Rex commodabit dicte Universitati Spaleti duas galeas, cum offesis
et corredis suis sine hominibus, usque ad finem dicte guerre.
Item quod idem dominus Rex commodabit dicte Universitati
Sibenici unam galeam, munitam offesis et corredis ad
navigandum, sine hominibus, usque ad finem dicte guerre.
Item quod dicte Universitates dictas tres galeas sibi commo-
datas a dicto domino Rege tenebunt et habebunt armatas
usque ad finem ipsius guerre, ad faciendam ipsam guerram
simul cum predictis galeis ipsius domini Regis, quod presta-
bunt in mari cum aliis galeis, et erunt continue armate et
munite donec predicte galee ipsius domini Regis erunt ibidem.
Item quod predicte Universitates finita dicta guerra restituent dictas galeas cum offesis et corredis et aliis guernimentis
eque bonis sicut receperint, et accommodato a predicto
domino Rege; ad hoc obligaverunt se dicti sindici nomine
dictarum Universitatum, et ipsas Universitates et res ipsarum,
quas galeas restituere teneantur ibidem, videlicet in partibus
predictarum Universitatum ad requisitionem ipsius domini
Regis, promiserunt et obligaverunt se dicti sindici nomine
ipsarum Universitatum et ipsas Universitates guerram ipsam
facere bona fide et sine aliqua fraude predicte terre Dalmesii
cum aliis lignis suis, prout melius poterunt, et etiam per
terram. Item quod si contingerit aliquod lucrum facere
per dictas galeas de predicta terra Dalmasii et coadiutoribus suis, dividetur illud lucrum equaliter inter eos,
ita quod Comiti Galearum ipsius domini Regis accipiant
nomine ipsius domini Regis partem ipsam contingentem
pro ipsis galeis, et de ipso lucro disponant dicti Comiti secundum voluntatem ipsius domini Regis; et quod

omnes captivi, qui capientur per predictas partes de hominibus Dalmasiis vel coadiutoribus ipsorum, perveniant in forci-
am et bailiam ipsius domini Regis, et de ipsis facient voluntatem suam vel tenendo ipsos in cacere vel ultimo trahendo
supplicio. Et si contigerit aliquem ex predictis captivis ad
redemptionem poni et ipsum redimi, quod illud, quod
reciperetur pro redemptione ipsa, sit totum dictarum Universitatum; teneatur tamen dictus dominus Rex de captivis
predictis dare ipsis Universitatibus, si aliquem vel aliquos
capi ex ipsis contingerit a dictis Dalmasibus excambiat
proniventibus. Item quod ordinabitur per dominum Regem
predictum unus Capitaneus, qui presit dictis galeis, et omnes,
qui erunt in dictis galeis, obedient ipsi Capitaneo; (et) erit, et
mutabitur et aliis subrogabitur ad voluntatem ipsius domini
Regis. Item quod si aliqui ex Dalmasibus velint venire sponte
ad habitare cum familia sua ad terras Universitatum predictarum, homines ipsarum Universitatum possint ipsos recipere, dummodo non sint contra voluntatem domini Regis
Hungarie, recepta tamen prius ab eis idonea et sufficienti
cautela, quod non offendent dominum Regem Sicilie vel
gentem suam, et quod facient guerram dictis Dalmasibus,
ita tamen, quod si per dictos, qui venissent ad habitandum ad
dictas terras, aliquod damnum daretur ipsi domino Regi vel
genti sue, seu alicui, sit per piratas, dicte Universitates de-
dicto damno teneantur dicto dominos Regi; hoc pacto expresso inter predictas partes, quod dicte Universitates de dictis
pactis non teneantur, si predicta domino Regi Hungarie dis-
plicerent; et quam cito per ipsum dominum Regem Hungarie
predictis Universitatibus constiterit, quod ei predicta displi-
ceant, teneantur predicto domino Regi Sicilie distincte
prout ab eodem domino Rege Hungarie presenserint, renun-
ciare. Et ex tunc dictus dominus Rex Sicilie dictis Universitatibus de predictis in nihilo sit adstrictus, sed ipso iure sit
ab omnibus predictis obligationibus liberatus, et predicte
Universitates in continenti ad requisitionem dicti domini
Regis predictas galeas eis accommodandas eidem restituere
teneantur. Que omnia et singula predicti sindici nomine ac
vice dictarum Universitatum promiserunt solemni stipulatione interveniente dicto domino Rege Sicilie attendere et

observare, et se facturos et curaturos, quod quelibet dictarum-Universitatum omnia et singula ratificabunt et approbabunt; iurantes ipsi sindici corporaliter prestitis sacramentis nomine Universitatum ipsarum et in animabus hominum ipsarum Universitatum ex potestate concessa eis a dictis Universitatibus omnia et singula suprascripta attendere et observare et non contravenire de iure vel de facto sub obligatione bonorum omnium Universitatum ipsarum. In cuius testimonium et predicti domini Regis Sicilie ac predictorum sindicorum nomine ac pro parte dictarum Universitatum cautelam presens scriptum exinde confectum est per manus mei Notarii predicti Mathei Barabelli de Gaieta, eiusdem Curie actualis Notarii, meo signo signatum, et manu qui supra Judicum et infrascriptorum tertium subscriptionibus roboratum.

Matheus. Ego Bartholomeus de Straffis de Regio Magne Regie Curie Judex. Ego Jacobus de Udundo Magne Regie Curie Judex. Ego Johannes de Alvezo Vice Magister Justicie. Ego Thomas de Porta Juris eius Professor domini Regis Consiliarius et infra subscriptus Ego Joannes de Bragida testis.

(Ljubics, Monum. sp. hist. Slav. Merid. I. köt. 108. l.)

110.

A nagyváradi káptalannak bizonyságlevele, hogy Sisseri Endre Mok-i birtókának harmadrészét Nabradi Jánosnak eladta. 1274.

Amicis suis Reuerendis Conuentui Ecclesie de Lelez Nicolaus de Gara Regni Hungarie Palatinus et Judex Comanorum stb. Noueritis quod cum primitus Johannes filius Valentini filij Johannis filij Mathius de Nabrad, et alter Johannes filius Johannis filij Georgij filij Johannis filij Apsa

-de eadem, Nicolaum filium Leukes de Kallo pretextu potenciarie occupacionis predij Mak alio nomine Makod nominati
Comitatus Zathmariensis, asserendo ipsum predium eis attinere debere; deinde vero Johannes filius prefati Nicolai
filij Leukes ipsos utrosque Johannem de Nabrad pretextu
eiusdem predij Mak siue Makod sub titulo noue collacionis
Regalis ei facte contra sese in alterutrum ad certos terminos
traxisset in causam, ipsaque causa ad octauas festi Epiphaniarum Domini in anno eiusdem millesimo quadringentesimo
vigesimo nono preteritas fuisset deducta; eisdem denique
octauis aduenientibus prefatus Johannes filius Valentini pro
se personaliter et pro prefato altero Johanne cum procuratorijs litteris vestris ab vna, parte vero ex altera annotatus
Johannes filius Nicolai filij Leukes similiter personaliter pro
se et pro annotato Nicolao patre suo cum procuratorijs litteris vestris in figura nostri judicij comparentes stb. primo
idem Johannes litteratus de Nabrad in sua et annotati alterius Johannis personis pro verificacione dicte accionis eorum quatuor litteras demonstarat. Quarum prima
Capituli Varadiensis privilegialis, anno Domini millesimo
ducentesimo septuagesimo quarto emanata continebat, quod
Andrea filio Mok de Sysser ab vna parte, Johanne filio
Apsa de Nabrad ex altera personaliter coram ipso Capitulo
constitutis; idem Andreas fuisset confessus, quod terciam
partem ejusdem terre Mok vocate, quam a Georgio filio Simonis titulo empcionis sibi comparasset, que quidem in tres
partes diuisa esset, videlicet Marcello filio Salomonis, Azarie
filio Pauli, et ipsi Andree, cum omnibus vtilitatibus, et pertinenciis suis, in concanbium cuiusdam particule terre Sysser
vocate, ad tria aratra sufficientis, que Johanni filio Apsa
antedicto racione dotis, et rerum parafernalium sororis sue
vxoris Laurencii a prefato Andrea de terra memorata Sysser
fuisset devoluta, receptis insuper ab eodem Johanne duabus
marcis dedisset et vendidisset Johanni supradicto iure perpetuo, et irreuocabiliter possidendam. Mete autem terre
particule sic dividerentur : Prima meta terrea esset iuxta
aquam Zamos, que esset communis, circa terram Johannis antedicti; ibi transiret aquam Zamos, iret ad vnam arborem piri; deinde iret per terram ad longum stagnum, vbi

essent mete terree, superior pars stagni esset Johannis, infe-- rior vero pars esset Marcelli filij Salomonis. Item a terra Johannis filij Jeztreb sic separaretur : inciperet iuxta Zamos, iret vsque ad Megkerek; preterea iret ad Almaskerek, que esset ipsius Johannis, ubi essent due mete; abhinc iret ad Kerek stagnum, et sic mete dicte terre terminarentur. Obligasset eciam sepefatus Andreas, quod quicunque processu temporis Johannem predictum racione predicte terre vellet molestare, tunc expedire teneretur stb. Datum Bude septuagesimo die octauarum festi Epiphaniarum Domini predictarum anno Domini millesimo quadrigentesimo tricesimo tercio.

(Eredetie a budai kir. kamarai levéltárban.)

111.

A nyitrai káptalannak jelentése IV. László királyhoz Kezthelen helység határjárásáról. 1274.

Excellentissimo domino eorum Ladizlao Dei gracia Illustri Regi Hungarie Capitulum Ecclesie Nitriensis oraciones in Domino assiduas et deuotas. Nouerit Vestra Excellencia, quod cum nos receptis in litteris mandatis vestris cum homine vestro Symone filio Vyda de Sancto Johanne ad reambulandum possessionem Alexandri filij Zoth de Agar Kezthelen vocatam, discretum virum Magistrum Clementem Ecclesie nostre Lectorem transmisissemus; ijdem ad nos reuersi nobis concorditer retulerunt, quod ipsi feria tercia proxima post festum Beatorum Philippi et Jacobi Apostolorum proxime nunc preteritum, ad faciem possessiouis Kezthelen accedentes, connocatis vicinis et commetaneis omnibus, ipsam reambulassent et statuissent ut suam hereditariam ipsi Alexandro et suis heredibus nullo contradictore existente perpetuo possidendam sub metis et terminis infra sriptis. Incipiendo videli-

cet a fluuio Vag exit et transit siluam ipsius Vag in parte
orientali ad quandam metam, que est in meatu antiquo in
quodam loco arundinoso; abinde tendit ad quendam lacum,
circa quem sunt tres mete; quem lacum transeundo tendit
ad uiam quandam; quam similiter transeundo peruenit ad
quendam *mege* spinosum, in quo sunt due mete, et per eundem *mege* progrediendo transit viam publicam Regni, circa
quam est antiquus meatus aque, et prope eundem meatum
sunt due mete; abhinc in parte meridionali per planiciem
procedendo peruenit ad locum fontis cuiusdam, et in eodem
loco angulando flectitur et tendit ad quoddam nemus *kyserdew*
vocatum, (in) latere cuius sunt due mete; et transeundo
ipsum *kyserdew* tendit ad quoddam pratum, in quo est vna
meta; abinde peruenit ad fluuium Duduag; quem transit, et
per metas peruenit ad uiam; in eadem via progrediendo
peruenit ad vadum in Duduach existentem. Et hee sunt
separantes ab alio Kezthelen; abinde in parte aquilonali
per prata et metas tendit iterum ad fluuium Duduag, vbi
circa quasdam magnas arbores transit iterum ipsum fluuium
Duduag ad tres metas; abinde tendit ad *kereknayr*, vbi sunt
due mete; abinde per metas et prata transit iterum viam
magnam Regni, et peruenit ad duas metas sub quibusdam
arboribus existentes; abinde tendit ad quendam lacum
Huscywtou dictum, quem transit, et per prata et metas perue-.
nit iterum ad quendam lacum, quem transit circa quasdam
arbores ad duas metas non remote existentes; abinde transeundo meatum cuiusdam aque tendit quasi ad superiorem
finem cuiusdam insule in fluuio Vag existentis; et per
ipsum fluuium Vag descendit ad metas priores, vbi terminatur.

(IV. László királynak 1274-ki megerősítő privilegiumából, mint fen
tebb 106. sz. a.)

112.

*A casvári káptalannak bizonyságlevele, hogy Jana és érdek-
társai Bit birtokukban osztozkodtak. 1274.*

A   B   C

Nos Capitulum Ecclesie Sancti Michaelis de Castro
Ferreo omnibus notum facimus, quod Jana, Opour et Vrbanus ex una parte pro se et suis consanguineis ; Belid, Andreas, Symon ex altera pro se et suis consanguineis respondentes coram nobis comparendo professi sunt talem in
terra ipsorum fecisse diuisionem : quod terram Bit in duas
partes diuisissent, et porcionem ex parte meridionali in quolibet circuitu reliquissent maiorem latitudinem vnius iugeris,
et eiusdem terre metas sic procedere retulerunt; quod scilicet egreditur ab aqua Rabe, et uadit ad locum qui Bursote-
luk dicitur; inde ad arboream populeam (így); deinde ad
secundam arborem populi. Et quia plus in alia terra Belid
cum sua generacione possidet; propterea terram nomine
Heginteluqui addiderunt ad nominatam terram Bit Jane,
Opour et Vrbano. Et hee sunt mete in terra parcium predictarum, incipiens a nemore Pliznud ante pontem sunt mete ;
inde ibit ad uillam, et in medio uille sunt mete antique ;
deinde ad nallem, et in litore uallis sunt mete ; et postea in
medio uallis sunt mete ; hinc ad Sidfy, et ibi sunt mete ;
et inde in magna uia sunt mete antique ; abinde ad Ruuoz-
scelciu, et ibi sunt mete ; inde pergit ad Sceuleuscer, ubi
sunt mete ; et sic per ueteres metas tendit ad meridiem ad
sepulcrum Vtod ; et per easdem ueteres metas uergit usque
ad Ilbu ; et ibi terminatur ; silua uero ubique eis est communis. Item inter terram uille Bogozlov, et inter terram Jane
Opour et Vrbani, Belid, Andreas et Symon habent terram
hereditariam usque ad Ilbu. Et pacem perpetuam et inmo-
bilem esse partes inter se factam asseruerunt. Quod ut ratum
sit presens scriptum contulimus sigilli nostri munimine

roboratum; Petro existente nostro Preposito, Oliuerio Cantore, Ombud Custode, Geruasio Decano. Anno Domini M°CC°Z°
quarto.

(Eredetie börhártyán, melyröl a hártyazsinegen függött pecsét elveszett; a budai királyi kamarai levéltárban.)

113.

*A keresztesek székesfehérvári konventjének bizonyságlevele,
hogy Chiko, Herbortnak özvegye hitbére és jegyajándékaira
nézve férjének rokonaitól kielégíttetett. 1274.*

Conuentus Domus Hospitalis Jerosolomitani de Alba
omnibus Christi fidelibus presentes litteras inspecturis salutem in Domino sempiternam. Vniuersitati vestre tenore presencium declaramus, quod quedam domina Chiko uocata filia
Zegen de villa Vircy, relicta Herbort filij Martini ab una
parte; Cazmerius filius Cozme, et Dyonisius filius Ele de uilla
Beren ex altera coram nobis constituti, propositum extitit per
eosdem, quod cum idem Zegen pater karissimus eiusdem
domine super dote et rebus parafarnalibus filie sue supradicte
contra Cazmerium et Dyonisium prefatos materiam mouisset
questionis, prout ipsis referentibus intelleximus; tandem per
arbitrium proborum uirorum eadem domina sibi de dote et
rebus parafarnalibus satisfactum fuisse nobis retulit uiua uoce.
Vnde sepe dicta domina predictum Cazmerium et Dyonisium
ac suas posteritates ab euentu questionis, que racione predictarum rerum parafarnalium posset incitari, reddidit expeditos, assummens eciam eos expedire, si racione dotis et rerum
predictarum eos contingeret inpeti uel aliqualiter molestari.
In cuius rei testimonium et perpetuam firmitatem ad instanciam et peticionem sepedicte domine presentes prefatis Caz-
merio et Dyonisio dedimus litteras nostro sigillo communitas

anno Domini M·CC· septuagesimo quarto, tercio idus Junij. Fratre Argellino Priore eodemque Custode Ecclesie nostre, et fratre Vgone Preceptore Domus nostre existentibus.

(Eredetie bőrhártyán, sárga-ibolyaszínü selyemzsinóron függő pecsét alatt ; a budai kir. kamarai levéltárban.)

114.

A somoggvdri Sz. Egyed konventjének bizonyságlevele, hogy Trepk, János comesnek fia, Kulkedben bizonyos földeket érdemdíjképen átengedte Jakab és Jákó, Herrich fiainak. 1274.

Nos Maria Dei gracia Regina Hungarie, Dalmacie, Croacie etc. commendantes tenore presencium significamus quibus expedit vniuersis, quod cum Serenissimus Princeps dominus Lodóuicus pridem Illustris Rex Hungarie felicis recordacionis pyus genitor noster vniuersas possessiones et possessionarias porciones condam Stephani dicti — — — eo quod orbatus vtriusque sexus prole ab hac luce decesans putabatur, Magistris Georgio Comiti de Beregh, Andree Tesaurario nostro, nec non Stephano, Dyonisio et Dauid filijs Magistri Jakch de Kusal stb. perpetuo contulisset ; sed tandem ipso glorioso Principe domino Rege genitore nostro ab hoc mundi ergastulo Diuino vocante judicio de medio sublato, vxor ipsius Stephani — — — — Stephano obito cognita grauida prole pregnans reperta ex — — — que tandem Diuino nutu superueniente prolem nomine Briccium genuisset masculinam, ipseque Briccius suscepto baptismatis sacramento citissimis diebus vitam temporalem finiuisset ; Serenissima Princeps domina genetrix nostra karissima similiter Regina Hungarie easdem possessiones et possessionarias porciones antefati eiusdem Stephani et eius filij sibi succedentie, vbilibet habitas et existentes velud hominum sine herede deces-

sorum ad manus nostras Regias deuolutas eisdem filijs de
nouo et denuo contulisset, ijdemque filij Magistri Jakch vsi
legitima Regni nostri consuetudine, vniuersas porciones possessionarias eiusdem Stephani, duas Keled, Dantheleke,
Wyfalu, Edde, Sard, Mach et — — yh vocatas stb. statui
facere sibi voluissent stb. Petrus de Byze, nobiles domine
relicte Johannis dicti Olah, et Petri filij Thome, ac Stephani
dicti Messer contradixissent stb. (s az innen eredt per) ad presentes octauas festi Epyphaniarum Domini stb. (tárgyaltatott,
mely alkalommal) Nos vnacum Prelatis, Baronibus et Proceri-.
bus Regni nostri super premissis inter predictas partes secundum Regni nostri consuetudinem approbatam iustieiam pandere cepissemus, mox Johannes filius Nicolai filij Trepk in
sua, ac Trepk fratris sui vterini, nec non Pauli filij Mathei
filij Petri filij eiusdem Trepk stb.; item predictus Stephanus
filius Johannis filij Stephani filij antefati Trepk, in Nostre
Celsitudinis exurgentes Presenciam, Nostre Maiestati curarunt
significare, quod stb. se immiscere niterentur cause prenotate;
nam dicta possessio Felseukulked, in qua ecclesia in honore
Beati Andree Apostoli esset constructa, prefatis condam Stephano et filio eius, nec non predictis contradictoribus in nullo
pertineret nec deberet pertinere, sed eis et eorum predecessoribus vigorosorum ac firmissimorum instrumentorum roboribus semper et ab antiquo pertinuisset et nunc deberet pertinere. Vbi in instanti quedam duo priuilegia vnum incliti
Principis domini Ladislai Regis predicti Regni Hungarie protaui nostri, et aliud Andree Regis stb. Nostre Celsitudinis obtutui producere satagerunt stb. Quarta siquidem scilicet ipsius
Conuentus Symigiensis feria secunda proxima post festum
Beati Egidij Abbatis anno ab Incarnacione Domino M⁰ trecentesimo sexagesimo septimo confecta tenorem quarundam
aliarum litterarum eiusdem Conuentus M⁰CC⁰ septuagesimo
sexto confectarum de uerbo ad uerbum transcriptiue et confirmatiue in se habens manifestabat: quod Trepk filius Comitis Johannis filij Isyp personaliter ab una, parte uero ab altera
Jacobus et Jakow fratres eiusdem filij Herrich de villa Kulked coram ipso Conuentu constituti, predictus Trepk fuisset
confessus; quod quia Jacobus et Jakow antedicti sibi fideliter seruiuissent; ideo ad recompensacionem fidelium seruicio-

rum ipsorum fructuose cupiens inuigilare, de terrra sua Kulked vocata, per Regiam Maiestatem sibi collata, in commetaneitate terrarum eorundem Jacobi et Jako ac cognatorum
eorundem, terram ad alterum dimidium aratrum sufficientem,
cum fenili suo et prato contiguo ad terras ipsorum, ad dictam
terram a parte Balatun adiacentem dedisset, donasset et contulisset ipsis Jacobo et Jakow ac eorundem heredibus et successoribus vniuersis in perpetuum possidendam et habendam; terra
(propria) et condicionaria dicti Conuentus in eadem existentibus
saluis remanentibus. Obligacione tali interposita, quod nec
ipse Trepk, nec sui heredes, aut aliqui de generacione eiusdem super premissa particula terre contra predictos Jacobum
et Jakow, aut eorum heredes et snccessores, in forma litis vel
quoquomodo insurgere valerent et possent, ymmo ab alijs,
suis laboribus et expensis expedire tenerentur. Mete autem
ipsius particule terre per ipsum Comitem Trepk ipsis Jacobo
et Jako date litteris in eisdem seriatim continerentur stb.
Datum Bude duodecimo die octauarum festi Epyphaniarum
Domini anno Domini millesimo CCC° octuagesimo tercio.

(Eredetie bőrhártyán a budai kir. kamarai levéltárban.)

115.

IV. László király Muchun nevű birtokot Farkas mester, Ful-
kusnak fiától visszavonván, annak fejében neki Széchen nógrád-
megyei helységet adományozza. 1275.

Ladizlaus Dei gracia Hungarie, Dalmacie, Croacie, Rame,
Seruie, Gallicie, Lodomerie, Cumanie Bulgaricque Rex omnibus Christi fidelibus presentem paginam inspecturis salutem
in omnium saluatore. Ad vniuersorum noticiam tenore presencium uolumus peruenire : quod cum nos quandam terram Magistri Farcasij filij Fulkus fidelis nostri Muchun uocatam,

9*

quam idem ex nostra collacione possidebat, ad peticionem et instanciam filiorum Magistri Olyuerij, et Leustachij de Ratolth eo, quod eadem terra possessionibus eorum utilis et necessaria admodum esse uidebatur, ab ipso Magistro Farcasio auferendo memoratis filijs Magistri Oliuerij et Leustachij donassemus ; et ne idem Magister Farcasius ab huiusmodi Regia donacione omnino priuaretur, in commutacionem et concambium eiusdem terre Muchun uocate ipsi Magistro Farcasio de Regia benignitate fauorabiliter prouidere cupientes, contulimus sibi terram Gregorij, Pech, Wros, Wytalus et Johannis, iobagionum Castri Neugradiensis Scechen uocatam cum omnibus suis utilitatibus perpetuo possidendam. Ceterum ne ijdem iobagiones Castri sui terris alienati et priuati uagi et exules in Regno nostro habeantur; in permutacionem terre ipsorum Scechen uocate dedimus eis quandam terram bacciniferorum nostrorum Agar uocatam in Comitatu Albensi existentem cum omnibus suis pertinencijs similiter perpetualiter possidendam. Preterea prefati iobagiones Castri coram nobis personaliter constituti retulerunt, quod pro edificijs, que super terra Scechen uocata habuerunt, precium decem marcarum a memorato Magistro Farcasio recepissent, et eidem ipsa edificia reliquerunt possidenda. Obligauerunt eciam se dicti iobagiones Castri, quod quicunque super memorata terra Scechen contra dictum Magistrum Farcasium ullo unquam tempore questionem moueret; extunc ipsi Farcasio ante litis ingressum quinquaginta marcas soluere tenerentur ijdem iobagiones Castri memorati. In cuius rei memoriam perpetuamque firmitatem presentes concessimus litteras dupplicis sigilli nostri munimine roboratas. Datum per manus Magistri Benedicti Sancte Strigoniensis Ecclesie Electi eiusdemque loci Comitis Perpetui, Prepositi Budensis et aule nostre Vice-Cancellarij dilecti et fidelis nostri anno Domini M°CC°LXX° quinto, quarto kalendas Februarij, Regni autem nostri anno tercio. Venerabilibus patribus Stephano Colocensi et Johanne Spalatensi Archiepiscopis, Lamperto Agriensi, Briccio Chanadiensi, Job Quinqueecclesiensi, Philippo Wachiensi aule domine Regine karissime consortis nostre Cancellario, Lodomerio Waradiensi, Dyonisio Jauriensi, Tymotheo Zagrabiensi, et Petro Transsiluano Episcopis Ecclesias Dei feliciter gubernantibus. Rolando Palatino et Judice Cumanorum, Egidio Magistro Tauarnicorum nostrorum, Matheo Woywada Transsiluano et Comite de Zonuk, Dyonisio Judice Curie nostre Comite Zaladiensi, Moys Magistro Tauarnicorum domine Regine et Comite de Zepus, Petro Comite Supruniensi et Symigiensi, Philippo Comite Castri Ferrei, Michaele Comite Nitriensi, Salamone Comite Albensi, et alijs quam pluribus Comitatus Regni tenentibus et honores.

(Eredetie bőrhártyán, melyről a pecsétnek töredéke zöld-sárga selyemzsinóron függ; a budai kir. kamarai levéltárban.)

116.

IV. László király megerősíti V. István királynak a Zách nemzetségbeliek s Kopasz Dénes és érdektársai közt több Gömörmegyei birtok tárgyában kiadott itéletlevelét. 1275.

Ladizlaus Dei gracia Hungarie, Dalmacie, Crouacie, Rame, Seruie, Gallicie, Lodomerie, Cumanie Bulgarieque Rex omnibus Christi fidelibus tam presentibus quam futuris presens scriptum intuentibus salutem in salutis largitore. Cum instancia exigat, racio postulet, Jus Diuinum et Ciuile persuadeat, proficeat et saluti, vt ea que iuste, rite racionabiliterque in forma judicij a nostris parentibus progenitoribusue consilio Baronum Regni ad hoc adhibito et consensu secundum juris ordinem diffinita sint sentencialiter et decreta, approbare, firma et rata habere et stabilire congruat, vt finis litibus inponatur, et legitime accionata per sentenciam Regiam iam sopita remanere debeant in suo robore duratura; ad peticionem et instanciam venerabilis patris J. Dei gracia Episcopi Quinqueeccleisarum dilecti et fidelis Baronis nostri, priuilegium karissimi patris nostri super terris seu predijs possessionibusue Preloz,

Suecha, Lipponuk, Rosisna et Somkut vocatis, inter eundem
venerabilem patrem et fratres suos Job minorum filium Zah
Comitis et fratres eiusdem de genere Zah ex una parte, et
Detricum Caluum filiosue suos, et Lukach fratresque eiusdem
ex altera, sentenciam prolatam continens, per eundem
dominum Episcopum Quinqueecclesiensem nobis humiliter
exhibitum et ostensum vidimus et legi fecimus, et eiusdem
continenciam audiuimus, et examussum studuimus ipsum priuilegium examinare, tam in carta, stilo, littera et modo, quam
in sigillo, filo, annotacione Dominice Incarnacionis simulque
regnantis anni et mense, equitatis gracia suadente; inuenimus quoque, ipsum priuilegium non deletum, non abrasum,
non cancellatum, non falsatum, non uiolatum, nec in sui aliqua parte viciatum, nec alicuius redargucionis vicio subicctum.
Cuius quidem tenor priuilegij tenor per nos et per nostros
Barones tunc presentes diligencius inspectum et examinatum
attencius talis est :

Stephanus Dei gracia Hungarie stb. Rex stb. (következik V. István királynak 1272-ki okmánya, mint fentebb 49.
szám alatt.)

Vnde cum nobis et Baronibus nostris tunc presentibus
dictum priuilegium de sciencia ct consciencia, voluntate et
consensu karissimi patris nostri, eodemque patre nostro iubente
datum, concessum conscriptumque constiterit manifeste, sitque
cordi nobis, extincte litis carbones reaccendere mollientibus
obuiare, ne lites fiant inmortales, decreuimus sentencialiter
de consilio Baronum nostrorum tunc presencium, dictum priuilegium acceptare seu admitti, admissumque approbare,
munire, et confirmacionis robore stabilitum a nobis, et ab
omnibus nostre dicionis, ac alijs cuiuscunque temporis judicibus vniuersis haberi et teneri perempniter, Detrico et filijs
suis, Lukach fratribusque eiusdem, ac eorum heredibus heredumque successoribus super iam dictis terris, predijs, possessionibusue, et earum pertinencijs et attinencijs perpetuum
silencium exigente iusticia inponentes. In cuius rei testimonium et memoriam eternam presentes concessimus dupplicis
sigilli nostri munimine consignatas. Datum per manus venerabilis viri Magistri Benedicti Sancte Strigoniensis Ecclesie
Archyelecti, eiusdemque loci Comitis perpetui, Prepositi Bu-

densis, et aule nostre Vice-Cancellarij dilecti et fidelis nostri anno Domini M*CC°LXX* quinto, Regni autem nostri anno quarto. Venerabilibus patribus Stephano Colochensi et Johanne Spalatensi Archyepiscopis, Andrea Agriensi, Job Quinque-ecclesiensi, Gregorio Chanadiensi, Philipo Wachyensi aule domine Regine Cancellario, Tymoteo Zagrabyensi, Lodomerio Waradyensi, Dyonisio Jauriensi, Petro Transsiluano Episco-pis, et Petro Electo et confirmato Wesprimiensi Ecclesias Dei feliciter gubernantibus; Petro Palatino, Comite Supruniensi et Judice Cumanorum, Vgrino Judice Curie nostre, Thoma Bano tocius Sclauonic, Ladizlao Woyuoda Transsiluano et Comite de Zonuk, Matheo Magistro Tauarnicorum, Stephano Magistro Dapiferorum nostrorum Comite de Bana et Bur-syensi, Lorando Magistro Tauarnicorum domine Regine ka-rissime consortis nostre, Comite de Zana, Mykud Bano de Zeurino, Moys Judice Curie domine Regine Comite Symi-giensi, Herrando Comite Castri Ferrei, Bagyn Comite Zala-diensi, Mychaele Comite Nitriensi et alijs quam pluribus Comitatus Regni tenentibus et honores.

(I. Lajos királynak 1354-ki megerősítő okmányából, a budai kir. kamarai levéltárban.)

117.

IV. László királynak Péter, Hetyruh és Sándor, György fiai-nak Hevesmegyei javaira vonatkozó határjárási parancsa az egri kaptalanhoz. 1275.

Ladizlaus Dei gracia Rex Hungarie fidelibus suis Capi-tulo Agriensi salutem et graciam. Dicunt nobis Petrus, Hethy-ruh et Alexander fideles nostri filij Georgij, quod quedam possessiones ipsorum hereditarie in Comitatu de Heweswywar existentes, Tarian Maior, Vrus, Chamak, Loog, Tarian Minor,

Gyos dicta, Kyrtuilis et Gyuk vocate, limitacionibus et metarum ereccionibus indigerent et essent necessarie; super quo
fidelitati vestre precipiendo mandamus firmiter per presentes,
quatenus vestrum detis hominem pro testimonio fidedignum,
coram quo homo noster Ladizlaus de Kerech, vel Nicolaus de
Gerek predictas possessiones predictorum filiorum Georgij,
conuocatis vicinis et commetaneis omnibus reambulet et separat a possessionibus vicinorum et commetaneorum per veteres
et antiquas metas, vbi necesse fuerit metas nouas erigendo,
si non fuerit contradictum, litteras eciam vestras super reambulacione et ereccione metarum dictarum possessionum eisdem filijs Georgij couferatis; contradictores vero si qui fuerint, ad nostram citet presenciam ad terminum competentem,
et posthec diem citacionis et terminum, cum nominibus citato-
rum nobis fideliter rescribatis. Datum in Pest in octaais Beati
Regis Stephani.

(Az egri káptalannak 1275-ki bizonyságleveléből, mint alább 134. sz. a.)

118.

*IV. László király felszóllitja anyját Erzsébet királynét, hogy
Vaskai birtokát adja vissza a zágrábi egyháznak. 1275.*

(Tkalcsics, Monum. histor. Episcopatus Zagrabiensis I. köt. 177. lap.)

119.

IV. László király megerősíti a zágrábi püspök számára Vaska melletti Szent Márton birtokát. 1275.

(Tkalcsis, Monum. histor. Episc. Zagrab. I. köt. 178. lap.)

120.

IV. László királynak Kobila helységet tárgyazó adománya a zágrábi polgárok számára. 1275.

Ladizlaus Dei gracia Hungarie, Dalmacie, Croacie, Rame, Seruie, Gallicie, Lodomerie, Comanie Bulgarieque Rex
omnibus Christi fidelibus presentem paginam inspecturis
salutem in Domino Jesu Cristo. Ad uniuersorum noticiam
harum serie uolumus peruenire : quod nos consideratis fidelitatibus et seruicijs meritorijs fidelium nostrorum ciuium de
Monte Grecensi, que nobis in conseruacione dicti Castri
nostri contra homines Regis Boemie exhibuerunt ; et pro
delicijs eorum diuersis nobis inpensis locis et temporibus
oportunis ; quandam villam Castri Zagrabiensis Kobila uocatam cum terris arabilibus, siluis et fenetis, ac alijs omnibus
utilitatibus, quam ad usum dictorum ciuium nostrorum admodum utilem_ esse intelleximus, eisdem ciuibus dedimus,
donauimus et contulimus cum metis et terminis, quibus idem
Castrum eandem possedit, iure perpetuo possidendam ; eximendo eandem penitus et per omnia a inrisdiccione, debito
et seruicio Castri supradicti. Vt autem hec nostra collacio
robur optineat perpetue firmitatis, nec per quempiam ualeat

in irritum reuocari, presentes eisdem concessimus litteras duplicis sigilli nostri munimine roboratas. Datum per manus venerabilis viri Magistri Benedicti Sancte Strigoniensis Ecclesie Electi eiusdemque loci Comitis Perpetui Budensis Prepositi Aule nostre ViceCancellarij dilecti et fidelis nostri anno Domini M°CC° septuagesime quinto, tercio idus Augusti, Regni autem nostri anno tercio. Venerabilibus patribus Stephano Colocensi et Johanne Spalatensi Archiepiscopis; Job Quinqueecclesiensi, Philippo Waciensi aule domine Regine Cancellario, Tymotheo Zagrabiensi, Dyonisio Transiluano, Dyonisio Jauriensi, Andrea Agriensi et Gregorio Chanadiensi Episcopis, Petro in Episcopum Wesprimiensem electo et confirmato, Ecclesias Dei feliciter gubernantibus. Nicolao Palatino Comite Zupruniensi Judice Comanorum, Johanne Bano tocius Sclauonie, Nicolao Bano tocius Croacie, Paulo Bano de Zeurino, Nicolao Judice Curie nostre, Iwachino Magistro Tawarnicorum nostrorum Comite de Plys, Dyonisio Magistro Tawarnicorum domine Regine Comite Zaladiensi, alijsque quam pluribus Comitatus Regni nostri tenentibus et honores.

(Arkiv za povjestnicu jugoslavensku III. köt. 81. l. Kukuljevics Iván közleménye.)

121.

IV. László királynak Glaunicha helységet tárgyazó adománya Percin comes számára. 1275.

(L)adizlaus Dei gracia Hungarie, Dalmacie, Croacie, Rame, Sernie, Gallicie, Lodomerie, Comanie Bulgarieque Rex omnibus Cristi fidelibus presentem paginam inspecturis salutem in omnium saluatore. Ad uniuersorum noticiam harum serie uolumus peruenire, quod cum pater noster karissimus inclite recordacionis dominus Stephanus illustris Rex Hungarie quandam terram Glaunicha uocatam in Comitatu de

Moroucha existentem Percino Comiti in suo priuilegio contulisset, et postmodum Dyonisius Magister Tawarnicorum domine Regine consortis nostre karissime, dicto Comitatu de Moroucha ex nostra collacione ad ipsum perpetuo deuoluto, eandem terram Glaunicha abstulisset a Comite Percino supradicto; tandem Magister Dyonisius memoratus coram nobis personaliter constitutus predictam terram Glaunicha exemit, excepit et extraxit a priuilegio suo super ipso Comitatu sibi concesso, et exceptam et extractam reliquit de bona uoluntate sua ipsi Comiti Percino iuxta collacionem patris nostri predictam, et sub metis in eiusdem priuilegijs contentis cum omnibus suis vtilitatibus et pertinencijs perpetuo possidendam. Nos autem multiplices fidelitates et seruicia dicti Comitis Percini, que nobis cum persone sue captiuacione et suorum, et rerum suarum expensione uon modica in diuersis Regni nostri negocijs exhibuit, attendentes, volentesque eidem, ut nostris tenemur fidelibus, Regio occurrere cum fauore, collacionem dicte terre per eundem patrem nostrum sibi factam iuxta continenciam priuilegij super eiusdem terre collacione confecti, auctoritate presencium confirmamus, et eximimus eandem ab omni debito et seruicio Castri de Moroucha; ita pure et simpliciter, ut nullus Comitum de Moroucha, uel officialium eorundem, in dicta terra racione dicti Castri proprietatem vel jurisdiccionem aliquam possit uel debeat (sibi) uindicare. Et relinquimus eandem ipsi Comiti Percino, prout ceteri nobiles in Partibus Transdrawanis constituti terras seu possessiones eorum detinent, libere possidendam; cum et ipsum Comitem Percinum inter primos et pociores Regni nostri nobiles reputemus, nec aliquod debitum uel seruicium ipse et eius heredes dicto Castro de eadem impendere teneantur. In cuius rei memoriam et nostre concessionis firmitatem perpetuam presentes eidem concessimus litteras dupplicis sigilli nostri munimine roboratas. Datum per manus venerabilis viri Magistri Benedicti Sancte Strigoniensis Ecclesie Electi, eiusdemque loci Comitis Perpetui, Budensis Prepositi, Aule nostre UiceCancellarij dilecti et fidelis nostri anno Domini M⁰CC⁰ septuagesimo quinto, tercio idus Augusti, Regni autem nostri anno tercio. Venerabilibus patribus Stephano Colocensi et Johanne Spalatensi Archi-

episcopis; Job Quinqueecclesiensi, Philippo Waciensi aule
domine Regine Cancellario, Tymotheo Zagrabiensi, Dyonisio
Jauriensi, Petro Transiluano, Andrea Agriensi et Gregorio
Chanadiensi Episcopis, ac Petro in Episcopum Wesprimiensem electo et confirmato, Ecclesias Dei feliciter gubernantibus. Nicolao Palatino Comite Supruniensi Judice Cumanorum,
Johanne Bano tocius Sclauonie, Nicolao Bano tocius Croacie,
Paulo Bano de Zeurino, Matheo Woywoda Transiluano, Iwachino Magistro Tawarnicorum nostrorum Comite de Plys,
ct alijs quam pluribus Comitatus Regni nostri tenentibus et
honores.

(Eredetie bőrhártyán, a vörös-zöld selyemzsinóron függött pecsét elveszett; a budai kir. kamarai levéltárnak Zágrábban lévő részében.)

122.

*IV. László király megerősíti V. István királynak több herczeg-
ségi és szolgaggörmegyei helységet tárgyazó adományát a nyúlszigeti apáczazárda számára. 1275.*

Ladizlaus Dei gracia Hungarie, Dalmacie, Croacie, Rame, Scruie, Gallicie, Lodomerie, Comanie Bulgarieque Rex
vniuersis Christi fidelibus presens scriptum inspecturis salutem in eo qui est salus mundi. Ad vniuersorum tam presencium quam posterorum noticiam volumus peruenire; quod
frater Paulus conuersus de Ordine Fratrum Predicatorum
procurator rerum seu bonorum Monasterij Beate Virginis
Marie de Insula Leporum exhibuit nobis priuilegium domini
Stephani incliti Regis Hungarie non abolitum, non abrasum,
nec in aliqua sui parte viciatum, petens verbo domine Elizabethe karissime sororis nostre ac aliarum sororum de
Insula Leporum instantissime, vt idem priuilegium patris
nostri karissimi felicissime recordacionis ratum habere, et

nostro dignaremur priuilegio confirmare. Cuius quidem priuilegij tenor talis est : Stephanus Dei gracia Hungarie, Dalmacie, Croacie, Rame, Seruie, Gallicie, Lodomerie, Cumanie Bulgarieque Rex vniuersis Christi fidelibus presens scriptum inspecturis salutem in salutis largitore. Vt donaciones perpetua soliditate solidentur, ne per quempiam successorum possint reuocari vel irritari, litterarum solent testimonio communiri. Justius autem uidetur et dignius, quod maxime inconcussum permaneat, quod Regia Magnificencia salutis causa duxerit largiendum. Proinde ad vniuersorum noticiam volumus peruenire : quod nos pia et salubri consideracione inducti terras Ducatus et Zulgageurienses Toxvn, Zoych et Kaad uocatas in Comitatu Pestiensi existentes, cum omnibus utilitatibus, et cum Ylbw insula, pro qua questionem mouerat Laurencius Palatinus filius Kemen, quam inuestigata profundius veritate comperimus pertinere ad Magnam Insulam Regie Maiestatis ; quas terras Lorandus filius Marci de nostra olim possederat collacione, qui commissa infidelitate de nostro aufugerat Regno, cum eisdem metis et terminis, quibus dictus Lorandus possederat, donauimus dedimus et contulimus Monasterio Sancte Marie de Insula Leporum, vbi filia nostra karissima, ac alie sorores Ordinis Predicatorum Deo iugiter famulantes commorantur, perpetuo et irreuocabiliter possidendas. Mete autem et termini predictarum terrarum he sunt : Prime mete incipiunt prope siluam horozht vocatam a Danubio; hinc tendit versus orientem ad quoddam fossatum, per quod transit via vna, vbi similiter sunt mete ; deinde vadit ad aliud fossatum similiter versus orientem, in cuius medio sunt mete ; hinc proceditur aduch ad partes orientales iuxta locum qui vocatur Zoychtelky, qui locus est a parte uille Toxun, vbi similiter sunt mete; inde procedit ad eandem partem orientalem ad metas que sunt inter duas vias ; abhinc uergit per uiam vnam uersus domos et siluam Welek et Mihedeus Nyaraswelg vocatam, iuxta quam sint mete inter duas vias; a quibus metis declinat ad partem occidentalem ad unum pratum, iuxta quod sunt mete hinc et inde ; hinc iuxta idem pratum tendit uersus meridiem ad terras Tawarnicorum, vbi sunt mete distingentes terras Welek et Mihedeus ac Tawarnicorum a terris prenotatis, et ibi terminatur. Item in Comitatu Albensi Ossian terram populi Castri nostri, cum tribus insulis paruis inter predictam terram et Magnam Insulam existentibus, cum omnibus suis vtilitatibus, et cum eisdem metis et terminis, quibus populi Castri dinoscuntur ab inicio possedisse; similiter donauimus, dedimus et contulimus Monasterio supradicto perpetuo et irreuocabiliter possidendas. In cuuis rei memoriam et perpetuam firmitatem presentes dedimus litteras duplicis sigilli nostri munimine roboratas. Datum per manus Magistri Benedicti Prepositi Ecclesie Orodiensis Aule nostre ViceCancellarij dilecti et fidelis nostri, anno Domini millesimo ducentesimo septuagesimo, Regni autem nostri anno primo. Nos igitur precibus ipsius domine Elizabethe karissime sororis nostre ac aliarum sororum per predictum fratrem Paulum (propositis) condescendentes Regio cum fauore, dictum priuilegium ratum habentes, et de uerbo ad uerbum presentibus inseri facientes, authoritate presencium duximus confirmandum; ratam habentes confirmatam donacionem karissimi patris nostri et presentibus irreuocabiliter confirmando. Datum per manus Magistri Benedicti Sancte Strigoniensis Ecclesie Electi aule nostre Vice-Cancellarii dilecti et fidelis nostri anno Domini millesimo ducentesimo septuagesimo quinto Regni autem nostri anno tercio.

(Eredetie börhártyán, a pecsét elveszett; a budai kir. kamarei levéltárban.)

123.

IV. László királynak bizonyságlevele, hogy Miklós Dursannak fia Toplicna nevű földet Timoté zágrábi püspöknek elzálogosította. 1275.

(Tkalcsics, Monum. hist. Episc. Zagrabiensis I. köt. 179. l.)

124.

IV. László királynak a Lyndva-i várt tárgyazó adománya Omodé mester számára. 1275.

(L)adizlaus Dei gracia Hungarie, Dalmacie, Croacie, Rame, Seruie, Gallicie, Lodomerie, Cumanie Bulgarieque Rex omnibus Christi fidelibus presentem paginam inspecturis salutem in omnium saluatore. Dum de Maiestate Regia pro fidelium meritis conferuntur et donantur postulata, munitur gubernaculum, nec non gades et status regiminis ampliatur. Proinde ad vniuersorum noticiam tenore presencium volumus peruenire, quod Magister Omodcus filius Omodey dilectus et fidelis noster ad nostram accedens presenciam a nobis instantissime postulauit, vt quoddam Castrum nostrum Lyndua vocatum in Comitatu Castri Ferrei existentem (így), eidem de benignitate Regia conferre dignaremur. Nos itaque consideratis seruicijs meritorijs ipsius Magistri Omodey, que primum temporibus domini Bele Regis clare memorie aui nostri dilectissimi, et domini Stephani Regis inclite recordacionis karissimi patris nostri, et demum nostris in diuersis expedicionibus et negocijs Regni nostri cum summa et inmensa fidelitate inpendit, peticionibus eiusdem fauorabiliter inclinati, dictum Castrum Lyndua, cum villis et terris ad prefatum Castrum de iure pertinentibus, ipsi Magistro Omodeo, et per eum suis heredibus heredumque suorum successoribus dedimus, contulimus atque donauimus iure perpetuo et irreuocabiliter possidendum. In cuius rei memoriam perpetuamque firmitatem presentes concessimus litteras dupplicis sigilli nostri munimine roboratas. Datum per manus venerabilis viri Magistri Benedicti Sancte Strigoniensis Ecclesie in Archiepiscopum Electi, aule nostre ViceCancellarij dilecti et fidelis nostri anno Domini M°CC°LXX° quinto, Regni autem nostri anno quarto, IV. idus Decembris. Venerabibus patribus Stephano Colocensi et Johanne Spalatensi Archiepiscopis ; Job Quinqueec-

clesiensi, Dyonisio Jauriensi, Pbylippo Wachiensi aule domine
Regine carissime consortis nostre Cancellario, Thymotheo
Zagrabiensi, Lodomerio Waradiensi, Petro Transiluano,
Andrea Agriensi, Gregorio Chanadiensi et Petro Electo Wesprimiensi Episcopis Ecclesias Dei feliciter gubernantibus.
Petro Palatino, Comite Supruniensi et Judice Cumanorum ;
Thoma Bano tocius Sclauonie, Matheo Magistro Tauarnicorum nostrorum, Mikud Bano de Zeurino, Vgrino Woywoda
Transiluano et Comite de Zonuk, Rolando Magistro Tauarnicorum domine Regine Comite de Zana, Stephano Comite Dapiferorum nostrorum Comite Bachiensi, Moys Comite Symigiensi, Herrando Comite Castri Ferrei, Bagun Comite Zaladiensi, et alijs quam pluribus Comitatus Regni nostri tenentibus et honores.

(Eredetie börhártyán, melyről a király kettős pecsétje zöld-vörös
selyemzsinóron függ ; a főmélt. herezeg Batthyáni család levéltárában.)

125.

Erzsébet ifjabb királynénak Symog és Symodor helységeket tár-
gyazó adománya a nyúlszigeti apáczazárda számára. 1275.

Isabella Dei gracia Regina Hungarie vniuersis Christi
fidelibus tam presentibus quam futuris presens scriptum intuentibus salutem in Domino sempiternam. Religiosam vitam
ducentibus pium est et saluti conueniens, reminiscencie dextera prouidere, vt Diuinis officijs deditis nulla ingeratur
occasio, ab eterne contemplacionis dulcedine auocari. Pio
igitur mentis affectu deuotas Sanctimoniales de Insula Sancte
Marie Virginis prospicere cupientes, que Domino iugiter
famulando sese pompis seculi abdicarunt, nudum Christum,
renunciatis proprijs, deuotis studijs insequendo : in sustenta-

cionem earundem, vt precum ipsarum participes effici merea-
mur, duas villas vinidatorum nostrorum Symog et Symodor
vocatas in Strigoniensi Comitatu existentes, in eodem statu
et condicione, quibus nobis consueuerant famulari, in ius et
proprietatem earundem sororum dedimus, donauimus et contulimus perpetuo possidendas. In corporalem autem possessionem villarum predictarum predictas sorores per Petrum Rufum
iuuenem nostrum, et testimonio Capituli Budensis fidelium
nostrorum fecimus introduci. Mete vero terrarum villarum
predictarum, sicut in litteris Capituli eiusdem Budensis contineri vidimus, hoc ordine distinguntur : Prima enim meta
incipit a parte orientali in loco qui dicitur Hurthetew, vbi
sunt tres terree mete separantes a terris villarum Koroa et
Epul vocatarum; hinc procedendo parum in superiori parte
vinee Theryn Latini sunt due terree mete; item in monte,
qui dicitur Keykmal sunt due terree mete; deinde in monte
Homuroutetеu vocato sunt due terree mete; posthec in Teteu-
feu sunt similiter due mete: hinc declinando versus meridiem
in quadam valle sunt due mete terree separantes a terris
Benka; hinc tendit ad locum qui dicitur Eleumal, et ibi sunt
due mete terree ; hinc vergit ad promontorium, quod vocatur
Arnykmal, et ibi sunt due mete; hinc procedendo inter duos
lapides sunt due mete terree; hinc descendendo in valle sunt
due mete; deinde in loco qui dicitur Medyesmal in inferiori
parte sunt due mete; post hec ascendendo in monte sunt tres
mete angulares separantes a terris Bench et Zamur; hinc
declinando versus occidentem sunt tres mete; hinc eundo in
monte Bowozmal dictum sunt due mete; hinc procedendo
paulisper in eodem monte sunt due mete; post hec vergit ad
aquilonem ad quamdam vineam populorum de Zamur, sub qua
vinea sunt tres mete angulares separantes a terris Tripul;
hinc per quamdam vineam antiquam et incultam descendendo
in fossato peruenit ad locum Heuser dictum, et ibi sunt due
mete; deinde descendit in uallem in fenetum, et ibi sunt due
mete; post hec ascendendo ad vnum montem Barbaylo nominatum, ibi sunt due mete; hinc descendit in vallem que dicitur Souakuth, et ibi sunt due mete; hinc ascendendo in montem qui dicitur Gudulamal, ibi sunt due mete; deinde descendit in vnam vallem, quam vocant Homorou, et reuertitur ad

priorem metam, et ibi terminatur. Et hys omnibus predicti⁰ metis terra Symog distingitur et separatur. Vt igitur huius nostre collacionis seu donacionis seri es robur optineat perpetue firmitatis, nec processu temporum valeat per quempiam in irritum reuocari, presentes concessimus litteras dupplici s sigilli nostri munimine roboratas. Datum per manus vene ra bilis patris Philippi Episcopi Waciensis aule nostre fid elis Cancellarij anno Domini M⁰CC⁰ septuagesimo quinto.

(Eredetie börhártyán, melyről a pecsétnek töredéke fejér-zöld selyem-zsinóron fögg, a budai kir. kamarai levéltárban. Sok hibával kiadva Fejérnél Cod. Dipl. V. köt. 2. r. 286. l.)

126.

Erzsébet anyakirdlyné Alsó-Verboa helységet tárggazó adomá-nya Benedek comes számára. 1275.

Elyzabeth Dei gracia Regina Hungarie vniuersis Christi fidelibus tam presentibus quam futuris, ad quorum noticiam presens scriptum peruenerit, salutem in salutis omnium largitore. Reginalis benignitatis officium nos ammonet et induoit, vt quorumlibet fidelitatibus et seruicijs commodis nobis et impensis gratanti animo occurramus, condigna retribucione meritis eorundem fauorabiliter respondentes ; quia dum eorum laboribus et honestis seruicijs fauorem prebemus et assensum, ceteros ad ampliora fidelitatis opera exemplo simili inuitamus, et de promptis reddimus prompciores. Proinde vniuersi· tati vestre tenore presencium fieri volumus manifestum, quod nos fidelitates et seruicia nobilis viri Comitis Benedicti filij Comitis Iwancha, que domino Bele et domino Stephano inclitis Regibus Hungarie, et tandem domino Ladizlao Regi karissimo filio nostro ac nobis, personam suam casibns fortune committere non formidans in prosperis pariter et aduersis cum summa diligencia laudabiliter exhibuit attendentes, uolentesque eidem in recompensacionem seruiciorum suorum aliquali retribucionis stipendio, licet ampliori munificencia dignus esset, respondere ; quandam terram Inferiorem Vrbua nuncupatam in Comitatu de Pòsaga existentem, et collacioni nostre pertinentem, quam quondam Mortunus filius Myke detinebat, cum suis vtilitatibus et pertinencijs vniuersis, de beneplacito eiusdem domini Ladizlai Regis karissimi filij nostri, et Baronum suorum consensu, ex certa consciencia dedimus, donauimus et contulimus ipsi Comiti Benedicto, et per eum suis heredibus heredumque successoribus perpetuo et irreuocabiliter possidendam. Mete autem ipsius Inferioris terre Vrboa hoc ordine distinguntur : Prima siquidem meta incipit a meridie iuxta fluuium Chernech ab arbore thul, in qua est crux, abinde procedit ad partem septemtrionalem in silua Zaua per arbores cruce signatas, et in exitu eiusdem silue, ubi ad campum protenditur, est meta terrea sub arbore thul ; deinde tendit adhuc ad septemtrionem ad metam terream ; deinde declinat per campum ad montem ad metam terreem ; abhinc tendit ad arborem nucum iuxta fluuium Wrbua habentem inter frondes lapidem quendam ; deinde transito fluuio Vrbua redit ad aliam arborem nucis cruce signatam ; deinde appropinguat cuidam vie, iuxta quam est meta terrea ; abinde procedit versus orientem ad quoddam berch, vbi est meta terrea ; deinde reflectitur ad orientem, vbi transito quodam potok sub arbore nar est meta terrea ; deinde ad arborem piri cruce signatam ; deinde cadit in potok Bokusleznuk nominatum, et usque ad eundem potok semper comitatur Superiori terre Vrbua, ibi vero incipit commetari terre Comitis Cheh ; deinde procedit per meatum illius potok ad meridiem usque ad magnam viam, que de Vrbua venit, ubi est meta terrea ; deinde per eandem viam tendit ad orientem, et cadit ad aquam Zlopchenyk, et in eadem aqua tendit versus meridiem in eadem aqua ; et inde exit versus orientem ; et abhinc vergit iterato uersus meridiem sub Dastiulaz, vbi est arbor syl pro meta ; dehinc progreditur adhuc versus meridiem ad Dóbouchpotoka, et transit ipsam aquam Dobochpotoka ad orientem, et uadit ad arborem tul cruce signatam, que est pro meta, et ibi cadit ad magnam viam crucis, que vadit versus

10*

meridiem usque ad Trestenapola ; et transeundo illum campum peruenit ad aquam Luky, ubi est arbor tul cruce signata ; et in eadem aqua Luky tendit versus meridiem ad locum, qui Vnabeleustapolya vocatur ; et inde exit versus orientem, et tendit ad meridiem ad campum Churnuch ; et ex alia parte aque in eodem loco cadit aqua Zaccyna in aquam Churnuch, et ibi separatur a terra Cheh ; deinde progreditur et vadit ad occidentem, peruenit ad priorem metam, ibique terminatur. Vt igitur haec nostra collacio inconcussa permaneat, nec progressu temporum possit per quempiam retractari, presentes eidem Comiti Benedicto concessimus litteras dupplicis sigilli munimine roboratas. Datum per manus Magistri Gregorij aule nostre Cancellarij fidelis nostri (anno Domini M°)CC° septuagesimo quinto.

)A pozségai káptalannak 1370-ki átiratából ; a budai kir. kamarai levéltárnak Zágrábban lévő részében.)

127.

Erzsébet anyakirálynénak Oryoycha helységet tárgyazó adománya Otroch, Gergely, és Sévánnak fiai számára. 1275.

Elizabeth Dei gracia Regina Hungarie vniuersis Christi fioelibus tam presentibus quam futuris presens scriptum inspecturis salutem in salutis omnium largitore. Ut possessiones fidelium legitime habitas et optentas Reginalis benignitatis gracia suorum priuilegiorum patrocinio muniat et confirmet, ius suadet et ordo expostulat racionis. Ad vniuersitatis itaque vestre noticiam tenore presencium uolumus peruenire : quod nos iustis peticionibus Otrochk, Gregorij filij Beluch, et filiorum Sewa, terras tenencium de Posoga fauorabiliter inclinate, terram Oryoycha vocatam in Comitatu de Posoga existentem, eo iure quo tempore domine Marie socrus nostre pie memorie tenuerunt, eisdem secundum teno-

rem priuilegij ipsius domine M. reliquimus perpetuo cum
suis vtilitatibus et pertinencijs possidendam. Mete autem
ipsius terre, prout in litteris patentibus Laurencij quondam
Comitis de Posoga uidimus contineri, hoc ordine distinguntur:
Prima meta incipit a parte occidentali iuxta aquam Oryoycha,
et ibi est meta terrea; inde ascendit ad montem ad tres arbores tulfa, sub quibus est meta terrea, et ibi est commetaneus
ipsius Mylsa; hinc uadit ad orientem, et peruenit ad viam, et
per eandem viam vadit ad partes meridionales ad tres arbores tulfa, sub quibus est meta terrea; inde uero vadit per
byrch, et peruenit ad cherfa, sub qua est meta terrea, ibi
autem commetanei ipsius sunt populi domine Regine de Ko-
miricha scilicet a parte orientali; dehinc autem vadit ad
pirum, sub qua est meta terrea; inde vadit ad metam terream,
et ibi sunt commetanei ipsius populi domine Regine de Grad-
potok; inde vadit ad metam terream, que terrea meta scilicet
diuidit terram Beluch a terra domine Regine, ibi autem dicto
Beluch erit commetaneus Petrus filius Chelley; deinde uadit
ad metam terream, que est iuxta vineam populorum domine
Regine; inde uadit superius vineam, et peruenit ad metam
terream; inde uero ascendit ad pirum, sub qua est meta terrea; inde uero vadit ad arborem salicis, que est in medio
ville, sub qua est meta terrea; inde uadit ad metam terream,
que est retro curiam Petri filij Chelley; deinde uadit ad metam terream, que est iuxta vallem, et per illam vallem uadit
superius ad metam terream, que est iuxta dictam vallem;
inde ascendit superius ad occidentem ad ecclesiam Sancti
Luce Ewangeliste, et sub cimiterio est meta terrea; inde uero
descendit ad septemtrionem, et peruenit ad pirum, sub qua
est meta terrea, et ibi sunt commetanei sui populi domine
Regine de Oryoycha; inde vadit eciam ad pirum, sub qua est
meta terrea; deinde uadit ad gymulchynfa, sub qua est meta
terrea; inde vadit ad pirum, sub qua est meta terrea; ibi
autem sunt commetanei ipsius Otrochk et Sewa fratres scilicet; inde autem uertitur ad orientem, et descendit ad vallem
ad metam terream; deinde ascendit ad montem, et peruenit
ad arborem gyrteanfa, sub qua est meta terrea; inde uero
uadit ad arborem tulfa, sub qua est meta terrea; deinde descendit ad puteum, qui est pro meta, et per aquam dicti putei

cadit in aquam Oryoycha, et ibi iuxta aquam Oryoycha est meta terrea ; et per dictam aquam Oryoycha vadit contra cursum aque, et peruenit ad priorem metam, et ibi mete terre sepedicti Beluch Oryoycha uocate terminantur. Item piscinam Chernuch vocatam ad predictam terram Oryoycha pertinentem, sicut dicunt, eisdem sine preiudicio iuris alieni reliquimus supradicto modo possidendam. In cuius rei memoriam firmitatemque perpetuum presentes prefatis Otrochk, Gregorio et filijs Sewa concessimus litteras dupplicis sigilli nostri munimine roborstas. Datum per manus Magistri Gregorij aule nostri fidelis Cancellarij, anno ab Incarnacione Domini millesimo ducentesimo septuagesimo quinto.

(Eredetie bőrhártyán, a vörös-kék-sárga selyemzsinóron függött pecsét elveszett ; a budai kir. kamarai levéltárnak Zágrábban lévő részében.)

128.

Joakim királyi tárnokmester a zágrábi egyház népeinek adóztatásától eláll. 1275.

Nos Joachinus Magister Tavarnicorum domini Regis Comes de Barana et de Plys, tenore presencium quibus expedit significamus universis, quod Andreas Magister Tauarnicorum venerabilis patris domini Thymothei Episcopi Zagrabiensis, vice et nomine domini sui, ac Capituli eiusdem procurator, exhibuit nobis litteras domini nostri Ladislai incliti Regis Vngarie super facto collecte septem denariorum banaium ex parte ipsius domini Episcopi et sui Capituli proveniencium, quod formam seu tenorem privilegiorum dominorum Regum Bele videlicet avi sui, Stephani, patris sui karissimi, felicium recordacionum, et litterarum suarum inspiceremus et inspectam continenciam eorundem servaremus, et illese per exactores ipsius collecte faceremus observari. Quorum quidem privilegiorum et litterarum inspectis tenoribus, comperi-

mus populos predicti Episcopi et Capituli eiusdem ab exaccione collecte septem denariorum de plenitudine graciarum
Regum esse misericorditer absolutos et penitus expeditos. Nos
igitur, qui instituta et ordinacionem Regiam fideliter observare cupimus, ab exaccione dicte collecte septem denariorum
omnino cessavimus et penitus duximus desistendum, prout
premissa singulorum et singula premissorum in privilegiis et
litteris Regalibus expressius continentur. Anno Domini
MCCLXXV. Datum in Castro Budensi, secundo die post
festum Beati Laurencii martiris.

(Tkalcsics, Monumenta hist. Episcopatus Zagrabiensis I. köt. 177. l.)

129.

*János zzlavoniai bánnak beismervénye, hogy IV. László király
Fayz helységet Timoté zágrábi püspöknek adományozta. 1275.*

Nos Johannes Banus tocius Sclauonie memorie commendantes significamus quibus expedit universis presentium
per tenorem, quod venerabilis pater dominus Thymotheus,
Dei gracia Episcopus Zagrabiensis, exhibuit nobis literas
domini nostri Ladizlai, illustris Regis Vngarie, continentes :
quod ob merita serviciorum eiusdem domini Episcopi quandam
terram Castri Zagrabiensis, Fayz vocatam, sitam sub castro
eiusdem domini Episcopi, ad ipsius peticionem sibi et Ecclesie sue cum omnibus utilitatibus et pertinenciis suis possidendam iure perpetuo contullisset, ab omni iurisdictione
Castri Zagrabiensis penitus eximendo. Cuius quidem terre
collacionem ipse dominus noster Rex eciam suo privilegio
confirmasset, et precipiebat nobis in eisdem literis suis,
quod prefatam terram Fayz eidem domino Episcopo et Ecclesie sue iuxta sui privilegii continenciam relinquere
deberemus. Nos itaque mandatis domini Regis obtem-

perantes, ut debemus, considerantes eciam ipsius domini Episcopi meritoria obsequia et obsequiosa merita, que domino
Regi in diversis Regni 'sui negociis et expedicionibus
impenderat et impendere poterat in futurum, prefatam terram Fayz, inspecto tenore privilegii domini Regis super
collacione eiusdem confecto, reliquimus domino Episcopo et
Ecclesie sue, et per eum suis successoribus, ab eodem Castro
Zagrabiensi exceptam penitus et exemptam iure perpetuo et
irrevocabiliter possidendam, sub eisdem antiquis metis et
terminis, quibus Castrum Zagrabiense dinoscitur ab antiquo
possedisse. Presentibus tamen et assencientibus iobagionibus
Castri Zagrabiensis universis. In cuius rei memoriam et perpetuam firmitatem presentes concessimus literas munimine
nostri sigilli roboratas. Datum Zagrabie in octava Penthe-
costen, anno Domini MDCLXXV.

(Tkalosics, Monum. hist. Episc. Zagrab. I. köt. 176. l.)

130.

*Miklós horvát-dalmatiai bán visszaadja Trau városnak azon
javakat, melyeket tőle egykor István bán elvett. 1275.*

Nos Nicolaus Banus tocius Croacie, Dalmacie et Comes
de Guecka vniuersis quibus presentes ostenduntur salutem in
salutis largitore. Ad vniuersorum noticiam harum serie volumus peruenire, quod cum olim bone memorie pater noster
Stefanus Banus tocius Sclauonie, sicut sibi placuit, subtraxis-
set Communi et hominibus de Tragurio quasdam terras et
possessiones in confinijs Tragurij positas, in loco vocato ad
Sanctum Petrum de Clobucichy sub Ostrag, que terre subiecte
et subposita fuerant Castro Clissie per dictum patrem nostrum; et homines de Tragurio coram nobis proposuerunt et
allegauerunt, easdem terras ac possessiones ad se pertinere

de iure, super hoc ostendentes priuilegia a felicis memorie
domino Rege Bela olim edita, et a Serenissimo Rege Stefano
confirmata. Visis eisdem priuilegijs, et auditis allegacionibus
eorundem hominum de Tragurio, cum justicie consonum est,
vt vnusquisque possideat quod suum est; predictas terras et
possessiones damus, concedimus et relaxamus supradictis
hominibus de Tragurio absque omni contradiccione libere ac
perpetualiter possidendas, similiter et confirmamus eisdem
hominibus de Tragurio omnes terras et possessiones, quas
habent, tenent et possident, que extenduntur vsque ad terras
de Blisoy, vt eas habeant et teneant absque contradiccione
alicuius persone; dantes et constituentes in prestaldum nobilem virum Radozlaum filium quondam Comitis Jacou de Breberio ad hec omnia fideliter exequenda. Vt igitur huiusmodi
donacio vel collacio robur perpetue firmitatis obtineat, et firma
perseueret, nec lapsu (temporis) in irritum reuocetur, presentes contulimus litteras nostro pendenti sigillo communitas.
Datum ante Nonam in quindenis Pentecostes anno Domini
M·CC· septuagesimo quinto.

(Lucius, Memorie stroiche di Trau 93. 1. V. ö. Fejér Cod. Dipl. V.
köt. 1. rész 291. és 314. ll.)

131.

*Dénes bán és zalamegyei főispánnak bizonyságlevele, hogy IV.
László király parancsából a kustáni nemesek földjét meghatá-
rolta. 1275.*

(Hazai Okmánytár IV. köt. 54. l.; néhai Ráth Károly közleménye.)

132.

Timoté zágrábi püspök sz. Péter és Pál tiszteletére székesegy-
házában oltárt szentel be. 1275.

(Tkalcsics, Monum. hist. Episc. Zagrabiensis I. köt. 175. l.)

133.

A budai káptalannak jelentése Erzsébet ifjabb királynéhoz
Symog helység határainak szabályozásáról. 1275.

Serenissime domine sue I. Dei gracia inclite Regine
Vngarie Capitulum Budensis Ecclesie oraciones pro ipsa ad
Dominum debitas ac deuotas. Precepistis nobis per litteras
Excellencie uestre, ut hominem nostrum fidedignum super
terras vinidorum uestrorum Symog et Symodor vocatas,
quas sororibus de Insula Sancte Marie, cum condicionarijs
uestris super ipsa terra residentibus contulistis, mitteremus;
secundario pro eo, quod prius cursus metarum earundem
terrarum uobis non rescripseramus. Igitur homo noster per
nos ad hoc missus ad nos redeundo retulit nobis, ipsas terras
talibus metis distingui : Prima enim meta earundem terrarum incipit a parte orientali in loco qui dicitur Hurhteteu,
ubi sunt tres terree mete, separantes a terris villarum Koroa
et Epul uocatarum; hinc procedendo parum in superiori
parte vinee Theryn Latini sunt due terree mete; item in
monte qui dicitur Keykmal sunt due terree mete; deinde in
monte Homoronteteu uocato sunt due terree mete; posthac
in Theteufeu due mete; hinc declinando uersus meridiem

in quadam valle sunt due mete terree separantes a terris Benka; hinc tendit ad locum qui dicitur Eleumal, et ibi sunt due mete terree; hinc uergit ad promontorium quod uocatur Arnykmal, et ibi sunt due mete; hinc procedendo inter duos lapides sunt due mete terre; hinc descendendo in valle sunt due mete; deinde in loco qui dicitur Medyesmal in inferiori parte sunt due mete; posthac ascendendo in monte sunt tres mete angulares separantes a terris Benoh et Zamur; hinc declinando uersus occidentem sunt tres mete; hinc eundo in montem Bonozmal dictum sunt due mete; hinc procedendo paulisper in eodem monte sunt due mete; posthac uergit ad aquilonem ad quandam vineam populorum de Zamur, sub qua vinea tres mete angulares separantes a terris ville Epul; hinc per quandam vineam antiquam et incultam descendendo in fossato peruenit ad locum Heuser dictum, et ibi sunt due mete; deinde ascendit in vallem in fenetum, et ibi sunt due mete; posthac ascendit ad vnum montem Barbaylo nominatum, ibi sunt due mete; hinc descendit in vallem que dicitur Souskut, et ibi sunt due mete; hinc ascendit in montem qui uocatur Gudulamal, ubi sunt due mete; deinde descendit in vnam uallem quam uocant Homorou, et reuertitur ad priorem metam, et ibi terminatur. Et hys omnibus predictis metis terra Symog distinguitur et separatur.

K í v ü l : Inclite domine Regine Vngarie pro sororibus de Insula Sancte Marie.

(Eredetie bőrhártyán, a pecsét már lemállott; a budai kir. kamarai levéltárban.)

134.

As egri káptalannak bizonyságlevele, hogy Péter, Hetyruh és Sándor, György fiainak hevesmegyei javaikban a határjárás megtörtént. 1275.

Vniuersis Christi fidelibus presentibus et futuris presen--cium noticiam habituris Capitulum Agriensis Ecclesie salutem in Domino. Ad vniuersitatis vestre noticiam tenore presenci-um volumus peruenire, litteras Excellentissimi Principis domini nostri Ladizlai Dei gracia Illustris Regis Hungarie nos recepisse sub hac forma :

Ladizlaus D. gracia Rex Hungarie stb. (következik IV. László királynak 1275-ki okmánya, mint fentebb 117. sz. a.)

Nos igitur mandatis Regis, vt tenemur, satisfacere -cupientes cum predicto Ladislao de Kerech homine domini nostri Regis Magistrum Petrum socium et concanonicum nostrum transmisimus ad predicta exequenda. Qui demum ad nos reuersi nobis concorditer retulerunt, se feria tercia proxima post festum Natiuitatis Virginis Gloriose ad faciem predictarum possessionum filiorum Georgij accessisse, vicinis-que et commetaneis omnibus conuocatis, specialiter Comite Johanne filio Chobanka de Gyungus; item Ladislao dicto Garduan, et Deseu rufo de Kede; item Petro filio Bechke de Euch; item Comite Johanne filio Jacu de Zuch; item Deme-trio et Pacha filijs Pacha de Pacha, item Paulo filio Belenyk de Soliuar, ceterisque nobilibus compluribus de eodem Comi-tatu ad hoc vocatis et ibi presentibus, nulloque contradicente, sub metis infrascriptis et terminis reambulassent mopretes; videlicet inter plagam orientalem et meridionalem a quodam nemore quod Agberek vocatur, circa quod metam terream -erexissent; deinde uersus eandem plagam tendendo per me-tas terreas inter Taryan Maiorem et possessiones Miketha-

theleke vocatas intrat quandam viam publicam a parte inferiori; inde circa eandem villam Kedee transeuntem, et in,
eadem procedendo circa finem vinearum exit ipsam viam, vbi
in finibus dictarum vinearum congeriem lapidum erexissent,
pro meta, que possessiones Gyrik, Kyrtuelis et Gyos Taryan-
separat a Kedee; deinde directe tendendo versus Fanchal
ad plagam occidentalem intrat quandam vallem Scylas vocatam; in qua aliquantulum procedendo Gyruch a possessione
Fanchal separatur, et vicinando cum monte Gyuk separata a
Pocha vicinatur cum posssessione Fayzal nominata apud
metam terream, que separat possessiones dictorum filiorum
Georgij Gyuk, Kyrtuilis et Gyos Taryan a Fayzad; deinde
transeundo intrat ipsum riuolum de Fayzal fluentem, et per
eundem ascendendo circa montem Vylagus, qui est in meta
possessionis Tharyan Maioris; tendit ad caput eiusdem riuo-
li; deinde ascendit directe ad cacumen montis Matra, per
eundem cacnmen ad orientem tendendo possessiones Chamak,
Vrus et Loog predictorum filiorum Georgij a possessione
Budou separantur; deinde directe transit ad montem Gala.
dictum; deinde descendit in quendam riuulum; item ad
meridiem quandam possessionem Chamak dictam; et per eundem riuulum descendendo, et vicinando cum possessione
Comitis Johannis filij Chobanka Gyungus vocata exit ipsum
riuulum et separatur a predicta Gyungus, ubi est meta terrea
inter ipsum riuulum, et quoddam berech; et ascendendo
ipsum berech, et in eodem procedendo vicinantur cum Solumus possessiones Chamak et Vrus, tendunt ad metam terream,
ibique possessio Taryan Maior cum Solumus vicinantur; et
deinde descendendo per quandam vallem Mergeswelyg vocate
mete possessionis Taryan Maioris ad primam metam circa
Agberek existentem reuertuntur, ibique terminantur. In cuius rei memoriam presentes supradictis filijs Georgij mandato
Regio concessimus sigilli nostri munimine roboratas. Datum
anno ab Incarnacione Domini millesimo ducentesimo septuagesimo quinto. Presentibus tamen Farkasio Cantore, Thoma.
Lectore, Myco Custode, Marco de Pacha, Anthonio de Sumbun, Viliano de Zabouch, Petro de Wng, Saulo de Bursua,
Demetrio de Kemey Archidiaconis, alijsque multis. Ladislao
glorioso Rege Hungarie regnante, Strigoniensi Sede vacante,

Stephano Archiepiscopo Cholocensi; et domino nostro Andrea
venerabili patre Agriensi Episcopo existente.

(A szepesi káptalannak 1337-ki átiratából, mely több más okmány-
nyal 1401. feria quarta proxima ante festum Beati Georgij martiris
a budai káptalan által újból átiratott Zsigmond király parancsára
»vt quia idem dominus noster Rex predictas litteras de domo sua
Tauarnicali de loco ad locum destinare nollet«; — a budai királyi
kamarai levéltárban.)

135.

*A csaszmai káptalannak bizonyságlevele, hogy István Spoch-
nak fia Hruseuch nevű földét Sampson, Boleta fiának eladta.
1275.*

Nos Capitulum Chasmensis Ecclesie omnibus presentes
litteras inspecturis salutem in Domino sempiternam. Ad vniuersorum noticiam tenore presencium volumus peruenire, quod
constituti coram nobis personaliter ab vna parte Stephanus
filius Spoch, ex altera uero Sampson filius Boleta; ydem
Stephanus terram Hruseuech uocatam, quam Bolehna frater
Boleta patris predicti Sampsonis empcionis titulo predicto
Stephano tradiderat pro sumpma pecunie duodecim marcarum,
eidem Sampsoni et suis per eum heredibus heredumque successoribus pro eisdem duodecim marcis plene acceptis, sicut retulit,
numeratis et habitis, reddidisse seu uendidisse est confessus.
Mete autem ipsius terre, sicut nobis homo noster Varou sacerdos Ecclesie Beate Marie Virginis de Superiori Izdench,
quem ad faciem ipsius terre miseramus, nullo contradictore
existente taliter distinguntur : Prima meta incipit de aqua
Hruseuch; deinde ad arborem gertian; deinde uersus meridiem per antiquas metas ad arborem has; deinde similiter
ad arborem pomi; deinde ad orientem ad arborem harazt;
deinde iuxta feneta superius siluam per unam mlakam ad

magnam siluam; deinde iuxta siluam versus meridiem cadit
ad predictam mlakam, et uadit per eandem ad occidentem
ad tres arbores tul; et deinde exit ad latus silue ad occidentem, et peruenit ad quendam puteum; deinde per uallem
nemorosam, et exit iuxta siluam bik ad aquilonem; deinde
ad vnum znos (?) ad quendam fluuium qui currit ad occidentem, et cadit ad predictam aquam Hruseuch. Vt igitur huius
series temporum processu in irritum non possit reuocari, uel
aliquatenus retractari; presentes concessimus sigilli nostri
munimine roboratas. Datum anno Domini M°CC° septuagesimo quinto.

(Eredetie bőrhártyán, a pecsét vörös-fehér-zöld-kék selyemzsinóron
függ; a főmélt. herczeg Batthyáni család levéltárában.)

136.

*As egri káptalannak bizonyos birtokcserét tárgyazó bizonyság-
levele, Miskolcz nemzetségbeli Miklós, és több Pereznei birtokos
közt.* ~~1275.~~ 1265.

Omnibus Christi fidelibus tam presentibus quam futuris
presens scriptum inspecturis Capitulum Ecclesie Agriensis
salutem in omnium saluatore. Ad vniuersorum noticiam tenore presencium volumus peruenire, quod Nicolao filio Ponyth
Bani de genere Myskouch ex una parte, ab altera uero Thoma filio Bedek de Perezne pro se et pro Andrea ac Alexandro fratribus suis, et pro Martino filio Rosoyn fratris sui;
item Stephano filio Elye de eadem Perezne pro se et pro
Demetrio fratre suo, seruientibus ipsius Nicolay coram nobis
personaliter constitutis; per prefatum Nicolaum propositum
extitit, quod dimidietatem cuiusdam possessionis sue Bagus
vocate in Comitatu de Karazna existentis, per dictum patrem
suum aquisite, dedisset et tradidisset dictis filijs Bedek et filijs

Elye in concambium terre Aranyas vocate in Comitatu de Borsod existentis, — — — (pro fidelitate) — —, quam ipsi filij Bedek et filij Elye a primeuo sue etatis tempore sibi exhibuerunt et inpenderunt, et specialiter pro morte Johannis filij predicti Elye, qui cum Ladizlao fratre eiusdem Nicolay in exercitu domini Regis contra Comanos in Howd habito extitit inter- emptus, sub eisdem certis metis et terminis, quibus dictus pater suus et ipse possidebant, cum vniuersis vtilitatibus et pertinencijs suis, et specialiter cum terra Morous vocata ad ipsam possessionem Bogus pertinente, dedisset et contulisset eisdem filijs Bedek et filijs Elye, sibi et suis heredibus here- dumque suorum successoribus jure perpetuo et irreuocabiliter pacifice possidendam et habendam; ita tamen, quod dimi- dietas ipsius possessionis Bogus cedet filijs Bedek antedictis; altera vero dimitietas cedet filijs Elye prenotatis. Insuper obligauit se dictus Nicolaus et heredes suos, predictos filios Bedek et filios Elye ac heredes eorundem vniuersos, ab omni- bus racione predicte possessionis inpetere nitentibus defende- re et expedire proprijs laboribus et expensis, et in pacifica possessione ipsius terre indempniter conservare. In cuius rei testimonium ad instantem peticionem parcium presentes con- cessimus litteras, sigilli nostri post plagam Tartarorum secun- do renouati munimine roboratas. Presentibus tamen Magistro Haab Preposito, Saulo Lectore, Laurencio Cantore, Mykow Custode, Marko de Patha, Mathya de Nouo Castro, Paulo de Borsua, Martino de Heues, Gregorio de Zobouch Archydiaco- nis, et alijs multis. Anno Domini M°CC° septuagesimo quinto; regnante Ladizlao illustri Rege Hungarie, Lodomerio Strigo- niensi, Johanne Colocensi Archyepiscopis; domino nostro venerabili patre Andrea Dei gracia Episcopo Agriensi existen- tibus.

(Az egri káptalannak 1356-ki átiratából, a mélt. báró Perényi család levéltárában.)

137.

A pécsi káptalannak bizonyságlevele, hogy Mindszent és Alma
helységek közt a határok szabályoztattak. 1275.

A B C

Paulus Prepositus et Capitulum Quinqueecclesiarum
omnibus presens scriptum cernentibus salutem in Domino. Ad
vniuersorum noticiam volumus peruenire, quod Ambrosius
filius Thome, Cozmas filius Mozoch, Absalon filius Petri,
Moson filius Karachym, Pous filius Stephani de Uilla Omnium Sanctorum (Mindszent) de iuxta Alma pro se, et pro Benud filio Mach, Gyliano filio Mikaelis, Matheo filio Adam, ac
pro ceteris omnibus generacionibus suis de eadem Uilla
Omnium Sanctorum personaliter in nostra presencia constituti proponentes sunt confessi uiua uoce : quod cum Comes
Marthynus filius Mortun de Alma post obitum fratris sui
Stephani necessitate sibi non modica inminente quandam
particulam terre sue cum terra arabili et nemore ad sexaginta iugera sufficientem in Comitatu Symigiensi existentem eis pro sex marcis pignori obligasset, itaque secundum
arbitrium Comitis Bolosey filij Bolosey, Comitis Roman filij
Boch, Jacobi filij Mark, et Nycholai filij Thyma predictam
particulam terre sexaginta iugerum, sicut ex visu potuit
considerari, nunc restituissent et reddidissent eidem Comiti
Marthinus et filijs suis Lancherech et Svngud nominatis, receptis sex marcis argenti ab eisdem, sibi et eorum heredibus
irreuocabiliter iure perpetuo possidendam, per metas taliter
distinguentes : Incipiendo scilicet ab aqua Heer uocata,
que — — — ab aqua Alma decurrit in Comitatu Symigiensi,
super qua quidem aqua Heer vocata Ambrosius, Benud, et
Matheus habent clausuram molendini sui, ibique iuxta
aquam Heer sunt due mete terree ; tendit iuxta ipsam aquam
Heer ad partem semper meridionalem ad duas metas terreas,
in quarum altera sunt arbores gemelchen ; exinde nadit

ad duas metas terreas, in quarum altera est arbor virgultina ;
cxhinc iterum ad duas metas terreas, in quarum altera est
arbor tilic ; cxhinc iterum ad duas metas terreas, in quarum
altera est arbor pirus ; deinde per nemus procedendo uadit
ad duas metas terreas, in quibus sunt arbores ibor et gerthyan ; cxhinc uadit ad duas metas terreas, in quarum altera
est arbor ulmi ; abhinc nadit ad duas metas terreas, in quarum una est arbor gerthyan, et in altera est arbor monoray,
vbi contingit terram Jond, et ibi terminatur. Itaque prescripte
omnes mete iuxta predictam aquam Heer vocatam ubique
sunt erecte, et ipsa aqua Heer, et heedem mete decurrunt in
Comitatu Symigiensi, et separant ad partem occidentalem
Comiti Martino et filijs suis predictis supradictam terram
sexaginta iugerum in perpetuo pacifice possidendam ; c contra heedem mete ad partem orientalem separant siue inclu-
dunt ipsam aquam Heer uocatam cum pratis et siluis existentibus inter ipsam aquam Her uocatam et inter aquam Alma.
Que quidem omnia, scilicet ipsa aqua Heer uocata, et prata
et silue cedunt et remanent Ambrosio, Cozme, Absolon, Moson, Pous, Benud, Gyliano, Matheo, ac ceteris generacionibus
corundem de Uilla Omnium Sanctorum pacifice possidenda ;
dictique Comes Martinus et filij sui prenominati nichil iuris
penitus habent in eisdem. Preterea idem Comes Marthynus
cum filijs suis prenominatis ab una parte ; Ambrosius, Cozmas, Absolon, Moson, Pous, predicti nobiles de Uilla Omnium
Sanctorum, pro se, et pro Benud, Gyliano, Matheo, et pro ceteris generacionibus suis de Uilla Omnium Sanctorum ab
altera in presenciarum astantes terras suas, quas habent in
Comitatu Symigiensi — — — — existentes, dixerunt se propter bonum pacis taliter ab inuicem distinxisse : Incipiendo
scilicet ab aqua quadam Heer uocata, que decurrit in aquam
Alma, de duabus metis terreis, in quarum una est arbor tilie,
in altera vero est arbor ulmi, tendit ad partem orientalem
ad duas metas terreas ; abhinc iterum ad duas metas terreas ;
deindo diuertit per uiam ad partem aquilonis ad duas metas
terreas angulares ; deinde ad partem orientalem ad duas
metas terreas, in quarum altera est arbor salicis ; exinde
uadit iterum ad duas metas terreas ; abinde tendit iterum ad
duas metas terreas ; cxhinc procedit ad partem septemtriona-

lem ad duas metas terreas; deinde itur ad partem orientalem uersus siluam Comitis Martini, vbi sunt due mete terree, in quarum altera est arbor uirgultina; abhinc tendit uersus siluam iuxta meridiem ad duas metas terreas, in quarum altera est arbor gemelchen; abhinc uersus orientem ad angulares metas Comitis Martini, ibique terminatur. Prescripte autem mete ad partem septemtrionalem separant terras Comitis Martini et filiorum suorum; e contra heedem mete ad partem meridionalem separant terras Ambrosij, Cozme, Absalon, Moson, Pous et ceterorum cognatorum suorum utrisque partibus in perpetuum pacifice possidende. Hoc adiuncto, quod si qua parcium de huiusmodi composicione in toto vel in parte resiliret, vel una pars de singulis resilierit, triginta marcas parti composicionem teleranti absque porcione judicis soluere debeat ante litem. Item si que parcium litteras qualescunque super facto predicte particule terre sexaginta iugerum in preiudicium partis aduerse occultando detineret; quandocunque exhibuerit, prefatam summam pecunie XXX marcarum soluere teneatur. In cuius rei memoriam et perpetuam stabilitatem presentes nostras ad peticionem utrarumque parcium nostri apposicione sigilli concessimus roboratas. Actum anno Gracie M°CC°LXX° quinto, mense Marcbyo. Johanne Cantore, Thoma Custode, Demetrio Decano, ceterisque quam pluribus ibidem existentibus. Datum per manus Magistri Wenchizlai Lectoris Quinqueecclesiensis.

(Eredetie bőrhártyán, melyről a pecsét vörös selyemzsinóron függ; a főmélt. herczeg Eszterházy család levéltárában.)

138.

A zágrábi káptalannak bizonyságlevele, hogy Suhomernicha és Styrochene helységekben a topliczai apát, s Marko Mártonnak fia és Radiszló Iuánnak fia közt uj határszabályozás történt. 1275.

(Tkalcsics, Monum. hist. Episc. Zagrab. I. köt. 180. l.)

139.

A keresztesek székesfehérvári konventjének bizonyságlevele, hogy Pochuntai Gabrian Bobra nevü földjét eladta Vritnyaki Henrik comesnek. 1275.

Conuentus Domus Hospitalis Jerosolumitani de Alba omnibus presentes litteras inspecturis salutem in Domino sempiternam. Ad vniuersorum noticiam tenore presencium uolumus peruenire, quod Gabrianus filius Jacou de Pochunta, et Comes Herricus filius Nicolai de Vritnyak cum fratre suo Nicolao Comite ad nostram presenciam accedentes retulerunt, quod idem Gabrianus terram Bobra uocatam in Comitatu de Wolko existentem, sex aratrorum quantitatis, certis et antiquis metis ac terminis ab omni parte sui distinctam, et a Dominico filio Egue de Dobra comparatam, titulo empcionis, nullo alio participante, sicut dixit, pro quindecim marcis argenti plene habitis et receptis predicto Comiti Herrico et sue posteritati se confessus est uendidisse et assignasse perpetuo possidendam; cui quidem Comiti Herrico racione commetaneitatis et vicinitatis sue dinoscebatur competere ad emendum. Assumpsit eciam idem Gabrianus ipsum Comitem Herricum et suos heredes ac successores ab omni lite racione eiusdem terre emergente expedire suis laboribus et expensis. In cuius rei testimonium et perpetuam firmitatem presentes litteras nostro sigillo dedimus communitas, annq Domini M˙ CC˙LXX˙ quinto, quarto idus Aprilis, Fratre Guillermo Priore, eodemque Custode Ecclesie nostre; et fratre Vgone Preceptore Domus existente.

(Eredetie bőrhártyán, a barna selyemzsinóron függött pecsét elveszett ; a budai kir. kamarai levéltárnak Zágrábban lévő részében.)

140.

Trau város nagytanácsa segedelmet határoz Arbe sziget tüz által károsodott lakosainak. 1275.

Anno M˙CC˙LXX˙V˙ die — — mensis Madij capta fuit, pars inter XL (azaz Trau város nagytanácsában), quod hominibus de Arbis, qui combusti fuerunt, debeat fieri gracia de amphoris LXXX vini ; que gracia debeat vendi per duos de XL, et pecunia debeat mitti Comiti Arbi ad dandum et distribuendum inter illas personas, que habuerunt dampnum ; et hoc completo termino de illis gracijs, que ordinate sunt per Consilium.

(Trau város jegyzőkönyvéből Lucius, Memorie Storiche di Trau 198. l.)

141.

IV. László királynak Pezye helységet tárgyazó adománya Berenchei Endre mester számára. 1276.

Ladizlaus Dei gracia Hungarie, Dalmacie, Croacie, Rame, Seruie, Gallicie, Lodomerie, Cumanie Bulgarieque Rex omnibus tam presentibus quam futuris presentes litteras inspecturis salutem in omnium saluatore. Regie Sublimitatis inmensitas opitulacie tunc fruitur remedijs, cum suorum labores fidelium votiue remuneracionis antidoto allicit et percellit. Proinde ad vniuersorum tam presencium quam futurorum noticiam harum serie volumus peruenire, quod Magister Andreas filius Abraam de Berenche ad nostram accedens presenciam a nobis humiliter supplicando postulauit, ut quandam terram Castri Symigiensis Pezye uocatam, super qua duas mansiones tantummodo asserit residere ; et alias duas quarum unam terram sanctiferorum nostrorum ibidem in Pezye existentem, et eodem nomine nuncupari dicit; aliam vero terram Jacobi iobagionis Castri Symigiensis sine heredum solacio decedentis, cum terris eisdem mixtim adiacentem, vsui vnius aratri, vacuam, et habitatoribus destitutas, sibi conferre de benignitate Regia dignaremur. Verum quia de qualitate et quantitate terrarum earundem nobis ueritas non constabat, fidelibus nostris Capitulo Ecclesie Albensis nostris dedimus litteris in mandatis, ut de terris eisdem scirent et inquirerent omnimodam ueritatem, et prout eis constaret, nobis per suas litteras remandarent. Quod quidem Capitulum nobis demum rescripsit, quod super predicta terra Castri Symigiensis Pezye nomine inuenissent fuisse duas curias vacuas, alias vero duas terras supradictas, terram

videlicet Jacobi iobagionis Castri, et terram sanctiferorum,
vacuas penitus et habitatoribus destitutas, et quod eedem
nostre collacioni pertinerent. Quas connocatis commetaneis
omnibus et vicinis, et presencialiter comparentibus, Comes
Ladizlaus filius Vgrini homo noster presente testimonio corundem statuisset et assignasset sepedicto Magistro Andree nullo
contradictore penitus apparente. Et quia dictis et peticionibus
ipsius Magistri Andree ueritas suffragari nidebatur in hac
parte : nos qui ex officio suscepti regiminis metiri debemus
merita singulorum, et vnicuique iuxta meritum respondere ;
consideratis meritorijs seruicijs et obsequiosis meritis ipsius
Magistri Andree, que idem tempore domini Stephani felicis
recordacionis Illustris Regis Hungarie, karissimi patris nostri,
contra insultus Regis Boemorum inimici nostri capitalis inter
Rabam et Repchem uiriliter dimicando cum effusione sanguinis sui fideliter inpendit ; ceterum cum castrum Jauriense,
quod per homines Regis Boemorum, treugis inter nos et eundem Regem perdurantibus fracto iuramento clamculo extiterat
occupatum, fecissemus expugnari, idem Magister Andreas
sub ipso castro per percussionem lapidum crudeliter extitit
uulneratus, sicut id nobis per Barones nostros patuit euidenter ; porro quod quia Johannes frater eiusdem Magistri
Andree pro sedulitate nobis et Regno im: endenda personam
suam fortune casibus submittere non expauit, in area bellice
aciei viriliter dimicando per Teotonicos extitit captinatus :
predictas terras, Pezye videlicet, et terram Jacobi iobagionis
Castri Symigiensis, ut premisimus, sine herede decedentis, ac
terram sanctiferorum nostrorum, licet pro reconpensacione
seruiciorum suorum plura mereretur, in aliqualem tamen
remuneracionem, cum omnibus pertinencijs suis, vineis, silnis
fenetis, et utilitatibus vniuersis, sub eisdem metis veteribus
et antiquis terminis, in quibus priores possessores earum
tenere dinoscebantur et possidere, prenotato Magistro Andree,
et per eum suis heredibus heredumque suorum successoribus
perpetuo et irreuocabiliter duximus conferendas. In cuius rei
memoriam firmitatemque perpetuam presentes eidem concessimus litteras dupplicis sigilli nostri munimine roboratas.
Datum per manus Magistri Benedicti Sancte Strigoniensis
Ecclesie Electi, Prepositi Budensis, Aule nostre ViceCancel-

larij dilecti et fidelis nostri anno Domini M°CC°LXX° sexto,
Regni autem nostri anno quinto.

(IV. László királynak »per manus discreti viri Bartholomei Prepo-
Agriensis aule nostre ViceCancellarij dilecti et fidelis nostri anno
Domini M°CC°LXXX° quartodecimo kalendas Septembris, indiccione
octaua« kiadott megerősítő privilegiumából, a főméltóságú herczeg
Batthyáni család levéltárában.)

142.

*IV. László királynak egy malomhelyet a Gyöngyös folyó mel-
lett, s ugyanott 50 holdnyi földbirtokot tárgyazó adománya a
győri püspök számára. 1276.*

Ladizlaus Dei gracia Hungarie, Dalmacie, Croacie,
Rame, Seruie, Gallicie, Lodomerie, Cumanie Bulgarieque Rex
vniuersis Christi fidelibus presentes litteras inspecturis salutem in Domino sempiternam. Ad vniuersorum noticiam tenore
presenciam volumus peruenire, quod cum venerabilis pater
Dyonisius miseracione Diuina Episcopus Jauriensis dilectus
et fidelis noster in diuersis Regni nostri negocijs fidelem impendit famulatum; licet maiora mereatur, tamen in aliqualem seruiciorum suorum recompensacionem vnum locum molendini in fluuio Gungus, et unam particulam terre iuxta eundem fluuium quinquaginta iugera continentem, inter villam
episcopalem Sabaria vocatam, et inter villam Zeleus existentem, qui quondam castrensium nostrorum fuit, nunc uero
uacuus et habitoribus destitutus, eidem patri venerabili, et per
eum Episcopo et Episcopatui Jauriensi dedimus, donauimus
et contulimus iure perpetuo et irreuocabiliter possidendum.
In cuius rei memoriam et perpetuam firmitatem presentes
dedimus litteras sigilli nostri autentici munimine roboratas.

Datum Bude in quindenis Pentecostes anno Domini M°CC°
septuagesimo sexto.

(Az eredeti után Rómer Flóris, Győri Történelmi és Régészeti Füzetek I. köt. 212. l.)

143.

*IV. László királynak Bezew földet tárgyazó adománya Panky-i
Jakab comes számára.* 1276. 1295

Ladizlaus Dei gracia Hungarie, Dalmacie, Croacye,
Rame, Seruie, Gallicie, Lodomerie, Cumanie, Bulgarieque Rex
omnibus Christi fidelibus presentem paginam inspecturis
salutem in omnium saluatore. Ad vniuersorum noticiam tenore
presencium volumus peruenire : quod Comes Jacobus filius
Gregorij de Panky fidelis noster ad nostram accedens presenciam a nobis humiliter suplicando postulauit, vt quandam
terram nostram ad Castrum nostrum de Vng pertinentem
Bezew uocatam in eodem Comitatu de Vng existentem de
benignitate Regia eidem dare et conferre dignaremur. Verum
quia de facto ipsius terre nobis ad plenum non constabat,
fidelibus nostris Capitulo Agriensi nostris dedimus litteris in
mandatis, vt cum Comite Petro filio Symonis de Kosuh homine
nostro eorum mitterent testimonium fidedignum, coram quo
idem homo noster prefatam terram Bezew uocatam reambularet et statueret Comiti Jacobo memorato, si non fieret contradictum ; contradictores uero, si qui fierent, ad Nostram euocarent Presenciam ad terminum competentem. Qui quidem
postmodum nobis rescripserunt, quod cum prefato homine
nostro ipsorum misissent testimonium fide dignum, et quod
reambulassent predictam terram, et statuissent Jacobo memorato, nullo contradictore existente. Nos igitur consideratis
seruicijs et fidelitatibus prefati Jacobi, que idem nobis in

omnibus expedicionibus Regni nostri cum omni fidelitate exhibuit et inpendit, memoratam terram nostram Bezeu nominatam, cum suis vtilitatibus et pertinencijs vniuersis, sub
metis et terminis infrascriptis prenominato Jacobo dedimus,
donauimus et tradidimus iure perpetuo et in filios filiorum
possidendam pariter et habendam. Mete autem et termini,
quibus eadem terra Bezeu uocata ab alijs terris nostris cir-
cumlimitatur, taliter explicantur : Primo incipit in quodam
loco, vbi quidam fluuius Chabrad uocatus cadit in fluuium
Zethna nominatum, ubi in eodem fluuio Chabrad vadit supra
uersus orientem, et per eundem ad bonum spacium in quodam
loco exit ad partem meridionalem de eodem, et ibi sunt due
mete terrce ; abhinc pergendo ad eandem plagam meridionalem per quandam planiciem ligeth uocatam iungit fluuium
Jezeneu nominatum, et ibi sunt due mete terree ; abhinc super
eodem fluuio egreditur uersus orientem, et cundo per bonum
spacium exit ad partem meridionalem de eadem, vbi sunt
similiter due mete terree ; deinde procedit adhuc ad eandem
partem meridionalem, et pertranseundo quandam siluam peruenit ad campum nyresmezeu uocatum, ubi in medio ipsius
campi sunt due mete terrce, et ibi reflectitur uersus occidentem, et transeundo peruenit ad quendam locum Bakathyas
uocatum ; deinde eundo iungit riuulum Zathka, ubi iuxta
ipsum riuulum sunt due mete terree ; et ibi regreditur in
eodem riuulo uersus meridiem, et pergendo in eodem ipse
riuulus cadit in fluuium Zwetyce nominatum, vbi sunt due
mete terree ; et in ipso fluuio Zuetice ad modicum descendendo
exit ad meridionalem partem de codem, et ibi sunt due mete
terree ; abhinc super quodam modico riuulo ad eandem plagam eundo exit de eodem versus occidentem, et ibi sunt due
mete terree ; deinde ad eandem plagam pertransit vnum
campum, et peruenit ad siluam vnam Kemenyk uocatam,
iuxta quam siluam sunt due mete terree ; deinde adhuc uersus
occidentem iuxta ipsam siluam eundo ucnit ad fines cuiusdam
campi, ubi sunt due mete terree ; pereundo ab ipso loco pertransit quandam siluam paruam, et iungit vnum campum
paruum, in quo sunt due mete terree ; abhinc progrediendo
per siluam cadit in vnum riuulum Zathka uocatum, vbi sunt
de mete terree ; in quo quidem riuulo descendendo cadit in

predictum fluuium Zethna uocatum; ct descendendo in eodem fluuio ad partem aquilonalem peruenit ad locum priorem, vbi dictus fluuius Chabrad cadit in Zethna, et taliter terminatur. In cuius rey memoriam perpetuamque firmitatem presentes concessimus litteras duplicis sigilli nostri munimine roboratas. Datum per manus venerabilis patris Thome Dei gracia Episcopi Waciensis aule nostre Cancellarij dilecti et fidelis nostri, anno Domini M°CC° septuagesimo sexto, Regni autem nostri anno quinto.

(Eredetie bőrhártyán, melyről a király kettős pecsétje vörös-ibolya-színű selyemzsinóron függ; a budai királyi kamarai levéltárban.)

144.

IV. László királynak rendelete János szlavoniai bánhoz, hogy Tornova helységet visszaadja orvosának Gellértnck. 1276.

(Tkalcsics, Monum. historica Episcopatus Zagrabiensis I. köt. 180. l.)

145.

IV. László királynak másik rendelete János szlavoniai bánhoz ugyanazon tárgyban. 1276.

(Tkalcsics, Monum. hist. Episc. Zagrabiensis I. köt. 181. l.)

146.

IV. László királynak engedélye, hogy Chepan Ungmegyei vár-jobbágy Chepel nevü földét Panchi Jakabnak eladhassa. 1276.

Ladizlaus Dei gracia Rex Hungarie fidelibus suis Capitulo Ecclesie Agriensis salutem et graciam. Cum Chepano filio Kuney iobagione Castri nostri de Vng cum Stephano filio suo ex vna parte, ab altera vero Jacobo filio Gregori de Pauch coram nobis personaliter comparentibus; qui Chepanus cum filio suo Stephano dixit conquerendo, vt propter inopiam et paupertatem suam suum seruicium nobis exhibendum peragere fideliter non posset, quia non subpetunt ei proprie facultates, nisi vnam possessionem Chepel vocatam eum vendere permitteremus; et hoc a nobis cum eodem Jacobo instanter postularunt. Et quia iuxta Regni nostri consuetudinem approbatam iobagio Castri possessionem suam ausum vendendi omnino non haberet, nisi per permissionem Regie Maiestatis: nos igitur iustis peticionibus eiusdem Chepani et fili sui, considerantes eoiam seruicia ipsius Jacobi fili Gregori, que nobis indefesse studebat famulari, eidem Chepano cum filio suo Stephano vendendi, et predicto Jacobo emendi ex speciali nostra gracia commisimus facultatem. Vnde fidelitati vestre precipientes mandamus, quatenus visis presentibus detis hominem vestrum ydoneum pro testimonio, coram quo homo noster Kolovch de genere Huntpaznan accedat ad faciem ipsius possessionis Chepel vocate in Vng existentis, conuocatis uicinis et commetaneis cum iobagionibus Castri de eadem Vng per ueteres metas et antiquas perambulantes, et sicut seriem tocius facti coram uobis de pretacta recitabunt, vestro priuilegio inseri faciendo eisdem roboretis. Datum Bude feria quinta proxima ante dominicam Palmarum anno Domini M°CC°LXX°VI°.

(Az egri káptalannak ugyanazon eladást tárgyazó bizonyságleveléből, mint alább 154. sz. a., a budai királyi kamarai levéltárban.)

147.

IV. László király János Enárd fiának népeit a zulusma és nyestadó alól felmenti. 1276.

Ladizlaus Dei gracia Hungarie, Dalmacie, Croacie, Rame, Gallicie, Lodomerie, Cumanie Bulgarieque Rex omnibus tam presentibus quam futuris presentes litteras inspecturis salutem in omnium saluatore. Que geruntur in tempore ne processu temporum simul elabantur cum eodem, uiuacis scripture apicibus litterarumque testimonio consueuerunt perhempnari. Proinde ad vniuersorum tam presencium quam futurorum noticiam harum serie uolumus peruenire, quod considerantes meritoria obsequia et fideles famulatus Enardi Comitis, que et quos tam tempore patris nostri domini Stephani illustris Regis Hungarie felicis recordacionis, quam demum nostris temporibus fideliter et laudabiliter inpendit, diuersis fortune casibus in Regno nostro frequenter emergentibus personam suam committere non formidans : nos fidelibus et laudabilibus seruicijs predicti Comitis Enardi huiusmodi remuneracionis beneficio volentes respondere, vt eo cognito alij ad fidelitatis opera frequencius inducantur ; in recompensacionem seruiciorum eiusdem Johanni pupillo suo adhuc in etate tenera constituto graciam huiusmodi de benignitate Regia duximus faciendam, quod populi ipsius Johannis inter Zawa et Basa existentes collectam victualium, que vulgariter zulusma dicitur, et marturinarum soluere debentes iuxta terre morem et consuetudinem approbatam, a jurisdiccione Bani pro tempore constiti perpetuo expediti sint penitus et exempti. Volentes et precipientes Banis Sclauonie pro tempore constitutis, quod populos predicti Johannis filij Enardi de cetero racione solucionis collectarum huiusmodi non audeant nec presumpmant molestare ; sed iuxta formam gracie nostre predicto filio Enardi concesse iobagiones suos permittant permanere pacifice et quiete. Vt igitur huiusmodi gracie per nos facte series robur optineat perpetue firmitatis, nec per quempiam processu temporum retractari ualeat, aut in irritum reuocari, presentes eidem Johanni concessimus litteras dupplicis sigilli nostri munimine roboratas. Datum per manus Magistri Benedicti Sancte Strigoniensis Ecclesie Electi Prepositi Budensis, Aule nostre ViceCancellarij anno Domini M ᵒCCᵒ LXXᵒ sexto, Regni autem nostri anno quinto. Venerabilibus patribus Stephano Colocensi et Johanne Spalatensi Archiepiscopis; Andrea Agriensi, Gregorio Chenadiensi, Job Quinquecclesiensi, Phylippo Waciensi aule domine Regine karissime consertis nostre Cancellario, Lodomerio Waradiensi, Timotheo Zagrabiensi, Dionisio Jauriensi et Petro Transiluano Episcopis Ecclesias Dei feliciter gubernantibus. Petro Palatino Comite Supruniensi et Judice Cumanorum, Matheo Magistro Thoarnicorum nostrorum Comite de Bana, Moys Judice Curie nostre Comite Simigiensi, Thoma Bano tocius Sclauonie, Vgrino Waiuoda Transiluano Comite de Zonuk, Stephano Magistro Dapiferorum Comite de Bors, Micud Bano de Zeurino, Petro Magistro Agasonum Comite de Hatzak, Homodeo Comite Zaladiensi, Chepano Comite Castri Ferrei, Mycahele Comite Nytriensi, et aliis quam pluribus Comitatus Regni tenentibus et honores.

(III. Endre királynak 1291-ki megerősítő privilegiumából; a budai kir. kamarai levéltárban.)

148.

V. Incze pápa Kolumbán trau-i püspöknek lemondása után János grigorissai prépostot nevezi ki trau-i püspöknek. 1276.

Innocentuis Episcopus seruus seruorum Dei dilectis filijs Clero et Diocesi Traguriensi salutem et Apostolicam benedictionem. Venerabilis frater noster Columpanus Episcopus quondam Tragurij, longa supportatione pontificalis sarcine fatigatus ad eam ulterius sufferendam debilitate multa ex incurabili infirmitate proprij corporis, quam incurrit, ac ex senio, ad quod iam deuenit, specialiter procedente grauatus, ad regimen Presulatus officij se non posse sufficere asseuerans, ex zelo quo erga Ecclesiam Traguriensem commissumque sibi dominicum gregem feruebat, dimittere huiusmodi officium Pontificatus elegit, ne per cius impotentiam vel defectum ipsius gregis aut Ecclesie posset profectibus quomodolibet deperire; attente postulans cessionem eius a nobis recipi, sibique sic lapso quietis locum, quem sua requirebat conditio, benignius indulgeri volenti premissa de causa regimini Ecclesie cedere prelibate. Cuius cessionem sponte oblatam, post multiplicis tamen supplicationis instantiam a dilecto filio Geruasio Archidiacono Traguriensi, et Oliuerio Monacho Ordinis Sancti Benedicti Capellano ipsius Columbani Episcopi, habentibus ab eo ad cedendum huius-modi regimini sufficiens et speciale mandatum, duximus admittendam ; sicque prouisione Ecclesie predicte, que ob id pastoris carebat solatio, in dispositionis nostre arbitrio consistente, nos felici ordinacioni eiusdem Ecclesie, quam paterno aspicimus oculo pietatis, et gerimus etiam in visceribus caritatis, diligentius insistentes, operam dedimus festinatam, ut ipsi Ecclesie persona iuxta cor nostrum ydonea proficietur, ne illam viduitatis incommodum diutius pati contingeret in suum spiritualiter vel temporaliter periculum et discrimen. Vnde ad personam dileeti filij Johannis Electi Traguriensis, tunc Prepositi Ecclesie de Grigorissa Zagrabiensis Diocesis et Canonici Jerosolimitani, fide ac deuotione probatam, quam charitatiuum affectum habere non ambigimus erga plebem suo regimini commendatam, Apostolice considerationis intuitum dirigentes, ipsum virum multiplicium decoratum varietate virtutum, enitentium redimitam insigniis meritorum, in spiritualibus quoque et temporalibus circumspectum, prout fidedignorum assertio nos instruxit, de fratrum nostrorum consilio, et Apostolice plenitudine potestatis, eidem Ecclesie Traguriensi in Dei nomine in Episcopum prefecimus et pastorem, illius curam in spiritualibus et temporalibus eidem Johanni plenarie committentes ; spe firma concepta, quod Ecclesia ipsa Diuina

comitante gratia per suam industriam et perspicacem pruden
tiam grata in utrisque felicitatis suscipiat incrementa. Quo
circa universitati vestre per Apostolica scripta districte precipiendo mandamus, quatenus eundem Johanem Electum ad
commissam sibi Ecclesiam cum benedictionis nostre gratia
venientem condigno suscipientes honore, et tanquam patri et
pastori animarum vestrarum humiliter intendatis, ac illi
exhibentes obedientiam et reverentiam debitam et denotam,
salubria eius monita et mandata studeatis denote suscipere
ac efficaciter adimplere. Alioquin sententiam, quam ipse
propter hoc rite tulerit in rebelles, ratam habebimus, et faciemus auctore Domino usque ad satisfactionem condignam
appellatione remota inuiolabiliter obseruari. Datum Laterani
IV. nonas Maij Pontificatus nostri anno primo.

(Farlati Illyricum Sacrum IV. köt. 357. l.)

149.

XXI. János pápa a nonai domokosrendi monostorban elköve-
tett hatalmaskodások iránt intézkedik. 1276.

Johannes Episcopus seruus seruorum Dei venerabili
fratri . . . Archiepiscopo Jadrensi salutem et Apostolicam
benedictionem. Sua nobis dilecti filij Prior et Conuentus
Ordinis Predicatorum Jadrensis conquestione monstrarunt,
quod licet per litteras Sedis Apostolice sit inhibitum, ut
nullus Ecclesias aut loca fratrum predicti Ordinis ausu teme-
racio presumat infringere, aut in illis violentiam damnabilem
exercere; ac statutum, ut illi, qui postposito timore Diuini
Numinis secus facere presumpserint, ipso facto sententiam
excommunicationis incurrant, a qua non possint absolui, nisi
per eandam Sedem, vel Conseruatorem ab ipsa dictis fratribus aut eidem Ordini deputatum ; Marcus tamen et Michael-

dicti Comites, Miroslaus Trazon, et Buchze, cíues Nonenses, adiunctis sibi nonnullis iniquitatis filijs ad locum, quem dicti Conuentus et Prior habebant in predicta ciuitate Nonensi hostiliter accedentes, et in quosdam ex dictis fratribus manus iniicientes, Dei timore postposito, temere violentas, partem loci eiusdem diruere, et bona dictorum fratrum ibidem inuenta rapere et asportare nequiter presumpserunt, in dictorum Prioris et fratrum graue preiudicium, et scandalum plurimorum. Quocirca fraternitati tue per Apostolica scripta mandamus, quatenus si de huiusmodi manuum iniectione, et loci predicti dirutione legitime tibi constiterit, predictos sacrilegos tamdiu, appellatione remota, excommunicatos et publice enuncies, et facias ab omnibus arctius euitari, donec super iis satisfecerint competenter, et absolutiouis sue beneficium assequantur; eosdem quoque, quod bona ipsa dictis Priori et fratribus restituant integre, ut tenentur, monitione premissa per censuram ecclesiasticam, appelatione remota, preuia ratione compellas. Testes autem, qui fuerint nominati, si se odio, gratia vel timore subtraxerint, censura simili, appellatione cessante, compellas veritati testimonium perhibere. Datum Viterbii idibus Octobris anno Pontificatus nostri primo.

(Farlati Dániel, Illyricum Sacrum V. köt. Velencze 1775. 80. l.)

150.

XXI. János pápa Salvius trebignei püspököt nevezi ki raguzai érseknek. 1276.

Johannes Episcopus seruus seruorum Dei venerabili fratri Salvio Archiepiscopo Ragusino salutem et Apostolicam benedictionem. In supreme specula dignitatis quamquam

immeriti disponente Domino constituti circa generalem curam Ecclesiarum omnium iuxta pastoralis officij debitum
sollicita diligentia et diligenti sollicitudine vigilamus; sed
ad illas potissime, que viduitatis deplorant incommoda, tanto
attentius nostre considerationis retorquemus intuitum, tanto-
que studiosius, ut eis pastores proficiantur ydonei, opportunos
labores, quantum nobis permittitur ex alto, incessanter im-
pendimus, quanto intuemur manifestius, quod ex talium ad-
ministratione pastorum fructus uberes spiritualiter et temporaliter eisdem possunt Ecclesijs prouenire, ad quarum pro-
curanda commoda promptis ac totis desiderijs aspiramus.
Felicis siquidem recordationis Clemente Papa predecessore
nostro venerabilem fratrem nostrum Aleardum professorem
Ordinis Minorum Arborensem, tunc Ragusinum Archiepiscopum, ad Arborensem Ecclesiam transferente, ac propter hoc
Ragusina Ecclesia remanente destituta pastore, Capitulum
seu Canonici Ragusini Andream Gausonem de Venetijs Canonicum Paduanum de facto in Ragusinum Archiepiscopum
elegerunt; qui ad eandem Ragusinam Ecclesiam accedens.
personaliter, nulla licentia habita, vel confirmatione obtenta
a Sede Apostolica, in spiritualibus et temporalibus impudenter
administrauit ibidem. Et tandem ex parte pie memorie
Gregorij Pape decimi predecessoris nostri citatus legitime in.
prefixo sibi termino peremptorio personaliter coram eo comparere postposuit; sed quemdam procuratorem ad ipsius.
predecessoris nostri Gregorij presentiam destinauit, qui elec-
tioni huiusmodi et omni iuri, quod eidem canonice competebat.
ex ea, nomine ipsius Canonici, a quo super hoc speciale mandatum habebat, sponte et expresse renunciauit in manibus.
predecessoris eiusdem. Unde licet ministerium tuum Tribu-
niensis Ecclesie, cui, sicut accepimus, laudabiliter prefuisti,
utile valde foret; Nos tamen de ordinatione ipsius Ecclesie
Ragusine taliter pastore carentis sollicite cogitantes, ac talem
illi preesse Pontificem affectantes, quem laudabilia sua merita
redimerent, cuiusve non esset dubia caritas erga plebem sue
sollicitudini commendandam, in te tunc Tribuniensem Episcopum, cui vite honestas, commendabilis conversatio et sufficiens litterarum scientia suffragantur, quique spiritualium
providentiam et circumspectionem temporalium obtines, nec.

non feruidam caritatem geris circa prosperum statum illius
regionis, unde originem produxisti, oculos direximus mentis
nostre. Quapropter tam eidem Ecclesie Ragusine, cuius in hoc
utilitatem euidentem specialiter attendimus, quam gregi
dominico paterna intendentes diligentia prouidere, teque a
vinculo, quo tenebaris astrictus eidem Tribuniensi Ecclesie,
de fratrum nostrorum consilio absoluentes, ac de persona tua
eidem Ragusine Ecclesie prouidentes, te ad ipsam transferi-
mus de Apostolice plenitudine potestatis, transeundi ad sepe-
dietam Ragusinam Ecclesiam tibi liberam licentiam concedentes; Palleo videlicet, quod est insigne pontificalis officij, tibi
nichilominus assignato; firma ducti fiducia, quod tu, qui in
commisso tibi Episcopatus officio hactenus fideliter et vtiliter
diceris ministrasse, de talento tibi credito prestante Domino
talenta referas potiora. Rogamus itaque fraternitatem tuam
et hortamur attente per Apostolica tibi scripta mandantes,
quatenus ad prefatam Ecclesiam Ragusinam, cuius plenam
administrationem in spiritualibus et temporalibus tibi committimus, cum plenitudine nostre benedictionis accedens, erga
illius curam et regimen sic te fructuosum reddas et sollicitum,
quod tua fama clareat per effectum, et in delectationem nobis
veniat, te speciali benevolentia prosequi, tuisque votis congruum fauorem propitium impertiri. Datum Viterbii nonis
Decembris Pontificatus nostri anno primo.

In eundem modum Capitulo et Clero Ecclesie Ragusine.

In superna etc. (verbis congruentur mutatis usque
potiora.) Rogamus itaque vniuersitatem vestram et hortamur
attente per Apostolica vobis scripta firmiter precipiendo mandantes, quatenus dictum Archiepiscopum, cui plenam administrationem ipsius Ecclesie Ragusine in spiritualibus et temporalibus duximus committendam, cum ad vos peruenerit,
admittentes ylariter et deuote, sibi tanquam patri et pastori
animarum vestrarum impendatis obedientiam et reverentiam
debitam, eiusque salubribus mandatis efficaciter intendatis;
ita quod ipse letetur in vobis deuotionis inuenisse filios, et
vos in eo per consequens patrem habere beneuolum gaudeatis; alioquin sententiam quam ipse tulerit in rebelles, facie-

12*

mus auctore Domino usque ad satisfactionem condignam inviolabiliter observari. Datum ut supra.

In eundem modum Comiti et Communi Ciuitatis Ragusine.

In suprema etc. usque animarum vestrarum honorificentiam debitam impendatis, eiusque salubribus etc. usque gaudeatis. Datum ut supra.

In eundem modum Suffraganeis Ecclesie Ragusine.

In suprema etc. usque denote sibi tanquam Metropolitano vestro impendatis obedientiam etc. usque intendatis; ita quod mutue caritatis studio vobis et ei materia libere prosperandi proueniat, et tandem pacis eterne solatium largiente Domino cumuletur. Datum Viterbij tercio nonas Decembris Pontificatus nostri anno primo.

(Farlati, Illyricum Sacrum VI. köt. 113. l.)

151.

Contareno Jakab velenczei doge felszóllítja Michaeli Markot osseroi grófot, hogy azon kereskedőknek, kik az osseroiak által a tengeren károsíttattak, elégtételt eszközöljön. 1276.

Nobili et sapienti viro Marco Michaeli Comiti Abseri. Jacobus Contareno Dei gratia Venetiarum, Dalmatie atque Chroatie Dux, Dominus Quarte Partis et Dimidie tocius Imperii Romanie, nobili et sapienti viro Marco Michaeli de suo mandato Comiti Abseri fideli dilecto salutem et dilectionis affectum. Non sine gravibus querelis nostrorum fidelium Venetorum et etiam aliorum cum blado Venetiis venientium nuper didicimus, quod cum ipsi cum suis lignis blado et aliis mercationibus oneratis per partes illas transirent, tam de Marchia quam de aliis partibus venientes, homines Insule Abseri

cum barchis et lignis eorum armata manu presumtuose
intrantes in mari, more piratico prefata ligna ceperunt, ea
per vim et contra voluntatem eorum propriam ad dictam
insulam conducentes, ac de ipsis lignis bladum et alia, sicut
eisdem placuit, abstulerunt, non verentes, quod hoc contra
honorem nostri nominis presumebant, quod grave gerimus
et molestum. Unde prudentiam vestram rogamus, vobis per
Nos et nostrum Maius et Minus Consilium precipiendo mandantes sub debito, quo tenemini, iuramenti, quot dictum frumentum et bladum, acceptum nostris Venetis et aliis per
homines dicti Comitatus, debeatis totaliter ad nostram presentiam destinare. Et si forte ipsum frumentum et bladum habere non poteritis, de alio in ea quantitate, que per ipsos fuit
ablata, debeatis integre et sine diminutione aliqua destinare.
Nichilominus autem sub eadem districta vobis mandamus,
quot occasione dicti excessus per homines insule perpetracti
sex de bonis hominibus dicte terre debeatis usque ad introitum future quadragesime venture ad nostram presentiam
destinare pro obediendis nostris mandatis, et etiam eis, que
sibi ingiungere statuimus, in pena mille librarum. Hoc taliter
adimplentes, quod in dictam penam incidere non possitis,
et vestra prudencia possit merito commendari. Data in nostro
Ducali palatio die XV exeunte Jannuario, indictione IV.

(Ljubics, Monumenta spectantia historiam Slavorum Meridionalium
I. köt. 111. l.)

152.

Máté királyi tárnokmester elláll a zágrábi egyház népeinek adóztatásától. 1276.

Nos Matheus Magister Tavarnicorum domini Regis, Comes Posoniensis et de Barana, tenore presencium quibus expedit significamus universis, quod Magister Hab cognatus noster karissimus, nuncius venerabilis patris domini Thymothei Episcopi Zagrabiensis, vice et nomine domini sui, ac Capituli eiusdem loci, supplicavit nobis exhibendo privilegiales litteras dominorum Regum, Bele videlicet et Stephani felicium recordacionum, et privilegium domini nostri Ladizlai, incliti Regis Vngarie, super facto collecte septem denariorum banalium ex parte populorum ipsius domini Episcopi et sui Capituli proveniencium, quod formam seu tenorem ipsorum privilegiorum inspiceremus et inspectam continenciam eorundem servaremus et illese per exactores ipsius collecte faceremus observari. Quorum quidem privilegiorum inspectis tenoribus comperimus et vidimus, populos predicti Episcopi et Capituli eiusdem ab exaccione collecte septem denariorum de plenitudine graciarum Regum esse misericorditer absolutos et penitus expeditos. Nos itaque, qui instituta et ordinacionem Regiam fideliter observare cupimus, ab exaccione sepedicte collecte septem denariorum omnino cessavimus et penitus duximus desistendum, prout premissa singulorum et singula premissorum in privilegiis regalibus expressius continentur. Datum Bude in festo Mathie Apostoli, anno Domini MCCLXX sexto.

(Tkalcsics, Monum. hist. Episc. Zagrab. I. köt. 181. l.)

153.

Kolumbán trau-i püspök bizonyos követelését átengedi Casotti Miklósnak. 1276.

In Christi nomine Amen. Anno Domini M·CC·LXX· sexto indiccione quarta, temporibus domini Ladislai Serenissimi Regis Ungarie; venerabilis patris Columbani Episcopi; nobilium virorum domini Johannis de Briberio Traguriensis Comitis; Mich — — — — Potestatis, dominorum Valentini Casarizze, Desse Amblasij Traguriensium Consiliariorum, die Martis VII. Januarij. Actum est Tragurij in curia infra dicti domini Episcopi. Predictus venerabilis pater dominus Episcopus Columbanus, considerans magna et ardua et placabilia seruicia longo tempore recepisse, et que recepit in presenti a domino Nicolao Casotti absque remuneracione aliqua, que secundum Deum et bonam consuetudinem licet, nec in totum irremunerata esse voluit; idcirco jure donacionis pure et libere, simpliciter et irreuocabiliter inter vivos dedit et cessit et concessit eidem domino Nicolao pro se suisque heredibus stipulatis omne ius, omnemque actionem realem et personalem, et totaliter ei directam, quod et quam habet et habere potest contra dominum Raphaelem Bertramum de Venecijs et eius bona pro centum et viginti libris Venetorum parvorum, quas idem dominus Raphael eidem domino Episcopo dare et solnere tenetur etc. Presentibus domino Duymo Bertolo, Nicole Calcorde, et Desa quondam Duimi Decega testibus.

(Farlati, Illyricum Sacrum IV. köt. 358.1.)

154.

Az egri káptalannak bizonyságlevele, hogy Chepán Vngmegyei várjobbágy Chepel nevű birtokát eladta Panchi Jakabnak. 1276.

A   B   C

Omnibus Christi fidelibus tam presentibus quam futuris presens scriptum inspecturis Capitulum Ecclesie Agriensis salutem in omnium saluatore. Ad vniuersorum noticiam tenore presencium volumus peruenire : quod Chepanus filius Kuney de Vng cum filio suo Stephano ex vna parte, ab altera vero Jacobus filius Gregori de Panch ad nostram personaliter accedentes presenciam exhibuerunt nobis litteras domini nostri Regis hunc tenorem continentes:

Ladizlaus D. gr. Rex Hungarie stb. Capitulo Ecclesie Agriensis stb. (következik IV. László királynak 1276-ki parancsa, mint fentebb 146. sz. a.)

Nos igitur mandatis domini nostri Regis obtemperantes, vt tenemur, Ladizlaum Canonicum Ecclesie nostre Archidiaconum de Zemlin ad hoc duximus destinatum (így); qui ad nos reuersi taliter retulerunt, vt dictam possessionem sepedicti Che. Chepel vocatam, conuocatis commetaneis et viciniis ipsius terre, ac iobagionibus Castri, videlicet Chemey, Buda, Fulcian, Andream dictum Dede, ac Nicolaum filium Kochord; qui Nicolaus in presencia iobagionum Castri vsque fluuivm Vng se commetanevm ipsius terre asseruit, et ultra dictum fluuivm separat de terra Regis Machar vocata. Quorum iobagionum Castri tres, scilicet Chemey, Buda et Nicolaus antedictus in specie commetaneorum comparentes, perambulando per ueteres metas et antiquas eundem Chepanum cum filio Stephano vendere, et Jacobum sepedictum emere ipsam possessionem commiserunt, nullo contradictore existente. Super quo eciam idem Che. cum filio suo Stephano, ac cum commeteneis suis, scilicet Chemey, Buda et Nicolao filio Kochard coram nobis presencialiter adherentibus; quorum vnus, scilicet Nicolaus antedictus se vsque fluuium Vng commetanevm ipsius terre affirmauit, et vltra fluuium prenotatum separarc de possessione Regis Mochar vocata ; et idem Che. cum filio suo Stephano possessionem suam Chepel vocatam cum omnibus vtilitatibus suis et pertinencijs, sub antiquis metis et terminis, dedit ac vendidit pro quadraginta marcis fini argenti plene persolutis et perceptis sepe dicto Jacobo filio Gregori, et per eum heredibus suis heredumque suorum successoribus iure perpetuo et inreuocabiliter possidendam, tenendam pariter et habendam. Ita tamen, vt quicunque processu temporum super predictam possessionem causam mouere intenderet, uel presentem empcionem irritaret ; extunc idem Che. uel sua posteritas tenebuntur expedire dictum Jacobum filium Gregori uel heredes suos proprijs laboribus et expensis. In cuius rey testimonium presentes concessimus sigilli munimine roboratas. Presentibus tamen Michaele Preposito, Farkasio Cantore, Thoma Lectore, Myko Custode, Marcho de Patha, Ladizlao de Zemlyn, Anthonio de Sumbun, Vrbano de Zabolch, Petro de Vng, Saulo de Borsua, Paulo de Kemey Archidiaconis et alijs multis ; anno Domini M°CC°LX°VI°. Regnante Ladizlao Illustri Rege Hungarie, Strigoniensi Sede vacante; Stephano Colocensi Archiepiscopo ; et domino nostro venerabili patre Andrea Dei gracia Episcopo Agriensi ezistentibus.

(Eredetie bőrhártyán, a zöld-vörös selyemzsinóron függött pecsét elveszett ; a budai kir. kamarai levéltárban.)

155.

A pécsvdradi konventnek bizonyságlevele, hogy a Nempty-i nemesek és a Koazdy vár több jobbágyai birtokuk határait válaaztott birák közbenjárása által szabályozták. 1276.

C   B   A

Conuentus Monasterij Waradiensis vniuersis Christi fidelibus presentibus pariter et futuris presentes litteras inspecturis salutem in Domino sempiternam. Ad vniuersorum noticiam tenore presencium uolumus peruenire, quod Comes Leonardus de Nempty pro Dominico, Dyonisio et Paulo filijs Berekun de uilla Boxa, jobagiones Castri de Koazd ab altera coram nobis personaliter constituti proposuerunt : quod cum super facto cuiusdam particule terre ipsorum Pousa et Paulus in terra Dominici, Dyonisij et Pauli filiorum Comitis Leonardi predictorum Boxa vocate, quam ijdem filij Comitis Leonardi ex Regia donacione possident, communiter existentis, Kukynys, Chelleus Comites, Stephanus de Bokona, Pobor, Bolosey de Peturd, et Sebastianus filius Demc, in ipsa uilla Boxa in quindenis residencie exercitus arbitrari debuissent inter partes ; tandem mediantibus predictis Bolosey, Sebastiano filio Deme, Chellev filio Mathey, et Sebastiano filio Jacobi per ipsas partes de suis arbitris ad arbitrium faciendum ad ipsam villam Boxa adductis, ipsisque arbitrantibus, predicte partes in talem pacis et concordie unionem deuenissent, prout seriem ipsius arbitrij factam per arbitros predictos inter ipsas partes super particula terre predicte in litteris Preceptoris Domus Milicie Templi et predictorum arbitrorum plenius uidimus contineri ; quod predictam particulam terre ipsorum Pousa et Paulus prefati arbitri separantes a terra Dominici et suorum fratrum predictorum sub certis metis ab vna parte reliquissent ipsis Pousa et Paulus possidendam. Mete autem ipsius particule terre, que cessit in porcionem Pousa et Paulus predictorum, hoc ordine distunguntur; prout distincciones ipsa-

rum metarum in ipsis litteris Preceptoris et arbitrorum predictorum vidimus contineri, sicut eciam predicte partes nobis
retulerunt uiua uoce : Prima meta incipit a parte orientali a
quodam fluuio, ubi sunt due mete terree, in quarum una est
gyabukur, ita videlicet, quod terra a parte septemtrionali
adiacens cessisset Dominico, Dyonisio et Paulo predictis, alia
uero parte a parte meridionali existente remanente Pousa et
Paulo memoratis; deinde recte procedendo uersus occidentem
uadit ad unam arborem nucis, sub qua sunt due mete terree;
deinde recte procedendo in eodem gyamege uenit ad uiam,
que uadit ad uillam Isip de Boxa, iuxta quam uiam sunt due
mete terree; abhinc procedendo uenit ad duas metas, in quarum vna est dymulchynbukur; hinc uenit ad duas metas, in
quarum una est arbor pomi; exinde recte procedendo uersus
occidentem uenit ad magnam uiam, que de Boxa uadit ad
uillam Bugad, ubi sunt due mete terree angulares; deinde
recte procedendo ad partem meridionalem uenit ad duas metas terreas ueteres et antiquas, que separant a parte meridionali terram filiorum Isip a terra Pousa et Paulus predictorum,
et a parte occidentali a terra Dominici et suorum fratrum
prefatorum, ibique terminatur. Preterea quantitas ipsius particule terre, que cessit in porcionem Pousa et Paulus predictorum cum omnibus suis utilitatibus est sufficiens culture
duorum aratrorum; prout ijdem arbitri uisu potuissent annotare. In cuius rei testimonium presentes litteras cum alpabeto
intercisas concessimus sigilli nostri munimine roboratas.
Datum anno Domini M⁰CC⁰ septuagesimo sexto. Valtero Decano, Bonifacio Custode, eodemque Cantore existentibus.

(Eredetie bőrhártyán, hártyazsinegen függő pecsét alatt ; a főmélt.
herczeg Eszterházy család levéltárában.)

156.

A keresztesek székesfehérvári konventjének bizonyságlevele, hogy Sister comes fiai Csősz földben statudltattak. 1276.

(Hazai Okmánytár I. köt. 65. l. ; Rómer Flóris közleménye.)

157.

Sopron város községe és Túdor soproni keresztes előtt Pero soproni polgár Klimpa sopronmegyei helységet a borsmonstrai konventnek hagyományozza. 1276.

(Hazai Okmánytár III. köt. 24. l. Nagy Imre közleménye.)

158.

Ossero szigetnek lakosai követeket küldenek Contareno Jakab velenczei dogehoz, hogy az ellenök indított vádok tekintetében méltányos intézkedéseket eszközöljenek. 1276.

In nomine Domini nostri Jesu Christri amen. Anno Nativitatis eiusdem millesimo ducentesimo septuagesimo sexto, indictione quarta, die duodecimo intrante Februarii. Presentibus dominis Marco Dodo, sotio honorabilis viri domini Marci Michaelis Comitis Abseri, Gabriele de Topertis, Notario dicti domini Comitis, Benedicto Baldo de Venetiis et aliis. Androssius Cerne, Judices Abseri una cum Consilio eiusdem more solito congregato; Janettus Simeon Petricha Judices Kersii una suo Consilio more solito congregato; Dragossius Jacobus, Judices Lubinice una cum Consilio more solito congregato; Petregus Craynico, Judices Kafixuli una cum suo Cosilio more solito congregato, constituerunt, ordinaverunt adque fecerunt honorabilem virum dominum Marcum Michaelem Comitem Abseri, Budissa condam Vicecomitem, Zerne Andream condam Zupani, Johannem condam Dragogne adque Piculum, Juanne filius condam Andree presentes et alii absentes et cum modo quo melius legitimi sindici, actores, yconomi et procuratores et nuntios spetiales, coram Magnifico domino Jacobo Contareno inclito Duce Venetiarum, ad petexdum de misericordia Comitem perpetualiter, et rendentes et exigentes in omnibus causis et litibus, quas dictus Marcus Michael Comes Abseri cum prenominatis hominibus in Venetiis habent seu habere possent occasione frumenti acceptum per Abserinos et Kersinos, in quocumque loco et coram cocumque iudice tam in agendo quam in defendendo, excipiendo et replicando, et generaliter ad omnia et singula libere facienda et exercenda, que veri et legitimi sindici seu procuratores facere et exercere possent, et que causarum merita exigent et requirunt, et que eisdem sindicis visa fuerint facienda tam circa principales petitiones seu lites qam causarum prosecutione et sententie seu sententiarum executione eisdem sindicis libera procuratione concessa; promittentes supradicti Judices cum suis Comunitatibus mihi Notario stipulanti nomine, quorum interest vel intererit, ratum et firmum habere et observare quicquid per predictum dominum Comitem, et Budissa, et Cerne Andream, Johannem Piculum et Juannem, sindicos seu procuratores, factum fuerit in predictis et circa predicta vel aliquo predictorum aut eorum occasione sub ypotheca bonorum dictarum Comunitatum; et ea soluta vel non, hec omnia antedicta rata sint et firma. Actum est hoc Kersium in palatio Comunis.

P. H. Ego Compagnus Filippi de Montesco, Aule Imperialis Notarius, de hiis rogatus scripsi et publicavi.

(Ljubics Monumenta spectantia historiam Slavorum Merid. I. kötet. 112. lap.)

159.

IV. László királynak Gerzencze vármegyét tárgyazó adománya a zágrábi püspök számára. 1277.

Ladizlaus Dei gracia Hungarie, Dalmacie, Croacie, Rame, Seruie, Gallicie, Lodomerie, Comanie, Bulgarieque Rex omnibus Christi fidelibus presentem paginam inspecturis salutem in vero salutari. Et si quibuslibet Corone Regie fidelibus et devotis aperire debeamus munificencie nostre manus, illis tamen et maxime Prelatis Ecclesiarum tenemur ardencius et specialius respondere, quos videmus nostris et Regni nostri negociis insistere fideliter et devote, presertim quia per hoc et honor accrescit Regius, et salus attenditur animarum. Proinde ad universorum noticiam harum serie volumus pervenire: quod gratam et commendabilem fidelitatem ac meritoria et multiplica obsequia venerabilis patris Thymotei, miseracione Divina Episcopi Zagrabiensis, dilecti et fidelis nostri, quibus idem in Regni nostri negociis, et coram Nostre Maiestatis oculis absque aliquo offensionis scrupulo studuit multipliciter complacere, attendentes, volentesque ob hoc eidem digne remuneracionis beneficio respondere, licet respectu eius, quod ad presens sibi conferimus, pociora mereretur, in aliqualem tamen recompensacionem fidelium obsequiorum eiusdem Episcopi, de Baronum nostrorum consilio et assensu, contulimus sibi, et per eum Episcopatui Zagrabiensi, Comitatum de Guersente, cum collecta marturinarum et septem denariorum tenendum, habendum et possidendum perpetuo et inrevocabiliter, pacifice et quiete, in illa et eadem libertate, qua possessiones et dicti populi Episcopatus Zagrabiensis a temporibus sanctorum predecessorum nostrorum, illustrium Regum Vngarie gratulantur. Statuentes, quod nec Banus Sclauonie racione collecte marturinarum et septem denariorum ac zulusinarum, et similiter Magister Tauarnicorum nostrorum, racione eiusdem collecte septem denariorum de ipso Comitatu de Guersente proveniencium, predictum Episcopum et successores suos presumant vel debeant molestare. Et insuper universi populi in eodem Comitatu de Guersente existentes, nec Bani, nec Judicum suorum iudicio in quovis articulo debeant subiacere; cum ipsum Comitatum non ut honorem, sed in possessionem perpetuam Episcopatui Zagrabiensi contulerimus irrevocabiliter possidere. In cuius rei memoriam et perpetuam firmitatem presentes concessimus literas dupplicis sigilli nostri munimine roboratas. Datum per manus Magistri Demetrii Prepositi Albensis, aule nostre Vicecancellarii, dilecti et fidelis nostri, anno Domini MCCLXXVII., Regni autem nostri anno quinto.

(Tkalcsics, Monum. hist. Episc. Zagrabiensis I. köt. 190. l.)

160.

IV. László királynak Holges földet tárgyazó adománya Simon comes, Salamonnak fia számára. 1277.

Nos Ladizlaus Dei gracia Rex Hungarie significamus vniuersis presencium per tenorem : quod Comes Symun filius Salomonis ad nostram accedens presenciam a nobis instantissime supplicando postulauit, ut sibi quandam terram condicionariorum nostrorum Holges vocatam ex benignitate Regia conferre dignaremur. Verum quia de qualitate et quantitate dicte terre nobis non constabat, fidelibus nostris Capitulo Albensi dedimus in mandatis, ut unacum Petro filio Gregorij homine nostro hominem ipsorum transmitterent, coram quo idem homo noster prefatam terram reambularet presentibus omnibus commeteneis, et si uacuam inueniret, et nostre collacioni pertinere, extunc statueret eidem Comiti Symuni, si non fieret contradictum. Qui quidem nobis rescripserunt in hec uerba :

Excellentissimo domino sua Ladizlao stb. (következik a fehérvári káptalannak 1277-ki jelentése, mint alább 179. sz. alatt-)

Nos igitur consideratis seruicijs et fidelitatibus prefati Comitis Symonis, que idem nobis et Corone Regie fideliter inpendit et deuote, prefatam terram memorato Comiti Symoni iure perpetuo duximus conferendam. Et super hoc nostrum eidem priuilegium conferemus, cum presentes nobis fuerint reportate. Datum in Segusd in octauis Beate Margarete virginis, anno Domini M°CC'LXX° septimo.

(Eredetie bőrhártyán, a hátul oda nyomott pecsét elveszett ; a budai kir. kamarai levéltárban.)

161.

*IV. László király megerősíti II. Endre és IV. Béla királyok-
nak adományait a zágrábi egyház számára. 1277.*

(Tkalcsics, Monum. hist. Episc. Zagrab. I. köt. 183. l.)

162.

*IV. László királynak Wlk, magvaszakadt zágrábi várjobbágy
javait tárgyazó adománya Timoté zágrábi püspök és a zágrábi
egyház számára. 1277.*

Ladizlaus Dei gracia Vngarie, Dalmacie, Croacie, Rame,
Seruie, Gallicie, Lodomerie, Cumanic, Bulgarieque Rex omnibus Christi fidelibus presentem paginam inspecturis salutem
in omnium salvatore. Ad universorum noticiam tenore presencium volumus pervenire, quod cum terram Wlk, filii
Dobrolych, iobagionis Castri Zagrabiensis decedentis sine
liberis, contiguam et conterminam terris Ecclesie Zagrabiensis de Sancto Petro, Casna vocatis, ob merita et fidelia servi-
cia venerabilis patris Tymothei Episcopi Zagrabiensis, dilecti
et fidelis nostri, domino Bele avo nostro et Stephano karissimo patri nostro Regibus inclitis, felicium recordacionum, et
nobis indefesse inpensa ac toti Regno, prout luce clarius
constat universis, dederimus, donaverimus et contulerimus
cum omnibus utilitatibus suis, vineis scilicet, silvis, molendinis, fenetis, terris arabilibus, ac aliis suis pertinenciis et apen-
diciis eidem Episcopo et Capitulo Ecclesie Zagrabiensis ; et
ad reambulandam, statuendam ac eciam assignandam ipsam

terram Episcopo et Ecclesie Zagrabiensi prescripte, sub
testimonio Preceptoris Sancti Martini prope Zagrabiam dire-
xerimus Magistrum Martinum, aule nostre notarium. Demum
sicut ipso Magistro Martino nobis costitit referente, terram
Wlk memorati convocatis commetaneis et vicinis, et eisdem
minime contradicentibus, coram homine Joachini Bani tocius
Sclauonie, quem ad hcc specialiter deputarat, iuxta formam
nostri mandati eidem Episcopo Zagrabiensi et Ecclesie sue
prescripte sub testimonio fratris Benueniud, Preceptoris Domus Templi de Sancto Martino supradicti, prout per litteras
eiusdem nobis constitit evidenter, tradidit, statuit et assignavit auctoritate nostra perpetualiter possidendam, introducendo in corporalem possessionem ipsius terre loco ipsius Episcopi et Capituli sui Magistros videlicet Manfredum, Archidiaconum de Gverche, Dominicum Decanum, Stephanum et
Gregorium Canonicos Ecclesie Zagrabiensis, datos procuratores per ipsum Episcopum et Capitulum ad hoc specialiter
deputatos. Cuius quidem terre termini seu mete, sicut nobis
idem Preceptor Domus Sancti Martini per suas litteras signi-
ficavit, et prout eciam intelleximus eodem Magistro Martino
referente, hoc ordine distinguntur : Prima meta incipit a fluvio Casua, et progreditur directe in quadam fossata versus
orientem, et pervenitur ad quandam arborem nucis antiquam,
de qua progrediens ascendit in verticem montis et pervenit
ad quandam viam, que est in cacumine montis, iuxta quam
erecte sunt due mete angulares, relinquentes a meridie terram
Capituli Zagrabiensis similiter Casna vocatam, a meridie vero
distinguentes terram Wydcbich, filii Martini, jobagionis Castri
Zagrabiensis ; a quibus progreditur versus septemtrionem in
eadem via, et pervenit ad quandam partem declivem montis
eiusdem ad duas metas antiquas, iuxta quas erecte sunt due
nove, ex quibus eundo adhuc in eadem via et in eadem
commetaneitate pervenit ad unam arborem ilycis cruce signatam, iuxta quam erecte sunt due mete terree nove, a quibus progreditur adhuc in eadem via et pervenit ad pedem
cuiusdam alterius montis ; ubi divertens modicum ab illa via
magna in ascensu eiusdem montis iuxta quandam semitam
sunt due mete nove iuxta antiquas metas erecte, in qua quidem
semita ascendit ad verticem montis predicti, et in eadem se-

mita eundo paululum cadit iterum ad primam viam magnam, et in ea eundo adhuc ad septemtrionem venit ad metas antiquas, iuxta quas sub fruticibus castanearum sunt erecte due nove, habens adhuc commetaneam terram Vychchech ab oriente; deinde veniens in sepedicta via in verticem montis ubiest terra rubea, sunt due mete erecte iuxta veteres, adhuc eundo in eadem via, et per eandem rubeam terram pervenit ad quandam foveam palustrem, ubi iuxta metas veteres sunt due nove; a quibus in via sepius memorata pervenit ad quandam arborem ilycis, iuxta quam sunt due mete; deinde procedendo adhuc per eandem viam pervenit ad quatuor metas angulares, quarum una est sub magna ilice, ubi erecte sunt due nove, que quidem mete ab oriente separant terram sepedicti Vychchech, a septemtrione vero incipiunt separare terram Potela, filii Borch, et incipit currere ipsa meta versus occidentem; in descendendo de monte pervenit ad quandam arborem ilicis, ubi est meta antiqua, iuxta quam sunt erecte due nove, alia sub arbore nyr, alia similiter sub arbore tul; deinde transiens per duas metas, quarum una (est) sub fago, alia sub ilice, iuxta antiquas metas descendit ad rivulum Casna, iuxta alveum rivuli, qui vocatur Zopath; in quo rivulo Casna descendens ascendit ad quendam fontem, qui est prope viam, incipiens habere a septemtrione commetaneam terram Cruciferorum Sancti Sepulchri de Sancto Georgio; et in ipsa via eundo pervenit ad duas metas antiquas in terra arabili positas, iuxta quas sunt erecte due nove; a quibus pertransiens montem pervenit ad arborem antiquam sarbellorum, ubi iuxta antiquas sunt erecte due nove; a quibus descendit in vallem, ubi pertransiens alium ramum rivuli Casna ascendit in montem ad magnam arborem fagi cruce signatam, declinando aliquantulum versus meridiem, ubi sunt due mete (posite), in ascendendo montem pertransiens duas metas positas sub arbore ilicis venit ad verticem montis ad alias metas positas sub frutice rakatia vocato; a quibus descendit directe eundo ad meridiem per unam vallem ad tercium (ramum) Casna, ubi iuxta quendam trucum sunt mete; descendit itaque regirando ad meridiem per ipsum fluvium in bona quantitate distinguens a meridie terram filiorum Mladochuet eundo per arbores fructuum, quoadunatur aliis duobus ramis fluvii Casna; sic-

13*

que quoadunatus vergit iterum ad meridiem in commetaneitate predictorum filiorum Mladochuet, et exit de ipso fluvio
ad unam stratam ad duas arbores nucis, et vadit per ipsam
stratam in terra arabili penes arbores fructuum, et veniendo
in eadem versus villam Casna revertitur iterum ad primam
metam, et ibi terminatur. Et ut presens nostra donacio firma
esse possit et valeat, in huiusmodi rei certitudinem et maioris
robur firmitatis presentes contulimus duplicis sigilli nostri
munimine roboratas. Datum per manus venerabilis viri Magistri Demetrii, Albensis Ecclesie Preposisti, domini Pape
Capellani, aule nostre ViceCancellarii, dilecti et fidelis nostri,
anno ab Incarnacione Domini millesimo ducentesimo septuagesimo septimo, octavo idus Marcii, Regni autem notri anno
quinto.

(Tkalcsics, Monum. hist. Episc. Zagrabiensis I. köt. 183. l.)

163.

*IV. László király Tornava helységet felmenti a zágrábi főispán
törvényhatósága alól. 1277.*

Ladizlaus Dei gracia Vngarie, Dalmacie, Croacie, Rame, Seruie, Gallicie, Lodomerie, Cumanie, Bulgarieque Rex
omnibus Christi fidelibus presentes litteras inspecturis salutem in salutis lagitore. Inesse debet Regibus iuste consulens
liberalitas et pie suadens benignitas, ut singulis et universis
qui de extera nacione advenientes que sua sunt reliquerunt,
Regio pro favore in suis crescant beneficiis alios ad consimilia
invitando. Hinc est, quod cum Magister Gerardus, dilectus et
fidelis fysicus noster, universas possessiones suas et sua pa-
trimonia ad Regalem confisus providenciam pro dominis
Bela avo nostro et Stephano patre nostro karissimis, illustri-

bus Regibuz Vngarie, felicissime recordacionis, reliquisset, et eosdem sine aliqua imbecillitate corporum in bona sospitate conservasset, donec iidem Deo propicio et eodem volente nature debitum persolvissent, ac demum circa nostram preservacionem et curam cum omni fervore fidelitatis periciam sue artis exibuisset. Nos qui ex officio suscepti regiminis metiri debemus merita singulorum, et unicuique iuxta meritum respondere ; consideratis eximiis fidelidatibus et meritoriis obsequiis ipsius Magistri Gerardi, predictis progenitoribus nostris et nobis indesinenter exibitis et inpensis, que longa essent ennarari per singula suo modo, in aliqualem recompensacionem serviciorum suorum, cum multo plura et maiora debuisset promereri, quandam terram Castri Zagrabiensis Tornoa vocatam, ex certa sciencia et mera liberalitate, cum omnibus utilitatibus suis, vineis videlicet, molendinis, silvis fenetis et aliis pertinenciis suis universis, eidem Magistro Gerardo et per eum suis heredibus, heredumque suorum successoribus dedimus, donavimus et contulimus iure perpetuo et irrevocabiliter possidendam; prout eciam illud idem in priori privilegio nostro exinde confecto plenius continetur, et ipsum Magistrum Gerardum in corporalem possessionem dicte terre, consilio, svasione, voluntate et consensu Johachyni Bani tocius Sclauonie. dilecti et fidelis nostri, per Magistrum Manfredum, hominem nostrum, sub testimonio Capituli Zagrabiensis convocatis omnibus commetaneis et vicinis presentibus, et ipsis ac aliis non contradicentibus fecimus introduci; terram eandem a iurisdiccione Comitis Zagrabiensis, et marturinis ac collectis antiquis seu de novo inpositis et inponendis, et septum denariis annuis Bano debitis, omnimode et plenarie, omnium Baronum nostrorum consilio eximendo et penitus liberando. Mete eciam terre prefate, prout in litteris dicti Capituli vidimus contineri, hoc ordine distinguntur : Prima scilicet meta incipit a parte meridionali a quadam arbore ylicis et protendit per quendam rivulum et pervenit ad quendam truncum castanearum, ubi regirat ad meridiem, et per quandam semitam graminosam protendit directe versus ecclesiam quandam sitam in honore Virginis Gloriose; deinde revertitur ad orientem et pervenit ad quasdam arbores piri, quas arbores transiens per medium currit per dumos spinarum, et pervenit ad quandam arborem ylicis, cruce signatam ; deinde descendens pervenit ad alteram arborem ylicis, unde procedens venit ad magnam viam, per quam viam currens supra, pervenit ad quoddam virgultum, ubi sunt due mete terree ; inde procedens pervenit ad viam alteram, et per eandem viam pervenit ad aquam Blizyna vocatam ; per quam iens supra pervenit ad quandam viam, in qua et per quam viam ascendit supra in montem ad quoddam virgultum, ubi est arbor ylicis magna ; deinde descendens pervenit ad metam primam, et sic cursus metarum terminatur. Ut autem h: c nostra donacio robur optineat perpetue firmitatis et ne processu temporum per quempiam valeat retractari aut aliquatenus revocari, presentes concessimus litteras dupplicis sigilli nostri munimine roboratas. Datum per manus venerabilis viri Magistri Demetrii Albensis Ecclesie Prepositi, aule nostre Vicecancellarij dilecti et fidelis nostri anno Domini M. ducentesimo septuagesimo septimo, Regni autem nostri anno quinto.

(Tkalcsics, Monum. hist. Episc. Zagrabiensis I. k. 188. l.)

164.

IV. László királynak ismételt rendelete János szlavoniai bánhoz, hogy Tornova helységet adja vissza orvosdnak Gellértnek.
1277.

(Tkalcsics, Monum. hist. Episc. Zagrabiensis I. köt. 181. l.)

165.

IV. László királynak Garig várát tárgyazó adománya Timoté zágrábi püspök számára. 1277.

(Tkalcsis, Monum. hist. Episc. Zagrabiensis I. köt. 185. l.)

166.

IV. László király felmenti a zágrábi egyház Waska melletti birtokát a somogyi főisgán törvényhatósága alól. 1277.

(Tkalcsics, Monum. hist. Episc. Zagrabiensis I. köt. 189. l.)

167.

IV. László király Chermele helység fejében, hol aranybánya nyittatott, Mátyás Endre fiának Nadaser helységet adományozza. 1277.

Amicis suis Reuerendis Conuentui Ecclesie de Turuch Nicolaus de Gara Regni Hungarie Palatinus et Judex Comanorum amiciam paratam cum henore stb. Noueritis, quod cum ob contradictoriam inhibicionem metarum ereccionis possessionis Nadaser vocate in Comitatu de Turuch existentis Ste-

phanus filius Stephani de eadem Nadaser legitime citacionis modum obseruando Stephanum filium Johannis de Zorkfalwa ad certum terminum nostram in presenciam in causam
attrixisset, et ipsa causa ab eodem certo termino ad octauas
festi Beati Georgij martiris in anno transacto preteritas pro-
rogatiué deuenisset : tandem ipsis octauis adherentibus Martinus filius Johannis pro annotalo Stephano filio Stephani stb.
in nostram veniendo presenciam racionem premisse contra-
dictorie inhibicionis per annotatum Stephanum filium Johannis assignari postulauit coram nobis. Quo percepto Johannes
Kissyl pro eodem Stephano filio Johannis stb. nostram exurgendo in presenciam responderat ex aduerso, quod tempore
premisse possessionarie reambulacionis prefatus Stephanus
filius Johannis pro eo fecisset prohibicionem prenotatam ;
quia annotatus Stephanus filius Stephani per premissam suam
possessionariam reambulacionem et metarum ereccionem magnam partem terre dicte possessionis Zorkfalwa occupatiue
ad dictam possessionem suam Nadasser applicare voluisset,
ipse autem Stephanus filius Johannis super prefata possessione
sua Zorkfalwa litteras haberet efficaces in termino vlteriori
coram nobis exhibendas. Vnde stb. (ez elhatároztatván, s az
ügy többször elhalasztatván) tandem (presentibus) octauis
Beati Jacobi Apostoli instantibus Andreas filius Chepe pro
ipso Stephano filio Stephani stb. quasdam litteras domini
Andree dicti de Venecijs olim Regis Hungarie priuilegiales
anno Domini M° ducentesimo nonagesimo Regni autem sui
anno primo emanatas per dominum Karolum Regem apposicione seu inpensione sigilli sui annularis in cera rubra certa
imagine ad dextram in sigillo facta confirmatas, habentes in
se confirmatiue et transscriptiue verbaliter seriem litterarum
priuilegialium domini Ladislai olim similiter Regis Hungarie
anno Domini M° ducentesimo septuagesimo octauo, quintodecimo kalendas Augusti, Regni autem sui anno septimo editarum, habencium in se verbaliter confirmatiue et transscriptiue
seriem litterarum Byter Comitis de Zolyum memorialium in
die Sancti Georgij anno Domini M° ducentesimo septuagesimo
septimo confectarum nobis curauit demonstrare, exprimentes,
quod Mathias filius Andree ad ipsius domini Ladislai Regis
accedens presenciam humiliter ab ipso supplicando postulas-

set, vt in conambium terre sue Chermele vocate, inter fluuios
Chermele et Jarek in Lyptho existentis, quam ab ipso abstulisset, quia in ipsa terra aurifodina fuisset reperta, quandam
terram Nousyr vocatam in Twruch existentem de sua Regia
Maiestate sibi conferre dignaretur, et per Byter Comitem 'in
corporalem possessionem dicte terre faceret eundem introdnci.
Consideratis itaque ipse Ladislaus Rex, peticionem ipsius
Mathie fore iustam, dicto Comiti dedisse in preceptis, vt ipsam
terram Nousyr eidem Mathie statueret et assignaret possidendam pro concambio sue terre 'memorate ; quam ipse Comes
Byter statuisset Mathie antedicto, metas eiusdem erigendo
tali modo : quod prima meta inciperetur in berch, vbi essent
due mete terree in commetaneitate ville Goy ; et per medium
ipsarum duarum metarum descenderet in semitam, et ccderet
'in magnam viam, vbi essent mete ; inde veniret versus occidentem, descendendo per eandem viam veniret ad arbores
duggofaa, sub quibus essent terree mete ; inde per eam inferius descendendo essent mete in vtraque parte vie ; inde descendens conterminaretur terre sacerdotis Sancti Mychaelis,
vbi essent mete ; inde saliens tenderet versus septemtrionem,
et veniret ad viam, que duceret ad siluam, vbi essent mete ;
inde reflecteretur versus occidentem, et veniret ad arborem
dulcis pomi, sub qua essent mete ; inde veniens caderet ad
fluuium Sarnacha, vbi essent mete ; inde descendens per
ipsum fluuium versus septemtrionem veniret ad salices, sub
quibus esset meta ; vbi exiret de flumine antedicto, versus
occidentem veniret ad magnam viam, vbi essent mete, vbi
contiguatur terre Dyuek ; inde declinans versus septemtrionem per eandem viam descendendo in spacio essent mete,
inde — — — — veniret ad fluuium Sarnouich, vbi essent
mete ; ibi transiens fluuium Sarnouich veniret per siluam ad
arborem pomi, sub qua esset meta ; ibi essent commetanei
filij Vydas ; inde exiret de silua, veniret — — — — de terra
Mayus, et filijs Vydas ; inde veniret ad viam et eundo in
eadem veniret ad duas metas ; inde veniret ad salicem, sub
qua est meta, vbi separaret a Jacobo et Manis ; inde tenderet — — — — — k descendens veniret ad salices, sub quibus essent mete ; inde — — — versus meridiem per viam
eundo veniret ad arbores *twlfa*, sub quibus essent mete ; inde

veniret et caderet in fluuium — — — — — ascendendo per
ipsum fluuium versus orientem veniret ad — — — — — —;
inde veniret ad metas, vbi fluuius Machabinac; inde ascenderet per eundem versus meridiem in p — — — —.— —
mete; inde tenderet per eandem viam versus orientem, — —
— — — essent mete; et ibi veniret ad alpes magnas vbi terminaretur. Ipse itaque dominus Ladislaus — — — — filij
Andrce dictam terram Nousyr sub eisdem metis — — — —
— dibus pro concambio terre sue Chermele in perpetuum dedisset et contulisset. stb. Datum in Z — — — — — falua
tricesimo quarto die termini prenotati anno Domini millesimo
quadringentesimo vndecimo.

(Eredetic papiron, igen megrongált állapotban; a budai kir. kamarai levéltárban.)

———— ————

168.

*IV. László királynak Dopoput, Damasi és Malasi földeket
tárgyazó adománya László esztergami prépost számára. 1277.*

Ladizlaus Dei gracia Hungarie, Dalmacie, Croacie,
Rame, Seruie, Gallicie, Lodomerie, Cumanie Bulgarieque
Rex omnibus Christi fidelibus presentes litteras inspecturis
salutem in omnium saluatore. Ad vniuersorum noticiam
harum serie uolumus peruenire, quod discretus uir Magister
Ladizlaus Prepositus Strigoniensis dilectus et fidelis noster,
olim domino Bele auo nostro, et postmodum domino Stephano
karissimo patri nostro, Regibus inclitarum recordacionum, ac
demum nobis in diuersis et multis Regni nostri negocijs, tam
in Regno, quam extra Regnum et specialiter in Curia Romana
ardua semper Regni nostri negocia promouendo, grata et
diuersa seruicia cum omni fidelitate laudabiliter impendisset;
nos propter ipsius obsequiosa merita et meritoria obsequia

quibus coram nostris et progenitorum nostrorum predictorum
Regum Illustrium oculis meruit multipliciter complacere,
quandam terram duorum vduornicorum nostrorum, Zolath
videlicet herede carentis et Koyan, Dopoputh vocatam, sitam
iuxta terram eiusdem Magistri Ladizlai, Guereky uocatam, in
Comitatu Huntensi, contulimus, dedimus, donauimus, atque
tradidimus, cum omnibus pertinencijs, appendicijs et vtilitatibus suis vniuersis eidem Magistro Ladizlao perpetuo et irreuocabiliter possidendam; presentim cum idem Zolath et filij
Koyan, vduornici nostri, olim eiusdem terre inhabitatores,
coram Preposito et Conuentu Ordinis Premonstratensis de
Saag personaliter constituti, renunciantes iuri suo, si quid eis
in terra predicta competebat, reliquerint sepedicto Magistro
Ladizlao possidendam pacifice et quiete; sicut hoc littere
eiusdem Prepositi et Conuentus, nobis super hoc specialiter
directe, manifestius declarabant. Contulimus insuper eidem
Magistro Ladizlao Preposito terram Damasa et Malasy, ad
duo aratra sufficientem, super qua duo castrenses in numerum
vdvornicorum translati residebant, similiter cum omnibus
pertinencijs et utilitatibus suis perpetuo possidendam; et
eandem terram, Damasa scilicet et Malasy, eidem Magistro
Ladizlao Preposito per Comitem Ders, filium Hunth, hominem
nostrum, sub testimonio predicti Conuentus fecimus assignari,
nullo penitus contradictore existente; volentes, ut idem Magister Ladizlaus Prepositus tam predictas terras suas, quam
eciam alias terras, quas siue titulo donacionis, seu eciam iusto
titulo empcionis possidere dinosscitur; specialiter terram
Guereky, cui predicte terre uicinantur, liberam habeat donandi, legandi, ordinandi inter vivos, seu eciam conferendi
Ecclesie sue, uel Ecclesijs, aut eciam alijs quibuscunque voluerit uel ei uisum fuerit facultatem. Mete autem predicte
terre Damasa et Malasy, prout in litteris dicti Conuentus
contineri uidimus, hoc ordine distinguntur : Prima meta incipit ab oriente sub quodam monte, Gradissa uocato, recte in
pede montis, ubi contiguatur terre Mochon, filij Petri filij
Mosurka; inde tendit uersus septemtrionem in pede eiusdem
montis, et uenit directe ad terram Mawog Comitis, iobagionis
Castri Huntensis, ad quasdam metas, quarum una est Mawog
Comitis, altera Damasa et Malasy predictorum ; inde ascen-

dit per eundem montem Gradissa, et ueniendo aliquantulum per metas, venit ab quandam ilicem vulgariter mogoltul uocatam, sub qua est una antiqua meta; inde progreditur uersus occidentem semper iuxta terram Mawog Comitis, et uenit ad tres metas erectas sub arbore mogoltul; inde progrediendo uersus occidentem, uenit ad duas metas, in quarum una sunt due tenere arbores, quarum una est mogoltul, altera alba spina, gymulchen uocata; deinde tendit semper uersus occidentem, et uenit ad duas metas iuxta duas arbores pirorum, quarum metarum una est Damasa et Malasy predictorum, altera Mawog Comitis; inde uenit descendendo ad quandam pirum paruam, sub qua sunt similiter due mete, quarum una est Damasa et Malasy predictorum, altera Mawog Comitis; inde uenit uersus occidentem, vbi inter sata sunt due mete, quarum una ex parte meridionali est Damasa et Malasy sepedictorum, altera ex parte occidentali est Mawog Comitis; deinde post descensum montis inter sata sunt due mete terree predictorum; postea ultra magnam uiam, per quam itur in Egueg, prope domum Mawog, Comitis sunt due mete iuxta quandam paruam aquam, que deriuatur de Sewence; deinde protenditur in fluuium Sewence, ad quandam arborem desiccatam, et sic per Sewenche uadit usque in terram Magistri Ladizlai Prepositi Strigoniensis antedicti, et sic terminantur. Vt igitur hec nostra denacio, concessio et indultum circa prius concessa, firma et illibata in posterum perseueret, nec a quoquam ualeat irritari; presentes concessimus litteras dupplicis sigilli nostri munimine roboratas. Datum per manus Magistri Thome Electi Albensis, aule nostre Vicecancellarij dilecti et fidelis nostri, anno Domini M°CC°LXX° septimo, terciodecimo kalendas Octobris, Regni autem nostri anno sexto.

(Az eredeti után Knauz Nándor Magyar Sion III. köt. 380. lap.)

169.

IV. László király a telki monostort egyesíti a nyúlszigeti apáczazárdával. 1277.

Nos Ladizlaus Dei gracia Rex Hungarie significamus vniuersis presencium per tenorem, quod nos Regali moderamine considerantes vniuersa; prospicere uoluimus meliora, ita unientes, seu uniri procurantes, vnam Ecclesiam religiosam alii religiosiori subiciendo, ut subiecta ab omnibus honeribus et sordidis muneribus, quibus aggrauari consueuerat, penitus releuetur, et Ecclesia, cui debita annectitur unione, incrementum recipiat et tutelam. Pro tanto Ecclesiam Sancti Regis de Teluky, Ordinis Beati Benedicti, que propter Patronorum defectum fere ad exinanicionem extreme uirtutis deuenerat, vt et a multiplicibus grauaminibus releuetur, et in suis iuribus proteccione debita conseructur; tam in Ecclesia seu Monasterio, quam in suis pertinencijs, predijs videlicet, capellis, obediencijs, grangijs, villis, vineis, siluis, molendinis et alijs omnibus possessionibus, quocunque nomine censeatur, Ecclesie Beatissime Virginis Sanctimonialium Ordinis fratrum Predicatorum de Insule Danobii vniuimus seu subiecimus pleno iure; ita quod ipse Sanctimoniales de Insula emolumentum competens percipiant de fructibus Ecclesie supradicte, et in ipsa Ecclesia fratres Deo famulantes modo debito sustententur; ne propter necessariorum defectum in ipsa Ecclesia Diuine laudis organum suspendatur. Datum in Pesth in crastino Sancti Barnabe Apostoli anno Domini M°CC° septuagesimo septimo.

(Eredetie bőrhártyán, a királynak hátul odanyomott pecsétjével, a budai kir. kamarai levéltárban. — Hibás évszámmal és kölönben is számos hibával kiadva Fejérnél Cod. Dipl. V. köt. 2. r. 548. l.)

170.

Erzsebet királynénak rendelete, hogy Babun birtoka, mely egykor Mária királyné parancsára jogtalanúl Sándor mestertől elvétetett, neki ismét visszaadattassék. 1277.

(I)sabella Dei gracia Regina Hungarie omnibus Christi fidelibus presentem paginam inspecturis salutem in salutis auctore. Ad vniuersorum noticiam tenore presencium volumus peruenire; quod Magister Alexander filius Theodori de Babun ad nostram accedens precenciam nobis exposuit humiliter supplicando; ut domina Maria beate memorie Illustris Regina Hungarie, socrus nostra karissima, terram ipsius Magistri Alexandri Babun vocatam, existentem in Comitatu Symigiensi, olim potencialiter contra iusticiam auferendo, super eadem vinidatores suos locasset; rogans idem Magister Alexander instantissime postulando, quod super facto eiusdem terre scita ueritate, sibi eandem restitui facere dignaremur. Nos igitur peticioni et supplicacioni ipsius Magistri Alexandri de benignitate Regia condescendentes, eidemque nolentes in suo iure iniuriam et grauamen ex parte nostra ulterius irrogare, fidelibus nostris Capitulo Albensi dedimus in mandatis, vt facta inquisicione super facto predicte terre nobis ijdem rescriberent omnimodam ueritatem. Verum cum nos postmodum ex tenore litterarum ipsius Albensis Capituli intelleximus euidenter, ipsam terram Babun a patre eiusdem Magistri Alexandri, predicta domina Maria Regina auferente, quondam minus iuste alienatam, et eiusdem hereditariam extitisse; prefatam terram Babun, inter terras aliorum mixtim sitam et vsui trium aratrorum sufficientem, pariter cum suis vtilitatibus et pertinencijs, videlicet siluis, vineis, pratis et fenetis, prout series litterarum Albensis Capituli declarabat, eidem Magistro Alexandro et suis posteritatibus reddi et restitui fecimus iure perpetuo et irreuocabiliter possidendam. In cuius rei memoriam et perpetuam firmitatem presentes duplicis sigilli nostri munimine dedimus roboratas. Datum per manus venerabilis patris Petri Episcopi Wesprimiensis, aule nostre Cancellarij, fidelis nostri, anno Domini M°CC° septuagesimo septimo.

(Eredetie bőrhártyán, a királyné vörös-violaszínű selyemzsinóron függő kettős pecsétje alatt; a főmélt. herczeg]Batthyáni család levéltárában.)

171.

Miklós erdélyi vajda felszóllítja Boxa fiait, László, Doncs, Miklós és Ferencz mestereket, hogy hozzá Medgyesre valakit küldjenek. 1277. körül. 1315 ..uig . 9

Nycolaus Woyuoda Transiluanus et Comes de Zounuk proximis suis karissimis Ladizlao et Donch, Nicolao et Francisco filijs Boxa Magistris, proximitatis debitum et se totum. Cum nos in vestra proximitate confidenciam et spem geramus specialem, et nunc tempus assit et aduenerit, quo vestre proximitatis indicia nobis possitis demonstrare: proximitatem vestram petimus diligenter, quatenus aliquos de uestris, ac alios nobiles in partibus illis constitutos statim visis presentibus, quanto honestius et decencius potestis, ad nos in Medyes cum filijs Jakow et filijs Pauli Bani transmittatis; pro quo nos in omnibus vobis inuenietis prompto prompciores. Insuper autem vestram, et vestrorum quos ad nos transmiseritis, faciemus in omnibus uoluntatem; et sicut de nobis confidimus, aliud facere non uelitis. Datum in Lippua sabbato proximo ante festum Beati Laurencij martiris.

Kívül: Proximis suis karissimis Ladizlao et Donch Nicolao et Francisco Magistris.

(Eredetie bőrhártyán, a mélt. báró Vécsey család Sárköz-Ujlakon őrzött levéltárában.)

172.

Juan comes, Irozló fiának adománya Szent Jakab a Száva szigetén lévő apátsága számára. 1277.

Nos Comes Juan, filius Irozlay memorie commendantes notum facimus quibus expedit universis, quod nos intuitu Divine pietatis ducti ad devocionem, pro remissione peccatorum nostrorum, propiciante Deo hanc ordinacionem seu collacionem duximus faciendam : quod Monachys de Ordine fratrum Cisterciensium, de Abbacia Sancti Jacobi, de insula Zawa, iuxta Zagrabiam existentibus, dedimus, contulimus et tradidimus Ecclesiam nostram in honore Sancte Elcne consecratam de Zamobor, et terram circa eandem existentem ad usum duorum aratrorum sufficientem, unum molendinum situm in fluuio Zamobor, unum fundum curie in villa Zamobor pro sessione, et tres vineas in loco prenotato. Preterea in Brezoicha capellam nostram et terram sufficientem ad duo aratra, in fine terre nostre de Brezoicha existentem, ac unam vineam (in) Chucherie sitam, iure perpetuo pacifice et quiete possidendos. Hoc adiecto, quod in posterum nostri heredes heredumque successores, et similiter proximi nostri et eorum successores presentem collacionem nostram non possint aliqualiter retractare. Insuper nostre voluntatis et intencionis est, si creator omnem statum Regni Hungarie in melius reformaverit, et nobis dederit vitam longiorem, ut in loco capelle nostre de Brezoicha, Monasterium propriis laboribus nostris condamus et expensis ipsis Monachis fideliter precantibus ita, quod perfecto opere Monasterii inibi esse debeat per se locus Abbacie, ordinatis prius sufficientibus proventibus ad victum et vestitum habitatoribus in eodem ac aliis necessariis uniuersis. Ut igitur huius collacionis et donacionis robur perpetue firmitatis obtineat presentes contulimus sigilli nostri munimine roboratas. Datum Zagrabie sabbato proximo ante quindenas Pasce Domini anno eiusdem MCCLXX. septimo.

(Tkalcsics, Monum. hist. Episc. Zagrab. I. köt. 187. l.)

173.

A csaszmai káptalannak bizonysdglevele, hogy Syrbok és érdektdrsai Othnai birtokuknak részét eladták Benedek comesnek. 1277.

Capitulum Chasmensis Ecclesie vniuersis Christi fidelibus presens scriptum inspecturis salutem in Domino sempiternam. Ad vniuersorum noticiam serie presencium volumus peruenire : quod Syrbok cum duobus filijs suis, Beley videlicet et Andrea, Chornoglau filius Neterni, Petrus filius Endrey, Marcus cum Netenich filio suo, Petrus et Luka filij Wlchnik, Veche filius Wlchich, et Thomas filius Thome, Nobiles de Chesminch a parte vna, ab altera autem Benedictus filius Comitis Jacobi, coram nobis personaliter constituti, ijdem Syrbok, Chonoglau, Petrus, Marcus, Petrus, Luka, Veche et Thomas quasdam particulas terre eorum ipsos in Othna pro porcione contingentes, vt dixerunt, eidem Comiti Benedicto, suisque per eum heredibus iure perpetuo possidendas, pro quadraginta marcis denariorum plene acceptis, vt dixerunt, sub metis et terminis infrascriptis vendidisse sunt confessi. Ita videlicet, quod Syrbok porcionem suam pro decem marcis, Chornoglou et Petrus pro sex marcis, Markus similiter pro sex, Petrus et Luka pro sex marcis, Veche pro sex, et Thomas similiter pro sex marcis. Quarum particularum mete, sicut partes concordantes retulerunt, tales sunt : Videlicet prima meta incipit a parte orientali, vbi est meta terrea sita iuxta fluuium Vinzcaznoz; deinde in vicinacione terre Orboua; inde per ipsum fluuium procedens superius versus septemtrionem, exit ad metam terream sitam in capite ipsius Vinzcaznoz; inde in modico spacio ad arborem cerasi crucesignatam meta terrea circumfusam; inde ad aliam arborem cerasi crucesignatam, sub qua meta terrea versus occidentem ; inde ad aliam metam terream sitam in capite putey Vether; et per riuulum ipsius putei descendens venit ad arborem piri cruce signatam meta terrea circumfusam; ibi relinquendo terram Orboua exit ad fluuium Kennek, et vicinatur terre Syrbok; et per eundem fluuium versus meridiem procedens, prout idem Kennek currit in magno spacio cadit in aquam Chasma, ibique terminatur. Assumpserunt eciam ac obligauerunt se predicti venditores, quod quicunque in processu temporum predictum Comitem Benedictum vel suos heredes inpetere attemptaret racione dicte terre, ipsi eosdem proprijs laboribus et expensis expedire, et terram eisdem iustificare tenerentur. In cuius facti testimonium et robur eidem Comiti Benedicto presentes concessimus patrocinio sigilli communitas. Datum quarta feria proxima post festum Passce anno Domini M°CC° septuagesimo septimo.

(A csaszmai káptalannak »quarta feria proxima post quindenas Beatorum Philippi et Jacobi Apostolorum« 1305. »Magister Henricus de Othna« kérésére kiadott átiratból, a budai kir. kamarai levéltárban.)

174.

A csaszmai káptalannak bizonyságlevele, hogy Syrbok comes Dobrolech folyó melletti birtokát eladta Benedek comesnek. 1277.

Capitulum Chasmensis Ecclesie vniuersis Christi fidelibus presens scriptum inspecturis salutem in Domino sempiternam. Ad vniuersorum noticiam serie presencium volumus peruenire, quod Comite Syrbok a parte una, ab altera autem Benedicto Comite filio Jacobi coram nobis personaliter constitutis, idem Comes Syrbok porcionem terre sue inter terram Myrse filij Descou et inter fluuium Dobrolech existentem, ipsum solum, sicut dixit, contingentem, totaliter et omnino cum attinencijs, adiacencijs et vtilitatibus suis vniuersis, sub metis, terminis, limitacionibus et signis infrascriptis confessus

est vendidisse eidem Comiti Benedicto et suis per eum heredibus pro triginta marcis, prout dixit, plene acceptis irreuo-
eabiliter habendam et iure perpetuo possidendam. Cuius
terre mete, sicut homo noster, quem ad faciem ipsius miseramus, nobis recitauit, presentibus commetaneis et vicinis
pacifice et quiete erecte, taliter distinguntur : Videlicet prima
meta incipit a parte meridionali in loco, vbi fluuius Dobrolech cadit in aquam Chazma; inde in eodem fluuio Dobrolech
procedens superius uersus partem septemtrionis venit ad
arborem haas crucesignatam meta terrea circumfusam; inde
versus partem orientis procedens venit ad arborem tul crucesignatam meta terrea circumfusam, sitam iuxta quendam
riuulum, in quo procedens superius versus septemtrionis
partem venit ad arborem haas, sub qua est meta terrea; inde
tendens versus partem orientis venit ad metam terream sitam
iuxta viam, ubi vicinatur terre Myrse predicti; inde in via
procedens versus meridiem venit ad arborem tul crucesignatam meta terrea circumfusam sita iuxta viam, in qua procedens per siluam exit ad arborem berekne crucesignatam;
deinde ad arborem pomi crucesignatam; deinde procedens
cadit in aquam Wrbounychka, in qua procedens inferius venit
ad insulam; inde relinquendo ipsam insulam versus partem
dexteram, procedensque ad partem meridionalem per arbores
crucesignatas cadit in dictam aquam Chazma; in qua procedens inferius venit ad priorem metam, ibique terminatur. In
cuius facti memoriam et robur presentes concessimus patrocinio sigilli nostri munitas. Datum feria secunda proxima post
festum Beati Galli confessoris, anno Domini M°CC°LXX°
septimo.

(A csaszmai káptalannak »Magister Henricus de Othna« kérésére,
1305. »quarta feria proxima post quindenas Beatorum Philippi et
Jacobi Apostolorum« kiadott átiratából ; a budai kir. kamarai levéltárban.)

A csaszmai káptalannak bizonyságlevele, hogy Voynck
Zapachknak fia Tymennicha nevű birtokát eladta Stepk fiainak.
1277.

Capitulum Chasmensis Ecclesie vniuersis Christi fidelibus presentem paginam inspecturis salutem in Domino. Ad
vniuersorum noticiam harum serie volumus peruenire, quod
Voynch filio Zapachk a parte vna; ab altera autem Jacobo
et Bartholomeo filijs Stepk pro se et pro Dyonisio, Martino,
Johanne, Joachino et Joan fratribus eorum coram nobis
personaliter constitutis; idem Woynch terram suam Tymennicha vocatam, in Comitatu de Garigh existentem, ipsum
solum contingentem, sicut dixit, totaliter et omnino cum
omnibus attinencijs; siluis videlicet, fenilibus, domibus et
edificijs in eadem existentibus, ac alijs vtilitatibus suis, sub-
metis, terminis, limitacionibus et signis infrascriptis, confessus est vendidisse eisdem filijs Stepk, eorumque per eos
heredibus pro tredecim marcis plene acceptis, prout dixit,
inreuocabiliter habendam et iure perpetuo possidendam. Mete
autem terre uendite, sicut homo noster, quem ad faciem
ipsius miseramus, nobis recitauit, presentibus commetaneis
et vicinis, quorum nomina inferius exprimuntur, pacifice et
quiete erecte et signate taliter distinguntur, videlicet : Prima
meta incipit a parte orientis a terra Stephani filij Stephani,
ubi est arbor *has* cruce signata, sub qua est meta terrea; inde
in commetacione terre filiorum Benzlay procedens versus partem occidentis venit ad arborem *ihor* cruce signatam, meta
terrea circumfusam; inde ad arborem *tul* cruce signatam;
inde ad arborem *has* cruce signatam; inde ad arborem *ihor*
cruce signatam, vbi commetatur terre dicti Stephani; inde
versus partem septemtrionis procedens venit ad arborem *tul*
cruce signatam; inde ad arborem *ihor* cruce signatam meta
terrea circumfusam; inde in modico spacio venit ad metam

terream; inde ad uallem, in qua procedens cadit in fluuium
Tymennicha, in qua procedens superius, in vicinitate terre
Thobie filij Bodizlay, et Andree, ac fratrum suorum filiorum
Gungys exit ad metam terream; inde in riuulo Palouinazta
dicto procedens superius, venit ad caput eiusdem riuuli, ubi
est meta terrea; inde ad arborem *gertean* cruce signatam,
sub qua est meta terrea; inde versus partem orientis procedens, in commetaneitate terre Comitis Alberti venit ad arborem *tul* cruce signatam; inde ad aliam arborem *tul* cruce
signatam; inde ad arborem *has* cruce signatam; inde ad
arborem *tul* cruce signatam; inde ad metam terream; inde
ad arborem *ihor* cruce signatam; inde ad aliam arborem *ihor*
cruce signatam; inde iterum ad arborem *ihor* cruce signatam;
inde ad arborem *has* cruce signatam, sub qua est meta terrea;
inde ad tres arbores *scil* de vno trunco prolatas cruce signatas, sub quibus est meta terrea; inde ad arborem *tul* cruce
signatam; inde ad arborem *has* cruce signatam; inde ad
arborem *gertan* cruce signatam, sub qua est meta terrea;
inde ad metam terream iuxta veteres metas; inde in commetaneitate terre predicti Stephani venit ad arborem *korus*
cruce signatam; inde ad arborem piri cruce signatam, sitam
prope magnam viam; inde ad aliam arborem piri cruce signatam; inde ad arborem korus cruce signatam; inde ad
priorem metam, ibique terminantur. In cuius vendicionis
memoriam pleniorem et robur presentes concessimus patrocinio sigilli nostri munitas. Datum et actum sabbato proximo
post festum Ascensionis Domini, anno ab Incarnacione eiusdem millesimo ducentesimo septuagesimo septimo.

(Eredetie bőrhártyán, vörös-kék selyemzsinóron függött pecsét alatt;
a főmélt. herczeg Batthyáni családnak levéltárában.)

176.

A csaszmai káptalannak bizonyságlevele, hogy Baldzs Gurk-
nak fia Polychai birtokát eladta Pál, Sebesk fiának. 1277.

(Tkalcsics, Monum. hist. Episc. Zagrab. I. köt. 185. l.)

177.

Az egri káptalannak bizonyságlevele Kaplan nemzetségbeli
Dénesnek végintézkedéséről. 1277.

Omnibus Christi fidelibus tam presentibus quam futuris
presens scriptum inspecturis salutem in omnium saluatore.
Ad uniuersorum noticiam tenore presencium volumus peruenire, quod nobili domina relicta Dees Comitis de genere
Coplyan matre Dyonisij simul cum nuru sua relicta ipsius
Dionisij, ac cum duobus paruulis Myka et Dees filijs eiusdem
ab una parte; domina Proxya filia prenotati Dees Comitis
sorore dicti Dyonisij relicta Alexandri filij Nicolao de genere
Myskouz pro se et pro Elizabeth sorore sua uxore Alexandri
filij Johannis de Toronoy ex altera coram nobis personaliter
constitutis, per prefatas dominas, videlicet matrem et relictam
prenotati Dionisij propositum extitit et relatum : quod idem
Dyonisius laborans in extremis, licet eger corpore, mente
tamen incolumis, quandam terram suam hereditariam Saul
vocatam in Comitatu de Zothmar existentem, cum vniuersis
vtilitatibus suis, sub eisdem metis in quibus ipse possedit,
sororibus suis memoratis contulisset et legasset jure perpetuo
possidendam et habendam, a nemine heredum suorum aut.

consanguineorum aliquatenus repetendam. Dando eisdem
liberam cuicunque voluerint donandi, conferendi et legandi
facultatem. In cuius rei testimonium presentes contulimus
sigilli nostri munimine roboratas; presentibus tamen Mychae·
le Preposito, Farkas Cantore, Thoma Lectore, Myko Custode,
Marco de Patha, Ladislas de Zemlyn, Anthonio de Sumbon,
Vrbano de Zabouch, Petro de Vngh, Paulo de Borsua, Paulo
de Kemey Archydiaconis, et alijs multis; anno Domini M°
CC'LXX° septimo. Regnante Ladizlao illustri Rege Hungarie,
Strigoniensi Sede vacante; Stephano Colocensi Archiepiscopo
et domino nostro venerabili patre Andrea Episcopo Agriensi
existentibus.

(Az egri káptalannak 1377-ki átiratából; a mélt. báró Perényi család
nagyszőllősi levéltárában.)

178.

*Az egri káptalannak bizonyságlevele, hogy Miklós, Stacznak
fia, Bechta Otrochyk fiának és László Leusztach fiának az
elkövetett sértésekért eleget tett. 1277.*

Omnibus Christi fidelibus tam presentibus quam futuris
presens scriptum inspecturis Capitulum Ecclesie Agriensis
salutem in omnium saluatore. Ad vniuersorum noticiam tenore
presencium volumus peruenire; quod Buhta filio Otrochyk in
Comitatu Gumur pro se et pro Petrizlau, Martino, Nemel,
fratribus suis vterinis; item Ladizlao filio Leustachij fratris
predictorum pro se et pro alijs fratribus suis filijs ciusdem
Leustachij ab una parte; Nycolao filio Stacz pro se et pro
Sank ac Petro fratribus suis ex altera, coram nobis personaliter constitutis, per Buhta et Ladizlaum predictos propositum
extitit, quod Nycolaus et fratres sui prenotati ipsi Ladizlao
et fratribus suis pro morte predicti Leustachij patris ipsorum

ac dicto Buhta pro amputacione manus eiusdem, et pro alio
vulnere eidem illato, sibi ac alijs fratribus · suis antedictis
soluissent viginti marcas, et eosdem super · premissis reddidissent et coram nobis reddiderunt expeditos; obligantes se
predicti Buhta et Ladizlaus, et heredes suos, ac fratres ipsorum prenotatos, ipsum Nycolaum et fratres suos ac heredes
eorundem racione premissorum molestare nitentibus expedire
proprijs laboribus et expensis. E conuerso autem prefatus
Nycolaus super mutilacione manus sue ipsum Buhta et alios
fratres suos predictos reddidit coram nobis omnino expeditos.
In cuius rey testimonium ad instanciam parcium presentes
contulimus sigilli nostri munimine roboratas. Presentibus
tamen Mychaele Preposito, Thoma Lectore, Marko de Pata,
Anthonio de Sumbun, Vrbano de Zobolch, Petro de Vng,
Saulo de Bursia, Paulo de Kemey Archidyaconis et alijs multis; anno Domini M⁰CC⁰LXX⁰ septimo. Regnante Ladizlao
illustri Rege Vngarie; Strigoniensi Sede vocante, Stephano
Colocensi Archiepiscopo, et domino nostro venerabili patre
Andrea Episcopo Apriensi existentibus.

A   B   C

(Eredetie börhártyán, melynek zöld-vörös selyemzsinóron függött
pecsétje elveszett, a budai kir. kamarai levéltárban.)

179.

*A fehérvári káptalannak jelentése IV. László királyhoz, hogy
Simon comes Salamonnak fia Holges birtokában· statuáltatott.*
1277.

Excellentissimo domino suo Ladizlao Illustri Regi Hungarie Albensis Ecclesie Capitulum oraciones in Domino debitas et deuotas. Receptis litteris Uestre Celsitudinis fidelem
hominem nostrum misimus, sub cuius testimonio Petrus filius

Gregorij homo uester quandam terram condicionariorum uestrorum Holges uocatam statueret Comiti Symoni Viceiudici Curie uestre, si uacuam eandem inueniret, et non fieret contradictum; citatis contradictoribus, si qui fierent, ad uestram presenciam ad terminum competentem. Qui quidem homo uester et noster ad nos postmodum reuersi dixerunt, quod ipsam terram dictus homo uester presentibus vicinis et commetaneis, et non contradicentibus, roambulassent et statuissent dicto Comiti Symoni. Quam quidem terram, sicut uisu considerari potuit, cum suis utilitatibus, fenetis, pratis et siluis, ac insula Holgen uocata ad tria aratra estimarunt; dicendo eandem ab aquilone, et ah oriente, nec non a meridie terris predicti Comitis Symonis, ab occidente autem terre Alexij de Opour commetaneum, et sub certis metis vndique contineri.

(IV. László királynak 1277-ki adományleveléből, mint fentebb 160. szám alatt.)

180.

A pécsi káptalannak bizonyságlevele, hogy Mártha asszonynak István comes özvegyének, fia Balds által férje javaiból minő tárgyak adattak vissza. 1277.

(A gróf Zichy család Okmánytára I. köt. 38. l. Véghelyi Dezső közleménye.)

181.

A zágrábi káptalannak bizonyságlevele, hogy a Brochinai nemesek borchinai birtokukat eladták Perchinus comesnek. 1277.

Capitulum Ecclesie Zagrabiensis omnibus Christi fidelibus presens scriptum inspecturis salutem in omnium saluatore. Ad vniuersorum noticiam tam presencium quam futurorum harum serie volumus peruenire : quod Zlaugozch filius Tolen, Zlauch filius Irizlai, Vulkouoy filius Murge, Obrad et Goriuolk frater suus, Georgius filius Woyhne, Blasius filius Drusine, Achibil filius Georgij, Nicolaus, Zlauch et Stanech filij Drugan, Dimine filius Tolk, et Pribizlaus filius Hink ab una parte ; Perchinus Comes trium Camporum ab altera coram nobis personaliter constituti retuler·nt: quod idem Zlaugozch cum socijs suis nobilibus de Brochina omnes terras suas in Brochina de Gradech ex vtraque parte fluuij, tam in planis, quam in montibus existentes, cedentes in ipsorum porcionem, cum omnibus vtilitatibus ac pertinencijs suis, molendinis uidelicet, siluis, fenetis et viueis ipsi Comiti Perchino, et per eum suis heredibus, heredumue suorum successoribus pro quadraginta marcis plene ab eodem acceptis, ex permissione omnium cognatorum suorum in predicta Brochina existencium, ac de beneplacito eorundem, vendidissent pacifice ac irreuocabiliter possidendas eo modo, eoque iure, in ea libertate et plenitudine, quibus metis et signis, videlicet ab oriente, meridie et occidente usque septemtrionem nominati nobiles dinoscuntur possedisse. Assumpserunt eciam Zlaugozth, Zlauek, Vulkouoy, Obras, Goriuolk, Georgius, Blasius, Achibil, Nicolaus, Zlauch, Stanech, Dymine et Pribizlaus memorati nobiles de Brochina se firmiter obligantes, quod si ullo unquam processu temporis sepedictus Comes Perchinus aliqua racione super prefatis terris per quemquam impeteretur, ijdem nobiles eundem Perchinum Comitem et suos successores in

omnibus et per omnia expedire tenebuntur. In cuius rey me--
moriam et stabilitatem perpetuam super pretaxta (igy) vendicione et emcione earundem terrarum, ne processu temporis
per quempiam immutari aut retractari valeaut, presentes concessimus litteras sigilli nostri munimine roboratas. Datum
Zagrabie in octauis Pentecostes anno Domini M°CC°LXX°
septimo.

(Eredetie bőrhártyán, melyről a pecsét vörös selyemzsinóron függ ;
a budai kir. kamarai levéltárnak Zágrábban lévő részében.)

182.

*A zalavári konventnek bizonyságlevele, hogy Katalin Royki
Mikónak özvegye a neki hitbérül jutott birtokot István, Márton
fiának, és rokonainak eladta. 1277.*

Nos Conuentus Monasterij Beati Adriani de Zala tenore
presencium significamus quibus expedit vniuersis, quod
domina Kathaw relicte Micov de Royk sine herede decedentis ab una parte, et Stephanus filius Martini, Anastasius filius
Anastasij pro se et Chak filio Gylianus cognato eorum de
eadem ab altera coram nobis constituti; eadem domina possessionem predicti Micov mariti sui, que cum siluis, fenetis et
terris arabilibus viginti iugera terrarum continere dicitur, et
sibi in racionem dotis sue deuenerat, presente (Ro)lando fratre
suo, qui pro se et Nicolao germano astitit, eisdem Stephano,
Anastasio et Chak pro dimidia marca usque in filios filiorum
in perpetuum et irreuocabiliter vendidisse est confessa, quam
dimidiam marcam prefata domina asseruit plenarie recepisse
ab eisdem. Addito eo et plenius assumpto, quod de cetero nec
ipsa domina, nec eius agnati super terra prescripta Stephanum, Chak et Anastasium prescriptos poterunt impetere, nec
eciam molestare. Vt igitur hec vendicio robur obtineat perpe-

tue firmitatis, nec per quempiam possit sev valeat in irritum retractari, presentes concessimus litteras sigilli nostri munimine communitas. Datum anno Domini M° ducentesimo LXX°VII°. Venerabili viro Dominico Abbate existente, Gera Decano, Petro Custode, ceterisque fratribus salubriter existentibus.

(Az eredeti után Rómer Flóris, Győri történelmi és régészeti füzetek II. köt. 305. l.)

183.

A zobori konventnek bizonyságlevele, hogy Márton Garam melletti szent benedeki apát Fülöp esztergami érsek ellen tiltakozott, ki a tatárok kivonulása után az apátságnak több birtokát elfoglalta. 1277.

Nos Conuentus Monasterij Beati Ypoliti martiris de Zobur damus pro memoria, quod vir religiosus dominus frater Martinus Abbas Monasterij Sancti Benedicti de iuxta Gron in sua et sui Conuentus personis ad nostram personaliter ueniendo presenciam, nobis per modum protestacionis significare curauit, quod Reuerendissimus in Christo pater dominus Philippus Archiepiscopus Ecclesie Strigoniensis, post recessum ipsorum Tartarorum de Regno Hungarie, plurimas possessiones et possessionarias porciones ipsorum domini Abbatis uidelicet et Conuentus sui et per consequens predicti Monasterij ipsorum potencialiter occupasset, de quibus quasdam restituisset, quasdam uero, uidelicet decem mansiones nautarum in superiore parte possessionis Kakath vocate, cum terris trium aratrorum mensure regalis, ad easdem mansiones pertinentibus in Strigoniensi, item possessionem Odward cum terra quadraginta aratrorum similiter regalis mensure, ac propria eorum curia, ibidem existente, in Camariensi; nec non possessiones Nempti Zeules, Chenke et Berzenee uocatas, in Borsiensi Comitatibus habitas, ac intra metas dicti Monasterij existentes, pro se detinuisset minus iuste et indebite, in dampnum et detrimentum ipsorum ualde magnum; factaque huiusmodi protestacione eundem dominum Archiepiscopum et alios quoslibet ab occupacione, detencione, usuum fructuum ac vniuersarum vtilitatum earundem possessionum et possessionariarum porcionum percepcione, percipique faccione, seque ab intromissione in easdem quoquomodo facta uel fienda, vice et nominibus sui, predictique Conuentus sui inhibuit contradicendo et contradixit inhibendo coram nobis. Datum feria sexta proxima ante festum Beate Barbare virginis et martiris anno Domini millesimo ducentesimo LXXVII°.

(Az eredeti után Knauz Nándor, Magyar Sion III. köt. 363. l.)

184.

Sur kabolti várnagy tudósítja Máté soproni főispánt, hogy az Osl nemzetségből való Móricz comest visszahelyezte Thoutteluk- föld birtokába. 1277.

Ifj. Kubinyi Ferencz, Magyar Történelmi Emlékek I. köt. 100. lap.).

185.

Keled Kelednek fia óvást tesz azon hatalmaskodások ellen, melyeket Miklós Arnoldnak fia Niczk helységben elkövetett. 1277.

Nos Lodouicus Dei gracia Hungarie, Polonie, Dalmacie stb. Rex stb. quod viri Magnifici Emericus Palatinus et Stephanus Woyuoda Transiluanus fideles nostri et dilecti personaliter iuxta continenciam litterarum Comitis Capelle nostre euocatoriarum simplicium ipsam euocacionem in Wisegrad facie ad faciem factam fore denotancium tercio die ferie secunde proxime post festum Beati Luce Ewangeliste anno Domini millesimo CCC°LXX° tercio preteritum in Nostre Serenitatis conspectu comparentes, contra Nicolaum filium Hahold quasdam litteras Capituli Ecclesie Albensis stb. in nostrum eduxerant conspectum habentes, quod in personis ipsorum Palatini et Woyuode fratrumque eorum Nostre dictum fuisset Maiestati, quod Nicolaus filius Nicolai de Habolt, asserens jura sua possessionaria erga eosdem Palatinum, Woyuodam, et fratres ipsorum existere, obmissa prorsus consuetudinaria lege Regni nostri ab antiquo consueta, nec non suorum jurium, si que haberet circa easdem, execucione postergata, tacita veritate et suggesta falsitate, multipharias litteras protestacionales, inquisitorias, prohibitorias et affirmatorias, ac alias juri ipsorum possessionario derogatorias, silenter et occulte contra ipsos emanari facere procurasset, et protunc procuraret. Vnde quia nos de talibus dolosis et cautelosis gestis et iniquis processibus, ne per hoc iura regnicolarum nostrorum possessionaria in futurum periclitari contingerent, voluissemus sane inuigilare; ideo nobis committentibus idem Nicolaus filius Nicolai feria quarta proxima post dominicam Reminiscere proxime tunc preteritam per nostrum et dicti Capituli homines in possessione sua Bodon vocata cum vniuersis litteralibus suis instrumentis seu munimentis, si que in dictorum jurium suorum possessionariorum, que erga ipsos Pa-

latinum, Woyuodam, fratresque eorum esse allegarat, haberet
confecta, contra eosdem ad octauas diei medij. quadragesime
tuac de nouo preteritas, sine crastinacione in Specialem Nostre Maiestatis Presenciam euocatus extitisset stb.; quia stb.
eadem causa inter partes diuersimode ventilata presentes
octauas festi Purificacionis Beate Virginis modo dilatorio atti-
gisset; denique ipsis octauis instantibus, interimque prefato
Emerico Palatino, et Stephano filio Petri de medio sublatis
stb. primo prelibatus Stephanus Woyuoda tria priuilegia stb.
nostro offerri curauit examini judiciario stb. Tandem prenotatus Nicolaus filius Nicolai octo priuilegia stb. simul cum alijs
viginti duabus litteris stb. nostrum produxit in conspectum.
Quorum quidem priuilegiorum primum stb. Tercia autem
littera titulo nominis cuius sit carens, anno Domini M°CC°
LXX° septimo in Zyncha in virgilia Beati Jacobi Apostoli
emanata Magistrum Haholdum pro Keled filio Keled id, vt
Nicolaus filius Arnoldi eundem Comitem Keled in sua possessione Nychk bonis omnibus spoliasset, dampna multa eidem
inferendo protestasse stb. explanabat stb. Datum stb. Bude
vigesimo die octauarum festi Purificacionis Beate Virginis
predictarum anno Domini M°CCC° septuagesimo sexto, Regni
autem nostri anno tricesimo quinto.

(Eredetie a budai kir. kamarai levéltárban.)

186.

Békekötés Spalato és Trau dalmatiai városok közt. 1277.

In nomine Domini Amen. Anno Incarnacioniseius M°
CC°LXX°VII° mense Junii die vltima indiccione quinta. Tem-
poribus equidem domini Jacobi Contareni Incliti Ducis
Venetiarum, et Magistri Laurentij venerabilis Jadrensis Ar-

chiepiscopi, et domini Jacobi Teupoli Egregij Comitis ad
laudem, gloriam et honorem Diuine Maiestatis, et honorem
ac reverenciam Magnifici domini Ladislai Excellentissimi
Regis Vngarie, et bonum pacificumque statum Ciuitatum
Spalati et Tragurij

Nos quidem Georgius de Breberio Comes Breberiensis
et Sybenici, et Preste de Cotopagna, atque Domaldus de Za-
dulinis ciues Jadre, judices, arbitri, arbitratores, concorda-
tores, laudatores, sententiatores, diffinitores et amicabiles
compositores inter venerabilem patrem dominum Johannem
Dei gracia Archiepiscopum Spalatensem, Capitulum, Monasteria seu Ecclesias, et virum nobilem et prudentem dominum
Vitum de Cerna honorabilem Potestatem, et discretos viros
Gauzegnam Duxize, Marinum Bonazuntam, et Priuoslaum
Dobralis Judices, Consilium, Commune et speciales personas
eiusdem Ciuitatis Spalati ex vna parte, vt patet per publicum
instrumentum compromissi scriptum et completum manu
Magistri Francisci Anconitani Imperiali Auctotate Notarij, et
nunc autem Ciuitatis Spalati, quod sic cernitur incoare : In
nomine Domini nostri Jesu Christi Amen. Anno a Natiuitate
eiusdem M. CC·LXX·VII· indictione quinta Spaleti die Jovis
duodecima exeunte Madij, sicut in eo plenius legitur et continetur. Et nobiles et prudentes viros dominum Mladinum de
Breberio Comitem Breberiensem, et honorandum Potestatem
Tragurij, et dominum Stane de Varicassis honorandum Capitaneum Ciuitatis eiusdem, Monasteria, Ecclesias, homines,
atque Commune et speciales personas dicte Ciuitatis Tragurij
ex parte altera; velut patet publico instrumento compromissi
confecto et corroborato manu Francisci Benuenuti de Cingulo,
et nunc Tragurij Jurati Notarij, cuius incoacio dinoscitur esse
talis: In Dei nomine Amen. Anno Domini M·CC·LXX·VII· indiccione quinta die Veneris vndecima exeunte Madij, et prout in eo
plenius legitur et habetur. Super ordinanda pace et concordia
inter Ciuitates predictas Spalati et Tragurij de guerra et
discordia, que inter eas ad inuicem vertebatur, et super ter-
minandis et diffiniendis atque finem perpetuum imponendis
litibus, questionibus, litigijs, homicidijs, predacionibus, et
cunctis offensis alijs realibus et personalibus, que hinc inde
per homines et Communia predictarum Ciuitatum facta fue-

runt a tempore alterius guerre, que fuerat inter easdem Ciuitatum post Tartarorum aduentum usque in presens tempus,
habentes ab utraque parte seu ambabus Ciuitatibus liberum
in cunctis arbitrium, velut patet per ipsa duo publica instrumenta compromissi superius nominata. Auditis insuper utriusque partis racionibus, litteris et Regalibus priuilegijs, habi-
toque multorum proborum et sapientum virorum tam religiosorum quam secularium consilio et deliberacione ad inuicem
diligenti concorditer, Dei nomine inuocato, et vi et vigore
supradicti nostri arbitrij presentibus partibus pronunciamus,
sentenciamus, laudamus, arbitramur atque mandamus : quod
omni occasione et excepcione atque racione remota, tam
homines quam Commune Tragurij generaliter atque specialiter, et qui pro eis sunt, possessiones cunctas Archiepiscopatus, Monasteriorum seu Ecclesiarum Spalatensium, que
sunt seu quas tenent a columna, que pro meta antiquitus sita
erat infra versus Ciuitatem Tragurij; que siquidem possessiones uniuerse per Commune Spalati concordate ac delibe-
rate fuerunt eidem Communi Tragurij tempore prioris guerre
olim inter predictas Ciuitates Spalati et Tragurij habite post
Tartarorum aduentum, ut superius est expressum, eisdem
supradictis Archiepiscopatui, et Capitulo Beati Domnij, et
cunctis Monasterijs et Ecclesijs de Spalato illico dare atque
restituere debeant et relaxare, cum omnibus jurisdiccionibus
seu iuribus pertinencijs, secundum quod nos eas liquido ac
publico instrumento scripto et completo manu Notarij infrascripti, permittentes declaramus iure perpetuo ac pacifice
possidendas, non obstante instrumento aliquo vel Regali priuilegio seu aliqua qualicunque littera uno vel una seu pluribus,
que vel quas Commune seu homines de Tragurio obtinerent
vel habent quoquo modo de possessionibus supradictis, que
instrumenta (et) priuilegia, si qua vel si que ulterius
apparerent, omnia et singula, siue omnes et singulas cassa
et cassas, irrita et irritas, et inania ac inanes nulliusque
que vigoris, roboris et valoris deinceps in perpetuum fore
pronunciamus atque diffinitiue sentenciamus. Dicimus et
secundo diffinitiue sentenciando, quod omnes possessiones
specialium hominum Spalati, que sunt a columna seu meta
predicta infra versus Tragurium et in Ciuitate Tragurij date

ipsis Traguriensibus tempore supra dicte prioris guerre, sint
Communis et hominum Tragurij, eisque permaneant iure
perpetuo pacifice possidende; exceptis prenominatis possessionibus Archiepiscopatus, Capituli, Monasteriorum seu Ecclesiarum Spalati; et sub columma ville Dedigiorum Ostrogh
nuncupate, ac infrascripta insula Sancti Stephani. Et possessiones hominum Tragurij, que sunt in dicta meta seu columna
versus Ciuitatem Spalati (et) tempore superioris guerre concesse fuerunt, sint hominum Spalati pro concambio possessionum suarum, quas olim habuerunt in territorio Tragurij.
Et quia examinata et inquisita per nos veritate comperimus,
quod possessiones hominum Spalati, que erant a columna
posita in terra versus Tragurium et in ciuitate Tragurij,
erant in maiori quantitate quam erant possessiones Tragurij,
que erant a supradicta columna infra versus Spalatum in
territorio et Ciuitate Spalati, proferimus, arbitramur et diffi-
nitue sentenciamus, quod Commune et homines Tragurij
dent, persoluant et assignent in ciuitate Spalati, siue eidem
Ciuitati Spalati recipienti vice et nomine omnium illorum
specialium Spalatensium, qui possessiones habuerant tam in
territorio quam in ciuitate Tragurij, tria millia librarum Ve-
net. parv. in tribus terminis, videlicet a festo Sancti Michaelis mensis Septembris proxime futuri in antea usque ad unum
annum completum tunc primitus venturum libras M; et ab
inde in autea usque ad aliud festum Sancti Michaelis in
reuolucione anni tunc proxime venturi alias M libras; et deinde in antea usque ad tercium festum Sancti Michaelis similiter in deuolucione anni tunc proxime venturi tercias alias
M libras.

Villa autem que nuncupatur Ostroch, super quam inter
predictas Ciuitates Spalati et Tragurij questio vertebatur,
inquisita per priuilegia, testificaciones hominum veridicorum
diligenter veritate, per nostrum arbitrium et sentenciam diffi-
nituam sic duximus terminandum; videlicet quod villa cum
suis pasculis, pratis, nemoribus, aquis et omnibus circumstancijs (et) pertinencijs suis per Commune seu Ciuitatem Tragurij totaliter ac finaliter a modo relinquatur omnibus illis
commorantibus Spaleti vel Tragurij, qui vulgariter lingua
Sclauonica Dedigi appellantur; qui eciam, sicut certo cercius

est compertum, antiquitus tempore dicte prioris guerre tenuerunt et possederunt; ac ipsorum heredibus et successoribus
libere ac pacifice in perpetuum possidenda. Et sit villa ipsa
predicta cum pertinencijs suis de cetero omnium eorundem
supradictorum Dedigiorum ad faciendam exinde totam ac
omnimodam suam voluntatem, non obstantibus instrumentis
publicis vel Regijs priuilegijs, seu aliqua quacunque licencia,
vno uel una seu pluribus, que vel quas Commune seu homines
de Spalato, vel Commune seu homines de Tragurio quoquo
modo obtinuerint vel habent de predicta villa. Que instrumenta, priuilegia et littere, si qua vel si que ulterius apparent,
omnia seu omnes, ac singula seu singulas cassa et cassas,
irrita et irritas, vacua et vacuas, nullius vigoris, roboris et
valoris deinceps in perpetuum fore pronunciamus.

Preterea scopulum siue insulam vocatam Sancti Stefani,
super qua inter predictas Ciuitates questio mouebatur, arbitramur et diffinitiue sentenciamus esse de cetero in perpetuum
Communis Spalati, non obstante instrumento aliquo vel Regio
priuilegio seu alia quacunque littera, vno vel vna siue pluribus, que vel quas Commune seu homines de Tragurio quoquomodo obtinuerunt vel habent de prefata insula seu scopu-
lo; que instrumenta, priuilegia et littere, si qua vel si que
vlterius apparerent, omnia seu omnes, ac singula seu singulas,
cassa et cassas, irrita et irritas, vacua et vacuas nullius vigoris, roboris et valoris fore de cetero in perpetuum pronunciamus. Ecclesiam vero Sancti Petri de Clobuicciz cum omni
territorio suo, et terram que Bistricz nominatur, super quibus
inter predictas Ciuitates questio vertebatur, per nostram
arbitrariam sentenciam diffinitiuam Regie Maiestati inter
easdem predictas Ciuitates relinquimus terminandam.

Omnes autem possessiones Communis et hominum
Spalati quoquomodo acceptas, ablatas siue venditas per Commune et homines Tragurij tam in Ciuitate quam in territorio
Tragurij in hac guerra, que presencialiter habebatur, arbitramur et diffinitiue sentenciamus Communi et hominibus Spaleti
esse integraliter restituendas; et e conuerso possessiones
Communis et hominum Tragurij quoquomodo acceptas, ablatas sine venditas per Commune et homines Spaleti tam in
Ciuitate quam in territorio Spaleti, Communi et hominibus

15*

Tragurij modo simili aibilramur et sentenciamus esse integraliter restituendas.

Preterea arbitramur, sentenciamus et adiudicando et iungendo hominibus et Communi Tragurij, quod deinceps in perpetuum sub pena inferius designata per se vel alterum de prefatis terris et vineis seu possessionibus Archiepatus, Capituli, Monasteriorum siue Ecclesiarum de Spalato, et de ista Insula Sancti Stefani, atque de predicto Ostroch nullum priuilegium nullamque litteram a domino Rege Vngarie, vel Bano aliquo Sclauonie seu Maritimo, vel quocunque alio impetrare debeant vel facere impetrari; nec predictum Archiepiscopum Spalatensem et Capitulum, seu Monasteria aut Ecclesias Ciuitatis eiusdem de ipsorum predictis terris et vineis, et a possessionibus; et prenominatos Dedigos de Ostrogh super dicta villa sua; atque Commune Spalati de prefata Insula Sancti Stefani, coram aliquo Rege Hungarie qui foret pro tempore; nec coram aliquo Bano, siue alio quocunque Domino seu Rectore, infestare, compellere, impetere, aduersari, molestari in quocumque nec facere molestari.

Volumus et diffinitiue adiudicando sentenciamus, quod supradicti dominus Archiepiscopus et Capitulum Sancti Domnij, et omnia Monasteria siue Ecclesie, quorum sunt dicta bona seu possessiones prescripte, non possint de cetero homines et Commune Tragurij impetere, compellere, adgrauare vel molestare seu infestare de fructibus cunctis, quos a tempore dicte prioris guerre luctusque Commune et homines de Tragurio de dictis eorum terris et vineis seu possessionibus perceperunt vel percepisse potuerunt; et e conuerso homines et Commune Tragurij non possint de cetero homines et Commune Spalati impetere, compellere, adgrauare, infestare vel molestare de fructibus cunctis, quos a tempore dicte prioris guerre usque nunc Commune et homines Spalati de dictis eorum terris, vineis, seu possessionibus perceperunt vel percipere potuerunt.

Alijs vero uniuersis et singulis litibus et questionibus, quas homines et Commune Spalati aduersus homines et Commune Tragurij; vel homines et Commune Tragurij aduersus homines et Commune Spalati promouebant vel promouere poterant quoquomodo occasione homicidiorum, predarum realium vel personalium, vel alicuius alterius offense, que et quas homines et Commune Spalati per se vel per alios fecissent seu fieri fecissent hominibus et Communi Tragurij; vel homines et Commune Tragurij fecissent vel fieri fecissent hominibus et Communi Spalati, tam in dicta priori guerra quam in presenti, sentencialiter arbitrando et diffinitiue adiudicando finem imponimus, et utrique Ciuitati silencium sempiternum; ut deinceps nullo unquam tempore aliqua Ciuitatum dictarum Spalati vel Tragurij aduersus alteram Ciuitatem, vel aliquis ex conciuibus dictarum Ciuitatum aduersus aliquem ciuem alterius Ciuitatis, siue homines vel Commune Tragurij aduersus Comitem Stepconem de Zectina, vel dominum Volcestam quondam domini Vulcigne filium, qui in auxilium steterunt Spalatensium; vel Commune et homines de Spalato aduersus Iuppanum Sleoc et Steredem, qui in auxilium Tragurensium steterunt in hac videlicet guerra, que presencialiter habebatur inter Ciuitates easdem occasione alicuius homicidij vel prede, ut dictum est, realis vel personalis, seu cuiuscunque alterius modi vel offense, cum instigante diabolo homicidia multo plurima hinc inde priori guerra, quam in presenti perpetrata et facta essent, infestare seu molestare valeat vel debeat, nec in aliquo adgrauare; sed in pace perpetua utreque Ciuitates debeant perseuerare, nec in quoquam altera alteram in personis offendere vel rebus.

Et hec quidem omnia et singula supra scripta nos pretaxatus Comes Georgius Preste, et Domaldus iudices, arbitri, arbitratores concordauerunt, laudauerunt, diffiniuerunt amicabilem composicionem Ciuitatum sepedictarum per arbitrium, laudum, concordium atque sentenciam diffinitiuam precipimus, ordinamus atque volumus, pro veraque ipsarum Ciuitatum, perpetuo firma et rata in omnibus capitulis inuiolabiliter obseruari sub pena duarum millium marcarum argenti, quas contraueniens Ciuitas de bonis sui Communis suorumque ciuium omnium soluere teneatur, medietatem videlicet Ciuitati alteri, que hec nostra mandata, Iaudum, arbitrium et sentenciam obseruauerit, et aliam medietatem Communi Ciuitatis Jaderensis, quod Commune seu que Ciuitas pro ambabus ipsis Ciuitatibus fideiussit, et ad hoc, quod hec nostra sentencia, lau-

dum, concordium siue arbitrium ad effectum debitum perducatur. Nos ipsi Judices arbitri memorati loco prestaldi siue
executoris prefatum dominum Archiepiscopum, Capitulum et
Monasteria siue Ecclesias Spalatenses in corporalem ac perpetuam possessionem posuimus et induimus in possessionibus
eis superius adiudicatis, et Commune Spalati in insula Sancti
Stefani, et suprascriptos Didigos in dicta villa Ostroch.

Actum est hoc et firmatum apud Spalatum in domo Fratrum Predicatorum Conuentus Ciuitatis Spalatensis partibus
hijs vocatis et rogatis testibus; videlicet fratre Dominico Sub-
priore, fratre Jesse Lectore, et fratre Leonardo Ordinis Predicatorum prefati Conuentus Spalati; et fatre Michaele Guardiano
Ordinis Minorum Conuentus Spalatensis; et nobilibus viris
Cerne de Dune, et Michaele Martinus ciuibus Jadrensibus. Ad
maiorem cautelam et perpetuam firmitatem nos prelibati
Judices arbitri hanc nostre sentencie, concordij siue arbitrij
paginam sigillorum nostrorum pendencium munimine fecimus
roborari.

Ego Preste de Cotopagne Judex arbiter in predictis me
subscripsi.

Ego Domaldus Zadulinus Judex arbiter in predictis me
subscripsi.

Ego Vincencius Ecclesie Sancte Marie Maioris Clericus et Jadrensis Notarius predictis interfui rogatus, vt audiui
hanc sentenciam concordij siue arbitrij cartam scripsi, robo-
raui et signo solito signaui.

(Lucius, Memorie Istoriche di Trau 101. l.)

IV. László király a nyúlszigetet adományozza a boldogságos asszony tiszteletére ott felszentelt apáczazárdának. 1278.

Nos Ladizlaus Dei gracia Hungarie, Dalmacie, Croacie, Rame, Seruie, Gallicie, Lodomerie, Cumanie Bulgarieque Rex omnibus Christi fidelibus presentem paginam inspecturis salutem in Domino sempiternam. Diuini Numinis incomprehensibilis altitudo Regni gubernacula Regibus Catholice fidei eo committit felicius gubernanda, quo ijdem Reges Ecclesias Christi sanguine rubicatas, sue tutele commissas nituntur ditare in temporalibus.vberius seu dotare. Proinde ad vniuersorum noticiam tam presencium quam futurorum harum serie uolumus peruenire : quod nos pia douocionis consideracione, quam ad.Gloriosam Dei Genitricem, que cuiquam fidelium nouercari non nouit, habemus, benignissime inducti, insulam supra Danubium circa Veterem Budam existentem, que quondam Insula Leporum wlgariter, nunc autem Insula Beate Virginjs Marie nuncupatur, cum muris, terris, habitatoribus presentibus et futuris, ac alijs utilitatibus omnibus, et breuiter quicquid iuris habemus vel habere potuissemus, aut eciam habere debuissemus in eadem, totum ex nunc libere damus, donamus et concedimus uterine sorori nostre karissime, domine uidelicet Elizabeth, ac omnibus dominabus, sororibus uidelicet Monasterij Beate Virginis in eadem insula Deo iugiter famulantibus, et Monasterio supradicto, perpetuo et irreuocabiliter possidenda; volentes et concedentes, quod a modo tam ipsum Monasterium Virginis Intemerate, quam vniuerse religiose sorores in eodem feliciter dagentes, collacione huius insule per nos regaliter facta, secure et illibate gaudeant et fruantur. In cuius rei memoriam firmitatemque perpetuam presentes concessimus litteras dupplicis sigilli nostri robore communitas. Datum per manus venerabilis viri Magistri Thome Albensis Ecclesie Electi aule nostre ViceCancellarij, dilecti et fidelis nostri anno Domini M•CC•LXX•VIII•., Regni autem nostri anno sexto.

(Eredetie bőrhártyán, sárga-ibolyaszinű selyemzsinóron függő pecsét alatt ; a budai kir. kamarai levéltárban. Nevezetes eltérésekkel közölve Fejérnél Cod. Dipl.V. köt. 2. r. 436. l.)

188.

IV. László király Márton győri várjobbágy örökös nélkül történt halála utdn annak telkét adományozza Csitvdni Egyed comesnek. 1278.

(Hazai Okmánytár I. köt. 70. l. Nagy Imre közleménye.)

189.

IV. László királynak bizonyságlevele, hogy Miklós választott esztergami érsek, és testvére Gyula, Tothi földet Hippolit esztergami kanonokra átruházzák. 1278.

(Hazai Okmánytár IV. köt. 57. lap. Nagy Imre közleménye.)

190.

IV. László királynak Farkasfalva és Pokoy helységeket tár-
gyazó adománya Palan comes számára. 1277.

(Ij. Kubinyi Ferencz, Magyar Történelmi Emlékek I. köt. 101. l.)

191.

IV. László király átírja és megerősíti László szepesi főispán-
nak emlékiratát, mely szerint a király parancsára Fülöp és
Ehellő fiait bíróilag birtokukba visszahelyezte. 1278.

(Ifj. Kubinyi Ferencz, Magy. Történelmi Emlékek I. köt. 103—105. ll.)

192.

A velenczei köztársaságnak határozata, hogy a Velencze fel-
sőbbsége alatt álló dalmacziai városok grófjai a velenczei
nagy tandcs tagjai legyenek. 1278.

Quod Comites Dalmacie sint de Maiori Consilio. Millesimo ducentesimo septuagesimo octauo, indiccione sexta, die

tercio intrante Maio, pars fuit capta : quod Comites Dalmacie
debeant esse de cetero de Maiori Consilio sine alia electione.

(Ljubics, Monumenta spectantia historiam Slavorum Meridionalium
I. köt. 118. l.)

193.

*Gyula orszdgbirónak bizonysdglevele, hogy Roland bánnak fiai
Aravicha helységet örökbirtokúl átengedték anyjuknak. 1278.*

Nos Giula Comes Judex Curie domini Regis vniuersis
quibus expedit significamus presencium per tenorem, quod
Matias Comes et Magister Ratoldus filij Rolandi Bani bone
memorie fratris nostri karissimi, coram nobis personaliter
constituti confessi sunt uiua uoce quandam possessionem
ipsorum Arauicha uocatam in Posoga constitutam cum suis
vtilitatibus secundum continenciam litterarum ipsius Rolandi
Bani domine matri ipsorum, relicte R. Bani demisisse perpetuo
possidendam. Datum in Ratold in die Cinerum anno Domini
M°CC°LXX° octauo.

(Eredetie bőrhártyán, fehér-ibolyaszínű selyemzsinóron függő pecsét
alatt; a budai kir. kamarai levéltárnak Zágrábban lévő részében.)

194.

Kontromanovizh Istvdn boszniai bán privilegiuma az Omache-
vich comesek számára. 1278.

Legimus privilegium quoddam a Bano Stephano Kon-
tromanovich datum Comitibus Omachevich anno 1278. die 18.
Decembris talem subscriptionem habens : Datum in nostro ·
palatio in Suttisca.

(Farlati Illyricum Sacrum IV. köt. 39. l.)

195.

Miklós szlavoniai bánnak az alatta álló birák és adószedökhez
intézett parancsa, hogy Gerzencze vármegyében, mely a zágrábi
püspöknek adományoztatott, el ne járjanak. 1278.

N(icolaus) Banus tocius Sclauonie vniuersis Judicibus,
Collectoribus marturinarum et zulusinarum pro tempore constitutis salutem et graciam. Cum dominus noster Ladizlaus,
illustris Rex Vngarie, Comitatum de Guersenche cum premissis collectis marturinarum, septem denariorum, zulusinis, Judiciis, iurisdiccionibus ac aliis redditibus et proventibus eiusdem venerabili patri domino Thymotheo Dei gracia Episcopo
Zagrabiensi perpetualiter duxerit conferendum, prout per privilegium ipsius domini nostri Regis nobis patuit evidenter;
vobis firmiter precipientes mandamus : quatenus de huiusmodi collectis et judiciis vos nullomodo intromittere presuma-

·tis, ymo volumus, quod omnino et expresse manus vestras
retrahatis, aliud facere nullatenus presumatis. Datum Zagra-
·bie, die dominico proximo post festum Omnium Sanctorum
·anno Domini MCCLXXVIII.

(Tkalcsics, Monum. hist. Episc. Zagrabiensis I. köt. 191. l.)

196.

·*János kalocsai érsek megerősíti a rimavölgyi aranybányászok
1268·ki és 1270-ki szabadalmait. 1278.*

Nos Johannes miseracione Diuina Colocensis et Bachiensis Ecclesiarum Electus, Prepositus Budensis, Aule domini
Regis Cancellarius memorie commendamus significantes quibus expedit vniuersis presencium per tenorem, quod hospites
nostri de aurifodina nostra de Rymua ad nostram accedentes
presenciam, exhibuerunt nobis priuilegia venerabilis patris
Stephani Dei gracia Archiepiscopi Colocensis bone memorie
predecessoris nostri super libertate ipsorum confecta, peten-
·tes cum affectu, vt nos libertatem eorum ratificare, et nostro
priuilegio dignaremur confirmare. Cuius quidem priuilegij
tenor talis est :
Stephanus miseracione Diuina Sanctarum Colocensis et
Bachiensis Ecclesiarum Archiepiscopus stb. (következik István
kalocsai érseknek 1268-ki okmánya, mint Okmánytarunk
VIII. vagyis a második folyam III. kötetében 212. l.)
Item alterius priuilegij tenor talis est:
Stephanus Dei gracia Colocensis et Bachiensis Archi-
·episcopus stb. (következik István kalocsai érseknek 1270-ki
okmánya, mint fentebb 33. szám alatt.)
Nos itaque ipsorum hospitum nostrorum de aurifodina
iustis precibus inclinati, attendentesque ipsa priuilegia venerabilis patris non cancellata, non abrasa, non interleta (így)

nec in aliqua sui parte uiciata, tenorem eorundem de uerbo-
ad uerbum presentibus inseri facientes, et libertates prescriptas cupientes inuiolabiliter opserare, auctoritate presencium
confirmamus. Dntum in Zumbothel quarto die Sancti Martini
anno Domini M°CC°LXX° octauo.

(Eredetie bőrhártyán, melyről az érseknek pecsétje zöld-fejér selyemzsinóron függ ; a budai kir. kamarai levéltárban.)

197.

*Gergely comes és kiküldött birótársainak jelentése Péter nádor-
hoz, az Ochuz comes által véghezvitt erőszakoskodások feletti
nyomozásaik eredményéről. 1278.*

(Ifj. Kubinyi Ferencz, Magyar Történelmi Emlékek I. köt. 109. l.)

198.

*A csaszmai káptalannak bizónyságlevele, hogy Iván Beriszló-
nak fia Polychnában lévő birtokrészét eladta Illés szdsz comesnek. 1278.*

Capitulum Chazmensis Ecclesie vniuersus Christi fidelibus presens scriptum inspecturis salutem in Domino sempiternam. Ad vniuersorum noticiam serie presencium volumus-
peruenire, quod Iwan filio Beryzlay a parte vna, ab altera
autem Magistro Blasio seruiente Comitis Elye Saxonis vice et

nomine eiusdem domini sui, coram nobis personaliter constitutis, idem Iwan porcionem terre sue in Polychna ipsum,
sicut dixit, concernentem, cum siluis et vniuersis alijs attinencijs ac vtilitatibus suis, sub metis, terminis et signis infrascriptis confessus est, ex permissione et beneplacito Martiny
et Dominici fratrum suorum uendidisse eidem Comite Elye, et
suis per eum heredibus pro triginta et tribus marcis pleue
acceptis, sicut dixit, irreuocabiliter habendam et iure perpetuo possidendam. Item Isan filius Guerdem coram nobis personaliter constitutus quandam particulam terre sue, adiacentem
terre eiusdem Iwan, uendidit eidem Comiti Elye pro vna
marca coram nobis accepta iure perpetuo possidendam et
habendam. Mete autem terre per dictum Iwan vendite, et
particule terre vendite per Isan prescriptum, sicut homo
noster quem ad faciem earundem miseramus, nobis recitauit,
presentibus et consencientibus commetaneis et vicinis, quorum nomina inferius exprimuntur, pacifice et quite erecte hoc
ordine distinguntur : Videlicet prima meta incipit a parte
orientis in commetacione terre Stephani filij Stephani ab
arbore gartan crucesignata meta terrea circumfusa; inde ad
fluuium Blanycha, in quo procedens inferius uersus partem
occidentis in magno spacio exit ad metam terream, in qua est
dumus jawor; inde in vna ualle uersus meridiem tendens
exit ad metam terream sitam iuxta viam; inde in eadem via
declinat uersus partem occidentis, et peruenit ad magnam
uiam, ubi est meta terrea, ibique commetatur particule terre
vendite per Isan prefatum; inde in eadem magna via uersus
meridiem procedens exit ad arborem ihor crucesignatam meta
terrea circumfusam ; inde directe procedens uenit ad arborem
haas crucesignatam meta terrea circumfusam, sitam iuxta fluuium Charnareka; inde in eodem fluuio procedens inferius
iuxta terram Magistri Moys in magno spacio uenit ad locum,
ubi quidam riuus Dobouech uocatus cadit in dictum fluuium
Charnareka, ibique est arbor gartan crucesignata, sub qua
est meta terrea ; inde in eodem riuo Dobouech, iuxta terram
dicti Iwan, ac Dominici fratris eiusdem procedens superius
uersus partem septemtrionis in magno spacio exit ad metam
terream sitam iuxta uiam; inde in eadem uia procedens in
magno spacio uenit ad metam terream ; inde in alia uia pro-

cedens uenit ad viam cruce signatam; inde in uia declinat ad
metam terream sitam iuxta fluuium Jawarawa, in quo procedens superius in modico spacio uenit ad quendam riuulum, in
quo tendens superius iuxta terram filiorum Guerden exit ad·
metam terream; inde iuxta siluam uersus partem orientis
procedens uenit ad arborem has crucesignatam meta terrea
circumfusam; inde ad aliam arborem haas crucesignatam;
inde per siluam procedens uersus septemtrionem uenit ad
arborem bik crucesignatam; inde directe uenit ad metam terream; inde ad siluam, in qua procedens per continuas arbores crucesignatas iuxta terram predicti Stephani in magno
spacio uenit ad arborem ihor crucesignatam meta terrea circumfusam, ubi vicinatur terre Jacobi filij Stepk; inde uersus
partem orientis per arbores crucesignatas procedens uenit ad
arborem gartan crucesignatam; inde in commetaneitate terre
dicti Stephani per continuas arbores crucesignatas in magno
spacio venit ad priorem metam, ibique terminatur. In cuius
uendicionis memoriam pleniorem et robur presentes concessimus sigilli nostri patrocinio communitas. Datum in festo
Beati Johannis Baptiste anno Domini M ᵒCC ᵒLXX ᵒ octauo.

(Eredetie bőrhártyán, melynek pecsétje vörös-fehér-zöld selyemzsinóron függ; a budai kir. kamarai levéltárban.)

199.

*A csaszmai káptalannak bizonyságlevele, hogy Egyed Ragyn-
nak fia és Domokos Ivánnak fia szőlejüket eladták Odovich
comesnek. 1278.*

Nos Capitulum Chazmensis Ecclesie tenore presencium
significamus quibus expedit vniuersis, quod Egidio filio Ra-
guyn, et Dominico filio Iwan a parte una, ab altera autem
Comite Odouich filio Gurgus tam pro se quam pro Elya fratre

suo coram nobis personaliter constitutis ; idem Egidius vineam
suam super terra Guinzyna filij Wecherni, quam idem a Mark
filio Iwan comparasse dinoscitur, existentem inter vineas
eiusdem Guenzyna sitam pro tribus marcis plene acceptis,
prout dixit ; item aliam vineam suam iuxta Zaposchycha super
terra dicti Guenzyna constitutam pro una marca confessus est
uendidisse eidem Comiti Odouich et Elye irreuocabiliter habendas et iure perpetuo possidendas. Item idem Dominicus
uineam Iwanch ad ipsum ex parte dicti Egidij denolutam
super terra ipsius Guenzuna inter uineas eiusdem existentem
confessus est vendidisse predictis Comiti Odouich et Elye pro
sex marcis, prout retulit, iam acceptis irreuocabiliter habendam et jure perpetuo possidendam. Astitit eciam coram nobis
personaliter Guenzyna supradictus, qui (dictis) uendicionibus
uinearum in nullo contradicens, fauorabilem consensum prebuit et assensum. Vt igitur prescriptarum vendicionum series
robur perpetue firmitatis (obtineat), nec per quempiam processu temporis ualeat retractari seu in irritum reuocari, sed
semper salua et inuiolabilis in perpetuum perseueret, presentes concessimus sigilli nostri patrocinio communitas. Datum
secunda feria proxima post festum Pentecostes anno Domini
millesimo ducentesimo LXX⁰ octauo.

(Eredetie bőrhártyán, melyről a pecsét sárga-vörös selyemzsinóron.
  függ; a fömélt. herczeg Batthyáni család levéltárában.)

200.

A csazmai káptalannak bizonyságlevele, hogy Bogdoszló és Pousa Gariy-i várjobbdgyok garigi örökbirtokukat eladták Jakab, Stepk fiának. 1278.

Nos Capitulum Chasmensis Ecclesie tenore presencium significamus vniuersis, quod Bogdozlou et Pousa filij Zouani a parte vna, ab altera autem Jacobus filius Stepk iobagiones Castri de Garig coram nobis personaliter constituti, ijdem Bogdozlou et Pousa terram eorum hereditariam in Garig, inter terras ipsius Jacobi et fratrum suorum, Alexij filij Zouk, Bogdani filij Ztoik, et Stephani filij Stephani existentem, ipsos, ut dixerunt proporcione contingentem, totaliter et omnino cum duabus vineis, vna videlicet in eadem existente, alia vero super terra dicti Stephani constituta, ac omnibus alijs vtilitatibus et attinencijs suis confessi sunt uendidisse eidem Jacobo, suisque per eum heredibus, pro decem marcis plene coram nobis acceptis jure perpetuo possidendam et habendam. Cuius terre mete, sicut homo noster, quem ad faciem ipsius miseramus, nobis recitauit, presentibus commetaneis et uicinis pacifice et quiete erecte taliter distinguntur: Videlicet prima meta incipit a parte orientali iuxta terram filiorum Stepk predicti in capite unius sicce wallis, ubi est meta terrea; inde ad uiam vsque procedens uenit in caput vallis Ztermech uocate, ubi est meta terrea; inde per eandem wallem in riuo procedens inferius exit ad unum puteum, ubi est meta terrea; inde procedit iuxta siluam uersus meridiem; deinde iuxta arbores bik uenit ad metam terream; inde procedens uersus partem occidentis peruenit ad uiam, iuxta quam est meta terrea; inde directe procedens inferius cadit in fluuium Diuich dictum commetaneo actenus predicto Alexio existente; inde procedens superius exit ad wallem Kasnidol uocatam, in qua procedens uenit ad caput eiusdem vallis ad vnam viam, in qua procedens uersus occidentem in magno spacio uenit ad aliam uiam, super qua itur ad locum fori de Garig, ibique est meta terrea, commetaneis actenus Bogdano et Chernel existentibus; inde iuxta terram dicti Stephani procedens uersus septemtrionem in predicta uia in silua exit ad metam terream; inde declinat ad caput fluuij Graduch, ibique mons seu berch Gradech uocatus cedit dicto Jacobo, terra dicti Stephani a parte occidentali remanente; inde in eodem fluuio procedens inferius relinquit terram ipsius Stephani, et uicinatur terre filiorum Stepk, et cadit in fluuium Medueganuga; in quo procedens superius uersus meridiem, exiensque de ipso fluuio procedit uersus partem orientis in siluis bik, et uenit ad priorem metam, ibique terminatur. Astiterunt eciam coram nobis personaliter Stephanus filius Stephani, et Alexius filius Zouk, qui huic vendicioni et empcioni in nullo contradicentes fauorabilem consensum prebuerunt et assensum. In cuius uendicionis testimonium et robur presentes concessimus sigilli nostri patrocinio communitas, feria sexta ante festum Purificacionis Beate Virginis anno Domini M°CC° septuagesimo octauo.

(Eredetie börhártyán, melynek pecsétje fejér-vörös-zöld selyemzsinóron függ ; a főmélt. herczeg Batthyáni család levéltárában.)

201.

Az egri káptalannak bizonyságlevele, hogy Detre comes fiai Ozdabugh birtokot Szuhai János fiainak elzálogosították. 1278.

(A gróf Zichy család Okmánytára I. köt. 41. lap. Nagy Imre közleménye.)

202.

A pécsi káptalannak bizonyságlevele, hogy Lőrincznek fiai Lőrincz, Tamás és érdektársai, Laymer helységbeli birtokukat Illés comesnek és érdektársainak eladták. 1278.

(A gróf Zichy család Okmánytára I. köt. 39. l. Nagy Iván közleménye.)

203.

A váczi káptalannak bizonyságlevele, hogy Nándor-i Rendld és Jakab Iwan nevű földükből nyolczvan holdat átengedtek Meney Endrének. 1278.

(Ifj. Kubinyi Ferencz, Magyar Történelmi Emlékek I. köt. 107. l.)

204.

A zágrábi káptalannak bizonyságlevele, hogy a Surló nemzetségbeliek Sernov helységet eladták a topuskai apátnak. 1278.

Capitulum Ecclesie Zagrabiensis universis presentem paginam inspecturis salutem in omnium salvatore. Ad universorum noticiam tenore presencium volumus pervenire, quod venerabili viro fratre Matheo, Abbate Monasterii de Toplicha

16*

pro se et pro Conventu eiusdem Monasterii a parte una, et
Johanne filio Iwanch, Galcan filio Petri, Drugizlo filio Zibizlai,
Wratizlo filio Wulkoyn, de generacione Surlo, pro se et aliis
de eadem generacione ab altera coram nobis personaliter
constitutis, idem Johannes et ceteri prenominati de parte sua
dixerunt et confessi sunt : terras seu possessiones eorumdem
Sernov vocatas, quarum mete seu termini inferius suo ordine
sunt distincti, vendidisse et tradidisse memorato domino
Abbati et eius successoribus, eidemque Monasterio de Toplica
cum omnibus utilitatibus et pertinenciis terrarum seu possessionum eorundem, reservatis cum molendinis et vineis in eisdem terris existentibus apud ipsos, exceptis quatuor locis
molendinorum et quindecim vineis, in quibus eligendis pro
sue voluntatis arbitrio prefatus dominus Abbas habebit ple-
nariam optionem, pro triginta et tribus marcis denariorum
Zagrabiensium, singulis cum quinque pensis, receptis plenarie ab eodem, pleno iure in perpetuum possidendas. Obligantes se et assummentes per se et suos heredes expedituros
sepedictum dominum Abbatem et eius successores prefatum-
que Monasterium penitus suis laboribus et expensis ab omni
questione, quam racione prescriptarum terrarum contra eundem dominum Abbatem vel eius successores per quempiam in
iudicio vel extra iudicium moveri contingeret in futurum.
Mete autem predictarum terrarum, sicut discretus vir **Magister Mamfredus**, Archidiaconus de Guerebe, ad ipsas circum-
spiciendas per nos specialiter destinatus nobis retulit, tali
ordine distinguntur : Prima meta ab oriente incipit in loco
ubi cadit Surno in fluvium Gradicha vocatum, ubi est arbor
gercheanſa cruce signata ; deinde tendit inferius per longum
spacium per eundem fluvium Gradycha versus orientem usque ad locum, ubi cadit rivulus Ogrageniche in predictum
fluvium Gradicha, ubi est arbor cherasi cruce signata ; deinde
tendit versus occidentem per longum spacium per predictum
rivulum Ogrageniche inter montes usque ad fontem, qui est
caput eiusdem rivuli, ubi est arbor hasfa cruce signata, iuxta
quam sunt due mete terree ; deinde parumper progreditur
versus aquilonem ad duas arbores kercus cruce signatas ; a
quibus progreditur superius ad montem ad arborem castanee
cruce signatam ; inde paululum descendit ad duas arbores

bikfa cruce signatas, iuxta quas sunt due mete terree; inde
transiens per silvam Lumno nuncupatam, tendit per longum
spacium ad arborem sorbi cruce signatam, iuxta quam est
arbor bikfa similiter cruce signata; deinde descendit ad
quemdam rivulum Lumno vocatum, quem transiens ascendit
versus septemtrionem ad viam publicam, que separat terras
nobilium de Blyna a predicta terra, iuxta quam viam sunt
due arbores gercheanfa et hasfa vocate, cruce signate, iuxta
quas sunt due mete terree; deinde tendit per eandem versus
occidentem per magnum spacium ad quoddam trivium, ubi
sunt due mete terree; deinde ascendit per quemdam monticulum usque ad cacumen ipsius; a quo descendendo tendit
ad alium monticulum Kynnk vocatum, in cuius cacumine est
arbor cherasi cruce signata ; deinde descendendo versus
meridiem iuxta arborem piri silvestris tendit per modicu n
spacium ad alium trivium, ubi sunt due mete terree; inde
descendendo versus meridiem progreditur ad caput rivuli Zemo
vocati, a quo descendendo per eundem rivulum versus oricn-
tem per longum spacium pervenit ad primam metam, et sic
terminantur. Ut igitur huiusmodi vendicio robur obtineat perpetue firmitatis ad instanciam et peticionem partium presentes contulimus literas sigillo nostro consignatas. Datum anno
Domini MCCLXX octavo.

(Tkalcsics, Monum. hist. Episc. Zagrabiensis I. köt. 197. l.)

205.

*A zágrábi káptalannak bizonyságlevele, hogy a Buthei nemzet-
ségbeliek Brochina helységet átengedték a topuskai apátságnak. 1278.*

(Tkalcsics, Monum. hist. Episc. Zagrabiensis I. köt. 191. l.)

206.

A zágrábi káptalannak bizonyságlevele, hogy Povona nemzetségbeli Buduoy és rokonai Povona helységet és Wlkom szigetet eladták a topuskai apátnak. 1278.

(Tkalcsics, Monum. historica Episc. Zagrabiensis I. köt. 192. l.)

207.

A zágrábi káptalannak bizonyságlevele, hogy Detrek Wlchindnak fia Sekerie helységben lévő birtokát eladta Timoté zágrábi püspöknek. 1278.

(Tkalcsics, Monum. hist. Episc. Zagrabiensis I. köt. 193. l.)

208.

A zágrábi káptalannak bizonyságlevele, hogy Sándor Péternek fia és Máté Balázsnak fia Planina helységet eladták Timoté zágrábi püspöknek. 1278.

(Tkalcsics, Monumenta hist. Episcopatus Zagrabiensis I. köt. 195. lap.)

209.

Lesina és Brazza szigetek aldvetik magukat a velenczei köz-
társasdg föhatalmdnak. 1278.

Pactum Farre et Bracie. Millesimo CCLXXVIII. mensis
Aprilis die tercio intrante, presentibus nobilibus viris dominis
Marino Valaresso, Andrea Geno et Armorao Justo, tunc Consiliarii domini Ducis, Marco de Mugla et Bartholomeo Capello
et aliis. In capite sale, ubi sedent Judices Propri, venerabilis
pater dominus S. Dei gratia Farensis Episcopus ex virtute
commissionis sibi facte per homines Insule Farre, cuius exemplum inferius continetur, submisit ac subposuit ipsam insulam
et alias sui Episcopatus et personas et havere hominum et
personarum habitancium in ipsis insulis dominio et iurisdic-
tioni Magnifici domini Jacobi Contareno Dei gratia Veneciarum etc. et Communis Veneciarum eo modo et forma, qua
sunt subpositi alii sui fideles de Dalmacia, volens quod dominus Dux Veneciarum pro se et ipso Communi Veneciarum
hominibus et personis predictarum insularum dare debeat
Potestatem sive Rectorem, illum videlicet, qui ipsi domino
Duci et Consilio Veneciarum placebit, et per tantum tempus
per quantum ei placebit, ad regendum et gubernandum eos,
cum illo capitulari et cum illa forma, quod et quam ei dabit
dominus Dux predictus. Cui Potestati sive Rectori ipse expensas promisit, cum expensis et obligatione bonorum omnium
comunium personarum ipsarum Universitatum, quod per
Universitates ipsarum Insularum et sui Episcopatus, seu per
illos de Farra tantum providebitur in salario et pro salario
annuatim in libris mille venecialium parvorum secundum
cursum que habet parva moneta in partibus illis, et in domo
etiam pro habitatione ipsius; et quod hedifficabunt civitatem,
que aliis tempribus fuit apud Sanctam Mariam de Lesna, pro
habitatione hominum insularum ipsarum. Qui Potestas sive
Rector ibit et stabit cum illa familia et equis, que placuerit

domino Duci, et per tantum tempus, quantum videbitur domino Duci et Communi Venecriarum, promittentes sub pena mille
marcharum argenti eidem domino Duci recipienti nomine et
vice suo et Communis Veneciarum, quod per predictas Universitates et homines et personas ipsarum Insularum fuerint
observata omnia et singula suprascripta ; qua pena soluta si
contrafacerent vel non soluta, predicta omnia et singula in sua
permaneant firmitate.

Forma quidem syndicarie talis est : Magnifico domino
et potenti Jacobo Contareno, Dei gratia Veneciarum, Dalmacie atque Croacie Duci et Domino Quarte Partis et Dimidie
tocius Imperii Romanie, nec non Consilio eiusdem. Universitas nobilium et popularium de Fara qualiquumque subiectio-
ne humilius esse possit. Cum propter bonum status nostri
spiritualis et temporalis iustum et per mundum approbatum
regimen vestri Dominii, iam dudum desiderassemus, nunc
autem nostris desideriis annuente Domino finem optatum facere cupientes, omnes unanimiter et concorditer mittimus ad
Vestre Altitudinis sapientiam venerabilem patrem S. Dei
gratia Episcopum Farensem, dominum et patrem nostrum,
dantes eidem omnimodam auctoritatem, nostram universalem
voluntatem suo nutui exponento, ut quicquid idem venerabilis pater cum Vestre Magnitudinis sapientia tractaverit et de-
terminaverit, nos sub obligatione personarum et bonorum
nostrorum ratum, firmum ac perpetuum volumus observare.
In cuius rei testimonium presentes cum autentico sigillo Communitatis nostre fecimus roborari. Datum in Far in palacio
Episcopali anno Domini millesimo CCLXXVIII, quinto intrante Februarii.

(Ljubics, Monum. sp. hist. Slav. Merid. I. köt. 115. l.)

210.

*A velenczei köztársaság nagy tanácsának erre vonatkozó hatá-
rozata. 1278.*

Quod Insula Farre cum aliis ynsulis recipiatur ad fidelitatem Veneciarum. Millesimo ducentesimo septuagesimo octavo, indictione sexta, die primo Aprilis capta fuit pars : quod'
Insula Farre cum aliis insulis, que dependent ad Episcopatum
Farre, recipiatur cum condictionibus datis et dictis per eorum
Episcopum, et lectis in Maiori Consilio, salvo iure omnium
personarum. Et erant homines CCLI in Consilio, ex quibus
fuerunt VIII non et non sinceri XXVIII, et CCXVI de sic.

(Ljubtos, Monum. spect. hist. Slav. Merid. L. köt. 115. L.)

211.

*A velenczei kormány intézkedése a Lesina és Brazza szigetek
podestájának ellátásáról. 1278.*

De Potestate Farre et eius salario et familia. Millesimo
ducentesimo septuagesimo octavo, indictione VI, die XI exeunte Julio, capta fuit pars : quod Potestas, qui debet esse
in Insula Farre et Braze et aliis terris, que sunt de suo Epis-
copatu, debeat esse ad quatuor annos, et debeat habere libras
mille pro sallario ad denarios parvorum ad racionem de
denariis parvorum XXX pro quolibet grosso, qui debeat habere unum socium Venetum et unum Notarium, et scutifferos
VIII et equos sex. Cui socio teneatur dare duas robas decentes,

et libras XL in anno ad predictam racionem, et Notario teneatur dare pro sallario solidos XX grossorum, et de servito-
ribus possit tenere duos de Sclavonia vel Dalmacia. Et de
equis supradictis teneatur tenere tres in stalla. Et quod non
debeat vel possit recipere donum sive presens ab aliqua persona ullo modo vel ingenio, exceptis frugibus, quas sit lici-
tum recipere ad valorem unius grossorum a qualibet persona
in die, et duabus fialis vini, que non sint plus de libra qualibet a qualibet persona in die, de leporibus et perdicibus
quaternis carnibus cervi et carnibus de cuniglis, et non habeat mercatum, et in aliis commissis ponatur secundum formam aliarum commissionum, secundum quod videbitur. Et si
Consilium est contra, sit revocatum. Item habeat duos Consiliarios, qui habere debeant libras CC pro sallario pro quolibet
eorum ad par, ad dictam racionem; et habeant unum equum
et duos pueros pro quolibet; et habeant mercatum ita, quod
non possint habere ad mercatum libras MM ita quod non possint emere vinum vel bladum pro incanipare causa revenden-
di vel mittendi extra terram per se vel per alios ullo modo.
Et debet fieri regimen per maiorem partem ipsorum.

(Ljubics, Monum. sp. hist. Slav. Merid. I. köt. 119. l.)

212.

IV. László királynak a Kanyi Tamás hűtlensége folytán reá
szállott javakat tárgyazó adománya, Tamás comes és János
mester, Barnabásnak fiai számára. 1279.

Ladizlaus Dei gracia Hungarie, Dalmacie, Croacie,
Rame, Seruie, Gallicie, Lodomerie, Cumanie, Bulgarieque
Rex omnibus Christi fidelibus presentes litteras inspecturis
salutem in omnium saluatore. Ad universorum noticiam tenore presencium uolumus peruenire, quod cum nobis post

obitum domini Stephani Serenissimi Regis Hungarie patris
nostri karistimi clare recordacionis in etate tenerrima et
pupillari derelictis, et Regnum nostrum regere non ualentibus,
Thomas de Kany primo Nycolao Woywode filio Pauli, et
demum Gregen fratri eiusdem infidelibus nostris adherendo,
multas infidelitates et destrucciones quamplurimas in Regno
nostro commisisset, et in castro eorundem Nycolai Woywode
et Gregen Deerspalataya uocato commorando, idem Thomas
omnes possessiones Comitis Thome et Magistri Johannis filiorum Barnabe, Magistri Rolandi et Stephani filiorum eiusdem
Comitis Thome, nobilium de genere Borsa fidelium nostrorum,
eo quod ijdem tempore sedicionis et guerrarum, in Regno nostro
per infideles Barones nostros commotarum, in fidelitate nobis
et Corone Regie debita persistentes infidelibus Baronibus
nostris nullatenus adheserunt, penitus destruxisset, dampnum
et ualorem trecentarum marcarum eisdem irrogando. Et cum
elapsis annis puerilibus Diuine pietatis clemencia ad etatem
iam adultam nos perduxisset, et in nos recepissemus gubernacula Regni nostri pleno iure, proposuimus Deo auxiliante
refrenatis malefactoribus et destructoribus incolas Regni nostri, qui hactenus grauamina indicibilia et dampna inestima-
bilia per eosdem malefactores et destructores perpessi fuerant,
in pristinum statum tranquillitatis et quietis reformare. Accedentes igitur Waradinum de Byhorino vnacum quibusdam
Baronibus nostris in septem Comitatibus, videlicet in Byhor,
Zonuk, Zathmar, Crazna, Bekes, Zarand et Zobouch nominatis, Generalem Congregacionem Waradynum fecimus publice
proclamari. Cum itaque per vniuersos nobiles, et alios cuiuslibet condicionis homines, de predictis septem Comitatibus ad
ipsam Congregacionem nostram Waradynum accedentes, predictus Thomas de Kany, qui ad ipsam Congregacionem nostram uenire non curauit, in labe furti et latrocinij, ac pro
destructore incolarum Regni nostri in conspectu Nostre Ma-
yestatis accusatus extitisset et publice proclamatus; et per
proclamacionem eorundem Nobis constitisset euidenter, prenominatum Thomam de Kany omnes possessiones Comitis
Thome, Magistrorum Johannis et Rolandi ac Stephani predictorum destruxisse, et eisdem dampnum ad ualorem trecentarum marcarum intulisse : Nos ipsum Thomam de Kony pro

huiusmodi infidelitatibus suis et excessibus morti adiudicantes, villam eius Vrws uocatam in Comitatu Byhoriensi existentem, quam dictus Thomas non ex collacione Regia, nec
iusto empcionis titulo possederat, sed potencialiter occupaue-
rat, eo quod domini sui prenominati Nycolaus Woyawoda et
Gregen tunc temporis in Regno nostro, et specialiter in prouincia Waradycnsi cum magna potencia se gerebant, cum
omnibus utilitatibus suis, sub antiquis metis et terminis, quibus eadem per priores suos possessores limitata fuerat et possessa; et vineam eiusdem empticiam super terra Ecclesie
Waradiensis in loco Pyspukmal uocato adiacente, nec non
omnia bona ipsius, mobilia videlicet et immobilia, que licet
respectu destruccionum et dampnorum Comitis Thome, Magistrorum Johannis, et Rolandi, ac Stephani predictorum per
prefatum Thomam de Kany illatorum modica esse uideantur,
pro dampnis et destruccionibus nichilominus eorundem, dedimus et assignauimus prenominatis Comiti Thome, Magistris
Johannis et Rolando, ac Stephano, et alijs filijs ipsius Comitis Thome, Jacobo, Ladizlao, Benedicto et Johanni uocatis;
nec non filijs predicti Magistri Johannis, Petro, Johanni et
Nycolao nominatis, et per eos suis heredibus, heredumque
suorum successoribus perpetuo et irreuocabiliter possidenda. In
cuius rei memoriam firmitatemque perpetuam presentes litteras
concessimus dupplicis sigilli nostri munimine roborando. Datum
per manus venerabilis viri Magistri Nycolai Electi Ecclesie Albensis Aule nostre ViceCancellarij, dilecti et fidelis nostri anno
Domini millesimo ducentesimo septuagesimo nono, III°. kalendas Februarij, indiccione septima, Regni autem nostri anno
septimo. Metropolitana Sede Strigoniensis Ecclesie uacante,
Johanne Spalatensi Archiepiscopo, Johanne Archielecto Colocensi aule nostre Cancellario; Job Quinqueecclesiensi, Lodomerio Waradiensi, Tymotheo Zagrabiensi, Dyonisio Jauriensi,
Petro Transiluano, Andrea Agriensi, Gregorio Chanadiensi,
Petro Wesprimiensi, Thoma Wacyensi Episcopis Ecclesias
Dei feliciter gubernantibus. Matheo Palatino, Comite Supruniensi, Symigiensi, Judice Cumanorum; Nycolao Bano tocius
Sclauonie, Vgrino Magistro Tawarnicorum nostrorum, Bano
de Machou; Fynta Woyawoda Transiluano, Comite de Zonuk;
Stephano Magistro Dapiferorum nostrorum, Comite Poso-

niensi; Laurencio Bano de Zcurino ; Stephano Bano, Judice Curie nostre, Comite Musuniensi; Petro Magistro Agasonum nostrorum, Comite de Zybynio; Magistro Petro Comite Nytriensi, Jakov Magistro Pincernarum nostrorum, Chepano Comite Castri Ferrei, Paulo Comite de Barana, Magistro Reynoldo Comite de Wolkon, Johanne Comite Zaladyensi, et alijs quam pluribus Comitatus Regni tenentibus et honores.

(Eredetie börhártyán, zöld-ibolyaszínü selyemzsinóron függő pecsét alatt ; a főmélt. herczeg Eszterházy család levéltárábau.)

213.

IV. László király Perchinus comes halála után annak javairól nagybátyja Merculinus comes, és testvére Antal érdekében intézkedik. 1279.

Ladizlaus Dei gracia Hungarie, Dalmacie, Croacie, Rame, Seruie, Gallicie, Lodomerie, Cumanie Bulgarieque Rex omnibus Christi fidelibus presentes litteras inspecturis salutem in omnium saluatore. Ad vniuersorum noticiam harum serie uolumus peruenire, quod cum Nos et domina Regina karissima consors nostra honestum virum Comitem Perchinum fidelem nostrum ad dominum Karolum Regem Sicilie socerum nostrum karissimum pro agendis nostris arduis misissemus, idemque apud cum functus nostre legacionis officio congruenti iuxta Nostre beneplacita Maiestatis esset in suo reditu in itinere constitutus; incidit in latrones, ibique per eosdem miserabiliter extitit intemptus; et post mortem eius Nicolaus Banus tocius Sclauonie dilectus et fidelis noster uniuersas possessiones eiusdem existentes in Sclauonia occuparat. Verum quia Merculinus Comes fidelis noster, auunculus ipsius Comitis Perchini, dimidietatem uniuersarum possessionum Perchini Comitis predictarum suam fuisse et esse

per priuilegiales litteras venerabilis Capituli Strigoniensis
Ecclesie, et alia documenta declarauit : Nos predictam dimidietatem omnium possessionum Perchini Comitis empticiarum
Merculino Comiti reddidimus, restituimus et reliquimus tanquam ius suum perpetuo possidendam ; residuam uero dimidietatem earundem possessionum reddidimus et restituimus
Anthonio fratri Perchini Comitis uterino, ad quem eadem
dimidietas debebat deuenire iure successorio et consuetudine
Regni nostri, similiter perpetuo possidendam. Ad hoc, quia
omnes alie possessiones, quas Perchinus Comes ex collacione
Regia obtinebat, post mortem eius ad manus nostras fuerant
deuolute ; Nos easdem Merculino Comiti propter fidelia merita
seruiciorum ipsius, que primum felicis recordacionis Serenissimo Regi karissimo patri nostro, et demum nobis omni tempore incessanter exhibuit et impendit, ac Anthonio fratri iam
dicti Comitis Perchini de Regio fauore et gracia speciali donauimus, dedimus et contulimus perpetuo et irreuocabiliter possidendas ; omnesque litteras nostras, si quas super collacione
ipsarum possessionum a Nobis aliqui forsitan impetrassent,
auctoritate presencium reuocamus, cassamus, uanas et irritas
nunciamus. In cuius rei memoriam et perpetuam firmitatem
Merculino Comiti et Anthonio fidelibus nostris presentes concessimus litteras dupplicis sigilli nostri munimine roboratas.
Datum per manus venerabilis viri Magistri Nicolai Aule nostre
ViceCancellarij dilecti et fidelis nostri anno ab Incarnacione
Domini M^{o}CC^{o}LXX° nono, Regni autem nostri anno septimo,

(Eredetie bőrhártyán, a zöld selyemzsinóron függött pecsét elveszett;
a budai kír. kamarai levéltárnak Zágrábban lévő részében.)

214.

*IV. László király Fyothát, Farkasnak fiát, Csurma földe bir-
tokában megerősíti. 1279.*

(L)adizlaus Dei gracia Hungarie, Dalmacie, Croacie,
Rame, Seruie, Gallicie, Lodomerie, Cumanie Bulgarieque Rex
omnibus Christi fidelibus presens scriptum inspecturis salutem in omnium saluatore. Ad vniuersorum noticiam harum
serie uolumus peruenire, quod Fyotha filius Farcasij, filius
iobagionis de Lyptou, ad nostram accedens presenciam, exhibuit nobis priuilegium Michaelis quondam Comitis de Zoulum,
sigillo eiusdem et Magistri Paska pro expedicione terrarum
omnium sub Comitatu Zoulum existencium deputati sigillatum; petens nos cum instancia, ut idem priuitegium ratum
habere nostroque dignaremur priuilegio confirmare. Cuius
quidem priuilegij tenor talis est.

Nos Mychael Comes de Zoulum stb. (következik a királyi biztosoknak 1273-ki okmánya, mint fentebb 85. sz. a.)

Nos itaque attendentes et considerantes peticiones eiusdem Fyotha fore legitimas et condignas; dictum priuilegium
eiusdem Comitis de Zolum de uerbo ad. uerbum presentibus
inserendo nostrorum priuilegiorum patrocinio duximus confirmandum. Vidimus eciam in litteris Nycolay Comitis de Zolum
fidelis nostri contineri, quod predicta terra Fyoth esset sufficiens ad tria aratra equaliter mensurando; de qua quidem
terra priuilegium Bele Regis felicissime recordacionis aui
nostri karissimi confectum dixit se vidisse, et casualiter temporibus guerrarum amissum extitisse. Quam quidem terram
Churmuna in litteris eiusdem Comitis de Zolum inuenimus
nominari; vnde uolumus quod tam idem Fyoth quam suorum
inposterum successores ea plenitudine et eo modo possidere
ualeat terram Churma memoratam, quomodo per eundem
karissimum auum nostrum eidem data fuerat et collata. In
cuius rei memoriam firmitatemque perpetuam presentes con-

cessimus litteras sigilli nostri duplicis munimine roboratas. Datum per manus Magistri Nycolay discreti uiri, Aule nostre ViceCancellarij dilecti et fidelis nostri, anno Domini M·CC· LXX° nono; Regni autem nostri anno VII°.

(Eredetie bőrhártyán, melyről a pecsét töredéke fejér-ibolyaszinű selyemzsinóron függ, á nemes Kubinyi család levéltárában. Néhai Érdi János közleménye.)

215.

IV. László király Henrik bán fiait és néhány társát kegyelmében részesítvén, birtokukat biztositja. 1279.

(Hazai Okmánytár I. köt. 73. l. ; néhai Ráth Károly közleménye.)

216.

IV. László király megerősiti a Liptó-i vár népeinek jogait. 1279.

Ladizlaus Dei gracia Hungarie, Dalmacie, Croacie, Rame, Seruie, Gallicie, Lodomerie, Cumanie Bulgarieque Rex omnibus Christi fidelibus presens scriptum inspecturis salutem in vero salutaris largitore. Ad uniuersorum noticiam harum serie volumus peruenire, quod vniuersi populi nostri de Prouincia nostra Liptow suis nobis querimonijs significauerunt, quod per Comites de Zolum pro tempore constitutos ad custodiam et operacionem castri et alijs (?) non modicum turbarentur, ipsorum libertatis a progenitoribus nostris eisdem concesse in preiudicium et grauamen; petentes nos cum instancia, vt eosdem ab huiusmodi onere de benignitate Regia alleuare dignaremur. Nos itaque attendentes et considerantes, peticiones eorundem fore legittimas et condignas, eos ab huiusmodi vexacionibus duximus eximendos; ita videlicet, quod omnes populi de Liptou post filios jobagionum nostrorum, qui pari gratulantur libertate, una ea gaudeant et fruantur libertate, in qua communiter populi de eadem per institucionem prefatorum predecessorum nostrorum fuerant constituti; nec eciam ijdem populi ad operacionem seu custodiam Castri de Liptou inuiti compellantur, nec aliqui ex ipsis per se separando, nisi communiter soluere teneantur; nec eciam Comes de Zolum pro tempore constitutus eis Curialem Comitem dare possit separalim, sed quemcumque eisdem in Comitem preficere voluerit, eisdem communiter debeat hominem assignare; vt quicunque ad custodiendum Castrum de Liptou fuerit deputatus, eciam pro Curiali Comite eorundem ordinatus habeatur, qui causas deinde decidat vel decernat inter ipsos. Nullus Comes vel Curialis Comes de Liptou aliquem ex eisdem ad opus dicti Castri compellere possit ultra ipsorum voluntatem; sed si eisdem placuerit, receptis fenoribus operentur in Castro memorato. In cuius rei memoriam firmitatemque perpetuam presentes concessimus litteras sigilli nostri duplicis munimine roboratas. Datum per manus discreti viri Nicolai Aule nostre ViceCancellarij dilecti et fidelis nostri anno Domini millesimo CC°LXX° nono, Regni autem nostri anno septimo.

(Rajcsányi Ádám hátrahagyott kézirati gyüjteményéből.)

217.

IV. László királynak Megyer földét táryyazó adománya János comes, Isépnek fia számára. 1279.

(Hazai Okmánytár III. kötet. 28. lap.)

218.

IV. László király megerősíti V. István királynak a Garam folyón lévö egy malom, és egy barsi telek birtokát megerősítö 1272-ki adományát a Garam melletti sz. Benedek-i apátság számára. 1279.

Ladizlaus Dei gracia Hungarie, Dalmacie, Croacie, Rame, Seruie, Gallicie, Lodomerie, Cumanie Bulgarieque Rex omnibus Christi fidelibus tam presentibus quam futuris presentes litteras inspecturis salutem in omnium saluatore. Ad vniuersorum noticiam harum serie volumus peruenire, quod frater Martinus Abbas Monasterij Sancti Benedicti ad nostram accedens presenciam exhibuit nobis priuilegium Serenissimi Principis domini Stephani felicis recordacionis olim illustris Regis Hungarie karissimi patris nostri super empcione cuiusdam molendini super fluuio Goron situati, et collacione fundi vnius curie in villa Bors existencium, petens cum instancia, ut idem ratificare, et nostro dignaremur priuilegio confirmare. Cuius quidem tenor talis est :

Nos Stephanus D. gr. Hungarie stb. Rex stb. (következik V. István királynak 1272-ki okmánya, mint fentebb 50. sz. a.)

Nos igitur iustis peticionibus ipsius Abbatis in hac parte fauorabiliter inclinati, dictum priuilegium patris nostri ratum habentes et acceptum, et de uerbo ad uerbum insertum presentibus confirmamus duplicis sigilli nostri munimine roborando. Et quia bone rei dare consultum et presentis vite subsidium, et eterne beatitudinis cernitur premium expectare; ob contemplacionem Sancte Matris Ecclesie, et presertim considerata lesione ipsius Monasterij, quam nostris annis puerilibus subportauit; concessimus ordinantes, quod tam Abbas et Fratres Sancti Benedicti de Garana, quam iobagiones seu inquilini eorundem in ipso fundo curie residentes, racione eiusdem fundi curie et molendini nullum censum, nullamque exaccionem, que per nos, uel Comitem Borsiensem constitutum pro tempore, aut Villicum et ciues Borsienses, siue quemcunque aliquem alium, ad numerum mansionum villé eiusdem, uel alio modo indicta fuerit, quocunque nomine censeatur, persoluere ullo unquam tempore teneatur, transgressoribus presentis ordinacionis nostre, si forsitam eam attendere temerarie aliqui non curarent, exnunc super hoc silencium perpetuum imponentes. Datum per manus venerabilis viri Magistri Nicolai Aule nostre ViceCancellarij, dilecti et fidelis nostri, anno Domini M°CC°LXX° nono, Regni, autem nostri anno soptimo.

(Az eredeti után Knauz Nándor, Magyar Sion III. köt. 459. l.)

219.

IV. László király megerősíti a somogyi konventnek egy 1277-ki, Mogyorey helység birtokviszonyainak szabályozását tárgyazó okmányát. 1279.

(Hazai Okmánytár III. köt. 27. l. V. ö. Okmánytárunk IV. köt. 94. l.)

220.

IV. László király Mihályt és Turnát tornai várjobbágyokat nemesi rangra emeli. 1279.

(Hazai Okmánytár III. köt. 31. l. Néhai Ráth Károly közleménye.)

221.

III. Miklós pápa frater Fülöpöt nevezi ki raguzai érseknek. 1279.

Nicolaus Episcopus seruus seruorum Dei dilecto filio fratri Plulippo Electo Ragusino (salutem et Apostolicam benedictionem). Militanti Ecclesie etc., et quamquam assidue circa singularum commoda vigilamus; tamen erga illas, que deplorant viduitatis incommoda, propensiori cura et maiori propulsamur instantia, ut eis preficiamus viros secundum cor nostrum idoneos in pastores. Dudum siquidem Ragusina Ecclesia per mortem bone memorie Salvij Ragusini Archiepiscopi pastoris solatio destituta, Cononici eiusdem Ecclesie quemdam fratrem Marcum de Venitijs Ordinis Minorum in Archiepiscopum Ragusinum, vt dicitur, elegerunt; sed eodem fratre Marco, antequam esset eius electio confirmata, nature debitum persoluente, predicti Canonici ad tractandum de futuri substitutione pastoris insimul conuenerunt, et dubitantes, ne si ad electionem procederent, et non possent omnes pariter in unam concordare personam, exinde oriretur inter ipsos dissensionis materia, per quam eis et ipsi Ecclesie dispendia imminerent; deliberauerunt communi consensu et unanimi voluntate, vt nobis humiles preces porrigerent, quod dignaremur eidem Ecclesie auctoritate Apostolica de pastore idoneo prouidere; ac super hoc consequenter tam ipsi, quam dilecti filij, nobilis vir Comes, Consilium, Commune Ciuitatis Ragusine nobis suas supplicatorias litteras per certum eorum nuncium destinarunt. Nos igitur dictorum Canonicorum votis volentes fauorabiliter annuere in hac parte, de ipsius Ecclesie ordinatione celeri, ne prolixioris vacationis exposita maneret incommodis, attente duximus cogitandum; et post vigilem, quam ad ponendam ibidem approbatam idoneamque personam apposuimus diligentiam, in te prefati Ordinis professorem, tunc executioni officij Inquisitionis contra hereticos in Marchia Taruisina commissi tibi a Sede Apostolica insistentem, quem Nobis et fratribus nostris de litterarum scientia, morum maturitate, prudentia, spiritualium et temporalium prouidencia fidedignorum testimonia commendarunt, direximus oculos nostre mentis. Quapropter etc. te ipsi Ecclesie preficimus in Archiepiscopum et pastorem etc. Datum Rome apud Sanctum Petrum quinto idus Decembris, Pontificatus nostri anno secundo.

(Farlati, Illyricum Sacrum VI. köt. 114. l.)

222.

*Contareno Jakab velenczei dogének levele Máté nádorhoz, mely-
lyel több, Magyarországban megkárosodott velenczei kereskedő
számára kielégítést kíván. 1279.*

Nobili et egregio viro Mathut Comiti Palatino. Jacobus
Contareno Dei gratia Venetiarum, Dalmatie atque Chroatie
Dux, Dominus Quarte Partis et Dimidie totius Imperii Romanie, nobili et egregio viro Mathut Comiti Palatino amico dilecto salutem et dilectionis affectum. Sua nobis Rodogerius
Blunchus fidelis noster conquestione mostravit, quo eo pridem
in vestris partibus, Regno videlicet Hungarie, mercatoris more
cum bonis et mercationibus non modicis existente, Herka
filius condam Henrici Banni, mercationibus et bonis huiusmodi violenter et indebite spoliavit eundem, que quidem mer-
cationes et bona per ipsum eundem Herkam et gentem suam
CCCXXXVI marchas preter equos et arnesia extimate fuerunt. Et cum prefatus fidelis noster tanta iniuria et dampno
gravatus accedens coram Serenissimo domino Rege Hungarie
querelam exposuerit de premissis, idem Herka supradicta
omnia, sicut nec negare poterat, non negavit, sed solum petiit
ad faciendum restitutionem terminum sibi dari. Cui Regalis
potentia annuens in hac parte citra trium mensium terminum
condonavit, factis et exhibitis prefato fideli nostro suis literis
Regio sigillo munitis, continentibus raubationem seu raubatio-
nis confessionem coram presentia eius factam, et terminum
statutum ad restitutionem huiusmodi faciendam ad Capitulum seu coram Capitulo de Belgrado (Fehérvár). Cumque
predictus Radogerius prefixo termino, qui erat in festo Beati
Martini, comparuerit cum predictis Regiis literis coram Capitulo memorato restitutionem predictam debite recepturus,
(neque) predictus Herka, neque pro eo alius comparuit ad predicta, et sic dictum Capitulum prefato Rodogerio fecit et de
hiis testimoniales literas exhiberi. Quo circa nobilitatem et

amicitiam vestram affectuose rogamus, quot zelo iusticie,
honore vestro, et amoris nostri intuitu velitis interponere partes vestras ita, quod fideli nostro exinde satisfiat, nos quoque
id gratum habentes et placidum ad grata vobis et placida
proinde tentamus. Datum in nostro ducali palatio XXVIII.
Augusti septime indictionis.

(Ljubics, Monum. sp. hist. Slav. Merid. I. köt. 123. l.)

223.

Fülöp fermoi püspök és apostoli követ megerősíti Timotét
zágrábi püspököt Gerzencze megye birtokában. 1279.

Venerabili in Christo patri (Thymotheo) Dei gracia
Episcopo Zagrabiensi, Philippus miseracione Divina Firmanus
Episcopus, Apostolice Sedis Legatus, salutem et sinceram in
Domino caritatem. Cum a nobis petitur quod iustum est et
honestum, tam vigor equitatis quam ordo exigit racionis, ut id
per sollicitudinem officii nostri ad debitum perducatur effectum. Exhibita siquidem nobis vestra peticio continebat, quod
dominus Ladizlaus, Vngarie Rex illustris, ex devocionis
ardore quem ad Zagrabiensem Ecclesiam gerit, vobis, et
per vos ipsi Zagrabiensi Ecclesie Comitatum de Guersente cum collecta marturinarum et septem denariorum tenendum, habendum et possidendum libere contulit, prout in eiusdem Regis literis ipsiusque sigillo dupplici sigillatis, quas de
verbo ad verbum fecimus presentibus annotari plenius continetur. Quare humiliter petiistis a nobis, ut collacionem
dignaremur per nostras literas confirmare. Nos itaque vestris supplicacionibus annuentes, collacionem predictam, sicut
provide, iuste ac racionabiliter facta est, ratam et gratam
habentes, ipsam auctoritate qua fungimur confirmamus et
presentis scripti patrocinio communimus. Nulli ergo omnino
hominum liceat hanc paginam nostre confirmacionis infrin-

gere vel ei ausu temerario contraire. Si quis autem hoc attemptare presumpserit, indignacionem omnipotentis Dei et Beatorum Petri et Pauli Apostolorum eius se noverit incursurum. Tenor autem predictarum literarum inferius annotatur, qui talis est :

Ladizlaus Dei gracia Hungarie stb. Rex stb- (következik IV. László királynak 1277-ki adománylevele mint fentebb. 159. sz. a.)

Datum in castro Budensi, III idus Julii, indiccione VII. anno Domini MCCLXX. nono. Pontificatus domini Nicolai Pape tercii anno secundo.

(Tkalcsis, Monum. histor. Episc. Zagrab. I. köt. 199. lap.)

224.

Miklós szlavoniai bánnak bizonyságlevele, hogy Agha nemzet-ségbeli Péter Kozolin birtokát eladta a zágrábi káptalannak.
1279.

Nycolaus Banus tocius Sclauonie universis Christi fidelibus presentes litteras inspecturis salutem in Domino. Ad universorum noticiam tenore presencium volumus pervenire, quod Petro, filio Borch, de genere Agha, ex una parte, et Magistro Manfredo, Archidiacono de Gerche, Decano Ecclesie Zagrabiensis, vice et nomine Capituli eiusdem ex altera, coram nobis personaliter constitutis, idem Petrus dixit et confessus est : quod cum famis inedia et periculo propter instantem temporis sterilitatem laboraret, terram suam hereditariam Cozolyn vocatam, distinctam et terminatam certis metis infrascriptis, existentem in montibus supra Casna Capi-tuli, prope ecclesiam Bcati Mathei, cum omnibus utilitatibus, silvis videlicet, terris arabilibus, nemoribus, locis molendino-rum, vineis et aliis omnibus appendiciis spectantibus ad eandem, vendidisse prefato Capitulo pro viginti sex marcis

denariorum Zagrabiensium, quarum singule quinque pense
marcam tunc temporis faciebant; quam summam pecunie ab
eodem Capitulo dixit se habuisse et plenarie recepisse.
Assumpsit nichilominus idem Petrus et se firmiter obligavit,
ut ab omnibus occasione ipsius prefatum Capitulum volentibus
inpetere aut eciam molestare, expedire teneretur suis laboribus, sumptibus vel expensis. Astantibus eciam Potola et Borch
fratribus dicti Petri, Dytrico, et Beryzlao fratre eiusdem, de
generacione dicti Petri, commetaneis eiusdem, qui facte vendicioni et empcioni suum prebuerunt consensum et assensum.
Cuius quidem terre prima meta incipit a parte meridyonali
a terra Cruciferorum de Planyna in una valle per quoddam
potok Zopoth nominatum; et per ipsum potok tendit sursum
versus occidentem et pervenit ad terras Dytrici et Boryzlai
fratris eiusdem; deinde exit de potok ad duas arbores tul et
cherfa vocatas, cruce signatas et metis terreis circumfusas;
unde procedit ad berch unum ad duas arbores tulfa vocatas
metis terreis circumfusas; et per ipsum berch ascendit ad
montem, ubi est meta terrea; unde venit ad duas arbores
cherfa vocatas metis terreis circumfusas, et per eundem montem descendit ad duas metas terreas; deinde venit ad duas
arbores cherfa vocatas metis terreis circumfusas; unde venit
in vallem ad unum potok versus septemtrionem, ubi est arbor
cherfa meta terrea circumfusa; et per ipsum potok tendit
sursum ad caput illius potok, ubi est arbor cherfa meta terrea
circumfusa; unde parum procedendo ascendit in montem ad
viam puplicam per quam itur ad Vorosd, ubi sunt quatuor
mete terree; deinde per eundem montem tendit versus orientem et pervenit ad duas metas terreas, ubi iungitur terre
Potul; inde vadit ad arborem pyrus, meta terrea circumfusam; unde parum procedendo pervenit ad una metam terream, a qua descendit per vallem circa domum Potula, ubi est
arbor castanee cruce signata; deinde ascendit in montem ad
arborem castaneam cruce signatam et meta terrea circumfusam; unde descendendo per vallem pervenit ad arborem
castanearum cruce signatam et meta terrea circumfusam, a
qua venit in arborem egurfa vocatam et meta terrea circumfusam; inde procedens pervenit ad unum potok, ubi est
arbor egurfa cruce signata, et per ipsum potok venit ad

arborem egurfa cruce sipuatam, ubi exit de potok et tendit
per vallem versus montem et pervenit ad arborem nyrfa cruce
signatam; deinde per montem venit ad vallem ad duas arbores cher cruce signatas et metis terreis circumfusas; inde
pervenit ad unum potok, ubi est arbor gertan cruce signata;
unde ascendit ad montem et pervenit ad duas arbores nyrfa
cruce signatas; deinde per vallem descendit in sylvam ad
arborem cher cruce signatam, meta terrea circumfusam
unde venit ad arborem nyr cruce signatam; ab inde
ad arborem byk, cruce signatam; inde ad arborem
naar vocatam, cruce signatam; unde parum procedendo
pervenit ad unum potok, ubi est arbor naar cruce signata, et
per ipsum potok ascendendo pervenit ad arbores jawar, cruce
signatas; deinde venit ad montem, qui wlgo berch dicitur,
ubi est via que vadit ad Glaunicha, et per eandem viam venit
ad arborem castaneam cruce signatam; unde per viam pervenit ad duas arbores haas et nyr cruce signatas, et meta
terrea circumfusas ad metas angulares; unde regirat in vallem versus meridiem ad arborem castaneam cruce signatam;
inde procedendo pervenit per eandam vallem ad potok, ubi
sunt due arbores byk cruce signate; deinde transit per potok
ascendendo ad montem pervenit ad duas arbores byk cruce
signatas; unde venit ad montem, ubi sunt due arbores nyr,
metis terreis circumfuse, ubi vicinatur terre Vychech; inde
procedit per eundem montem et pervenit ad quamdam ruptu-
ram Gurhut vocatam; unde pervenit ad unum potok, et tran-
siliens ipsum potok revertitur in unum berch, ubi sunt tres
arbores cheer cruce signate; inde ascendit ad unum monticulum Cueshegh vocatum, a quo descendendo pervenit ad
arborem cher meta terrea circumfussam; unde procedens per
vallem pervenit ad primam metam Zopot supradictam. In
cuius rei memoriam, et ut huiusmodi empcio et vendicio robur
optineat firmitatis, ad instanciam parcium presentes concessimus litteras sigilli nostri munimine roboratas. Datum Zagrabie anno Domini millesimo CCLXX. nono.

(Tkalcsics, Monum. histor. Episcopatus Zagrabiensis I. köt. 199. lap.)

225.

Az esztergami káptalannak bizonyságlevele, hogy Etruchnak fiai, Etruch és Miklós mesterek, birtokukban osztozkodtak. 1279.

Nos Capitulum Ecclesie Strigoniensis significamus quibus expedit memorie commendantes vniuersis, quod nobiles viri Etruch et Nicolaus filij Etruch coram nobis constituti confessi sunt, inter ipsos talem in suis possessionibus diuisionem se fecisse : quod medietas ville et terre Berzenche vocate superior a parte fluuij Ipoll, que fuerat Nicolai, cessit nunc Magistro Etruch, separata eciam metis et distincta; alia uero medietas inferior a parte aque Berzenche, quam ipse Magister Etruch habuit, cessit Magistro Nicolao similiter filio Etruch sub ijsdem metis. Areas autem sitas seu loca curialia, quas hacenus tenuerunt, non mutauerunt; sed habebunt eadem loca, que habuerunt usque modo, cum utilitatibus et pertinencijs suis; jobagiones vero suos uterque ipsorum transferat ad suam porcionem in presenti diuisione sibi assignatam. De terra Zalatna, quam Nicolaus habuit, cessit nunc Magistro Etruch; et ex illa terra, quam Puoscba tenebat, quedam particula certis metis distincta, quam terre Zalatna adiectam fuisse dixerunt, a parte ville et sylue Suine, cessit similiter Magistro Etruch. Terra vero Kemenech, et terra Lescav cum reliqua parte terre quondam Puoscba a parte terre Kemenech adiacente, deuolute sunt ad Magistrum Nicolaum filium Etruch. Item medietas terre Kalnov est Magistri Etruch, et alia medietas Nicolai sub ijsdem metis, quibus hactenus possederunt. Item medietas ville et terra Terbedied cessit Magistro Etruch, et alia medietas Nicolao. Item in terra Kocho Magister Etruch habet eandem partem, quam prius habuit metis distinctam; et Nicolaus habet similiter eandem porcionem, quam prius habebat metis separatam. Et molendinum, quod est in Kokov iuxta ecclesiam cessit Magistro Etruch; aliud molendinum quod est ibidem in fine ville inferiori, cessit Magistro Nicolao et in locis molendinorum adhuc vacuis equalem partes habebunt porcionem. Item possessio Zahorah, et alia possessio Batka nomine, cum terris ibidem acquisitis, et omnibus pertinencijs suis, cesserunt Magisteo Etruch; et pro istis duabus possessionibus Magister Nicolaus habet terram Boholnuk similiter cum pertinencijs suis. Item medietas montis et castri Osdin vocati, et palacij, incipiendo a muro, quo ipsum palacium est diuisum a parte silue, cessit Magistro Etruch; alia vero medietas montis, castri et palacij ab oriente remanet Magistro Nicolao. Item pars vtraque jobagiones suos, quos habuerunt, de terris, quas prius habebant, trans ferre libere ad terram vel terras possunt, que in presenti diuisione sibi sunt pro sua porcione assignate; et si que parcium jobagiones alterius partis detineret, vel de villa eius recedentes ad suam villam quocunque modo reciperet; pro singulis mansionibus jobagionum siue detentis siue receptis in villam suam, decem marcas soluere teneatur. Preterea obligarunt eciam se partes coram nobis, quod si que earum presentem diuisionem retractaret, parti aduerse ipsam diuisionem obseruanti teneatur soluere centum marcas. Datum in octaua Beatorum Petri et Pauli Apostolorum anno Domini millesimo ducentesimo septuagesimo nono.

(Másolata a mélt. báró Vécsey családnak sárköz-ujlaki levéltárában.)

226.

Az egri káptalannak bizonyságlevele, hogy az Abadi családbeliek Sebestyén földet eladták Albrechtnek, Péter fiának. 1279.

Nos Nicolaus de Gara Regni Hungarie Palatinus et Judex Comanorum damus pro memoria, quod cum Sebastianus filiuis Lorandi de Abad Ladizlaum Wayuodam Transiluaniensem, Dyonisium, Nicolaum et Michaelem filios Desew, ac Georgium filium Stephani, nobiles de Losonch contra se pretextu possessionariæ diuisionis in presenciam domini Nicolai de dicta Gara patris nostri predilecti in bona memoria defuncti in certum terminum traxisset in causam, et ipsa causa inter partes diucius ventillata ad octauas festi Beati Georgij martiris in anno Domini millesimo trecentesimo octuagesimo preteritas prorogata extitisset stb. (és ujabb halasztások közbejövén) interim dictis partibus decedentibus ad octauas festi Beati Michaelis Archangeli anno Domini millesimo trecentesimo nonagesimo nono elapsas deducta fuisset; denique ipsis octauis instantibus Georgius (filius Sebastiani) actor personaliter in Detrici (de Bubek) Palatini veniendo oresenciam stb. stb. ibidem quasdam tres litteras dicto Detrico Palatino presentassent. Quarum prima anno Domini millesimo ducentesimo septuagesimo nono priuilegialiter exorta decantasset : quod Sebastiano filio Petri fratre Wz de Abad, et Petro filio eiusdem Wz ex vna parte, ab altera vero Albrecht cum Stephano filio suo pro se, et pro Alberto et Marton fratribus suis coram ipso Capitulo constitutis, prefati, Sebastianus et Petrus proposuissent, quod quandam terram suam empticiam Sebestien vocatam in Comitatu Noui Castri existentem, in qua ecclesia Sancti Jacobi esset constructa, certis metis vndique limitatam, cum vniuersis vtilitatibus et pertinencijs eidem Albrechth et filijs suis supradictis, eiusdemque heredibus et successoribus vniuersis pro quinquaginta marcis plene receptis ab eisdem, sub expeditoria caucione in perpetuum possidendam vendidissent ; cui quidem vendicioni Jure filius Imre de Abad, Nicolaus filius Johannis de eadem, Georgius de Bala, et Michael filius Gama, commetanei eiusdem terre, consensum prebuissent et assensum stb. Datum Bude quadragesimo secundo die octauarum festi Beati Georgij martiris anno Domini millesimo quadringentesimo nono.

227.

*Az egri káptalannak bizonyságlevele, hogy Detrik comes fiai
Ozdabugh birtokot Szuhai János fiaitól kiváltották. 1279.*

(A gróf Zichy család Okmánytára I. köt. 42. l. Nagy Imre közleménye.)

228.

*A székesfehérvári káptalannak bizonyságlevele, hogy IV.
László király parancsára János comes Megyer birtokában statuáltatott. 1279.*

(Hazai Okmánytár III. köt, 30. l.)

229.

*A vasvári káptalannak bizonyságlevele, hogy Ják és más Oal
nemzetségbeliek bizonyos egyenetlenségeiket barátságos egyezkedés útján elintézték. 1279.*

(Hazai Okmánytár IV. köt. 60. l. ; néhai Ráth Károly közleménye.)

230.

*A pozségai káptalannak bizonyságlevele, hogy László István-
nak és Miklós Emchudnak fiai Borsod helységet Daczian
mester és Kristóf, János fiainak eladták. 1279.*

Capitulum Ecclesie Beati Patri de Posoga omnibus
Christi fidelibus tam presentibus quam futuris salutem in Domino sempiternam. Ad vniuersorum noticiam harum serie
uolumus peruenire : puod Ladizlaus filius Comitis Pasca, et
Nicolaus filius Emchud ab una parte; Magister Dacianus et
Christoforus filij Johannis, consobrini Comitis Pasca ab altera; coram nobis porsonaliter comparentes ijdem Ladizlaus et
Nicolaus confessi sunt viua voce, quod terram Borsod vocatam in Comitatu de Wolkou existentem, quam Rex Bela felicis recordacionis adhuc tempore sui Ducatus Comiti Pasca
patri eiusdem Ladizlai contulerat; cuius terre medietatem
idem Ladizlaus supradicto Nicolao ex concessione Regia
dederat et assignarat, supradictis Magistro Dacyano et Christoforo pro quadraginta et duabus marcis, partim in denarijs
et partim in estimacione condigna plene receptis vendidissent
perpetuo possidendam; quas tamen XL et duas marcas Magister Dacyanus et Christoforus persoluerunt coram nobis'
Ladizlao et Nicolao prenotatis. Dixit eciam Ladizlaus, quod
non solum predictam terram Borsod pro predicta summa
pecunie vendidisset; verum eciam maxime pro eo dedisset;
quod cum Comes Paska pater eiusdem in extremis laboraret,
paterna benediccione sibi iniunxisset; vt si heredum solacio
destitutus foret, nemini de cognatis suis eandem terram vendere seu dare presumpmeret, nisi filijs Johannis consobrini
sui, videlicet Magistro Dacyano et Christoforo prenotatis. Nec
hoc pretermittimus, quod Ladizlaus et Nicolaus prenotati,
recepta dicta pecunia plenarie, priuilegium Regis Bele super
collacione eiusdem terre confectum in manus Magistri Dacya-
ni et Christofori statuerunt coram nobis, sepedictam terram

Borsod in metis et terminis in ipso priuilegio continentibus (igy) tenendam et possidendam in filios filiorum suorum relinquendo. In cuius rei memoriam firmitatemque perpetuam presentes concessimus ad instanciam et peticionem Ladizlai et Nicolai predictorum sigilli nostri munimine roborando. Datum anno Domini M°CC° septuagesimo nono.

(Eredetie bőrhártyán, kék selyemzsinóron függő pecsét alatt; a budai kir. kamarai levéltárnak Zágrábban lévő részében.)

231.

A váczi káptalannak bizonyságlevele, hogy Bolchard comes a Tenanban lakó vendégeknek szabadságokat adományozott.
1279.

Capitulum Ecclesie Waciensis omnibus Christi fidelibus quibus presentes ostenduntur salutem in omnium saluatore. Ad vniuersorum noticiam tenore presencium uolumus peruenire, quod in nostri presencia constitutus nobilis uir Comes Bolchardus filius Comitis Keliani confessus est clara uoce, quod terram suam hereditariam Tenan uocatam, ad se solum pertinentem, cum omnibus utilitatibus eiusdem terre vniuersis hospitibus residentibus in eadem, et nominatim Cunch Stuberl talem concessit libertatem et donauit, quod singulis annis de ipsa terra predicti hospites soluent quadraginta marcas fini argenti, aut denarios tempore solucionis pro qualiber marca, sicut current, in terminis infra scriptis; primo in die Ciuerum soluent tredecim marcas, fertonem et quatuor pondera; item in festo Pentecostes soluent tredecim marcas, fertonem et quatuor pondera; in ultima uero solucione, videlicet in festo Beati Martini post uenturo tredecim marcas, fertonem et quatuor pondera soluere tenebuntur. Quibus quadraginta marcis persoluendis et persolutis predicti hospites ab omni solucione, seruicijs et terragio, seu quibuslibet exaccionibus

ac condicionibus, preter muneribus infra notatis, erunt modis
omnibus expediti, nec debent amplius per quempiam ad alium
coharctari ; immo si Regalis collecta ipsos soluere contingentem dominus Rex prenominato Comiti Bolchardo aut suo
successori relaxaret, prefatis populis essent relaxata; si
autem eandem collectam Rex exhigeret ab ipsis, Comes Bolchardus refundere aut in compotum predictarum quadraginta
mercarum recipere teneretur. Item munera dabunt quater in
anno; primo in festo Beati Martini de qualibet curia dabunt
vnum pullum, et vnum panem, et vna mansio dimidiam sar-
latam de auena; item in Natiuitate Domini quelibet curia
vnum pullum, et vnum panem, ac quatuor idrias ceruisie in
communi, aut quadraginta denarios pro eadem, vnum porcum
aut fertonem pro eodem, item queuis curia vnum currum de
lignis comburendis; item in Pascha queuis curia vnum pullum, vnum panem, caseum, et quatuor oua, et in communi
duos agnos, et quatuor idrias ceruisie aut quadraginta denarios pro eadem; item in festo Pentecostes quelibet curia
soluet vnum pullum. vnum panem, quatuor oua, et quatuor
idrias ceruisie aut quadraginta denarios pro eadem. Quibus
omnibus datis et persolutis. dominus terre nullam iurisdiccio-
nem in eadem villa seu terra habebit ; exceptis tribus iudicija,
furto scilicet, homicidio et incendio, que dominus terre aut
suus officialis vna cum villico et villanis iudicabit in ' eadem
villa, duas partes percipiendo de eisdem, terciam uero partem
villicus pro tempore constitutus. Item si memorata villa de-
solata, incensa, exusta fuerit et destructa, aut si terra fuerit
minuta, quam possident hospites prenominati ; dominus terre
aut sui successores, prout lesa uilla fuerit aut in terra minuta,
in quadraginta marcis predict:s de tanto dampno graciam
faciet, secundum quod hospites sunt perpessi; sicut se sepedictus Comes Bolchardus pro se, heredibus suis heredumue
successoribus coram nobis obligauit. Item, sicut qui clara
luce uenerunt, sic clara luce, venditis bonis suis et solutis
omnibus debitis suis, accepta licencia a uillico et suis
conciuibus, liberam recedendi habeat facultatem. In cuius rei
testimonium ad instanciam eiusdem Comitis Bolchardi, presente eciam Comite Stephano de Sceredahel ordinare huiusmodi composicionem, presentes contulimus sigilli nostri

munimine roboratas, anno Domini M°CC°LXX° nono. Presentibus tamen Magistro Praulo Lectore, Magistro Andrea Cautore, secundo Paulo Custode, Magistro Anea Pestiensi, Magistro Nicolao de Scigethfey, Magistro Petro de Sounuk Archidiaconis, et alijs multis ibidem in Ecclesia Beate Virginis humiliter Deo famulantibus et deuote.

A   B   C

(Eredetie bőrhártyán, melyről a pecsét vörös selyemzsinóron függ; a budai kir. kamarai levéltárban.)

232.

A veszprémi káptalannak bizonyságlevele, hogy Katalin, Zolok nemzetségbeli Illésnek özvegye Adand helységet Torwoy-i Péter mesternek eladta. 1279.

Capitulum Wesprimiensis Ecclesie omnibus Christi fidelibus presentem paginam inspecturis salutem in Domino sempiternam. Quoniam plerumque gesta mortalium obliuionis caligine deterguntur, ex qua nascuntur lites, surgunt dissidia, et odia generantur: humane racionis laudabilis prouisio postulat et requirit, vt rerum series conseruandarum inposterum fidelis scripture patrocinio commendetur. Proinde nouerint vniuersi tam presentes quam futuri, quod nobili domina nomine Katherina filia Farkasij filij Tholomei, relicta Elek filij Mychaelis de genere Zolok, cum Johanne filio suo ex una parte, et Magistro Pethrus filio Pethrus de Torwoy ex altera coram nobis personaliter constitutis; eadem domina et Johannes filius eiusdem viuenocis oraculo sunt confessi: quod ex concordi beneplacito et vnanimi voluntate quandam possessionem ipsorum hereditariam Adand vocatam, habitam in Comitatu Symigiensi, in qua quedam villa paruula libere condicionis homines in se continens existit, ad vsus quindecim aratro-

rum iuxta Regni consuetudinem approbatam sufficientem,
commetaneam et vicinam terris villarum Pezye, videlicet possessionis eiusdem domine et filij sui, Kisfalud, Siweyn possessionis Magistri Pethrus antedicti, et aliorum nobilium,
Irwch, Keghe possessionis Ecclesie nostre, et ville Bereyn,
Magistro Pethrus antedicto suisque per eum successoribus
pro quadraginta marcis fini argenti habitis plene ab eodem et
receptis, alijs commetaneis et vicinis permittentibus, vt dixerunt, et sine cuiuspiam preiudicio vendidissent et asignassent,
saluo iure nostro existente, per ipsum Magistrum Pethrus, et
eiusdem heredes heredumve successores habendam perpetuo
et inrefragabiliter possidendam. Assumpmentes et se firmiter
obligantes, quod si processu temporum Magister Pethrus sepedictus eiusue successores super predicta possessione per
quempiam de generacione vel cognacione ipsius domine et
eius filij inpeterentur aut aliqualiter vexarentur, exceptis causis per quoslibet extrinsecus orituris, ijdem ac ipsorum posteritates teneantur expedire proprijs laboribus et expensis. Mete
autem et termini predicte possessionis a terris commetaneis
predictarum villarum, sicut ambe partes nobis concorditer
retulerunt, taliter distinguntur ac separantur : Incipit enim
prima meta a parte aquillonis iuxta terram Fabiani filij Pe-
twd Siweyn vocatam prope aquam Saar; et inde progrediendo vadit directe cum continuis binis metis ad partem
orientalem, et attingit terram Ecclesie Wachiensis Irwch
vocatam, vbi transit quendam fluuium, qui venit de villa
Pezye, et percurrit totam eandem terram Adand per medium,
circa quem sunt prata magna et feneta; inde progrediens
paululum ad eandem partem orientalem ascendit quendam
montem, iuxta quem sunt due valles, in quo monte per longitudinem directe peragrando peruenit ad terram ville Keghe,
possessionem Ecclesie nostre, vbi sunt due mete angulares;
postea reflectitur ad partem meridionalem, et iuxta eandem
terram Keghe percurrendo cum continuis metis vadit ad terram magne ville Bereyn, vbi sunt due mete similiter angulares; inde iterum flectitur ad partem occidentalem, et iuxta
eandem terram ville Bereyn vergendo cum continuis binis
metis venit ad terram ville Pezye, possessionem eiusdem
domine et Johannis filij sui antedicti, vbi eciam sunt due mete

18*

angulares; inde regirat ad partem aquillonis, et ibi pertransit fluuium antedictum ipsam terram per medium currentem, vbi est quidam lapis magnus in medio eiusdem flui existens, pro meta asignatus; hinc transeundo attingit terram Ecclesie Albensis Kisfalud vocatam, iuxta quam parumper peragrando vadit adhuc versus aquillonem ad tres metas angulares et finales, quarum vna est meta Kisfalud antedicte, alia vero Fabiani superius anotati, tercia autem est ipsius terre Adand, per predictum Magistrum Pethrus precio comparate; et sic mete siue termini possessionis antedicte terminantur. In cuius rei testimonium et robor perpetuum ad peticionem et instanciam vtriusque partis presentes concessimus litteras sigilli nostri munimine roboratas. Datum per manus Magistri Hermani Lectoris Ecclesie nostre, anno Domini millesimo CC' LXX° nono, tercio noas Maij. Reuerendo in Christó patre domino Petro Episcopo nostro; Magistro Paulo Preposito, Paulo Cantore, Adronico Custode existentibus.

(Eredetie bőrhártyán, a pecsét elveszett; a főméltóságú herczeg Batthyáni család levéltárában.)

233.

A pécsvdradi konventnek bizonyságlevele, hogy János Bothnak fia birtokát Fülöp, Embil fiának eladta. 1279.

(A gróf Zichy család Okmánytára I. köt. 42. l. Nagy Imre közleménye.)

234.

A somogyvári konventnek bizonyságlevele, hogy Ihai Sándor comes és fia Balázs több szőllőt, szántóföldet és malomhelyet vettek. 1279.

Conuentus Monasterij Sancti Egidij de Simigio omnibus Christi fidelibus presentibus pariter et futuris presentes litteras inspecturis salutem in salutis auctore. Ad vniuersorum noticiam tenore presencium volumus peruenire : quod Comes Alexander filius Endre de Iha, et Blasius filius suus, ab una parte; Dominicus filius Stephani personaliter pro se et pro Clemente fratre suo, Henche iobagio Castri de villa Zeuleus personaliter pro se, Lamperto et Ipolito filijs suis, Benke filius Volkemer de eadem villa Zeuleus ex altera; ad nostram accedentes presenciam, Dominicus filius St. de uoluntate fratris sui uendidit vineam suam cum terra sua contigua sibi adiacente, emptam a Henche filio Lamperti cum priuilegio Capituli Vesprimiensis, pro sex marcis argenti Comiti Alexandro et filio suo supradictis perpetuo possidendam, receptis ipsis sex marcis plene ab eisdem. Item Henche filius Lamperti supradictus de uoluntate et permissione filiorum suorum superius nominatorum uendidit vineam suam iuxta eandem vineam, quam antea vendiderat, contigue adiacentem pro sex marcis Comiti Alexandro et filio suo prememoratis perpetuo irreuocabiliter possidere; receptis ipsis sex marcis plene et integraliter ab eisdem. Ceterum Benke filius Volkemer antedictus uendidit sedecim iugera terre, fenetum ad duas falcaturas sufficiens uno die, cum loco molendini Balcun uocato; quarum terrarum quatuordecim iugera et ipsum fenetum iacent a parte occidentis ultra aquam, et duo iugera a parte orientis, permittentibus uicinis et cognatis suis omnibus pro sex marcis denariorum Comiti Alexandro et filio suo sepedictis, ac eorum heredibus heredumque successoribus iure perpetuo et irreuocabiliter possidere. Obligacione tali interposita, quod

si qui temporis processu super prefatis ucndicionibus, videlicet uineis, terris, loco molendini et feneto contra Comitem
Alexandrum et Blasium filium suum aut eorum heredes in
forma litis, vel quoquomodo insurgerent; extunc Dominicus
et Clemens filij Stephani, Henche filius Lamperti, Lampertus
et Ipolitus filij sui, Benke filius Volkmer, quilibet ipsorum
pro sua parte, et per ipsos successores eorum proprijs laboribus et expensis expedire tenerentur. In cuius rei testimonium et perpetuam stabilitatem ad peticionem parcium presentes dedimus litteras nostri sigilli munimine roboratas.
Datum anno ab Incarnacione Domini M ᵒCC ᶜLXX ᵒ nono. Venerabili patre domino Elya Abbate nostro, Benedicto Decano,
Luca Custode, Balduino Cantore, ceterisque fratribus existentibus.

(Eredetie börhártyán, a hártyazsinegen függő pecsét alatt; a főmélt.
herczeg Batthyáni család levéltárában.)

235.

*A tihanyi konventnek bizonyságlevele, hogy Dániel és Merse
lörin'ei nemesek alsó-örsi birtokukat Pál és Mihály alsó-örsi
jcbbágyoknak eladták. 1279.*

(Hazai Okmánytár IV. köt. 58. l. Véghelyi Dezső közleménye.)

236.

H. királyi fölovászmester és mosonyi főispán szabályozza a Leitha folyón lévő malmoknak örlési illetékét. 1279.

Nos H. Magister Agasonum domini Regis et Comes Musuniensis significamus vniuersis quibus expedierit, quod Comes Chorrardus cum tota prouincia coram nobis proponentes contra molendinarios in fluuio Saar supra Musunium existentes, quod de ipsis molendinis tam populi sui quam tota prouincia magnum dampnum passi fuissent in illicito tributo recipiendo de frugibus ipsorum seu in farina, quod wlgo podlyst dicitur; vnde pari uoluntate nostro arbitrio exposuerant, componendam causam scilicet supradictam : composuimus et instituimus in hunc modum : Quod cum metreta Musuniensi, tum iusta metreta, decimam metretam dare teneantur, et pro farina, quod wlgo podlyst dicitur, de quolibet curru duos denarios. Hoc adiecto, qui dictam institucionem excesserit, iudicio Regali condempnetur. Anno Domini M^cCC^oLXX^o nono.

(Eredetie börhártyán, a függő pecsét elveszett ; a méltóságos báró Révay család levéltárában.)

237.

*A Reicha szlavoniai vdrhoz tartozó praedalistdk joga IV.
Ldszló kirdly 1279-ki privilegiumdnak alapjdn. 1279.*

Nos Nicolaus de Gara Regni Hungarie Palatinus et
Judex Comanorum, nec non Comes Petrus de Peren Judex
Curie Serenissimi et Magnifici Principis domini Sigismundi,
Dei gracia Romanorum Regis Semper Augusti, ac Hungarie
etc. Regis, memorie commendantes tenore presencium significamus quibus expedit universis : quod cum Elias filius
Mykech de Welike Comes Terrestris Reychensis, nec non
Ladislaus filius Michaelis de Fodorostyna, et Petrus filius
Petri Chvrch de Pribenoch, in eorum ac vniuersorum et
singulorum Predialium et Nobilium Castri Reychensis personis domino nostro Sigismundo Regi, in eo, quod quamvis
ipsi et quilibet eorum prediales et nobiles jobagiones Castrenses existendo, per diuos Reges Hungarie, propter pre-
clara progenitorum eorum serniciorum merita specialibus
libertatum prerogatiuis et graciosis indultis, vigore certorum
litteralium instrumentorum exinde confectorum fuissent et
essent presigniti, cisdemque a tempore, cuius contrarium non
existeret, ad inslar predialium et nobilium verorum et natu-
ralium serviencium Regalium, vltra Drauam constitutorum,
et iuxta eorumdem libertates vsi fuissent et gauisi, fruique
deberent de iure et gaudere ; nichilominus tamen Martinus
dictus Ders de Zeredahel litteralia eorum munimenta, que
apud se habuisset, manibus suis vendicando, et premissis
eorum libertatibus fraudulenter obuiare machinando, tam
ipse Martinus Ders, quam demum nobilis domina consors,
nec non filij et adherentes ipsius Martini Ders, ipsos nobiles
Castri predicti diuersis pecuniarum et alijs taxis, nec non
dacijs, exaccionibus, et seruicijs, sepe replicatis uicibus eis et
eorum singulis impositis, et ab eis exactis et extorsis, certis
eciam possessionibus, et porcionibus possessionarijs nonnul-

lerum ex eis pro se ipsis occupatis, et illic suos rusticos loca-
tis, ipsis, vt eos premissis eorum libertatibus ac possessionibus et porcionibus possessionarijs priuari, ac in rusticos
connertere possent, contra premissas eorum libertates et
graciosa indulta multipliciter impediuissent, turbassent, et
agrauassent, querimoniam porrexissent. In contrarium vero
Briccius filius Andree de Saarkecz, familiaris prefate domine
et filiorum suorum, ad eiusdem domini nostri Regis presenciam accedens, nominibus et in personis ipsorum filiorum et
relicte Martini Bani, ipsos prediales prefato Martino et ejus
filijs datos, iuxta suam Regiam donacionem eis factam, con-
seruasse, ex eoque ipsos in premissis innocentes existere
patefecisset. Et huiusmodi querelis ambarum parcium perceptis, idem dominus noster Rex nobis inter eosdem prediales
prefatamque dominam et filios eius omnibus juribus et litteralibus ipsorum instrumentis, factum premissum tangentibus
examinatis, proposicionibusque ac alijs legittimis documentis
intellectis, verum et iustum judicium facere demandasset;
huiusmodique judicij et justicie inpensio ad presentes octauas
diei Medij XL-me fuisset deducta; nempe eisdem octauis
instantibus prescripti Elias filius Mykech de Velike Melyke
Comes Terrestris, item Benedictus filius alterius Mykech de
Rempoch, Briccius filius Martini de Kletynch, et Lachk filius
Stephani de Iwanoch Prediales dicti Castri Reychi, pro se
personaliter, pro Stephano vero et Simone filiis Mattius,
Vrbano et Thoma filijs Georgij, Nicolao filio Dermthych,
Georgio filio Johannis, Lachko filio Stephani, Petro filio
eiusdem Lachk, Thoma filio Dyonisij de Petrosinch, nec non
Petro et Clemente filijs Gordose, Andrea sartore filio Petri,
Anthonio filio Myke, Nicolao filio eiusdem, Petro dicto Zer-
dilonich, Matheo, Francisco et Nicolao filijs Michaelis, Johan-
ne filio Iwan, Adriano filio Fabiani, nobili domina relicta
Thome, Nicolao dicto Twrina et Matheo filio Petri de Zob-
chynch, Ladislao filio Mychaelis, et Valentino filio Nicolai de
Fodrostina, Demetrio et Gregorio filijs Bank, Andrea filio
Laurencij Leukes, Blasio et Elia filijs Andree, Kemyn filio
Fabiani, Matheo filio Clementis, Jacobo et Johanne filijs
Laurencij, ac Georgio filio Nicolai de Dragchewch, Nicolao
filio Nicolai, Briccio et Stephano filijs Martini de Kletynch,

Martino filio Blasij, Anthonio filio Petri, Stephano et Johanne
filijs Johannis, Thoma filio Petri, Wallentino filio alterius
Petri, Petro filio Iwan, Thoma filio Blasij, Blasio filio Fabiani, Matheo filio Iwan et nobili domina relicta Petri de Iwan-
kouch, discreto viro domino Stephano Plebano Sancte Crucis
de Welike predicta, Symone filio Emerici, Nicolao filio eiusdem Emerici, Dominico filio Laurencij, Martino filio Thome,
nobili domina relicta Clementis, et Clemente dicto Dragayech
de Mykostina, Anthonio filio Dyonisij, Petro filio Iwnusonych,
Johanne et Valentino filijs Iwan de Somrakouch, Marco filio
Dragynych, Georgio filio ciusdem, Matheo filio Petri et Anthonio filio ciusdem, Nicolao filio Mathei de Lippa, Georgio
filio Briccij, et Paulo filio Blasij de predicta Welike, Nicolao
Verus filio Petri de Wlchakostina, domina relicta Johannis
filij Petri, Nicolao filio Stephani filij Pwnck, Nicolao filio
Petri, Georgio filio Nicolai, nobili domina relicta Gregorij,
Paulo filio Nicolai, Thoma filio alterius Nicolai, et Symone
filio Pwnek de Petozlauch, nobili domina relicta Blasij,
Adriano et Benedicto filijs Thome, Johanne dicto Kwkethych,
Wrbano filio Stephani, Fabiano filio Pauli, Johanne filio
Petri, Matheo filio Pauli, Thoma, Anthonio et Blasio filijs
Stephani, Georgio et Matheo filijs Marci, Georgio litterato et
Gallo filijs eiusdem Mathei, ac Iwan filio Johannis de Wech-
kouch, Johanne filio Mychaelis, Benedicto prediali Malchech
filio Mathei, Johanne et Stephano fiijs Thome, Thoma filio
Petri, Matheo filio Stephani, nobili domina Rosa vocata relicta,
Stephani, Thoma filio Andree, Puczko filio Thome, Anthonio
et Stephano filijs Georgij, Ztanko filio Petri, Matheo et
Stephano filijs Michaelis de Pribinouch, Johanne filio Wrbani,
Gregorio filio Anthonij, Andrea filio Mathei, Anthonio filio
Thome, Georgio filio Mykus, Malecz filio Iwan, Berlek filio
Gregorij, Anthonio filio Valentini, Jacobo filio Johannis, et
Fabiano filio Wrbani de Wlkanouch, nobili domina Znegawa,
vocata filia Johannis filij Fabiani de Rempostyna, Matheo
filio Dyonisij, Georgio filio Johannis, Clemente et Valentino
filijs Laurencij, ac Symone filio Clementis de Cherenkostyna,
Benedicto filio Clementis et Anthonio filio Thome de Raniz-
louch, Emerico filio Adriani, Andrea filio Barnabe, et Wrbano filio Fabiani de Strelnaycustyna, domino Matheo sacerdote

filio Nicolai, Clemente filio alterius Gregorij, Stephano fratre
eiusdem Clementis carnali, Demetrio filio Blasij, Walentino
filio Jacobi, Stephano sartore de Dragowanch, Johanne filio
Andree, Gregorio filio Benedicti, Thoma filio Dyonisii, Andrea
filio Barnabe, Anthonio filio Andree, Demetrio filio Johannis,
Valentino filio Iwan, Paulo filio Martini, et Clemente filio
Thome de Lukachouch, Blagonia filio Blasij, Myke et Paulo
filijs Petri de Blasistrouch, Nobilibus Predialibus et Jobagionibus prefati Castri Reyche, eosdem in presentem causam
intromittendo, ijdem cum procuratorijs litteris Comitum
et Judicum Nobilium Comitatus Crisyensis ab vna ; parte.
vero ex altera prefata nobilis domina relicta prefati Martini
Bani Anna vocata, et Georgius filius eius, coram nobis adherentes, et ipsi Prediales exhibitione litterarum priuilegialium
domini Regis Lodouici duobus sigillis suis dupplicibus pen-
dentibus, vno priori et antiquo in partibus Wzure deperdito,
et alio novo consignatarum anno gracie, millesimo trecentesimo quinquagesimo sexto, octauo idus Apilis mensis, Regni
autem sui anno quinto decimo confectarum, et tandem duodecimo kalendis mensis Junij anno Domini millesimo trecentesimo sexagesimo quarto confirmatarum, que tenorem litterarum Regis Ladizlai filij Stephani, filij Bele Regis quarti,
anno domino millesimo ducentesimo septuagesimo nono,
Regni autem sui anno septimo subortarum, verbaliter et
confirmative in se habebant, priores eorum, et se ipsos,
veluti nobiles Jobagiones Castri et Prediales Comitatus de
Reyche, a judicatu, judicio, jurisdiccione et potestate filij
Henryci Bani, Nicolai, videlicet quondam Comitis de Reyche
et aliorum Comitum pro tempore constitutorum, per ipsum
Ladizlaum Regem modo litteris in eisdem contento, pure et
simpliciter, de gracia sua spociali, tamquam ueros et naturales
seruientes suos Regales vltra Drauam constitutos, iuxta
libertatem eorundem nobilium, exemptos exstitisse declarando
litteras Capituli Ecclesie Chasmensis priuilegiales, domine
Marie Regine relatorie rescriptas quarto die ferie sexte
proxime ante festum Beatorum Philippi et Jacobi Apostolorum
anno Domini millesimo trecentesimo nonagesimo primo emanatas, habentes in se tenorem litterarum eiusdem domine Marie
Regine adiudicatoriarum eidem Capitulo directarum, presen-

tarunt continentes : quod inter predialas et nobiles Jobagiones Castri de Reyche, litteris in eisdem nominatos, vt actores
ab vna, et inter Stephanum filium Stephani filij Mychk Bani,
parte ab alia super occupacione eorundem predialium, et
quorumlibet jurium ipsorum, coram ipsa domina nostra Regina lis mota exstitisset, in qua quidem lite, ipso Stephano
filio Stephani deficiente, eadem domina Regina vniuersa
predia et quaslibet porciones possessionarias dictorum predialium, ipsos ab antiquo contingentes, sub condicionibus et
libertatibus eorum, eis et eorum heredibus perpetuo possidendas restatuere commisisset; Paulus itaque dictus contra de
Nagech, homo Reginalis, ad id specialiter transmissus, et
Magister Gregorius Canonicus ipsius Capituli testimonium,
ad facies uniuersorum prediorum et porciouum possessionariarum prescriptorum predialium et nobilium Jobagionum,
videlicet Johannis filij Emerici de Zelna, alterius Johannis filij
Fabiani de Rempoch, Georgij filij Fabiani de Saulfelde, Wrbani
filij Fabiani de Wlkanolch, Andree filij Barnabe de Lukachouch,
Petri filij Iwan de Welike Melike, Petri filij Blasij similiter de
Weliky Melike, Michaelis filijs Petri de Pribinouch, Dominici
filij Jacobi de Rathkpetherfelde, Ladislai filij Dominici de Saulfelde, Gregorij filij Fabiani de alia Wlkanolch, Petri et Benedicti
filiorum Dyonisij de Chernkoch, Dominici filij Laurencij de
Keresthur, nec non Nicolai filij Ladislai de Kletynch, alio nomine Lehafelde, Mathei filij Martini de Lippa, Dyonisij filij
Blasij similiter de Welike Melike, Mykech filij Stephani
penes fluuium Marocha, Petri filij Vlchyak de Capite Velike
filij predicti Georgij filij Iwan de Wechkolch, Ladislai filij
Michaelis de Fodorostyna, Myke filij Punek de Myrostyna,
Mathie filij Gregorij de Dernechynchyna, Benedicti filij
Johannis de Hranizlauch, Benedicti filij Dragina de Drage-
verolch, Fabiani filij Georgij de Moysna, et Laurencij filij
Petri de Radozlaustyna nominatorum, in tenutis et pertinencijs prelibati Castri Reyche habitorum, vicinis et commetaneis
eorumdem vniuersis inibi legitime connocatis et presentibus,
accedendo, memorata predia, seu possessionarias porciones
cum earundem vtilitatibus et pertinencijs vniuersis annotatos
prediales ab antiquo contingentes, eisdem et ipsorum heredibus sub condicionibus et libertatibus premissis, prefato Ma-

gistro Stephano filio Stephani filij Mychk, in hac parte silencium imponendo, restituissent et commisissent, nemine alio contradictore inibi penitus apparente, perpetuo possidenda et habenda. Quibus quidem litteris per ipsos Prediales productis, seriebusque earum perceptis et intellectis, eadem domina dictusque Georgius filius suus, se et alios filios dicti Martini Bani, preterea dicti Prediales similiter se ad pacis reformationem in premissis faciendam, per nos transmitti postularunt. Qos cum nos ad eandem pacem faciendam benivole admississemus, tandem, sicuti prescribitur, prefati Georgius filius et nobilis domina Anna relicta ipsius Martini Bani pro se personaliter, pro Ders vero et Petro filij⟨s⟩ eiusdem Martini Bani ijdem sine litteris procuratorijs, quorum onera et quelibet grauamina, si ipsi simul vel diuisim de subcriptis resilire et ea reitcrare uellent et conarentur, super se cunctasque eorum hereditates et bona receperunt ab vna parte; siquidem. ex altera prefati Elias Benedictus, Briccius et Lachk Prediales, pro se similiter personaliter, pro predictis vero alijs predialibus, cum prescriptis procuratorijs litteris, nostri comparantes in presencia, dixerunt et proposuerunt in hunc modum : quod ipsi ex induccione nobilium virorum Magistrorum Georgij filij Petri de Dombo, Stephani filij Petri de Bochka, et aliorum, pro pace inter eos fienda laborancium, taliter concordassent et ad perpetue pacis vnionem deuenissent: Vt tam premissam causam inter eos motam et habitam, quam eciam alias vniuersas et singulas, hactenus inter eos et prefatum condam Mardinum Banum exortas et suscitatas, tamquam sopitas et cassatas, condescendere fecissent, seque alternatim et mutua vicissitudine, superinde expeditos et modis omnibus absolutos reddidissent; cunctas et singulas causales litteras, vbilibet sub quibusuis verborum formis alterutrum confectas, inanes, friuolasque, et exhibitoribus nocitiuas relinquendo; ymo concordarunt, supersedere fecerunt, cassarunt, et mortificarunt coram nobis articulis moderaminum specifice adiectis, quod ipsi Georgius, Ders et Petrus filij, nec non nobilis domina Anna relicta prefati Martini Bani, ipsorumque heredes et posteritates vniuersi, prescriptos Eliam Comitem Terrestrem, aliosque Prediales in superioribus nominatim conscriptos, et eis succedentes,

semper temporibus successiuis perpetuis, in illa eorum
libertatis prcrogatiua ct graçia, quibus priores eorum, et per
consequens ipsi ante tempus prescripte donacionis ipsi Martino Bano facte, freti fuissent et gauisi, inmutabiliter et inconcusse conseruare tenebuntur, nullamque nouitatem, vltra
dictam libertatem, super eos et eorum posteros facere et im-
mutare valebunt; et quod ipsi Prediales et cuncti eis succedentes, ipsis filijs, et relicte Martini Bani, eorumque heredibus, sicuti eorum ueris ct naturabilibus dominis, semper obe-
dirc, ipsosque uereri, scruiciaque et dacia ad collectas debitas, sicuti alias, dum sub manu et potestate Regie Maiestatis
fuissent constituti, fecissent et exercuissent, locis et temporibus ingruentibus, eis dare, amministrare, facere et exhibere
obligati haberentur. Sic et eo modo, vt per tempora euiterna,
n quolibet anno quilibet ex ipsis, puta predialibus, de predio
suo sibi subiecto, quantecunque quantitates existerent, in quolibet die festiuitatis Beati Georgij martyris, singulas duas
pensas denariorum noue moneta, deinde uero secundario in
qualibet die festiuitatis Bcati Martini confessoris, ipsi omnesque prediales communiter et indiuisi, septem marcas computi
Regni Sclauonie, pro qualibet scilicet marca duos florenos
nouos computando, prefatis filijs et relicte Martini Bani in
heredum heredes, pro collecta dare et soluere tenebuntur.
Ceterum, quia ipsi prediales Regali vel Reginali Maiestati,
dum vltra Drauam iu Regno Sclauonie subintrassent, iuxta
ritum antiquum victualia dare fuissent astricti; idcirco ipsa
Regalis vel Reginalis Maiestas, quandocunque et quociens-
cunque illuc in ipsum Regnum Sclauonie accederent, huiusmodi uictualia semper, tociens quociens hoc eueniret, non ipsis
Regali aut Reginali Maiestati, sed precise ipsis filijs et relicte
Martini Bani, aut eorum posteris, tanquam eorum Dominis,
dare et aministrare debebunt. Nichilominus autem, sicut ab
antiquo fuisset consuetum, ipsi Prediales pro faciendo Judicio in villa Keresthur Scdem Judiciariam habebunt, eo modo,
quod ex parte ipsorum predialium Comes Terrestris eorum,
ex parte uero prefatorum filiorum et relicte Martini Bani, uel
heredum eorum, Comes uel Officialis eorum pro tempore constituti, ibi in dicta Keresthur, Sede Judiciaria, pro ipso Judi-
çio faciendo simul ct ad inuicem, non uero diuisim, consede-

bunt, causantibusque et querulantibus judicium facient; de
quo quidem judicio ipsorum amborum Comitum si ipsi litigan-
tes contentabuntur, bene quidem; alioquin, sicut solitum
fuisset, huiusmodi judicium et eius examen per partem, que
uellet, in Crisium ad Sedem Judiciariam Nobilium ipsius
Regni Sclauonie pro habenda deliberacione deduceretur; et
deinde, si aliqua parcium uellet, ad Curiam Regiam, iuxta
libertatem dictorum nobilium, examen huiusmodi judicii transferre posset. Vbi autem aliquis causidicus vel litigans coram
ipsis ambobus Comitibus aliquatenus conuinceretur, duas
partes birsagiorum, vel aliorum grauaminum, Comes prefatorum filiorum prefati Martini Bani et domine, eorumque successorum, terciam uero annotatus Comes Terrestris ipsorum
Predialium semper pro se reciperent et tollerent. Nec hoc
pretermisso, quod prefati domina et Georgius filius ipsius
Martini Bani, nominibus quorum supra, predia subscripta, et
eorundem particulas (per) prefatum Martinum Banum ab eis
receptas et alienata, uidelicet predictum predium Rempoch
condam Johannis filij Fabiani nobili domine filie sue conjugi
predicti Benedicti Mykech; item predium Fodorostyna, pre-
lato Ladislao filio Mychaelis filij Valentini, sub eisdem metis,
quibus tenta fuissent; deinde de predio Saulfelde fenetum
quadraginta curribus aptum, quod ipse Martinus ad suam
propriam curiam de Tapalouch applicasset; item de predio
Lukanoch illam particulam terre arabilis, quam ipse Martinus
Banus pro se ad Ciuitatem suam Reyche applicasset, Anthonio filio Valentini cum fratribus suis; item de predio Pribinouch, tria iugera terre arabilis, et vnum fenetum ad possessionem suam Konzka occupatas; deinde de predio Hraniz-
louch illum montem, qui ante prefatam Reyche haberetur, et
quem ipse Martinus eidem Reyche applicasset; post hoc de
predio Roysna illam partem cum loco sessionali ipsius predii,
quam ipse Martinus pro se habuisset, Vrbano filio Fabiani, et
Emerico filio Adriani; item predium Radoslastyua ex integro
Emerico filio Fabiani, in heredum heredes, sub condicionibus
et libertatibus antiquis, iure perpetuo tenenda duxerunt pleno
iure remittenda, eatenus veluti eis ab antiquo pertinuissent;
predictum eciam Wulchakostyna, quod pro nunc ipse Nicolaus ruffus possidet; et quod vnum ex dictis predijs prescri-

ptorum predialium extitisset, in numerum eorundem prediorum vice versa computarunt, et inmiscuerunt, sub dacijs et seruicijs, libertateque preassertis. In cuius rei memoriam et perpetuam firmitatem presentes nostras litteras priuilegiales, sigillis nostris authenticis pedentibus communitas, ipsi Elie Comiti Terrestri, et alijs prelibatis Predialibus duximus concendendas. Datum Albe tricesimo sexto die octauarum diei medij XL-me predictarum anno Domini millesimo quadringentesimo decimo nono.

(Az eredeti után Kukuljevics Iván, Jura Regni Croaciae, Dalmatiae et Slavoniae I. köt. Zágráb, 1862. 89. sk. ll.)

238.

Lodomér esztergami érsek megkereei Bereky Tamds comest, hogy Mihály csanádi apát megérkezéseig ennek jószágaira gondjt viseljen. 1279—1297.

(A gróf Zichy család Okmánytára I. köt. 43. l. Supala Ferencz közleménye.)

239.

IV. László királynak Kabold várát tárgyazó adománya Csák nemzetségbeli Murk comes fiai számára. 1280.

Ladizlaus Dei gracia Hungarie, Dalmacie, Croacie, Rame, Seruie, Gallicie, Lodomerie, Cumanie Bulgarieque

Rex omnibus Christi fidelibus presens scriptum inspecturis salutem in filio Uirginis Gloriose. Ne ea que aguntur in tempore simul cum temporis labilitate elabantur, litterarum solent testimonio roborari. Proinde ad vniuersorum tam presencium quam posterorum noticiam harum serie uolumus peruenire, quod nos consideratis continuis fidelitatibus et assiduis seruicijs meritorijs Stephani Comitis de Bokon, et Petri fratris sui, filiorum uidelicet Comitis Marcy de genere Chak, fidelium nostrorum, que ijdem nobis in diuersis Regni nostri negocijs nobis adhuc in etate tenera constitutis laudabiliter inpenderunt, se et sua diuersis fortune casibus pro bono nostro et Regni nostri commodo submittere nullatenus formidando : nos ipsorum seruicijs, si non in toto, sed saltim in aliqua sui parte, respondere cupientes Regio cum fauore, ut alij eo inspecto ardencius ad fidelitatis opera exercenda incitentur ; quoddam Castrum nostrum Kabold uocatam, in Comitatu Supruniensi situm et ad eundem Comitatum spectans, ac inmediate ad Regiam pertinens collacionem, cum omnibus suis utilitatibus et pertinencijs vniuersis, quibus actenus Comites Suprunienses pro tempore constituti tenuerunt, contulimus, dedimus et donauimus ipsis Comiti Stephano et Petro fidelibus nostris perpetuo et irreuocabiliter possidendam. In cuius rei memoriam perpetuamque firmitatem presentes concessimus litteras sigilli nostri dupplicis munimine roboratas. Datum per manus discreti viri Magistri Bartholomei aule nostre ViceCancellarij dilecti et fidelis nostri anno Domini M·CC· octuagesimo, quartodecimo kalendas Septembris, indiccione octaua, Regni autem nostri anno octauo.

(Eredetie bőrhártyán, melyről a király pecsétjének töredéke vörössárga selyemzsinóron függ, a budai kir. kamarai levéltárban.)

IV. László királynak Teluky Somogymegyei helységre vonatkozó adománya a nyúlszigeti apáczazárda számára. 1280.

Ladislaus Dei gracia Hungarie, Dalmacie, Croacie, Rame, Seruie, Gallicie, Lodomerie, Cumanie Bulgarieque Rex omnibus Christi fidelibus presentibus pariter et futuris presentes litteras inspecturis salutem in omnium saluatore. Vt collaciones Principum firmitate perpetua solidentur, littera rum solent munimine roborari. Inconcussum quippe permanet quod Regio fuerit patrocinio communitum. Proinde ad uniuersorum noticiam harum serie uolumus peruenire ; quod domina Elysabeth soror nostra karissima in Monasterio Beatissime Virginis Gloriose de Insula Deo iugiter famulans quosdam vduornicos nostros, Chomoteum videlicet cum tribus filijs suis, Petrum cum duobus fratribus suis, et Buhtus cum fratribus suis de villa Teluky in Comitatu Symigiensi existentes, simul cum terris eorum petiuit a nobis sibi dari. Verum quia de ipsis vduornicis nostris et terris eorundem nobis ueritas ad plenum non constabat, fidelibus nostris Abbati et Conuentui Symigiensi dedimus in mandatis, ut hominem ipsorum ydoneum mitterent pro testimonio, coram quo Nicolaus filius Vros homo noster ipsos Chomoteum cum tribus filijs suis, Petrum cum duobus fratribus suis, et Buhtus cum fratribus suis, vduornicos nostros predictos, simul cum terris suis, statueret dicte domine Elysabeth sorori nostre karissime ad seruicia eorum consueta, que nobis inpendere consueuerunt ab antiquo, si non fieret contradictum ; contradictores autem si qui fierent, ad nostram citarent presenciam ad terminum competentem. Qui quidem Conuentus nobis postmodum rescripserunt in hec uerba :

Excellentissimo in domino suo Ladizlao Dei gracia Regi Hungarie stb. (következik a somogyvári konventnek jelentése, mint alább 265. sz. a.)

Nos itaque peticionem ipsius domine Elysabeth sororis nostre karissime admittere cupientes Regio cnm fauore, ut debemus, eosdem Chumoteum cum tribus filijs suis, Petrum cum dnobus fratribus suis, et Buhtus cum fratribus suis, vd uornicos nostros, cum terris, vineis et omnibus alijs iuribus eorum in villa Telky existentibus, sub eadem condicione, in qua nobis et progenitoribus nostris seruire tenebantur, dedimus, donauimus atque tradidimus eidem domine Elysabeth, sorori nostre karissime, perpetuo inreuocabiliter possidendas. Vt igitur hec nostra collacio dicte domine sorori nostre karissime per nos facta ipsi Monasterio Virginis Gloriose perpetuo perseueret, nec per quempiam possit uel ualeat aliquatenus retractari, presentes concessimus litteras duplicis sigilli nostri munimine roboratas. Datum per manus venerabilis uiri Magistri Achonis, aule nostre ViceCancellarij, dilecti et fidelis nostri, anno Domini M°CC° octuagesimo, Regni autem nostri anno octauo.

(Eredetie bőrhártyán, melyről a pecsét töredéke sárga-vörös selyemzsinóron függ; a budai kir. kamarai levéltárban.)

241.

IV. László királynak Szöllős helységet tárgyazó adománya Miklós comes, Péternek fia számára. 1280.

Ladizlaus Dei gracia Ungarie, Dalmacie, Croacie, Rame, Seruie, Gallicie, Lodomerie, Cumanie Bulgarieque Rex omnibus Christi fidelibus presentem paginam inspecturis salutem in omnium saluatore. Ut donaciones Regum perpetua firmitate solidentur, litterarum solent testimonio cummuniri; inconcussum quippe permanet, quod Regio fuerit patrocinio communitum. Proinde ad uniuersorum noticiam tenore presencium volumus peruenire: quod commendabilem fidelitatem

et grata obsequia Comitis Nicolai filij Petri fidelis nostri, quibus idem coram oculis Nostre Maiestatis meruit multipliciter
complacere, de munificencia Regie Benignitatis attendentes,
quandam villam nostram Regalem in Comitatu Wgatha existentem Zeuleus vocatam, prefato Comiti Nicolao, et per eum
suis heredibus, heredumque suorum successoribus dedimus,
donauimus et contulimus iure perpetuo et irreuocabiliter
pacifice et quiete possidendam. Vt igitur huius nostre donacionis series robur optineat perpetue firmitatis, nec processu
temporum in irritum valeat uel possit per quempiam retractari, presentes concessimus litteras dupplicis sigilli nostri
munimine roboratas. Datum per manus discreti uiri Magistri
Bartholomei Aule nostre Vicecancellarij dilecti et fidelis
nostri, anno Domini millesimo CC⁰LXXX⁰, Regni autem
nostri anno nono, nono kalendas Decembris, indiccione
octaua.

(Eredetie bőrhártyán, zöld selyemzsinóron függő pecsét alatt; a
mélt. báró Perényi család levéltárában.)

242.

*IV. László király megujítja és megerősíti a Pezye földet tár-
gyazó 1276-ki adományát. 1280.*

Ladizlaus Dei gracia Hungarie, Dalmacie, Croacie, Rame,
Seruie, Gallicie, Lodomerie, Cumanie Bulgarieque Rex omnibus tam presentibus quam futuris presentes litteras inspecturis
salutem in omnium saluatore. Ad vniuersorum noticiam tenore
presencium volumus peruenire, quod Magister Andreas filius
Abraham de Berenche ad nostram accedens presenciam exhibuit nobis priuilegium nostrum super collacione quarundem
terrarum Castri nostri Symigiensis, et sanctiferorum, et Jacobi iobagionis Castri Symigiensis sine herede decedentis,

Pezye uocatarum, tempore puericie nostre concessum, petens a nobis cum instancia, ut nos ipsum priuilegium ratum habere et nostro dignaremur priuilegio innouare. Cuius quidem privilegij tenor talis est:

Ladizlaus Dei gracia Hungarie stb. Rex stb. (következik IV. László királynak 1276-ki adománylevele, mint fentebb 141. sz. a.)

Nos itaque ipsius Magistri Andrée iustis peticionibus annuentes Regio cum fauore, attendentesque eiusdem seruicia graciosa et meritoria obsequia, que idem nobis et Regno in exercitu nostro generali, quem contra Regem habuimus Boemorum, vbi Deo dante felicem victoriam sumus consecuti, non sine sui cruoris effusione exhibuit et impendit ut fideliter sic deuote; quia inspeximus ipsum priuilegium nostrum non abrasum, non cancellatum, nec in aliqua sui parte viciatum, ymo collacionem predictam censemus rite factam, in etate legitima constituti idem de uerbo ad uerbum presentibus insertum de consensu Baronum nostrorum innouamus et innouando confirmamus dupplicis sigilli nostri munimine roboratas. Datum per manus discreti viri Magistri Bartholomei Prepositi Agriensis Aule nostre ViceCancellarii dilecti et fidelis nostri anno Domini M°CC°LXXX°, quartodecimo kalendas Octobris, Regni autem nostri anno octauo.

(Eredetie bőrhártyán, vörös-zöld selyemzsinóron függő pecsét alatt a főmélt. herczeg Batthyáni család levéltárában.)

243.

IV. László király Vng vára több jobbágyainak megengedi, hogy Tyba nevű birtokukat elidegeníthessék. 1280.

Ladizlaus Dei gracia Hungarie, Dalmacie, Croacie, Rame, Seruie, Gallicie, Lodomerie, Cumanie Bulgarieque Rex omnibus Christi fidelibus tam presentibus quam futuris presens scriptum inspecturis salutem in omnium saluatore. Ad vniuersorum noticiam harum serie volumus peruenire : quod Wolph, Valentinus, Georgius, Stephanus, Benedictus, Dank et Symon, ac cognati eorum, jobagiones Castri nostri de Vngh ad Nostre Serenitatis accedentes presenciam, humiliter inopiam et paupertatem eorum exponentes, a Nostra Maiestate postularunt, vt possessionem ipsorum hereditariam Tyba vocatam in Comitatu de Vngh existentem, liberum arbitrium alienandi et uendendi, cuicunque vellent, eisdem dare et conferre dignaremur. Nos itaque peticionibus ipsorum iustis et legitimis aures Regias fauorabiliter inclinatas de benignitate Regia annuimus et permisimus predictos jobagiones Castri nostri, possessionem ipsorum Tyba memoratam, vt liberam haberent vendendi uel alienandi quoquomodo voluerint facultatem. In cuius rei memoriam perpetuamqoe firmitatem ad instanciam et peticionum predictorum jobagionum Castri presentes concessimus litteras duplicis sigilli nostri munimine roboratas. Datum per manus discreti viri Magistri Bartholomei aule nostre ViceCancellarij dilecti et fidelis nostri anno Domini M°CC°. octuagesimo tercio, Regni autem nostri anno decimo.

(Az egri káptalannak 1373-ki »in festo preciosissimi Corporis Christi« I. Lajos királynak᠎ 1373. »Datum in Gyosgewr die dominico post Ascensionem Domini« kelt megkeresésére a »Nobilium de Nogmihal« számára kiadatott átiratából ; a budai királyi kamarai levéltárban.)

244.

IV. László királynak Jánostelke nevü birtokot tárgyazó adománya Miklós zólyomi föispán számára. 1280.

(A gróf Zichy család Okmánytára I. köt. 44. lap. Véghelyi Dezső közleménye.)

245.

IV. László királynak privilegiuma, melylyel Machoxot és testvéreit Timár nevü birtokukkal együtt nemesi rangra emeli. 1280.

— — Paulus de Chwth procurator Stephani de Rozgon in causam attracti — — quasdam litteras produxit; quarum prima videlicet dicti condam domini Ladislai Regis sub pendenti dupplici ipsius sigillo confecta, dataque per manus discreti viri magistri Batholomei aule sue ViceCancellarij anno Domini millesimo ducentesimo octuagesimo, sedecino kalendas Septembris, indiccione octaua, Regni autem sui anno octauo enodabat; quod Comes Machox fidelis et familiaris thauernicus eiusdem condam domini Ladislai Regis ad ipsius accedens presenciam, de Sua Maiestate Regia humiliter supplicando postulasset, vt ipsum ob merita seruiciorum suorum sibi impensorum, et per eum Zumbor fratrem suum, Farcasium et Bocsz filios Bene, Gyroult (et) Augustinum filios Gregorij, Helys et Kemyn cognatos suos de villa Thymar de populis tauarnicorum suorum oriundos ab onere ipsius tauarnicatus eximere cum terra ipsorum in villa Thymar existente, et in cetum ac collegium Regalium seruiencium suorum transferre dignaretur. Ipse itaque condam dominus Ladislaus Rex consideratis seruicijs ipsius Comitis Machox, que ab adolescencie sue temporibus, primum domino Stephano Regi patri eiusdem condam domini Ladislai Regis, ac tandem sibi impendit, cum idem condam dominus Ladislaus Rex dicto Rege Stephano patre suo ingresso viam carnis vniuerse, Regni gubernacula et Regis solium adeptus fuisset iure et ordine geniture; quia dictus Comes Machox in domo eiusdem condam domini Ladislai Regis iugiter famulando, et diuersis actibus suis et conspicuorum seruiciorum suorum generibus multipliciter coram oculis ipsius condam domini Ladislai Regis meruisset commendari, et ob fidelitatem Corone Regie debitam se diuersis fortune casibus submittere nunquam formidasset, voluntatem et preceptum ipsius condam domini Ladislai Regis sagaciter in omnibus loco et tempore opportunis effectui mancipando, eo eciam tempore, cum Regnum eiusdem condam domini Ladislai Regis per bellum intestinum et extrinsecum puericie sue temporibus fere ad exinanicionem virtutis extreme deucnisset, idem Comes Machox in legacionibus dicti condam domini Ladislai Regis multiplicibus insudando, in omnibus et per omnia pro commodo Regni sui inuigilando, suam effecisset voluntatem; in recompensacionem ipsius Comitis Machox seruiciorum sibi cum diligencia summe fidelitatis impensorum, et que sibi impendere posset in futurum, ipsum Comitem Machox, et per eum Zumbor fratrem suum vterinum, Farcasium, Bocsz, Gyroult, Augustinum; Helys et Kemyn cognatos suos antedictos de condicione thauarnicorum suorum, cum terris ipsorum in villa Thymar existentibus, duxisset ex liberalitate Regia eximendos, tam pure et simpliciter, vt de cetero idem Comes Machox, frater et cognati sui memorati, et eorum heredes, heredumque suorum successores super terris eorum in villa Thymar existentibus, illa et eadem gauderent libertate, qua ceteri nobiles Regni perfruerentur sub vexillo Regio militantes. Secunda predicti Comitis Pauli in Wyssegrad stb.

(XIV. századi oktavális itéletnek eredeti példányából.)

246.

IV. László királynak Telky helységet tárgyazó iktatási paran-
csa a somogyi konventhez, növére Erzsébet számára. 1280.

Ladizlaus Dei gracia Rex Hungarie fidelibus suis
Abbati et Conuentui Symigiensi salutem et graciam. Cum
nos Chumoteum cum tribus filijs suis, Petrum cum duobus
fratribus suis, et Buhtus cum fratribus suis, vduornicos nostros
de villa Telky in Comitatu Symigiensi existentes, sub eadem
condicione et libertate, qua nobis tenentur, simul cum terris
suis, domine Elysabeth, sorori nostre karissime, duxerimus
conferendos ; fidelitati uestre mandamus precipiendo, quatenus mittatis testimonium uestrum ydoneum, coram quot
Nicolaus filius Vros homo noster, ipsos vduornicos nostros
simul cum terris suis statuat eidem domine Elysabeth ad
seruicia eorum consueta exercenda, que nobis inpendere
consueuerunt ab antiquo, si non fierit contradictum, contradictores autem si qui fierent, ad nostram citet presenciam ad
terminum competentem, diem citacionis et terminum nobis
rescribatis. Datum in Gumseed in dominica Inuocauit.

(A somogyi konvent jelentéséből, mint alább 265. sz. a.)

247.

IV. László király megerősíti anyjának Erzsébet királynénak Cheh helységet tárgyazó adományát főtálnokmestere Jakab számára. 1280.

Ladizlaus Dei gracia Hungarie, Dalmacie, Croacie, Rame, Seruie, Gallicie, Lodomerie, Cumanie Bulgarieque Rex omnibus Cristi fidelibus presens scriptum inspecturis salutem in salutis largitore. Effectum iusta postulantibus tam vigor equitatis, quam ordo exigit racionis. Proinde ad vniuersorum noticiam tam presencium quam posterorum tenore presencium fieri uolumus manifestum, quod Jacobus filius Ponych Magister Dapiferorum karissime matris nostre, fidelis noster, ad nostram accedens presenciam exhibuit nobis priuilegium domine Regine karissime matris nostre; petens cum instancia, ut ipsum ratum habere et nostro priuilegio confirmare diguaremur. Cuius quidem tenor talis est :

Elisabet D. gr. maior Regina Hungarie stb (következik Erzsébet anyakirálynénak 1280 ki adománylevele mint alább 249. sz. a.)

Nos itaque considerantes peticiones ipsius Magistri Jacobi fidelis nostri fore et esse iustas ac legitimas, peticio nem eiusdem pro seruicijs fidelissimis nobis semper et ubique locorum inpensis, Regio admisimus cum fauore, et predictum priuilegium karissime matris nostre nobis presentatum de uerbo ad uerbum presentibus inseri faciendo, auctoritate et munimine duplicis sigilli nostri duximus confirmandum. Datum per manus discreti viri Magistri Anthoni aule nostre ViceCancellarij dilecti et fidelis nostri anno Domini M°CC° octauagesimo, Regni autem nostri anno octauo, tercio kalendas Junij indiccione octaua.

(III. Endre királynak 1293-ki megerősítő okmányából, a budai kir. kamarai levéltárban.)

248.

Erzsébet királyné Babun helységet, mely Mária királyné parancsából Babuni Tivadartól jogtalanúl elvétetett, Sándor mester, Tivadar fiának adja vissza. 1280.

Elyzabeth Dei gracia Regina Hungarie vniuersis Christi fidelibus tam presentibus quam futuris salutem in Domino sempiternam. Justum est et consentaneum equitati, ut iura subiectorum, que fuerant mole potencie uel suggerencium malicia occupata, ueritate cognita cedant omnia veritati iuris pristino restaurato. Proinde ad vniuersorum noticiam harum serie volumus peruenire, quod accedens ad nostram presenciam Magister Alexander filius Teodori de Babun de Comitatu Symigiensi, nobis humiliter suplicauit, ut medietatem terre sue Babun hereditarie ad tria aratra, quam domina Maria Regina, quondam consors incliti Regis Bele clare memorie, potencialiter abtulerat a Teodoro patre suo, et condicionalibus Reginalibus, vini scilicet datoribus ad usum eorundem fecerat assignari, sibi restitui benignitate et mansuetudine debita faceremns. Nos itaque nolentes ex officii nostri debito aliquorum iura vel iusticiam pergrauare, cum teneamur singulos ex fastigio suscepti regiminis in sua iusticia consernare, ne iura quorumlibet indebite occupando inde nasceretur iniuria; vnde debuit per legitimos tramites presumpcionis audacia cohiberi, deliberato consilio fidelium Baronum nostrorum, ad instanciam eciam domini nostri Regis illustris, consortis nostri karissimi, circa reformacionem et restitucionem medietatis ipsius terre Babun fidelibus nostris Capitulo Albensi, nec non Nobilibus de Comitatu Symigiensi et Tolnensi, commetaneis et comprouincialibus eiusdem terre, sub fidelitate et fide Corone debita dedimus in mandatis, ut omnem de ipso negocio perscrutabiliter inquisitam et scitam nobis transsciberent veritatem. Qui quidem Capitulum Albense nobis in suis litteris rescripserunt in hec uerba :

Excellentissime Domine sue Elyzabeth D. gr. Illustri
Regine Hungarie stb. (következik a fehérvári káptalannak
jelentése, mint alább 260. sz. a.)

Hoc idem eciam Nobiles de Comitatu Symigiensi et
Tolnensi ad fidem suam et fidelitatem Corone Regie debitam
plenarie rescripserant. Et quanquam ad primam peticionem
eiusdem Magistri Alexandri in restitucione sui iuris prima
vice nostrum duxerimus priuilegium concedendum; ut cum
veritas sepius exagitata magis splendescat in lucem, ex
inquisicione iterata de ipsius negocij veritate plenius infor-
mate certo cercius connoscentes, dictam medietatem terre
Babun ad quantitatem trium aratrorum iuris fuisse eiusdem
Magistri Alexandri et patris ipsius, cuius alteram medietatem
semper possedit in pace; cupientes, ut quod suggestione
maliuola fuerat perturbatum, in ius pristinum restauretur:
cum idem Magister Alexander domino nostro Regi, ac patri
et auo ipsius, Regibus illustribus, nec non et Nobis circa
Nostre Serenitatis mandata seu negocia semper deuotum
impenderit famulatum; medietatem dicte terre Babun ad
tria aratra, cum omni plenitudine, et circumstancijs ac pertinencijs suis restituimus eidem Magistro Alexandro, et per
eum suis heredibus heredumque suorum successoribus perpetuo possidendam; eisdem vinidatoribus super hoc perpetuum
silencium inponentes. Vt autem super hoc imposterum nulla
ualeat contencio uel litis materia suboriri, (in) eiusdem rei
perpetuam firmitatem presentes litteras concessimus dupplicis
sigilli nostri munimine roboratas. Datum per manus venerabilis patris Thome Episcopi Vachyensis Aule nostre Cancellarij anno Domini M ᵒCCᵒ octuagesimo.

(Eredetie bőrhártyán, sárga-vörös selyemzsinóron függő pecsét alatt;
a főmélt. herczeg Batthyáni család levéltárában.)

249.

Erzsébet anyakirálynénak Cheh helységet tárgyazó adománya
főtálnokmestere Buzad nemzctségbeli Jakab számára. 1280.

Elizabeth Dei gracia maior Regina Hungarie omnibus
Christi fidelibus tam presentibus quam futuris presens scriptum inspecturis salutem in omnium saluatore. Reginalis
deliberacionis prouida circumspeccio et circumspecta benignitas nos ammonet et inducit, ut quorumlibet fidelitati et
seruicijs commode nobis impensis gratanti animo occuramus,
condigna retribucione meritis eorundem fauorabiliter respondentes : quia dum eorum laboribus et honestis seruicijs fauorem prebemus et assensum, ceteros ad ampliora fidelitatis
opera exemplo simili inuitamus, et de promptis reddimus
prompciores. Proinde vniuersitatis uestre noticie tenore
presencium fieri volumus manifestum; quod nos attendentes
multiplices fidelitates et seruiciorum merita fidelis nostri
nobilis viri Jacobi filij Ponich de gernere Buzad, Magistri
Dapiferorum nostrorum, que domino nostro Regi Stephano
consorti nostro karissimo inclite recordacionis, et domino
Ladizlao Regi filio nostro karissimo, ac nobis, pro Regie
Reginalisque Corone honore in diuersis Regni expedicionibus
personam suam fortune casibus exponere non formidans,
varijsque in necessitatibus ipsius domini Ladizlai karissimi
filij nostri adhuc in etate tenera existentis, et nostris, post
obitum domini nostri Regis Stephani nos nullatenus relinquendo, cum summa fidelitate et deuocione laudabiliter inpendit et exhibuit indefesse, se et sua varijs periculorum
generibus pro ipso domino Ladizlao Rege karissimo filio
nostro et pro nobis exponere non verendo; et specialiter in
effusione sui sanguinis, quum in expugnacione castrorum de
Nowak et de Paka coram oculis Nostre Maiestatis laudabiliter dimicauit, letalia et mortalia sua nulnera subferendo.
Volentes igitur eidem in reeonpensacionem seruiciorum suo-

rum et effusionis sanguinis sui aliquam prouisionem facere, licet ampliori remuneracione dignus esset : quandam possessionem nostram Chehy uocatam, in Comitatu Segusdiensi situatam, nostre per omnia collacioni pertinentem, cum omnibus utilitatibus suis et pertinencijs vniuersis dedimus, donauimus et contulimus ipsi Magistro Jacobo et suis heredibus heredumque suorum successoribus perpetuo et pacifice possidendam. In cuius rei memoriam firmitatemque perpetuam presentes eidem concessimus litteras duplicis sigilli nostri munimine roboratas. Datum per manus Magistri Wrbazij Prepositi Ecclesie Sancti Petri de Posaga aule nostre Cancellarij fidelis nostri, anno Domini M⁰CC⁰ octuagesimo.

IV. László királynak 1280-ki megerősítő okmányából, mint fentebb 247. sz. a.)

250.

III. Miklós pápa Ferencz, az Arbe szigetén lévő benedekrendi monostor apátjának érdekében intézkedik. 1280.

Nicolaus Episcopus servus servorum Dei, venerabili fratri ... Archiepiscopo Jadrensi salutem et Apostolicam benedictionem. Ad audientiam nostram pervenit, quod nobilis vir Marcus Michael Comes Arbensis, Stephanus de Forma, Madius de Pairco, et Zodenicus de Zodenicis, tunc Judices Arbenses, contra dilectum filium Franciscum, Abbatem Monasterii Sancti Petri Ordinis Sancti Benedicti Arbensis Dieceesis, spiritu diabolico concitati, cum idem Abbas, pro quo Comes et Judices prefati miserant, ut veniret ad eos in Civitatem Arbensem, accessisset ad illos, Comes et Judices prelibati Abbatem ipsum per multos dies in palatio Sancte Crucis, capelle ipsius Monasterii, fame, siti, pluribusque aliis afflictum iniuriis, stare fecerunt, et constitutis in Monasterio ipso procuratoribus pro sue libito voluntatis, eundem Abbatem ad illud redire libere minime permiserunt; sicque Comite et Judicibus ipsis prefato Abbate, eodem Monasterio iurisdictionibus et bonis aliis spoliato, asserentibus se velle Abbatem ipsum comburere, Abbas ipse timens sibi mortis periculum iminere, ac credens, se non posse aliter huiusmodi periculum evitare, per vim et metum, qui cadere poterat in constantem, regimini ipsius Monasterii est renuntiare coactus, et de non veniendo contra renuntiationem huiusmodi, ac iure aliquo in ipso Monasterio ulterius non potendo, corporali prestito iuramento. Nos itaque attendentes, quod ea, que vi metusve causa fiunt, carere debent robore firmitatis, ac volentes super hiis memorato Abbati iuxta officii nostri debitum de oportuno remedio subvenire, fraternitati tue per Apostolica scripta mandamus, quatinus, si premissis veritas suffragatur, eundem Abbatem ab observacione huiusmodi iuramenti auctoritate nostra absolvens, denunties eum ad observationem ipsius aliquatenus non teneri, nullumque sibi debere per predictam renuntiationem sic violenter extortam preiudicium generari; deinde Comitem et Judices supradictos tandiu appellatione remota excommunicatos publice nunties, et ab aliis nuntiari facias, ac ab omnibus artius evitari, donec super hiis, pro quibus excommunicationis sententiam latam a canone incurrerunt, satisfecerint competenter, et cum tuarum testimonio litterarum ad Sedem venerint Apostolicam absolvendi; dictumque Abbatem in corporalem possessionem prefate Abbacie, iurium et pertinentiarum eius reducas et defendas inductum, amoto ab eo quolibet illicito detentore; contradictores per censuram ecclesiasticam appellatione postposita compescendo, invocato ad hoc si necesse fuerit auxillo brachii secularis. Datum Rome apud Sanctam Mariam Maiorem, XVI. kalendas Januarii Pontificatus nostri anno quarto.

K i v ü l : J. Guidonis pro fratre Francisco familiari Magistri Johannis de Penna.

(Ljubics Simon, Monumenta spectantia historiam Slavorum Meridionalium. I. köt. 128. l.)

251.

*A vel-nczei köztársaság a vegliai püspök és gróf Frangepán
Frigyes közti egyenetlenségeket vdlasztott bírósághoz utasítja.*
1280.

Venerabilis patris Episcopi Veglensis et Comitis Veg-
liensis millesimo ducentesimo octuagesimo, die XVIII. Julii,
fuit capta pars : quod venerabilis pater Veglensis Episcopus
ex una parte, et nobilis vir Comes Fredericus, Commune et
Universitas tocius Veglensis Insule ex altera parte, debeant
ratificare sive facere refici taliter compromissum, inter ipsas
partes hactenus factum, quod teneat, valeat, et hoc infra
unum mensem priusquam pars ista fuerit capta in maiori Consilio, sub pena librarum MM pro qualibet parte. Item quod
pro questionibus et discordiis, que sunt inter ipsas partes
quelibet ipsarum parcium debeat eligere unum iudicem arbi
trum sub simili pena ad voluntatem domini Ducis et sui Consilii, et tercius eligatur per dominum Ducem et eius Consilium
et per capita XL vel per maiorem partem eorum, et quicumque fuerit electus sive pro parte sive pro tercio, debeat esse
in isto negocio sub pena C librarum, et teneatur respondere
sequenti die, quo sibi dictum fuerit vel stridatum ad domum,
et non valeat eis excusacio nisi infirmitatis persone; et possint dicti iudices eligi de omni loco et de omnibus officiis, exceptis de Consiliariis Judicibus Proprii et Advocatoribus Communis. Qui iudices arbitri teneantur et debeant audire, deffi-
nire et sentenciare dictas questiones et discordias per arbitrium et per laudum, et sicut eis vel maiori parti eorum videbitur infra unum mensem priusquam fuerit eis dictum per
dominum Ducem, et debet quilibet ipsorum iudicum habere
solidos XL grossorum pro salario. Sed si infra dictum mensem non diffinierint dictas questiones et discordias, nichil debeant habere. Sed antequam dicti iudices incipiant procedere,
quelibet pars teneatur dare pignus de tribus libris grossorum

in manibus domini Ducis de dictis salariis iudicum solvendis ;
possunt eciam dicti iudices ponere personam et personas ad
sacramentum et sacramenta, et imponere penam et penas, sicut
eis vel maiori parti eorum videbitur ; quas penas dictus Dux
cum suo Consilio aufferri facere teneatur ab illis, qui incide-
rint in eas, et quelibet ipsarum parcium teneatur et debeat
dare securitatem de MM librarum et voluntatem domini Ducis
et Consilii de attendendis et observandis sententia, laudo et
arbitrio, quam et quod dicti iudices vel maior pars eorum tul-
lerint et fecerint inter ipsas partes.

Nota, quod die quarto exeunte Julio, octave indiccionis,
lecto supradicto consilio toto per ordinem nobili viri domino
Nicolao Michaeli Sancti Cassiani, idem dominus Nicolaus extitit plezius et proprius pacator de duobus millibus libris ad
voluntatem domini Ducis et sui Consilii pro domino Comite
Frederico supradicto secundum formam dicti consilii.

(A »Liber Communis« czímű velenczei államkönyvből I. köt. 120. l.)

252.

A velenczei köztársaság és a brebiri grófok közti egyezkedés.
1280.

Tregua Bani Pauli et fratrum. In Christi nomine die
dominico XIV. mensis Madii, presentibus dominis Jacobo Do-
nato, Leonardo Gisi Sancti Eustadii, Pancratio Venerio Sancti
Johannis decollati, et Marco Maripetro Sancti Severi, Tauto
Cancellario et Rustichino Benintendi Notario et scriba Ducatus Venetiarum testibus vocatis et rogatis et aliis multis,
coram illustri domino Petro Gradonico Dei gratia Veneciarum, Dalmacie atque Chroacie Duce et Domino Quarte Partis
et Dimidie tocius Imperii Romanie, astantibus sibi nobilibus
viris Andrea de Molino, Leonardo Venerio, Marino Ruzino,

Gratono Dandulo, Gabriele Delfino et Johanne Superancio
Sancti Angeli. Nobiles viri domini Pasque de Varicasso et
Domaldus de Zodulino, cives Jadre, nuncii, procuratores, sindici et actores egregii viri domini Pauli Breberiensis Bani et
cius fratrum Comitis Georgii et Comitis Mladini, ad infra scripta constituti, sicut apparet per instrumentum publicum inde
scriptum et roboratum per manum Henrici Imperiali auctoritate Notarii et Jadrensis Jurati anno Incarnacionis Christi
millesimo ducentesimo octuagesimo, indictione tercia, die
sexto intrante mensis Marcii, procuratorio, sindicario et acto-
rio nomine pro predictis dominis Paulo Bano et Comitibus
Georgio et Mladino fratribus, solempniter inierunt, fecerunt
et firmaverunt meram, puram et firmam treuguam usque ad
tres annos continuos et completos cum predicto Magnifico
domino Petro Gradonico Dei gracia Veneciarum, Dalmacie
atque Chroacie Duce et Domino Quarte Partis et Dimidie
tocius Imperii Romanie, recipienti et stipulanti pro se et Communi et hominiaus Veneciarum, habitoribus, subiectis et distri-
ctualibus suis. Promittentes nomine, quo dictum est, supradicto domino Duci recipienti pro se, pro Communi et hominibus
Veneciarum, quod predicti fratres vel aliquis eorum per se
seu per homines Almisii, seu per ullos eorum vel alicuius
eorum homines subditos, seu per homines, qui se receptarent
in Banatum vel Comitatibus predictorum dominorum fratrum,
seu in aliis eorum terris, vel sub eorum vel alicuius eorum
dominio, non offendent, nec offendi facient, nec offendi permit-
tent in personis vel rebus dictum dominum Ducem, Commune
et homines Veneciarum, nec habitatores, fideles, districtuales
seu subditos dicti domini Ducis, nec aliquam terram seu
locum habentem rectorem pro dicto domino Duce.

(Ljubics Monumenta spectantia historiam Slavorum Merid. I. kötet.
125. lap.)

253.

Fülöp fermoi püspök és apostoli követnek parancsa a ferencz-
rendiek verőczei guardiánjához, hogy Verőcze város községét
intse, miszerint a tizedet fizessék a zágrábi püspöknek. 1280.

Philippus miseracione divina Firmanus Episcopus,
Apostolice Sedis Legatus, religioso viro ... Guardiano Fratrum
Minorum de Veruche, Zagrabiensis Diocesis, salutem in Domino. Querelam venerabilis patris Thymotei Dei gracia Zagrabiensis Episcopi recepimus continentem : quod iudices et
homines de Veruche et de Lipua et Comitatu eiusdem, Zagrabiensis Diocesis, pretextu guerrarum, que in partibus
illis fuerunt temporibus retroactis, de decimis ad ipsum et
Ecclesiam suam de iure spectantibus non curarunt hactenus, nec curant eidem in aliquo respondere in animarum
suarum periculum et ipsorum Episcopi et Ecclesie preiudicium
et gravamen. Quare idem venerabilis pater nobis humiliter
supplicavit, ut sibi et Ecclesie super hoc curaremus de oportunis remediis providere. Quocirca discrecioni tue, qua fungimur auctoritate committimus et mandamus, quatenus iudices et homines supradictos ex parte nostra efficaciter monere
et inducere procures, ut de predictis decimis Episcopo et
Ecclesie respondeant, et de subtractis satisfaciant, ut tenentur ;
alioquin cum simus omnibus in iusticia debitores, super hiis
non possemus salva consciencia pertransire, quin ipsius
Ecclesie indempnitati, et animabus ipsorum curaremus providere saluti. Insuper vos ex corde rogamus, ut omnibus transeuntibus per partes vestras pro reverencia Omnipotentis Dei
et Sancte Romane Ecclesie nostrorum precaminum interventu
securum transitum prebeatis. Datum in castro Budensi V.
kalendas Octobris.

(Tkalcsics, Monum. hist. Episc. Zagrab. I. köt. 201. l.)

254.

*Fülöp fermoi püspök és apostoli követ megerősíti IV. László
királynak Garich vár birtokát tárgyazó adományát a zágrábi
püspök számára. 1280.*

(Tkalcsics, Monum. historica Episcopatus Zagrabiensis I. köt. 202. l.)

255.

*Magyarországnak püspökei megerősítik IV. László királynak
Gerzencze vármegyét tárgyazó adományát a zágrábi püspök
számára. 1280.*

Lodomerius Dei gracia Archiepiscopus Strigoniensis,
eiusdemque loci Comes Perpetuus, Dyonisius Jauriensis,
Petrus Transilvanus, Thomas Waciensis, miseracione Divina
Episcopi universis Christi fidelibus presentes literas inspecturis salutem in vero salutari. Noverit vestra universitas,
quod venerabilis pater dominus Thymotheus, Dei gracia
Episcopus Zagrabiensis exhibuit nobis quoddam privilegium
excellentissimi domini nostri Ladizlai, Dei gracia Regis
Vngarie, in hec verba :
Ladizlaus Dei gracia Hungarie etc. Rex etc. (következik
IV. László királynak 1277-ki adománylevele, mint fentebb
159. sz. a.)
Nos itaque ad peticionem dicti domini Thymothei Episcopi Zagrabiensis, ipsum privilegium predicti domini nostri
sub dupplici sigillo pendenti invenientes non cancellatum
nec abrasum vel in aliqua sui parte viciatum de verbo ad

verbum legi et transcribi fecimus et in perpetue rei memoriam
presens scriptum sigillorum nostrorum munimine consignari.
Datum Strigonii XVII. kalendas Novembris anno Domini M.
ducentesimo octuagesimo.

(Tkalcsics, Monum. hist. Episc. Zagrabiensis I. köt. 181. l.)

256.

*István országbírónak emléklevele, hogy Gutkeled nemzetségbeli
Aladár és Endre ugyanazon nemzetségből való Tiba comest és
fiait Pethe és Pelbarthida helységek kiválthatására jogosították.
1280.*

(A gróf Zichy család Okmánytára. I. köt. 45. lap. Nagy Imre közleménye.)

257.

Az arbei püspöknek nyilatkozata a közte és Arbe sziget hatósága közt fennforgó nehézségek tárgyában. 1280.

Amonitio Episcopi. Cum nobilis vir dominus Marcus
Michael, Comes Arbensis, fecisset Episcopum Arbensem, Dominicum Archipresbiterum et alios clericos forbanire, ut homines Arbenses nobiscum nullam haberent humanitatem, et
etiam nobis nullum impenderent servicium sub pena perpero-
rum quinquaginta, quod est valde disonum rationi. Unde nos
Gregorius miseratione divina Arbensis Episcopus una cum

nostro Capitulo caritative dominum Comitem, Judices et Consiliarios atque totam Communitatem Arbensem in scriptis
rogamus, inducimus et amonemus, a tam gravi processu et
nequissimo debeant suos animos revocare, dantes eis terminum et assignando usque ad tercium diem, alioquin contra
ipsos procedemus secundum quod dictaverit ordo iuris. Et
hec amonitio facta fuit et lecta in Ecclesia Catedrali die nono
exeunte Augusto.

(Ljubics, Monumenta spectantia historiam Slavorum Meridionalium
I. köt. 127. l.)

258.

*Jakab csaszmai prépostnak jelentése Fülöp fermoi püspök és
apostoli követhez, hogy parancsdhoz képest Verőcze és Lipoa
községeket, mivel a zágrábi püspöknek nem akarják a tizedd
fizetni, kiközösítette. 1280.*

Reverendo in Christo patri domino Philippo, Divina
miseracione Episcopo Firmano, Sedis Apostolice Legato,
Magister Jacobus, Prepositus Chasmensis, Diocesis Zagrabiensis, Doctor Decretorum et domini Pape Capellanus, sui recom-
mendacionem et continuum obsequiose fidelitatis incrementum. Vestre Paternitatis literas recepi in hunc modum :
Philippus, miseracione Divina Firmanus Episcopus,
Apostolice Sedis Legatus, discreto viro Preposito de Chasma
salutem in Domino. Sua nobis venerabilis pater Dei gracia
Zagrabiensis Episcopus conquestione monstravit, quod homines de Vereuche et de Lipoa, sue Diocesis, decimas, quas
eidem et Ecclesie Zagrabiensi exhibere tenentur, sibi solvere
indebite contradicunt, ideoque discrecioni tue presencium
tenore committimus et mandamus, quatenus detentores huius-

modi decimarum ex parte nostra efficaciter monere procures, ut decimas ipsas eidem Episcopo et Ecclesie, ut tenentur, cum integritate persolvant, et de subtractis condignam satisfaccionem inpendant; alioquin ipsos ad id, monicione premissa, per censuram ecclesiasticam, sicut iustum fuerit, apellacione ad nos remota, compellatis. Datum in castro Strigoniensi, VIII. idus Septembris, Pontificatus domini Nicolai Pape III. anno III.

Ego vero Vestre Sanctitatis preceptum reverenter et devote, sicut debeo et teneor, adimplere et exequi cupiens, tribus ammonicionibus legittimis canonice premissis, ut decimas quas venerabili patri Thymoteo Episcopo Zagrabiensi et Ecclesie sue exhibere tenentur cum integritate solvere curarent, et de subtractis congruam satisfaccionem inpenderent. Qui cum contumaciter nec decimas persolvere, nec de subtractis satisfacere curassent omnino, in festivitate Omnium Sanctorum proximo preterita, in Ecclesia Chasmensi Preposi- tali, post ewangelium celebatum, de Vereuche et de Lipoa villicos et cum eis vinginti quatuor utriusque ville maiores, seniores et iuratos, vestra fultus auctoritate, solempniter sentencia excommunicacionis innodavi et eosdem publice excomunicatos denunciavi nominatim, sicut iuris et moris est iu scriptis, pulsatis campanis et extinctis candelis, et totam terram domine Regine senioris, ecclesiastico subieci interdicto in eiusdem loci Capituli et plurimorum hominum presencia et testimonio. Et quia in partibus istis usus tabellionum non est, ad fidem faciendam de meo processu vestre paternitati, prefati Capituli Chasmensis literas sigillo eorum autentico munitas transmisi, et supradictas excommunicacionum et interdicti sentencias per Vicearchidiaconus meos tam in pre- scriptis villis scilicet de Vereuche et de Lipoa, quam eciam in toto Comitatu de Vereuche feci publicari et denunciari ac arcius observari, et sic meo fideliter et diligenter functus officio, processum meum presentibus literis seriatim expres- sum, vestre paternitati transmisi; et iam diu est quod ferven- ter mittere curassem, sed propter continuum inpacati temporis incursum mittere non potui, et propter hoc in hac parte me vestra paternitas misericorditer hebeat excusatum. Datum et actum in ecclesia Sancti Spiritus de Casma, in octavis Omnium Sanctorum proximo preteritis anno Domini nostri Jhesu Christi MCC. octuagesimo.

(Tkalcsics, Monum. hist. Episc. Zagrab. I. köt. 203. l.)

259.

A csaszmai káptalannak uyyanazon tárgyban jelentése ugyan-ahhoz. 1280.

(Tkalcsics, Monum. hist. Episc. Zagrabiensis I. köt. 204. l.)

260.

A fehérvári káptalannak jelentése Erzsébet királynéhoz, hogy Babun helység Sándor mester, Tivadar fiának örökbirtoka. 1280.

Excellentissime domine sue Elyzabeth Dei gracia illustri Regine Hungarie Albeusis Ecclesie Capitulum oraciones in Deo debitas et deuotas. Vestra nouerit Celsitudo, quod homo noster, quem litteris Maiestatis Uestre receptis miseramus ad sciendam veritatem, si quedam terra Babun vocata fuerit terra Alexandri filij Teodori hereditaria, et a quanto tempore, vel propter quos excessus alienata fuerit ab eisdem; idem postmodum ad nos rediens dixit : quod sicut ipse facta diligenti inquisicione scire potuit a comprouincialibus et uicinis dicte terre, sciuit eandem terram Babun, quam vicini eiusdem

simul cum siluis, vineis, pratis et fenetis vsui trium aratrorum
consideraueruat sufficere, fuisse hereditariam Magistri Alexandri antedicti, et olim per dominam Mariam quondam Reginam Hungarie esse receptam potencialiter a patre eiusdem
antedicto; quam quidem terram asseruit mixtim cum terris
aliorum adiacere.

(Erzsébet királynénak 1280-ki adományleveléből, mint fentebb 248.
szám alatt.)

261.

*A Hay-i káptalannak bizonyságlevele, hogy László, Farkasnak
fia, Gyopul helységet eladta Teprez nevü kunnak. 1280.*

A   B   C   D

Magister Symon Prepositus et Capitulum Ecclesie Beati
Laurencij de Hoy omnibus Christi fidelibus presens scriptum
inspecturis salutem in omnium saluatore. Ad vniuersorum
noticiam tenore presencium volumus peruenire, quod Ladizlaus
filius Farcasij filij Mordar, quondam Comes Falconariorum
domini Regis de villa Turda, ad nostram accedens presenciam, quandam terram suam hereditariam Gyopul uocatam,
sitam in Comitatu Budrugiensi, quam a parte orientali terre
Voyosfeu, Teke uocate; a parte meridionali terre Kokot et
Tywised; a parte occidentali Paka; a parte uero septemtrionali terra Ecclesie nostre Pypa vocata separant et distingunt,
cum omnibus utilitatibus et pertinencijs suis, prout proani et
aui sui possederunt, presentibus Budy Curiali Comite, Stephano et Iwan Comitibus Judicibus Nobilium de Budrug,
Hunta de Lekche, Waltero Villico de Vdwart, et Magistro
Petro filio Loys, vna cum cognatis eius de Paka et uolentibus,
uendidit Teprez Cumano, Wochun, Aglazlo et Ladizlao filijs
eius, ac eorum heredibus heredumque successoribus uiginti

marcis plene receptis ab eisdem, perpetue et inrenocabiliter,
possidendam. Assumpsit insuper idem Comes Ladizlaus, quod
Tepremez et filios eius predictos ab omnibus racione dicte
terre molestare seu inpetere uolentibus, expedire proprijs
laboribus et expensis; prout se ad id spontanea obligauit
voluntate. In cuius rey memoriam et perpetuam firmitatem ad
peticionem parcium presentes concessimus litteras nostri sigilli
munimine roboratas. Datum anno Domini M°CC° ocsuagesimo.
Dyonisio Custode, Lazaro Cantore, Jacinto quondam Decano,
Magistro Johanne, Blasio presbitero, et alijs fratibus in Ecclesia Dei famulantibus.

(Eredetie bőrhártyán, melyről a pecsét zöld-ibolyaszinű selyemzsinóron függ ; a főmélt. herczeg Eszterházy család levéltárában.)

262.

*A pozségai káptalannak bizonyságlevele, hogy a Pozséga-i vár
több jobbágya kivánatára Churchunyk helység határszabdlyo-
zása által Ibrahinnek birtoka rendeztetett. 1280.*

A   B   C
Capitulum Ecclesie de Posaga omnibus Christi fidelibus
tam presentibus quam futuris salutem in Domino sempiternam.
Ad vniuersorum noticiam harum serie volumus peruenire,
quod Ybrahun filius Ahae, Apa filius Ezbeusy, Mutimer
filius Negani, Gurdosa filius Zlaumeni de Churkunyk iobagiones Castri ad nostram personaliter accedentes presenciam a
nobis diligenter postularunt, quod vnum ex nobis transmitte-
remus, coram quo terra ipsorum de Churkunyk, quam dudum
perditam et amissam per humanitatem, laborem et expensam Ybrahyni recuperarunt, conuocatis cognatis et vycinis,
certis metis distingerent, et porcionem eiusdem Ybrahuni
separarent. Nos igitur iustas peticiones eorum attendentes

vnum ex nobis misimus fidedignum, qui quidem ad nos reuersus dixit, quod predicti Apa, Mutymer, Gurdosa et alij
cognati eorundem, conuocatis omnibus commctaneis eorundem
et vycinis, terram Ybrahyni propter hoc, quia, idem Ybrahun
in recuperanda possessione ipsorum maiorem laborem et
expensam adibuit et inpendit, metis et terminis infrascriptis
distingendo et separando, eidem Ybrahyno et suis heredibus,
heredumque suorum successoribus ex communi voluntate et
consensu tocius generacionis ipsorum dedissent, statuissent
et assignassent, sicut ipsum competebat et congruebat perpetuo possidendam. Cuius terre prima meta incipit iuxta fluuium Churkunyk tendens versus occidentem per quandam
vallem, et in capite ipsius vallis est arbor gymulchyn, et
subtus est meta terrea; inde tendit per montem iuxta terram
Batus Comitis, et peruenit ad arborem piri; inde descendit
versus aquilonem, et transit quoddam pothok ad arborem piri,
sub qua est meta terrea; inde tendit per terras arabiles,
in quibus est arbor gymulchyn, et sub ipsa est meta terrea,
et ibidem prope cadit in caput cuiusdam fontis; inde reflectitur versus occidentem ad arborem gurtyan, et subtus est
meta terrea, et ibi separatur a terra Comitis Batus, et commetatur terre filiorum Negan, Mucymeri videlicet et Andree,
et Jacobi filij Neraad, tendens versus septemtrionem per
berch in magno spacio, et transita quadam via per ipsam
peruenit ad monticulum, et de ipso monticulo descendit
ad metam terream; inde ad magnam vallem, in qua currit
Seryzeunyk pothoka, transitoque ipso pothok peruenit ad
latus cuiusdam lapidis, separatur a terra filiorum Negan, et
commetatur terre Apa, Stephani et Leustahij, tendens ad
montem maximum, et super quandam vyneam est arbor
horazth, et sub ea est meta terrea; inde descendit ad quoddam pothok, et transito ipso pothok ascendit ad montem
Oztryhyg vocati, et in fine ipsius montis supra siluam est meta
terrea; inde descendit ad vallem, et transita ipsa valle ascendit ad viam que vocatur Banuta, transitaque ipsa via in fine
cuiusdam montis est meta terrea; deinde cadit ad fluuium
Prezelolch, et per ipsum pothok vadit ad Zelemen, et ibi est
arbor has cruce signata, ibique separatur a terra Apa et
Stephani supradictorum, et commetatur terre Magistri Benc-

dicti filij Iwanche; abinde descendit et cadit ad fluuium
Ckurkunyk iuxta metam eiusdem Magistri Benedicti, per
quam descendit vsque dum fluuius Prezeukouch cadit in
Churkunyk; et per ipsum Prezeukolch venit in modico ad
viam, et per ipsam viam cadit in stagnum Truglo vocatum;
inde per fluuium superius Truglo cadit in fluuium Churkunyk
supradictum, et per ipsum Churkunyck descendendo in bono
spacio venit ad metam antedictam, ibique terminatur. In
cuius rei memoriam firmitatemque perpetuam presentes supradicto Ybrahyno concessimus sigilli nostri munimine roborando. Datum anno Domini millesimo CCᵒ octagesimo.

(Eredetie bőrhártyán, melynek pecsétje vörös-sárga-kék selyemzsinóron függ; a főmélt. herczeg Eszterházy család levéltárában.)

263.

*A pécsváradi konventnek bizonyságlevele, hogy Semien azelőtt
szekcsői biró Nadaychában birt szőllejét eladta Kiskemudi
Golombnak. 1280.*

(S)tephanus miseracione Diuina Abbas Monasterij
Waradiensis, et totus eiusdem loci Cnnuentus vuiuersis Christi fidelibus presentibus pariter et futuris presentes litteras
inspecturis salutem in Domino sempiternam. Ad vniuersorum
noticiam harum serie volumus peruenire, quod Semien
quondam uillicus de Zekchu, cum Bok filio suo, et pro Petro
altero filio suo ab una parte, et Golomb filius Sykc de Minori
Kemud ex altera, caram nobis constituti idem Semien et Bok
confessi sunt viua uoce, quod quandam vineam eorum sitam
in territorio ville nostre Nadaycha vocate, habente conter-
minales et vicinos eosdem Semianum et filios suos, ac Telas
a parte meridionali; Andream de Gyok ab occedente; et
Johannem ab aquilone, de bona voluntate Petri predicti

vendidissent eidem Golomb pro tribus marcis denariorum in
filios filiorum suorum iure perpetuo et irreuocabiliter possi.
dendam; et eandem pecuniam confessi sunt se ab eodem
Golomb plenarie recepisse. In cuius rei testimonium et perpetuam firmitatem presentes litteras concessimus sigillorum
nostrorum munimine roboratas. Datum VI. kalendas Maij
anno Domini M°CC° octogesimo- Petre Decano. Bonifacio
Custode, et Andrea Clauigero existentibus.

(Eredetie bőrhártyán, két hártyazsinegen függött pecsét elveszett;
a mélt. báró Révay család levéltárában.)

264.

*A sághi konventnek bizonyságlevele, hogy Záh nemzetségbeli
Morcholi Tibor vejének Haraszti Simonnak Záhtelek helységben bizonyos földet átengedett. 1280.*

Nos Ladizlaus Prepositus et Conuentus fratrum Ordinis
Premonstratensium de Saag significamus vniuersis tam presentibus quam futuris litteras has inspecturis salutem in
Domino. Vniuersorum noticie harum serie volumus declarare,
quod Tyburcius de Morchol de genere Zah, et Stephanus
filius eiusdem personaliter coram nobis constituti professi
sunt uina voce, quod quandam particulam terre Zahtelegu
vocatam, ad vnum aratrum cum superfluitate, qua est intra
metas inclusa nouas et antiquas, dederint, donauerint et
tradiderint Symoni de Harasty genero ipsorum, ac Gung sue
filie, et suis heredibus heredumque successoribus perpetuo et
inreuocabiliter possidendam. Quam quidem dictam particulam
terre cum sua superfluitate Hallomas de Surany homo domini
Regis sub testimonio nostro percircuiuit undique presentibus
commetaneis et uicinis certis metis nouas iuxta ueteres erigendo: prout ijdem homo domini Regis et noster retule-

runt nobis accedentes. Cuius terre metarum cursus talis est: Prima meta incipit ab oriente sub kerku a parte ville Sou; inde uenit vsque ad planiciem, ibi est meta; deinde uenit usque duas metas; hinc uenit usque duas metas in eadem planicie; abhinc reflectitur uersus meridiem, ibi est una meta; inde tendit uersus villam Symonis, iuxta pratum sunt due mete; inde uenit ante villam ipsius Symonis, ibi sunt mete; et inde ascendit ad latus cuiusdam montis, ibi sunt mete sub guerku; inde ascendit ad cacumen ipsius montis qui dicitur Homocheg, ibi sunt due mete; inde uadit per eundem usque unam metam; et inde ascendit vsque berc, ibi sunt mete; et inde ad magnum querkum, sub quo sunt due mete; hinc uenit usque ad unam metam; inde uadit usque unum guerkum, in quo est crux, et sub ipso mete; et inde descendit ad siluam Vyzesberek nuncupatam, ultra quam est meta sub arbore tylie; inde ascendit usque berc, ibi sunt mete; inde reflectitur versus occidentem sub guerku antiqua meta, que separat a Dyonisyo filio Feliciani; inde uenit ad uallem, ibi est meta; et inde uenit usque quatuor metas angulares, que separant a villa Zud; inde ascendit ad latus montis qui dicitur Mezesmal, iuxta magnam uiam est meta; inde per eandem ascendit uersus septemtrionem, sub arbore cherfa est meta; inde uenit usque unam custodiam, que dicitur eresteen, supra quam est meta; et inde uenit usque per decurcus metarum antiquarum, sicque terminatur. Vt igitur hec donacione (így) rata et immobilis perseneret, litteras presentes concessimus sigilli nostri munimine roboratas. Datum anno Domini millesimo CCᵒLXXXᵒ.

(Eredetie bőrhártyán, a vörös-sárga-ibolyaszinű selyemzsinóron függött pecsét elveszett; a főmélt. herczeg Eszterházy család levéltárában.)

265.

A somogyi konventnek jelentése IV. László királyhoz, hogy annak nővére Telky helységben statuáltatott. 1280.

Excellentissimo domino suo Ladizlao Dei gracia Regi Hungarie illustri Conuentus Monasterij Sancti Egidij de Symigio oraciones in Domino debitas et deuotas. Litteras Vestre Excellencie recepimus in hec uerba: Ladizlaus D. gr. Rex Hungarie stb. (következik IV. László királynak parancsa, mint fentebb 246. sz. a.)

Nos autem iuxta preceptum Uestre Celsitudinis eum dicto Nicolao homine uestro vnum sacerdotem ex nobis misimus ad premissa exequenda. Qui ad nos reuersi dixerunt, quod conuocatis vicinis et omnibus commetaneis terrarum et vinearum dictorum vduornicorum eosdem nominatos vduornicos nostros, primo terras et vinnas eorum, ac alia iura in terra Telky existencia statuissent dicte domine Elysabeth nullo contradictore apparente. Datum sabbato proximo ante Dominicam Oculi Mei.

(IV. László királynak 1280-ki adományleveléből, mint fentebb 240, szám alatt.)

266.

*Iván comesnek Brezochai birtokrészét tárgyazó adománya a
szávai szigeten lévő cistercita monostor számára. 1280.*

Nos Iwan Comes, filius Irizlay, significamus uniuersis
quibus expedit presencium per tenorem, quod nos pro salutari remedio anime nostre dedimus, centulimus seu donavimus
ad honorem Dei et Virginis Gloriose quandam partem terre
nostre hereditarie, Brezoicha vocate, metis infrascriptis distin-
etam, cum quadam vinea nostra in Cucheri sitam et existentem, Abbati et Conventui Ecclesie Sancti Jacobi de Insula,
prope Zagrabiam, Cisterciensis Ordinis, et per eos suis successoribus iugiter in eadem Ecclesia Deo famulantibus, iure
perpetuo et irrevocabiliter pacifice et quiete possidendam et
habendam, ut eciam Abbacie sub nomine nostro in ipsa terra
nostra Brezoicha ordinetur, edificetur seu eciam construatur.
Cuius quidem terre mete hoc ordine distinguuntur : Incipit
prima meta a via retro capellam iuxta rivulum, nomine Mo-
chirad; inde ascendit superius iuxta eundem rivulum versus
meridiem; inde vergit recte ad siccam arborem kercus, ibi est
meta terrea; inde vadit ad alium rivulum, nomine Damerie;
inde descendit inferius iuxta eundem rivulum usque ad magnam viam, inde per magnam viam vadit versus occidentem,
iuxta quam viam sunt tres mete terree, in tercia vero meta
terrea vergit ad septemtrionalem plagam et descendit ad fontem unum, Bukoui vocatum; et inde rursus tendit versus
septemtrionem per silvam, Starch nomine, per viam antiquam
et venit ad campum; inde vergit versus occidentem iuxta
nemus, et de nemore vadit ad locum, nomine Topolgran, ubique est meta terrea; inde vadit recte ad arborem kercus,
iuxta quam est meta terrea, inde vadit versus orientem, venit
recte ad alium kercum, ibique est meta terrea ; inde recte
tendit ad locum, nomine Rakitgran, ibique est meta terrea;
et inde venit ad arborem nomine brezth, et de eadem arbore

brezth tendit recte per silvam et venit sub quoddam monticulo ibique est meta terrea; inde tendit aliquantulum versus
orientem iuxta eandem silvam, venit iterum ad rivulum Damerie supradictum; et inde ascendit parumper versus meridiem, venit iterum ad magnam viam, et per magnam viam
vadit iterum ad metam pristinam, sic tamen pro terra que est
a parte sinistra pertinet ad nos, terra vero a parte dextra
pertinet ad Ecclesiam supradictam cum medietate cuiusdam
curie nostre, que est in indagine similiter a parte sinistra,
pertinet ad Ecclesiam sepedictam. In cuius rei memoriam et
certitudinem, ut huiusmodi dacio seu nostra donacio robur
perpetue firmitatis obtineat, nec per quempiam possit processu
temporis retractari, presentes concessimus litteras sigilli nostri
munimine roboratas. Datum et actum Zagrabie anno ab
Incarnacione Domini MCC. octuagesimo.

(Tkalcsics, Monum. hist. Episc. Zagrabiensis I. köt. 205. i.)

267.

*Iván comes oklicsi főispánnak bizonyos Zamobor melletti föl-
det tárgyazó adománya a Brezoichában lévő cistercita monostor
számára. 1280.*

Nos Iuan Comes, filius Irizlai, Comes de Ocluch, significamus quibus expedit universis presencium per tenorem memorie commendantes, quod nos quandam terram nostram
prope Zamobor sitam et existentem, Ecclesiam Sancte Elene
circumdantem, metis subscriptis distinctam, dedimus et contulimus Ecclesie Sancte Marie Virginis Abbati seu fratribus
Cisterciensis Ordinis in eadem Ecclesia Deo iugiter et devote
famulantibvs pro salute anime nostre, ad honorem Dei et Virginis Gloriose, et per eosdem fratres suorum successoribus
iure perpetuo pacifice possidendam et habendam, cum omni-

bus utilitatibus et pertinenciis ipsius terre universis, Ecclesie
Beate Marie videlicet, que est sita in terra nostra Brezoicha
nuncupata. Cuius quidem terre mete tali ordine distinguntur : Prima meta incipit a meridie in arbore gimulchin, circa
quam est meta terrea, et tendit sub montem Strazniwerh per
metas terreas, et pervenit ad arborem pruni circa quam est
meta terrea ; ab hinc iiens minime, cadit in unam viam, que
procedit in montem Strazniwerh supradictum, per quam viam
tendit et pervenit ad locum, ubi iuxta eandem viam est
meta terrea circa arborem pomi circumfusa ; hinc in eadem
via minime procedendo pervenit ad arborem pomi, circa quam
est meta terrea, et per eandem viam tendit versus septemtrionem ; ab hinc procedendo circuit duas valles et pervenit ad
indaginem, et iuxta eandem procedit usquequo pervenit ad
Teluk, porte indaginis ; inde vergit se ad levam manum versus septemtrionem et girat eundem Teluk per metas terreas
ordine suo distinctas, et exit extra et descendit usque ad antiquam piscinam, que pertinet ad Ecclesiam Sancte Elene
supradictam, et in fine dicte piscine intrat iterum in indaginem ad metam terream, et inde procedit iuxta indagines, et
pervenit ad unum angulum indaginis et ibi est meta terrea,
inde vero tendit versus meridiem per metas terreas et venit
ad locum Mlak vocatum, ad arborem egur, et ibi est meta
terrea ; inde procedit per metas terreas et pervenit ad metam
antedictam, et sic terminantur. In cuius rei memoriam et certitudinem ut huiusmodi dacio seu nostra donacio rebur perpetue firmitatis obtineat, nec per quempiam processu temporis
possit retractari, presentes concessimus litteras munimine
sigilli nostri roboratas. Datum et actum Zagrabie anno Domini MCC. octuagesimo.

(Tkalcsics, Monum. hist. Episc. Zagrab. I. köt. 206. l.)

268.

*Morosini Marin, Ossero dalmatiai sziget grófja, hűséget foga l
a velenczei köztársaságnak. 1280.*

MCCLXXX. VII. exeunte Martio, indictione octava.
Post cartam concessionis, quam vos domine Joannes Dandulo
Dux Venetiarum et cum vestris Judicibus et Sapientibus vestri
Consilii, populique Venetiarum collaudatione, et successoribus
vestris michi Marino Mauroceno Comiti Auserensi fecistis hoc
supra scripto anno et mense per suprascriptam indictionem
in Rivoalto, per quam michi dedistis et concessistis universum
Comitatum Auseri cum insula Leporaria et Auriola et Sarhca-
na et ceteris insulis eiusdem Comitatus, secundum quod ad
Commune Venetiarum et ad ipsum Comitatum pertinet, cum
omnibus reditibus et honorificentiis ad dictum Comitatum pertinentibus, salva Regalia vestra per omnia, et his, que ad
Ducatum vestrum pertinent, et rationibus Ecclesiarum, et
exceptis insulis Nia, Sansigo, Canidulis et Neumis, quas mihi
non concessistis, et de eis nullo modo debeo me intromittere,
propter que Comitatum predictum et suprascriptas eius insulas regere, conservare ac manutere et defensare debeo, ad
vestrum vestrique Communis honorem, et ipsius Comitatus
utilitatem, secundum consuetudinem bonam ab omnibus hominibus et omni gente sine vestro vestrorumque successorum et
Communis vestri auxilio, exceptis coronatis personis et eorum
exercitu manifesto sine fraude et malo ingeno ; mecum
quoque habere et trahere debeo decem convenienter armatos,
inter quos habere et traere debeo unum suficientem socium.
Et vestros nuncios debeo honorifice recipere et trac-
tare ac deducere, galeas vestras similiter; inimicos autem
Communis Venetiarum ut proprios inimicos habere. Nec debeo

21*

compagniam vel secietatem aliquam cum ullo habere cursali-
um vel aliorum, qui sint manifesti predones aut raubatores,
qui homines Venetos offendant aut alios ad Venetias venientes aut redeuntes ab ea, nec eos debeo recipere vel fiduciam
aut securitatem aliquam eis prestare, nec consilium aut auxilium iis impendere, nec in aliquo eis necessaria ministrare,
nec aliquid horum ullo ingenio fieri facere. Et nullo modo me
intromittere debeo de suprascriptis insulis, videlicet Nia,
Sansago, Canidulis et Neuznis. Et in Comitatu Auseri stabo
octo mensibus in uno quoque anno, salvo quod pro factis
Insule et Comitatus ire possum et debeo per Dalmatiam, sicut
fuerit oportunum. Debeo namque pro Comitatu suprascripto
vobis domino Duci et Communi Venetiarum a proximis idibus
Septembris in antea solvere annuatim libras denariorum
Venetorum medietatem dictarum librarum septingentarum in
principio anni, scilicet in predictis kalendis Septembris, et
aliam medietatem in kalendis Martii ab inde proxime venturi.
Insuper vero omnia precepta, que mihi feceritis vos vel
successores vestri in pena sacramenti ore ad os aut per nuncium sive per litteras, per maiorem partem Consilii attendam
et observabo. Vobis quoque et successoribus vestris fidelis
ero. Et insuper iam sacramento astrictus promittens promitto
ego suprascriptus Marinus Maurocenus Comes Abserensis
cum meis heredibus vobis domino Joanni Dandulo Dei gratia
Venetiarum, Dalmatie atque Croatie Duci, Quarte Partis et
Dimidie totius Imperii Romanorum Dominatori, et Judicibus
et Sapientibus Consilii, et Communi Venetiarum, ac vestris
successoribus, me hec omnia, ut continetur superius, facturum
et servaturum, nisi remanserit per vos, domine Dux, vel
successores vestros et maiorem partem Consilii. Quod si non
dicta omnia sicut continentur observabo, Comitatus ipse in
vos et Commune Venetiarum cum omnibus supra concessis
redire debeat cum omni plenitudine Communis ad faciendum
de omnibus, quicquid vestre fuerit voluntatis. Et insuper
vobis vestroque Communi quingentas marchas argenti debeam
emendare. Preterea imprestita et tacdatica, que pro Communi
Venetiarum ordinata fuerint, finiendum per me vel per nuncium
meum facere tenear infra terminum mihi datum per litteras
vestras vel successorum vestris per maiorem partem Consilii.

Data in ducali pallatio in prescripto millesimo, et indictione, die et exeunte Martio.

(A »Liber socius« czimű velenczei államkönyvben 171. l.)

269.

Cherso dalmatiai sziget statutuma a bünvádi esetek után járó birságokról. 1280.

De condempnacionibus et bannis Camitatus Chersi, et Regalia domini Ducis. Millesimo ducentesimo octuagesimo, indictione VIII. die quarto exeunte Marcio, capta fuit pars : quod fiat cum hominibus Comitatus Chersi, si fieri potest cum volentate hominum Comitatus, quod condempnaciones et banna veniant in Commune eorum tempore istius Comitis; et Comes teneatur et esse debeat studiosus ad excutiendum ipsas condempnaciones, sicut si venirent in eum. Et de ipsis debeat solvi regaliam domini Ducis, videlicet libras DCC, et si deficiet, quod teneantur supplere ; et si non poterit fieri per tempus istius Comitis, fiat per tantum tempus, quantum poterit fieri, et Comitatus remaneat cum redditibus et honorificenciis in Comitem a festo Beate Marie proximo preterito in antea, et ipse teneatur respondere de regalia domini Ducis.

(A »Liber Communis« czimű velenczei államkönyv II. köt. 188. lap.)

270.

IV. László királynak rendelete István szlavoniai bánhoz, hogy Lápathk helység visszaadását eszközölje Belus fiai számára. 1280. körül.

Ladizlaus Dei gracia Rex Hungarie dilecto et fideli suo St. Bano tocius Sclauonie salutem et graciam plenam cum dileccione. Dicit nobis Belus, Nicolaus et Stephanus filij Belus conquerendo, quod Bachader quandam possessionem ipsorum Lapathk vocatam potencialiter occupatam detineret. Vnde cum nos iuri ipsorum Belus, Nicolai et Stephani nolimus in aliquo derogari : fidelitati tue precipiendo mandamus, quatenus prefatam possessionem Lapathk, quam idem Bachadyr occupatam detinet, eisdem reddas et restituas possidendam; conseruando eosdem auctoritate nostra mediante in possessione antedicta ab omnibus uolentibus indebite molestare. Aliud non facturi optentu nostre gracie plenioris. Datum prope Warkun quarto die quindenarum Beati Georgij martiris.

K í v ü l : St. Bano tocius Sclauonie pro filijs Belus.

(Eredetie bőrhártyán, a zárpecsét elveszett; a budai kir. kamarai levéltárban.)

271.

János alországbíró Miklóst Abraham fiát Jeky-i Tibor és Buchon ellen perbe idézteti. 1280. körül.

(A gróf Zichy család Okmánytára I. köt. 47. l. Nagy Imre közleménye.)

272.

A váradi káptalannak jelentése IV. László királyhoz Surány helységnek határolása tárgyában. 1280. körül.

(A gróf Zichy család Okmánytára I. köt. 45. l. Nagy Imre közleménye.)

273.

Törvénykezési bizonyítvány Aladár, Mihály fiának, és unoka-öcscsének Miklós Tybának fia elleni ügyében. 1280. körül.

(A gróf Zichy család Okmánytára I. köt. 47. l. Véghelyi Dezső közleménye.)

274.

Birói lemarasztalás Aladár Mihály fiának Tamás Gabriánnak fia elleni Surány helgséget tárgyazó perében. 1280. körül.

(A gróf Zichy család Okmánytára I. köt. 46. l. Véghelyi Dezső közleménye.)

275.

IV. László királynak Olozyghdz (Olaszegyház) helységet tár-
gyazó adománya István mester, Ernei bánnak fia számára.
1281.

Ladizlaus Dei gracia Hungarie, Dalmacie, Croacie, Rame, Seruie, Gallicie, Lodomerie, Cumanie, Bulgarieque Rex
omnibus Christi fidelibus tam presentibus quam futuris presens scriptum inspecturis salutem in omnium saluatore.
Super specula gubernaculi eminentis ad hoc Deus Regiam
cuexit et extulit Maiestatem, vt in altis troni Regij sublimatus
apicibus, perspicuis circumspeccionis oculis merita prospiciat
singulorum, et congruis retribucionum donatiuis quorumlibet
obsequia prosequatur, benemeritos extollat landibus, donacionibus efferat, commendacionibus magnificet gloriosis, vt
ceteri eorum exemplis ad similia fidelitatis opera vehemen-
cius inardescant. Proinde ad vniuersorum noticiam volumus
peruenire, quod Magister Stephanus filius Eriney Bani ad
nostram accedens presenciam humiliter supplicauit, vt quandam terram Olozyghaz vocatam, sitam in Comitatu de Borsod,
vacuam et habitatoribus destitutam, et ad collacionem Regiam deuolutam, eo quod fuerit hominis sine herede decedentis,
et destituta legitimo possessore, sibi ex munificencia Regia
conferremus. Verum quia nobis veritas non constabat, vtrum
eadem fuerit hominis sine herede decedentis, et nunc vacua
ac legitimo carens possessore, et ad collacionem Regiam
deuoluta ; fidelibus nostris Capitulo Agriensi indagacionem
veritatis rei huiusmodi nostris dedimus litteris in mandatis.
Qui nobis rescripserunt in hec verba :

Excellentissimo domino suo Ladislao stb. következik
az egri kaptalannak jelentése, mint alább 287. sz. a.)

Nos igitur vigilanti studio circumspeccionis Regie aduer-
tere cupientes, vt tenemur, fidelitatis et obsequiorum merita
per eundem Magistrum Stephanum nobis exhibita et inpensa,

que ab annis pene puerilibus nobis dewij tenporis quodam-
modo equalitate se adiungens, zelo fidelitatis succensus conti-
nua et indefessa diligencia studuit exhibere, in nostris
beneplacitis se exercens; peticionibus eius beniuolencia Regia
annuentes, licet ampliora et maiora mereatur, ad presens
tamen in signum dileccionis et aliqualis retribucionis, predictam terram Olozyghaz, cum omnibus vtilitatibus et pertinencijs suis, ipsi Magistro Stephano, et per eum suis heredibus
dedimus, donauimus et contulimus iure perpetuo et irreuocabiliter possidendam; litteras eciam seu instrumenta, per
quemlibet quocunque tempore et quouis titulo impetrata
auctoritate presencium reuocamus. Vt igitur huius nostre
donacionis seu collacionis series robur optineat perpetue
firmitatis; presentes concessimus litteras dipplicis sigilli
nostri munimine roboratas. Datum per manus discreti viri
Magistri Achonis, aule nostre ViceCancellarij dilecti et fidelis
nostri anno Domini M°CC° octagesimo primo, Regni autem
nostri anno nono, quinto idus Maij, indiccione nona.

(Eredetie bőrhártyán, melyről a király kettős pecsétjének töredéke
vörös-ibolyaszínű-zöld selyemzsinóron függ-; a budai királyi kamarai
levéltárban.)

276.

*IV. László királynak Ozyag helység visszadását tárgyazó
adománya Péter bán számára. 1281.*

Ladizlaus Dei gracia Hungarie Dalmacie, Croacie,
Rame, Seruie, Gallicie, Lodomerie, Comanie, Bulgarieque
Rex omnibus Christi fidelibus presentes litteras inspecturis
salutem in omnium saluatore. Ne liuoris iatus aut obliuionis

caligo successiua Excellencie Regalis donaciones offuscare
nubilo inmemorie uoleat, digne ea inscribuntur, que de Regibus conferuntur. Proinde ad vniuersorum noticiam tenore
presencium volumus peruenire, quod Petrus Banus filius Comitis Benedicti dilectus et fidelis noster ad nostram accedendo presenciam nobis significare curauit, quod quedam possessio Ozyag uocata, que olym progenitorum suorum fuerat,
ab ipsis non exigentibus culpis suis, sed potencialiter alienata, et jurisdiccioni Comitis de Barana dedita fuisset et subiecta; petens a nobis cum instancia, ut ipsam possessionem
Ozyag ex munificencia Regia sibi reddere et restituere dignaremur. Nos itaque cuius — — — — — — unicuique in suo
iure non deesse, et specialiter hys, quorum experta probitas
insignit et extollit; consideratis seruicijs ipsius Petri Bani,
que nobis in diuersis, et omnibus expedicionibus Regni nostri,
videlicet intestinis et extrinsecis, Corone Regie incommutabi-
liter adherendo impendit, et specialiter in expugnacione castri
Zumbothel, quod rupta pace treugarum et uinculo federis dis-
soluto per Regem Boemorum inimicum nostrum occupatum
fuerat, ubi letalia sustulit uulnera fideliter exhibitorum (Igy);
consideratis eciam hijs, que in compescendis Croatis et hominibus transdrauanis, qui se de jurisdiccione nostra uolebant
alienare, ipsos potencie nostre reducendo et restituendo, exercuit et impendit. Tam igitur ob recompensacionem seruiciorum ipsius Petri Bani prescriptorum et aliorum quam pluri
morum, que propter sui multitudinem longum esset enarrare;
et eci am racione illa, ne in possessionibus olim per progenitores suos possessis, et postmodum Comiti Paulo bone memorie fratri suo per nos traditis, extraneum doleat possessorem:
dictam possessionem Ozyag ipsi Petro Bano reddidimus, restituimus, dedimus, donauimus, et contulimus, iure perpetuo et
inreuocabiliter possidendam, cassatis omnibus litteris et priuilegijs cuiquam super collacione dicte possessionis Ozyag preter ipsum Petrum Banum datis et concessis; et ubicunque, et
per quemcunque exhibite fuerint, uiribus careant et inanes
habeantur. In cuius rei memoriam perpetuamque firmitatem
presentes concessimus litteras dupplicis sigilli nostri munimine roboratas. Datum per manus discreti uiri Magistri Achonis Aule nostre ViceCancellarij dilecti et fidelis nostri anno

Domini millesimo ducentesimo octuagesimo primo, octauo kalendis Maij, Regni autem nostri anno vndecimo. (?)

(Eredetie bőrhártyán, melyről a pecsét töredéke zöld-vörös selyem-zsinóron függ ; a főmélt. herczeg Batthyáni család levéltárában.)

277.

IV. László király megerősíti Mihály zólyomi főispánnak 1269-ki bizonyságlevelét, mely szerint Pázuánt, István ifjabb király kincstárnokát a Palugya és Poloschin patakok közti erdő birtokába iktatta. 1281.

(Ifj. Kubinyi Ferencz, Magyar Történelmi Emlékek I. köt. 121. l.)

278.

IV. László király Zonuk nemzetségbeli Péternek Zederkin és Samariára vonatkozó adakozását hagyja helyben a nyúlszigeti apáczazárda számára. 1281.

Nos Ladizlaus Dei gracia Rex Hungarie memorie com-mendantes significamus quibus expedit vniuersis, quod Comes Petrus officialis karissime sororis nostre domine Elisabeth de Insula Sancte Marie ad nostram accedens presenciam exhi-buit nobis patentes litteras karissimi patris nostri Regis St. pie memorie, petens, ut easdem nostris litteris confirmaremus. Quarum tenor talis est :

Nos St. Dei gracia Rex Hungarie significamus quibus expedit presencium per tenorem; quod Petrus nobilis de Zederkyn heredum destitutus solacio coram nobis personaliter constitutus pro anime sue remedio et salute propria omnia predia sua seu possessiones omnes cum suis utilitatibus et pertinencijs dedit et donauit Monasterio Sancte Virginis de Insula ipsius Virginis Gloriose eo modo; quod donec compos sue vite extiterit percipiet usus possessionum predictarum, post obitum vero eius hedem possessiones cum suis omnibus utilitatibus et pertinencijs in ius et proprietatem eiusdem Monasterij iure perpetuo deuoluantur — — — — Petro et uoluntati in donacione et collacione possessionum predictarum consensum damus Regium et assensum. Datum Bude in dominica Reminiscere.

Item exhibuit eciam priuilegium Capituli Budensis *super* eodem facto confectum, cuius tenor talis est:

Omnibus Christi fidelibus presens scriptum inspecturis Capitulum Budensis Ecclesie salutem in Domino sempiternam. Ad vniuersitatis uestre noticiam tenore presencium uolumus peruenire, quod cum ad peticionem viri nobilis Petri filij Zonuk de genere Zounuk dilectos in Christo Concanonicos nostros Magistrum Gregorium filium Gurk Woyuode, Bricchium sacerdotem, Bedeu Decanum misissemus; ijdem ad nos redeuntes retulerunt nobis; quod supradictus Petrus iacens in lecto egritudinis, sanum tamen et plenum habens intellectum, inter ceteras ordinaciones, quas in suo condidit testamento, quasdam terras suas, quarum vna vocatur Zederkyn, existens iuxta pontem Namya, cum ecclesia in honore Sancte Crucis ibidem hedeficata in Comitatu de Barana; et alia Samaria uocata existens prope aquas Drawa in superiori ville Hagmas nominate iu Comitatu de Walkou, cum omnibus utilitatibus et pertinencijs earundem terrarum, videlicet piscinis, stagnis et aquis Drawa, legauit et donauit Ecclesie Sancte Marie de Insula pro remedio anime sue perhempniter possidendas. Insuper seruos suos Pentyk, Jacobum, Blasium, nec non Margaretam ancillam suam intuitu eternorum perpetua libertate inuestiuit, concedens eisdem liberam et irreprehensibilem facultatem, ubicunque locorum noluerint commorandi. Iu cuius rei memoriam predicto Petro instanter petente

litteras presentes super ipsa donacione terrarum, et libertate
dictorum seruorum ac ancelle concessimus sigilli nostri munimine roboratas. Datum per manus Ambrosij Scolastici Budensis anno Domini M°CC'LXX° secundo. Nicolao Cantore,
Petro Custode, Elya Decano, Scela Sacerdote, Damiano et
Petro Magistris, ceterisque Canonicis existentibus.

Nos igitur ad peticionem eiusdem Comitis Petri, et ad
eternam huius rey memoriam litteras dicti patris nostri karissimi, et priuilegium Capituli Budensis (presentibus nostris)
litteris confirmamus. Datum anno Domini M°CC° octuagesimo I°.

(Eredetie bőrhártyán, melynek függő pecsétje elveszett, a budai kir.
kamarai levéltárban. V. ö. Fejér Cod. Dipl. V. k. 1. r. 188. és 189. ll.)

<hr>

279.

*IV. László királynak Gay helységet tárgyazó adománya Péter
comes, Mikó comesnek fia számára. 1281.*

Ladizlaus Dei gracia Hungarie, Dalmacie, Croacie, Rame, Seruie, Gallicie, Lodomerie, Cumanie Bulgarieque Rex
omnibus Christi fidelibus tam presentibus, quam futuris presens scriptum inspecturis salutem in salutis largitore. Regali
dignum est et expediens eos, qui in seruiciis dominicis diuinis
se exercent, munificencia gratulari, vt eo amplius ipsorum
exemplo ceteri incitati ad maiora fidelitatum studia perducan-
tur, discantque suo naturali domino efficacius aderere. Proinde
ad vniuersorum noticiam tenore presencium volumus peruenire : Quod accedens ad nostram presenciam Comes Petrus
filius Comitis Myko terram cuiusdam ville Gay vocate, existentem in Comitatu de Thuroch, humiliter supplicans a nobis
sibi dari postulauit. Et quia super facto dicte terre nobis
plena non inerat certitudo. fidelibus nostris Preposito et Con-

uentui de Thuroch dedimus in mandatis, vt Nicolao Comiti de
Zolium vnum ex ipsis virum idoneum darent pro testimonio,
coram quo idem Comes Nicolaus conuocatis vicinis et commetaneis eiusdem terre, predictam terram statueret eidem Comiti
Petro, si non fieret contradictum : ad nostram presenciam
contradietores ad terminum competentem euocando. Qui demum nobis rescripserunt, quod cum eodem Comite Nicolao
vnum ex ipsis virum idoneum pro testimonio destinassent, et
ipse Comes Nicolaus predictam terram conuocatis vieinis et
commetaneis eiusdem terre dicto Comiti Petro statuisset nullo
penitus contradictore existente. Nos igitur qui ex officio
suscepti regiminis metiri debemus merita singulorum, considerantes multiplices et laudabiles famulatus ipsius Comitis
Petri, que nobis cum summa laude virtutum fideliter exhibuit
et deuote, in recompensacionem fidelium et laudabilium seruiciorum ipsius Comitis Petri predictam terram cum omnibus
vtilitatibus et pertinenciis suis vniuersis eidem Comiti Petro
et suis heredibus heredumque suorum successoribus dedimus
contulimus atque tradidimus jure perpetuo et irreuocabiliter
possidendam ; inducente eciam nos et monente ad collacionem
predicte terre faciendam donacione seu tradicione cuiusdam
equi pelo (pejló) coloris alti precij, quem Regie aptum et congruum Maiestati ab eodem recepimus, ipso eodem nostre vo-
luntati et peticioni in tradicione ipsius equi cum liberalitate
fideliter occurrente. Cuius quidem terre mete, prout in litteris
Prepositi et Conuentus vidimus contineri, hoc ordine distinguntur : Prima meta incipit a parte orientali inter alpes a
capite fluuii Bystrycha ; inde per siluas venit ad locum, qui
dicitur Tempnekul ; hinc descendit ad arborem piri usque
metas ville Notser ; inde descendit per viam ad arborem
tulgfa vocatam ; inde per antiquam viam limosam descendit
usque magnam viam, que est prope ecclesiam Beati Michaelis
ad iactum lapidis ; ibi saliendo ipsam viam in longitudine
vnius iugeris cadit ad fluuium Sernovicham, vadit ad calidam
aquam Teplicha vocatam ; inde eciam per fluuium Sernowicha
parum ascendendo exit ad occidentem et vadit ad magnam
viam, et ibi tenet metas cum villa Cosmas ; ibidem saliendo
ipsam viam per metas et terminos vadit ad riuulum Bukuyna
vocatum ; inde vadit ad partem meridionalem ad siluam ad

locum Wesweres vocatum; deinde vadit ad alpes; hinc per siluam reuertitur ad priorem locum ad caput fluuii Bistricha, et sic terminantur mete terre supradicte. Et vt nostre hujus donacionis series robur optineat perpetue firmitatis, presentes concessimus litteras duplicis sigilli nostri munimine roboratas. Datum per manus discreti viri Magistri Bartholomei aule nostre ViceCancellarii dilecti et fidelis nostri anno Domini millesimo ducentesimo octuagesimo primo, IIII. nonas Januarii, Regni autem nostri anno nono judicacionis nona.

(Eredetie Körmöcz sz. kir. város levéltárában. V. ö. Fejér Cod. Dipl. V. köt. 3. r. 75. l.)

280.

IV. László király megerősíti a topuskai apátság számára az előbbi magyar királyok adományait. 1281.

(Tkalcsics, Monum. hist. Episc. Zagrab. I. köt. 208. l.)

281.

*Lodomér esztergami érsek Timoté zágrábi püspöknek kérésére
a kiközösítési itéletet, melyet ez a zágrábi egyház kirablása és
e'pusztításának folytán Henrik bán fiai ellen kimondott, helyben hagyja és magáévá teszi. 1281.*

Lodomerius Dei gracia Strigoniensis Archiepiscopus,
eiusdem loci Comes Perpetuus, et Capitulum Ecclesie sue
Strigoniensis universis Christi fidelibus presentes literas
inspecturis salutem in auctore salutis. Universitati vestre
tenore presencium cupimus esse notum, quod discretus vir
Magister Paulus, Canonicus Zagrabiensis, ex parte venerabilis
patris domini Thymothei Episcopi Zagrabiensis ad nostram
presenciam accedens, nobis exhibuit literas eiusdem domini
Episcopi de verbo ad verbum formam huiusmodi continentes:

Venerabilibus in Christo patribus, dominis L(odomerio)
Dei gracia Archiepiscopo Strigoniensis Ecclesie, D(ionisio)
Jauriensi, P(etro) Transiluano et A(ndree) Agriensi, T(home)
Waciensi Episcopis, et Magistris A . . . Preposito Albensi,
ac viris Reverendis et religiosis, fratribus P . . . Priori Pro-
vinciali Ordinis Fratrum Predicatorum per Vngariam et
Sclauoniam, A . . . Ministro Ordinis Fratrum Minorum per
Vngariam et Sclauoniam, et A . . . Priori Heremitarum Ordinis Sancti Augustini, ac aliis universis Ecclesiarum Prelatis,
Thymotheus miseracione Divina Episcopus Zagrabiensis mu-
tuam in Domino caritatem. Noverit vestra paternitas, quod
quinta feria proxima ante dominicam Oculi Mei, post nostrum
recessum de curia venerabilis patris domini Philippi, Dei
gracia Episcopi Firmani, et Apostolice Sedis Legati, ad quandam possessionem Episcopatus nostri, Wasca vocatam, venissemus, propter depredaciones Nicolai Bani tocius Sclauonie,
et Comitis Henrici, filiorum Henrici Bani, ac eorum complicum
et sequacium violentos descensus, destrucciones et depredaciones manifestas, sic invenimus eandem desolatam et de-

structam, quod non solum res vel bona illic residencium
fuerunt ablata, verum eciam vix pauci homines propter
destrucciones huiusmodi remanserunt in eadem; ubi eciam
quinque mulieres expulse de suis domibus per eosdem, algore
frigoris spiritum exalarunt. Pecudes eciam, scilicet oves et
capras, quas pellere propter inpedimenta nivium non potuerunt, scorticaverunt et scorticari fecerunt propter pelles. Et
cum postremo venissemus ad alias nostras possessiones, per
continuos et violentos descensus Magistri Johannis, Comitis
de Zana, Vrbaz, Guarig et Guethke, Nicolai Bani, et Comitis
Henrici prefatorum, invenimus ipsas fere totaliter desolatas
et destructas et bonis omnibus, que reperiri potuerunt, per
eosdem spoliatas, contra libertatem ecclesiasticam et specialia
privilegia ab illustribus Regibus Vngarie data et concessa
et usque nunc inviolabiliter observata; contra que nullus
Baronum vel Banorum aliquid attemptare presumpserit, in
tantum, quod iam vix tenuis sustentacio haberi potest in eisdem. Iidem eciam Magister Johannes et Nicolaus Banus
Comitatum de Guerzence, quem nobis excellentissimus dominus noster Ladizlaus Dei gracia Rex Vngarie contulit, detinent in nostrum et Ecclesie notre preiudicium et gravamen,
nec eciam ad mandatum eiusdem domini Regis pluries destinatum, ac per literas dicti domini Legati requisiti et moniti,
restituere et reddere minime curaverunt. Item iidem filii Henrici Bani, Johannes scilicet, Nicolaus Banus et Comes Henricus, decimas nostras in terris ipsorum et ad eorum iurisdic-
cionem spectantibus collegerunt, et per suos satellites colligi
fecerunt in iniuriam Dei et Ecclesie sue Sancte. Insuper prefatus Nicolaus Banus fecerat quosdam officiales et vasallos
Ecclesie nostre meliores et maiores iam pridem captivari,
quos per quemdam predonem Regni, nomine Vritz, et publicum latronem in tantum fecerat tormentari, ut ea que habuerunt usque ad extremam exinanicionem extorserunt ab eisdem.
Unde cum huiusmodi mala, vastus, spolia et destrucciones
tam Episcopatus quam Capituli nostri iusticia exigente et
urgente consciencia oculis conniventibus non possimus vel
debemus pertransire, licet pluries per nos et nostrum Vica-
rium, qui tunc temporis gerebat nostras vices, requisiti,
amoniti extiterint et inducti, eosdem Magistrum Johannem,

Nicolaum Banum et Comitem Henricum ac ipsorum sequaces in festo Annunciacionis Beate Vinginis proxime preterito, in Wereuce, apud ecclesiam Fratrum Minorum, que in honore Beate Virginis Marie est constructa, plublice excommunicavimus in scriptis et denunciavimus excommunicatos, pulsatis campanis, candelis accensis et extinctis, et ab omnibus arcius evitandos, ac totam terram ipsorum ecclesiastico supponimus interdicto, donec de premissis excessibus et commissis dam pnis et iniuriis illatis Deo, Ecclesie et nobis, ac fratribus nostris, Capitulo videlicet Zagrabiensi, satisfaciant. Quare vestre supplicamus paternitati diligenter requirendo et devote quatenus prefatos Magistrum Johannem, Nicolaum Banum et Comitem Henricum ac eorum complices vestra paternitas tamquam excommunicatos velit evitare, et ab omnibus arcius faciat evitari. Datum Zagrabie, in Sancto Sabbato anno Domini MCCLXXXI.

Nos vero predictis literis prefati domini Episcopi fidem ut debuimus credulam adhibentes, ac eius predictam excommunicacionis sentenciam approbantes, universitatem vestram requirimus et monemus, quatenus dictos filios Henrici Bani et ipsorum complices et sequaces, cum ad vos accesserint, tamquam excommunicatos et anatematizatos velitis arcius evitare, donec ipsi domino Episcopo et Ecclesie sue prestita satisfactione dampnorum et iniuriarum huiusmodi secundum formam Ecclesie fuerint legittime absoluti. Datum Strigonii, eodem anno, tercio die quindenarum Domice Resurrectionis.

(Tkalcsics, Monumenta historica Episcopatus Zagrabiensis I. köt. 206. l. V. ö. Fejér Cod. Dipl. V. köt. 3. r. 105. l.)

282.

Péter királyi tárnokmesternek itéletlevele, mely szerint Pest város és a nyúlszigeti apáczazárda Ujbécs peres földére nézve egyezkedtek. 1281.

Petrus Magister Tauarnicorum domini Regis vniuersis Christi fidelibus tam presentibus quam futuris presens scriptum inspecturis salutem in Domino sempiternam. Ad vniuersorum noticiam tenore presencium volumus peruenire, quod cum inter religiosas dominas sorores de Insula Virginis Gloriose Deo iugiter famulantes ex vna parte; Petrum, Wernerium filium suum, et Henrich Comites, Farkasium Villicum, et vniuersos ciues de Pesth ex altera, super terra Wybeech vocata, que iacet inter terram dictarum sororum Jenw vocatam, et ciuium de Pesth predictorum lis et contencio fuisset coram nobis suscitata; quam quidem terram ecdem sorores ex collacione Bele illustris Regis Hungarie bone memorie se dicebant possidere, predicti vero ciues eandem esse suam ab antiquo asserebant; et eadem causa diucius fuisset in nostri presencia ventillata, tandem Comite Petro officiale dictarum sororum pro ipsis sororibus, Wernerio et Hench Comitibus, Farkasio Villico, Paulo, Johanne, Cosma et Bete pro ipsis ciuibus ex altera parte coram nobis constitutis; idem Comes Petrus exhibuit priuilegium Stephani illustris Regis Hungarie felicis recordacionis, in quo vidimus contineri, quod ipsam terram Wybeech dominus Bela Rex pater suus cum litteris suis patentibus Ecclesie Beate Virginis de Insula, et sororibus degentibus in eadem, simul cum palacio super ipsa terra constructo contulisset. E conuerso autem dicti ciues de Pest exhibuerunt priuilegium domini nostri Ladizlai incliti Regis Hungarie, in cuius tenore collegimus, quod ipsam terram Wybeech prefatis ciuibus de Pesth, quorum vsui subiecta fuerat, reuocando a sororibus memoratis, idem dominus Rex reliquisset perpetuo possidendam. Nos itaque visis ipsis priuile-

gijs, et tenore eorundem plenius intellecto, volentes finem
litibus imponere, et iurgiorum semina resecare, partibus
assumpmentibus misimus Magistrum Michaelem Prothonota-
rium nostrum sub testimonio Capituli Budensis ad terram
antedictam, qui videret qualitatem et quantitatem dicte terre,
et faceret concordiam, si posset, inter partes. Quibus ad
ipsam terram accedentibus, partibus volentibus talis composicio amicabilis extitit inter ipsas : quod dictam terram Wybeech totalem, existentem extra magnum fossatum a parte
ville Jenv supra palacium Comitis Wernerij, prout cursus metarum distingit subscriptarum, Comes Wernerius, Hench Villicus eiusdem ville Pesth, et Farkasius vice et nomine ciuium
de Pesth predictorum reliquerunt Ecclesie Beate Virginis, et
sororibus Deo deuote obsequentibus, presentibus fratre Paulo
conuerso et socio suo, ac Comite Petro pro dictis sororibus
comparentibus, et dictam ordinacionem assumpmentibus et
consencientibus iure perpetuo pacifice possidendam. E conuerso autem ijdem frater Paulus, et Petrus Comes, vice et
nomine sororum predictarum terram intra magnum fossatum
existentem de eadem terra Wybeech, simul cum palacio Comitis Wernerij supra ipsam terram constructo, prout cursus
similiter distingit metarum subscriptarum, propter pacis et
concordie vnionem reliquerunt Wernerio, Petro et Hench
Comitibus, ac ciuibus de Pesth iure perpetuo pacifice et irreuocabiliter possidendam. Ac vt huiusmodi ordinacio inter partes facta, firma et inconsussa in perpetuum perseueret, presentes ad peticionem partis vtriusque eisdem partibus concessimus litteras sigilli nostri munimine roboratas. Cursus autem
metarum dicte terre Wybeech, prout in litteris Capituli Budensis contineri vidimus, hoc ordine distinguntur : Prima
meta incipit iaxta Danubium super magno fossato, quod circuit villam Pestiensem a parte ville Jenv supra palacium
Comitis Wernerij, in cuius capite sunt due mete; et vadit
supra ipsum fossatum usque uiam, que ducit in Wachiam, et
transit ipsam viam, iuxta quam sunt due mete magne; inde
currit uersus orientem ad monticulum, prope quem monticulum similiter sunt due mete, vbi eciam antiquitus fuerunt
sepulcra paganorum; a quibus parumper descendendo in fine
terre arabilis sunt due mete; abhinc vadit similiter ad pla-

gam orientalem inter terras arabiles; de quibus pergit ad
pratum, iuxta quod sunt due mete; inde parumper meando
peruenit ad aliud pratum, vbi sunt due mete; ab hys tendit
ad montem sabulosum ; quem transeundo subtus ipsum montem sunt due mete, de quibus peruenit ad duas vias uersus
orientem, quarum vna ducit ad Nyr, alia in Pardev, iuxta
quas sunt due mete; et inde per illam viam vadit uersus
orientem vsque ad viam, que ducit in Anyas-Nyri usque ad
metas Cruciferorum, ibi sunt tres mete angulares, quarum vna
est Cruciferorum Sancti Regis, altera hospitum de Pesth, tercia vero populorum de Jenv, et sic terminatur. Datum Bude
in festo Mathei Apostoli anno domini millesimo ducentesimo
octoagesimo primo, indiccione nona, decimo kalendas
Octobris.

(Két eredeti példánya bőrhártyán, vörös-zöld és vörös-sárga selyemzsinóron függő pecsét alatt; a budai kir. kamarai levéltárban. Több
nevezetes hibával kiadva Fejérnél Cod. Dipl. V. köt. 3. r. 107. l.)

283.

Iván Oklichi főispánnak a samobori vámjövedelemnek feleré-
szét tárgyazó adománya a sz. Jakab szigetén lévő cistercita
apátság számára. 1281.

Nos Iwan Comes de Oclich, filius Irizlai significamus
omnibus quibus expedit presentium per tenorem, quod nos
medietatem tributi nostri in Zamobor, tam de porta, quam
de foro, contulimus seu donavimus in remedium anime nostre
et progenitorum nostrorum Abbati et fratribus de Insula
Sancti Jacobi, Cisterciensis Ordinis et per eosdem fratres
suorum successoribus iure perpetuo pacifice possidendam et
habendam; ita, quod Ecclesia Sancte Elene prope Zamobor
per hoc melioretur, et fratres ibidem existentes sui victus inde

capiant fulcimentum. In cuius rei memoriam et certitudinem,
ut nostra donacio firma sit et stabilis, predicto Abbati et fratribus, dedimus hanc cartulam sigilli nostri munimine roboratam. Datum in Selin anno Incarnacionis Dominice
MCCLXXX primo.

(Tkalcsics, Monum. hist. Episc. Zagrabiensis I. köt. 209. l.)

284.

*As egri káptalannak bizonyságlevele, hogy Akus nemzetség-
beli István mester, Erne bán fia, s a Pereznei nemesek és érdektársai közt birtokcsere történt. 1281.*

Omnibus Christi fidelibus tam presentibus quam futuris
presens scriptum inspecturis Capitulum Ecclesie Agriensis
salutem in omnium saluatore. Ad vniuersorum noticiam tenore
presencium volumus peruenire, quod Magister Stephanus filius
Erne Bani de genere Akus, Comes de Gumur et de Borsod ab
vna parte; ab altera vero Andreas, Thomas et Rofayn filij
Bedke de Perezne pro se, et pro Alexandro filio Elekus fratris
ipsorum, item Johannes filius Elias filij Elye de eadem pro se
et pro Kazmero, Stephano ac Dominico fratribus suis, item
Alexander filius Elie filij Chenthuk pro se et pro Petro filio
Iuanka consanguineo suo coram nobis personaliter constituti
huiusmodi concambium seu commutacionem inter se fecisse
retulerunt; quod prefatus Magister Stephanus quandam possessionem suam acquisitam per patrem suum Harnadnemythy
nominatam in Comitatu de Zemlyn existentem, cum vniuersis
vtilitatibus et pertinencijs suis, sub eisdem metis et terminis
quibus ipse pater suus possidebat, dedisset ipsis filijs Bedke,
et alijs consanguineis eorum prenotatis, sibi et eorum heredibus heredumque successoribus iure perpetuo et irreuocabiliter
possidendam. In cuius concambium predicti filij Bedke et alij

consanguinei eorumdem memorati quandam possessionem
eorum Perezne nominatam in Comitatu de Borsod existentem
in concambium possessionís eorum hereditarie Dedus nominate a prefato Erne Bano ad ipsos deuolutam, sub eisdem
metis et terminis, quibus antea ipse Erne Banus dinoscebatur
possedisse, cum omnibus vtilitatibus et pertinencijs suis, dedissent eidem Magistro Stephano similiter iure perpetuo possidendam. Et quia memorata possessio Magistri Stephani,
videlicet Harnadnemyty maior et vtilior erat, quam dicta
possessio partis aduerse; ipsi filij Bedke et consanguinei sui
super predictam possessionem suam addidissent et tradidissent ipsi Magistro Stephano et suis heredibus porciones suas
hereditarias, quas habuissent in terris Perezne et Lubuna
nominatis, eodem modo in Comitatu de Borsod existentibus,
spectantes ad se solos similiter cum vniuersis vtilitatibus et
pertinencijs suis sub certis et antiquis metis, quibus ijdem
possidebant, iure perpetuo et irreuocabiliter possidendas. Et
Albertus filius Sedene, ac Wrka filius Wyd, consanguinei et
commetanei dictorum filiorum Bedke, ac aliorum consanguineorum suorum, coram nobis personaliter constituti, huic concambio consensum prebuerunt et assensum. Dicimus eciam,
quod homo noster, ad instanciam parcium ad hoc specialiter
destinatus, cum ipsis partibus coram nobis constitutus dixit,
quod vniuersi consanguinei et commetanei predictorum filiorum Bedke et consanguineorum suorum in facie ipsarum terrarum Perezne et Lubuna vocatarum comparendo, coram eo
prefacto concambio plenum consensum prebuissent et assensum. Assumpsit eciam idem Magister Stephanus obligando
se et heredes suos, filios Bedke, et consanguineos suos antedictos, ac heredes eorundem vniuersos, ab omnibus racione
predicte possessionis Harnadnemyty vocate impetere nitentibus defendere et expedire proprijs laboribus et expensis ; quod
si ipsos defendere non posset, extunc terram aliam de terra
sua empticia cquiualentem quantitati et vtilitatibus predicte
possessionis Harnadnemyty nominate, dare et assignare teneretur pleno iure filijs Bedke et consanguineis eorum sepedictis. E conuerso autem, ipsi filij Bedke et consanguinei sui
obligarunt se, fratres, consanguineos ac heredes eorum vniuersos, prefatum Magistrum Stephanum et heredes eiusdem

ab omnibus racione predictarum porcionum suarum heredita
ria rum defendere et expedire proprijs laboribus et expensis.
Et sicut nobis partes, et homo noster ad hoc destinatus expres-
serunt, cursus metarum prefate terre Harnadnemyty vocate
hoc ordine distinguntur : Prima meta incipit iuxta fluuium
Harnad in quodam angulo a parte septemtrionali apud truncum cuiusdam arboris naarfa nominate, et iuxta terram Magistri Stephani filij Comitis Pud Kok vocatam tendit versus
orientem ad quandam stratam Abawta nominatam, et ipsam
pertranseundo vadit per terram arabilem ad quoddam berch,
vbi est vna meta antiqua et altera noua; et inde currit per
campum ad quandam vallem; et dehinc de ipsa valle tendit
ad montem Chamhalma nominatum, vbi sunt tres mete, quarum due sunt antique, vna uero noua; et de hinc reflectendo
se ad partem meridionalem peruenit ad terram Petri filij
Ponyth; et postmodum reflectit se ad partem occidentalem
et peruenit ad quandam stratam, iuxta quam est quidam lapis
pro meta positus; et abhinc vadit ad quandam piscinam Morcua
vocatam, iuxta quam est vna meta, et iuxta ipsam piscinam
Morcua eundo adhuc uersus occidentem peruenit ad fluuium
Harnad supradictum, cuius quidem fluuij Harnad medictas a
parte orientali cedit predictis filijs Bedke et socijs eorundem,
altera dimidietate a parte orientali Blasio filio Georgij remanente; et ibi iuxta villam Harnadnemyty pertransit ipsum
fluuium Harnad, ubi circuit quandam piscinam Morcua nominatam; et dehinc versus septemtrionem descendit iterum ad
fluuium Harnad; et postmodum in ipso fluuio eundo peruenit
ad truncum superius nominatum, et ibi terminantur. Item
mete prefate porcionis hereditarie filiorum Bedke et consanguineorum suorum Perezne vocate, prout ipse partes presente
eodem homine nostro retulerunt, distinguntur eo modo : Prima
meta incipit in quodam berch a parte orientali, et tendit versus villam Benedicti filij Siurp Perezne vocatam, vbi in fine
ipsius ville pertransit quandam paludem Negewen vocatam,
et ibi esset vna meta; et abhinc tendit ad partem occidentalem, ubi peruenit ad alterum lacum Souspotak nominatum, et
pertranseundo ipsum pervenit ad unam metam terream; dehinc eundo adhuc ad occidentem intrat in quandam stratam,
que coniungeretur alteri vie, qua iretur ad Senthpeter, vbi est

vna meta; et petranseundo ipsam viam tendit vsque ad quosdam frutices bolorosharazt vocatas, iuxta quas frutices sunt tres mete antique; dehinc descenderet iterum ad quemdam lacum Souspotaka antedictum, iuxta quem est vna pyrus; et abhinc tendit iterum et paludem Negewenpotaka memoratam, iuxta quam est vna meta; et ibi ipsam paludem Negewen pertranseundo tendit iterum ad orientem vsque ad berch a quo inchoaverat, et ibi terminatur. Metas autem predicte porcionis Lubuna nominata taliter referunt : quod prima meta incipit in quadam silua iuxta vnam stratam sub vna pomo ab aquilone, et tendit uersus plagam meridionalem ad quoddam berch, ubi est una meta; et per ipsum berch currit ad caput cuiusdam laci (igy) Melpataka nominati, et per ipsum lacum tendit versus alium lacum Lubunapotaka vocatum; et exeundo eundem lacum, videlicet Lubunapotaka, peruenit ad tercium lacum Galaturkapotaka vocatum; et per eundem tendit versus aquilonem, ubi perueniret ad quoddam berch, et pertransit ipsum berch; et abhinc descendit ad lacum Lizopotaka vocatum, et per eundem Lizopotaka tendit iterum ad lacum Lubunapotaka nominatum; et ipsum pertranseundo reuertitur ad pomum antedictam a qua inchoauerat, et ibi terminatur. In cuius rei testimonium ad instanciam parcium presentes contulimus sigilli nostri post plag — — — — — — — — — — — Cantore, Saulo Lectore, Myko Custode, Johanne de Wng, Simone de Kemey Archydiaconi, et alijs multis anno Domini (millesimo ducentesimo octuagesi primo) — — — — — — — — — — — — — Johanne Colociensi, et domino nostro venerabili patre Andrea Episcopo Agriensi existentibus.

(Az egri káptalannak 1341-ki átiratából, mely készült »Stephanus filius Bartholomei de Harnadnemyty pro se et pro Johanne fratre suo, item pro Nicolao et Lukachio filijs Stephani patrueli sui de eadem« előadott kérésére, a budai kir. kamarai levéltárban.)

285.

Az egri káptalannak bizonyságlevele, hogy Akus nemzetségbeli Istvdn mester, Endre bán fia, és Panych bán fiai bizonyos peres birtokra nézve egyezkedtek. 1281.

Omnibus Christi fidelibus tam presentibus quam futuris presens scriptum inspecturis Capitulum Ecclesie Agriensis salutem in omnium saluatore. Ad vniuersorum noticiam tenore presencium volumus peruenire; quod Magistro Stephano filio Ernei Bani de genere Akws ab vna parte, ab altera vero Ladizlao et Nicolao filijs Panyth Bani pro se et pro Paulo fratre ipsorum coram nobis personaliter constitutis; prefatus Magister Stephanus proposuit viua voce, quod omnes terras pertinentes ad terram hereditariam ipsorum filiorum Panyth Bani Myskowcz nominatam, super quibus contencio mouebatur inter partes, remisisset et remisit coram nobis ipsis filijs Panith Bani nomine suarum hereditariarum; dicendo, quod inter terras suas Zolcha et Arnod vocatas, et inter predictam terram Myskowcz vocatam, et ad eandem pertinentes, esset pro meta fluuius Sayo; et ab eadem terra Arnold vocata incipiendo vsque ad Inferiorem Solcham terra ipsius Magistri Stephani dictum fluuium Sayo nusquam transiret ad partem occidentalem. Preterea ipse Magister Stephanus quandam piscinam Filchow vocatam prope villam suam Zeech vocatam existentem, cum omnibus vtilitatibus et pertinencijs suis reliquit eisdem filijs Panyth Bani nomine sui iuris pacifice in perpetuum possidendam. In cuius rei testimonium ad instanciam parcium presentes contulimus sigilli nostri, post plagam Thartarorum secundo renouati, munimine roboratas; presentibus tamen Magistro Anthonio Cantore, Saulo Lectore, Mycow Custode, Marco de Patha, Johanne de Wngh, Martino de Zabolch Archidiaconis, et alijs multis. Anno Domini millesimo ducentesimo octuagesimo primo; regnante Ladizlao Illustri Rege Huugarie, Lodomerio Archiepiscopo Strigoniensi, Johanne Electo Colocensi; et domino nostro venerabili patre Andrea Episcopo Agriensi existentibus.

(1549. Pozsonyban »feria sexta proxima post Dominicam Cantate« kelt oktávás átiratából; a budai kir. kamarai levéltárban.)

286.

Az egri káptalan átírja az Ozdalbug, Kopasz Detre helységé-nek elzálogosítására vonatkozó okmányokat. 1281.

(A gróf Zichy család Okmánytára I. köt. 48. l. Nagy Imre közleménye.)

287.

Az egri káptalannak jelentése IV. László királyhoz, hogy István mester, Ernei bánnak fia Olaszegyház birtokában statuáltatott. 1281.

Excellentissimo domino suo Ladizlao illustri Regi Hungarie Capitulum Ecclesie Agriensis oraciones in Domino cum perpetua fidelitate. Litteras Vestre Serenitatis recepimus continentes, quod mitteremus hominem nostrum pro testimonio, coram quo Ponych filius Ponych homo vester accederet ad terram Olozyghoz vocatam, et si eandem vacuam ac hominis sine herede decedentis esse inueniret, et ad uestram collacionem pertinentem, extunc eandem statueret et assignaret Magistro Stephano filio Eryney Bani, contradictoribus, si qui fierent, ad uestram Presenciam euocatis. Nos igitur, vestris mandatis obtemperantes, vt tenemur, misimus hominem nostrum pro testimonio fidedignum, qui ad nos reuersus dixit, quod prefatus homo uester ipso presente accessisset super faciem terre memorate, et ipsam cum omnibus utilitatibus suis et pertinencijs statuisset et assignasset Magistro Stephano prenotato nullo penitus contradictore existente.

(IV. László királynak adományleveléből, mint fentebb 275. sz. a.)

288.

A fehérvári káptalan IV. László király parancsára átírja saját 1232-ki bizonyságlevelét, mely szerint Zolouk nemzetségbeli Mihály Kinusberén helységet a veszprémi káptalannak eladta. 1281.

(Hazai Okmánytár IV. köt. 60. lap. Véghelyi Dezső közleménye. V. ö. Okmánytárunk VI. vagyis a második közleméuy I. kötetét 510. l.)

289.

A győri káptalannak bizonyságlevele, hogy Berendi Péternek fiai Ozzun helységet eladták Radóczi Márton fiainak. 1281.

(Hazai Okmánytárt I. köt. 74. l. Nagy Imre közleménye.)

290.

A vasvári káptalannak bizonyságlevele, hogy Hercinig fiai és Ratold Herman, Heren, Bessenyő és Külked helységeiken megosztozkodtak. 1281.

(Hazai Okmánytár I. köt. 75. l. ; Rómer Flóris közleménye.)

291.

A sági konventnek bizonyságlevele, hogy Zách nemzetségbeli Marcholi Tibor Záchteleke helységben vejének Haraszti Simonnak bizonyos birtokrészt átengedett. 1281.

Nos Ladizlaus Prepositus et Conuentus Fratrum Ordinis Premonstratensium de Saag significamus vniuersis tam presentibus quam futuris presentes litteras inspecturis salutem in Domino. Vniuersorum noticie harum serie declararamus, quod Tyburcius de Morchol de genere Zah, et Stephanus filius eiusdem personaliter coram nobis constituti professi sunt uiua uoce, quod quandam particulam terre Zahtelequi vocate ad vnum aratrum cum superfluitate, que est intra metas inclusa nouas et antiquas, dederint, donauerint et tradiderint Symoni de Harasty genero ipsorum, ac Gung sue filie, et suis heredibus heredumque successoribus perpetue et inreuocabiliter possidendam. Quam quidem dictam particulam terre cum sua superfluitate Hallomas de Surany homo domini Regis sub testimonio nostro per circuitum undique presentibus commetaneis et uicinis certis metis nouis iuxta ueteres erigendo, prout ijdem homo domini Regis et noster retulerunt

nobis, accedentes. Cuius terre metarum cursus talis est:
Prima meta incipit ab oriente sub kerku a parte ville
Sou; inde uenit usque ad planiciem, ibi est meta; deinde uenit vsque duas metas; hinc uenit usque duas
metas; hinc uenit usque duas metas in eadem planicie;
abhinc reflectitur uersus meridicm, ibi est una meta; inde
tendit uersus uillam Symonis, iuxta pratum sunt due mete;
· inde uenit ante villam ipsius Symonis, ibi sunt mete; et inde
ascendit ad latus cuiusdam montis, ibi sunt mete sub guerku
(így); inde ascendit ad cacumen ipsius montis, qui dicitur
Homocheg, ibi sunt due mete; inde uadit per eundem usque
unam metam; et inde ascendit usque berc, ibi sunt mete;
inde uadit usque unam metam; et inde ad magnum guerkum,
sub quo sunt due mete; hinc uadit usque ad unam metam;
et inde uadit usque unum guerkum, in quo est crux, et sub
ipso mete; et inde descendit ad siluam Vyzesberec nuncupatam, ultra quam est meta sub arborem tylie; inde ascendit
usque berc, ibi sunt mete; inde reflectitur usque occidentem
sub guerku antiqua meta, que separat a Dyonisio filio Felcia-
ni; inde uenit ad uallem, ibi est meta; et inde uenit usque
quatuor metas angulares, que separant a villa Zud; inde
ascendit ad latus montis, qui dicitur Mezesmal, iuxta magnam
uiam est meta; inde per eandem ascendit uersus septemtrio-
ncm, sub arbore cherfa est meta; inde uenit usque unam
custodiam, que dicitur eresteen, super quam est meta; et inde
uenit usque per decursus metarum antiquarum, sicque terminatur. Vt igitur hec donacio rata et immobililis perseueret,
litteras nostras concessimus sigilli nostri munimine roboratas.
Datum anno Domini M°CC°LXXXI°.

(Eredetie bőrhártyán, melynek függő pecsétje elveszett; a főmélt.
herczeg Eszterházy család levéltárában.)

292.

Dracdosta, Draiectának leánya, Lesina dalmatiai szigeten, magát és birtokát felajánlja a Lissa szigetén fekvö sz. Miklós monostorának. 1281.

In Christi nomine amen. Anno Natiuitatis eiusdem millesimo ducentesimo octuagesimo primo, die lune XV. intrante mensis Decembris none indiccionis. Temporibus Egregij viri domini Johannis Dandoli Dei gracia incliti Ducis Veneciarum, venerabilis patris domini Simonis Dei gracia Farensis Episcopi; et nobilium virorum dominorum Marci Dulfini Farae et Brachiae Potestatis, ac Henrici Zantani eius Consiliarij; nec non Johannis et Guidosij Farensium Judicum. Justicie racio postulat et requirit, ut laudabile desiderium votiuus prosequatur effectus, et quod bona voluntate suscipitur, dignis ordinacionibus compleatur. Ideoque ad summam memoriam et rei geste firmitatem, hoc presens conficitur instrumentum; qualiter consensu et voluntate tocius Communitatis Farensis Dracdosta filia quondam Draiecte voluntarie obtulit se seruire cum omnibus suis mobilibus et immobilibus toto tempore vite sue, videlicet cum quadam peccia terre, que est in loco, qui dicitur Piscopate, Monasterio Sancti Nicolai de Lissa. Quam pecciam terre idem Monasterium a presenti die in antea habeat, teneat, possideat in perpetuum; in ea et ex ea quidcunque sibi placuerit faciat etc.

(Farlati Illyricum Sacrum IV. köt. 248. l.)

293.

Miklós comes, Gyula fiának adományozása a Boychban lévő egyházak számára. 1281. körül.

Nos Comes Nycholaus filius Jule omnibus ad quos presentes littere peruenerint salutem in Domino sempiternam. Quoniam obliuio nouercatur memorie; dignum est, ut acta temporalia scripti patrocinio fulciantur. Igitur ad vniuersorum noticiam harum serie volumus peruenire : quod cum Diuino auxilio adiuuante Ecclesiam in Boych in honore Omnium Sanctorum edificassemus, et Episcopum Quinqueecclesiensem nomine Job causa consecracionis adduxissemus; eodem die Abbas de Sancta Trinitate nomine Fabyanus cum suis fratribus astando patronum se eiusdem Ecclesie de Boych asserebat. Hoc audito predictus Episcopus reliquit officium consecrandi. Nos igitur, ut Ecclesia dicta non deseretur sanctificacione, in arbitrio proborum virorum, videlicet Gurk Preposito existente, cum ceteris Canonicis; item Marcel Prouinciale existente; item de Minoribus Vyncencio Cardinale (?) existente; item de Ordine Beati Augustini Prouinciale Angelus existente; item Priore de Sancta Cruce Laurencio existente; item Abbate de Barana Stephano existente. Hys omnibus existentibus et ibidem arbitrantibus tale arbitrium inter nos sunt arbitrati : Ut Ecclesia Sancte Trinitatis quandam particulam terre nostre de Minori Harsan, qua scilicet terra, sicut nobis est continens, quando pater meus Jula fuisset Magister Tauarnicorum domini Regis, et collectam Regalem in estimacionem dedisset, collectam dico in Barana existentem, Septemus de genere Leus, et Bacha de genere Lypo; hy vero termino adueniente, quo dictam collectam persolui tenerentur, in danda racione predicte collecte non sunt liberati; igitur antedictam terram Magistro Jule cum suis utilitatibus constituerunt perpetuo possidendam, quantitatem terre, que continet centum quinquaginta iugera. Vt ergo nullum chaos

inter nos generetur, quinquaginta iugera de predicta terra
Ecclesie Sancte Trinitatis antedicte dedimus, donauimus et
contulimus perpetualiter possidenda. Dico tamen, quia ambe
nostre sunt Ecclesie, inter easdem metas non ereximus, sed
in circuitu terre Boych hec sunt signa : Via scilicet adiacens
ab aquilone parte Minoris Harsan ; et per eandem uiam eundo
usque ad superiorem partem Ecclesie Sancte Crucis ; et deinde
pergendo per eandem ad metam Andree Comitis, et ibi Ecclesia habet fenetum continens absque labore duos currus ;
ibidem eciam inter molendinum Sancte Crucis et Andree
Comitis locum molendini concessimus Ecclesie de Boych
antedicte ; deinde eciam eadem uia uadit ad meridionalem
partem ante portam curie Ecclesie de Boych antedicte. Hec
omnia ob tutelam salutis anime nostre et parentum nostrum,
et ad memoriam successorum nostrorum Ecclesijs antedictis
ordinauimus perpetuo possidenda.

(A pécsváradi konventnek 1289. körül kiadott átiratából, mint alább.)

294.

*IV. László király megerősíti IV. Béla királynak Kiskolusd
helységet tárgyazó adományát Kiskolusdi Koroch számára.*
1282.

Ladizlaus Dei gracia Hungarie, Dalmacie, Croacie, Rame,
Sernie, Gallicie, Lodomerie, Cumanie, Bulgariequc Rex omnibus Christi fidelibus presens scriptum inspecturis salutem
in omnium saluatore. Ad vniuersorum noticiam tenore presencium volumus peruenire, quod Koroch de Kyuskolusd ad
nostram accedens presencium exhibuit nobis priuilegium
domini Bele aui nostri karissimi quondam illustris Regis Vngarie felicis memorie, petens cum instancia, vt idem priuile-

gium ratum habere, et nostro priuilegio de benignitate Regia
dignaremur confirmare. Cuius tenor talis est:

(B)ela Dei gracia Hungarie stb. Rex stb. (következik
IV. Béla királynak 1260-ki privilegiuma, mint Okmánytárunk
XI. vagyis a harmadik folyam I. kötetében 479. l.)

Nos uero quia prefatum priuilegium aui nostri non cancellatum, non diminutum, nec in aliqua sui parte viciatum
comperimus, de uerbo ad uerbum inseri facientes, auctoritate
presenciam duximus confirmandum duplicis sigilli nostri munimine roborando. Datum per manus discreti viri Magistri
Bartholomei aule nostre ViceCancellarij dilecti et fidelis nostri
anno Domini M°CC° octagesimo secundo, Regni autem nostri
anno vndecimo.

295.

IV. László királynak Chepánfölde helységet tárgyazó, adománya László, Mátyásnak fia és testvérei számára. 1282.

296.

IV. László királynak Zubogy nevű földet tárgyazó adománya Hem és Demeter, Jánosnak fiai számára. 1282.

(A gróf Zichy család Okmánytára I. köt. 51. l. Véghelyi Dezső közleménye.)

297.

IV. László király Óvári Konrád mesternek a királyi vám felerészét adományozza. 1282.

Ladizlaus Dei gracia Hungarie, Dalmacie, Croacie, Rame, Seruie, Gallicie, Lodomerie, Cumanie Bulgarieque Rex omnibus Christi fidelibus presentes litteras inspecturis salutem in eo, qui eternam Regibus dat salutem. Ad vniuersorum tam presencium quam futurorum noticiam harum seric uolumus peruenire: quod nos circumspeccione Regia pensatis fidelitatibus et meritorijs obsequijs et obsequiosis meritis Magistri Corraldi de Owar dilecti et fidelis nostri, que nobis temporibus oportunis laudabiliter exhybuit et impendit, propter quam uolentes sibi occurrere Regio cum fauore; considerantes eciam vtilitatem et comodum confinij Regni nostri, in eo scilicet, quia idem Magister Corraldus in ipso confinio in possessione sua hereditaria forte fecit castrum preparari, per quod conseruacio dicti confinij potissime gubernatur : eidem Magistro Corraldo de nostra gracia concessimus speciali medietatem tributi, quod est in Musunio, qui keralquettey dicitur in wlgari; quod scilicet tributum ad Comitem Musuniensem pro

23*

temporc constitutum in nullo pertinere dinoscitur, cuius quidem tributi pars altera Albensem pertinet Capitulum, dedimus, donauimus et contulimus eidem Magistro Corraldo, (et)
per eum suis heredibus heredumque suorum successoribus
perpetuo et inreuocabiliter possidere. Ut igitur huiusmodi
donacio scu statucio tributi siue concessio per nos facta perpetuo et inreuocabiliter perseueret, presentes dedimus et concessimus litteras dupplicis sigilli nostri munimine roboratas.
Datum per manus Magistri Bartholomei discreti viri, Aule
nostre ViceCancellarij dilecti et fidelis nostri anno Domini
millesimo ducentesimo octuagnsimo secundo; Regni autem
nostri anno decimo primo (így).

(Eredetie bőrhártyán, melyről a pecsétnek töredéke sárga-vörös
selyemzsinóron függ; a mélt. báró Révay család levéltárában.)

<hr/>

298.

*IV. László király visszaadja Ztark fiainak Chakan helység
birtokát, mely tőlük jogtalanúl elvétetett. 1282.*

Ladizlaus Dei gracia Hungarie, Dalmacie, Croacie,
Rame, Scruie, Gallicie, Lodomerie, Cumanie, Bulgarieque Rex
omnibus Christi fidelibus presentem paginam inspecturis
salutem in omnium saluatore. Ad vniuersorum noticiam harum
serie uolumus peruenire, quod Sank, Nycolaus et Petrus filij
Ztark ad nostram accedentes presenciam nobis humiliter
suplicando postularut, ut quandam terram ipsorum Chakan
uocatam iuxta Gumur existentem, quam dominus Bela Rex
Vngarie auus noster karissimus felicis recordacionis Job
quondam Episcopo Quinqueecclesiensi contulerat, eisdem de
benignitate Regia reddere et restituere dignaremur. Verum
quia de facto dicte terre nobis ueteris non constabat, fidelibus
nostris Capitulo Agriensi nostris litteris dederamus in man-

datis, ut ipsorum hominem pro testimonio mitterent fidedignuum, coram quo Iwan filius Johannis de Gumur homo noster reambularet predictam terram in certis metis et terminis antiquis, et restitueret Sank, Nycolas et Petro prenotatis, si non fieret contradictum, contradictores uero, si qui fierent, ad nostram citaret Presenciam ad terminum competentem. Quod quidem Capitulum demum nobis rescripsit in hcc uerba:

Excellentissimo Domino suo Ladizlao stb. (következik az egri káptalannak jelentése, mint alább 308. sz. a.)

Nos igitur peticionibus dictorum Sank, Nycolay et Petri fauorabiliter inclinati predictam terram eorum Chakan uocatam eisdem Sank, Nycolao et Petro, et eorum heredibus, heredumque suorum successoribus reddidimus et restituimus perpetuo possidendam, prout in antea dinosscuntur possedisse. In cuius rei memoriam perpetuamque firmitatem presentes concessimus litteras dupplicis sigilli nostri munimine roboratas. Datum per manus discreti uiri Magistri Bartholomei aule nostre ViceCancellarij dilecti et fidelis nostri anno Domini MᵒCCᵒ octagesimo secundo, Regni autem nostri anno decimo.

(Eredetie bőrhártyán, melyről a pecsét elveszett; a budai kir. kamarai levéltárban.)

299.

IV. László király megerősíti azon szerződést, melylyel Bertalan mester Páka helységet eladta Imre, Athanáz fiának. 1282.

(Hazai Okmánytár III. köt. 35. l. Néhai Ráth Károly közleménye.)

(Camiis!
Caz. p. 30)

300.

*IV. László királynak parancsa az esztergami káptalanhoz,
hogy Ponyk nevü birtok Fülöp mesternek statuáltassék. 1282.*

Ladizlaus Dei gracia Rex Hungarie fidelibus suis Capitulo Strigoniensi salutem et graciam. Magister Philippus filius Comitis Thome de Turuch ad nostram accedendo presenciam, quamdam terram seu syluam nostram Ponyk vocatam in Comitatu de Zolium iuxta fluuium Goron existentem, non venacioni congruentem, in qua nec aque essent piscari apte, vacuam et habitatoribus destitutam a nobis peciit sibi dari. Verum quia de qualitate et quantitate eiusdem terre seu sylue nobis ad plenum veritas non constat, fidelitati vestre precipiendo mandamus, quatenus mittatis hominem vestrum pro testimonio fidedignum, coram quo Hochach centurio de superiori villa custodum syluarum nostrarum de Zoliom homo noster sciat et inquirat super predicta sylua seu terra omnimodam veritatem, et si ipsam terram seu syluam vacuam et inhabitatoribus destitutam, non venacioni, nec piscacioni congruentem inuenerit; extunc reambulet eandem conuocatis omnibus commetaneis et vicinis, et statuat eidem Magistro Philippo cum omnibus vtilitatibus et pertinenciis suis jure perpetuo possidendam si non fuerit contradictum, contradictores vero si qui fuerint ad nostram euocet presenciam ad terminum competentem ; post hec autem diem citacionis et terminum, nomina contradictorum, cursus metarum simul cum tocius facti serie nobis fideliter rescribatis.

(Az esztergami káptalannak jelentéséből, mint alább 305. sz. a.)

301.

IV. Márton pápának intézkedése a raguzai érsekség javai és jövedelmei tárgyában. 1282.

Martinus Episcopus seruus seruorum Dei dilecto filio... Abbati Monasterij Lacromensis Ragusine Diocesis salutem et Apostolicam benedictionem. Sua nobis venerabilis frater noster, frater Bonauentura Archiepiscopus Ragusinus petitione monstrauit, quod nonnulli iniquitatis filij, quos prorsus ignorat, decimas, terras, possessiones, census, redditus, domos, legata, piscarias, et quedam alia bona ad Archiepiscopalem Sedem suam Ragusinam spectantia, temere et malitiose occultare, ac occulte detinere presumunt, non curantes ea dicto Archiepiscopo exhibere, in animarum suarum periculum, et ipsius Archiepiscopi non modicum detrimentum; super quo idem Archiepiscopus Apostolice Sedis remedium implorauit. Quocirca discretioni tue per Apostolica scripta mandamus, quatenus omnes retentores occultos decimarum, possessionum, et aliorum predictorum, ex parte nostra publice in ecclesijs coram populo per te vel alium moneas, ut infra terminum competentem, quem eis prefixeris, ea dicto Archiepiscopo a se debita restituant et revelent, et de ipsis plenam ac debitam ei satisfactionem impendant. Et si id non impleuerint, infra alium terminum competentem, quem eis ad hoc peremptorie duxeris prefigendum, extunc in eos generalem excommunicationis sententiam proferas, et etiam ubi et quanto expedire videris, facias usque ad satisfactionem condignam solemniter publicari. Datum apud Urbem Veterem nonis Marcij, Pontificatus nostri anno primo.

(Farlati Illyricum Sacrum VI. köt. 116. l.)

302.

A velenczei köztársaságnak határozmánya a szerb király pénzei ellen. 1282.

Quod officiales teneantur incidere denarios grossos Regis Raxie et stracionare Rivoalto. Millesimo ducentesimo octuagesimo secundo, indictione X., die tercio Maii capta fuit pars : quod addatur in capitulari Camerariorum Communis et aliorum officialium, qui recipiunt peccuniam pro Communi, quod teneantur diligenter inquirere denarios Regis Rassie contrafactos nostris Venetis grossorum, si ad eorum manus pervenerint, et si pervenerint, teneantur eos incidere. Et ponatur ounes campssores et omnes illi, qui tenent stacionem in Rivoalto et eorum pueri a XII annis supra ad sacramentum, qui inquirant diligenter bona fide predictos denarios, et si pervenerint ad eorum manus, teneantur eos incidere. Et si alicui preinventi fuerint de predictis denariis a XII supra, quod illa persona, cui inventi fuerint, perdat decem pro centenario de omnibus, que eis inventi fuerint de illis denariis, et debeant incidi ; et hoc stridetur publice illa die vel altera, qua captum fuerit in Maiori Consilio, quod a XV diebus in antea quilibet, cui inventi fuerint, incurrat penam predictam, et medietas pene sit invenientis, et medietas sit Communis, et deveniat in Camera Communis. Et mittantur littere de precepto per sacramentum omnibus Rectoribus preter Comitem Ragusii, et addatur in commissionibus illorum Rectorum, quod de cetero ibunt, preter dominum Comitem Ragusii, quod omnes denarios predictos, qui ad eorum manus pervenerint vel eorum officialium, teneantur incidere vel incidi facere, et quod ipsi constringant gentem suam per illos modos, quibus eis melius videbitur, quod predicti denarii non currant per suos Districtus et incidantur si invenientur ; et si Consilium est contra, sit revocatum quantum in hoc.

(Ljubics, Monum. spect. hist. Slav. Merid. I. köt. 131. l.)

303.

A velenczei köztársaság Molinoi Endrének lesinai podestának felszerelt hadi hajót engedélyez a kalózok ellen. 1282.

Die vigesima septima Septembris. Cum Bogodanus Petielebo vel frater eius vadat curizando iuxta partes Farre et Brazze cum duobus lignis armatis, sicut dicitur, capta fuit pars : quod pro utilitate et securitate euntium et reddeuntium per partes illas, concedatur nobili viro domino Andree de Molino, ituro Potestatem illuc ad dictas Insulas, lignum unum a remis octuaginta, et habeat tres libras grossorum a Communi, et ipse debeat ire cum ipso ligno ad dictas partes ad suas expensas, quod lignum debeat remanere ibi, et tenere in conzio ad expensas illorum de Insulis occasione predicte securitatis.

(Ljubics, Monumenta spectantia historiam Slavorum Meridionalium I. köt. 133. l.)

304.

Frater Gergely trau-i püspöknek választatik. 1282.

In Dei nomine amen. Anno eiusdem M°CC° octuagesimo secundo, indiccione X., tempore domini Martini Pape et Ladislai Serenissimi Regis Ungarie, die dominico ultimo Madij. Cum Ecclesia Sancti Laurencij Episcopatus Traguriensis proprio pastore vacaret, ideoque ad honorem et reuerenciam Altissimi Dei, Gloriose Virginis Marie, Beatorum Sancti

Laurencij et Sancti Johannis congregatis et vocatis ... Canonicis — — — — — vocandi et congregandi ad eleccionem
celebrandam de pastore et Episcopo Ecclesie Sancti Laurencij
nominate; videlicet omnes infrascripti Canonici congregaue-
runt se in prefata ecclesia causa eligendi Episcopum et
pastorem Episcopatus et Ecclesie nominate; qui deliberauerunt concorditer, eleccionem huiusmodi per scrutinium fieri
debere. Quorum Canonicorum nomina sunt hec : Geruasius
filius Zanci — — — Archidiaconus eiusdem Episcopatus,
dominus Casioctus filius domini Zaniche Primicerius Canonicus Diaconus, dominus Marcus Canonicus Sacerdos filius
Bod, et dominus Michael Canonicus Presbyter filius Stoise,
dominus Dessa Sacerdos filius Nadini, dominus Natalis
Sacerdos filius Musinue, dominus Firminus Diaconus filius
Vitalis, Laurencius Subdiaconus filius Miche, Michael Subdiaconus filius Cerni, Kasaricius Subdiaconus filius Yarine.
Omnes supradicti Canonici his peractis elegerunt vnanimiter
et concorditer, vniuersi de ipsorum concordia communi et
voluntate ad perscrutandum vota singulorum seorsum, in
quem volunt et consentiunt, quod sit et esse debeat Episcopus
et pastor Episcopatus supradicti, dominum Gervasuim Archidiaconum, dominum Casioctum Primicerium, dominum Marcum ; qui tres disquisitores vocauerunt ad se quemlibet
infrascriptorum, seorsum et singillatim, vt suam eis voluntatem exprimeret. Vnde accedens dominus Michael Canonicus
dicte Ecclesie eligendo et postulando assensit in fratrem Gregorium filium Marchii de Tragurio de Ordine Minorum; dominus Dessa eligendo et postulando consensit in eundem
fratrem Gregorium ; dominus Natalis eligendo et postulando
consensit in eundem fratrem Gregorium ; dominus Forminus
eligendo et postulando consensit in eundem; Laurencius
eligendo et postulando consensit in eundem ; Bogdanus eligendo et postulando consensit in eundem; Michael eligendo
et postulando consensit in eudem ; Casaricius eligendo et
postulando consensit in eundem ; dominus Marcus eligendo
et postulando consensit in eundem ; dominus Casioctus Primicerius eligendo et postulanto consensit in eundem ; dominus
Gernasius eligendo et postulando consensit in eundem. Pre-
sentatis eorum voluntatibus, vt supra scriptum est, statim

uit dicta eleccio et postulacio et assensus publicata et liuulgata inter eos. Vnde diligenti deliberacione habita, juum ipse frater Gregorius est nobilis homo de dicta Ciuitate, et in legitima etate constitutus; prefatus dominus Geruasius suo nomine, et nomine et voluntate omnium predictorum Canonicorum et Capituli, et ipsis presentibus, inuocato Christi nomine, mox elegerunt, postularunt et postulando elegerunt honestum et sapientem virum, dominum supradictum fratrem Gregorium in pastorem et Episcopum Episcopatus superius sepefati. Actum in ecclesia supradicta Sancti Laurencij Episcopatus Traguriensis; presentibus domino Jacobo Rusti-chu Potestate Traguriense, domino Beneuento eius Milite; domino Dessa, et Cernocta Amblasij, Siluestro Mingacij. Chreste Alberte, Toma domini Zaniche, Guymo Dumiche, et alijs multis testibus; et domino Dessa Duymi de Mursiza examinatrre.

(Farlati, Illyricum Sacrum IV. köt. 359. l.)

305.

Az esztergami káptalannak jelentése IV. László királyhoz, hogy Fülöp mester Ponych birtokában statuáltatott. 1282.

Excellentissimo Domino suo Domino Ladizlao Dei gracia Illustri Regi Hungarie Paulus Prepositus et Capitulum Ecclesie Strigoniensis. Celsitudinis vestre litteras recepimus inter cetera continentes:

Ladizlaus Dei gracia Rex Hungarie stb. (következik IV. László királynak iktatási parancsa, mint fentebb 300. szám alatt.)

Nos igitur mandato vestro obtemperare desiderantes, vt debemus, misimus ex nobis vnum Magistrum Nicolaum Archi-

diaconum Neogradiensem simul cum eodem Hochach Centu-
rione homine vestro ad predictum negocium exequendum.
Qui postmodum ad nos cum eodem homine vestro reuersi
concorditer retulerunt : quod presente homine et officiali Nicolai Comitis de Zoliom, videlicet Thoma filio Caruli, accessisset super faciem terre seu sylue Ponyk vocate antedicte, et
eandem sciuissent, vidissent et inuenissent desertam, vacuam
et inhabitatoribus per omnia destitutam, nec venacioni congruentem, neque aque eciam vtiles sunt, vt in eadem piscatur,
in omnibus et per omnia vestre collacioni de jure pertinentem, presentibus scilicet homine et testimonio Prepositi et
Conuentus de Thuroch, item omnibus piscatoribus et custodibus syluarum vestrarum de Zoliom ; item Andrea villico de
Bisterchebania simul cum Ciuibus Juratis de eadem, aliis
autem commetaneis et vicinis aliquibus non existentibus, nec
vltra habentibus, per eadem reambulassent, ipsam metis et
signis vndique circumdantes, et statuissenteidem Magistro Philippo iure perpetuo possidendam nullo penitus contradictore
existente. Mete autem ipsius terre, prout idem homo noster et
vester recitarunt, hoc ordine exprimuntur : Prima meta siue
signum incipit in loco vbi duo fluuii Zolna vocitati ad inuicem
cadunt et coniunguntur a parte scilicet meridionali, et per
vnum videlicet ipsorum fluuiorum, in parte videlicet occidentali existentem, ascendit aliquantulum, de quo fluuio postmodum exit, perueniendo ad vnum primum potok, quod cadit et
intrat ad ipsum fluuium, habens in se meatum aque et continens modicum riuulum, per quod potok tendit et ascendit
superius vsque ad caput seu fontem eiusdem, vbi in se habet
et continet arbores egerfa nominatas ; de quibus progreditur
adhuc ad occidentem, et ascendit ad vnum berch, in quo scilicet berch currit et ascendit ad satis magnum spacium ; de
quo inclinando se per parum descendit in quandam vallem,
que in se habet et continet quoddam potok, cuius meatus siue
aqua aliquantum in quibusdam locis apparet, sed non semper
et vbique existit, quia torrens latitat sub terra, et sic se celat:
per quod potok nihilominus descendit et vadit vsque in Mol-
chapotok, in quem intrando descendit et currit vsque in fluuium Goron ; et cadendo et intrando ipsum fluuium Goron
tendit et ascendit superius in eodem versus aquilonem hacte-

as, vsque dum iungitur cuidam potok, quod Dercina voca-
ur, qui cadit et intrat ipsum fluuium Goron; per quod Der-
na potok ascendit superius vsque ad caput siue fontem
usdem versus orientem; abhinc exeundo ascendit adhuc in
rientem in vnum berch, per quod berch vadit et circuit fontes
ue capita duorum fluuiorum Zolna vocatorum superius per-
anseundo; deinde reflectit se versus meridiem et ascendit
d aliud quoddam Jawrberch dictum, in quo quidem berch
ascendit post hoc adhuc ad meridiem, et peruenit ad vnum
ratum kuzuen dictum, quod quidem pratum desinit et relin-
uit ad dextram partem, videlicet ad occidentem; adhuc ab-
inc in ipso berch currit, et demum descendit in vnum manum lutum wlgariter sar dictum, quod super se habet vnam
rborem tilie siue hars dictam; de quo luto incipiendo currit
vsque in Horhagberch, per quod berch eundo descendit in Che-
henpotok, et per ipsum potok adhuc descendit vsque in fluuium Zolna, quem fluuium intrando in eodem ascendit superius vsque ad connexiones et coniunccioues fluuiorum predictorum, ibique terminatur. Datum anno Domini millesimo
ducentesimo octuagesimo secundo.

(Az esztergami káptalannak 1557-ki átirata után; a királyi fiscus és
Beszterczebánya város közt folyt pernek melléklete. Sok hibával kiadva
Fejérnél Cod. Dipl. V. köt. 3. r. 112. l.)

306.

*A budai káptalannak bizonyságlevele, hogy Kemen comes és
érdektársai bizonyos peres kérdésekre nézve a nyúlszigeti apá-
czazárdát kielégítették 1282.*

A   B   C   D

Capitulum Budensis Ecclesie omnibus Christi fidelibus
presens scriptum inspecturis salutem in vero saluatore. Vni-

uersorum tam presencium quam futurorum noticie tenore presencium volumus fieri manifestum, quod licet nobilis vir Comes Kemyn filius Comitis Benedicti de Pukur, frater videlicet Petri quondam Bani, iuxta continenciam seu tenorem litterarum nostrarum priorum dominabus seu sororibus Sancte Marie Virginis de Insula occasione dotis et rerum parafernalium nobilis domine relicte Comitis Abrae, racione cuius dotis eedem sorores quandam possessionem Pukur vocatam coram domino Ladizlao illustri Rege Vngarie inpetebant, quadraginta marcas, singulas cum singulis quinque pensis denariorum Banalium computatas; item Paulus frater eiusdem Comitis Kemyn racione destruccionis ville earundem sororum Samud vocate duodecim boues composicionaliter in certis terminis eisdem sororibus coram nobis dare et soluere debuerit : tamen idem Comes Kemyn pro se et pro Nicolao ac Laurencio filijs eiusdem Petri Bani frutris sui personaliter comparendo ipsas quadraginta marcas modo supradicto; item Paulus frater eiusdem dictos duodecim boues in terminis ad dandum et soluendum assumptis fratri Paulo Conuerso Ordinis Fratrum Predicatorum, Generali Procuratori ipsarum dominarum, Comiti Mychaeli Officiali earundem nomine et vice Monasterij Sancte Marie Virginis de Insula ac vniuersarum sororum de eodem, comparentibus soluerunt et dederunt plenarie coram nobis, eundem Comitem Kemyn, Nicolaum et Laurenium filios Petri Bani, ac ipsorum heredes in facto dotis dicte domine relicte Comitis Abrae, et in solucione quadraginta marcarum predictarum pro ipsa dote debitarum; item eundem Paulum in facto duodecim boum iam dictorum nomine predicti Monasterij ac vniuersarum sororum de eodem reddiderunt pure et simpliciter expeditos; et ipsam possessionom Pukur, in parte et in toto, ab omni impeticione et vexacione ipsarum sororum expeditam et pariter absolutam. Preterea idem frater Paulus et Comes Mychael reddiderun et restituerunt coram nobis eidem Comiti Kemyn instrumenta et munimenta ac priuilegia tam Regalia quam alia super eadem possessione Pukur habita et confecta. Ceterum omnes litteras super processu tocius cause predicte emanatas alterutra parcium reddidit ad cassandum; ita ut si qua ipsarum aliquas ex ipsis fraudulenter penes se reseruasset, uiribus carere noluerunt firmitatis, prout id in forma composicionis inter partes habite et excitate ordinatur. In cuius rei memoriam perpetuamque firmitatem ad peticionem parcium presentes concessimus litteras sigilli nostri robore communitas. Datum per manus Magistri Ladizlai Lectoris Ecclesie nostre anno Domini millesimo ducentesimo octogesimo secundo. Magistro Paulo Cantore, Gregorio Custode, Elya quondam Decano, Stephano nunc Decano, Johanne et Nicolao Sacerdotibus, Stephano et Thoma Magistris, ceterisque Canonicis existentibus in eadem.

.(Eredetie bőrhártyán, melynek pecsétje zöld-ibolyaszinü selyemzsinóron függ; a főmélt. herczeg Batthyáui család levéltárában.)

307.

Az egri káptalannak bizonyságlevele Bogathradvani nemzetségbeli Pál comes végintézkedéséről. 1282.

Omnibus Christi fidelibus tam presentibus quam futuris Capitulum Ecclesie Agriensis salutem in omnium saluatore. Ad vniuersorum noticiam tenore presencium volumus peruenire; quod Comite Paulo filio Gopol de genere Bogathradnan ab vna parte, ab altera vero Ladizlao filio Chys fratre predicti Gopol pro se, et pro Chepano fratre suo coram nobis personaliter constitutis; prefatus Comes Paulus exhibuit nobis patentes litteras domini nostri Ladizlai Dei gracia Illustris Regis Hungarie non rasas, non cancellatas, nec in aliqua sui parte viciatas, hunc tenorem continentes:

Nos Ladizlaus Dei gracia Rex Hungarie stb. (következik IV. László királynak 1278-ki engedélye, mint Fejernél V. köt. 2. r. 463. l.)

Et proposuit viuauoce: quod vniuersas possessiones suas hereditarias Kurthuelus, Harach, Mara et Synch nomina-

tas, cum vtilitatibus et pertinencijs suis; item seruos suos
hereditarios, videlicet Theke et Draganch filium eiusdem,
Thomas filium Buzche, Chama, Vida, et Nynge filium eiusdem Vida; item ancillas suas Genge, et Nychyr sororem
eiusdem, duas filias eiusdem Genge Facha et Jolyan nominatas, et filium eiusdem Genge Miclous nominatum; item Else-
bich et filias eiusdem Magycha, Taberna et Barbara nominatas, paruulum filium et vnam filiam pretacte Magycha; item
Annas et filium eiusdem Thomas vocatum; item duas filias
predicti Vida Osanna et Margitha nominatas; ob veram dileccionem proximitatis dedisse et contulisse; et coram nobis
dedit et contulit dictis filijs Chys et suis heredibus heredumque successoribus jure perpetuo et irreuocabiliter possidere.
Eo tamen modo, quod usque ad uitam suam ipse Comes Paulus prefatas possessiones suas, seruos et ancillas memoratas
ipse idem possidebit; ipso autem defuncto omnia premissa in
manus dictorum filiorum Chys deuoluentur, ut prehabitum
est, iure perpetuo possidenda et habenda. In cuius rei memoriam ad instanciam parcium presentes contulimus sigilli nostri
post plagam Tartarorum secundo renouati munimine roboratas. Presentibus tamen Haab Preposito, Anthonio Cantore,
Saulo Lectore, Micov Custode, Marco de Pacha, Martino de
Zabouch, Laurencio de Zemlin, Paulo de Borsua, Johanne de
Wngh, Simone de Kemey Archidiaconis, et alijs multis. Anno
Domini millesimo CC° octuagesimo secundo. Regnante Ladizlao Illustri Rege Hungarie, Lodomerio Archiepiscopo Strigoniensi, Johanne Electo Colocensi; et domino nostro venerabili patre Andrea Dei gracia Episcopo Agriensi existentibus.

(As egri káptalannak 1327. »Blasius filius Michaelis de Rakovez«
kérésére kiadott átiratából; melynek hitelesített másolata találtatik,
a budai kir. kamarai levéltárban.)

308.

Az egri káptalannak jelentése IV. László királyhoz, hogy Ztark fiai Chakan birtokában statuáltattak. 1282.

Excellentissimo Domino suo Ladizlao Dei gracia illustri Regi Hungario Capitulum Ecclesie Agriensis oraciones in Domino cum perpetua fidelitate. Litteras Vestre Serenitatis recepimus continentes, quod daremus testimonium nostrum, coram quo Iwan filius Johannis de Gumur homo uester quandam terram de iuxta Gumur Chakan uocatam, quam quidem terram dominus Bela Rex felicis recordacionis contulerat Job quondam Episcopo Quinqueecclesiensi, reambularet presentibus omnibus commetaneis et vicinis in metis et terminis antiquis, et restitueret Sank, Nycolao et Petro filijs Ztark, si non fieret contradictum, contradictores uero, si qui fierent, ad uestram citaret Presenciam ad terminum competentem. Nos igitur mandatis uestris obtemperantes, ut tenemur, misimus hominem nostrum pro testimonio fidedignum, qui ad nos reuersus dixit, quod prefatus homo uester ipso presente accessisset ad terram memoratam, et reambulasset presentibus omnibus commetaneis et vicinis in metis antiquis et terminis, et statuisset predictis Sank, Nycolao et Petro nullo contradictore existente.

(IV László királynak 1282-ki okmányából, mint fentebb 298. sz. a.)

309.

A nyitrai káptalannak bizonyságlevele, hogy Hunt Paznan nemzetségbeli Wukken comes Maichik nevü birtokát Elefánti Endre comesnek eladta. 1282.

Vniuersis Christi fidelibus quibus presentes patuerint Nitriensis Ecclesie Capitulum salutem in Domino sempiternam. Significamus vobis, quod vir nobilis Comes Wukken filius Comitis Wukken de genere Hunt Paznan ab vna parte; Comes Andreas nobilis de Elefant ex altera, coram nobis personaliter constituti, idem Comes Wuken proposuit asserendo, quod cum quandam possessionem suam iure hereditatis possessam Maichik vocatam iuxta fluuium Dudwagh adiacentem propter quosdam articulos necessitatis sue eidem Comiti Andree pro ducentis marcis fini argenti pignori obligasset, et se vndique prospiciendo ac considerando circumspexisset, vt ei facultas rerum propter grauamina ipsa super dictam possessionem impignoratam redimendi non superesset; centum marcas similiter fini argenti insuper ab eodem Comite Andrea dixit se plenarie recepisse, prenotato Comiti Andree, et per eum suis heredibus heredumque successoribus cum omnibus vtilitatibus, pertinencijs ac circumstancijs eiusdem possessionis pro iam dictis trecentis marcis fini argenti reliquisset et vendidisset iure perpetuo possidendam. Tali nichilominus condicione interserta; quod si processu temporum eadem possessio per quempiam niteretur renocari, antefatus Comes Wukken et sui heredes eundem Comitem Andream et suos successores proprijs laboribus et expensis tam cum ipsa hereditaria possessione sua equiualenti et consimili possessioni vendite per eum, quam et cum alijs suis rebus proprijs defendere et expedire modis omnibus teneatur, ipsam possessionem et ius perpetuum (így) eiusdem Comitis Andree et suorum heredum pacifice semper et inuiolabiliter permanente,

vt pote se multocies dictus Comes Wukken dixit in presencia
personaliter ad hoc obligatum. Cuius quidem possessionis,
prout partes retulerunt, mete hoc ordine distinguntur : Quod
prima meta incipit circa fluuium quendam Parna vocatum,
vbi sunt due mete terree, et cadit ibidem in ipsum fluuium
Parna ; in quo quidem fluuio currit versus orientem, et cadit
in fluuium Dudwagh; in quo fluuio currit per modicum spacium, et peruenit ad locum qui dicitur Kumolenhel, vbi transit
ipsum fluuium versus orientem, vbi sunt due mete terree,
quarum vna separat a terra Neek ad eundem fluuium versus
meridiem, et peruenit ad vnum stagnum tow vocatum ; quod
transeundo vadit ad arbores pyrorum, circa quas a parte
orientali sunt due mete terree ; abhinc directe versus meridiem transit aliud stagnum, circa quod sunt similiter due mete
terree ; deinde flectitur versus occidentem, et peruenit ad tercium stagnum, circa quod sunt iterum due mete terree ; postea
vadit ad vnum nemus circa quod est vna meta terrea ; abhinc
cadit iterum ad fluuium Dudwagh predictum ; posthec reuertitur in ipso fluuio versus septemtrionem, in quo currit per
bonum spacium, et exit ipsum fluuium versus occidentem, vbi
venit ad duas metas terreas, quarum vna separat a terra
Kezt ; deindo eundo versus occidentem peruenit ad vnum
virgultum, quod ereztenen wlgariter appelatur, vbi sunt due
mete terree ; abhinc procedendo parum a parte meridionali
ipsius virgulti est vna meta ; pergitque versus occidentem
iterato, vbi venitur ad duas metas terreas ; abhinc iterum
currit ad duas metas ; deinde peruenit iterum ad duas
metas terreas, et ibi separatur ab ipsa terra Gezth ; deinde
currit versus occidentem circa terram Zeuth Abraham et
terram Pauly, vbi sunt tres mete ; per hoc vertitur ad aquilonem, et eundo per viam vertitur ad locum quendam Cha-
radajaras, iuxta quem sunt due mete ; deinde vadit directe
versus septemtrionem vsque terram Vedred vocatam, vbi
sunt tres mete ; abhinc reuertendo versus orientem venit
ad vnam metam terream ; post hec semper vlterius tendendo
versus orientem, venit ad locum priorem, vbi fuit inchoata, et
ibi terminatur. In cuius rei memoriam pleniorem, et ad robur
maioris firmitatis presentes concessimus litteras sigilli nostri
munimine roboratas. Datum X. kalendas mensis Maij anno

24*

gracie M⁰CC⁰ octuagesimo secundo; Lectore nostro Magistro
Bartholomeo existente.

(A nyitrai káptalannak 1325-ki átiratából; Nagy-Szombat város
levéltárában.)

310.

A pécsi káptalannak törvénykezési jelentése IV. László király-
hoz, hogy bizonyos adósság fejében Kemyn mesternek Baranya
megyei javai lefoglaltattak Óvári Konrád mester és fia Jakab
részére. 1282.

Excellentissimo domino suo Ladizlao Dei gracia inclito
Regi Hungarie Capitulum Quinqueecclesiense oraciones in
Domino. Litteris Celsitudinis Uestre receptis reuerenter, cum
Demetrio Comite de Barana homine uestro hominem nostrum
transmisimus fidedignum, ut coram eo secundum formam litterarum uestrarum pro trecentis marcis, in quibus racione
principalis debiti non soluti et duplorum Magister Keminus
filius Comitis Laurencij aduersus Magistrum Corrardum de
Owar et filium eius Jacobum dignoscitur remansisse, in possessiones ipsius Magistri Kemyni in Comitatu de Barana existentes, quarum nomina subsequentur, eidem Magistro Corrardo et filio suo Jacobo assignare, et eosdem in eisdem possessionibus auctoritate uestra conseruare, donec de dampnis
et de iniurijs per eundem Kemynum illatis, infra competentem terminum, quem homo vester et noster duxerint assignan-
dum, per omnia fuerit satisfactum, factique seriem Uestre
rescriberemus Regie Maiestati. Idque homo noster, vnacum
Thexe filio Bene de Herendy homine Demetri Comitis de Barana hominis uestri ad nos rediens, nobis retulit viua voce:
quod secundum continenciam iam dictarum litterarum uestrarum ipse Comes Demetrius homo uester istas possessiones

Comitis Kemyni in Barana existentes, videlicet medietatem ville Chorda, villam Hochkuth, Myhalkerekey, Zeyrlek uoeatas in festo Omnium Sanctorum assignauit Magistro Corrardo et filio Jacobo prenotatis, introducendo eosdem in easdem. Itaque dicto Magistro Kemyno ipse Comes Demetrius presente homine nostro ad soluendas predictas trecentas marcas dedit et assignauit terminos infrascriptos; scilicet in octauis Purificacionis Beate Virginis idem Magister Kemynus centum marcas debebit soluere eidem Magistro Corrardo et filio suo Jacobo antedicto; item in octauis Pentecostes similiter centum marcas dare debebit; item in octauis Sancti Mykaelis eciam centum marcas ipse Magister Kemynus soluere teneatur Magistro Corrardo et filio suo Jacobo sepius memoratis; solucioque ipsarum trecentarum marcarum semper debet fieri coram nobis. Et hec iuxta fines mandati uestri Uestre duximus Excellencie rescribenda. Datum anno Domini M°CC° LXXX° secundo, in sexta feria post festum Omnium Sanctorum.

Kivül: Domino Regi Hungarie super tercentis marcis persoluendis, scilicet in octauis Purificacionis debet eentum marcas, item in octauis Pentecostes eciam centum marcas, item in octauis Sancti Mykaelis centum marcas — — — — Magister Kemynus.

(Eredetie bőrhártyáu, a zárpecsétnek töredéke még megvan; a mélt. báró Révay család levéltárában.)

*A pozségai káptalannak bizonyságlevele, hogy Roránd bánnak
fiai Golgova és Pethna birtokukat eladták Benedek comesnek.*
1282.

Capitulum Ecclesie Beati Petri de Posaga omnibus
Christi fidelibus presencium noticiam habituris salutem in
Domino sempiternam. Ad vniuersorum noticiam tam presencium quam futurorum harum serie volumus peruenire, quod
Magistro Mathya filio Rolandi Bani pro se et pro Ratoldo
fratre suo vterino ab vna perte ; Comite Benedicto filio Comitis Iwanche ab altera coram nobis personaliter constitutis,
idem Magister Mathyas confessus est oraculo viue vocis : quod
licet primo et principaliter quasdam possessiones suas Golgoua
et Pethna vocatas in Comitatu de Posaga existentes, quas
primo secundum quod in prioribus litteris nostris patentibus
inspeximus, predicto Comiti Benedicto idem Mathyas et
Ratoldus personaliter comparentes pro centum et quadraginta
quinque marcis inpignorassent tali modo, quod si in die et
termino assignato pro eisdem centum quadraginta et quinque
marcis redimere non curarent vel non possent, extunc dupplo
earundem centum quadraginta quinque marcarum subiacerent;
tandem ipso die redempcionis adueniente predictas possessiones Golgoa et Pethna idem Magister Mathyas et Ratoldus,
vt assumpserant, redimere nequiuerunt, sed predictus Magister
Mathyas, vt prediximus paulo ante, pro se et pro fratre suo
personaliter comparendo, communi consensu et pari voluntate
predictas possessiones Galgoa et Pethna, cum turri siue
castro, et cum omnibus vtilitatibus suis et pertiuencijs ac
circumstancijs, metis et terminis infrascriptis circumdatas et
vallatas, pro quatringentis marcis in argento et denarijs
plene coram nobis receptis predicto Comiti Benedicto, et per
eum suis heredibus heredumque suorum successoribus ex permissione et voluntate predicti fratris sui, sicut se idem

Ratoldus personaliter comparendo mediantibus litteris nostris patentibus sepedicto Magistro Benedicto obligauerat, dixit se vendidisse iure perpetuo et irreuocabiliter possidendas, tenendas pacifice et habendas. Mete autem predictarum possessionum Pethna et Golgoa vocatarum hoc ordine distinguntur : Incipiendo a parte meridionali in capite Babawelge inde versus meridiem ascendit ad birch cuiusdam montis Motheck vocati ; abhinc per birch uadit per viam Keralwa vocatam versus occidentem ; de quo birch et uia descendit ad vnum puteum Detrichkuta vocatum, qui est pro meta; hinc per cursum putei descendit, et cadit in Pethna potoka, vbi commetatur terre Burstian ; inde contra cursum ipsius Pethnapotoka vadit ad partem septemtrionalem in modico spacio usque ibi, vbi quidam riuulus cadit ad Pethnapotoka ; abhinc contra cursum ipsius riuuli eundo peruenit ad caput eiusdem; de cuius riuuli capite ascendit ad birch ad septemtrionem, vbi commetatur terre filiorum Budimiri, et per ipsam birch uadit usque metas terre Golgoa ad magnam viam, per quam itur ad Posagawar, vbi incipit meta terre Golgoa in magna via, et transit ipsam viam, peruenitque ad arborem harazt cruce signatam : et per eandem viam reflectitur ad orientem per bonum spacium, et peruenit ad metam terream ; de qua reflectitur versus septemtrionem, et peruenit ad arborem borkolcha, sub qua est meta terrea ; inde descendit per quandam saxosam vallem, et cadit (in) flumen Golgoa in loco vbi riuulus Bukoaryka cadit in ipsam Golgoa; et per eandem tendit versus orientem per modicum spacium, exiensque de ipso fluuio per vallem ascendit in montem, et per ipsum montem versus orientem eundo peruenit ad caput cuiusdam putei; inde tendit versus meridiem, et peruenit ad metam terream ; inde ad arborem ihor, que est in capite cuiusdam riuuli; inde ad metam terream, et sic eundo per metas terreas peruenit ad magnam viam, qua itur in Berezna, et ibi est meta terrea, transiensque ipsam viam peruenit ad lapidem qui est pro meta, ubi commetatur terre filiorum Benedicti Poryk vocate; inde transit flumen Golgoa, et tendit per campos in bono spacio, et peruenit ad montem Mothochech, et ibi est arbor piri pro meta ; et per eundem montem ascendendo transit in riuulum Mothochech versus meridiem; inde

pèruenit ad caput predicte vallis Babawelge ad metam antedictam, ibique terminatur. In cuius rei memoriam firmitatemque perpetuam presentes concessimus litteras sigilli nostri
munimine roboratas. Datum et actum anno Domini M•CC•
◄ctuagesimo secundo.

(A pozségavölgyi konventnek 1282-ki átiraiából, mint alább 314. **sz.**
alatt; a fömélt. herczeg Eszterházy család levéltárában.)

312.

*A váradi káptalannak bizonyáglevele, hogy Endre, Eleknek
fia, Lombiban lévő örökbirtokát eladta Keve és Antal testvé-
reknek. 1282.*

Capitulum Waradiensis Ecclesie omnibus Christi fidelibus presentem paginam inspecturis salutem in Domino. Ad
vniuersorum noticiam tam presencium quam futurorum tenore
presencium volumus peruenire, quod Andreas filius Alexi
coram nobis personaliter constitutus uina uoce est confessus,
quartam partem terre sue hereditarie Lombi appellate, cum
omnibus suis vtilitatibus et pértinencijs, uidelicet cum quarta
parte sessionum septem villarum et ecclesie Sancte Crucis
fundate terra in eadem, adiacentem a parte ville Moch, quam
antea cognatus ipsius Ladizlaus, et Stephanus filius eiusdem
Kewe et Antonio fratribus inter se et Moys vendiderant,
presente commetaneo dicte terre, Absolone uidelicet de Zekes
coram nobis astante pro se et vniuersis nobilibus de Zekes,
sicut dixit, receptis decem marcis reliquisset, quin pocius
vendidisset Kewe et Antonio supradictis, et per ipsos ipsorum
heredibus heredumque successoribus inreuocabiliter possidendam et habendam pleno iure. Obligando se, ab omnibus inpeti-
toribus racione dicte terre expediturum eosdem. In cuius rei
memoriam ad instanciam parcium presentes concessimus

litteras sigilli nostri munimine roboratas. Datum in crastino Beati Mathei Apostoli anno Domini M°CC° octuagesimo secundo. Domino Bat. Preposito, Emrico Lectore, I. Cantore, Benedicto Custode Magistris existentibus.

(Eredetie bőrhártyán, melyről a pecsét zöld-barna-sárga selyemzsinóron függ ; a budai kir. kamarai levéltárban.)

314.

A veszprémi káptalannak bizonyságlevele, hogy Balázs almádi apát az apátságnak Pezeyben lévő birtokát eladta Miklós veszprémi kanonoknak és testvérének Mihálynak. 1282.

(C)apitulum Wesprimiensis Ecclesie omnibus Christi fidelibus tam presentibus quam futuris presentem paginam inspecturis salutem in salutis largitore. Quum gesta temporum simul cum temporibus elabentibus elabuntur, gestisque mortalium memoria obumbrata obliuione plerumque nouercatur; prouida racio adinuenit scriptis perempniter permansuris facta stabilire, que diuturnitatem expetunt, et inmutabilem sui firmitatem postulant et requirunt. Proinde nouerint vniuersi presentes pariter et futuri, quod vir religiosus Blasius Diuina prouidencia Abbas Monasterij Virginis Gloriose de Almad in nostri presencia proposuit personaliter constitutus, quod cum per uaria atque multa Regni dispendia guerrarum plurimarum impellentibus periculis et urgentibus ad extreme exinanicionis exitum suum foret Monasterium deuolutum, in quo non releuari pauperes, nec sustentari monachi graui possent pre inopia et nimia paupertate, Deoque psallencium fere organa quiescerent et cessarent, et nec aliter ex debito suscepti officij posset adhibere remedium deprimenti taliter miserie, et Monasterium destituenti officijs a Diuinis alimenti, indumenti, ceterarumque necessitatum debitarum Deo famu-

lancium in eodem ob penuriam inpulsiuam, quandam terram
sui Monasterij in territorio ville Pezey sub metis inclusam
infrascriptis, ex donacione et collacione salutifera predecessorum Floriani filij Galli, et Comitis Andree de eadem villa
Pezey, ad ipsum Monasterium deuolutam, de qua, sicut dixit,
nichil hactenus, aut modicum emolumentum Monasterium est
consecutum, habito cum suis fratribus, toto scilicet Conuentu
sui Monasterij, simulque cum Patronis, Comite videlicet Chab
et Band filijs Band, et Ladizlao filio Petri, iobagionibusq
vniuersis semel, secundo et tercio tractatu diligenti, volentib
omnibus, et utile ac fructuosum fore Monasterio asserentibus
concorditerque annuentibus, dictorum eciam donancium ipsam terram successoribus, dicto videlicet Floriano et fratribus
suis, Magistro Petro socio et concanonico nostro, et fratribus
eiusdem, Paulo videlicet et Stephano, nepotibus Andree
Comitis prenotati, consencientibus ac volentibs, quemadmodum ijdem in nostri constituti presencia se prebuisse consensum firmiter astruxerunt, petita eciam et obtenta a venerabili
in Christo patre domino Petro Episcopo nostro licencia, sicut
in eiusdem litteris nobis exhibitis uidimus contineri, cum
omnibus predicte terre utilitatibus, pertinenci's seu appendicijs, cum quibus ipsam terram suum Monasterium incon-
·cusse multis temporibus retroactis noscitur possedisse, ipse
Abbas, totusque eiusdem Conuentus Magistro Nicolao socio
nostro et concanonico, et Michaeli fratri eiusdem, eorundem-
que posteritatibus et posteritatum successoribus pro sex
marcis fini argenti iure perpetuo uendidissent, dictamque
pecunie quantitatem idem Abbas a Magistro Nicolao et Michaele fratre suo prenotatis confessus extitit se dictumque
Monasterij Conuentum plenarie recepisse, et in alimenta
monachorum, subsidium pauperum, ac ruentis monasterij fab-
rice restauracionem prouide conuertisse, se suosque successores et totum sui Monasterij Conuentum obligando firmiter,
Magistrum Nicolaum et Michaelem fratrem eiusdem omnemque ipsorum propaginem iure hereditario eisdem succedentem
in sepedicte terre possessione pacifica consernare, et ab
·omnibus super illa processu temporum mouere conantibus
questionem, expedire proprijs laboribus et expensis, cunctis
renunciantes accionibus, nichilque iuris sibi et suo Mona-

sterio in terra supradicta sibi reseruantes sibi suisque successoribus pariter et Patronis ; de quorum, ut premisimus,
Patronorum presens terre alienacio dicitur processisse consensu et vnanimi voluntate, sicut Comes Chaba filuis Band
pro se, et pro Band fratre suo, ac Comite Ladizlauo filio
Petri, ceterisque suis cognatis, prememorato Abbati coram
nobis personaliter astando siue assistendo prebuisse se consensum huic facto asseruit viuia uoce, sub pena quindecim
marcarum ante litis ingressum persoluendarum, imponentes
silencium, et omnem penitus excludentes super terra eadem
materiam questionis. Mete autem eiusdem terre distinguntur
et taliter diriguntur : Incipit namque, sicut partes retuleruut,
in fine terre prememorati Floriani Hwzyv uocate in angulo
duarum viarum, quarum vna totam ipsam terram a parte
occidentis separat a terra dicti Floryani, que uadit per medium terre Zobodozov ; alia vero, per quam itur de Pezey in
Zobody, vbi est vna meta terrestris ; quam quidem viam
parum pertransit uersus oriendem ad quandam metam terrestrem, que separat a terra populorum de Zobody, quam ijdem
a dicto Monasterio tempore Nicolay Abbatis suo dicuntur
recepisse iuramanto ; de qua declinat uersus septemtrionem
ad quandam magnam uiam Saschvt uocatam, iuxta quam est
meta terrestris a meridionali parte uie eiusdem, et per eandem itur uersus orientem ad illius terre terminum quam
populi de Zobody a Comite Onchuk iusto titulo empcionis
compararunt ; inde directe eundo uersus septemtrionem per
magnum spacium uenitur ad quandam arborem piri zomulche
nuncupate ; de qua uersus eandem plagam angulariter transit
ad quendam puteum existentem in latere cuiusdam terre
Folukuzfeld uocate incluse intra metas ; deinde protenditur
ad quandam magnam arborem sorbelli, iuxta quam est alia
magna arbor piriri, a quibus uersus eandem plagam attingit
quandam magnam uiam, per quam itur de Zobody in uillam
Fayz ; et eundo per eandem uersus orientem in longitutine
unius iugeris uenit ad quoddam uirgultum Bogosfev appellatum,
ubi per quandam uiam erbosam reclinat in latere eiusdem
uirgulti ad plagam septemtrionalem iterato ; deinde per
eandem plagam protenditur ad quemdam dumum in terra
culta existentem ; vnde uenit ad quandam uiam, per quam

itur de Zobody in Zobaozov; quam transit ad quandam ardorem piri; vnde protenditur uersus eandem plagam septemtrionis iuxta quoddam uirgultum inclusum intra terminos per longitudinem uŏrum iugerum terre; ubi in fine eiusdem uirgulti directe uadit ad quandam magnam uiam, in qua dumus ylicis existit; de qua attingitur ad prenominatam uiam per medium Zobaozov transeuntem, et ipsam terram separantem, usque principalem ipsius terre metam nullo interuallo. Vt igitur huius rei series robur optineat perpetue firmitatis, nec ualeat in posterum per quempiam refragarî presens vendicionis et emcionis contractus; propter peticionem dicti Abbatis in testimonium rei geste Magistro Nicolao, et Michaeli fratri eius prenotatis presentes concessimus litteras sigilli nostri munimine roboratas. Datum per manus Magistri Hermani Lectoris Ecclesie nostre anno Domini M ˙CC˙ octuagesimo secundo. Reuerendo in Christo patre et domino Petro Episcopo nostro, Paulo Preposito, Paulo Cantore, Larencio Custode existentibus.

(Eredetie bőrhártyán, a függő pecsét elveszett; a főmélt. hercze
Batthyáni család levéltárában.)

314.

A pozségavölgyi konvent átírja a pozségai káptalannak Galgoa és Pethna helységeknek eladását tárgyazó bizonyságlevelét.
1282.

Frater ... Abbas totusque Conuentus Ecclesie Beate Virginis Honeste Vallis de Posaga vniuersis Christi fidelibus presentem paginam inspecturis salutem in filio Virginis Gloriose. Vniuersitati omnium tenore presencium volumus fieri declaratum, quod Magistro Mathya filio Rolandi Bani pro se et pro Rotaldo fratre suo vterino ab vna parte; Comite Bene˙

dicto filio Comitis Iwancha ex altora coram nobis personaliter constitutis; idem Magister Mathyas confessus est viua
voce, quasdam possessiones suas, Golgoa scilicet et Pethna
vocatas, in Comitatu de Posaga existentes ipsi Comiti Benedicto et suis heredibus mediante priuilegio Capituli Beati Petri
de Posaga pro quatringentis marcis argenti et denariorum
plenarie receptorum vendidisse ex voluntate, permissione,
beneplacito ac consensu ipsius Ratoldi fratris sui iure perpetuo pacifice et irreuocabiliter possidendas, quod eoquidem priuilegium Capituli suis manibus nostro conspectui presentauit,
petensque vt tenorem eius propter maioris rei testimonium
(így), et ad uberiorem cautelam pro iam dicto Comite Benedicto nostris litteris priuilegijs inseri de nerbo ad uerbum
faceremus. Cuius tenor talis est:

Capitulum Ecclesie Beati Petri de Posaga omnibus stb
(következik a pozségai káptalannak 1282-ki bizonyságlevele,
mint fentebb 311. sz. a.)

Verum quia nos vendicionem et empcionem tam iuxta
tenorem predicti priuilegij factam comperimus iustam, quam
eciam per os ipsius Magistri Mathye confessam et relatam
cognouimus congruam; tenorem ipsius priuilegij nostris litteris presentibus de verbo ad verbum inserentes, pro ipso Comite
Benedicto in predicte rei testimonium nostro sigillo duximus
roborandum. Datum anno Dominice Incarnacionis M°CC°
octuagesimo secundo.

(Eredetie bőrhártyán, a pecsét elveszett; a főmélt. herczeg Eszterházy család levéltárában.)

315.

IV. László király a Ratold nemzetség tagjai közt történt osz-
tályt és birtokrendezést hagyja helyben. 1283.

Ladizlaus Dei gracia Hungarie, Dalmacie, Croacie,
Rame, Seruie, Gallicie, Lodomerie, Cumanie, Bulgarieque
Rex omnibus Christi fidelibus tam presentibus, quam futuris
presens scriptum inspecturis salutem in omnium saluatore.
Ad vniuersorum igitur noticiam harum serie volumus peruenire, quod cum nobiles viri Magistri Rorandus et Deseu filii
Leustachii, Dominicus et Ladizlaus filii St(ephani), Reynoldus et Nicolaus filii Olyuerii de genere Ratoldy, Magistrum
Mathiam filium Rorandi Bani de eadem generacione Ratold
super facto dissipacionis et alienacionis possessionum suarum
ad nostram Regiam specialem presenciam in causam attraxis-
sent, et ipsa causa diucius coram nobis extitisset ventilata;
tandem vt omnis liuor discordie et rancor inuidie de
medio ipsorum extirpetur, et pulcritudo pacis glorietur et se
fraterne dileccionis affectu amplecti possint et valeant, optenta
a nostra Regia Maiestate licencia partes in nostri presencia
personaliter comparentes taliter se dixerunt concordasse:
quod vniuersas possessiones ipsorum hereditarias, empticias,
acquisitas et quouis titulo ad ipsos deuolutas perpetuo inter
ipsos diuisissent eo modo: Quod possessio Kaza vocata in
Comitatu de Borsod cum omnibus possessionibus ad eam pertinentibus; item possessiones Puthnuk et Felcd vocate in
Comitatu Gumuriensi existentes similiter cum omnibus possessionibus ad easdem pertinentibus; ceterum possessiones
Pathaa, Scengurg vocate in Comitatu Symigiensi iacentes,
similiter cum omnibus possessionibus ad easdem pertinentibus, et earum vtilitatibus; item possessiones Wylak, Küesd
et Olahteluk vocate in Comitatu Byhoriense existentes cum
omnibus ad easdem pertinentibus possessionibus; item possessiones Chycho et Retheeg vocate in partibus Transsiluanie

similiter cum omnibus ad easdem pertinentibus possessionibus; item possessio Selpe vocata in Comitatu Posoniensi existens similiter cum omnibus ad eandem pertinentibus possessionibus; item possessio Ratold vocata in Comitatu Pestiensi adiacens, in qua ecclesia est fundata, cum vniuersis vtilitatibus earundem, cessissent predictis Magistris Rorando et Deseu filijs Leustachij, Dominico et Ladizlao filijs Stephani, Reynoldo et Nicolao filijs Olyuerij, et per eos ipsorum heredibus heredumque successoribus iure perpetuo et inreuocabilites optinende, tenende et habende, ymo perempniter possidende. Deinde et e conuerso possessio Laapa vocata in Comitatu Symigiensi situata cum omnibus ad eam pertinentibus possessionibus earumque vtilitatibus vniuersis; item vniuerse possessiones in Comitatu de Posoga existentes cum omnibus suis vtilitatibus et pertinencijs vniuersis; item Castrum Hungarice Nogkemluk vocatum, inter fluuios Draua et Zaua vocatos in Sclauonia existens, simul cum omnibus predijs et possessionibus ad ipsum Castrum pertinentibus ac earum vtilitatibus vniuersis; item possessio Nog Ratold vocata in Comitatu Besprimiensi situata, excepta porcione Magistri Baldun, similiter cum omnibus possessionibus ad eam pertinentibus earumque vtilitatibus vniuersis; item possessio Halaz vocata in Comitatu de Zaboch existens, modo simili cum omnibus ad eam pertinentibus possessionibus, suarumque vtilitatibus vniuersis; item possessio Kuezd vocata in Comitatu de Zemlen adiacens cum omnibus possessionibus ad eam pertinentibus, earumque vtilitatibus vniuersis cessit in ius et proprietatem eiusdem Magistri Mathie, et per ipsum suorum heredum heredumque suorum successorum tenende, possidende perempniter et habende. Obligantes se partes premissa sua spontanea voluntate, quod si quispiam ipsorum temporis in processu possessiones ab ipsis alienatas uel aliquam earum reacquirere, reinuenire uel rehabere poterit quoquo modo, extunc eas inter se diuidere equaliter tenebuntur et partiri. Hoc non pretermittentes, quod si quis ipsorum uel eorum heredum aliquid in posterum de diuisione uel ordinacione premissa uellet seu intenderet in irritum retractare, eo facto calumpnie pena mereretur et deberet publice irretiri. In cuius rei memoriam perpetuamque firmitatem presentes ad peticio-

nem parcium concessimus litteras nostras priuilegiales duplicis sigilli nostri munimine roboratas. Datum per manus
discreti viri Magi stri Bartholomei aule nostre Vicecancellarii
dilecti et fidelis nostri anno Domini M°CC°LXXX° tercio,
Regni autem nostri anno vndecimo.

(Eredetie bőrhártyán, a királynak sárga-vörös selyemzeinóron függő
pecsétjével, a leleszi konvent levéltárban. — Hiányosan és sok hibával kiadva Fejérnél Cod. Dipl. V. köt. 3. r. 174. l. és VII. köt. 2. r.
99. lap.)

316.

*IV. László király a vasvári káptalan népeit régi szabadal-
maikban megerősíti, 1283.*

(Hazai Okmánytár I. köt. 63. l.; néhai Ráth Károly közleménye.)

317.

*IV. László királynak Sárdy helységet tárgyazó adománya,
Kolyn mester veszprémi főesperest és testvérei számára. 1283.*

(L)adizlaus Dei gracia Hungarie, Dlamacie (igy),
Croacie, Rame, Seruie, Gallicie, Lodomerie, Cumanie Bulgarieque Rex omnibus Christi fidelibus presentem paginam
inspecturis salutem in omnium saluatore. Ad vniuersorum
noticiam tenore presencium volumus peruenire, quod
Magister Kolynus Archidiaconus Wesprimiensis, fidelis et

familiaris clericus noster ad nostram accedens presenciam a nobis pecijt diligenter, vt quandam terram wduornicorum nostrorum Sardy vocatam, in villa Kaal in Comitatu Zaladiensi adiacentem, usui duorum aratrorum sufficientem, que quidem vacua et habitatoribus destituta fuerat, eidem conferre de benignitate Regia dignaremur. Nos igitur, cui ex officio suscepti regiminis incumbit metiri merita singulorum, et dignis pro meritis respondere; commendabilia fidelitatum et meritoria obsequia ipsius Magistri Kolyn, que idem in deferendis legacionibus nostris fideliter exhibuit et impendit, prefatam terram wduornicorum nostrorum Sardy vocatam cum suis vtilitatibus et pertinencijs vniuersis, vineis scilicet, pratis, siluis et terris arabilibus, secundum quod per predictos wduornicos limitata fuerat et possessa, memorato Magistro Kolyno, et per eum suis fratribus, Rychardo videlicet et Dytrico, ac ipsorum heredibus heredumque suorum successoribus iure perpetuo et irreuocabiliter dedimus, donauimus, contulimus atque tradidimus pacifice et quiete possidendam. In cuius rei memoriam perpetuamque firmitatem presentes concessimus litteras dupplicis sigilli nostri munimine roboratas. Datum per manus discreti viri Magistri Bartholomei Prepositi Zepusiensis Aule nostre ViceCancellarij dilecti et fidelis nostri anno Domini M·CC·LXXX· tercio, Regni autem nostri anno vndecimo.

(Eredetie bőrhártyán, zöld-ibolyaszínű selyemzsinóron függött pecsétje elveszett ; a főmélt. herczeg Eszterházy család levéltárában.)

318.

IV. László királynak Garig várát tárgyazó adománya Péter szlavoniai bán számára. 1283.

(L)adizlaus Dei gracia Hungarie, Dalmacie, Croacie, Rame, Seruie, Gallicie, Lodomerie, Cumanie Bulgarieque Rex omnibus Christi fidelibus presentem paginam inspecturis salutem in omnium saluatore. Regalis Excellencie in — — — — — — — — prospicua eo in se pocius recipit incrementum, quo fidelium merita condignarum remuneracionum presid — — — — — — . Proinde ad vniuersorum noticiam tenore presencium volumus peruenire : quod cum Petrus Banus tocius Sclauonie filius Comitis Benedicti (Magistri Pincer)narum dilecti — — — — — — — — — — — adolescencie sue temporibus — — — — — — — — Stephano patri nostro karissimis, felicissimis Regibus Hungarie inclitarum recordacionum, et nobis demum — — — — — — — — — — — — — deuota fidelitatis — — — — — — — — — — — — — sui multiplicitatem nequeunt per singula suo modo enarrari ; quedam tamen de gestis eius — — — — — — — — presencium et memoriam — — — — — — — notari. Primum cum quedam ciuitas nostra Tyrnensis nobis in etate tenera constitutis se a nostro seruicio retrahere, et Regi Bohemie, nostro et Regni nostri inimico — — — — — — — — — — potencialiter, ad recuperandam dictam ciuitatem nostram, vna cum quibusdam Baronibus et Regni nostri nobilibus accessissemus ; idem Petrus Banus iu expugnacione eiusdem — — — — — — — dum viriliter dimicaret, duo dentes ipsius per emissionem sagitte aduerse partis sunt euulsi. Item cum Joachinum tunc Banum tocius Sclauonie fidelen nostrum, et ipsum Petrum Banum vna cum eodem ad coercendas seu compescendas ferocitates Croatice gentis, qui elata obstinacione contra Nostre Maiestatis culmen cum quibusdam — — — — — — — — — —

— — fortiter insurrexissent; idem Petrus Banus pro fidelitate Corone Regie debita, ut miles strenuus , in aduersam
irruens aciem dira et inmania — — — — — inter ceteros
aliquis Fynta filius Dauid crimen lese Maiestatis incurrens, et
nostre cum quibusdam suis complicibus ac fautoribus volun-
tati contraire non pauescens — — — — — — — — sset
in ipsius castri expugnacione adeo militaribus actibus et diro
preliorum examini se immiscuit et ingressus est, quod per
multitudinem lapidum — — — — — — — ab area certaminis extitit exportatus. Nec hoc pretermittimus, quod cum in
castrum nostrum Jauriensem per Teutonicus occupatum
expugnari Regali for — — — — — dicti Petri Bani hostibus
ex aduerso positis strenue se opponens dira et grauia recipiens wlnera s — — onem mente conceptam sub — — — —
— — — — — strauit proprio sanguine lubricatus. Nos
itaque, cuius inest proprium, merita fidelium ex officio — —
— — — — — eriscere — — — et que ad presens regiminis
— — — — — — — — respectu eorum, que facere inten-
dimus, ut meretur, possessionem Garyg vocatam (vna cum)
Castro, ac alijs vtilitatibus et pertinencijs suis vniuersis —
— — — — — prout ex relacione Baronum nostrorum et
Regni nobilium nobis constitit, et ab eo alienata indebite —
— — — et iniuste, ipsi Petro Bano et — — — — — heredibus et heredum suorum successoribus reddidimus et restituimus atque donauimus, nec non contulimus iure perpetuo
pacifice et quiete sub iisdem metis et terminis, quibus in
antea limitata fuerat et possessa, a jurisdiccione seu potestate
Banatus pro tempore constituti omnino eximentes. In cuius
rei memoriam perpetuamque firmitatem presentes concessimus litteras duplicis sigilli nostri munimine roboratas. Datum
per manus discreti viri Magistri Bartholomei Prepositi Scepusiensis Aule nostre ViceCancellarij dilecti et fidelis nostri
anno Domini M·CC·LXXX· tercio, octauo kalendas Junij,
indiccione vndecima, Regni autem nostri anno vndecimo.

(Eredetie bőrhártyán, sárga-vörös selyemzsinóron függő királyi kettős pecsét alatt; a főméltóságú herczeg Batthyáni család levéltárában.)

819.

IV. László király Apa comes fiainak visszaadja Pyl nevű tőltik erőszakosan elvitt örökbirtokukat. 1283.

Ladizlaus Dei gracia Rex Hungarie memorie commendantes significamus quibus expedit vniuersis presencium per tenorem : quod Gregorius et Jacobus filij Comitis Apa ad nostram accedentes precenciam nobis humiliter supplicarunt, vt possessionem ipsorum hereditariam Pyl uocatam, quam relicta Wauthuk Cumani potencialiter occupatam detinuit vsque modo, eisdem reddere et restituere de benignitate Regia dignaremur. Sed quia super facto possessionis predicte Pyl, vtrum fuerit filiorum Comitis Apa predictorum nec ne, nobis veritas non constabat ; fidelibus nostris Capitulo Ecclesie Orodyensis factum possessionis prefate nostris dedimus litteris iu mandatis, vt cum Magistro Ren homine nostro hominem ipsorum pro testimonio destinarent, coram quo idem homo noster prefatam possessionem Pyl reambularet et statueret Gregorio et Jacobo predictis possidendam, si non fieret contradictum ; contradictores vero, si qui fierent, ad nostram Presenciam euocaret. Quod quidem nobis demum rescripsit in hec verba :

Excellentissimo stb. Capitulum Orodyensis Ecclesie stb. (következik az erodi káptalannak jelentése, mint alább 335. sz. a.)

Nos itaque nolentes vnicuique in suo jure derogari, prefatam possessionem Pyl eisdem Gregorio et Jacobo filijs Comitis Apa, scita et inquisita veritate, cum omnibus vtilitatibus et pertinencijs suis vniuersis, prout per predecessores eorundem primitus habita fuerat et possessa, reddidimus et restituimus jure perpetuo possidendam et habendam ; ne in possessione propria et hereditaria extraneum et illicitam

doleant possessorem. Datum Bude in vigilia Beati Johannis
Baptiste anno Domini M°CC° octuagesimo tercio.

(Az erdélyi káptalannak 1353. »in vigilia festi Beati Andree Apostoli«
»nobilis vir Dionisius filius Jacobi de Bethlen« kiadottát iratából ; a budai
kir. kamarai levéltárban.)

320.

*IV. László király megengedi Iván és Kuthmek keresztyén
kunoknak, hogy bohosnichai birtokukat eladhassák. 1283.*

Nos Ladizlaus Dei gracia Rex Hungarie memorie
commendantes significamus vniuersis quibus expedit presencium per tenorem, quod Iwan et Kuthmek Cristiani Cumani,
fratres seu cognati Ityk Cumani ad nos accedendo dixerunt,
quod essent depauperati ultra modum, propter quod terram
ipsorum, que ipsos contingeret in Bohosnicha existentem,
excepta porcione Ityk fratris eorundem, vendicioni exponere
oporteret; supplicantes nobis et petentes magna cum instancia,
ut eisdem liberum arbitrium ad uendendam ipsam terram
preberemus. Nos itaque ipsorum suplicacionibus inclinati
concessimus, ut eandem uendere ualeant cuicunque uolucrint;
excepta ipsius Ytyk Cumani porcione. Datum Bude in crastino
Remisscere anno Domini M°CC° octuagesimo tercio.

(Eredetie bőrhártyán, a hátul oda nyomott pecsét elveszett ; mélt
Szalay Ágoston úr kézirati gyűjteményében.)

321.

IV. László király bizonyos birtokpernek elintézéséről a nyúlszigeti apáczazárda és Ok comes, Sámsonnak fia közt. 1283.

Nos Ladizlaus Dei gracia Rex Vngarie significamus vniuersis quibus expedit presencium per tenorem, quod licet inter Comitem Ok filium Samsonis ab una parte, et inter procuratores seu officiales domine Elysabeth, sororis nostre karissime, et aliarum sororum de Insula Beate Virginis, fratre uidelicet Paulo, Marcello et Bartholomeo pro eisdem sororibus ab altera coram nobis personaliter constitutis, super facto duarum possessionum Jenew et Nane uocatarum, que ipsis sororibus per Morian, filium Moryan, generacionem eiusdem Comitis Ok, pro salute anime eiusdem collate fuerant, materia questionis diucius fuisset uentilata; et quamuis idem Comes Ok prefatas possessiones dicti Moryan, racione generacionis ipsius sibi deuolui de iure affirmaret, et litteras seu priuilegia super facto dictarum possessionum fateretur se habere: tamen quia uisum nobis extitit, quod idem Moryan, dum adhuc uiueret, prefatas possessiones pro remedio anime sue ipsis sororibus, iugiter Deo famulantibus, ex nostra permissione dederat et legauerct; nos easdem possessiones ipsis sororibus iure perpetuo et irreuocabiliter permisimus, seu reliquimus racione iuris earumdem possidendas, silencium perpetuum memorato Comiti Ok super facto dictarum possessionum ulterius imponendo, predictam terram domina Elysabeth, et alie sorores propter bonum pacis, ne ulterius materia aliqua questionis racione possessionum predictarum ualeat uel possit processu temporis generari, quandam terram, seu possessionem predicte Ecclesie Beate Virginis Scymil uocatam, absque preiudicio Ecclesie Quinqueecclesiensis, quam in eadem asseruit habere, que quidem possessio Scymil uocata, memorate Ecclesie Beate Virginis per Comitem Nemam filium Pousa, generacionem ipsius Comitis Ok asserebant esse collatam, dicto Comiti Ok iure perpetuo et in filios filiorum dederunt possidendam ; cum omnibus vtilitatibus suis et pertinencijs vniuersis ; ita tamen, quod per spacium trium annorum a dato presencium, officiales dictarum sororum dictam particulam terre, quam Ecclesia Quinqueecclesionsis possidet, in eadem requirere assumpserunt ab eadem Ecclesia iuris ordine mediante ; et si eandem recuperare poterunt, extunc ex integro coram testimonio Abbatis et Conuentus Waradiensis statuent, et assignabunt ipsi Comiti Ok superius nominato ; alioquin partes assumpto testimonio predicti Conuentus post reuolucionem predictorum trium annorum, cum probys viris debent accedere super faciem terre memorate, et extimare factum earumdem, et pro quanta summa pecunie extimata ipsa particula fuerit, predicte domine seu sorores ipsam quantitatem pecunie dare tenentur Comiti Ok in termino per Abbatem et Conuentum assignato. Ad quod fruges, quas idem Comes Ok in predictis possessionibus Jenew et Nane uocatis propriis aratris habet seminatas, ipsi Comiti Ok cedent et deuoluentur ex integro ; vineas eciam, quas idem Comes Ok coli fecit in possessionibus predictis, in anno presenti vindempniabit easdem ; ita quod nichil officiales dictarum sororum percipient ex eisdem. Assumptum eciam extitit inter ipsos, quod in quindena Natiuitatis Beati Johannis Baptiste, ipsam possessionem Scymil uocatam coram testimonio Abbatis et Conuentus predicti officiales dictaram sororum statuent Comiti Ok memorato, salua porcione Ecclesie Quinqueecclesiensis, sicut superius est expressum. Et e conuerso idem Comes Ok ipsas duas possessiones statuet et assignabit, similiter in ipsa quindena officialibus sororum predictarum ; ita tamen, quod quicunque de jobagionibus seu populis, quos idem Comes Ok ad easdem congregare fecit, recedere uoluerint, sine aliquo impedimento et grauamine permittet eosdem quocunque habire uoluerint. Preterea in quindenis statntionis possessionum predictarum partes coram nobis comparebunt iterato, et omnes litteras seu instrumenta, que contra inuicem date fuissent uel concesse, tenentur nobis dare ad quassandum. Et premissa omnia partes in ipsis quindenis nostro debent priuilegio confirmare, et eciam ipsi Comiti Ok eadem soror nostra collationem suam huiusmodi suo debet priuilegio confirmare. Obligantes se inuicem, quod si qua parcium de prefata composicione resilierit, soluet quinquaginta marcas parti alteri ante litem in composicione persistenti ; et post hec tocius facti seriem in litteris predicti Conuentus nobis reportabunt. Datum in Insula Beate Virginis in festo Sancti Johannis Baptiste, anno Domini M°CC° octuagesimo tercio.

(Eredetie bőrhártyán, a pecsét elveszett ; a budai kir. kamarai levél-tárban. Sok hibával kiadva Fejérnél Cod. Dip). V. köt. 3. r. 175. L)

322.

IV. László királynak Scechun és Keckeneg földeket tárgyasó adománya Galgóczi Miklós comes számára. 1283.

(Ifj. Kubinyi Ferencz, Magyar Történelmi Emlékek I. köt. 125. lap.)

323.

Erzsébet anyakirályné visszaadja a veröczei és lipoai tizedeket a zágrábi egyháznak. 1283.

Elisabeth Dei gracia maior Regina Hungarie universis quibus presentes ostenduntur salutem in Domino. Ad noticiam universorum tenore presencium volumus pervenire, quod licet nos decimas liberarum villarum de Vereuce et Lypoa, ac tocius Comitatus de Vereuce, tam frugum, vini, quam marturinarum, tributorum fororum ac portuum nostris temporibus percepimus credentes ipsas decimas ad nos pertinere,

licet eciam per venerabilem patrem Thymoteum, Dei gra
Episcopum Zagrabiensem super restitucione earumd
fuissemus sepius requisite, nec eidem acquievissemus use
ad hec tempora in hac parte. Quia tamen perquisita d
gencius et comperta omnimoda veritate, nobis luce clari
constitit tam per viros religiosos, alias personas ecclesi
ticas, quam eciam laicos fidedignos omni excepcione maior
ipsas decimas ad ius et proprietatem dicti venerabilis pat
Thymotei Episcopi Zagrabiensis, ac eius Ecclesie proculdul
et veraciter pertinere; volentes nostre consciencie consul
ac saluti, easdem decimas, videlicet frugum, vini, marturir
rum, tributorum fororum ac portuum prescriptarum villari
ac tocius Comitatus ville de Verence, prefato venerat
patri Thymoteo Episcopo Zagrabiensi, eius successoribus
Ecclesie sue reddidimus et restituimus pure et simplici
sine omni contradiccione pleno iure, relinquentes et pern
tentes ipsum prescriptas decimas sine omni contradiccic
percipere pacifice et quiete. Promittentes insuper bona fi
quod deinceps predictum dominum Episcopum et suos s
cessores, ac Ecclesiam Zagrabiensem super ipsis decimis r
molestabimus nec paciemur per quempiam molestari. Et
hec nostra debita et salubris restitucio decimarum dicto
nerabili patri Thymoteo Episcopo Zagrabiensi eiusque s
cessoribus ac Ecclesie Zagrabiensi per nos facta perpet
inconcussa ac inviolabilis perseveret, promittimus de in
trandis literis karissimi filii nostri Ladizlai, Dei gracia il
stris Regis Hungarie, ac eius consortis nurus nostre predilec
pro domino Episcopo et eius Ecclesia super firmitate et s
bilitate prescriptorum dare operam cum omni animi since
tate bona fide. In cuius rei memoriam perpetuamque fir
tatem presentes concessimus literas duplicis sigilli not
munimine roboratas. Datum in Verence, in octava Be
Martini confessoris anno Domini MCC. octuagesimo tercio.

(Tkalcsics, Monum. hist. Episc. Zagrab. I. köt. 210. l.)

324.

Dandolo János velenczei doge biztosítja Michieli Markot arbei grófot 117 lire összegnyi követelése iránt. 1283.

In Dei nomine amen. Anno Incarnationis Christi millesimo ducentesimo octuagesimo tercio, die quinto Madii, undecime indictionis. Nos Johannes Dandulo Dei gratia Venetiarum, Dalmatie atque Chroatie Dux, Dominus Quarte Partis et Dimidie totius Imperii Romanie, cum nostris heredibus et successoribus plenam et irrevocabilem securitatem facimus vobis nobili viro Marco Michieli de nostro mandato Comiti Arbensi fideli dilecto, vestrisque heredibus et successoribus, de illis libris centum septuaginta minus solidos quatuor parvorum ad denarios vigintiseptem pro grosso, quas nobis dare tenebamini pro regalia ipsius Comitatus in festo Beati Georgii nuper elapsi, que pecunia est de regalia concessa nobis a Communi nostro Venetiarum pro salario ab ipso Communi nobis concesso. Nunc autem quia predictas libras centum septuaginta minus solidos quatuor ad denarios vigintiseptem pro grosso nobis plene et integre persolvistis, admodo de ipsis per nos et heredes sive successores nostros vos et heredes sive successores vestros securos reddimus inperpetuum et quetos, quia nichil inde remansit, unde vos vel heredes aut successores nostri compellere valeamus. Et ut hec nostre securitatis carta plenum robur optineat, ipsam bulla nostra plumbea communiri iussimus, et per manum Tanti Notarii et Ducalis aule nostre Cancellarii roborari. Actum in ducali Venetiarum palatio anno mense die et indictione predictis. Ego Martinus Notarius et Ducalis aule Veneciarum scriba testis. Ego Ghecius de Gheciis Notarius me in testem subscripsi. Ego Tantus Notarius et Ducalis aule Venetiarum Cancellarius complevi et roborari.

(Ljubics, Monum. sp. hist. Slav. Merid. I. köt. 134. l.)

325.

A velenczei köztdrsasdgnak rendelete, melylyel Ossero szigetén az ottani comes dlldsa szabdlyoztatik. 1283.

In Dei nomine amen. Anno Dominice Incarnacionis MCCLXXXIII. die V. Octobris, duodecime indictionis, capta fuit pars in Maiori Consilio Venetiarum : quod infrascripta concordia tractata per nobiles viros dominos Michaelem Dauro et Marcum Bembo, inter nobilem virum dominum Marinum Maurocenum Comitem Auserensem ex una parte ; et homines Insule Comitatus eiusdem ex altera, et omnia et singula inferius comprensa debeant esse firma, et attendi observari fieri et compleri tam per ipsum Comitem, in quantum spectat ad eum, quam per homines dicte insule, in quantum spectat ad ipsos homines. Imprimis debet habere dominus Comes libras LXXX ad parvos omni anno usque ad vitam domini Comitis per rattam, tam si refutaret, quam si de hoc seculo transmigraret, de omnibus bannis et condemnationibus totius insule, que banna omnia et condemnationes debeant pervenire in Commune dicte insule ; quos denarios dicti de insula solvere teneantur ipsi domino Comiti vel eius nuncio, videlicet medietatem in medio anni, et aliam medietatem in fine anni sub pena tertii, credito soli verbo ipsius domini Comitis ; et de hoc fieri debet publicum instrumentum. Item debeat habere dictus dominus Comes ad solvendum regalia domini Ducis libras septingentas ad denarios per grossum omni anno, videlicet medietatem in medio anni, et aliam medietatem in fine anni. Et pro his homines dicteInsule habere debeant omnia scolia, omnes terras, Muclam, omnes reditus et intratas, qui et que spectant ad dictum Comitatum. Item quod dictus Comes cum hominibus dicte Insule debeat Judices eligere, quos ipse dominus Comes confirmare debeat, stando dicti Judices in suo regimine per menses septem et non plus, regendo ipse dominus Comes dictam Insulam secundum quod

in sua concessione continetur; etde dictis Judicibus, qui
fuerint electi, dominus Comes nihil ab ipsis debeat habere.
Item equitando ipse dominus Comes per Iusulam, stando in
campanea tam ad prandium quam ad cenam vel ad maren-
dam, debeat accipere cum sua familia carnes secundum
consuetudinem dicte Insule. Item quando dictus dominus
Comes in Chersio accipere non possit necaccipi facere de
herbis in hortis hominum de Chersio, nec uvam seu ficus
in eorum vinetis, dando ipsi domino Comititot terras, que
faciat hortum vel hortos, qui sint ipsius etipsius familie
ad sufficientiam in bono loco. Item quod homines Insule solvere
debeant ipsi domino Comiti medietatem gallinarum istius
anni presentis. Item quod dictus dominus Comes remittit
dictis hominibus Insule pro predictis, que sibi solvunt et dant,
omnes angarias et alia, que facere Comitatus tenebant excepto
quod cum portare debeant Venetias et ipsum Ducem de
Venetiis in Insula secundum consuetudinem hinc retro
habitam in dicta Insula. Item quod omnes questiones,
que fuerunt et sunt ventilate coram domino Duce et suo
Consilio inter dictum dominum Comitem et dictos homines
Insule tam pro communi quam pro diviso usque ad hunc
presentem diem, debeant esse casse et vane et nullius valoris. Et hoc itelligit dictus dominus Comes solummodo de
offensionibus habitis cum hominibus dicte Insule et cu :1 hominibus datis in scriptis predictis dominis Michaeli Dauro et
Marco Bembo. Infrascripti fuerunt dati in scriptis : in primis
Budissa nepotes et fratres, Cerna Permano, Balva et Andros-
so, omnes de Ausero ; Bassigna, Bochigna Bartolus, Jo. Del-
visconte et Petrus Regina, omnes de Chersio. Item quod
Judices Insule, qui nunc sunt et per tempora stare debebunt
in regimine ad vitam domini Comitis predicti, debeant esse
convenienter satisfacti pro Communi in provisione ipsius
domini Comitis et aliorum bonorum hominum dicte Insule,
salvo si contra nollet providere de ipsis quod maneat in suo
iudicatu, salvo quod Cerna Permani Auseri accipere possit
quatuor homines Auseri pro parte sua ad eius voluntatem ; et
contra Auseri possit accipere alios quatuor, habendo dictum dominum Comitem ambas partes ad difiniendi et satisfiendi fieri
ipsi Permano pro Communi de denariis, quos ipse Permanus

solvit et dedit dicto domino Còmiti pro dicto Permano; et omnia illa, que maior pars eorum dixerit de predictis, sint et esse debeant firma et rata; et omnia, que per minorem partem ipsorum dicta fuerint, esse debeant cassa et vana et nullius valoris, salvo sicut dictum est de aliis Judicibus superius nominatis, si nollent facere provideri sibi Permano, quod remaneat etiam in suo Permanatu. Item quod de omnibus furtis et offensionibus aliis seu redditibus et bonamanciis factis hinc retro, quod ipse dominus Comes cum suis Judicibus, qui sunt nunc, possint facere rationem usque ad medium annum postquam Comes predictus applicuerit in insula. Item si factum aliquod vel aliquod malefactum factum fuisset hinc retro et concordium factum fuisset, unde dominus Comes debet habere bannum, vult dominus Comes, quod deveniat in eum secundum consuetudinem Insule usque ad medium annum. Et est sciendum, quod solutio dictarum septingentarum librarum, danda pro regalia domini Ducis, debet fieri dicto domino Comiti sub pena tercii, credito soli verbo ipsius domini Comitis. Terminus vero tam predictarum septingentarum librarum quam suprascriptarum octingentarum librarum denariorum incipit in proximo preterito festo Sancti Michaelis mensis Septembris. Item in millesimo ducentesimo octuagesimo quarto die vigesimo tertio Novembris capta fuit pars in Maiori Consilie Venetiarum : quod sicut continetur in concordia facta inter Comitem Auseri et suos subiectos, firmata per Maius Consilium, alias debeat attendi et observari per partes et facere attendi et observari. In cuius rei fidem ad notitiam presentium et memoriam futurorum illustris dominus Johannes Dandulo, Dei gracia Venetiarum, Dalmatie atque Croatie Dux, iussit presens criptum sua bulla plumbea muniri. Datum et actum Venetiis eodem millesimo die vigesimo tertio Novembris tertie decime indictionis.

(A Commemoriali velenczei államkönyvből.)

326.

A velenczei kormánynak rendelete több hajókapitányhoz, hogy Almissa felé induljanak. 1283.

Quod mittatur, precipiendo sub debito sacramenti Comiti ligni Quarnarii et Comito ligni Umagi, quod incontinenti, receptis presentibus, debeant ire ad succurrendum Capitaneum terre nostre Almisii, et intendere ad nobilem Andream Dandulo Capitaneum ibi, et ei obedire. Item mittantur littere omnibus nostris Comitatibus, qui debeant ei dare omnem illum succursum, quem darc valebunt. Item scribatur Capitaneo Gallearum, occasione novorum, que babemus de Almisio, qui faciat viam Almisii, si potest dare ei aliquod adiutorium, non preiudicando Caravane, debeat darc, et facere illud boni, quod ipse valebit.

(Ljubica, Monum. spect. hist. Slav. Merid. I. köt. 135. l.)

327.

A velenczei kormány az almissaiak elleni háború tekintetéből Lessina és Brazza szigetekre nézve intézkedik. 1283.

Cum homines Farre et Brazze sint plurimum aggravati occasione guerre Almisanorum, ita quod ad multam paupertatem sunt reducti, capta fuit pars : quod ad hoc, ut ipsi non aggraventur nimiis intollerabilibus expensis, Potestates, qui de cetero ibunt ad dictam Farram et Brazzam, non debeant habere Consiliarios, sed sicut debebant habere unum sotium

ita debeant habere duos socios, qui sint Veneti, cuilibet quorum dare debeant libras triginta et duas robas convenientes
in anno; et propter hoc de sallario, quod habebant Consiliarii,
addatur Potestati libre centum in anno, et dictus Potestas
debeat continue facere stari unum de suis sociis predictis in
Brazza, sicut ei videbitur; et si consilium est contra, sit revocatum quantum in hoc.

(Ljubics, Monum. sp. hist. Slav. Merid. I. köt. 138. l.)

328.

*Péter szlavoniai bán és testvére Kemén Thoplycha nevü birto-
kot adományozzák Benedek comesnek. 1283.*

Nos Petrus Banus tocius Sclauonie, Comes de Barana
et de Gyrzynch, et Keminus, filij Comitis Benedicti memorie
commendantes significamus quibus expedit vniuersis presentibus iniungendo, quod cum nos quandam terram nostram
hereditariam in Thoplycha existentem dilecto et fideli serui-
enti nostro Comiti Benedicto filio Job ob merita seruiciorum
ipsius, que semper nobis in omnibus causis nostris idem
fideliter impendit, et quia eciam frater ipsius uterinus nomine
Nicolaus in nostris seruicijs propter fidelitatem suam, quam
nobis semper impendit, fuit eciam de medio sublatus. Igitur
nos circumspectis fidelitatibus et seruicijs, et propter mortem
et effusionem sanguinum ipsorum propter nos, et propter
omnibus seruicijs (így) ipsorum, dictam terram cum omnibus
utilitatibus suis, et cum omnibus metis de uicinis nostris
circumquaque separatis et limitatis, sicut nobis adiacet, dedimus, donauimus, contulimus et concessimus eidem Comiti
Benedicto filio Job prenotato, et per eum suis heredibus
heredumque suorum in posterum successoribus nullo vnquam
tempore nec per nos, nec per Keminum fratrem nostrum

uterinum, vel per aliquos cognatos nostros, aut per successores nostros, irreuocabili iure perpetuo possidendam. Cuius mete tali ordine distinguntur : Prima meta incipit et egreditur de aqua Thoplycha per quendam dumum salicis, et currit ad partem meridionalem ad arborem pomi ; inde ad arborem narfa per quandam ualliculam ; inde ad arborem piri ; et inde per quosdam dumos jua vocatos ascendit ad montem, et intrat ad dumos auellanarum ; inde exit ad dumos gumulcyu, et ibi transit montem per longam metam terream, et cadit per arborem pomi ad quandam vallem ; et inde cadit ad aquam Dubouch, et transit illam, et cadit ad aliam uallem, per quam ascendit ad montem, et intrat ad quosdam dumos auellanarum et gyrtan, ubi sunt mete terree ; inde descendit ad arborem cerasi, et cadit ad riuum, qui similiter Dubouch uocatur, et transit riuum per arborem byk, et uadit ad arbo· rem gyrtan ; inde per unam uallicullam ascendit ad montem ubi est arbor gyrtan, et uadit per quandam planiciem ad quosdam dumos nemorum, et cadit in viam que est meta an· gularis ; ubi declinat ad occasum, et ibi separat a Jacobo filio Jacobi ; per quam uiam uadit ad arborem has ; inde currit alte ad metas terreas, que iuxta ipsas vias sunt elate, et ibi separatur a terra Gulad ; et inde uadit ad aliam metam terream exiens de ipsa uia ; inde uadit ad arborem gyrtan cum meta terrea circumfusa, et uadit per unam planiciem ad uallem que Poduzna nominatur ; inde exit per quatuor arbores nar uocatas, et ascendit quendam monticulum ad metas·terreas ; inde declinat per arborem cerasi ; inde ad vnam calissam ; inde ad quandam uallem, ubi est riuulus qui cadit ad aquam Dubouch ; per quam descendit in aquam Thoplycha, que separat a filijs Tholyneg, et ita tendit ad priorem metam, ibique terminatur. In cuius rei memoriam firmitatemque perpetuam priuilegium nostrum concessimus sigilli nostri munimine roboratum. Datum et actum est in Pukur in crastino Apostolorum Simonis et Jude anno Domini M·CC· octuagesimo tercio.

(A csaszmai káptalannak 1283-ki átiratából ; a fömélt. herczeg
Batthyáni család levéltárában.)

329.

János spalatoi érsek inti a scardonai püspököt, hogy Sibeni-coban a püspöki hatósághoz tartozó functiókban el ne járjon.
1283.

Johannes Diuina miseracione Spalatensis Archiepisco-pus, tocius Dalmacie, Croatie, Sclauonieque Primas, venera-bili fratri domino N. per eandem Episcopo Scardonensi, salu-tem in Domino. Testante Sacro Concilio anno preterito in Spalato celebrato, ordinasse ac firmiter precepisse recolimus, quod nullus Suffraganeorum nostrorum in preiudicium alte-rius, clericos alterius Diocesis ad sacros ordines promouere, aut alia ecclesiastica et episcopalia sacramenta ministrare presumat, sub pena quingentarum librarum, sed sue Diocesis finibus sit contentus. Quod preceptum et tam salubre statu-tum venerabilis frater noster G. Dei gracia Traguriensis Epi-scopus in festo Beati Dompnij, presentibus nostris Suffraga-neis et vniuerso Clero, vos infregisse grauiter nobis est con-questus; dicens, vos Sibenicenses Clericos ad sacros ordines promouisse, ac eis crisma contulisse, nec non baptisma par-uulorum, ac alia sacramenta ecclesiastica et episcopalia cele-brasse, in sui preiudicium et grauamen; cum dicti Clerici Sibenicenses et totum Sibenicum subiecti sint de iure Epi-scopo et Episcopatui Traguriensi, excusantes uos omnia supradicta nostro mandato et auctoritate fecisse. Hanc totam suam querimoniam nobis impingendo, et contra nos conque-rendo, plurimum nobis, quin pocius supra modum debitum, extitit infestus et molestus, tamquam grauiter sauciatus et afflictus. Et si bene recolitis, cum nuper in societate Pauli Bani ad nos accessistis, super eodem facto non solum a Tra-guriensibus, sed etiam a Spalatensibus, grauissimas lamenta-ciones et terribiles conquestiones in presencia domini Potesta-tis Spalatensis, et omnium nobilium Spalatensium, non absque magno nostri cordis dolore, et multi certaminis agone, oppo-

sita etiam contra nos rigida, dura, aspera et molesta appella-
cione, audiuimus. Super quibus omnibus grauiter afflicti c!
perturbati, ad instanciam et preces multas omnium Suffraganeorum nostrorum, qui presentes in festo Sancti Dompnii ex-
stiterunt, taliter vestre fraternitati scribimus, et per hoc presens scriptum nostrum firmiter et districte precipimus et precipiendo mandamus : Quatenus in antea, sicut graciam Beati
Dompnii et nostram caram habetis, et dicti Concilij penam
uultis effugere, supradicta nullatenus attemptetis et in predictis nullatenus excedatis. Alioquin indignacionem Beati
Dompnii et nostram, ac supradicti Concilij penam, si contra
feceritis, procul dubio incurretis. Data Spalati in palacio
Archiepiscopali die Martis XII. Madij infra octauas Beati
Dompnij indictione sexta.

(Az eredeti után Kukuljevics Iván, Jura Regni Croaciae, Dalmatiae
et Slavoniae I. köt. Zágráb, 1862. 95. l.)

330.

*A budai káptalannak bizonyságlevele, hogy Arnold ó-budai
lakos és családja Pazanduk-i szöllöjüket Gergely ó-budai kano
noknak eladták. 1283.*

(Ifj. Kubinyi Ferencz, Magyar Történelmi Emlékek I. köt. 128. l.)

Az egri káptalannak bizonyságlevele, hogy Zeresi Simonnak fia Telekusi birtokuknak felerészét átengedték növéreiknek.
1283.

Omnibus Christi fidelibus tam presentibus quam futuris presens scriptum inspecturis Capitulum Ecclesie Agriensis salutem in omnium saluatore. Ad uniuersorum noticiam tenore presencium volumus peruenire; quod Nicolao, Thoma et Symone filijs Symonis filij Tobye de Zeres pro se et pro Desew ac Ladizlao filijs suis ex una, parte ab altera vero Magistro Laurencio filio Comitis Vrbanus de Katha pro se et pro Magistro Detrico filio Dethmar de genere Opuz generis dictorum filiorum Symonis coram nobis personaliter constitu- tis, prefati filij Symonis proposuerunt viuauoce, quod dimi- dictatem cuiusdam terre eorum empticie Telekus vocate in Comitatu de Borsod existentis a parte terre Sano nominate iacentem cum vniuersis vtilitatibus et pertinencijs suis dedis- sent et contulissent dominabus sororibus suis, vxoribus predi- ctorum Magistri Laurencij et Detrici ac ipsorum heredibus he- redumque suorum successoribus jure perpetuo pacifice possi- dendam et habendam. Insuper obligauerunt se dicti filij Symo- nis et heredes suos, predictas dominas etheredes earundem ab omnibus racione dicte dimidietatis terre inpetere nitentibus de- fendere et expedire proprijs laboribuset expensis, et in pacifica possessione ipsius dimidietatis terre indempniter conseruare. In cuius rei testimonium ad instanciam dictorum filiorum Symonis presentes contulimus sigilli nostri munimine robora- tas. Presentibus tamen Magistro Saulo Lectore, Mykov Custo- de, Marko de Pacha, Martino de Heues, Nicolao de Sumbun, Symone de Vngh, Steplano de Zemlyn Archidiaconis et alijs multis anno Domini M°CC° octuagesimo tercio. Regnante Ladizlao Illustri Rege Hungarie, Lodomerio Strigoniensi,

26*

Johanne Colocensi Archiepiscopis, domino nostro venerabili patre Andrea Dei gracia Episcopo Agriensi existentibus.

(Szepesi Jakab országbírónak 1375-ki oktáváa átiratából ; a budai kir. kamarai levéltárban.)

332.

Az egri káptalannak bizonyságlevele, hogy IV. László király parancsára Zuhai Jánosnak fiait, Gömörmegyei Zubogy helység birtokába iktatta. 1283.

(A gróf Zichy család Okmánytára I. köt. 52. l. Nagy Iván közleménye.)

333.

A nyitrai káptalannak bizonyságlevele, hogy Lodan nemzetségbeli Szoboszló Lodán, Bana és Teremes részbirtokait eladta rokonának Vitknek. 1283.

(Hazai Okmánytár III. köt. 38. l. Véghelyi Dezső közleménye.)

334.

Az orodi káptalannak jelentése IV. László királyhoz, hogy Apa comes fiainak Pyl nevü örökbirtokuk visszaadatott. 1283.

Excellentissimo domino suo Ladizlao Dei gracia Illustri Regi Hungarie Capitulum Orodyensis Ecclesie oraciones in Domino debitas et deuotas. Receptis litteris vestris misimus hominem nostrum pro testimonio cum homine vestro Magistro Reen, qui rediens ad nos retulit nobis; quod idem homo vester terram Pyl herediteriam Gregori et Jacobi filiorum Apa Comitis, quam vxor Warchuk detinebat violenter, per easdem (így eiusdem helyett) veteres metas coram commcteneis et vicinis assignasset et statuisset eisdem Gregorio et Jacobo contradiccione non obstante. Hec vestre rescribimus Celsitudini.

(IV. László királynak megerősítő okmányából, mint fentebb 320. sz. a.)

335.

A pozségai káptalannak bizonyságlevele, hogy Gergely Zoydá-
nak fia, és Odolának fiai bizonyos peres földre nézve barát-
ságosan egyezkedtek. 1283.

A   B   C

Capitulum Ecclesie Beati Petri de Posoga omnibus
Christi fidelibus tam presentibus quam futuris salutem in Domino sempiternam. Ad uniuersorum noticiam harum serie
volumus peruenire, quod Gregorio filio Zoyda pro se et pro
Zoida ac Mothia filijs Mathie ab una parte, Benedicto et Jacobo filijs Odola pro se et pro Michaele fratre ipsorum ab
altera coram nobis personaliter contitutis; dixerunt, quod
super terra Banichev uocata, cuius medietatem Gregorius
cum filijs Mathie requirebat, ad talem pacis formam deuenissent : quod idem Gregorius una cum filijs Mathie dimidietatem terre supradicte reliquisset filijs Odola cum omnibus
vtilitatibus suis perpetuo possidendam; et ijdem filij Odola
in concambium eiusdem terre quandam terram ipsorum sitam
in Orioicha a Nicolao filio Haranch comparatam, exceptam et
distinctam in metis infrascriptis, quibus Comes Nicolaus
filius Izdizlai particulam eiusdem terre comparauit secundum
continenciam litterarum nostrarum, similiter dedissent et
assignassent cum omnibus utilitatibus perpetuo possidendam;
ita quod quicunque ipsum Gregorium et filios Mathie racione
eiusdem terre infestare attemptauerit, ijdem filij Odola tenebuntur expedire proprijs laboribus et expensis; et similiter
quicunque filios Odola racione dimidietatis terre prenotate
infestauerit, Gregorius et filij Mathie ipsos in suis accionibus
et causis tenebuntur admittere. Si quis autem ex ipsis de
presenti forma pacis resiliuerit, et hoc pars se defendens per
scitum Comitis Benedicti, et Comitis Stephani filij Jaco,
Johannis filij Otholini, et Nicolai filij Izdizlai, et Capituli
pro utraque parte approbare poterit, quinquaginta marcas

iudici soluere tenebitur. Mete autem terre, quam filij Odola Gregorio et filijs Mathie contulerunt, hoc ordine distinguntur: Prima meta incipit in portu sub domo Nicolai de Orioicha; et inde vadit ad orientem, in medio cuiusdam feneti et terrarum arabilium tendens ad — — — — et peruenit ad metam Horuskoch, et separatur de terra Comitis Nicolai commetanci ipsius Gregorij, et per berch eundo — — — — dirigitur usque terram Ecclesie Sancti Michaelis, et cadit in siccam vallem ad partem occidentalem, peruenit ad flu — — — — — et ipsum Orioicha peruenit ad portum supradictum, ibique terminatur. In cuius rei memoriam firmitatemque perpetuam — — — eidem Gregorio concessimus litteras sigilli nostri munimine roboratas. Datum in festo Apostolorum Philippi et Jacobi anno Domini M°CC°LXXX° tercio.

(Eredetje bőrhártyán, a zöld-vörös-sárga selyemzsinóron függött pecsét elveszett; a budai kir. kamarai levéltárban.)

336.

A pozsonyi káptalannak bizonyságlevele, hogy Ábrahám comes-nek fiai servienseiket Jakabot és Lászlót Arus föld adományo-zásival jutalmazták. 1283.

(N)os Nicolaus de Gara Regni Hungarie Palatinus et Judex Comanorum memorie commendantes tenore presencium significamus quibus expedit vniuersis, quod in Congregacione nostra Generali Vniuersitati Nobilium Posoniensis et Mosoniensis Comitatuum feria sexta proxima ante festum Beate Margarete Virginis prope Ciuitatem Posoniensem celebrata nobilis domina Anna vocata, filia Farcasij filij Tharo filij Ladislai filij Stephani de Alfalw alio nomine Arus, coniux vero Huanreh Teutonici de medio aliorum exurgendo, contra Petrum filium Georgij filij Jacobi filij prefati Stephani

de eadem Alfalw proposuit eo modo, quomodo prefatus
Petrus filius Georgij quandam possessionem Byllye vocatam
Districtus Challokwz titulo empticio sibi pertinere teneret et
vteretur; preterea de medietatibus possessionum Arussiue,
Vyfalw prescripte, ac Thykwd nominatarum, porcionibus
videlicet prescripti Ladislai filij Stephani aui sui ius suum
quartale, eo quod ipsa annotato Huanreh Teutonico, homini
ignobili et impossessionato nupta fuisset, cum possessione
habere deberet stb. Vbi ipsa domina duas litteras prefati
Capituli Posoniensis priuilegiales demonstrauit stb. Secunda
earum in feria quarta proxima ante festum Natiuitatis Beati
Johannis Baptiste in anno proxime elapso commmunita,
continens in se verbaliter transscriptiue tenorem aliarum
litterarum eiusdem Capituli Posoniensis in (eorum) conserua-
torio ad mandatum Regium reinuentarum, anno Gracie millesimo ducentesimo octuagesimo tercio emanatarum enodabat;
quod constitutis coram ipso Capitulo Posoniensi Thoma
Comite et Abychk germano suo filijs Comitis Abrahe ab vna
parte, Jacobo et Ladislao filij Stephani seruientibus eorum ab
altera, ijdem Thomas et Abychk viua voce fuissent confessi,
quod ipsi quandam particulam terre sue empticie Arus
vocatam circa Homaro existentem predictis Jacobo et Ladislao
ipsorumque heredibus pro meritorijs seruicijs eorum sub
condicione litteris in eisdem declarata jure perpetuo possidendam contulissent. Sed quia de qualitate et quantitate ipsius
terre veritas non constitisset, ipsum Capitulum ad peticionem
parcium misisset hominem eorum cum Zorardo homine ipsorum Thome et Abychk ad reambulandam dictam terram, qui
ad ipsum Capitulum reuersi retulissent, quod predicta terra
Arus in quantitate sufficeret pro vsu quatuor aratrorum vel
paulo plus. Cuius prima meta de nouo erecta inciperet ante
villam a parte orientali circa molendinum Rapolch; deinde
iret ad Thelekwlgh versus meridiem vicinam terre ville Chu-
turtuk; deinde iret ad magnam viam que transiret ad Pruk,
et ibi esset meta; deinde tenderet ad aliam magnam viam
que duceret ad Chuturtukhel; deinde iret ad vnum monticulum Heuhalom vocatum; et inde iret ad vallem Hebyer
vocatam, et ibi esset meta que separaret eam a terra ville
Mysser; deinde ascenderet et vicinitate tangeret terram

Vtiheth; deinde veniret ad terras Magyarheth, et ibi esset meta; deinde ad capitalem metam, que esset circa Humoro, sed aquas Humoro nullas transiret stb. Datum vigesimo die Congregacionis nostre predicte in loco memorato anno Domini millesimo quadringentesimo vigesimo primo.

(Eredetie a budai kir. kamarai levéltárban.)

337.

A keresztesek esztergami konventjének bizonyságlevele, hogy Lodomér esztergami érsek és a Hunt Paznan nemzetségbeli István comes a Kemencze és Bernecze földek közti határvonalt megállapították. 1283.

(Ifj. Kubinyi Ferencz, Magy. Történelmi Emlékek I. köt. 130. l. V. ö. Fejér Cod. Dipl. V. köt. 3. r. 196. l.)

338.

Selke comes Galamb, Konrád mester jobbágyának bizonyos szöllöt adományoz Nadoychában. 1283.

Nos Selke Comes significamus quibus expedit presencium per tenorem, quod cum quedam vinea in Nodoycha sita jobagionis Magistri Corradi Golomb vocati de uilla Cuisguemud iure exigente nostras in manus fuisset deuoluta: tandem idem Golomb multis peticionibus tam per se, quam per Jacobum Villicum optinuit, vt vineam supradictam eidem

Golomb pro altera media marea reliquimns ac reddidimus
iure perpetuo possidendam; ita ut nec nos, nec aliquis de
cognatis seu de filijs nostris vineam sepius dictam ab eodem
Golomb, seu de suis heredibus processu temporis requirere
uel possit reuocare. Datum anno Domini M°CC°LXXX°
tercio.

(Eredetie bőrhártyán, hártyazsinegen függő pecsét alatt; a mélt báró
Révay család levéltárában.)

339.

*Gyula mester és Péter, Miklós comesnek fiai, megerősitik aty-
juknak adományit a Boychban lévő egyházak számára. 1283·*

Nos Magister Jula et Petrus filij Nicolai Comitis omnibus Christi fidelibus presens scriptum inspecturis salutem
in Domino. Ne gestarum rerum memoria processu temporum
euanescat et pereat, discretorum prudencia solet eas per
litteras eternari. Proinde ad vniuersorum noticiam harum
serie litterarum volumus peruenire : quod religiosi viri frater
Karatinus Prior Ecclesie nostre Omnium Sanctorum de Broych,
et frater Johaunes Ordinis Fratrum de Ordine Sancti Augustini ad nostram personaliter accedentes presenciam, exhibuerunt nobis patentes litteras karissimi patris nostri Comitis
Nicolai bone memorie confectas super donacione ipsius Comitis Nicolai in terris et in alijs vtilitatibus facta Ecclesie
memorate; petentes a nobis cum instancia, vt easdem litteras
nostris dignaremur litteris patentibus perpetuare. Quarum
tenor talis est :
    Nos Comes Nicholaus, filius Jule stb. (következik
Miklós comesnek adománylevele, mint fentebb 293. sz. a.)
    Nos ergo peticionem religiosorum virorum predictorum
iustam et legitimam fore cognoscentes in hac parte, predictas

patentes litteras patris nostri Nicolai Comitis de nerbo ad nerbum presentibus insertas sigilli nostri munimine duximus roborandas. Datum anno Domini millesimo CC° octuagesimo tercio.

(Garai Jánosnak 1410-ki megerősítő okmányából, a mélt. gróf Zay család levéltárában.)

340.

I V. László király meghagyja Máté nádornak, hogy Osl nemzetségbeli Móricz comest iktassa Tóttelek föld birtokába. 1283. körül.

(Ifj. Kubinyi Ferencz, Magyar Történelmi Emlékek I. köt. 124. l.)

341.

Máté nádornak bizonyságlevele, hogy ő Osl nemzetségbeli Móricz comest Tóttelek föld birtokába iktatta. 1283. körül.

(Ifj. Kubinyi Ferencz, Magyar Történelmi Emlékek I. köt. 125. l.)

342.

IV. László király teljes korát elérvén, megerősíti 1277-ki privilegiumát, melylyel Gerzencze megyét a zágrábi egyháznak adományozta. 1284.

Ladizlaus Dei gracia Vngarie, Dalmacie, Chroacie Rame, Seruie, Gallicie, Lodomerie, Comanie, Bulgarieque Rex omnibus Christi fidelibus tam presentibus quam futuris presentem paginam inspecturis salutem in omnium salvatore. Ad universorum noticiam tenore presencium volumus pervenire, quod venerabilis pater Thymotheus, Dei gracia Episcopus Zagrabiensis, dilectus et fidelis noster, ad nostram accedens presenciam Nostre Maiestati quoddam {nostrum exhibuit privilegium super donacione Comitatus de Guersente per nos facta, et peciit ipsam donacionem seu collacionem innovari, ac ipsum privilegium de verbo ad verbum presentibus inseri et per Nostram Celsitudinem confirmari. Cuius quidem privilegii tenor talis est :

Ladizlaus Dei gracia Hungarie stb. Rex stb. (következik IV. László királynak 1277-ki adománylevele, mint fentebb 159. sz. a.)

Nos itaque Regalis circumspecte officii, solempni ac diligenti tractatu cum nostris Baronibus prehabito, ac maturitate debita observata, iam ex Divine propiciacionis gracia ad legittimos seu discrecionis annos feliciter pervenientes, prefati venerabilis patris domini Thymothei Episcopi, dilecti et fidelis nostri, iustis peticionibus inclinati, considerantes prescriptam donacionem fore licitam. iustam, salutiferam et honestam, premissum privilegium presentibus de verbo ad verbum insertum, et collacionem seu donacionem, immunitates, exempciones et libertates in eodem contentas universas et singulas innovamus, approbamus, laudamus et auctoritate Regia irrevocabiliter ac stabilitate perpetua confirmamus; ymo iam, ut pretactum est, in annis legittimis constituti, ut

cuiuslibet dubietatis seu mutabilitatis de medio scrupulus
auferatur, omnes donaciones, collaciones, quibuscumque
temporibus Baronibus seu Regni nostri nobilibus quibuscumque per importunitatem petencium per nos factas, et literas,
privilegia vel munimenta quocunque ingenio vel tempore
impetratas vel concessas, revocamus, irritamus, annillamus
et pronunciamus nullius fore efficacie vel momenti, et eisdem
uti volentes tamquam falsarios et callumpnie vicio notatos
decernimus condempnandos, et ipsum Comitatum cum exem-
pcionibus, libertatibus et immunitatibus, redditibus et condicionibus suprascriptis, ut ex nunc et de novo in perpetuam
elemosinam conferimus, concedimus et donamus predicto
venerabili patri Thymoteo Episcopo Zagrabiensi propter
fidelitatem et ipsius grata obsequia nobis exhibita indefesse ac
sue merita probitatis, et per eum suis successoribus ac Episcopatui Zagrabiensi iure perhenni habendum, tenendum et
inrefragabiliter possidendum. In cuius rei memoriam perpetuamque firmitatem atque robur presentes ad instanciam et
iustam peticionem superius memorati domini Thymotei Episcopi concessimus literas duplicis sigilli nostri appensione seu
munimine roboratas. Datum per manus venerabilis patris
Thome Dei gracia Episcopi Waciensis, Aule nostre Cancellarii, dilecti et fidelis nostri, anno Domini MCC. octuagesimo
quarto, VII. idus Junii, Regni nostri anno duodecimo.

(Tkalcsics, Monumenta hist. Episcopatus Zagrabiensis I. köt. 215. lap.)

343.

IV. László királynak bizonyságlevele, hogy anyja Erzsébet királyné a veröczei és lipovai tizedeket visszaadta a zágrábi egyháznak. 1284.

(Tkalcsics, Monum. hist. Episc. Zagrabiensis I. köt. 212. l.)

344.

IV. Lász'ó király biztosítja a zágrábi egyházat a veröczei és lipovai tize!ek birtokában. 1284.

Ladizlaus Dei gracia Vngarie, Dalmacie, Croacie, Rame, Seruie, Gallicie, Lodomerie, Cumanie, Bulgarieque Rex omnibus tam presentibus quam futuris presentes litteras inspecturis salutem in vero salutari. Ad universorum noticiam presencium serie volumus pervenire, quod cum illustris Regina domina Elisabeth, mater nostra karissima, decimas liberarum villarum, videlicet de Vereuce et Lypoa, ac tocius Comitatus de Vereuce tam frugum, vini, quam marturinarum, tributorum fororum, portuum ac alia iura Episcopalia, credens ipsas decimas ad se pertinere, ipsasque licite posse recipere, inducta falsa et perniciosa suggestione aliquorum minus intelligencium veritatem, aliquibus retroactis temporibus ipsas indebite detinens percepisset, super quarum eciam decimarum ac iurium predictorum restitucione per venerabilem patrem Tymoteum Episcopum Zagrabiensem sepius fuis-

semus requisiti : Nos prescriptas decimas tam frugum, vini,
quam marturinarum, tributorum fororum, portuum ac alia
iura Episcopalia predictarum liberarum villarum et tocius
Comitatus de Vereuce, scita et comperta plenius veritate,
ipsas ad Episcopum Zagrabiensem et eius Ecclesiam pertinere,
de pleno consilio nostrorum Baronum prefato venerabili patri
Thymoteo Episcopo Zagrabiensi et eius Ecclesie ad ipsius
iustam peticionem restituendas duximus, pleno iure perpetuo,
pacifice et sine contradiccione aliqua per dictum dominum
Thymoteum Episcopum et eius successores possidendas,
percipiendas et habendas. Et cum velimus et ex debito Regie
Celsitudinis teneamur cunctos populos, quos nostre clemecie
regit imperium, et maxime Ecclesias Dei ac personas eccle-
siasticas illibate in suo debito statu ac suis iuribus conservare; volumus et decernendo mandamus, quatenus predicta
reverenda domina mater nostra, nec quevis alia persona
eidem ex Regie Maiostatis gracia succedens processu temporum de decimis et iuribus supradictis contra voluntatem
predicti Episcopi Zagrabiensis et eius successorum in gravamen et preiudicium Ecclesie Zagrabiensis ulterius intromittere
se presumat. Quod si quispiam contra hoc nostrum mandatum
sive decretum ausu temerarie presumpserit attemptare, occupando videlicet vel usurpando iura et decimas supradictas,
indignacionem seu Regiam ulcionem se noverit incursurum.
In cuius rei memoriam et perpetuam firmitatem atque robur
presentes ad instanciam et iustam peticionem superius
memorati domini Thymotei Epicopi concessimus litteras
duplicis sigilli nostri appensione et munimine roboratas. Datum per manus venerabilis patris Thome, Dei gracia Episcepi
Waciensis, aule nostre Cancellarii et Comitis de Plys, dilecti
et fidelis nostri, anno Domini MCC. octuagesimo quarto, VII.
idus Junii Regni autem nostri anno duodecimo.

(Tkalcsis, Monum. histor. Episc. Zagrab. I. köt. 213. lap.)

345.

*IV. László király megerősíti Chák nemzetségbeli Ugrin mester-
nek Keniz helységet tárgyazó adományát Gowad nemzetségbeli
Tivadar bán számára. 1284.*

(Hazai Okmánytár IV. köt. 66. l. ; néhai Ráth Károly közleménye.)

346.

*IV. László király biztosítja a zágrábi püspököt a szent
temploma előtti szabad térnek teljes birtokában. 1284.*

Ladizlaus Dei gracia Hungarie, Dalmacie, Croacie, Rame, Seruie, Gallicie, Lodomerie, Cumanie Bulgarieque Rex
omnibus Christi fidelibus tam presentibus quam futuris salutem in vero salutari. Ad universorum noticiam harum serie
volumus peruenire, quod cum fundus existens ante ecclesiam
Sancti Regis Catedralem, in quo Bani Sclauonie aliquando ex
permissione Episcopi Zagrabiensis domos et descensum habere consveverant, fuerit et sit ipsius Ecclesie Zagrabiensis
pleno iure proprietatis a fundacione Ecclesie antedicte, et
hoc Nostre Maiestati constitit plena fide. Nos ex debito Regie
Celsitudinis officio, nolentes ipsam Ecclesiam Zagrabiensem
in Divino cultu, vel aliquibus suis iuribus seu facultatibus
in aliquo diminui, ymo velimus pocius ex Regia munificencia
augmen(tari) ; [supradictum] fundum plene et integre ad
iustam peticionem venerabilis patris Thymotey, Dei gracia
Episcopi Zagrabiensis, dilecti et fidelis nostri, [sibi] restitu-
endum duximus et irrevocabiliter possidendum ita, quod idem

Episcopus Zagrabiensis possit et debeat ipsum fundum seu locum munire — — — — — pro fratribus Ecclesie sue, ne propter vacuitatem ipsius curie vel fundi, cum desolatus et vacuus remanserit a decem annis et citra, Teotonicis vel aliis inimicis seu nocere volentibus per ipsum loco Zagrabiensi aditus pateat ad nocendum. Volentes nichilominus et firmiter precipientes, quatenus nullus Banus pro tempore constitutus, dictum Episcopum Zagrabiensem vel eius Capitulum racione prescripti fundi molestet, vel presumat in aliquo perturbare, si Regiam voluerit effugere ulcionem. In cuius rei memoriam et perpetuam firmitatem presentes (con)cessimus litteras duplicis sigilli nostri munimine roboratas. Datum per manus venerabilis patris Thome, Dei gracia Episcopi Waciensis, Aule nostre Cancellarii, dilecti et fidelis nostri anno Domini MCC. octuagesimo quarto, septimo idus Junii, Regni autem nostri anno duodecimo.

(Tkalcsics, Monum. historica Episc. Zagrabiensis I. köt. 211. l.)

347.

IV. László király Péter részére kiadott adományát visszavonván, Harka nevű földet Fülöp mester fiainak adományozza.
1284.

(Hazai Okmánytár II. köt. 16. lap. Nagy Imre közleménye.)

348.

IV. László király István mesternek Albrecht ausztriai herczegnéli követségekben tett szolgálataiért a S?pron várhoz tartozó Egered nevü földet adományozza. 1284.

(Hazai Okmánytár II. köt. 16. l. Nagy Imre közleménye)

349.

IV. László király Fülöp fiát Istvánt Harka és Egered nevü földek birtokában megerösíti. 1284.

(Hazai Okmánytár II. köt. 17. lap. Nagy Imre közleménye.)

350.

Erzsébet ifjabb királynénak a veröczei és lipovai tizedekre vonatkozó biztosítéklevele a zágrábi egyház számára. 1284.

(Tkalcsics, Monum. hist. Episc. Zagrabiensis I. köt. 214. lap. V. ö. Fejér Cod. Dipl. V. köt. 3. r. 222. l.)

351.

Erzsébet királynénak Barlag helységet tárgyazó adománya Váson nemzetségbeli Mencseli Móricz comes számára. 1283.

(Hazai Okmánytár IV. köt, 66. l. Véghelyi Dezső közleménye.)

352.

Timoté zágrábi püspök székes templomában oltárt szentel fel a boldogságos asszony tiszteletére. 1284.

(Tkalcsics, Monum. hist, Episc. Zagrabiensis I. köt. 216. l)

353.

Chák nemzetségbeli Ugrin mesternek Keniz helységet tárgyazó adománya Gowad nemzetségbeli Tivadar bán számára. 1284.

(Hazai Okmánytár IV. köt. 65, l. Néhai Báth Károly közleménye.)

354.

Az egri káptalannak bizonyságlevele, hogy Zách nemzetségbeli
Ugrinnak özvegye magát hitbérére és jegyajándékaira nézve,
és leányát az öt illető negyedre nézve kielégítetteknek beismerte.
1284.

Omnibus Christi fidelibus tam presentibus quam futuris
presens scriptum inspecturis Capitulum Ecclesie Agriensis
salutem in omnium saluatore. Ad vniuersorum noticiam tenore
presencium volumus peruenire : quod domina filia Comitis
Johannis de Kerek, relicta Vgrini filij Vgrini de genere Zaah
ab vna parte; ab altera vero Feliciano filio Kazmerij fratris
dicti Vgrini pro se et pro Zaah de Guncyl fratribus suis; item
pro Dominico filio Stephani fratris Vgrini et Kazmerij predictorum coram nobis personaliter constitutis, prefata domina
proposuit viua voce : qnod super tota dote sua et rebus para-
fernalibus, et quarta filie sue, solutis sibi viginti quinque marcis, et datis quinque ancillis coram nobis, Zepe, et Anna ac
Zumbachka filiabus eiusdem Zepe, item Myche et Marynna
nominatis, per filios Kazmerij et Stephani supradictos in omnibus et per omnia extitisset satisfactum; dimittendo predictos filios Kazmerij et Stephani, ac heredes eorundem super
dote, rebus parafarnalibus et quarta supradicta coram nobis
per omnia expeditos. Dixit eciam ipsa domina, quod dimidietatem pecunie et ancillarum predictarum soluissent sibi filij
Kazmerij prenotati, aliam uero dimidietatem soluisset Dominicus memoratus. Dicimus eciam, quod prefate ancille per
nos requisite confesse sunt, se esse ancillas hereditarias filiorum Kazmerij et Stephani predictorum. Insuper obligauit se
predicta et heredes suos, dictos filios Kazmerij et Dominicum
racione dotis, rerum parafernalium et quarte premissarum, et
e conuerso dictus Felicianus obligauit se et fratres suos ac
Dominicum memoratum et heredes eiusdem, racione ancillarum predictarum ab omnibus inpetere nitentibus defendere et

expedire proprijs laboribus et expensis. In cuius rey testimo-
nium ad instanciam parcium presentes contulimus sigilli nostri
post plagam Tartarorum secundo renouati munimine robora-
tas. Presentibus tamen Magistro Haab Preposito, Saulo
Lectore, Mykov Custode, Marco de Patha, Paulo de Borsva,
Martino de Zobolch, Laurencio de Zemlyn, Symone de Vng,
Beernardo de Kemey Archidiaconis, et aliis multis; anno
Domini M°CC⁴ octuagesimo quarto. Regnante Andrea illustri
Rege Hungarie, Lodomerio Strigoniensi, Johanne Colocensi
Archiepiscopis; domino nostro venerabili patre Andrea Epi-
scopo Agriensi existentibus.

A   B   C

355.

*A váradi káptalannak bizonyságlevele, hogy Tholdi Albert
comes és fiai, s Orbánnak fiai Chehy helység határaira nézve
barátságosan egyezkedtek. 1284.*

Nos Capitulum Waradiensis Ecclesie nemorie commendantes significamus vniuersis quibus expedit presencium per
tenorem, quod accedentes ad nostram presenciam personaliter
Albertus Comes de Thold, Georgius (et) Magister Buchor
filij eiusdem ex vna parte; Gyok (et) Petrus filij Vrbani ex
altera; predicti Albertus Comes, Georgius, Magister Buchon
coram nobis constituti viua uoce sunt confessi, quod super
facto et altercacione terre Chehy nominate propter pacis
bonum, vnanimi parcium voluntate et consensu cum supradictis Gyok et Petro taliter concordassent : quod ipsam predictam terram sic terminatam et limitatam, vt inferius expli-
cabitur, sepedictis Gyok et Petro pacifice, remota omni que-

stione et accione inposterum suscitanda dimisissent possidendam et habendam. Cuius termini et mete sic sunt separate et
distincte : A parte videlicet septemtrionali incipit apud quendam
fluuium Chorgue er uocatum a quodam fluuio Zakal er vocato
separatur, relinquendo eisdem Petro et Gyok ipsum fluuium
cum spacio terre ad latitudinem duorum iugerum existente
et valente, a parte videlicet Zakal; deinde tendit cum eodem
spacio uersus meridiem, et uenit ad quendam angulum predicti fluuij, ubi sunt quatuor mete ueteres terree ; deinde
uergit adhuc versus meridiem super metas ueteres se iungit
ad quendam fluuium Chokud er nuncupatum, et ibi transiens
vltra predictum Chokud er iuxta viam tendentem uersus
Thothy sunt mete noue terree; deinde iuxta eandem viam
pergit versus Chehkereky, vbi in angulo eiusdem fluuij
versus Crisium sunt quatuor mete ueteres; deinde inclinat
se versus occidentem, et iungit iuxta vnam vallem graminosam
vbi sunt due noue mete, in quatuor metas ueteres ; deinde
tendit et vergit iterato ad angulum supradicti fluuij iuxta Chehkereky ; deinde paruum transeundo iuxta eundem fluuium,
vbi sunt quatuor mete terree ; et sic ipsa terra dictis metis
terminatur. Adiecerunt preterea sepedicti Comes Albertus de
Thold, Georgius et Buchon, obligantes se ; quod si vnquam
super terra memorata, vel ipsius terre partibus aliquid questionis et accionis suscitarent vel incurrerent; extunc penitus
et per omnia vicio calumpnie notarentur. Promiserunt eciam
partes ipse coram nobis se iuuare et fouere contra quoslibet,
qui super ipsa terra aliquid questionis suscitare niterentur.
Datum anno Domini millesimo ducentesimo octuagesimo
quarto.

(A váradi káptalannak 1410-ki »feria tercia proxima post festum
Visitacionis Beate Marie Virginis« kiadatott átiratából; a budai kir.
kamarai levéltárban.)

356.

A váradi káptalannak bizonyságlevele, hogy Kata nemzetség-
beli Tamás mester ugyanazon nemzetségből származott Tamás-
sal es Pállal Bábony, Pap, Mikus, Pozub és Ősi birtokokra nézve
kiegyeztek. 1284.

(A gróf Zichy család Okmánytára I. köt. 55. lap, Véghelyi Dezső
közleménye.)

357.

A váradi káptalannak bizonyságlevele, hogy Szamosközi Timoté
Páltelek helységet Didei Irok fiainak elzálogusította. 1284.

(A gróf Zichy család Okmánytára I. k 57. l. Nagy Imre közleménye.)

358.

A zágrábi káptalannak bizonyságlevele a Péter comes Petriló-
nakfia, s Koyan és Iván Bornouczi nemesek közt történt birtok-
cseréről 1284.

Capitulum Ecclesie Zagrabiensis omnibus quibus expedit presens scriptum inspecturis salutem in Domino. Ad
vniuersorum noticiam harum serie volumus peruenire, quod
Comes Petrus filius Petrilo ab vna parte; Coyanus et Iuanus
filij Wlk nobiles de Bornouz ab altera in nostra prescncia
constituti retulerunt et confessi sunt in terris suis de Glyna
tam empticijs quam hereditarijs uel eciam aquisitis talem
diuisionem, et eciam in aliqua parte seu quantitate concambium fecisse seu celebrasse eatenus inter eos, videlicet quod
prefatus Comes Petrus terram -suam emticiam, contiguam
terris Coyan et Iuanus cum omnibus vtilitatibus ipsius terre
dedit et tradidit eisdem Coyano et Iuanus, et per eos eorum
heredibus heredumque successoribus perpetuo possidendam;
ipsi vero Coyanus et Iuanus terram suam aquisitam, ut
dicebant, contiguam terris Comitis Petrus, dederunt et assig-
narunt eidem Comiti Petrus, et per eum similiter suis heredibus heredumque successoribus iure perpetuo possidendam
et habendam cum vtilitatibus eiusdem terre vniuersis; obligantes se partes ad obligacionem alterutrum ab omni impeticione, si — — — em racione dictarum terrarum per quempiam oriri contingeret in futurum, cum proprijs suis laboribus
et expensis. Distinguntur autem dicte terre ipsorum, sicut
partes nobis retulerunt, hiis signis seu metis : Videlicet per
locum vbi palus Prodor vocata cadit in Glynam, cedente
tamen ipsa palude in proprietatem Coyani et Iuanus predictorum ; vnde egreditur prima meta, et iens per eandem paludem semper versus meridiem venit ad caput ipsius paludis,
et exit ad quandam viam, vbi est meta terrea; inde per eandem viam vadit, et peruenit ad aliam paludem Moriuicha

vocatam, iuxta quam est meta terrea ; inde per viam quandam, que ducit ad filios Radouanych versus eandem partem meridiei procedens peruenit ad riuum Wlchi vocatum ; inde, per eundem riuum modicum procedens exit ad partem dexteram ad metam terream iuxta eundem riuum sitam ; inde iuxta siluam filiorum Radouan, in qua sunt arbores quedam cruce signate, uenit ad puteum quendam ; inde ad alium puteum ; inde circuens quendam monticulum declinat ad vallem quandam, et per ipsam vallem procedens uenit ad quandam viam, circa quam est meta terrea ; inde per ipsam viam paululum procedens versus occidentem ; inde diuertit in partem dexteram ad quandam viam uersus meridiem, per quam uiam procedens peruenit ad metam, in qua est arbor harazt ; inde per eandem viam eciam uersus meridiem per montem iens peruenit ad metam quandam duplicatam, que est supra riuum Wlchie vocatum ; et sic mete dictarum terrarum terminantur dicto Comiti Petro a parte terrarum Abbatis ; Coyano vero et Iuanus a parte terrarum Cruciferi de Gora, et eciam terrarum de Bornouch secundum equalem diuisionem seu eciam particionem remanentibus. In cuius rey memoriam presentes ad instanciam parcium contulimus sigilli nostri munimine roboratas. Datum quinta feria proxima ante octuas Pentecostes anno Domini M°CC° octuagesimo quarto.

(Eredetie bőrhártyán, zöld selyemzsinóron függő pecsét alatt ; a budai kir. kamarai levéltárnak Zágrábban lévő részében. V. ö. Fejér Cod. Dipl. V. köt. 3. r. 273. l.)

359.

A zágrábi káptalannak bizonyságlevele, hogy a Bornouzi nemesek Glina birtokukat eladták Péter comesnek, Petriló fiának. 1284.

Capitulum Ecclesie Zagrabiensis omnibus quibus expedit presens scriptum inspecturis salutem in Domino. A l vniuersorum noticiam harum serie uolumus peruenire, quod Comite Petrus filio Petrilo, Coyano, et Iuanus filijs Wlk, nobilibus de Bornoucz ab vna parte; Wlk filio Budur pro se et Milech filio Ratnik fratris sui, Mathia filio Odenuzel pro se et Jakmin fratre suo, Iwan filio Wlkota, Georgio filio Goyan, Wlchey filio Gymmer pro se et Guerdona fratre suo, Dragan filio Chernech, Wlkey filio Dobrozlau pro se et Wlchik fratre suo similiter de Bornouz, cognatis predictorum Coyam et Iuanus, qui se sic esse et uocari asserebant ab altera personaliter in nostri presencia contitutis; idem Wlk et ceteri de parte sua prenominati dixerunt et confessi sunt, quod terram ipsorum de Glyna hereditariam singuli uidelicet totas porciones suas cum omnibus vtilitatibus; siluis scilicet, campis, aquis, molendinis, piscinis, alijsque pertinencijs eiusdem terre vendiderunt et tradiderunt unanimiter et de bona uoluntate sua prefatis Comiti Petrus, Coyano et Iuanus, et per eos ipsorum heredibus heredumque successoribus iure perpetuo possidendam et habendam pro sedesim marcis singulis cum quinque pensis denariorum banalium, scilicet Comiti Petrus a parte terrarum suarum pro nouem marcis et dimidia, dictis uero Coyano et Iuanus similiter a parte terrarum suarum pro sex marcis et dimidia; quam sumpmam pecunie predicti Wlk et ceteri de parte sua dixerunt se ab ejsdem Comite Petrus, Coyano et Iuanus plenarie recepisse et habere exintegro; obligantes se nichilominus idem Wlk et socij sui ad expediendum ipsos Comitem Petrus, Coyanum et Iuanus ab omni inpeticione, si quam racione dicte terre orici per quempiam contingeret in futurum, cum suis laboribus et expensis; excepta tamen et exempta quadam particula terre, in qua est monticulus, sita inter riuum Lokauech et puteum Brack; que particula terre remanet et cedit uolente et contestante parte altera predictis Wlk et proximus suis possidenda. In cuius rei memoriam presentes ad instanciam parcium contulimus sigilli nostri munimine roboratas. Datum quinta feria proxima ante octauas Pentecostas anno Domini M°CC° octuagesimo quarto.

(Eredetie börhártyán, melyről a pecsét barna-zöld selyemzsinóron függ; a budai kir. kamarai levéltárnak Zágrábban lévo részében. V. ö. Fejér Cod. Dipl. V. köt. 3. r. 273. l.)

360.

A nagyváradi konventnek bizonságlevele, hogy Loránd erdélyi vajda és testvérei, Tamás comesnek fiai, Uruszi birtokukat Dees mesternek és testvérének Dénesnek átengedték. 1284.

Johannes Prepositus et Conuentus Sancti St(ephani) de Promontorio Waradiensi omnibus Christi fidelibus tam presentibus quam futuris presencium noticiam habituris salutem in omnium salutis largitore. Ad vniuersorum noticiam harum serie litterarum uolumus peruenire : quod Rolando Woyuoda Transiluano et Comite de Zonuk, Magistro Stephano Pincernarum domini Regis, et Magistro Jacobo de Copoz Agazonum eiusdem domini Regis, pro se et pro Comite Thoma patre ipsorum, ac Ladizlao, Beke, et Johanne fratribus eorum ab una parte; Magistro Dees, et Dyonisio fratre suo ab altera, coram nobis constitutis, dictum extitit per eosdem : quod quandam villam ipsorum Vrusi uocatam, ex collacione Regia ipsis filijs Comitis Thome ob merita fidelitatis et seruiciorum suorum impensorum indefesse, datam et donatam, pari voluntate et diligenti super hoc habito consensu, eisdem Dees et Dyonisio ob dileccionis et seruicij ac nimie fidelita-

tis eorundem intuitum dedissent, donassent, seu contulissent
iure perpetuo et irreuocabiliter pacifice possidendam in filios
filiorum; obligantes se in premissis et singulis premissorum,
nichil in perpetuum contra Dees et Dyonisium predictos
attemptare. Assumpmeendo, vt quicunque longinquo lapsu
temporis occasione dicte ville eosdem Dees et Dyonisium
molestare seu aggrauare niteretur, ijdem Rorandus Woyuoda,
Magister St. et Jacobus, ac fratres ipsorum prenotati proprijs
laboribus et expensis tenentur expedire. Ob cuius rey memoriam et perpetuam firmitatem presentes munimine sigilli
nostri Conuentus duximus roborandas. Datum in octauis
Assumpcionis Beate Marie Virginis anno Domini M·CC· octuagesimo quarto.

(Eredetie bőrhártyán, melynek pecsétje sárga-vörös selyemzsinóron
függ; a fomélt. herczeg Eszterházy család levéltárában.)

361.

*Törvénykezési eljárds frater Bonaventura raguzai érsek és
János prodanelloi aldiakon közt. 1284.*

Anno Domini millesimo ducentesimo octuagesimo quarto XII. indiccione die XVIII. intrante Aprili; venerabilis
pater dominus frater Bonaventura Ordinis Minorum, miseracione Diuina Archiepiscopus Ragusinus, in presencia Capituli Ragusini congregati ad sonitum campane, ut moris est,
in sala Archiepiscopali precepit Subdiacono Johanni de
Prodanello pro primo, secundo, et tercio peremptorio et
sub excommunicationis pena, quam incurrat ipso facto contrarium faciendo: ut usque ad diem Jovis proxime venturum
satisfaciat eidem domino Arehiepiscopo plenarie sine aliqua
excusacione de centum iperperis, sicut in sentencia lata per

eumdem plenarie continetur, currente anno, mense, et indiccione predictis, scilicet de pignoribus valentibus ad quantitatem quinquaginta iperperorum, et de aliis quinquaginta de fidejussoribus idoneis, alioquin contra eundem procedetur sua penitus inobendiencia non obstante. Actum fuit hoc in Archiepiscopali palacio, presente Capitulo Ragusino, nec non domino Archiepiscopo pro tribunali sedente.

Et ego Antonius de Carletis Civis Parmentis, et predicti domini Archiepiscopi Juratus Officialis, Imperialis Aule Publicus auctoritate Notarius his omnibus interfui rogatus, et de mandato eiusdem domini scripsi et roboravi.

Anno Domini et indiccione predictis comparuit coram eodem venerabili patre domino fratre Bonaventura, miseracione Diuina Archiepiscopo Ragusino, Johannes de Prodanello in termino eidem assignato petens misericordiam et veniam domino supradicto, Ragusino Capitulo congregato ad sonum campane, ut moris est, in. Archiepiscopali palacio, volens supradictus dominus Archiepiscopus procedere contra eum, sicut postulat ordo juris; supradictus Johannes diffidens de jure suo dixit, quod ponebat se in manibus domini Archiepiscopi antedicdi, et quod ipse faceret de eo alte et basse, quidquid sibi placeret, absque juris ordine. Et tunc in presencia tocius Capituli supradictus dominus Archiepiscopus recepit ab ipso iuramentum de parendo mandatis Ecclesie; et ipse tactis Sanctis Euangeliis juravit parere, et obedire in omnibus et per omnia mandatis Ecclesie, et domini supradicti. Insuper recepto ab ipso juramento precepit eidem Johanni sub debito juramento pro primo, secundo et tercio peremptorio, ut usque ad diem Sabbathi proxime venturum per totam diem compareret coram eo, et satisfaciat eidem de centum iperperis, videlicet de quinquaginta in bonis pignoribus, et de aliis quinquaginta in fidejussoribus idoneis. Qui Subdiaconus Johannes spreto domini Archiepiscopi precepto et proprio juramento, in sue anime non modicum detrimentum in prefixo termino mandatis non obedivit, sed pocius renuit, et contempsit. Actum fuit hoc in sala Archiepiscopali presente Capitulo supradicto.

Et ego Antonius de Carletis, Civis Parmensis, et predicti domini Archiepiscopi Juratus Officialis, Imperialis Aule Pub licus auctoritate Notarius iis omnibus interfui rogatus, et de mandato ejusdem domini scripsi et robravi.

Anno Domini millesimo ducentesimo octuagesimo quarto XII. indictione die Martis XVII. intrante Octrobri in presencia nobilium virorum domini Michaelis Mauroceni nunc Comitis Ragusii, domini Marini et Nicolai suorum Militum domini Antonii de Gaioppa Clerici, Vitalis Bodacii, domini Clementis de Gangulo, domini Ursacii de Gleda Canonicorum Ragusinorum; domini Pasce Valcasii, domini Junii dee Crosco, domini Luccari de Fuscho, domini Grubesse de Ranana, Ursacii de Corena, Palme de Binzolla, Laurencii de Mence, Marini de Pesagna, Zerzii Savini Bondi, Paschali Marinelli, Nicole de Cortello, et aliorum multorum clericorum et laicorum in sala Archiepiscopali. Cum venerabilis pater dominus frater Bonaventura, miseracione Divina Archiepiscopus Ragusinus, citari fecisset pro primo, secundo et tercio peremptorio per presbyterum Pascam Sacristam majoris Ecclesie Ragusine, Subdiaconum Johannem de Prodanello, ut compareret coram eo ad audiendam sentenciam, quam volebat ferre contra ipsum; tandem comparuit in presencia supradictorum omnium; et antequam predictus dominus Archiepiscopus procederet ad sentenciam, predictus Johannes cepit petere veniam et misericordiam dicens, quod nulla racione predicto domino dare poterat pignora quinquaginta iperperorum, in quibus condemnatus fuit per eundem dominum Archiepiscopum, nec etiam fidejussores de aliis quinquaginta, in quibus per eundem fuerat condemnatus. Tunc predictus dominus Archiepiscopus inclinatus precibus domini Comitis, et aliorum laicorum, et clericorum, qui presentes erant, obtulit eidem Johanni tale juramentum, videlicet quod si dominus Johannes vellet jurare ad Sancta Dei Evangelia in presencia omnium, qui aderant, quod nulla racione habebat pignora predicta, nec habere poterat; quod ipse commutaret sibi predictam condemnacionem quinquaginta iperperorum in aliam penitenciam condignam. Quam oblacionem juramenti acceptavit in pesencia omnium supradictorum Johannes supradictus, et statim tactis Sacrosanctis Evangeliis juravit ad Sancta Dei Evangelia, quod nec habebat pignora memorata, nec aliqua racione habere poterat. Tunc dominus Archi-

episcopus recepit ab eo fidejussorem dominum Petrum de
Scillo Canonicum Ragusinum de quinquaginta iperperis, et de
aliis quinquaginta absolnebat enm de suscepto eo juramentò
de parendo mandatis dicti domini Archiepiscopi. Inter alia
precepit sibi sub debito prestiti juramenti, quod penitenciam,
quam sibi imponet loco predicte condemnacionis quinquaginta
iperperorum, perficiet, et execucioui mandabit, dummodo pos-
sibilia eidem precipiat. Actum fuit hoc in sala Archiepiscopali presentibus supradictis.

Et ego Antonius de Carletis, Civis Parmensis, et predicti domini Archiepiscopi Juratus Officialis, Imperialis Aule
Publicus auctoritate Notarius his omnibus interfui rogatus, et
de mandato ejusdem Domini scripsi et roboravi.

(Farlati, Illyricum Sacrum VI. köt. 116. l.)

362.

IV. László király uyyanazon birtoklási szabadalmakkal látja
el Fülöp fiait Istvánt és Gergelyt, mint a melyekkel IV. Béla
király atyjukat felruházta. 1284. körül.

(Hazai Okmánytár II. köt. 18. l. Nagy Imre közleménye.)

363.

Az egri káptalannak jelentése, hogy Gutkeled nemzetségbeli Aladár comes ellenmondás miatt Suran birtokába nem iktattathatott. 1284. körül.

(A gróf Zichy család Okmánytára I. köt. 57. l. Véghelyi Dezső közleménye.)

364.

A leleszi konventnek bizonyságlevele, hogy a Keled fiai és Aladár között fenforgó peres ügy befejezése elhalasztatott. 1284. körül.

(A gróf Zichy család Okmánytára. I. köt. 60. lap. Nagy Imre közleménye.)

365.

A leleszi konventnek bizonyságlevele, hogy Zemplényi Bilus comes és Aladár comes perük elintézését elhalasztották. 1284. körül.

(A gróf Zichy család Okmánytára. Nagy Imre közleménye.)

366.

Törvénykezési bizonyítvány, hogy Aladár és Tamás között a Surán birtokára nézve fenforgó ügyben perhalasztás engedtetett. 1284. körül.

(A gróf Zichy család Okmánytára I. köt. 58. l. Véghelyi Dezső közleménye.)

367.

Törvénykezési bizonyítvány arról, hogy Aladár, s Kelednek fiai Péter mester és István, a köztük fennforgott ügyben mi módon egyeztek ki. 1284. körül.

(A gróf Zichy család Okmánytára I. köt. 59. l. Véghelyi Dezső közleménye.)

368.

Törvénykezési bizonyítvány, hogy Péter és István comesek Aladár comessel Bél-Öszöd birtokra nézve egyezkedtek. 1284. körül.

(A gróf Zichy család Okmánytára I. köt. 60. l. Véghelyi Dezső közleménye.)

369.

IV. Lászó kirólynak Sóvár, Sópatak, Delne, Zarbouth és Chedezdeth helységeket tárgyazó adománya György mester, Simonnak fia számára. 1285.

Ladizlaus Dei gracia Hungarie, Dalmacie, Croacie, Rame, Seruie, Lodomerie, Gallicie, Cumanie Bulgarieque Rex omnibus presens scriptum inspecturis salutem in vero saluatore. Prouida Regum discrecio tam circumspectam erga sibi fideliter famulantes debet habere diligenciam, vt quanto quis fidelius sibi famulatur, tanto propensius munificencie sue donis remunerandus fore censetur. Proinde ad vniuersorum noticiam harum serie volumus peruenire, quod consideratis fidelitatibus et serniciorum meritis, que nobis Magister Georgius filius Symonis post obitum karissimi patris nostri, dum Regni sumus gubernacula adepti, idem in diuersis Regni nostri expedicionibus fidelitatem Corone Regie tota alacritate exhibuit, que per singula longum esset recitari, et presentibus inseri tediosum : tamen pauca de pluribus presentibus duximus annotauda. Primo videlicet quum Lorandus filius March per suam infidelitatem terram nostram Scepusiensem vna cum Gylnich Bana, et terram Nyr ultra partem de Tyza vsque ad partem Transsyluanam contra Nostram Regiam Maiestatem potencialiter occuparet et detineret, dictus Magister Georgius vna cum alijs Barronibus nostris, videlicet cum Magistro Finta, de precepto nostro, dum contra ipsum irruisset, idem Lorandus in eodem conflictu extitit interemptus. Cuius post mortem cognatus eiusdem nomine Gregorius, cum predicta occuparet ; idem Magister Georgius cum alijs nostris fidelibus contra ipsum viriliter dimicando captiuauit eundem, et nobis adduxit, quem nos propter suam infidelitatem fecimus decollari. Ceterum in expedicione nostra, quam habuimus contra Regem Bohemorum, cum eundem Magistrum Georgium ad sciendum et videndum exercitum eiusdem Regis Bohemie misissemus, vnum cuneum exercitus ciusdem ante accceleracionem nostram viriliter debellauit, et tres milites honeste armatos Bohemos cum

ipsorum dextrarijs in area certaminis captos Nostre Maiestati
presentauit; quos domino Rudolfo Regi Romanorum donauimus. Et in magno conflictu cum eodem Rege Bohemie idem
Magister Georgius repente irruit in horrendam inimicorum
aciem armatam pluribus adornatam, vbi fortiter dimicando
extitit wlneratus, et nouem Bohemos captiuauit. Demum
eciam cum nos in etate puerili post obitum karissimi patris
nostri regnare cepissemus, Lython Woyuoda vna cum fratribus suis per suam infidelitatem aliquam partem de Regno
nostro vltra alpes existentem pro se occuparat, et prouentus illius partis nobis pertinentes nullis admonicionibus reddere curabat, sepedictum Magistrum Georgium contra ipsum
misimus, qui cum summo fidelitatis opere pugnando cum
eodem ipsum interfecit, et fratrem suum nomine Barbath
captiuauit et nobis adduxit; super quo nos non modicam
quantitatem pecunie fecimus extorquere; et sic per eiusdem
Magistri Georgij seruicium tributum nostrum in eisdem partibus nobis fuit restauratum. Item in expedicione nostra, quam
contra infideles Comanos nostros habuimus, idem Magister
Georgius ante oculos Nostre Maiestatis in ipsos tanquam leo
fortis irruit, vbi equi subsidio destitutus in ipsa area certaminis acerbissime preliauit, et diuersa wlnera ibidem recepit
sagittarum atque lancearum. Ceterum cum ad Dormauum ad
colloquium sub specie pacis accessissemus, vbi quosdam Barones nostros captiuauit, idem Magister Georgius nobis fidelissima obsequia ibi exercuit et impendit, et vnum de socijs
Dormani eiusdem captum adduxit. Insuper cum nostros homines fideles Trassiluanos vna cum Comanis nostris contra Dormanum et Bulgaros misissemus, Magistrum Georgium eiusdem
exercitus Capitaneum prefacientes; idem Magister Georgius
loco in eodem grata obsequia exercuit et condigna honori
Regie Maiestatis. Licet maiora et pociora mereretur; de plenitudine nostre gracie ex certa sciencia et mera liberalitate,
de Prelatorum et Baronum nostrorum consilio ipsi Magistro
Georgio, et per eum suis heredibus suorumque heredum successoribus quasdam villas nostras Regales, videlicet Sowar,
Sowpatak, Delnam, Zarbouth et Chedezdeth, cum omnibus
vtilitatibus et pertinencijs earundem, et super montes earundem castra edificare; Sowar cum fodina seu puteo salis, Che-

dezdeth cum terra arabili et syluosa, in Comitatu de Sarus existentes, sub metis antiquis et prioribus distincionibus terminuorum dedimus, donauimus et contulimus iure perpetuo et irreuocabiliter possidendas, tenendas et habendas. Hoc eciam expresso, quod fratres Magistri G. coram nobis constituti, videlicet Boxa, Thomas, Dyonisius, Detrious et Symon, promiserunt et obligarunt se, quod per seruicia Magistri Georgij possessionibus aquisitis, nullam diuisionem, nullam partem debent querere vel habere; sed Magister Georgius, et per eum sui heredes heredumque successores pacifice et quiete possiderent. Item quia mete ipsarum possessionum et distincciones in nostra noticia non constabant, Magistrum Matyam Archidyaconum Noui Castri, Comitem Capelle karissime consortis nostre, adiuncto eidem socio, Andrea Comite et Castellano nostro de Sarus ad reambulandas et statuendas ipsas terras misimus. Qui postmodum ad nos redeuntes retulerunt, quod presentibus omnibus commetaneis et vicinis dictas terras reambulassent, et dicto Magistro Georgio statuissent, nullo contradictore existente. Quarum quidem terrarum mete et distincciones, sicut ijdem nobis recitarunt, et in scriptis reportauerunt, hoc ordine distinguntur : Prima meta ab oriente, vbi Bystrapotoka exit a fluuio Thopla, et cadit in meridiem ad Lopuchostauara; et inde uergit ad occidentem ad caput fiuuij maioris Delne; postea vadit ad caput minoris Delne; et per éundem monticulum eundo vadit ad Remetepotoka; inde vadit ad Lazpotoka, et cadit in Delnam; et inde procedit uersus orientem ad Keuruspotokatewyn, ubi cadit in Delnam; et ibidem per Keurus vadit, supra quam separat nos a filijs Georgij, Petro et Johanne, cui terra nomen Abraham, versus orientem, qui Petrus et Johannes primo dicti sunt commetanei Magistri Georgij; et ibidem vertitur ad meridiem super Facharastara, qui nobis locus venacionis erat; inde vadit ad Zarazpotoka ; inde exiens vadit ad Mogoshid nominatum ; et inde descendens cadit ad fluuium Tarcha, et per eundem vadit supra ad septemtrionem, et exit super Senegethopataka ad occidentem; denique exiens vadit ad viam Kyrokertyra; inde vadit ad locum Wojtchvaris nominatum; et inde vadit ad Kychespotoka, et salit ad septemtrionem, et vadit ad Mylpotoka nominatum, et salit ad orientem ad mete

viam ; et inde cadit ad Borbuthpotoka nominatum ; et inferius
procedens cadit ad fluuium Tarcha superius nominatum; et
per eundem fluuium Tarcha vadit superius ad septemtrionem
per magnum spacium, et vadit ad locum qui vocatur Nodnyu
in eodem fluuio Zebcheu ; et ibidem salit extra Zaraspotoka ;
et per eundem riuulum vadit ad orientem ; et inde vadit ad
viam que appellatur harch; et per eandem viam iterum vadit
ad septemtrionem ; et inde procedens vadit ad Sebes aquam,
que wlgo appellatur Sebez – — —, et procedens salit ad
montem qui vocatur Moglech ; per quem directe transiens
salit ad Nerlez, qui remanet in metis Magistri Georgij ad meridiem, vbi locus fuit nostre venacionis et nostrorum predecessorum, et eundem locum dedimus et contulimus Magistro
Georgio filio Symonis dilecto et fideli nostro cum omnibus vtilitatibus et pertinencijs vniuersis ad eundem locum spectantibus, dantes ei plenam facultatem et liberam voluntatem villas locandi in eadem terra, siue pro uenacione sua conser-
uandi ob merita et fidelitates suorum seruiciorum, que nobis
idem exhibuit alacriter et indefesse in temporibus relatis
oportunis ; et de Nerlez predicto loco procedens cadit in aquam
que vocatur Rednik ; et per eandem aquam versus septemtrionem vadit ad locum qui Medes wlgariter nuncupatur; et
inde per modicum spacium vertens se ad orientem reuertitur
ad septemtrionem et cadit in Thopl ; et per eandem Thopl
aquam vadit ad meridiem ad primam metam Bystrapotoka
superius prelibatam, et ibi mete terminantur supradictarum
possessionum. Et ut nostre donacionis series robur obtineat
perpetue firmitatis, nec vllo vnquam tempore valeat in irritum
retractari, litteras nostras presentes eidem Magistro Georgio
filio Symonis nostro dilecto et fideli super premissa donacione
concessimus, dupplicis sigilli nostri munimine roborando.
Datum per manus venerabilis patris Thome Episcopi Waciensis Aule nostre Cancellarij, dilecti et fidelis nostri, anno
Domini M ºCCº octuagesimo quinto, Regni autem nostri anno
quartodecimo, sexto idus Januarij.

(Eredetie bőrhártyán, fehér-zöld selyemzsinóron függő pecsét alatt,
a Soovári Soos család levéltárában ; a másolasot vette néhai Kaprinay Károly.)

370.

IV. László királynak Sóvár, Sópatak és Delne helységeket tárgyazó más adománylevele ugyanazon György mester számára. 1285.

Ladizlaus Dei gracia Hungarie, Dalmacie, Croacie, Rame, Seruie, Gallicie, Lodomerie, Cumanie Bulgarieque Rex omnibus presens sriptum inspecturis salutem in vero saluatore. Prouida Regum discrecio tam circumspectam erga fideliter sibi famulantes debet habere diligenciam, vt quanto quis fidelius sibi famulatur, tanto propensius munificencie sue donis remunerandus fore censeatur. Proinde ad vniuersorum noticiam harum serie uolumus peruenire, quod consideratis fidelitatibus et seruiciorum meritis, que nobis Magister Georgius filius Symonis post obitum karissimi patris nostri, dum Regni sumus gubernacula adepti, idemque in diuersis Regni nostri expedicionibus fidelitatem Corone Regie debitam tota alacritate exhybuit; que per singula longum esset recitare, et presentibus inseri tediosum, tamen pauca de pluribus presentibus duximus annotanda. Primo videlicet, quum Rolandus filius Mark per suam infidelitatem terram nostram Scepusiensem, vna cum Gylnich Bana, et terram Nyr ultra partem de Thyzael usque ad partem Transsiluanam contra Nostram Regiam Maiestatem potencialiter occuparet et detineret, dictus Magister Georgius vna sum alijs Baronibus nostris, videlicet cum Magistro Finta de precepto nostro, dum contra ipsum irruisset, idem Rolandus in eodem conflictu extitit interemptus. Cuius post mortem cognatus eiusdem nomine Gregorius, cum predicta occuparet; idem Magister Georgius cum alijs nostris fidelibus contra ipsum viriliter dimicando captiuauit eundem, et nobis adduxit, quem nos propter suam infidelitatem fecimus decollari. Ceterum in expedicione nostra, quam habuimus contra Regem Bohemorum, cum eundem Magistrum Georgium ad sciendum et videndum exercitum eiusdem misissemus, vnum cuneum exercitus eiusdem ante acceleracionem nostram viriliter debellauit, et tres milites honeste armatos Bohemos cum ipsorum dextrarijs in area

certaminis captos Nostre Maiestati presentauit; quos domino
Rudolfo Regi Romanorum donauimus. Et in magno conflictu
cum eodem Rege Bohemie idem Magister Georgius repente
irruit in horrendam inimicorum aciem armatam pluribus adornatam, vbi fortiter dimicando extitit wlneratus, et nouem
Bohemos captiuauit. Demum eciam cum nos in etate puerili
post obitum karissimi patris nostri regnare cepissemus, Lython
Woyuoda vna cum fratribus suis per suam infidelitatem aliquam partem de Regno nostro vltra alpes existentem pro se
occuparat, et prouentus illius partis nobis pertinentes nullis
admonicionibus reddere curabat, sepedictum Magistrum Georgium contra ipsum misimus, qui cum summo fidelitatis opere
pugnando cum eodem ipsum interfecit, et fratrem suum nomine Barbath captiuauit et nobis adduxit; super quo nos
non modicam quantitatnm pecunie fecimus extorquere; et sic
per eiusdem Magistri Georgij seruicium tributum nostrum in
eisdem partibus nobis fuit restauratum. Item in expedicione
nostra, quam contra infideles Comanos nostros habuimus,
idem Magister Georgius ante oculos Nostre Maiestatis in ipsos
tanquam leo fortis irruit, vbi equi subsidio destitutus in ipsa
area certaminis acerbissime preliauit, et diuersa wlnera ibidem recepit sagittarum atque lancearum. Ceterum cum ad
Dormanum ad colloquium sub specie pacis accisscscemus, vbi
quosdam Barones nostros captiuauit, idem Magister Georgius
nobis fidelissima obsequia ibi exercuit et impendit, et vnum
de socijs Dormani eiusdem captum adduxit. Insuper cum
nostros homines fideles Trassiluanos vna cum Comanis nostris
contra Dormanum et Bulgaros misissemus, Magistrum Georgium eiusdem exercitus Capitaneum preficientes; idem Magister Georgius loco in eodem grata obsequia exercuit et condigna honori Regie Maiestatis. Licet maiora et pociora merc-
retur; de plenitudine nostre gracie, ex certa sciencia et mera
liberalitate, de Prelatorum et Baronum nostrorum consilio,
ipsi Magistro Georgio, et per eum suis heredibus heredumque
suorum successoribus quasdam villas nostras Regales Sowar,
Sowpothok et Delne vocatas, in Comitatu de Sarus existentes,
simul cum fodina seu puteo salis ibidem existenti, quamlibet
earum cum suis attinencijs et pertinencijs vniuersis, sub metis
antiquis et prioribus distinccionibus terminorum, dedimus,

donauimus, tradidimus et contulimus iure perpetuo pacifice et
irreuocabiliter possidendas, tenendas et habendas. Hoc eciam
expresso, quod quia ipse Magister Georgius ad diuersa negocia et scruicia nostra semper promptus erat exegenda (igy),
a nobis pecijt humiliter et deuote, quod ipsum, si absque libe-
rorum propagine mori in aliquo casu contingeret, predictas
suas aquisiciones a Nostra Regia Maiestate fratribus suis,
videlicet Boxa, Thome et Symoni Comitibus liberam haberet
allegandi et donandi facultatem. Ipsi autem Boxa, Thomas et
Symon Comites in instanti coram nobis personaliter constituti nobis retulerunt viua voce, quod si predictus Georgius
Magister frater ipsorum Domini pietate prosequente aliqua
prole dotaretur, nec de sua propria persona, nec de suis
hereditatibus ipsi in proprijs personis eorum, nec non et heredes eorundem, de predictis possessionibus peterent partem,
nec aliquam habere vellent partem de eisdem; et ad hoc se
spontanea commiserunt voluntate. Et quia mete ipsarum
possessionum et distincciones in nostra noticia non constabant, Magistrum Mathyam Archidyaconum Noui Castri,
Comitem Capelle karissime consortis nostre, adiuncto sibi
socio Andrea Comite nostro de Sarus, ad reambnlandas et
statuendas ipsas terras misimus; qui postmodum ad nos
redeuntes retulerunt, quod presentibus omnibus commetaneis
et vicinis dictas terras reambulassent, et dicto Magistro Georgio statuissent, nullo contradictore existente. Quarum quidem
terrarum mete et distincciones, sicut ijdem nobis recitarunt,
hoc ordine distinguntur : Prima meta, que separat a terra
Kendy, incipit a parte occidentali in capite cuiusdam rywuli,
qui vulgariter nuncupatur Kyhuspotok ; et inde descendit ad
alium rywulum, qui Zenegethewpothok nuncupatur ; et per
eundem descendit ad fluuium Tharcha ; et ibi saliens ipsum
fluuium Tharcha contra Berkuslaza, inde descendit per eundem fluuium uersus meridiem, et peruenit ad quendam fluuium Mogoshydpotoka nominatum, qui separat a terra
Yzbegh ; et inde per eundem fluuium per magnum spacium
vadit uersus partem orientalem, et peruenit ad unum rywulum qui vocatur Zarospothok ; et per ipsum rywulum vadit
ad partem septemtrionalem, et cadit in caput cuiusdam fluuij
Kewruspothok ; et per ipsum fluuium descendendo venit ad

locum Kyralzallasa; et ibi cadit in fluuium Delne; et ipsum fluuium Delne trausenndo cadit in rywulum Lazpothoka nuncupatum; et per ipsum ascendendo adhuc ad partem orientalem peruenit ad quemdam montem, qui Sumurhege nominatur; et inde descendit ad locum Wethsere nominatum, et ibidem cadit iterum ad fluuium Delne, et per eundem fluuium ascendit ad plagam orientalem, et peruenit ad quemdam fluuium Bystrepothoka vocatum; et inde descendit ad fluuium Thoply; et per eundem fluuium ascendit ad fluuium Rednekteu vocatum; et per eundem venit ad monticulum Mogluk; et inde venit ad unum berch, et ipsum saliendo versus meridiem cadit ad magnam viam; per eandem viam eundo adhuc uersus meridiem cadit in fluuium Sebes, et salit ipsum ad partem meridionalem; et per eandem viam venit ad caput cuiusdam fluuij Medyespothoka, qui separat a terra populorum de Kelemes; et per eundem per magnum spacium descendendo versus occidentem ad finem dicti fluuij vadit ad stagna quedam, que wlgo Kendermochydka nuncupantur; et inde descendit ad fluuium Zwathew, ubi est transitus in eadem aqua; et per eandem aquam descendit versus meridiem usque ad illum locum, vbi predicta aqua cadit in fluuium Tarcha nominatum contra villam Marcus filij Ech; et per ipsum fluuium Tarcha descendendo in magna quantitate spacij venit iterum ad locum Berkuslaza superius dictum, et ibi terminatur. Et vt nostre donacionis series robur obtineat perpetue firmitatis, nec vllo vnquam tempore valeat retractari, litteras nostras presentes eidem Magistro Georgio super premissa donacione concessimus, dupplicis sigilli nostri munimine roborando. Datum per manus venerabilis patris Thome Episcopi Waciensis Aule nostre Cancellarij dilecti et fidelis nostri, anno Domini M°CC° octuagesimo quinto, Regni autem nostri anno quartodecimo, sexto idus Januarij.

(A szepesi káptalannak 1346. »feria tercia proxima post festum Sancti Michaelis Archangeli« kelt átiratából, melyet discretus vir dominus Johannes Rector Ecclesie de Sowar, Capellanus Magistri Ladizlai dicti Sows militis Serenissimi domini nostri Ludouici Dei gracia Regis Hungarie, nomine et vice eiusdem Magistri Ladizlai domini sui« kért, a Soovári Soos család levéltárában; a másolatot vette néhai Kaprinay Károly.)

371.

IV. László királynak Palugya helységet tárgyazó adománya Liptóvidéki Ipoth és Leusztdch számára. 1285.

Ladizlaus Dei gracia Hungarie, Dalmacie, Croacie, Rame, Seruie, Gallicie, Lodomerie, Cumanie Bulgarieque Rex omnibus Christi fidelibus presens scriptum inspecturis salutem in vero salutis largitore. Ad vniuersorum tam presencium quam futurorum noticiam harum serie litterarum volumus peruenire, quod accedentes ad presenciam Nostre Maiestatis Ipoth filius Bachlor, et Leustachnis filius Aladarij de Lyptow, propositis nobis ipsorum fidelitatibus et seruicijs meritorijs que nobis indefesse inpenderunt, et specialiter in deferendis legacionibns nostris in Poloniam et Ruteniam, terram ad duo aratra sufficientem de terra Pallugya excisam iuxta fluuium Lybula circa metas filiorum Bogomeri adiacentem Regie collacioni pertinentem sibi dari et conferri perpetuo postularunt; hocque iuxta approbatam Regni consuetudinem fidelibus nostris Preposito et Conuentui de Turoch litteris nostris mediantibus dedimus in mandatis, vt mitterent hominem ipsorum pro testimonio fidedignum, coram quo Petrus Chakan vel Damianus filius Podnan altero ipsorum absente homo noster ipsam terram ad aratra duo sufficientem, vna cum siluis et fenetis ad eandem terram sufficientibus, coram commetaneis et vicinis a predicta villa separando, erectis metis predictis Ipoch et Leustachio statuerent, si non fuerit contradictum, condradictores vero, si qui fierent, ad nostram euocarent Presenciam ad terminum competentem. Qui quidem Prepositus et Conuentus de Turoch nobis rescripsit, quod ipsam terram predictus Petrus filius Chakan homo noster vna cum homine ipsorum, presentibus commetaneis et vicinis reambulando, contradiccionibus non obstantibus, predictis Ipoch et Leustachio sub metis et terminis infrascriptis statuissent. Nos itaque qui debemus Regia liberalitate metiri merita singulorum, et vnicuique iuxta exigenciam suorum

meritorum Regalibus occurere donatiuis; consideratis fidelitatibus et seruiciorum meritis predictorum Ipoch et Leustachij, que nobis inpenderunt, et inpendere cupiunt in
futurum, predictam terram dictis Ipoch et Leustachio de
consilio Prelatorum et Baronum nostrorum et consensu dedimus, donauimus et contulimus perpetuo possidendam heredum
per heredes. Cuius quidem terre mete hoc ordine distinguntur:
Prima meta incipit super fluuium Lybola in Mogochmoris (?)
supra locum molendini Forcasij a parte septemtrionali; deinde
vadit superius directe ad orientem ad vnam vallem, vbi est
vnus putens seu fons; deinde vadit per vnum montem vlterius,
et peruenit ad vnum puteum; deinde vadit directe ad orientem, et cadit in fluuium Jelapotok dictum; deinde per ipsum
Jelapotok vadit versus meridiem vsque ad caput ciusdem;
deinde tendit ad occidentem superius iuxta metas Bogomeri
ad vnum puteum seu fontem; deinde tendit ad vnam arborem
cheer wlgariter dictam; inde descendit infra ad vnum paruum
riuulum wlgariter potok dictum, qui riuulus cadit in fluuium
Lybule; et per eundem fluuium Lybule tendit ad priorem
metam, et ibi terminatur. Datum in Liptow die festi Beati
Michaelis Archangeli anno Domini millesimo ducentesimo
octogesimo quinto.

(A turóczi konventnek 1296-ki átiratából, mint alább.)

372.

Az egri káptalannak bizonyságlevele, hogy Malachi Péter,
Illés testvére megöletése ügyében Ztark fiaival kiegyezkedett.
1285.

Omnibus Christi fidelibus tam presentibus quam futuris
presens scriptum inspecturis Capitulum Ecclesie Agriensis
salutem in omnium saluatore. Ad vniuersorum noticiam tenore

presencium volumus peruenire : quod Both filio Symonis de
Malaah ex vna parte, ab altera uero Nycolao filio Ztark de
iuxta Thuruch pro se et pro Sank et Petro fratribus suis,
ac pro Iwan de Zyluche seruiente eorundem coram nobis
personaliter constifutis, prefatus Both proposuit viua voce :
quod super morte Elye fratris sui solutis sibi triginta marcis
per Nycolaum et fratres suos ac Iwan supradictos per omnia
extitiset satisfactum, dimittendo eosdem super ipsa morto in
omnibus et per omnia coram nobis expeditos. Insuper obligauit se predictus Both et heredes suos, Nycolaum, fratres suos
et Iwan prenotatos, ac heredes eorundem vniuersos ab omnibus racione dicte mortis impetere nitentibus, defendere et
expedire proprijs laboribus et expensis. In ouius rey testimonium ad instanciam parcium presentes contulimus sigilli
nostri post plagam Thartarorum secundo᾽ renouati munimine
roboratas; presentibus tamen Magistro Anthonyo Cantore,
Saulo Lectore, Mykov Custode, Paulo de Borsva, Martino de
Zobolch, Bernardo de Kemey Archidiaconis et alijs multis
anno Domini M⁰CC⁰ octuagesimo quinto. Regnante Ladizlao
Illustri Rege Hungarie, Lodomerio Strigoniensi, Johanne
Colocensi Archiepiscopis; domino nostro venerabili patre
Andrea Dei gracia Episcopo Agriensi existentibus.

A   B   C

(Eredetie bőrhártyán, a barna selyemzsinóron függött pecsét elve
szett; a budai kir. kamarai levéltárban.)

373.

*IV. László királynak Warasy és Sumug nevü Valkóvári föl-
deket tárgyazó adománya File mester, Tamás comesnek fia
számára. 1286.*

Ladizlaus Dei gracia Hungarie, Dalmacie, Croacie,
Rame, Seruie, Gallicie, Lodomerie, Cumanie Bulgarieque Rex

omnibus Christi fidelibus presentem paginam inspecturis salutem in omnium saluatore. Vt donaciones Principum perpetua firmitate solidentur, litterarum solent testimonijs communiri ; inconcussum quippe permanet, quod Regio fuerit patrocinio communitum. Proinde ad vniversorum noticiam tenore presencium uolumus peruenire, quod nos, cui ex officio suscepti regiminis incumbit metiri merita singulorum, et dignis pro meritis respondere, commendabilem fidelitatem et meritoria obsequia Magistri Phile filij Comitis Thome, que idem in omnibus expedicionibus Regni nostri, et specialiter in exercitu nostro generali, quem contra Regem Boemie inimicum nostrum capitalem habebamus, vbi eodem Rege Boemie interempto Diuina gracia annuente felicem sumus uictoriam consecuti, intuentibus nobis se fortune casibus pro fidelitate Corone Regie inpendenda fideliter exhibuit et inpendit ; quasdam terras Castri nostri de Wolko Warasy et Sumug vocatas, cum omnibus utilitatibus et pertinencijs suis vniuersis, secundum quod idem Castrum habuit, tenuit et possedit, eidem Magistro Phile, et per eum suis heredibus heredumque suorum successoribus dedimus, donauimus, coutulimus atque tradidimus iure perpetuo pacifice et quiete possidendas. In cuius rei memoriam perpetuamque firmitatem presentes concessimus litteras sigilli nostri munimine roboratas. Datum per manus discreti viri Magistri Theodori Prepositi Scibiniensis aule nostre ViceCancellarij dilecti et fidelis nostri anno Domini M°CC°LXXX° sexto, Regni autem nostri anno quintodecimo, primo die kalendarum Februarij.

(Eredetie bőrhártyán, melyről a vörös-zöld selyemzsinóron függött pecsét elveszett ; a budai kir. kamarai levéltárban.)

374.

IV. László király helybenhagyja azon egyezkedést, mely szerint Mog comesnek és Simon comesnek fiai, Miklós comesnek és Simon comesnek fiaival a köztök peres földekben osztozkodtak. 1286.

Amicis suis Reuerendis Conuentui Ecclesie de Lelez Nicolaus de Gara Regni Hungarie Palatinus et Judex Comanorum stb. Noueritis, quod cum Markus filius Mathyws de Isyp et Nicolaus de Chele super facto duarum parcium possessionum Lwch, Megyezo et Zada, item medietatum possessionum Naglazen et Lask vocatarum in Comitatu Zemlyniensi existencium Magistrum Petrum filium Michaelis de Dob ; item idem Markus — — — Magistrum Petrum, nec non Mychaelem filium Johannis, Thomam filium Stephani, et Ladislaum filium Ladislai super facto tercie partis possessionum Myhaly, Monyak stb. in presenciam domini Detrici de Bubek pridem similiter Palatini contra sese in causam attraxisset stb. (az ügy 1403-tól 1409-ig többször prorogáltatván, végre 1409. Budán »in octauis Beati Michaelis Archangeli« a felek okmányaikat mutatják fel, t. i.) Pretaxatus Nicolaus filius Stephani de Isyp duas litteras stb. nobis demonstrauit; quarum — — — secunda nostra patens Bude tercio die ferie quarte proxime post festum Beati Mathei Apostoli anno Domini millesimo quadringentesimo sexto emanata, habens in se tenorem litterarum domini Ladislai Regis anno Domini millesimo ducentesimo octuagesimo sexto editarum, de litteris domini Nicolai Konth condam similiter Palatini adjudicatorijs in Wissegrad duodecimo die octauarum festi Beati Georgij martiris anno Domini millesimo trecentesimo quinquagesimo septimo emanatis exceptarum explicauit: quod cum inter Symonem et Mog Comites filios Comitis Mog, Alexandrum filium Comitis Symonis ab vna parte; Magistrum Alexandrum, Nicolaum et Atha filios Comitis Nicolai, ac Marcellum filium

Symois ab altera, super hereditarijs possessionibus eorum
questio diucius fuisset (ventillata); tandem ijdem nobiles
coram ipso domino Ladislao Rege personaliter constituti, inter
se huiusmodi diuisionem factam fuisse retulissent ; quod
possessiones Lazon, Lwch, Halap, Bacha et Meggezo nominate, cum omnibus vtilitatibus suis et pertinencijs vniuersis
cessissent in porcionem Comitis Symonis et fratrum suorum ;
possessiones vero Zada, Znyerez, Zeky, Myhaly, et porcio
que predictos nobiles intra Isyp — — — extitisset, cessissent in porciones Magistri Alexandri et fratrum suorum stb.
Datum Bude sexagesimo die octauarum festi Beati Michaelis
Archangeli anno Domino millesimo quadringentesimo nono.

375.

Az egri káptalannak bizonyságlevele, hogy Henrik mester,
Hertvig vajdának fia, Nádasd, máskép Zaka helységet eladta
Fonyi Miklós comes fiainak. 1286. körül.

Omnibus Christi fidelibus tam presentibus quam futuris
presens scriptum inspecturis Capitulum Ecclesie Agricusis
salutem in omnium saluatore. Ad vniuersorum noticiam
tenore presencium volumus peruenire : Quod Magistro Henrico filio Herthueg Woywode ab vna parte, Magistro Blasio
et Johanne filijs Comitis Nicolai de Fony ex altera coram
nobis personaliter constitutis ; idem Herricus quandam
possessionem suam Nadasd et alio nomine Zaka vocatam in
Comitatu Noui Castri existentem, ex collacione seu donacione
domini Ladizlai quondam Regis Hungarie felicis recordacionis
mediante priuilegio eiusdem Regis habitam, cisdem Blasio et
Johanni Magistris pro septuaginta marcis — — — solutis
ab eisdem et receptis, cum vniuersis vtilitatibus eiusdem, et
cum eodem priuilegio seu instrumento quo — — — Herthueg

Woywoda pater ipsius ac ipse vsque modo pacifice possederunt, nec non sub eisdem metis et limitibus, quibus eadem ab antiquo limitata fuerat et extiterat, dedisse, vendidisse et tradidisse est confessus, iure perhennali et irreuocabiliter in filios filiorum et heredes ipsorum vniuersos quiete et pacifice possidendam, tenendam et habendam. Et Anthonius filius Gothardi; Johannes, Nicolaus, Paulus et Dominicus filij Andree, commetanei et vicini eiusdem possessionis, personaliter astando huic — — oni et empcioni plenum consensum prebuerunt et assensum. Insuper idem Herricus obliganit se et suos heredes ab stb. (A többi le van szakítva, s mint látszik a szavazatosságot tárgyazta.)

(Eredetie bőrhártyán, a budai kir. kamarai levéltárban. V. ö. Fejér Cod. Dipl. V. k. 3. r. 148. l.)

376.

A pécsváradi konventnek bizonyságlevele, hogy Etele, Jánosnak fia, biróilag meghatározott huszonhat girát Árpai Mihálynak és érdektársainak akarta megfizetni, a mit ezek el nem fogadtak. 1286. körül.

Nos Conuentus Monasterij Waradiensis damus pro memoria, quod cum Nicolaus Comes filius Iule pro Etele filio Johannis racione cuiusdam possessionis ipsius Etele Sari uocate in quindena Sancti Micaelis proximo preteria, secundum continenciam priorum litterarum nostrarum memorialium Micaeli filio Micaelis de Arpa, Ipolito, Oliuerio de Puruzlou, Alexandro, Valentino et Ladizlao de eadem, viginti sex marcas in ponderatis denarijs soluere debuisset coram nobis; et cum eodem die et loco dictus Etele litteras nostras priuilegiales pro possidenda seu optinenda possessione prescripta

Sari ipsi Comiti Nicolao debuisset dare, sicut se ad hoc obli-
gauerant; et cum Micael et alij sui cognati seu socij litteras
nostras expeditorias pro morte Siluestri per ipsum Etele
interfecti eidem Etele dare debuissent; insuper eciam similiter eodem die et loco omnes litteras, quas super processu
nogocij eorum contra ipsum Etele habuerunt confectas, reddere debuissent Nicolao Comiti prenotato : ipsa quindena
adueniente prefatus Nicolaus Comes dicto Etele presente et
consenciente pro predicta possessione eiusdem Etele dictas
viginti sex marcas in preparatis denarijs, et bonis ac ponderatis Micaeli, Ipolito, Oliuerio, Alexandro, Valentino et
Ladizlao prenominatis personaliter astantibus uolebat soluere,
sicut assumpserat coram nobis. Sed prenominati Micael,
Ipolitus et alij eorum socij prenominati recipere seu acceptare
pariter noluerunt, et litteras expeditorias ipsi Etele dare,
ac alias litteras super processu negocij confectas reddere
noluerunt Nicolao Comiti prenotato ; sed dictus Etele litteras
nostras priuilegiales soluta pecunia ipsi Nicolao Comiti dare
promptus erat et paratus, ut assumpserat modo superius
annotato. Datum quarto die post quindenam Sancti Micaelis.

K í v ü l : Pro Comite Nicolao filio Jule contra Micaelem
et alios socios suos.

(Eredetie bőrhártyán, a zárpecsét elveszett ; a budai kir. kama
rai levéltárban.)

377.

Fráter Móricz a keresztesek yanti házának főnöke bizonyságot tesz arról, hogy a Kristóf és Velpiritnek fiai közti per elintéztetett. 1286. körül.

Nos frater Mauricius Preceptor Domus Hospitalis de Yant damus pro memoria, quod Cristoforus causam, quam habuit cum filijs Velpirit, per ar bitrium proborum uirorum, scilicet Nicolai fili Farcasi, Erne Comitis, Comitis Simonis fili Salomonis, (in) talem pacis formam deuenerunt : quod idem Petrus et Paulus feria quinta proxima ante festum Sancti Georgii aducent uiginti homines sibi consimiles, decem ex ipsis electos ; et ipsi duo cum patre prestare sacramentum debebant super damna Comitis Cristofori, scilicet in porcis et in bouibus, que existimauimus quatuor marcis et dimidia ; ipso die adueniente filij Welpyrit coram nobis persoluerunt cum nobilibus sibi consimilibus sunt constituti contra Cristoforum. Jam dictus C. non fecit ipsos intrare, sed reddidit iustum et inculpabilem cum iobagionibus suis. Item Paulus et Detricus filij Mate, et Ladizlaus filius Thome, tandem Paulus et Petrus (így) filius Welpirit cum iobagionibus reddiderunt iustum ab ipsa causa. Datum feria quinta ante festum Sancti Georgij.

K í v ü l : Super expedicione pro Paulo Petro contra Cristoforum, Paulum et alyos.

(Eredetie bőrhártyán, a zárpecsét elveszett ; a budai kir. kamarai levéltárban.)

378.

*IV. László királynak Modor helységet tárgyazó adománya
János mester, Péternek fia számára. 1287.*

Ladizlaus Dei gracia Hungarie, Dalmacie, Croacie,
Rame, Seruie, Gallicie, Lodomerie, Cumanie Bulgarieque Rex
omnibus Christi fidelibus tam presentibus quam futuris presentem litteram inspecturis salutem in omnium saluatore.
Quoniam Regum et mundi Principium reuerencie congruit et
honori, vt suos subiectos summo opere de bonis efficere stu-
deant meliores, non solum metu penarum, verum, cciam vber-
rima exortacione premiorum. Proinde ad vniuersorum noticiam tam presencium quam futurorum harum serie volumus
peruenire, quod cum Comes Johannes filius Petri de Comitatu
Posoniensi gratum nobis semper et vbique et laudabilem
impenderit famulatum, se et sua diuersis fortune casibus
exponere non formidans, et sudores bellicos pro fidelitate
nobis et Corone debita, sustinere non pauescens, pro quibus
in conspectu Nostre Maiestatis gratus non immerito haberi
debuit et acceptus. Et quamquam ipsius seruicia meritoria
propter sui multiplicitatem presentibus inseri nequeant seriatim : quedam tamen recommendacione digniora volumus
explicare. Hec scilicet : quod cum Opwr Woyuoda diuersis
infidelitatum generibus, immo eciam crimine lese Maiestatis
repletus, Regnum nostrum, et specialiter prouinciam Comitatus Posoniensis miserabiliter deuastaret ; idem Comes Johannes, collectis viribus consanguineorum et suorum proximorum, suorum contra eundem insurgens leuato, vt premisimus, in orrendam desolacionem Regni nostri procedentem
exercitu, victoriam nobilem, licet non modica cede suorum
mediante, de eodem reportauit ; castrum cciam Posoniense
per eundem Opur, auxilio et execrabili consilio filiorum
Henrici infidelium Regni nostri specialium, obsidione facta
non modica captum et detentum, idem Comes Johannes non

29*

parcendo persone sue suorumque proximorum, nec amissioni possessionum sew rerum, laudabili sagacitate recuperatum personaliter ad nos accedens nostre reddidit potestati. Nec hoc pretermittimus, quod castrum ipsum Johannis Comitis sew predium per predictum Opwr et suos complices captum extitit et crematum, quod Turna nominatur, vbi in huius castri combustione et predij deuastacione damnum mille marcarum est perpessus ; et quidam Stephanus nomine cognatus eius interemptus, alijs quam pluribus letaliter wineratis. Aliud eciam castrum suum et predium Nyek vocatum in cinerem deductum extitit, deuastatum et destructum ; vbi non sine magna cede suorum damnum eidem mille marcarum est illatum. Nos igitur in recompensacionem fidelitatum et seruiciorum ipsius Comitis Johannis, et ad aliqualem restauracionem sui damni, quoddam predium filiorum Henrici Modur vocatum, situm in Comitatu Posoniensi, cum suis pertinencijs, attinencijs et vtilitatibus vniuersis, propter infidelitates suas manifestas ab ipsis filijs Henrici anferendo, dedimus donauimus et contulimus eidem Comiti Johanni filio Petri, et per eum suis heredibus heredumque suorum successoribus iure perpetuo possidendum. Cuius quidem predij cursus metarum, prout in litteris Capituli Posoniensis fidelium nostrorum contineri vidimus, hoc ordine distinguntur : Prima meta incipit a villa Turna, et vadit versus aquilonem ; deinde commetatur ville Sumberg ; deinde per beroh vergit ad fontem Borzonch vocatum ; et inde venit ad riuulum Lizw ; abhinc ad riuulum Pylwa, vbi commetatur villis filiorum Tyburchij ; deinde versus orientem transit quendam montem Surno vocatum, cuius pars ville Modur pertinet, alia parte filijs Tyburcij remanente ; inde descendit ad villam Dumbo ; inde per nemus Zumplo dictum venit ad fluuium Bozonch ; inde ad villam Vysta filiorum scilicet Tiburcij supradicti ; inde ad villam Chanuk ; inde ad stratam puplicam, que ducit versus Tyrnam ; inde reuertitur ad primam metam videlicet villam Twrna, ibique terminatur. Vt igitur huius nostre collacionis series robur optineat perpetue firmitatis, nec aliquorum machinacione perturbetur imposterum, presentes concessimus litteras dupplicis sigilli nostri munimine roboratas. Datum per manus discreti viri Magistri Theodori Prepositi Scebiniensis aule nostre ViceCancellarij dilecti et fidelis nostri, anno Domini millesimo ducentesimo octuagesimo septimo, octano kalendas Februarij, indiccione quindecima, Regni autem nostri anno sedecimo.

(Eredetie bőrhártyán a budai kir. kamarai levéltárban.)

379.

IV. László király Radvan helységre vonatkozó határigazítás privilegiuma Dénes, Jurk fia számára. 1287.

Ladizlaus Dei gracia Hungarie, Dalmacie, Croacie, Rame, Seruie, Gallicie, Lodomerie, Cumanie Bulgarieque Rex omnibus Christi fidelibus tam presentibus quam futuris presentem litteram inspecturis salutem in Domino sempiternam. Quod Regia auctoritate sancitur, perpetuo innititur fundamento firmitatis. Proinde vniuersorum presencium futurorumque noticie harum serie declaramus, quod Dionisius filius Jurk in Nostre Maiestatis presencia constitutus humili supplicacione postulauit, quod terram suam, quam habet in Radona, optentam a Doboz et Adam cognatis suis, cum terra piscatorum nostrorum de eadem mixtim existentem, misso homine nostro, erectis metis faceremus separari, et quasdem particulas de terra piscatorum nostrorum eidem conferre dignaremur. Nos igitur attendentes fidelitates et seruicia meritoria eiusdem, que nobis in diuersis expedicionibus Regni nostri impendit laudabiliter et deuote; et specialiter in expedicione quam habuimus contra Regem Boemorum, nostrum et Regni nostri anticum inimicum, vbi idem Dionisius pro fidelitate nobis debita letalia wlnera supportauit; et eciam in conflictu, quem contra perfidiam Cumanorum in loco Hod vocato, oportuit nos habere, suas fidelitates sanguine proprio demonstrauit : peticiones eiusdem pociora promerentis admittendas in pre-

missis duximus cum effectu. Mittendo Magistrum Alexium
Aule nostre fidelem Notarium ad ea fideliter exequenda ; qui
ipsas terras separauit, adiectis quibusdam particulis de
predicta villa piscatorum tali modo : quod sub quodam monte
Urpin iuxta Goron et riuulum Bobocha est quoddam fenetum,
quod eidem reliquimus a terra ipsorum piscatorum eximendo ;
deinde transiendo fluuium Goron ad partem occidentalem
versus ecclesiam Virginis Gloriose in fine ville Rodona est
quidam puteus pro meta positus ; inde ascendit per medium
ville predicte in quadam via ad eandem plagam, vbi est
quedam arbor pomi siluestris pro meta posita ; deinde transiens quoddam virgultum venit ad fluuium Mylho ; et inde
venit versus domum Chegned per eundem riuum ; deinde
venit ad viam que ducit ad Turuch, et per ipsam cadit ad
riuum Odurna ; et ascendendo parum saliens de ipso riuo ad
partem dextram venit ad commetaneitatem Chegned, vbi est
meta terrea ; inde per pontem paruum vadit versus Iuanzeke
ad partes silue ; dehinc supra domum heremitarum cadit ad
riuum Seunce ; et inde venit ad viam qua itur ad Turuch ;
rediensque per ipsam viam cadit ad predictum riuum Odurna,
qui ducit versus montem Urpin, et cadit in Goron, ibique
terminatur. In cuius rei memoriam, seu donacionis firmitatem
eidem Dionisio et suis heredibus, heredumque suorum successoribus, vt eedem terre per ipsos more aliorum nobilium in
Comitatu de Zolum possessiones habeucium irretractabiliter
possideri valeant et haberi, presentes concessimus litteras
dupplicis sigilli nostri munimine roboratas. Datum per manus
discreti viri Magistri Theodori Prepositi Scybiniensis, Aule
nostre ViceCancellarij dilecti et fidelis nostri anno Domini
M°CC° octuagesimo septimo.

(III. Eudre királynak 1296-ki megerősítő okmányából, a Radvánszky
család levéltárában. Töredékét közzé tette Fejér Cod. Dipl. V. köt.
3. rész 354. lap.)

380.

IV. László királynak Bika helységet tárgyazó adománya Osl nemzetségbeli Gergely, Imre mesternek fia számára. 1287.

(L)audizlaus Dei gracia Hungarie, Dalmacie, Croacie, Rame, Seruie, Gallicie, Lodomerie, Bulgarie Cumanieque Rex omnibus Christi fidelibus tam presentibus quam futuris presens scriptum intuentibus salutem in omnium saluatore. Ad decorem pertinere dignoscitur excelse Maiestatis, ut speciales speciali gracia prosequatur et fauore, quorum ex parte probitas et uirtutis constancia claruit in prosperis et aduersis luce clarius et refulsit. Proinde ad vniuersorum noticiam harum serie volumus peruenire, quod Gregorius filius Magistri Emirici de genere Osl dilectus et fidelis paruulus noster accedens ad nostram presenciam quandam terram Byka uocatam sine heredibus decedencium, a parte Tartarorum uacuam et habitatoribus destitutam, et in faciem eiusdem terre ecclesiam in honore Beati Nicolai confessoris constructam in Comitatu Jauriensi existentem, humiliter et instanter petiuit a nobis sibi dari. Nos siquidem, qui ex susscepti regiminis nostri officio cunctorum fidelium nostrorum meritorijs seruicijs et gratuitis obsequijs de Regie benignitatis magnificencia occurrere et respondere tenemur pio remedio congruo et effectu ; illos potissimum debemus remuneracionis antidoto extollere, quos et sanguinis insignit nobilitas, et intemerate fidelitatis commendat sinceritas seu effectus. Ex ipsius itaque seruicijs Gregorij, dilecti et fidelis nostri, aliquos ex suis actibus, et si non omnes, fidelibus famulatibus, quedam pauca per presentes duximus declaranda. Specialiter autem tunc, cum sub castro Perystien fuissemus, cum omni exercitu Regni nostri super infideles nostros filios Henrici Bani, videlicet Johannem et Nicolaum, Gregorius cum proximis suis, Herberdo filio Herbordi, et Andrea filio Petri, pro nobis et Regno nostro per eosdem infideles nostros extiterunt captiuati, et idem Gregorius de eadem captiuitate cum ducentis marcis — — — — exceptis possessionum suarum spolijs et dissipacionibus. Sic igitur ipsius seruicijs recensitis, ut alij huiusmodi exemplo ad fidelitatis opera facilius accendantur; qui idem Gregorius maiori remuneracione et laudum preconijs per nos esset attollendus, licet pro minimo habeantur : tamen in recompensacionem ipsius seruicij, et dampnorum 'suorum pro nobis perpessorum, eaudem terram Byka nuncupatam, iuxta Mezeuraba adiacentem, a parte meridionali Moruchyda uicinatur, et a parte septemtrionali similiter uicinantur nobiles de Bobwsd et Musunienses, cum omnibus utilitatibus et pertinencijs vniuersis, de consensu et beneplacito omnium Prelatorum, Archiepiscoporum, Episcoporum et Barronum nostrorum, dedimus, donauimus et contulimus ipsi Gregorio, et per eum suis heredibus, heredumque suorum successoribus iure perpetuo et inreuocabiliter tenendam pacificc pariter et habendam in eisdem metis antiquis et terminis, quibus dicta terra per priores possessores extitit limitata et possessa. Vt igitur huius nostre donacionis seu collacionis series robur obtineat perpetue firmitatis, nec processu temporum ualeat per quempiam in irritum reuocari, seu aliquatenus retractari; presentes concessimus litteras dupplicis sigilli nostri munimine roboratas. Datum per manus discreti viri Magistri Theodori Albensis Ecclesie Prepositi aule uostre ViceCancellarij dilecti et fidelis nostri, anno Domini millesimo ducentesimo octuagesimo septimo.

(Eredetie bőrhártyán, melyről a rózsaszinű selyemzsinóron függött pecsét elveszett; a budai kir. kamarai levéltárban.)

381.

IV. László királynak Bezew helységre vonatkozó határjárási parancsa a leleszi konventhez Panky-i Péter és Jakab mesterek számára. 1287.

Ladizlaus Dei gracia Rex Hungarie fidelibus suis Conuentui de Lelez salutem et graciam. Dicunt nobis Magistri Petrus et Jacobus de Panky, quod quedam possessio ipsorum Bezew uocata in Comitatu de Vng existens apud ipsos habita reambulacione et metarum ereccione indigeret. Super quo fidelitati uestre firmiter precipimus, quatenus uestrum detis hominem ydoneum pro testimonio, coram quo Jacobus de Korchwa, vel Gregorius filius Othman altero absente homo noster connocatis uicinis et commetaneis uniuersis accedat ad faciem prescripte possessionis Bezew, et eandem presentibus ipsis per suas ueras et antiquas metas ucteres, ubi necesse fuerit nouas metas erigendo, reambulet, reambulatamque et ab aliorum possessionibus separatam et distinctam statuat eandem predictis Magistris Petro et Jacobo de Panky éo iure, quo ad ipsos pertinere dignoscitur perpetuo possidendam, si non fuerit contradictum, contradictores uero, si aliqui fuerint, citet ipsos contra eosdem Petrum et Jacobum de Panky in nostram Presenciam ad terminum competentem; et posthec seriem ipsius reambulacionis cum cursibus metarum ucl nominibus contradictorum cum termino assignato nobis fideliter rescribatis. Datum Bude in octauis festi Beati Michaelis Archangeli anno Domini M°CC° octauogesimo septimo.

(A leleszi konventnek 1287-ki bizonyságleveléből, mint alább 387. sz. a.)

382.

IV. László király jóváhagyja Moys mester özvegyének, nővére Erzsébet számára történt, Zopukun helységet tárgyazó adományát. 1287.

Ladizlaus Dei gracia Hungarie, Dalmacie, Croacie, Rame, Seruie, Gallicie, Lodomerie, Cumanie Bulgarieque Rex omnibus tam presentibus quam futuris presens scriptum inspecturis salutem in vero salutari. Quod Regia auctoritate sancitur, perpetuo nititur fundamento firmitatis. Proinde ad vniuersorum tam presencium quam futurorum noticiam harum serie volumus peruenire : quod cum ad dominam Elisabeth sororem nostram karissimam accessissemus ad Insulam Virginis Gloriose, domina relicta Magistri Moys cognata nostra nobis retulit oraculo viue uocis, quod quandam terram Zopukun vocatam prope Erche existentem, quam eadem ex collacione domine Regine consortis nostre karissime habuit, tenuit et possedit, cum suis pertineucijs (et) attinencijs vniuersis dedit, donauit et contulit eidem domine Elisabeth, non Ecclesie sed persone, iure perpetuo pacifice et quiete possidendam; petens cum instancia, vt predicte donacioni consensum Regium prebere dignaremur et assensum. Nos igitur iustis et condignis peticionibus eiusdem domine inclinati Regio cum fauore, premisse collacioni consensum prebuimus liberalem, de conniuencia Nostre Maiestatis dando eidem domine E. sorori nostre facultatem, ipsam terram pro se retinendi, aut donandi vel vendendi, seu eciam quouis modo alienandi in morte uel in uita. In cuius rei memoriam firmitatemque perpetuam presentes concessimus litteras dupplicis sigilli nostri munimine roboratas. Datum per manus Magistri Theodori Prepositi Zybiniensis Aule nostre ViceCancellarij dilecti et fidelis nostri anno Domini M°CC° octogesimo septimo, octano kalendas Februarij, Regni autem nostri anno sedecimo.

(Eredetie bőrhártyán, a királynak vörös-zöld selyemzsinóron függő pecsétje alatt ; a főmélt. herczeg Eszterházy család levéltárában.)

<hr/>

383.

IV. László királynak bizonyságlevele, hogy a Hym ud-i nemesek azon eladásba beleegyeztek, melylyel Mihály, Mihálynak fia Kernye helységet Folkus comesre átruházta. 1287.

Nos Ladizlaus Dei gracia Rex Vngarie memorie commendantes significamus quibus expedit vniuersis, quod Stephanus et Johaunes filij Syke, et Emiricus, Janus, item Petrus filius Boych nobiles de Hymud, coram nobis personaliter constituti retulerunt viua voce, quod Comiti Folkus de Ludan super empcione terre Kernye a Michaele filio Michaelis consensum preberent liberalem, assumpmentes et obligantes se, ut nunquam de cetero eundem Comitem Folkus poterunt molestare racione terre memorate. Datum in Corpona in dominica Letare anno Domini M°CC° octuagesimo VII°.

(Eredetie bőrhártyán, melynek oda nyomott pecsétje elveszett; a főmélt. herczeg Eszterházy család levéltárában.)

384.

Az egri káptalannak bizonyságlevele, hogy Akus nemzetségbeli István mester, Erney bánnak fia, Zuhai Albert comesnek Fulbarcha helységet átengedte. 1287.

Omnibus Christi fidelibus tam presentibus quam futuris presens scriptum inspecturis Capitulum Ecclesie Agriensis salutem in omnium saluatore. Ad vniuersorum noticiam tenore presencium volumus peruenire ; quod Magistro Stephano filio Erney Bani de genere Akus ex una parte, ab altera vero Comite Alberto filio Johannis de Zuha, coram nobis personaliter constitutis; prefatus Magister Stephanus proposuit viuauoce, quod quandam terram suam hereditariam Fulbarcha nomiuatam in Comitatu de Borsod existentem, sub eisdem certis metis et antiquis, quibus ipse possidebat, cum omnibus vtilitatibus et pertinencijs suis, ob merita seruiciorum, que ipse Albertus sibi fideliter exhibuit, exponendo se pro ipso omnibus casibus fortune, et letalia wlnera tollerando; et specialiter pro sumpua sexaginta marcarum, quibus dictus Albertus de captiuitate, in qua cum eodem et pro eodem per Magistrum Fyntha de genere Aba detentus extiterat, se redemit, dedisset et contulisset, ipsi Alberto, et per ipsum suis heredibus heredumque suorum successoribus, jure perpetuo et irreuocabiliter pacifice possidendam et habendam. Insuper obligauit se dictus Magister Stephanus et heredes suos, predictum Comitem Albertum et heredes suos ab omnibus racione prefate terre inpetere nitentibus defendere et expedire proprijs laboribus et expensis, et in pacifica possessione ipsius terre indempniter conseruare. In cuius rei testimonium ad instanciam ipsius Magistri Stephani presentes contulimus sigilli nostri munimine roboratas. Presentibus tamen Magistro Saulo Lectore, Myko Custode, Marco Cantore, Martino de Heues, Nicolao de Sumbun, Bernardo de Borsua, Gregorio de Zabolch, Martino de Zemlyn, Petro de Kemey, et alijs multis; anno Domini M^oCC^o octuagesimo septimo. Regnante Ladizlao Illustri Rege Hungarie; Lodomerio Strigoniensi, Johanne Colocensi Archiepiscopis ; et domino nostro venerabili patre Andrea Dei gracia Episcopo Agriensi existentibus.

(I. Lajos király »in Visegrad in festo Beate Lucie Virginis et martis« 1373. kiadott kerestetö parancsának folytán az egri káptalannak 1373-ki »feria sexta proxima ante festnm Natiuitatis Domini« »Beke filius Demetrij de Zubud pro se et pro Mychaele, Anthonio et Andrea filijs suis, ac nobili domina Lucia vocata filia Alberti de Fulbarch« kérésére kelt átiratából ; a budai kir. kamarai levéltárban.)

385.

A hay-i káptalannak bizonyságlevele, hogy Szent-Lászlói Rucha Pucha helységet eladta testvéreinek. 1287.

A   B   C

Magister Symon Prepositus et Capitulum Ecclesie Sancti Laurencij de Hoy vniuersis Christi fidelibus presens scriptum inspecturis salutem in omnium saluatore. Ad vniuersorum noticiam tenore presencium volumus peruenire : quod Rucha de Sancto Ladizlao in nostri presencia personaliter constitutus quandam terram suam Pucha vocatam, titulo empcionis ad se solum pertinentem, necessitate seu paupertate compellente, ut dicebat, cum vtilitatibus suis et pertinencijs, videlicet cum ecclesia Sancti Ladislai uocata seu constructa, et Patronatu eiusdem, professus est, se uendidisse viginti quinque marcis Rehen, Michaeli, Paulo et Johanni fratribus suis et cognatis, ac ipsorum heredibus perpetuo iure possidendam, et nullo contradictore existente. Quam siquidem dictam sumpnam pecunie idem Rucha dixit se recepisse ab eisdem plene et integre; ita tamen, quod Rehem

et Michael predicti tres partes in terra predicta — — — —
— — — — — — — — — — — — — — empcio seu
uendicio robur optineat perpetue firmitatis, in memoriam rei
geste ad peticionem parcium presentes damus litteras sigilli
nostri munimine roboratas. Datum anno Domini M°CC° octuagesimo septimo. Dyonisio Custode, Jacinoto Decano, Magistro Johanne, et ceteris in Ecclesia Dei famulantibus.

(Eredetie bőrhártyán, melynek függő pecsétje elveszett ; a főmélt.
herczeg Eszterházy család levéltárában.)

386.

*A zágrábi káptalannak bizonyságlevele, hogy a Brochinai
nemesek Graduch és Germanigy helységeket eladták István
bánnak. 1287.*

Capitulum Zagrabiensis Ecclesie omnibus presens
scriptum inspecturis salutem in Domino sempiternam. Ad
vniuersorum noticiam tenore presencium volumus peruenire,
quod costitutis in nostri presencia ab una parte Comite Elya
et Magistro Petro seruientibus nobilis uiri Stephani Bani filij
Comitis Stephani vice et nomine eiusdem domini sui; ab
altera uero Draguan filio Herne, Herenk filio Obrad, et
Wolk filio Jako de Graduch, item Bratk filio Petk, Gordona
filio Wydozlov et Wolkoy filio Guduzlav de Germanichy
nobiles de Brohina; predictus Draguan et ceteri de parte sua
prenominati terram suam hereditariam Graduch nuncupatam
metis distinctam infrascriptis ; item Bratk et alij similiter de
parte sua prenominati terram suam hereditariam Germanigy
nuncupatam eciam metis infrascriptis distinctam confessi sunt
es uendidisse et tradidisse prefato Stephano Bano, et per
eum suis heredibus heredumque successoribus iure perpetuo
possidendas et habendas pro sexaginta marcis; Draguan
scilicet cum proximis suis prenotatis pro triginta marcis;

Bratk uero cum proximis suis similiter pro triginta marcis denariorum Zagrabiensium receptis ab antedicto Stephano Bano plenarie, ut dixerunt. Obligantes se ijdem uenditores ad expediendum ipsum Stephanum Banum ab omni, si quam racione ipsarum terrarum contra eundem oriri per quempiam contingeret in posterum cum suis proprijs laboribus et expensis; saluis et integris hijsdem uenditis terris apud dictum Stephanum Banum cum utilitatibus et pertinencijs earundem vniuersis remanentibus. Prima meta terre Graduch, sicut homo noster et partes una cum eodem nobis retulerunt, incipit in valle Cobyldol uocata iuxta fluuium Brachyna; inde uersus septemtrionem per paruam viam eundo peruenit ad paruum montem Wyherdobrotyn dictum; inde tendit ad fluuium Golobynnyk, et per eundem fluuium descendendo per magnum spacium peruenit ad arborem quercus; inde adhuc ex parte septemtrionali eundo uenit ad duas arbores quercus; inde in fluuium Behov, ibique est meta terrea; inde per eundem fluuium superius usque ad caput fluuij; inde (ad orientem) iuxta quandam vineam Martini; inde per eundem montem ad duas arbores quercus; inde tendit inferius uersus orientem iuxta vineam cuiusdam nomine Tolen; inde in fluuium Brochyna, vbi est arbor egurfa, et per ipsum fluuium ascendendo peruenit ad priorem metam, ubi distingitur medietas terre Gradruch (így). Alterius uero medietatis eiusdem terre Graduch prima meta incipit iuxta duas arbores quercus sitas super vineam Tolen, tendit per montem uersus septemtrionem, uenit ad arbores quercus; inde super aliam vineam cuiusdam Draguani nomine, ubi sunt due mete terree; inde uersus orientem descendit in fluuium Brochyna, ubi est arbor pro meta fyzfa; inde aquam transeundo ad quendam monticulum, ubi sunt due mete terree; inde per planiciem tendit ad fontem Woloych nuncupatum; inde ad quandam vineam desolatam Malsec uenit in fluuium Bruznyk, transeundoque eundem uenit per vallem ad arborem berekene; inde uenit ad fluuium Zuynchy vocatum; inde in vallem Cobyldol; inde in fluuium Brochynam; inde descendendo per ipsum fluuium in magna spacio uersus occidentem uenit ad duas arbores quercus, scilicet primas metas. Prima autem meta predicte terre Germaningy nuncupate, sicut similiter homo noster una

cum partibus nobis retulerunt, incipit iuxta siluam Tolaz(ow)
chelov uocatam, de fluuio Brusnyk uocatum (igy) tendens
uersus occidentem, et transiens eundem fluuium uenit
ad prefatam vineam Malsa ; inde ad fontem Wolaych; inde
in fluuium Brochyna, ubi est arbor salicis; inde ad montem
iuxta vineam Dragani predicti, ubi est meta terrea ; inde per
eundem montem uersus septemtrionem in paruo spacio uenit
ad duas metas terreas; inde ad alium maiorem montem
ascendens, descendensque uersus occidentem circuit quandam
vallem, et flectitur iterum uersus septemtrionem per viam
ducentem supra fontem Petyn ; inde ad vineam pertinentem
ad grangyam Abbatis de Brochina, ubi est meta terrea; inde
per viam Klanch uocatam, ubi uertitur ad orientem, et cadit
in riuum Petyn, ubi est arbor nucis; inde ad quandam paludem, et inde ad vineam Ecclesie Sancti Martini de Brochina;
inde ad fluuium Brohina, ubi riuus Torbochyn cadit in eundem fluuium Brochina, et per eundem riuum Torbochyn ascendens venit ad viam quandam, per quam procedens uenit
ad fluuium Blagusugy; inde ascendens per viam super locum
Lokowischa peruenit ad duas arbores quercus, ubi sunt due
mete terree; inde reuertitur ad priorem metam. In cuius rey
memoriam presentes ad instanciam parcium concessimus
sigilli nostri munimine roboratas. Datum in festo Beati
Egidij confessoris anno Domini M⁴CC⁰ octuagesimo septimo.

(Eredetie bőrhártyán, a függő pecsét elveszett; a budai kir. kamarai
levéltárnak Zágrábban lévő részében. Ugyanott megvan »Leustachius
Regni Sclauonie Banus«-nak 1362. »Zagrabie secundo die festi Pasce«
»Magister Michael et Georgius dicti Zwdor filij Dominici de Bulch,
suis et Magistrorum Petri, Symonis, Stephani, Johannis et Emerici
fratrum suorum in personis« történt kérésére kiadott átirata is.)

387.

A leleszi konventnek Bezew helység határjárásáról szólló bizonyságlevele. 1287.

Omnibus Christi fidelibus presentibus pariter et futuris presencium noticiam inspecturis Conuentus Ecclesie Sancte Crucis de Lelez salutem in Domino sempiternam. Noueriut uniuersi, quod nos receperimus litteras Excellentissimi Principis domini Ladizlai Dei gracia Regis Hungarie, iu huuc tenorem:

Ladizlaus Dei gracia Rex Hungarie stb. (következik IV. László királynak határjarási parancsa, mint fentebb 381. sz. a.)

Nos igitur mandatis ipsius domini Regis cupientes atisfacere, sicut tenemur, cum predicto Jacobo de Korchwa homine domini Regis fratrem Agustinum transmisimus ad supradicta facienda. Qui postmodum ad nos reuersi tali modo retulerunt nobis, quod ipsi in festo Undecim Milium Uirginum accessissent ad faciem prescripte possessionis Bezew vocate, et ipsam possessionem omnibus suis uicinis conuocatis et ipsis presentibus nullo contradictore apparente reambulassent; ita quod prima meta incipit in quodam loco, ubi quidam fluuius Chabrad uocatus cadit in fluuium Zechna uocatum, ubi sunt due mete terree; ubi in eodem fluuio Chabrad uadit superius uersus orientem, et per eundem ad magnum spacium transeundo ueniet ad duos monticulos suppletos, quos pro meta commiserunt iuxta eundem fluuium Chabra; abinde tendit uersus meridiem, per paruum spacium ueniet ad unum fluuium Kyzwechynite uocatum; inde procedit uersus orientem per magnum spacium; exit de ipso fluuio Kyzwathnite in eo loco, ubi fluuius Monerouspatak vocatus exit; postmodum seruat ad meridiem, et peruenit ad aquam Jezenew uocatam, ubi ultra ipsam sunt due mete terree; deinde procedit adhuc ad eandem plagam meridio-

nalem, et pertranseundo quandam siluam peruenit ad campum Nyresmezeu uocatum, ubi in medio ipsius campi sunt
due mete terree; et ibi reflectitur uersus occidentem, et
transeundo peruenit ad quendam locum Rakathyas uocatum;
deinde eundo iungit ryuulum Zachka, ubi iuxta ipsum ryuulum
sunt due mete terree; et ibi regreditur in eodem ryuulo uersus
meridiem, et pergendo in eodem ipse ryuulus cadit ad
fluuium Zenethniche uocatum, ubi sunt due mete terree; et
in ipso fluuio Zenethnice ad modicum descendendo exit ad
meridionalem partem de eodem, et ibi sunt due mete terree;
abhinc super quodam modico ryuulo ad eandem plagam eundo
exit de eodem uersus occidentem, et ibi sunt due mete terree;
deinde ad eandem plagam transit unum campum, et peruenit
ad siluam vnam Kemenyk uocatam, iuxta quam siluam sunt
duo mete terree ; deinde adhuc uersus occidentem iuxta
ipsam siluam eundo uenit ad finem cuiusdam campi, ubi
sunt due mete terre ; pereundo ab ipso loco pertransit quandam siluam paruam, et iungit unum campum paruum, in quo
sunt due mete terree; abhinc progrediendo per siluam cadit
in unum ryuulum Zachka uocatum, ubi sunt due mete terree;
in quo quidem ryuulo descendendo cadit in predictum fluuium
Zethna uocatum; et descendendo in eodem fluuio ad partem
aquilonalem peruenit ad locum priorem, ubi dictus fluuius
Chabrad cadit in Zethna; et taliter terminantur mete predicte
possessionis Bezew, sicut homines prenominati nobis recitarunt. In cuius rei memoriam perpetuamque firmitatem presentes litteras nostras priuilegiales concessimus cum pendenti sigillo nostro munimine roboratas. Datum in uigilia festi
Beatorum Symonis et Jude Apostolorum anno supradicto.

(Eredetie bőrhártyán, hártyazsinegen függő pecsét alatt; a budai kir.
kamarai levéltárban.)

388.

A túróczi konventnek jelentése IV. László királyhoz, hogy De-
meter mester Zólyomi főispán Neczpál birtokában statuáltatott.
1287.

Exellentissimo domino suo Ladizlao Dei gracia Illustri
Regi Hungarie Prepositus et Conuentus Monasterij Beate
Virginis de Thwroch Ordinis Premonstratensis oraciones in
Domino assiduas et deuotas. Litteras Vestre Serenitatis sub
nouo sigillo vestro recepimus continentes, vt mitteremus
hominem nostrum pro testimonio, coram quo Magister Demetrius Comes de Zolum quandam terram seu villam Neczpal
vocatam in Thwroch existentem statueret et assignaret
Johanni filio Marchuka, si non fuerit contradictum, contradictoribus autem, si qui fierent, ad vestram presenciam ad
terminum competentem euocatis, et post hec seriem tocius
facti et cursus metarum Vestre Excellencie rescribere deberemus. Nos igitur Vestre Maiestati obtemperare cupientes, vt
tenemur, misimus vnum ex nobis virum idoneum pro testimonio fidedignum, qui demum cum eodem Magistro Demetrio
Comite de Zolum homine vestro ad nos reuersus dixit; quod
ipse homo vester presente eodem homine nostro comparuisset
super faciem prefate possessionis, et eandem presentibus
omnibus commetaneis et vicinis per veteres et antiquas metas
reambulando statuisset et assignasset predicto Johanni nullo
contradictore existente. Mete autem ipsius terre, prout idem
homo vester et noster retulerunt, hoc ordine distinguntur :
Prima meta incipit a parte orientali circa vnum lapidem
Wrathnycha vocatum ; inde currit tendendo versus occidentem ad apicem vnius montis wlgariter orom vocatum, et ibi
venit ad vnum lapidem Kozol dictum ; inde super eundem
apicem montis uersus eandem plagam tendendo transcurrit

30*

veniendo ad vnam communem et publicam viam, penes quam
est vna terrea meta; inde tunc vlterius per eandem plagam
versus videlicet occidentem venit ad vnum parunm nemoro-
sum montem wlgo Kysberche; et ibi super eodem transit per
vnam viam graminosam seu non multum deambulatam per
totum, et per eandem plagam occidentis tendentem; adhuc
iungit sibi aliud kysberche Nakol dictum, de quo vadit ad
tres metas terreas, que separant a possessione Prybolch
vocata; et ad vltimum decessit ad vnam metam terream
arborem pomi (?) thwlffa in se continentem, vbi cadit in
quemdam pothok Kulnyk dictum; et per ipsum pothok currit
inferius ad vnam metam arborem pomi in se continentem
iuxta ipsum pothok, de quo adhuc in eodem pothok tendendo
inferius exit de ipso pothok, et reflectit se ad septemtrionem
ad vnam metam terream, de qua vadit ad quemdam berch,
in cuius vertice est vna meta arborem nyrffa in se continentem; et iterum reflectit se parumper ad orientem ad vnam
metam terream, de qua postmodum tendit de ipso berch
similiter ad septemtrionem in bykor, quem bykor transit ad
pratum, et ascendit ad quasdam salices, sub quibus mete
continentur; de quibus currit superius ad berch, directe
transit et tendit de eodem ad quemdam gymulchen alias
nahloh vocatum: de quo vadit ad arborem piri, et deinceps
currit inferius, et cadit in quemdam fluuium Bela vocatum,
quod pertransit ad salicem, sub qua est meta, de qua curri
et vadit ad quemdam pothok, per quem postmodum reflectit
se iterum ad orientem, et iuxta ipsum est posita vna meta,
que separat a possessione Sabocrck, per quam ascendit et
iungit Swthathmelnycha; et iterum per ipsum Chmelnycha
vadit superius in fiuuium Chmelnycha dictum, et per ipsam
Chmelnycha; deinde vadit ad quosdam lapides eghettkew
vocatos; inde ascendit ad fontem vnum ex quo emanat fluuius
vnus Lubochna dictus: deinde vadit vlterius ad alpes ad
vnum lapidem dictum fekethekew; deinde consequenter
reflectitur ad meridiem per vnum orom wlgariter brdo; et
deinde persaltat per pothok Rewwche dictum; et e conuerso
transit per vnum orom ad vnum lapidem Werthekew dictum;
inde consequenter reflectitur ad occidentem ad Kerezthesha-
was vocatum; et inde reflectitur per semitam, per quam itur

ad Bistriciam Zoliensem; et tendit vltimo ad prescriptum lapidem Wrathnycha nominatum, et ibi terminatur.

(Révay Ferencz nádorhelyettesnek 1549. »Posonij feria tercia proxima post festum Beati Andreae Apostoli«, és Oláh Miklós esztergami érsek és kir. helytartónak 1565. »Posonij feria quinta proxima post festum Omnium Sanctorum« kiadott itéletleveleiből. Az adománylevelet lásd Fejérnél Cod. Dipl. V. köt. 3. r. 348. l.)

389.

IV. László királynak bizonyságlevele, hogy a nyúlszigeti apáczazárda óvást tett, ne hogy Path helység Verner comes budai birónak adományoztassék. 1288.

Nos Ladizlaus Dei gracia Rex Hungarie damus pro memoria, quod fratres Augustinus et Thomas de Ordine Fratrum Predicatorum coram nobis personaliter comparendo protestati sunt, quod possessio Path ocata, quam Comes Wernelius Judex Castri Budensis, et Blasuis de Neg a nobis sibi dari postularunt, esset dominarum de Insula Virginis Gloriose, et super ipsa possessione nostrum priuilegium haberent confectum domine supradicte. Datum in Egrus in festo Sanctorum Cosme et Damiani anno Domini M°CC° octuagesimo octauo.

(Eredetie bőrhártyán, a pecsét elveszett; a budai kir. kamarai levéltárban.)

390.

Erzsébet királynénak Omersa helységet tárgyazó adománya
János comes, Sydonak fia számára. 1288.

(E)lyzabeth Dei gracia Regina Vngarie vniuersis Christi
fidelibus presens scriptum inspecturis salutem in omnium
saluatore. Fidelitas et merita subiectorum ad ampliandam
Regalem graciam in subditis Celsitudinem Regiam non
inmerito attrahunt et inuitant, ut hoc exemplo fideles ad
inquirende (igy) gracie cupiditatem multo forcius accendantur. Proinde ad vniuersorum noticiam tam presencium quam
futurorum harum seriec volumus peruenire, quod cum Comes
Johannes filius Sydo fidelis noster domino Stephano Regi
socero nostro karissimo inclite recordacionis, et domino
Ladizlao illustri Regi Vngarie consorti nostro predilecto
ac nobis demum, eximie fidelitatis opera, meritoria obsequia
et fidelissimos famulatus in diuersis expedicionibus, articulis,
et negocijs Regni; maxime et specialiter in conflictu, quem
idem dominus noster Rex habebat contra perfidiam Cumanorum ipsum indebite persequencium, et sub castro Bacurku
tunc, cum eundem expugnari fecissemus, ictus missilium et
iactus lapidum non formidans, fortune casibus se submittendo,
nobis et omnibus Baronibus nostris cernentibus wlnus letale
in se recipiens, pro fidelitate Regie Corone debita laudabiliter
impendisset; in recompensacionem seruiciorum suorum et
fidelitatum ac effusi cruoris, quandam terram nostram Reginalem Omersa vocatam in Comitatu Tolnensi existentem
pecijt a nobis sibi dari. Verum quia de qualitate et quantitate
eiusdem terre nobis ueritas ad plenum non constabat, nec
uellemus nostre donacionis titulos vacillare; ad pleniorum
noticiam eiusdem terre perfeccius et uberius habendam
fidelibus nostris Capitulo Albensi dedimus in mandatis. Qui
nobis tocius terre qualitatem et quantitatem in suis rescrip
serunt litteris in hec uerba :

Excellentisime domine sue E. Dei gracia illustri Regine Hungarie Albensis Ecclesie Capitulum stb. (következik a székesfehérvári káptalannak jelentése, mint alább 395. sz. a.) Nos uero pro huiusmodi et alijs uirtutibus eiusdem Comitis Johannis, quas singillatim exprimere ad presens nou ualemus, peticiones ipsius fauorabiliter admittere cupientes, dictam terram Omerse uocatam cum suis utilitatibus et pertinencijs vniuersis dedimus, donauimus et contulimus eidem, et per eum suis heredibus heredumque suorum successoribus perpetuo et irreuocabiliter possidendam. Vt igitur huius nostre donacionis seu collacionis series robur optineat perpetue firmitatis, nec processu temporum per quempiam ualeat et debeat in irritum retractari : presentes concessimus litteras duplici (így) sigilli nostri munimine roboratas. Datum per manus Magistri Ladizlai Prepositi Vaciensis Aule nostre fidelis Cancellarij anno Domini millesimo ducentesimo octuagesimo octauo.

(Eredetie bőrhártyán, zöld-vörös selyemzsinóron függő pecsét alatt ; a főmélt. herczeg Eszterházy család levéltárában.)

391.

Erzeébet királynénak vizsgálati parancsa ugyanazon tárgyban a székesfehérvári káptalanhoz. 1288.

E. Dei gracia Regina Vngarie fidelibus suis Capitulo Ecclesie Albensis salutem et graciam. Cum Comes Johannes filius Sydo terram Omerse Reginalem in Comitatu Tolnensi existentem, in qua Carachynus de populis condicionalium nostrorum commorari dicitur, pecierit a nobis sibi dari, et de qualitate et quantitate eiusdem nobis ueritas non constet . fidelitati vestre firmiter precipiendo mandamus, quatenus detis hominem uestrum fidelem pro testimonio, coram quo

Magister Lucachyus homo noster filius Bagun, accedendo
super eandem terram, sciat et inquirat de qualitate et quantitate ipsius plenam ueritatem, et sicut uobis constiterit,
nobis fideliter rescribatis. Datum Bude tercio die octauarum
Pvrificacionis Uirginis Gloriose.

(A székesfehérvári káptalannak jelentéséből, mint alább 395. sz. a.;
a főmélt. herczeg Eszterházy család levéltárában.)

392.

*Péter veszprémi püspöknek bizonyságlevele, hogy Buzad comes
Oltarich nevű földet örökbirtokúl átengedte Oguz comesnek.
1288.*

(Petrus Dei) gracia Episcopus Vesprimiensis memorie
commendantes significamus vniuersis quibus expedit (per
presentes), quod Oguz Comite Symigiensi ab una parte, et
Buzad filio Chak ex altera coram nobis personaliter constitutis; idem Buzad asseruit uiua voce, quod terram Oltrach
vocatam, quam ipse et frater suus Nicolaus bone memorie a
Myka filio Martini pro quinquaginta marcis pro pignore rece-
perant; pro eisdem quinquaginta marcis dicto Comiti Oguz
plenc ab eodem acceptis (dederint perpetuo) possidendam.
Hac condicione interposita, quod si processu temporis dictus
Comes Oguz ipsam terram Oltrach non posset possidere ví
empticiam; extunc predictus Buzad de proprijs et hereditarijs
possess'onibus suis possessionem valentem quinquaginta
marcas darc et assignare teneretur pro ipsa terra Oltarch
uocata similiter perpetuo possidendam; sicut ad id se dictus
Buzad spontanea obligauit uoluntate. Datum in Gyoslapa in
festo Sancti Regis Stephani anno Domini M°CC°LXXX°
octauo.

(Eredetie bőrhártyán, a pecsét elveszett; a budai királyi kamarai
levéltárban.)

393.

Az egri káptalannak bizonysdglevele, hogy Olupi Pouku vajda Igrici nevü földet eladta Dezső mesternek. 1288.

A   B   C

Omnibus Christi fidelibus tam presentibus quam futuris presens scriptum inspecturis Capitulum Ecclesie Agriensis salutem in omnium saluatore. Ad vniuersorum noticiam tenore presencium volumus peruenire, quod Pouka Voyvoda filio Comitis Pouka de Olwp ex vna parte, ab altera uero Magistro Nycolao filio Kene de Beel officiali Magistri Desev coram nobis personaliter constitutis, prefatus Pouka Voywoda proposuit viua uoce, quod quandam terram suam aquisitam Igrici vocatam in Comitatu de Borsod existentem, cum omnibus vtilitatibus et pertinencijs suis, sub eisdem certis et antiquis metis, quibus ipse possidebat, vendidisset predicto Magistro Desev pro centum marcis plene receptis ab eodem sibi et suis heredibus heredumque suorum successoribus iure perpetuo et inreuocabiliter pacifice possidendam et habendam. Insuper obligauit se idem Pouka Voyvoda et heredes suos, predictum Magistrum Desev ac heredes ciusdem vniuersos ab omnibus racione dicte terre inpetere nitentibus defendere et expedire proprijs laboribus et expensis, et in pacifica possessione ipsius terre indempniter conseruare. Et Comes Mengech filius Mengech, officialis venerabilis patris Andree Dei gracia Episcopi Agriensis, commetanei terre memorate pro ipso domino nostro coram nobis personaliter constitutus, huic vendicioni et empcioni plenum consensum prebuit et assensum. Alias autem terras predicte terre commetaneas et vicinas dixerunt esse desolatas. In cuius rey testimonium ad instanciam parcium presentes contulimus sigilli nostri munimine roboratas. Presentibus tamen Magistro Saulo Lectore, Marco de Patha, Martino de Heues, Nycolao de Svmbun Gregorio de Zobolch, Stephano de Zemlyn, Petro de Kemey

Archidiaconis, et alijs multis; anno Domini M°CC° octuagesimo octauo ; Regnante Ladizlao illustri Rege Hungarie;
Lodomerio Strigoniensi, Johanne Colocensi Archiepiscopi; e¹
domino nostro venerabili patre Andrea Dei gracia Episcopo
Agriensi existentibus.

(Eredetie bőrhártyán, melyről a pecsét zöld-vörös selyemzsinóron
függ ; a budai kir. kamarai levéltárban.)

394.

*A győri káptalannak bizonyságlevele, hogy Óvári Konrád
comes Noztra és Pothwdsára helységeket, melyek Péter veszprémi
püspöknél elzálogosítvák, vissza akarta váltani. 1288.*

Nos Magister C. Prepositus et Capitulum Jauriensis
Ecclesie damus pro memoria, quod Stephanus et Blasius
seruientes nobilis viri Corrardi de Owar pro eodem domino
suo a festo Beati Nicolai confessoris comparuerunt coram
nobis sex diebus, qui dicebant, quod idem Magister Corradus
possessiones suas Noztre et Pothwasara uocatas venerabili
patri domino Petro Episcopo Wesprimiensi mediantibus nostris
prioribus litteris pro centum marcis pignori obligatas, sicut
referebant, essent in dicto festo Beati Nicolai ad redimendum
promtus et paratus a domino Episcopo memorato. Qui quidem
venerabilis pater per procuratores huiusmodi dictis sex
continuis diebus expectatus non misit suos procuratores ad
uidendam promtitudinem solucionis prenotate. Datum sexto
die post festum Beati Nicolai confessoris anno Domini M°CC°
octagesimo octauo.

Kívül : Pro Magistro Corardo contra P. Episcopum
Wesprimiensem.

(Eredetie bőrhártyán, a zárpecsét elveszett; a mélt. báró Révay család levéltárában.)

395.

A székesfehérvári káptalannak jelentése Erzsébet királynéhoz
Omerse nevü föld minöségéröl. 1288.

Excellentissime Domine sue E. Dei gracia Illustrt
Regine Hungarie Albensis Ecclesie Capitulum oraciones in
Deo debitas et denotas. Literas Excellencie Uestre honore
debito recepimus in hec uerba :

E. Dei gracia Regina Vngarie stb. (következik Erzs ébe
királynénak vizsgálati parancsa mint fentebb 390. sz. a.)

Nos igitur Uestre Celsitudinis mandato satisfacere
cupientes, ut tenemur, fidelem hominem nostrum cum dicto
homine vestro super ipso negocio transmisimus. Qui quidem
homo uester et noster ad nos postmodum reuersi, prcfatam
terram Omerse Reginalem, in qua predictum Carachynum
inuenerunt residere, ad quinque aratra, sicut uisu super
faciem dicte terre accedendo per eosdem considerari potuit,
sufficere retulerunt.

Erzsébet királynénak 1288-ki adományleveléböl, mint fentebb 390.
szám alatt; a föméIt. herczeg Eszterházy család levéltárában.)

396.

Drokol vára nemes jobbágyainak közönsége bizonyságot tesz arról, hogy társaik Fener és Simon bizonyos földet eladtak János comes, Konrád fiának. 1288.

Nos Bene Maior Exercitus Castri Drocol Comitatus de Barana, et alij nobiles iobagiones Castri eiusdem memorie commendantes significamus omnibus quibus expedit presencium per tenorem, quod Fenerus filius Munka, et Simon filius Pothoz similiter iobagiones Castri eiusdem de Hozugd ad nostram accedentes presenciam, dixerunt nobis oraculo uiue uocis, ut quandam particulam terre sue ab alijs terris suis vndique certis et antiquis metis circumdatam et uallatam uendidissent Comiti Jacobo filio Magistri Corrardi pro decem marcis denariorum Banalium, pro qualibet marca sex pensas denariorum Banalium computando, prius receptis et numeratis ab eodem, sibi et suis heredibus, et suorum heredum successoribus perpetuo possidendam, presentibus commetaneis et nicinis, nullo penitus ex ipsis contradictore existente, ymo pocius ucndcntes ad uendendum et ementes ad emendum permittendo; tali tamen condicione mediante, quod si aliquis per processum cuiuslibet temporis, aut Comes quislibet de Barana pro tempore constitutus Comitem Jacobum uel suos heredes pro predicta terra molestare uellet uel intenderet, ipsi Fenerus et Symon aut filij sui Comiti Jacobo prenominatam terram uel filijs suis liluare (?) tenebuntur proprijs laboribus et expensis. Hoc tamen expresse declarato, quod si Fenerus uel Symon aut filij sui prenominati propter temporis necessitatem, paupertatem uel mortis euentum ad confirmandas litteras nostras in Capitulo uel Conuentu quolibet comparere non possent, Capitulum uel Conuentus quilibet nostras patentes litteras suis teneatur litteris confirmare. Et qui in uendicione ipsius terre interfuerant, illorum hec sunt nomina: Bana, Petrus et Sebastianus filij Chepani, Johannes et Chutu filius suus, Marcus filius Kese, Bankh et Marcel filij Panev de Hozugd castrenses Castri prenominati, qua ipsam empcionem consencientes pariter et uolentes. Cuius quidem terre mete hoc ordine distinguntur : Incipit prima meta circa fossatum Zurdukzid uocatum, ubi sunt due mete terree omnino a sinistra parte terris accidente; et eundo per niam flectitur ad partem Nadoycha, ubi sunt due mete terree, quarum vna terrea, et altera sub arbore megelfa est cruce signata; inde per eandem uiam yens flectitur et peruenit ad tres metas angulares, quarum una separat terram iobagionum Castri de Wersend a terra iobagionum et castrensium ac nobilium de Hozugd; inde uersus aquilonem peruenit ad quoddam campusculum ad ueterem semitam, et peruenit ad duas metas terreas, ubi transit magnam viam, et peruenit ad tres metas ubi terra iobagionum Castri et aliorum de Hozugd nobilium de eadem a terra predictorum separatur, et uenit ad priores, ibique terminatur. Datum anno Domini M°CC°LXXX° octano.

(A pécsváradi konventnek 1302-ki átiratából; a mélt. báró Révay család levéltárában.)

397.

A zalavári konventnek bizonyságlevele, hogy Buzad mester Oltaruch földjén lévő birtokát eladta Oguz comesnek. 1288. körül.

Nos frater Andreas Abbas et Conuentus Monastcrij Sancti Adriani de Zala memorie commendamus; quod Magister Buzad filius Chak Bani ab una parte, et Comes Ochuz ab altera coram nobis personaliter constituti, idem Magister Buzad quatuor villas suas in Oltaruch existentes, quas a Magistro Bartolomeo filio Jacobi, et Nicolao filio eiusdem precio et racione concambij comparauerat, videlicet villam

Volkuna, villam Bosk, villam Egrus et Harasty uocatas, in
hijsdem metis et terminis, et cum utilitatibus omnibus earundem, quibus ab antiquo possederunt, dixit uendidisse pro
quadraginta duabus marcis predicto Comiti Ochuz in perpetuum possidendas; de quibus quadraginta duabus marcis
viginti duas marcas Magister Buzad a Comite Ochuz asseruit
accepisse, viginti vero marcas predictus Comes Ochuz ab
octauis Sancti Johannis Baptiste in quinta ebdomada Magistro Buzad coram nobis persoluere tenebitur. Hoc adiecto,
quod si forte ipso appropinquato termino Comes Ochuz
ipsas viginti marcas non persolueret; amittet pecuniam
prius persolutam; vel si Magister Buzad ad recipiendam
ipsam pecuniam non accederet, aut non transmitteret, extunc
Comes Ochuz pro illis XX duabus marcis prius persolutis
memoratas quatur villas possidebit. Nec hoc pretermisso,
quod si Magister Buzad per formam legis ipsas quatuor
villas Comiti Ochuz uenditas seruare non posset; extunc
de proprijs possessionibus suis, scilicet de Pliske, de Buzad,
de fine pontis, vel de fundis mancipiorum suorum supplere
tenebitur. Datum in octauis Sancti Johannis Baptiste.

Kivül: Super vendicione quatuor villarum in Oltaruch existencium, pro Comite Ochuz.

(Eredetie bőrhártyán, a pecsét elveszett; a budai kir. kamara levéltárban.)

398.

IV. László királynak yarancsa a szepesi káptalanhoz, hogy bizonyos Visnó és Szakala kelységeket tárgyazó birtokcseréről vizsgálatot tartson. 1289.

Ladizlaus Dei gracia Rex Hungarie fidelibus suis Capitulo Ecclesie Scepusiensis salutem et graciam. Dicit nobis Johannes filius Nicolai nobilis de Sakala de Comitatu Wywar, quod Renoldus Palatinus ordinacionem et obligacionem super concambio possessionis Wysuow in Comitatu Zemliniensi existentis, pro possessione ipsius hereditaria Sakala vocata in Comitatu Wywar datam et factam iuxta formam priuilegij nostri super eo emanatam ipsum conseruare et defensare, ut assumpserat, non curaret. Super quo fidelitati vestre precipientes mandamus, quatenus vestrum mittatis hominem pro testimonio fidedignum, quo presente Johannes filius Kuch de Tusa homo noster sciat et inquirat de premissis omnimodam veritatem, et postea hoc, prout uobis ueritas constiterit premissorum, nobis fideliter rescribatis : Datum in Poruslo secundo die festi Natiuitatis Beate Marie Virginis anno Domini M°CC° octuagesimo nono.

(A szepesi káptalannak jelentéséből, mint alább 401. sz. a.; a budai kir. kamarai levéltárban.)

399.

A kalocsai káptalannak bizonyságlevele, hogy Felső Regneki Miklós és Gergely bizonyos egyenetlenségekre nézve Jakab nevü földmívelővel egyezkedtek. 1289.

A   B   C   D   E   F

Capitulum Colocensis Ecclesie omnibus Christi fidelibus presentem paginam inspecturis salutem in Domino. Ad vniuersorum noticiam harum serie uolumus peruenire, quod Nicholaus et Gregorius filij Marini de Superiori Regnek coram discretis viris dilectis fratribus nostris, uidelicet Elya Archidiacono, Vincencio Presbitero Vice Archidiacono, Martino et Gregorio Magistris, presentibus quam plurimis iobagionibus eiusdem uille, nec non Johanne Uillico personaliter constituti, retulerunt oraculo uiue uocis, quod Leonardus quondam Uillicus filius Jacobi de possessione paterna relicta ab ipso Marino, que quondam ex donacione Jacobi patris Leonardi accesserat Marino memorato, satisfecit plene per omnia restituendo, et hoc tam in uineis, quam in terris arabilibus et fundo curie, et tribus domibus ibidem hedificatis. Preterea super lesione pedis Gregori, quam in captiuitate Leonardi positus per yemis asperitatem incurrit, sibi duabus marcis minus fertone acceptis confessus est fuisse satisfactum. Vnde Nicholaus et Gregorius iam predicti assumpserunt coram predictis fratribus nostris, quod processu temporis super diuisione possessionum, et pedis lesione Gregori, nec ipsi nec posteri eorum contra Leonardum et fratrem suum filiorumue successores possint aliquam mouere questionem; et hanc diuisionem possessionum et seriem tocicius (igy) ordinacionis prefate fratres nostri retulerunt coram nobis. Assumpserunt eciam Gregorius et Nicholaus, quod si quis contra Leonardum uel fratrem eius heredumue successores super diuisione possessionum uel lesione pedis Gregrori materiam questionis moueret, proprijs laboribus et expensis expedire. Insuper

quod si amissio pecunie, super qua Nicholaus et Gregorius
sepedicti in captiuitate Leonardi fuerant detenti, quia precipue contra ipsos suspicio oriebatur, in aliquam lucem pro-
diret ueritas, obligauerunt se omni iudicio et ulcioni subiacere. In cuius rei memoriam presentes concessimus litteras
sigilli nostri autentici munimine roboratas. Datum anno
Domini M°CC° octuagesimo nono. Nicholao Preposito, Lec-
toria uacante, Thoma Cantore, Elya Archidiacono Colocensi,
Simone Budrugiensi, Johanne Custode, Gregorio Decano,
ceterisque fratribus in Ecclesia Dei fideliter famulantibus et
deuote.

(Eredetie bőrhártyán, a kenderszalagon függött pecsét elveszett; a
mélt. báró Révay család levéltárában.)

400.

*A miszlai káptalannak bizonyságlevele, hogy Bogatradvan
nemzetségbeli Dénes comes és fiai Migael-i birtokukat Máté
fiainak elzálogosították. 1289.*

Amicis suis Reuerendis Conuentui Ecclesie de Lelez
Nicolaus de Gara Regni Hungarie Palatinus et Judex Comanorum stb. Noueritis, quod cum Marcus filius Mathyws de
Isyp et Nicolaus de Chele super facto duarum parcium possessionum Lwch, Megyezo et Zada, item medietatum possessionum Naglazon et Lask vocatarum in Comitatu Zemlyniensi
existencium Magistrum Petrum filium Michaelis de Dob; item
idem Markus — — — Magistrum Petrum, nec non Mychae-
iem filium Johannis, Thomam filium Stephani, et Ladislaum
filium Ladislai super facto tercie partis possessionum Myhaly,
Monyak stb. in presenciam domini Detrici de Bubek pridem
similiter Palatini contra sese in causam attraxisset stb. (az
ügy 1403-tól 1409-ig többször prorogáltatván, végre 1409.
Budán »in octauis Beati Michaelis Archangeli« a felek okmá-

nyaikat mutatják fel, t. i.) Pretaxatus autem Nicolaus filius Stephani de Isyp duas litteras, vnam nostram, et aliam Prepositi et Capituli Myslensis similiter priuilegialem nobis demonstrarat; quarum prima ipsorum Prepositi et Capituli Myslensis tercio die post festum Sancti Jacobi anno Domini millesimo ducentesimo octuagesimo nono per Comitem Dyonisium (filium) Petri, Michaelem et Jacobum filios suos de generacione Bogatradowan particulam terre eorum Mygael vocale prope fluuium Lonaa vsui vnius aratri sufficientem Andree, Nicolao, Thome et Petro filijs Mathei pro decem marcis argenti in pignus positam fuisse denotarat stb. Datum Budc sexagesimo die octauarum festi Beati Michaelis Archangeli anno Domini millesimo quadringentesimo nono.

<hr />

401.

A szepesi káptalannak jelentése IV. László királyhoz a Visznyó és Szakala helységeket tárgyazó birtokcseréröl 1289.

Excellentissimo domino suo Ladizlauo Dei gracia Illustri Regi Hungarie Capitulum Ecclesie Beati Martini de Scepus oraciones in Domino debitas et deuotas. Litteras Vestre Serenitatis recepimus cüm honore quo decuit in hec uerba :

Ladizlaus Dei gracia Rex Hungarie stb. (következik IV. László királynak 1289-ki parancsa, mint fentebb 398. sz. a.)

Nos igitur vestris preceptis obedire cupientes, ut tenemur, unacum homine vestro Johanne filio Kuch predicto nostrum misimus hominem Gregorium presbiterum, Chori nostri prebendarium, ad premissa exequenda; qui demum ad nos reuersi concorditer retulerunt, quod in vigilia Beati

Mathei Apostoli et Ewangeliste ad prefatam possessionem Wysnow in Comitatu Zemliniensi existentem accessissent, et ibi a
vicinis et commetaneis nobilibus et ignobilibus, et his omnibus quibus decuit et licuit, talem de premissis scire potuissent
veritatem : quod predictus Renoldus Palatinus ordinacionem
et obligacionem super concambio possessionis Wysnow pro
possessione ipsius hereditaria Sakala vocata in Comitatu
Wywar data et facta existenti, iuxta formam priuilegij Vestre
Celsitudinis super hoc ordinatam eundem Johannem conseruare, ut assumpsit non curasset, nec curaret. Datum in
crastina Beati Mychaelis Archangeli anno Domini prenotato.

(Eredetie bőrhártyán, a zárpecsét elveszett ; a budai kir. kamarai
levéltárban.)

402.

*A vasvári káptalannak bizonyságlevele, hogy Ják nemzetség-
beli Myke beismerte, mikép Szentgyörgy helyseg Buzad nemzetségbeli Ochuz comesnek el volt adva. 1289.*

Nos Capitulum Ecclesie Sancti Michaelis Archangel,
de Castro Ferreo notum facimus tenore presencium vniuersisi
quod Myke filius Comitis Martini de genere Jak ab vna
parte, Comes Ochuz de genere Buzad ab altera coram nobis
personaliter constituti ; idem Myke porcionem suam in terra
Scengyrg vocata in Oltarnuch existentem, quam primo venerabilis pater Zalandus Episcopus Wesprimiensis possidebat,
cum omnibus vtilitatibus et attinencijs suis dixit vendidisse
predicto Comiti Ochuz, receptis septuaginta marcis ab eodem
ad plenum, et per eum suis heredibus perhempniter et irreuocabiliter possidendam, saluo iure ; ita videlicet, quod nullo
vnquam temporum decursu per ipsum vel per quempiam
huiusmodi vendicio in transgressionem reuocetur. Vt igitur

31*

presens vendicio inreuocabilis perseueret, ad peticionem parcium presentes concessimus litteras sigilli nostri munimine roboratas. Magistro Michaele Preposito, Blasio Custode, Pous Decano Ecclesie nostre existentibus, anno gracie millesimo ducentesimo octuagesimo nono.

(Bajcsányi Ádám hátrahagyott kézirati gyűjteményéből.)

403.

A zágrábi káptalannak bizonyságlevele, hogy a Rata nemzetségbeli nemesek Drozgometh helységet eladták István bánnak. 1289.

Capitulum Zagrabiensis Ecclesie vniuersis Christi fidelibus presens scriptum inspecturis salutem in Domino. Ad vniuersorum noticiam tenore presencium volumus peruenire, quod Mark filio Martini pro se et fratribus suis, Gregorio uideiicet et Demetrio; item Dersk filio Mortunus pro se et fratre suo Andrea, Nobilibus de genere Rata ab una parte, et Nycolao filio Arlandi pro Domino suo nobili viro Stephano Bano filio Comitis St. ab altera, personaliter in nostra presencia constitutis; ijdem Mark et Dersk confessi sunt, se et fratres suos prenominatos de bona et spontanea voluntate ipsorum quandam terram suam de Drozgometh, existentem iuxta fluuium Maya nuncupatum, cum omnibus vtilitatibus et pertinencijs eiusdem prefato Stephano Bano vendidisse, tradidisse, et assignasse, ac per eum suis heredibus heredumque suorum successoribus iure perpetuo possidendam et habendam pro vinginti marcis, quas se et fratres suos dixerunt ab eodem St. Bano plenarie recepisse; obligantes se ijdem venditores ad expediendum eundem St. Banum et eius heredes ab omni super ipsa vendita terra per quempiam in posterum emergente questione in proprijs ipsorum laboribus et expensis.

Cuius quidem terre, sicut homo noster fidelis et partes retulerunt, incipit prima meta a parte orientali in latere montis
Cupkagorycha uocata ab arbore nucis cruce signata; inde
tendit uersus occidentem per eandem Cupckagoryoha ad
arborem yua uulgo uocatam; inde per eundem montem per-
nenit ad quandam fruticem yezenogorni, ubi est meta terrea;
inde tendens peruenit ad arborem nucis, de qua procedens
uenit ad montem, ubi sunt due arbores haraztfa uocate, ibi
eciam sunt mete terree; deinde per uiam paruam ad alium
montem ad arborem harazthfa, quarum tercia est arbor que
nuncupatur yua, ibydem eciam meta terrea existente; exinde
uersus septemtrionem per eundem montem ad arborem cerasi,
de qua cadit in fluuium Clocoheues uocatum, per eundem
fluuium tendens cadit ad siluam, ad arbores videlicet fyzfa;
de quibus per paruum et spacium modicum procedens cadit
in paruum, et per eundem fluuium cadit in fluuium Maya
vocatum; inde superius per eundem fluuim uersus meridiem
uadit ad arborem topul uocatam; deinde cadit ad priorem
metam, ibique terminatur. In cuius facti memoriam et certitudinem presentes ad instanciam parcium sigilli nostri munimine fecimus roborari. Datum et actum in festo Vndecim
Milium Virginum anno Domini M°CC° octuagesimo nono.

(Eredetie bőrhártyán, melyről a pecsét sárga-zöld selyemzsinóron
függ; a főmélt. herczeg Eszterházy család levéltárában.)

404.

*A pécsváradi konvent átírja Miklós comesnek a Boych-i pálo-
sok részére szólló adománylevelét. 1289.*

Connentus Monasterij Waradiensis vniuersis Christi
fidelibus presentibus pariter et futuris presentes litteras
inspecturis salutem in Domino. Ad vniuersorum noticiam

·tenore presencium volumus peruenire : quod religiosi viri
fratres Karachynus Prior Ecclesie Omnium Sanctorum de
Boych, et frater Johannes Ordinis Fratrum Heremitarum de
Ordine Sancti Augustini ad nostram personaliter accedentes
presenciam exhibuerunt nobis patentes litteras Comitis
Nycholai filij Jule bone memorie, confectas super donacione
ipsius Comitis Nicholai in terris et alijs utilitatibus facta
Ecclesie memorate; petentes a nobis cum instancia, ut easdem litteras, quas propter viarum discrimina super exsecu-
cione iurium dicte Ecclesie ad Curiam Regiam uel alias
deferre se dicebant non audere, nostris patentibus litteris
inseri faceremus. Quarum tenor talis est :

Nos Comes Nycholaus filius Jule stb. (következik
Miklós comesnek adománylevele, mint fentebb 293. sz. a.)

Nos ergo peticionem religiosorum virorum predictorum
iustam et legitimam fore cognoscentes in hac parte, predictas
patentes litteras Comitis Nycholai non abrasas, non cancellatas, nec in aliqua parte uiciatas, de uerbo ad uerbum presentibus insertas sigilli nostri munimine duximus roborandas.
Datum anno Domini L°CC° octuagesimo nono XII. kalendas
Januarij. Nycholao Decano, Bonifacio Custode existentibus,
ceterisque fratribus ibidem Deo deuote famulantibus.

(Eredetie bőrhártyán, melyről a pecsét zöld selyemzsinóron függ;
a mélt. gróf Zay család levéltárában. Ugyanott találtatik Gara János,
Miklós nádor fiának 1410. »datum in castro nostro Soklos die XXIIII.
mensiz Maij« megerősítő okmánya is, mely magában foglalja a pécsváradi konvent fentebbi okmányának Lajos király által »frater Tri-
stanus Prior Provincialis Ordinis Fratrum Sancti Pauli Primi Emerite«
kérésére 1369. IV. nonas mensis Julij kiadott megerősítő privilegiumát.)

405.

*Erzsébet anyakirálynénak a szent-mártoni viznikatust tárgyazó
adománya Aba nemzetségbeli Lőrincz mester számára. 1290.*

Elizabeth Dei gracia maior Regina Hungaric omnibus
Christi fidelibus tam presentibus quam futuris presentem
paginam inspecturis salutem in salutis largitore. Reginalis
Pietatis circumspeccio et benignitas circumspecta nos ammonet et inducit, vt quorumlibet fidelitatibus et seruicijs commode nobis impensis, gratanti animo occurramus condigna
retribucione meritis eorundem fauorabiliter respondentes.
Quia dum eorum laboribus et honestis seruicijs fauorem prebemus et assensum; dum concedimus quod merentur; ceteros
ad ampliora fidelitatis opera arduencius inuitamus, et de
promptis reddimus prompciores. Ad vniuersorum igitur noticiam tenore presencium volumus peruenire, quod cum Magister Laurencius filius Comitis Laurencij de genere Aba,
cognatus noster karissimus, a primeuis sue puericie temporibus gratos nobis et fideles impenderit famulatus, se et sua
pro honore Regie Corone varijs periculorum generibus et
multis fortuitis casibus exponere non verendo; cuius quidem
Magistri Laurencij Dux Austrie, quia eius consorcio noluit
adherere propter impendendam fidelitatem Corone Regali,
tria castra occupauit, et innumerabilia bona abstulit, que nullus hominum iusto modo posset computare; et quia eciam,
cum in nostris legacionibus iuerat, in electis equis dampnum
circa valorem ducentarum marcarum est perpessus; et quem
ad nos mediante fide nostre duxeramus : tum racione proximitatis, tum in recompensacionem seruiciorem, tum eciam in
aliquam satisfaccionem dampnorum eius in rebus illatorum,
licet eidem minimum quid respectu dampnorum suorum videatur, Vyznicatum Sancti Martini in Comitatu de Wereuchc
existentem, ex certa sciencia et voluntate domini Ladizlai
Regis filij nostri karissimi, et consensu Buronum suorum ac

nostrorum cum omnibus vtilitatibus suis, vineis scilicet, siluis, pratis, circumstancijs et pertinencijs vniuersis, a tempore domine M. Regine matris nostre predilecte felicis recordacionis per diuersos dominos habitum et possessum, et ab eis culpis suis amissum, et ad nostras manus sepius deuolutum, ipsi Magistro Laurencio, et per eum suis heredibus heredumque suorum successoribus, sub eisdem metis et terminis, quibus antea extitit limitatus et possessus, dedimus, donauimus et contulimus iure perpetuo pacifice et irreuocabiliter possidendum. Cassantes, irritantes, retractantes, et irrita pronunciantes instrumenta seu priuilegia, que per nos, uel per quempiam, super facto ipsius Vyznicatus cuiquam essent emanata. In cuius rei memoriam perpetuamque firmitatem presentes Magistro Laurencio concessimus litteras dupplicis sigilli nostri munimine roboratas. Datum per manus discreti uiri Magistri Laurencij Prepositi de Posoga, Aule nostre Cancellarij, fidelis nostri, anno Domini M°CC° nonagesimo.

(Robert Károly királynak 1324. III. idus Maij »Johannes filius Magistri Laurencij dicti de Suprunio, pro se et pro Jacobo et Petro fratribus suis vterinis, item pro Petro filio Nicolai fratris ipsorum« kérésére kiadott megerősítő privilegiumából, mely ugyanazon királynak 1318. IV. kalendas Aprilis »Nicolaus, Jacobus, Johannes et Petrus filij Magistri Laurencij dicti de Suprunio de genere Aba« számára kiadott megerősítő privilegiumát is foglalja magában; a budai kir. kamarai levéltárnak Zágrábban lévő részében.)

406.

Az egri káptalannak bizonyságlevele, hogy az Ung-i vár több jobbágyai Tiba helységet eladták Endre és Jákó mestereknek, Jákó comes fiainak. 1290.

Omnibus Christi fidelibus tam presentibus quam futuris presens scriptum inspecturis Capitulum Ecclesie Agriensis salutem in omnium saluatore. Ad uniuersorum noticiam harum serie volumus peruenire, quod Stephano, Benedicto, Wolph, Valentino, Georgio et Symone et Dónk, jobagionibus Castri de Vngh. ut dicebant ex una parte, ab altera vero Nicolao sacer- dote de Nogmihal et Comite Merse pro Andrea et Jakou Ma- gistris filijs Comitis Jakou dominis suis coram nobis persona- liter constitutis, prefati Stephanus et Benedictus, Wolph et Valentinus, Georgius, Symon et Donk proposuerunt viua uoce, quod terram ipsorum hereditariam Tyba vocatam in predicto Comitatu de Vngh existentem, sub eisdem certis metis et antiquis, quibus ipsi possidebant, cum omnibus vtilitatibus et pertinencijs suis vendidissent et tradidissent Andree et Jakou Magistris pro trecentis marcis plene receptis ab eisdem, sibi et suis heredibus heredumque suorum successoribus jure per- petuo et inviolabiliter pacifice possidendam et habendam. Insuper obligauerunt se predicti Stephanus et Benedictus ac alij socij eorum et heredes suos, memoratos Andream et Jakou Magistros, ac heredes eorundem vniuersos, ab omnibus racione dicte terre inpetere nitentibus defendere et expedire proprijs laboribus et expensis, et in pacifica possessione ipsius terre indempniter conseruare. In cuius rei testimonium ad instan- ciam parcium presentes contulimus sigilli nostri autentici munimine roboratas; et presentibus tamen Stephano Prepo- sito, Saulo Lectore, Myko Custode, Dominico Archydiacono de Heues, et alijs multis; anno Domini millesimo CC° nona- gesimo. Regnante Andrea illustri Rege Hungarie, Lodomerio Strigoniensi, Johanne Colocensi Archyepiscopis; domino nostro venerabili patre Andrea Episcopo Agriensi existen- tibus.

(III. Endre királynak 1291-ki megerősítő okmányából, mint alább 419. sz. a.; a budai kir. kamarai levéltárban.)

407.

Máté nádornak Keled fiai elleni itéletlevele Ochuz comes részére. 1200. körül 1270 máj. 14

Nos M. Palatinus Comes Symigiensis et Judex Cumanorum damus pro memoria, quod causam, quam Comes Ochuz
filius Buzad, pro quo Geroldus seruiens suus terminum
assumpsit, contra Comitem Keled filium Keled personaliter
astantem habebat in quindenis Sancti Georgij coram nobis de
parcium uoluntate ad quindenas Natiuitatis Johannis Baptiste
duximus prorogandam ad peremptoriam responsionem faciendam statu priori permanente, si medio tempore, videlicet in
octauis eiusdem festiuitatis Johannis Baptiste coram Cruci-
feris de Noua Curia per arbitrium Gotal filij Petri, Laurencij
filij Vros, Comitis Marcelli filij Jokos pro parte Comitis
Ochuz; item Barnabe filij Vrbani, Bese et Illu filij Buguzlay
pro parte aduersa inter se non poterunt concordare, uel si
poterunt, comparebunt ad pacem recitandam. Et si omnes
arbitratores interesse non possent, duo et duo sufficiant pro
parte utraque ad arbitrium faciendum; pars uero resiliens de
arbitrio uirorum predictorum iudicio decem marcarum subia-
cebit, prout partes se ad id spontanea obligarunt uoluntate
coram nobis; seriem autem facti partes in litteris predictorum Cruciferorum nobis reportabunt. Datum Bude quinta die
termini supradicti.

Kivül: Pro Comite Ochuz contra Keled ad quindenas
Natiuitatis Johannis Baptiste.

(Eredetie bőrhártyán, melyről a hátul odanyomott pecsét elveszett;
mélt. Szalay Ágoston úr gyüjteményében.)

408.

IV. László király megerősíti IV. Béla királynak privilegiumát a tatai benedekrendi monostor számára. Év nélkül.

Ladizlaus Dei gracia Hungarie, Dalmacie, Croacie, Rame, Seruie, Gallicie, Lodomerie, Cumanie, Bulgarieque Rex omnibus Christi fidelibus presentes litteras inspecturis salutem in omnium saluatore. Ad vniuersorum noticiam tam modernorum quam futurorum tenore presencium volumus peruenire, quod vir religiosus frater Leonardus Abbas Monasterij Beatorum Petri et Pauli Apostolorum de Tata Jauriensis Diocesis ad nostram accedens presenciam exhibuit nobis priuilegium domini Bele Illustris Regis Hungarie aui nostri predilecti felicissime recordacionis super facto possessionum eiusdem Monasterij duplici sigillo nostro confectum, datum et concessum, postulans a nobis piarum precum suffragiis suppliciter et denote, quod nos predictum priuilegium approbatum habentes, nostro dignaremur priuilegio sublimiter confirmare. Cuius quidem priuilegij tenor talis est:

In nomine Sancte Trinitatis et Indiuidue Vnitatis. Bela stb. (következik IV. Béla királynak 1263-ki privilegiuma, mely olvasható Fejérnél, Cod. Dipl. IV. köt. 3. r. 103. l.)

(Eredetie bőrhártyán, melynek alsó része hiányzik; a pannonhalmi főapátság levéltárában.)

409.

IV. László király megerősíti Konrád mester, István fiának a lébéni monostor collectáját tárgyazó jogát. Év nélkül.

Nos Ladizlaus Dei gracia Rex Hungarie memorie commendantes significamus uniuersis, quod constitutus coram nobis Magister Corradus filius Stephani exhybuit nobis litteras priuilegiales domini Bele Regis aui nostri, et litteras patentes domini St. Regis patris nostri karissimi, in quibus continebatur : quod collectam denariorum uel uictualium a populis Monasterij sui Sancti Jacobi de Lyben, cum in Regno exhygi deberet, uel fieri contingeret, ipse Magister Corradus uel sua perciperet posteritas; petiuitque a nobis, ut eidem nos et suis heredibus nostras litteras diguaremur elargiri. Nos igitur iustis peticionibus ipsius commoti, iuxta continenciam priuilegij, et secundum tenorem litterarum memorialium, collectam memoratam ipsi Magistro Corrado et suis heredibus dedimus ei contulimus perpetuo possidendam. Datum Bude feria tercia post octauas Pentecostes.

(Eredetie bőrhártyán, melyen a hátul oda nyomott pecsétnek töredéke még megvan ; a mélt. báró Révay család levéltárában.)

410.

*IV. László király megerősíti Konrád mestert, Istvánnak fiát,
Szent Márton és Zuerkh birtokában. Év nélkül.*

Nos Ladizlaus Dei gracia Rex Hungarie memorie commendantes significamus uniuersis, quod constitutus coram
nobis Magister Corradus filius St. exhibuit nobis priuilegium
domini Regis Bele aui nostri karissimi. et alias litteras
patentes eiusdem, et litteras patentes domini St. Regis patris
nostri, super terris Zenth Marton et Zuerkh uocatis, quas quidem terras a Herbordo paruo ciui (igy) Musuniensi, et Guze
genero eiusdem, prout in ipso priuilegio et litteris patentibus
uidimus contineri, precio dinoscitur comparesse, petiuit a
bis, ut nostras eciam eidem patentes litteras elargiri dignaremur. Nos itaque iustis peticionibus eiusdem Magistri Corradi
annuentes, ut ipse et sui heredes, suorumque heredum successores terras iam nominatus possint possidere, nostras (igy)
eidem nostras patentes litteras concessimus. Datum in Chegled feria tercia post festum Sancti Jacobi.

(Eredetie bőrhártyán, melynek hátán az oda nyomott pecsétnek töredéke még megvan; a mélt. báró Révay család levéltárában.)

411.

IV. László királynak bizonyságlevele, hogy Konrád mester, Istvánnak fia, Houf, Chwn és Meynharth helységeket tárgyazó jogát óvás által fenntartotta. Év nélkül.

Nos Ladizlaus Dei gracia Rex Vngarie tenore presencium significamus vniuersis, quod accedens ad nostram presenciam Magister Corradus filius St. de Owar per modum protestacionis dixit nobis, ut quasdam possessiones ipsius Houf, Chwn et Meynharth uocatas Magister Vgudinus et Chakb Banus temporibus a quamplurimis indebite occupatas, possidendo detinuissent et illicite possedissent. Et quia tempus non erat ordine juris mouere litis questionem; pro dictis possessionibus litteras patentes et protestacionales domini Bele Regis aui nostri, ac karissimi patris nostri Regis St. dixit se habere. Quas quidem, scilicet possessiones, propter non congruum statum Regni, ac controuersia in eodem Regno mota, similiter Demetrius Banus possideret. Petiuit eciam nostras litteras, ut si tempus sibi occurreret graciosum, contra Demetrium Banum procedere posset iuris ordine super reuocacione possessionum predictarum. Datum in Chegled feria tercia post festum Petri et Pauli Apostolorum.

(Eredetie bőrhártyán, melynek hátúl oda nyomott pecsétje elveszett a mélt. báró Révay család levéltárában.)

412.

Máté nádornak perhalasztási parancsa az alországbiróhoz,
Miklós bánnak Kalmer comes elleni ügyében. Év nélkül. *1291.*

Nos M. Palatinus Comes Symigiensis et Judex Cumanorum a uobis ViceJudice Curie domini (Regis) petimus summo
cum affectu (így), quatenus causam, quam Nycolaus Banus
contra Comitem Kalmerium in octauis Beati Georgij in vestri
habet presencia, ad octauas Pentecostes sine grauamine iudicij, uel ulterius, ad presenciam domini Regis uelitis proro-
gare; ut dominus Rex cum suis Baronibus et Regni sui nobilibus iudicium faciat inter ipsos, aliud non facturi, cum idem
in generali exercitu tocius Regni, et Regni nobilibus contra
Teutonicos Regni in inimicos in ipsis octauis ex precepto
domini Regis iam sit nobiscum in confinijs. Et ab hoc petimus, quod secus nullo modo faciatis, cum hoc requirat ordo
iuris.

K í v ü l : Amico suo Viceiudici Curie domini Regis.

(Eredetie bőrhártyán, a függő pecsét elveszett; mélt. Szalay Ágoston
úrnak gyűjteményében.)

413.

III. Endre király megerősíti Aba nemzetségbeli Omodé nádort Ung vármegye birtokában. 1290.

Andreas Dei gracia Hungarie, Dalmacie, Croacie, Rame, Seruie, Gallicie, Lodomerie, Cumanie, Bulgarieque Rex omnibus Christi fidelibus presentes litteras inspecturis salutem in omnium saluatore. Summa milicie laus est, Corore (így) Regie et utilitatibus rei publice ministerium exhibere Regia munificencia dignissimi, quos non perterruit pro Regia Maiestate diuersitas vel aduersitas accionum. Proinde ad vniuersorum noticiam tam presencium quam futurorum harum serie volumus peruenire : quod Omodeus Palatinus de genere Aba, quem sue spectabilitatis attollit origo, ad nostram accedens presenciam exhibuit Nostre Regie Maiestati priuilegia domini incliti Regis Ladizlai, karissimi patruelis fratris nostri, in quibus uidimus contineri, quod idem Omodeus post obitum domini incliti Regis Stephani, cum adhuc dictus Rex Ladizlaus propter puerilem etatem non posset ad plenum tam late patentis Regni climata gubernare, multisque calamitatibus et pressuris, presentim prelijs intestinis ipsum Regnum Hungarie passim sine delectu aliquo vastaretur : idem Omodeus Palatinus pro sublimitate Regalis Culminis et honore Corone diuersis discriminibus et prelijs se obiecerit pluries cum suorum multitudine bellatorum, inter que promiscua fati discrimina precisionem sui digiti articularis manus dextere excepit fortiter dimicando contra Othocarum eciam Regem Boemie in expedicione generali, gloriosi certaminis victorie finaliter assistendo, vbi dictus Rex Boemie extitit interemptus. Ad hec, cum vniuersitas Cumanorum in infidelitatis versuciam obrepsisset contra ipsum Regem, tocius sue potencie seuiciam hostilitate barbarica excitando, ipso Omodeo Palatino Maiestati Regie adherente, superna Dei misericordia felici victoria dissecauit pariter et conteruit inmensam barbaricam ferita-

tem, captis ex eisdem plurimis et occissis, reliquis omnibus
extra Regni confinia fuge presidio se transferentibus, sicut
temporalis oportunitas supetebat. Insuper cum perfida gens
Tartarica Regnum Hungarie cum omni milicia ipsorum
introisset, vastus, incendia et depredaciones orribiles, sicut
moris ipsorum est, committendo; idem Omodeus Palatinus
contra eosdem Tartaros insurgendo, multos ex ipsis ore gladij interemit, et quam plures captiuos liberauit, ac in signum
victorie decem capita Principum de ipsa gente perfida ipsi
Regi Ladizlao presentauit. Nobis eciam post obitum eiusdem
Ladizlai Regis incliti patruelis fratris nostri succedentibus
eidem iure et ordine geniture, idem Omodeus Palatinus cum
tota societate et cognacione sua tante fidelitatis auspicijs studuit adherere, que explicare per singula longum esset, ut ex-
perimenta fidei ipsum iugiter recommendent, adeo ut eciam
omnes possessiones suas tam hereditarias quem eciam acquisitas, vna cum municionibus et castris, nostris duxerit manibus liberaliter offerendas, nostre Celsitudinis arbitrio dispo-
nendas, in ipsius et heredum suorum personis pro insignibus
suis actibus gratificandas ad plenum, uel alias nostris dispo-
sicionibus reseruandas ; tanto fidelitatis ardore nobiscum
intra ipsa nouitatis inicia procedendo, ut multa castra, multe-
que municiones, que maximis poterant laboribus et sudoribus optineri, sua cautela et industria personali, de facili
nostre sunt reddita dicioni. Talibus igitur et tantis eius virtutibus recensitis; de consilio venerabilium patrum Lodomerij Dei gracia Strigoniensis, Johannis Colocensis Archiepiscoporum, Andree Agriensis, Passce Nitriensis Episcoporum
nec non aliorum Procerum et Baronum ac Consiliariorum
Regni nostri : vniuersas possessiones tempore eiusdem Regis
Ladizlai tam insignibus prelijs acquisitas, videlicet possessionem seu Comitatum Vng vocatum cum omnibus vtilitatibus
suis et pertinencijs vniuersis, eidem Omodeo Palatino, et per
eum suis heredibus heredumque suorum successoribus ad
instar collacionis eiusdem Regis Ladizlai duximus auctoritate
presencium in eternam rei memoriam confirmandas ; imo
cuiusdam nouacionis iure anticum renouando titulum, preno-
minatas quasi de nouo eidem contulimus perhempniter possidendas. In cuius rei memoriam perpetuamque firmitatem pre-

sentes concessimus litteras, dupplicis sigilli nostri munimine
roboratas, sigillis nichilominus eorundem patrum veneralium
ad vberiorem rei cautelam presentibus interpositis et adiunctis. Datum per manus discreti viri Magistri Theodori Prepositi Albensis Ecclesie, aule nostre ViceCancellarij dilecti et
fidelis nostri anno Domini M°CC° nonagesimo, Regni autem
nostri anno primo.

(Eredetie bőrhártyán, melynek egykor három függő pecsétje elveszett; a budai kir. kamarai levéltárban.)

414.

*A Hay-i káptalannak bizonyságlevele, hogy Achai János Bud-
holma helységet eladta Kun István comesnek. 1290.*

A   B   C   D

Nos Magister Symon Prepositus et Capitulum Sancti
Laurencij de Hoy memorie commendantes significamus vniuersis, quibus presentes erucescunt, salutem in Domino sempiternam. Quum labilis memoria facile sopitur obliuionis caligine; certis est sigillorum nostrorum indicijs recordacio
gestorum excitanda. Quare accedentes ad nostram presenciam personaliter scilicet Johannes filius Balak de Acha de
Comitatu de Budrug ab una parte; et tota generacio sua de
eadem, videlicet Johannes Symunis filius, Petrus et Paulus
filij Myko, Kelemen et Kelemenus, Mykael ab altera pariter,
et Stephanus Kuun dictus uicinis et commitaneis eorundem
de Murgo de eadem (igy) Comitatu personaliter pro se ipso
solo. Qui ydem Johannes filius Balak antedictus dixit, quod
quandam terram suam empticiam Budholma uocatam, sitam
in Comitatu de Budrug, iacentem inter Murgo et Acha, propter necessitatem paupertatis sue haberet intencionem uendendi, et quesiuit uniuersas cognaciones suas videlicet et

cognatos predictos super eo, quod cum ipsi sint vicini et com
metanei sui, et separatim habeant per se possessiones, utrum
habeant intencionem emendi terram predictam, ne aliquis
extraneus intraret particeps in medium eorum. Qui eciam
quesiti cognati sui predicti dixerunt coram nobis et confessi
sunt uiua uoce, quod propter indigenciam rerum suarum non
valerent in emendo. Igitur hijs actis de communi intencione
permiserunt propter proximitatem uicinatus Stephano Comiti
Kun dicto supradicto ad emendam predictam terram suisque
heredibus heredumque successoribus irreuocabiliter perpetuo
possidendam cum omnibus hutilitatibus suis et pertinencijs,
scilicet quindecim marcis; ydem uero Stephanus Kun dictus
illas quindecim marcas soluit in tribus terminis eidem Johanne filio Balak antedicto, scilicet quinque marcas soluit in festo
Purificacionis Beate Virginis, et quinque marcas soluit in
medio quadragesime, et quinque marcas soluit in octauis
Beati Georgij martiris coram nobis in pleno. Et ydem Johannes filius Balak retulit nobis oretenus Stephanum Kuun
dictum expeditum finaliter in soluendo, presentibus nobilibus
de Comitatu de Budrug, videlicet Jacobo et Stephano filijs
Farkasi de Kayand, Georgio et Mikaele filijs Petri, Thoma et
Bando (Endre) de eadem, Paulo filio Jacobi de Gara, Stephano et Peterka, et Nicolao de eadem. In cuius rei memoriam
presentes concessimus sigilli nostri autentici munimine roboratas, anno Domini M'CC° nonagesimo. Dyonisio Custode,
Johanne Decano, Magistro Jacincto Pinkusd ViceArchydia-
cono, Job et Blasio sacerdotibus, et ceteris in Ecclesia Dei
fideliter famulantibus.

(Eredetie bőrhártyán, vörös-barna selyemzsinóron függő pecsét a latt.
a főmélt. herczeg Eszterházy család levéltárában.)

32*

415.

ı. ·' ⎰ ⸴·⸴

Mihály alországbírónak parancsa a veszprémi káptalanhoz,
hogy bizonyos peres ügyben előtte az alperesek esküdjenek,
1235 ~~1800. körül~~.

Viris discretis Capitulo Ecclesie Wesprimiensis N.
Viceiudex aule Regie inclinacionem et reuerenciam. Significamus uestre Vniuersitati, quòd Michael Magister citarat ad
nostram presenciam fratres suos Acus et Dionisium, et obicie-
bat taliter contra eosdem, quod terras, quas pater ipsorum eis
reliquerat, diuidendo ipsi recompensacionem fecissent in eys-
dem terris, ita quod terram Zemena cum pertinencijs ad eandem Michaeli Magistro dedissent; et Michael Magister dicebat, quod terram Werchap et villam Herbort pertinentes ad
Zemenam ab eo recepissent. Contra quem Acus et Dionisius
dicebant, quod illa diuisio fuisset eis uiolenter facta et non
iuste, tamen dicebant, quod illam diuisionem sustinerent.
Michael vero Magister litteris testimonialibus Capituli, Ro-
berti et Bartolomei Episcoporum Wesprimiensium, nec non
litteris consanguineorum eorundem Acus et Dionisij satis con-
decenter comprobauit, illum diuisionem partibus consencientibus inter se extitisse. Vnde nos taliter intelleximus, quod
de cognatis Michaelis Magistri Arnoldus Comes, Hoholt Comes,
Eled Comes, et Michael Magister ipsimet in octauis Sancti
Martini prestarent sacramentum coram vobis super hoc, quod
Magister Michael rectam et plenam fecisset diuisionem fratribus suis, scilicet Acus et Dionisio. Sicut eciam coram vobis
agitur, in vestris litteris nobis remandetis. Pristaldus huius
rei Matias.

Kívül: Contra Michaelem Magistrum fratrem Buzad
Bani, Acus et Dionisius — — — —

(Eredetie bőrhártyán, a zárpecsét elveszett; a budai kir. kamarai
levéltárban.)

416.

III. Endre királynak Szarvaskend várát tárgyazó adománya Óvári Bychov mester számára. 1291.

Andreas Dei gracia Hungarie Dalmacie, Croacie, Rame, Seruie, Gallicie, Lodomerie, Cumanie, Bulgarieque Rex omnibus Christi fidelibus tam presentibus quam futuris presentes litteras inspecturis salutem in omnium saluatore. Ad vniuersorum tam presencium quam futurorum noticiam harum serie volumus peruenire, quod nos consideratis fidelitatibus et seruiciorum meritis Magistri Bychov filij Siluestri de Owar fidelis nostri, que per singula suo modo longum esset enarrare; quedam tamen ad erudicionem aliorum et memoriam futurorum presentibus duximus annotanda. Primum siquidem, quod cum Othokarus Rex Boemorum confinia Regni Hungarie occupasset, idem Magister Bichov pro tuicione confinij Regni Hungarie et fidelitate Corone Regie debita uiriliter dimicando cum Teothonicis in campestri prelio extitisset captiuatus. Preterea cum Albertus Dux Austrie, persecutor Regni nostri, admoto suo exercitu et tota potencia undique acquisita et conducta adijsset confinia Regni nostri, idem Magister Bychov se et sua fortune casibus submittere non formidans, pro fidelitate Corone Regie debita obseruanda contra totam potenciam dicti Ducis castrum suum Owar vocatum diebus quam plurimis non sine suo (így) effusione sanguinis et suorum conseruauit; et licet uiriliter resistendo, mortis euentum non formidans, potencie predicti Ducis se opposuisset, tamen per diuturnam obsessionem ipsius Ducis resistere non valens, cum non habuisset subsidium aliquale, recepto eodem castro extitisset cum multis cognatis suis et seruientibus per eundem Dncem captiuatus, et in eiusdem captiuitate tamdiu detentus, donec omnibus suis possessionibus venditis et inpignoratis redemptus extitisset; in eodem cciam castro Dominicus frater sororius ipsius Magistri Bychov fuisset interemptus; prout

ex ueridica relacione Johannis Magistri Tauarnicorum nostrorum Comitis Suproniensis, et Nicolai Palatini Comitis Symigiensis, dilectorum et fidelium nostrorum, et aliorum nobilium
Regni nostri constitit manifeste. Ceterum succedentibus
Nobis Diuino munere in Regni solium et gubernaculum iure
et ordine geniture, cum exercitum nostrum contra Albertum
Ducem Austrie pro iniuria Regno nostro per ipsum Ducem
illata amouissemus; idem Magister Bychov uirtutem accu-
mulans virtutibus, in expugnacione castri dicti Ducis Rorov
vocati, quod labore nostrorum fidelium et bello optinuimus,
duo seruientes ipsius sub eodem castro extiterunt interempti.
In recompensacionem seruiciorum ipsius Magistri Bichov
domino Stephano et Ladizlao Regibus Hungarie, predecessoribus nostris felicium recordacionum, et Regno primitus, et
demum nobis, vt premisimus, impensorum, et aliorum quam
plurimorum bellis intrinsecis et extrinsecis exhibitorum, licet
parua pro magnis, modicum pro maximis facere videamur;
quandam villam Castri Ferrei Zoruuskend vocatam iuxta fluuium Raba existentem, cum omnibus vtilitatibus et pertinencijs suis vniuersis, per dominum Regem Stephanum ob merita
seruiciorum suorum eidem collatam, et vsque ad hec tempora
possessam, eidem Magistro Bichov, et per eum suis heredibus,
heredumque suorum successoribus reliquimus, dedimus et
contulimus iure perpetuo possidendam et habendum, sub eisdem metis et terminis antiquis, quibus eadem villa Zorwoskend primitus habita dinoscitur et possessa. Non obstante eo,
quod priuilegium domini Stephani Regis super collacione
priore ville Zorwoskend in occupacione castri ipsius Magistri
Bychov, vt premissum est, sit receptum et amissum; cum de
emissione priuilegiorum suorum per Capitulum Castri Ferrei
Baronibus et Nobilibus Regni nostri constiterit manifeste. In
cuius rei memoriam perpetuamque firmitatem presentes concessimus sigilli nostri munimine roboratas. Datum per manus
discreti viri Magistri Theodori Albensis Ecclesie Preposíti,
Aule nostre ViceCancellarij dilecti et fidelis nostri, anno Domini M° ducentesimo nouagesimo primo,

(Eredetie bőrhártyán, melynek vörös-kék selyemzsinóron függött
pecsétje elveszett ; a főmélt. herczeg Batthyáni család levéltárában.)

417.

III. Endre királynak Alber helységet tárgyazó adománya, Hertveghnek fiai számára. 1291.

Andreas Dei gracia Hungarie, Dalmacie, Croacie, Rame, Seruie, Gallicie, Lodomerie, Cumanie Bulgarieque Rex omnibus Christi fidelibus tam presentibus quam futuris presentes litteras inspecturis salutem in omnium saluatore. Ad vniuersorum tam presencium quam futurorum noticiam harum serie volumus peruenire, quod Comes Nicolaus dictus Wez, Werrach, Corraldus et Seyfridus filij Hertuegh ad nostram accedentes Presenciam de Nostra Maiestate Regia humiliter supplicando postularunt, quod terram hospitum Castri nostri Castri Ferrey de Hydegsed Alber uocatam, uacuam et habitatoribus destitutam, per dominum Ladizlaum Regem, fratrem nostrum patruelem ob merita seruiciorum suorum ipsis datam et collatam, eisdem relinquere et conferre dignaremur. Nos itaque considerantes fidelitates et seruiciorum merita dictorum Comitis Nycolay, Warhach, Corrardi et Seyfridi, que nobis in diuersis expedicionibus in confinio Regni nostri emergentibus et alias fideliter semper impenderunt ; primum uidelicet, quam tempore domini Regis Ladizlai, quando confinia Regni Hungarie et castra per Trusalch et alios Theotonicos fuerant occupata, ijdem Comes Nicolaus et fratres sui predicti cum Trusalch, qui tunc castrum Kurmend conseruabat, preliantes, se fortune casibus submittendo, Merch frater ipsorum extitit nteremptus. Item cum Diuino munere in Regni gubernaculum et solium successissemus iure et ordine geniture, predictus Werharch contra insultum Teothonicorum volencium inuadere confinia Regni nostri, sub castro Ruhanch cum ipsis Teothonicis pugnando strenne extitit letaliter uulneratus. Sub castro eciam Sancti Michaclis dictus Comes Nicolaus pro fidelitate nobis debita, baliste iaculo extitit sauciatus. Attendentes eciam seruicia eorum in exercitu nostro, quem contra

Albertum Ducem Austrie et Styrie habebamus, impensa omni
fidelitatis cum feruore, in quo eciam exercitu Johannes Teo-
thonicus cognatus eorum in expugnacione castri Boros fuit
interfectus; et alia seruicia eorum plurima, que propter sui
multitudinem longum suo modo esset enarrare, recensentes in
animum : predictam terram Alber, per dictum Ladizlaum
Regem mediantibus patentibus litteris suis datam et collatam,
eisdem Comiti Nicolao, Werhach, Corrardo et Seyfrido, et
eorum heredibus heredumque suorum successoribus relinquimus, et eciam de nouo conferimus iure perpetuo possidendam,
cum omnibus vtilitatibus et pertinencijs suis vniuersis, sub
eisdem metis et terminis antiquis, quibus ipsa primitus per
dictos hospites Castri nostri habitata dinoscitur et possessa, a
iurisdiccione dicti Castri exceptam penitus et exemptam. In
ouius rey memoriam perpetuamqne firmitatem presentes concessimus litteras dupplicis sigilli nostri munimine roboratas.
Datum per manus discreti viri Magistri Theodori Albensis
Ecclesie Prepositi, Aule nostre ViceCancellarij, dilecti et fidelis nostri, anno Domini M° ducentesimo nonagesimo primo,
duodecimo kalendas Augusti, Regni autem nostri anno
secundo.

(Eredetie bőrhártyán, fehér-zöld selyemzsinóron függő pecsét alatt
a főmélt. herczeg Batthyáni család levéltárában.)

418.

III. Endre király megerősíti IV. Béla királynak a pesti vár vásár-jövedelmeit tárgyazó privilegiumát a nyúlszigeti apácza-zárda számára. 1291.

Andreas Dei gracia Hungarie, Dalmacie, Croacie, Rame, Seruie, Gallicie, Lodomerie, Cumanie, Bulgarieque Rex omnibus Christi fidelibus presentem paginam inspecturis salutem in eo, qui est uera salus. Ad uniuersorum noticiam tenore presencium uolumus peruenire, quod uir religiosus frater Wgrinus Prior de Ordine Fratrum Predictorum ʹde Insula Beate Virginis, nomine et vice sororum sanctimonialium de eadem Insula ad nostram accedens presenciam, exhibuit nobis priuilegium domini Regis Bele aui nostri karissimi inclite recordacionis confectum super tributo fori de Castro Pestensi (így), verbo earundem dominarum nobilium sororum petens cum instancia, vt ipsum priuilegium approbare, ratificare, et nostro dignaremur de benignitate Regia priuilegio confirmare. Cuius quidem priuilegij tenor talis est :

(B)ela Dei gracia Hungarie stb. Rex stb. (következik IV. Béla királynak 1255-ki privilegiuma, mint Fejérnél Cod. Dipl. IV. köt. 2. r. 320. és 455. ll.)

Nos itaque, qui ex officio suscepti regiminis vnumquemque in suis iuribus tenemur conseruare, considerantesque peticionem fratris Wgrini Prioris predicti fore legitimam atque iustam, maxime cum collaciones Ecclesijs rite et legitime factas nolimus retractare, ymo donaciones Regis Bele aui nostri karissimi super dicto tributo fori Castri Pestensis sororibus de Insula Virginis Gloriose iugiter Deo famulantibus concessas, uelimus inuiolabiliter obseruare; attendentesque ipsum priuilegium Regis Bele non abrasum, non cancellatum, non abholitum, non uiciatum in carta, uel in filio, tenorem eiusdem de uerbo ad uerbum presentibus inseri facientes, actoritate (így) presencium confirmamus et confir-

mando innouamus, dupplicis sigilli nostri munimine roborando. Statuentes, ut da cetero eedem sorores de Insula Virginis Gloriose ipsum tributum fori cum suis pertinencijs,
prout per dictum (így »dominum« helyett) Belam inclitum
Regem Hungarie est collatum, perpetuo et pacifice possidere
valeant et habere; cassantes, irritantes, irrita ac inania la-
bentes omnia priuilegia, munimenta et litteras, si que (per)
ciues Budenses racione nundinarum circa festum Natiuitatis
Virginis Gloriose celebrandarum, uel alia quacumqua racione,
quocumque modo aut ingenio inpetrata fuerunt et obtenta.
Non obstantibus eciam litteris Conuentus Sororum, et Prouincialis Prioris Fratrum Predicatorum, ciuibus Budensibus causa
coaccionis siue metus concessarum; cum omnes litteras inpa-
cato tempore domini Ladizlai Regis causa metus emanatas,
in Generali Congregacione nostra, ex consensu et consilio
Archiepiscoporum, Episcoporum, Baronum et vniuersorum
Nobilium Regni nostri, qui congregacioni nostre presentes
adherant, ordinauerimus et statuerimus, nullius fore firmitatis. Ordinantes et statuentes, ut quandocumque et per quemcumque littere, priuilegia et quenis instrumenta quorumcum-
que in contrarium uenerint uel exhibita fuerint, uiribus careant, reuocentur in irritum, et nullius penitus sint uigoris;
ipsis ciuibus Budensibus, et alijs omnibus de cetero super
facto dicto tributi silencium perpetuum inponentes. In cuius
rei memoriam perpetuamque firmitatem presentes concessimus litteras dupplicis sigilli nostri munimine roboratas. Datum
per manus discreti viri Magistri Theodori Albensis Ecclesie
Prepositi, aule nostre ViceCancellarij, dilecti et fidelis nostri,
anno Domino M°CC° nonagesimo primo, ¹vndecimo kalendas
Octobris, Regni autem nostri anno secundo.

(Eredetie bőrhártyán, a királynak sárga-vörös selyemzsinóron függő
pecsétje alatt; a budai kir. kamarai levéltárban.)

419.

*III. Endre király megerösíti az egri káptalannak bizonyság-
levelét, mely szerint az ungi vár több jobbágya Tyba helységet
eladta Jakou fiainak. 1291.*

Andreas Dei gracia Hungarie, Dalmacie, Croacie,
Rame, Seruie, Gallicie, Lodomerie, Cumanie, Bulgarieque
Rex omnibus presentem paginam inspecturis salutem in
Domino sempiternam. Pro meritis fidelium Corone Regie
deuotorum aperire conuenit munificencie nostre sinum,
ut perspicax intueatur posteritas, quid iugiter inpensa fidelitas mereatur. Proinde ad vniuersorum noticiam harum
serie volumus peruenire, quod accedentes ad nostram presenciam fideles nostri Andreas Comes ac Jakou, filij Jakou,
a nostra Celsitudine pecierunt, vt terram quandam Stephani,
Benedicti, Wolph, Valentini, Georgij, Symonis et Donk, jobagionum Castri Vngh, Tyba vocatam, quam ab eisdem jobagionibus Castri pro trecentis marcis plenarie solutis iusto empcionis titulo compararant, prout in priuilegialibus litteris Capituli Agriensis plenius continetur, Magistro Omodeo tanquam
Parochiali Comite suum per omnia prebente consensum,
nostro dignaremur priuilegio confirmare. Quarum quidem
litterarum Capituli Agriensis tenor talis est:

Omnibus stb. Capitulum Ecclesie Agriensis stb. (következik az egri káptalannak 1290-ki bizonyságlevele, mint
fentebb 406. sz. a.)

Nos itaque eiusdem rei geste veritatem omnimodam
iusticie perpendiculo satagentes perquirere examissam, nam
veritas sepius exagitata magis splendescit in lucem; eorun-
demque Andree et Jakou Comitum fidelitatem perspectam
attendentes, quibus ob insignes sudores et labores in expedicione nostra contra Albertum Ducem Austrie luculencius cla-
ruerunt, nostro nichilominus lateri tanquam consiliarij nostri
fidelissimi cottidiano studio jugiter adherendo, vt nichil deesse
perfeccioni et stabilitati eiusdem negocij videatur, quod

adici uel adnecti pro soliditate ipsius necessario debuisset:
eandem possessionem Tiba nuncupatam rursus reambulari
fecimus sub testimonio Capituli Agriensis, vocatis omnibus
commetaneis et vicinis, et auctoritate nostra prefatis nobilibus assignare nullo contradictore penitus apparente; volentes, vt presentis scripti patrocinio titulus empcionis premisse
robur optineat perpetue firmitatis, nostraque Regia prius sub-
sequatur donacio tanquam eiusdem rei consolidacio, ex dupplici juris funiculo perpetuo valitura. Vt igitur nulla inposterum valeat cuiuslibet inpugnacionis excogitata malicia retractari, nulla rerum varietas eiusdem rei seriem perturbare,
memoratis nobilibus et suis heredibus heredumque suorum
successoribus in perpetuam firmitatem presentes litteras concessimus duplicis sigilli nostri munimine roboratas. Datum
per manus venerabilis viri Magistri Theodory Albensis Ecclesie Prepositi, aule nostre ViceCancellarij dilecti et fidelis
nostri anno Domini M°CC° nonagesimo primo, indiccione
quarta, septimo kalendas Septembris, Regni autem nostri anno
secundo.

(Az egri káptalannak 1373. »in festo preciosissimi Corporis Christi«
I. Lajos királynak 1373. »Datum in Gyosgewr die dominico proximo post Ascensionem Domini« kelt megkeresésére a »Nobilium de
Nogmihal« számára kiadott átiratából; a budai királyi kamarai
levéltárban.)

420.

*III. Endre király megerősíti IV. László királynak szabadalmát,
melylyel János, Enárd fiának népeit a zulusma és nyestadó
alól fölmentette. 1291.*

Andreas Dei gracia Hungarie, Dalmacie, Croacie, Rame,
Seruie, Gallicie, Lodomerie, Cumanie, Bulgarieque Rex omnibus Christi fidelibus presens scriptum inspecturis salutem
in eo qui Regibus dat salutem. Ad vniuersorum noticiam
harum serie volumus peruenire, quod Magister Johannes filius
Comitis Enardi Comes Bachyensis dilectus et fidelis noster
ad nostram accedens presenciam exhibuit nobis priuilegium
domini Ladizlai quondam illustris Regis Hungarie karissimi
fratris nostri patruelis feliciisime recordacionis super relaxa-
cione et exempcione populorum suorum a collecta victualium
et marturinam inter Zawa et Basa existencium confectum,
petens a nobis cum instancia, vt ipsum priuilegium Regis
Ladizlai ratum habere et nostro dignaremur priuilegio confirmare. Cuius quidem priuilegij tenor talis est:

Ladizlaus Dei gracia Hungarie stb. Rex stb· (következik IV. László királynak 1276-ki privilegiuma, mint fentebb 147. sz. a.)

Vnde nos considerantes fidelitates et seruiciorum merita
ipsius Magistri Johannis, que nobis in diuersis Regni nostri
expedicionibus, maxime cum nos contra Ducem Austrie ele-
uato exercitu generali pro repellenda iniuria nobis et Regno
nostro facta processissemus, et castra eiusdem Ducis quam
plurima expugnari et dirui fecissemus, idem Magister Johannes in expugnacionibus dictorum castrorum, et specialiter sub
castro Vienne cum alijs fidelibus nostris ad certandum sub
dictum castrum destinatis, fideles et laudabiles exhibuit famulatus; ubi non sine effusione sanguinis sui cuasit aliqualiter
casum mortis. Attendentesque predictum priuilegium nobis
exhibitum Regis Ladizlai non cancellatum, non abrasum, nec

in aliqua sui parte viciatum, de uerbo ad uerbum presentibus insertum auctoritate presencium confirmamus, dupplicis sigilli nostri munimine roborando; ymo graciam sepedicto Magistro Johanni per predictum Regem Ladizlaum factam ex nunc de plenitudiné gracie nostre duximus innouandum et eciam conferendum. Datum per manus venerabilis viri Magistri Theodori Albensis Ecclesie Prepositi, Aule nostre ViceCancellarij, dilecti et fidelis nostri, anno Domini millesimo ducentesimo nonagesimo primo, septimo idus Octobris, Regni autem nostri anno secundo. Venerabilibus patribus Lodomerio Strigoniensi, Johanne Colocensi et Johanne Spalatensi Archiepiscopis; Andrea Agriensi, Gregorio Chanadiensi, Ladizlao Waciensi, Benedicto Vesprimiensi Aule domine Regine karissime consortis nostre Cancellario, Benedicto Waradiensi, Johanne Zagrabiensi, Andrea Jauriensi, Ponka Sirimiensi et Petro Transiluano Episcopis Ecclesias Dei feliciter gubernantibus. Nicolao Palatino, Comite Simigiensi et Judice Cumanorum, Henrico Bano tocius Sclauonie, Rorando Woyuoda Transiluano et Comite de Zonuk, Johanne Magistro Thoarnicorum Comite Supruniensi, Thoma Judice Curie nostre, Ladizlao Magistro Dapiferorum, Jacobo Magistro Pincernarum, Miko Magistro Agasonum nostrorum; Laurencio Bano de Seurino, Comite de Keuy et de Crasu; Gregorio Comite Borsiensi et Nitriensi, Ladizlao Comite Jauriensi, Jacobo Comite de Sotmar et de Budrug, Gregorio Comite Zaladiensi, Opour Comite Posoniensi, Lukach Magistro Tharnicorum domine Regine karissime consortis nostre, Leurente Comite Wesprimiensi, Benedicto Comite Albensi, Paulo Comite Musuniensi, Gregorio Comite Tholnensi, Nicolao Comite de Wlkou, Kemeno Comite de Borona, et alijs quam pluribus Comitatus Regni tenentibus et honores.

(Eredetie bőrhártyán, melyről a pecsét töredéke ibolyaszínű selyem zsinóron függ; a budai kir. kamarai levéltárban. — Sok hibával kiadva Fejérnél Cod. Dipl. VI. k. 1. r. 128. l.)

421.

Fenena királynénak Gumchud helységet tárgyazó adománya a nyúlszigeti apáczazárda számára. 1291.

Fenenna Dei gracia Regina Hungarie omnibus Christ fidelibus presentes litteras inspecturis salutem in omnium saluatore. Decet Excellenciam Reginalem bone rei dare consultum, et eternorum intuitu munificencie sue dextera cultum extollere Diuinorum, ut in dandis muneribus suum commendet actorem, qui tanto maiora tribuit, quanto per eum dignitatis sue gloriam viderit augmentari. Proinde ad vniuersorum noticiam harum serie uolumus peruenire, quod nos ad deuocionem et amorem Diuini Nominis, et Virginis Gloriose Beate Marie Genitricis Dei, nobilibus sev religiosis dominabus sororibus sanctimonialibus de Insula Beate Virginis Deo ingiter famulantibus, quandam terram nostram Reginalem Gumchud uocatam in Comitatu Albensi existentem, cum omnibus utilitatibus suis et attinencijs vniuersis, pratis uidelicet, piscinis, et tribus insulis, Fuen uidelicet, Dyenus, Sumloy vocatis, dedimus, donauimus et contulimus dictis sororibus, et per eas Ecclesie Beate Virginis de Insula iure perpetuo pacifice possidendam et habendam. Mete autem, sicut in litteris Capituli Budensis domino nostro karissimo Andree Dei gracia illustri Regi Hungarie directis vidimus contineri, hoc ordine distinguntur : Prima siquidem meta incipit a parte orientali iuxta Danubium, et sunt ibi due meta ueteres angulares, quarum una distingit terram Ecclesie Capituli Budensis Saap uocatam, alia terram Gumchud ; deinde uadit ad partem orientalem ad duas metas, quarum una distingit et separat terram Opoy ; deinde tendit uersus meridiem ad magnam uiam, qua itur ad villam Okozthov ad duas metas ; abhinc pergit ad partem meridionalem ad duas metas, quarum una separat terram Achad ; dehinc procedit ad duas metas, quarum una,

distingit Tetetken ; deinde uersus septemtrionem ad
dnas metas, quarum una separat terram Halasci ; hinc
procedit uersus plagam septemtrionalem ad dnas metas, que
sunt erecte iuxta pinachium ecclesie Sancti Marcy, quarum
una separat terram Dob; abhinc redit ad portum Danubij, et
ibi sunt due metc angulares, et sic terminatur. In cuius rei
testimonium, et ut hec presens donacio nostra robur obtineat
perpetue firmitatis, presentes concessimus litteras dupplicis
sigilli nostri munimine roboratas. Datum per manus venerabilis patris domini Andree Dei gracia Episcopi Agriensis fidelis Cancellarij nostri, anno Domini M 'CC' nonagesimo primo,
septimo kalendas Augusti.

(Eredetie bőrhártyán, melyről a pecsétnek töredéke vörös-sárga
selyemzsinóron függ; a budai kir. kamarai levéltárban. — Sok hibával kiadva Fejérnél Cod. Dipl. VI. köt. 1. r. 142. lap.

422.

*Miklós nádornak parancsa a pécsi káptalanhoz, hogy Fülöp
mestert intse, miszerint öt ökröt adjon vissza Konrád mester
hasoughi népeinek. 1291.*

Amicis nostris karissimis Capitulo Quinqueecclesiensi
Nicolaus Palatinus, Comes Symigiensis, Albensis, et Judex
Cumanorum amiciciam paratam. Discrecionem vestram petimus diligenter, quatenus mittatis hominum unum, qui uadat
ad Magistrum Philippum cum homine quatuor Judicum Nobilium de Barana, et dicat eidem uerbo nostro, quod octo boues
de populis Magistri Currardi de villa Hasough, quos circa
festum Beati Micaelis recipi fecit, eidem Magistro Corrardo
reddi faciat sine dampno infra decimum quintum diem a recepcione presencinm. Alioquin dicat eciam eidem Magistro
Philippo, quod si secus fecerit, extunc super possessiones

ipsius recipi faciemus una cum Judicibus Nobilium predictorum auctoritate propria mediante. Datum in Vagh tercio die
post dominicam Judica.

K í v ü l : Capitulo Quinqueecclesiensi pro Magistro Corraldo.

(Eredetie bőrhártyán, a zárpecsét elveszett; a mélt. báró Révay
család levéltárában.)

423.

*Miklós nádor a Reznuki Herbord comes és Apáti-i Demeter
közti pernek tárgyalását további határnapra halasztja. 1291.*

Nos N. Palatinus Comes Sumugiensis et Judex Cumanorum damus pro memoria, quod causam, quam Comes Herbor-
dus de Reznuk, pro quo Egidius seruiens suus comparuit,
contra Demetrium filium Gregorij de Apati, pro quo Paulus
cognatus eiusdem astitit in octauis Ascensionis Domini, habebat coram nobis, ad quindenas residencie presentis exercitus
propter imminens Regni negocium duximus prorogandam.
Datum apud Fuen tercio die post festum Pentecosten.

K í v ü l : Contra Demetrium de Apati pro Comite Herbordo.

(Eredetie bőrhártyán, a pecsét elveszett; mélt. Szalay Ágoston gyűjteményében.)

424.

Miklós nádornak emléklevele, hogy Miklós bán, s Bertalan és Kalmer comesek a köztük folyó pert választott biróság elitélésére bízták. 1291.

Nos N. Palatinus Comes Symigiensis et Judex Cumanorum damus pro memoria, quod Comes Endre pro Nicolao Bano Comite de Volko domino suo ab una parte, et Comes Bartholomeus filius Pauli pro se et Comite Kalmero ab altera, coram nobis constituti, causam quam idem Banus in octauis Beati Andree Apostoli coram domino Rege contra ipsos Bartholomeum et Kalmerum habebat, pari uoluntate arbitrio Magistri Johannis fratris nostri et nostro ac aliorum Nobilium, quos in socios nobis assumpsimus, submiserunt reformandam; ita ut in octauis Epifamie Domini coram Capitulo Castri Ferrei arbitrabimur inter partes. Datum in villa Dobsa feria tercia post festum Beate Elysabeth.

K í v ü l : Ad octauas Epifanie Domini contra N. Banum.

(Eredetie börhártyán, a zárpecsét elveszett; a budai kir. kamarai levéltárban.)

425.

Az esztergami káptalannak bizonyságlevele, mikép az Elefánti nemesek közti családi per választott birák által elintéztetett. 1291.

Nos Comes Thomas Judex Curie Serenissimi Principis domini Lodouici Dei gracia Incliti Regis Hungarie, Comitatusque de Turuch tenens honorem stb. quod Martinus Magnus filius Jacobi pro Magistro Mychaele filio Deseu de Elephanth cum procuratorijs litteris Comitis Pauli quondam Judicis Curie Regie predecessoris nostri iuxta continenciam priorum litterarum eiusdem Comitis Pauli in quindenis residencie exercitus Regij versus partes maritimas moti, et ad octauas Omnium Sanctorum anno Domini millesimo CCC° quadragesimo sexto preteritas proclamate, ad eiusdem Comitis Pauli accedens presenciam contra Stephanum filium Martini de eadem Elephant in figura Judicij eiusdem Comitis Pauli quasdam litteras Capituli Ecclesie Strigoniensis inquisicionales stb. presentasset stb. Vnde idem Magister Paulus commisisset, vt idem Magister Michael filius Deseu stb. instrumenta sua exhibere teneretur stb. Tandem ipsis octauis festi Assumpcionis Virginis Gloriose occurrentibus prenotatus Mychael quasgam litteras Capituli Ecclesie Strigoniensis priuilegiales anno Domini M°CC° nonagesimo secundo transscribentes alias litteras suas memoriales anno Domini M°CC° nonagesimo primo confectas nobis presentarat, in quibus videlicet litteris memorialibus ipsius Capituli Strigoniensis seriose reperieramus haberi, quod Comes Mychael filius Andree, et Andreas ac Mathias filij Comitis Andree, nomine suo et vice Leustachij fratris sui absentis, Mogh filius Comitis Thome fratris eorundem similiter pro se et pro Thoma et Andrea fratribus suis absentibus nobiles de Elephanth de Comitatu Nitriensi, vnacum domino venerabili patre domino Paska Episcopo Ecclesie dicti Capituli Nitriensis, ad presen-

33*

ciam ipsius Capituli Ecclosie Strigoniensis accedendo, super
facto vniuersarum possessionum suarum in eisdem litteris
annotatarum per arbitrium eiusdem domini Episcopi, Comitis
Thome Judicis Curie domini Regis, Wogoumerij Comitis Huntensis, et Comitis Andree filij Comitis Andree Comitis de
Aryna, Iwanche et Nicolai fratrum suorum, Comitis Folkus
de Chalad, Martini de Sabakereky, et Bodomerij de Diuek,
dixissent inter ipsum Comitem Michaelem ac filios eiusdem
Comitis Michaelis, filios Comitis Andree, ac filios Comitis
Thome supradictorum fratrum suorum de amicabili concordia
esse taliter ordinatum : Quod possessio siue terra eorum hereditaria Elephanth nuncupata, cum suis vtilitatibus, et molendinis ac pertinencijs vniuersis, et terra Zalakus empticia
eorundem de Comitatu Nitriensi, et possessio siue terra Moy-
teh nomine de Comitatu Posoniensi, in partem eorundem filiorum Comitis Andree cessissent in perpetuum possidende ;
possessiones vero siue terre, videlicet Feulefanch, in qua esset
ecclesia Sancti Martini, et Leustachfeuld ibidem, et terra,
quam a Comite Paulo filio Petri cognato ipsorum empcionis
titulo se asseruissent habuisse : et terra Gereky wlgariter
nuncupata, et terre Podlusan et Beed vocate in Comitatu
Nitriensi, tres terre Fonchal, quarum in duabus essent due
ecclesie, scilicet Sancti Petri et Sancti Spiritus, Cyfur, Boros-
feuld, Dayca, Feuldfolua, Perezlen, et quinque terre Sur
vocate, ex quibus vna esset hereditaria eorundem, in qua
esset ecclesia Sancti Michaelis, alia esset Sur, que esset empticia ipsius Comitis, vt asseruisset, (a) Mychaele et Bernaldo
filio Bala jobagione Castri Posoniensis per empcionem optenta,
que inter ipsos diuisionem subire non deberet, et residue terre
Sur vocate existerent, quas ipsi tres fratres Comites Andreas,
Mychael et Thomas ab Andrea filio Jacobi filij Vaynus empcionis tituto possedissent, et quinta terra Sur, quam ipsis
Comitibus Andree, Mychaeli et Thome idem Andreas filius
Jacobi obligasset, que inter ipsos Comitem Michaelem et
filios suos, ac filios Comitis Thome et fratris sui equalem divi-
sionem subierint, terra eciam Parna, in qua esset ecclesia
Beate Virginis, Sumkarek et Zumula, in qua esset ecclesia
similiter Beate Marie, de Comitatu Posoniensi, et vinea Posoniensis quedam, quam teneret Poregurpergh, de qua eidem

tres tunelle vini annuatim debentur nomine chibrionum, eidem
Comiti Mychaeli et suis filijs, ac filijs Thome Comitis et fratris sui in eorum porcionem deuolute, essent diuidende equaliter et habende perpetuo ac tenende. Et sic vniuerse questiones, quas idem Comes Mychael et filij sui, ac filij Thome
Comitis supradicti contra eosdem filios Comitis Andree, et ad
eos pertinentes, in Presencia Regia habuissent, sedate extitissent pariter et sopite; ita vt instrumenta et priuilegia, si qua
ijdem filij Comitis Andree penes se haberent super possessionibus in porcionem eiusdem Comitis Mychaeles et filiorum
suos, ac filiorum Comitis Thome prefati cedentibus, eis sub
noticia et scitu ipsius domini Episcopi restituerent vniuersa,
et atunc velud filij trium fratrum se ad inuicem amplecteren-
tur et diligerent ex intimis et sinceris visceribus caritatis
Quarum litterarum stb. Datum Bude vndecimo die termini
reportacionis seriei prenotate anno Domini millesimo trecentesimo quinquagesimo tercio.

(Eredetie a budai kir. kamarai levéltárban.)

426.

*A háy-i káptalannak bizonyságlevele, hogy Kun István comes
Budholma helységet nővére Margitnak, és sógora Garai Péternek átengedte. 1291.*

A   B   C   D

Nos Magister Symon Prepositus et Capitulum Ecclesie
Beati Laurencij de Hoy memorie commendantes significamus
vniuersis quibus presentes hostenduntur, salutem in Domino
sempiternam. Ne effrenata cupiditas sui prodiga mater litium
materia iurgiorum noua cottidia litigia seu discordiam gene-
ret, et ne concordia extra mundi terminos exilium paciatur:

ideo digne prodit, ut ca que in tempore geruntur, ne simul cum dilabenti tempore dilabantur, ad maiorem cautelam litterarum patrocinio consueuerunt premuniri. Proinde ad vniuersorum noticiam tenore presencium volumus peruenire, quod accedentes ad nostram presenciam personaliter Stephanus Comes Kuun dictus de Murgo de Comitatu de Budrug ab una parte; Petrus filius Keme de Gara de eodem Comitatu ab altera. Qui ydem Stephanus Comes Kuun dictus antedictus dixit per hunc modum : quod cum ydem Petrus filius Keme de Gara predictus seruiuisset erga eum fideliter a puericia, respectu honore nobilitatis sue, sororem suam dominam Margaretam eidem in matrimonium tradidisset; igitur terram suam Budholma uocatam, sitam in Comitatu de Budrug videlicet et empticiam, iacentem inter Murgo et Acha, propter merita Petri generi sui filij Keme antedicti, domine Margarete sorori sue videlicet et consorti eiusdem Petri prętacti, ac suis heredibus heredumque successoribus dedit et contalit cum omnibus hutilitatibus suis et pertinencijs inreuocabiliter perpetuo possidendam. Dixit eciam idem Stephanus Kuun dictus prefatus coram nobis viua uoce et protestatus est tali forma : quod predictam terram omissis (igy) suis proprijs rebus, ut nec Nicolaus frater eiusdem, nec aliquis cognatorum eiusdem iuuamen impendidisset in rebus suis eidem, in emendo — — — — et nullus ibidem extitit contradictor coram nobis in hac parte. Presentibus uiris probis et nobilibus, videlicet Johanne filio Mos de Miske, Sandro et Mykaele de Kayand, Kelemen et Kelemenes de Acha, Petro et Paulo filijs Miko de eadem. In cuius rei memoriam presentes concessimus sigilli nostri autentici munimine roboratas, anno Domini M⁰CC⁰ nonagesimo primo. Dyonisio Custode, Johanne Decano, Magistro Jacinto Pinkusd Vicearchidiacono, Job et Blasio sacerdotibus, et ceteris in Ecclesia Dei fideliter famulantibus.

(Eredetie bőrhártyán, sárga-kék selyemzsinóron függő pecsét alatt; a fömélt. herczeg Eszterházy család levéltárában.)

427.

*A pécsi káptalannak emléklevele, mikép a Bika hei
natkozó birtokper választott biróság által elitéltetei*

Nos Capitulum Quinqueecclesiensis Ecclesic
commendamus, quod cum super facto terre Bika in
Tolnensi existentis inter Comitem Ladizlaum filium
et Nicolaum filium Iuan patrueles de Zakadath N
eodem Comitatu ab una parte; et inter Kilianum et
filios Kiliani, Petrum, Sur et Andream filios Jacobi
de Myder, item Demetrium et Stephanum filios I
genere Bente Mayneth cognatos eorundem de Chely
ordine judiciario uerteretur materia questionis;
utraque pars nostram in presenciam comparendo n
rens, se sub pena quinquaginta marcarum compr
in arbitros, quorum nomina hec sunt, scilicet Com
filius Alberti de genere Bente Maynet, item Phi
Joky, item Lucas filius Luce de Birolth, Simeon fil
Kudmy, per partes in litteris nostris nominati; iten
filius Farkas de genere Sajkas, et Comes Balog C
Quinqueecclesiensis per partes adiuncti easdem. C
dem arbitratoribus in octauis Sancti Martini inter 1
dentibus, et vtrisque partibus ibidem presentibus,
nati Comes Ladizlaus et Nicolaus exhibuerunt p
Capituli Albensis antiquum, in quo fuit liquido
quod Johannes et Ladizlaus filij Abraham quauda
suam nomine Bika cum ecclesia Santi Michaelis coi
eadem statuissent Sur Comiti in perpetuum possic
contra idem Comes Sur terram suam nomine Zaka
ecclesia Sancti Nicolai mutua vice statuisset eisde:
Ladizlao similiter in perpetuum possidendam. T
obligati interposito, quod si tractu temporis Comes
ctus vel eius heredem predictam terram Bika vendi
let exponere, non posset alijs, nisi Johanni et Ladi:

dictis vel heredibus eorundem; similiter prenominati Johannes et Ladizlaus vel heredes eorum predictam terram eorum Zakadath, si vendicione voluerint exponere, non alijs nisi predicto Comiti Sur et eius heredibus vendere tenerentur. Hoc tali tenore verborum in eodem priuilegio contento per nos perlecto et relecto, utrisque partibus exposito diligenter, nihil aduersitatis vel contrarietatis per utrasque partes dictum fuit priuilegio antedicto. Itaque Comes Ladizlaus et Nicolaus dixerunt, quod Kilianus et Jacobus filij Sur medietatem huius terre Bika ipsis ignorantibus in eorum preiudicium vendicioni exposuissent iam dudum; item Petrus filius Jacobi filij Sur et fratres eorundem predictis filijs Mathei tacentibus dixerunt, quod ipsi ignorarent hanc vendicionem fore factam. Igitur Comes Ladizlaus et Nicolaus exhibuerunt tenorem priuilegij nostri recognosci, recepti ad mandatum domini Regis in Camera ecclesie nostre, in quo fuit repertum, quod Kilianus et Jacobus filij Comitis Sur medietatem porcionis, quam in terra Bika nomine ab Iuan et Ladizlao filijs Abraham in concambium habuerunt, a parte orientali ultra aquam Saar existentem, cum medietate aque Saar et alijs vtilitatibus seu pertinencijs suis Matheo filio Sauli de genere Bente Maynet pro decem marcis vendidissent, et precium totaliter recepissent. Hoc tali tenore perlecto et relecto, et partibus dato intellegi diligenter, ad hec prenotati Kilianus et Petrus, fratresque ipsorum responderunt hoc idem, quod Petrus; dicendo hanc vendicionem se nescire; predictis filijs Mathei filij Sauli similiter retinentibus sicut sui. Siquidem ad iustam peticionem utriusque partis et prenominatorum arbitrorum predictum priuilegium nostrum in camera Ecclesie nostre ad uberiorem testimonij cautelam fecimus requiri, et inuentum partibus utrisque et arbitratoribus publice presentari et perlegi distincte et aperte. In quo quidem priuilegio liquido est repertum, quod Kilianus et Jacobus filij Comitis Sur medietatem porcionis in terra Bika, quam a filijs Abraham habuerant in concambium, a parte orientali ultra aquam Saar existentem, cum medietate aque Saar, et alijs vtilitatibus et periinen ijs, Matheo filio Sauli pro decem marcis vendidissent, et precium totaliter recepissent. Supradicti vero Kilianus et frater suus, item Petrus et fratres sui filij Jacobi interrogati per arbitros

supradictos, si quid vellent vel haberent dicere aduersus hoc
priuilegium super vendicione medietatis terre Bika confectum ; habita deliberacione, hoc priuilegium manibus tenentes
contractum voce concordi reddiderunt : quod nihil vellent,
nihil haberent dicere aduersus hoc priuilegium, imo crederent
indubitanter, quod est verum, atque rite et legitime sit confectum ; adiiciendo ipsi, ipsorum arbitrorum arbitrio, quidquid
arbitrarentur, consentirent, tollerando eorundem arbitrium
liberaliter et libenter. Itaque arbitratores supranominati tenorem vel tenores, continenciamue tam efficacem priuilegiorum
predictorum considerando et perspicacius attendendo, utriusque partis causam equa posuerunt in lance, manu justicie
ponderando visum est eisdem, interueniente eciam consensu
parcium vtrarumque : vt cum homine nostro super faciem predicte terre Bika vocabulo accederent in persona, ad distinguen-
dum uel diuidendum ipsam terram inter partes. Cum quibus hominem nostrum Stephanum Canonicum Ecclesie Sancti Johannis Baptiste de Quinqueecclesijs transmisimus ad exequendum
premissa coram ipso ; ipsique arbitratores cum homine nostro
et cum partibus utrisque ad nos redeuntes nobis retulerunt
viua voçe, quod ipsi presente homine nostro predicto et utrisque partibus ibidem presentibus accesserunt super faciem
terre Bika predicte, ipsamque terram Bika, sicut adiacet ultra
fluuium Saar a parte orientali, cum suis omnibus vtilitatibus
et pertinencijs in duas partes seu in duas porciones equales
diuidendo cum funiculo mensurantes, metis terrarum interpositis et signorum ; medietas terre Bika ultra aquam Saar
orientem versus cum medietate fluuij Saar, et ecclesia Sancti
Michaelis, et cum ceteris vtilitatibus suis et circumstancijs
vniuersis, distincta, sicut premittitur, per metas cessit et
remansit Comiti Ladizlao et Nicolao supradictis in perpetuum
possidenda ; quam quidem terre medietatem Bika Kilianus et
Jacobus filij Comitis Sur ab olim vendicioui exposuerant
Matheo filio Sauli de genere Bente Mayneth pro decem marcis secundum formam priuilegij nostri supradicti ; e contra altera medietas terre Bika citra aquam Saar adiacens,
similiter cum medietate aque Saar, et cum ceteris suis utilitatibus et pertinencijs omnibus, distincta, ut predictum est,
per metas ad partem occidentalem, quia hanc medietatem

adhuc non exposuerant vendicioni, cessit et remansit Kiliano et Jacobo filijs Kiliani; Petro, Sur et Andree filijs Jacobi patruelibus in perpetuum pacifice possidenda. Hoc tamen expresso, quod ab omnibus impetitoribus, quacunque parcium impetente, super facto terre Bika utraque pars se inuicem communiter, videlicet communi cum labore et expensis tenetur expedire, defendere et tueri semper et ubique, sicut ad hoc partes se obligarunt spontanea voluntate. Hoc non pretermisso, quod supradictas decem marcas prenominati Comites Ladizlaus et Nicolaus debent reddere et refundere predictis Demetrio et Stephano filijs Mathei in vigesimo secundo die Epiphaniarum Domini coram nobis in condigna estimacione partim, et partim in denarijs banalibus, sex pensas pro marca computando; ad quarum quidem sex pensarum numerum fiet estimacio supradicta. Dicimus, quod partes sub eadem pena quinquaginta marcarum tolerant et tolerabunt hoc arbitrium in toto vel in parte, sicut superius declaratur, et eeiam in memorialibus nostris litteras prioribus continetur; nihilominus utrisque partibus, a modo simul vel per se ad nos redeuntibus littera cum presenti, dabimus priuilegium nostrum secundum tenorem presencium litterarum. Sepedicti autem filij Mathei huic totali arbitrio in nullo penitus contradicentes per omnia et singula tum consensum beneuolum adhibuerunt approbantes. Datum in festo Beate Virginis Catherine anno Domini millesimo ducentesimo nonagesimo primo.

(A pécsi káptalannak 1293-ki átiratából, mint alább 444. sz. a.)

428.

A pozségai káptalannak bizonyságlevele, hogy Wydozlav Bog-
dánnak fia és érdektársai Aryavichában bírt földjüket eladták
Aladár mesternek. 1291.

A   B   C

Cupitulum Ecclesie Beati Petri de Posaga omnibus
Christi fidelibus tam presentibus quam futuris salutem in Domino sempiternam. Ad vniuersorum noticiam harum serie
nolumus peruenire, quod Wydozlao filio Bogdan pro se et pro
Jacobo fratre suo, Dragyna et Paulo filijs Seua similiter pro
se et Paulo fratre ipsorum ab vna parte; Magistro Aladario
filio Cheche ab altera, coram nobis personaliter constitutis;
ijdem Wydozlaus, Dragyna et Paulus confessi sunt viua uice,
quod quandam particulam terre ipsorum hereditarie Aryauycha
vocate, continguam et commetaneam terre supradicti Magistri
Aladarij similiter Aryauycha vocate ab aquilone adiacentem,
eidem Magistro Aladario pro viginti marcis plene receptis ex
communi noluntate tam ipsorum quam fratrum ipsorum predictorum vendidissent perpetuo possidendam; ita quod quicunque processu temporum ipsum Magistrum Aladarium racione predicte particule terre in causam attraxherit, sepedicti
Wydozlaus, Dragyna et Paulus tenebuntur expedire proprijs
laboribus et expensis. Cuius terre prima meta incipit prope
capellam Sancti Luce Ewangeliste a parte septemtrionali in
communi meta; inde descendit ad Lyubapotoka, vbi est meta
terrea; et transito ipso potok ascendit inter vineas ad arborem cherasy; inde ascendit ad cacumen montis, et ibi est
meta terrea; inde per byrch eundo versus orientem peruenit
ad arborem piri, que est inter vineas, sub qua est meta terrea; inde descendit ad Aryauychapotoka, et transito ipso
potok, ubi est meta terrea, transit quoddam fenetum nemoro-
sum; et inde ascendendo ad byrch peruenit ad sambucum
meta terrea circumfusum; inde ascendit ad cacumen ipsius

byrcb, et peruenit ad metam terream; inde tendendo ad aliud byrch peruenit similiter ad metam terream, que separat a terra Gradpotoka vocata, et ibi terminatur. In cuius rei memoriam firmitatemque perpetuam presentes concessimus sigilli nostri munimine roborando. Datum anno Domini M°CC° LXXXX° primo.

(Eredetie bőrhártyán, zöld-vörös selyemzsinóron függő pecsét alatt a budai kir. kamarai levéltárnak Zágrábban lévő részében.)

<hr/>

429.

A zalavári konventnek bizonyságlevele, hogy Buzad nemzetségbeli Ochuz comes Patha helységet eladta Jánoś, Ont fiának. 1291.

Nos Nicolaus Konth Regni Hungarie Palatinus et Judex Comanorum stb. quod cum nos pro compescendis furibus, latronibus et quibusuis malefactoribus eradicandis, ac cunctis querulantibus iusticia impendenda Vniuersitati Nobilium, aliorumque cuiusuis status et condicionis hominum Comitatus Zaladiensis secunda feria proxima ante festum Beati Jacobi Apostoli prope villam Mandbyda Congregacionem celebrassemus Generalem, in eadem Congregacione nostra Laurencius filius Petri de Boxa, et Johannes filius Nicolai filij Joanas frater eiusdem patruelis — — (Patha nevű birtokra nézve) — — quam nunc Stephanus de Patha indebite occupando conseruaret stb. (Ennek folytán) ad ipsius possessionis Patha conseruacionis experienciam cerciorem idem Magister Stephanus priuilegium Abbatis et Conuentus Zaladiensis in anno Domini M°CC° nonagesimo primo confectum in specie demonstrauit, in quibus inter cetera continebatur manifeste, quod Comes Ochuz (filius Buzad de genere Buzad) quandam possessionem Patha vocatam cum omnibus suis vtilitatibus et pertinencijs sibi a domino Rege pro suis fidelibns seruicijs collatam cum hijsdem instrumentis, quibus mediantibus eandem possedissent, Johanni filio Onth, filio scilicet sororis sue, pro fidelibus seruicijs et seruiciorum meritis eiusdem ab euo puerilitatis ipsi Comiti Ochuz inpensis, heredum suorum per heredes perempnaliter condonasset coram Abbate et Conuentu antedictis stb. Datum septimo die Congregacionis predicte anno Domini millesimo trecentesimo quinquagesimo quarto.

(Eredetie a budai kir. kamarai levéltárban.)

430.

III. Endre királynak Luchyna és Wrihouch helységeket tárgyazó adománya Oguz comes, Buzadnak fia számára. 1292.

Andreas Dei gracia Hungarie, Dalmacie, Croacie, Rame, Seruie, Gallicie, Lodomerie, Cumanie Bulgarieque Rex omnibus Christi fidelibus presentes litteras inspecturis salutem in omnium saluatore. Licet Regia pietas manum munificam debeat porrigere vniuersis; illos tamen, quorum experta probitas laudata est in prosperis et aduersis, priucipaliori debet prosequi munere et fauore; vt alij eorum exemplis inuitati ad fidelitatis opera facilius accendantur. Ad vniuersorum igitur noticiam harum serie volumus peruenire: quod nobis Regnum Hungarie primo et principaliter adeuntibus Comes Ogyoz filius Buzad nostro se iungens lateri multa fidelitatis opera exhibuit indefesse. Demum annuente gracia saluatoris nobis Regni gubernacula adeptis, et regio diademate decoratis, cum nos exercitum contra filios Herrici Bani mouissemus, idem Comes Ogyoz sue fidelitatis experienciam manifestans, dampna non modica in amissione castri sui et destruccione possessionum suarum, que ad valorem mille marcarum ascendebant, est perpessus, et multi de suis seruientibus per eosdem filios Herrici Bani fuissent vlnerati. Pretera cum Magister Johannes filius Herrici Bani rupto pacis federe inter nos et ipsum ordinato, nostre Excellencie personam ausu temerario impendiuisset, idem Comes Ogyoz, ut nos possimus de eiusdem Magistri Johannis impedimento liberari, vnicam filium suum eidem tradidit in obsidem et concessit. Consideratis itaque huiusmodi fidelitatibus et seruicijs eiusdem Comitis Ogyoz cum summa fidelitate nobis exhibitis, licet maioribus dignus haberetur, respectu seruiciorum suorum premissorum quasdam villas seu predia Reginalia in Comitatu de Wereuche existencia, Luchyna et Wrihouch vocata, cum suis vtilitatibus et pertinencijs vniuersis, prout ad Reginalem pertinebat (igy) Maiestatem, ab eodem Comitatu excepta penitus et exempta, eidem Comiti Ogyoz, et per eum suis heredibus heredumque suorum successoribus dedimus, donauimus et contulimus iure perpetuo et irreuocabiliter possidenda et habenda. Vt igitur huius nostre donacionis seu collacionis series salua et inconcussa permaneat, nec processu temporum per quempiam in irritum possit uel valeat retractari, presentes concessimus litteras dupplicis sigilli nostri munimine roboratas. Datum per manus discreti viri Magistri Theodori Prepositi Albensis, aule nostre ViceCancellarij dilecti et fidelis nostri anno Domini millesimo ducentesimo nonagesimo secundo, sexto kalendas Decembris, Regni autem nostri anno tercio.

(Eredetie börhártyán, melyről a pecsét töredéke vörös selyemzsinóron függ; a budai kir. kamarai levéltárban.)

431.

*III. Endre királynak Vayzló helységet tárgyazó uj adomány-
levele a nyúlszigeti apáczazárda számára. 1292.*

(N)os Nicolaus de Gara Regni Hungarie Palatinus et
Judex Comanorum stb. quod in Congregacione Generali Magnifici domini Nicolai Konth olym similiter dicti Regni Hungarie Palatini Vniuersitati Nobilium Comitatus de Baranya
feria secunda, videlicet in festo Beati Mathei Apostoli et
Ewangeliste anno Domini MᵒCCCᵒ septuagesimo preterita
prope villam Nogfalu per ipsum celebrata, Jacobus filius Nicolai de Nempty stb. proposuit isto modo : quod religiose domine
sanctimoniales Claustri Beate Virginis de Insula Leporum
quandam possessionem suam Vayzlo vocatam in Districtu
Ormankuz in dicto Comitatu existentem, ipsum de jure contingentem, occupatine detinerent stb. Quo percepto Stephanus
filius Ladizlai amministrator prouentuum villarum dictarum
dominarum coram ipso domino Nicolao Konth Palatino comparendo in personis earundem respondisset ex aduerso, quod
prescripte domine in facto annotate possessionis Vayzlo appellate efficacia haberent instrumenta stb. (Az okmányok elő-
mutatása megitéltetvén, miután az ügy a határnap többszöri
elhalasztása után) ad presentes octauas festi Beati Georgij
martiris deuenisset stb. prefatus Jacobus filius Nicolai presente fratre Dominico stb. quasdam quinque litteras omnino
priuilegiales nostrum judiciarium produxit in conspectum stb.
Quo percepto prefatus frater Dominicus amministrator prouentuum et procurator ipsarum religiosarum dominarum
quasdam sex litteras nostro judicario examini curauit exhiberi, quarum prima stb. Continencia nempe iam
dicte tercie littere, scilicet domini Andree Regis patentis Bude feria sexta proxima ante Dominicam Ramispalmarum anno gracie Mᵒ ducentesimo nonagesimo
secundo confecte nos eatanus edocebat, quod ipse dominus

Andreas Rex quasdam terras Petre et Paulus jobagionum
Castri de Kowazd Vayzlo vocatas in Comitatu de Baranya
existentes, reliquisset nobilibus et religiosis dominabus sororibus scilicet de Insula Beate Virginis possidendas et habendas eo modo et ea plenitudine, quemadmodum mediantibus
patentibus litteris dominorum Bele et Stephani Regum caris-
simorum auorum suorum, nec non et Regis Ladizlai fratris
sui carissimi patruelis ipsas terras vsque tunc habuisse et possedisse dinosserentur stb. Datum octuagesimo die octauarum
Beati Georgij martiris anno Domini M˙CCC˙ octuagesimo
quarto.

(Eredetie a budai kir. kamarai levéltárban.)

432.

III. Endre király megerősíti IV. László királynak Warasy és
Sumug helységeket tárgyazó adományát File mester, Tamás
comesnek fia számára. 1292.

Andreas Dei gracia Hungarie, Dalmacie, Croacie, Rame,
Seruie, Gallicie, Lodomerie, Cumanie Bulgarieque Rex omnibus Christi fidelibus presentem paginam inspecturis salutem
in omnium saluatore. Dignum est et consentaneum racioni,
vt ea que per Inclitos Reges suis fidelibus iuste et legitime
sunt collata, perpetuo robore fulciantur et inuiolabiliter ob-
seruentur. Proinde ad uniuersorum noticiam tenore presencium uolumus peruenire, quod Laurencius filius Magistri Phyle
ad nostram accedens presenciam exhibuit nobis priuilegium
domini Regis Ladizlai inclite recordacionis karissimi fratris
nostri patruelis super collacione terrarum Castri nostri de
Wlko Warasy et Sumug uocatarum confectum, petens a nobis,
vt ipsum priuilegium ratum habere et nostro dignaremur priuilegio confirmare. Cuius quidem priuilegij tenor talis est:

Ladizlaus D. gr. Hungarie stb. Rex stb. (következik
IV. László királynak 1286-ki adománylevele, mint fentebb
373. sz. a.)

Nos itaque justis peticionibus predicti Laurencij junenis
nostri fauorabiliter inclinati, considerantesque ipsum prinile-
gium cum facie sigilli predicti fratris nostri sigillatum, non
abrasum, non cancellatum, nec in aliqua sui parte viciatum,
de uerbo ad uerbum presentibus inseri faciendo, pro meritorijs seruicijs sepedicti Laurencij, que nobis eo tempore, cum
nos post coronacionem nostram adepto pleno gubernaculo
Regni contra dominum Albertum Ducem Austrie, capitalem
inimicum Regni nostri et nostrum, conuocato exercitu nostro
generali processissemus, ut laudabiliter inpendit sic denote,
cum terram dicti Ducis potencialiter adhijssemus, castrumque
eiusdem Roro primo et principaliter fecissemus expugnari,
dictus Laurencius sub eodem castro uiriliter et laudabiliter
dimicando letalia uulnera tolerauit. Nos in recompensam seruiciorum dicti Laurencij predictum priuilegium ratum et gratum habentes attoritate (így) presencium confirmamus dupplicis sigilli nostri munimine roborando. Datum per manus
discreti viri Magistri Theodori Albensis Ecclesie Prepositi
aule nostre ViceCancellarij dilecti et fidelis nostri anno Domini M°CC° nonagesimo secundo, Regui autem nostri anno
tercio.

(Eredetie bőrhártyán, melyről a király kettős pecsétjének töredéke
sárga-vörös selyemzsinóron függ; a budai kir. kamarai levéltárban.)

433.

*III. Endre királynak Igrichy nevű földet tárgyazó adománya
Duruzló mester számára. 1292.*

Andreas Dei gracia Hungarie, Dalmacie, Croacie,
Rame, Seruie, Gallicie, Lodomerie, Cumanie Bulgarieque
Rex vniuersis Christi fidelibus tam presentibus quam futuris
presens scriptum inspecturis, salutem in salutis largitore. Regie Maiestatis Sublimitas, licet manum munificam extendere
debeat vniuersis : illos tamen fauore Regio debet prosequi po-
ciori, quos generosi sanguinis alta nobilitas, morumque
immensa probitas, et sudores bellici pre ceteris extulerunt.
Proinde ad vniuersorum noticiam harum serie volumus peruenire; quod considerantes fidelitates et serviciorum merita
Magistri Duruzlo dilecti et fidelis nostri, que et quas in diuersis expedicionibus Regni nostri non sine cruoris sui effusione, et occasione innumerabilium serviencium suorum in conflictu Teutonicorum interemptorum exhibuit, vt fideliter sic
deuote; prout nobis per relacionem Baronum ac nobilium
Regni nostri extitit manifestum. Attendentes itaque ipsius seruicia gratuita, que eo tempore, cum Magister Johannes filius
Herrici Bani ausu temerario Nostram Maiestaten impetiuerat ;
idem Magister Duruzlo propter liberacionem nostram continuis legacionibus fatigatus filium suum pro Nostra Celsitudine
tradidit in obsidem, inpendit indefesse. Nos ipsius seruicijs
acceptabilibus occurrere cupientes Regio fauore; licet respectu obsequiorum suorum, que ad presens agimus, modicum
videantur; quandam terram joculatorum nostrorum Igrichy
uocatam, cum omnibus vtilitatibus et pertinencijs suis vniuersis, sub metis et terminis suis antiquis, quibus per priores
possessores limitata fuerat seu possessa, eidem Magistro
Duruzlo, et per eum suis heredibus heredumque suorum successoribus, dedimus donauimus et contulimus iure perpetuo
pacifice possidendam et habendam. In cuius rei memoriam

firmitatemque perpetuam eidem Magistro Duruzlo presentes
concessimus litteras duplicis sigilli nostri munimine roboratas. Datum per manus discreti viri Magistri Theodori
Albensis Ecclesie Prepositi, Aule nostre ViceCancellarij
dilecti ac fidelis nostri anno Domini millesimo CC* nonagesimo secundo, Regni autem nostri anno tercio.

(Eredetie a Rumy család levéltárában, másolata a m. t. akadémia
irattárában. Része kiadva Fejérnél Cod. Dipl. VI. köt. 1. r. 204. l.)

434.

*Az egri káptalannak bizonyságlevele, hogy Bothyk Chakan
és Thurocz helységekben lévő birtokát átengedte leányának
és vejének Wrkának. 1292.*

Omnibus Christi fidelibus tam presentibus quam futuris
presens scriptum inspecturis salutem in omnium saluatore
Ad vniuersorum noticiam tenore presencium volumus
peruenire : quod Bothyk de iuxta fluuium   Thuruch ab vna
parte, ab altera uero Wrka filio Zoloch genero eiusdem coram
nobis personaliter constitutis, prefatus Bothyk proposuit
viuauoce : quod cum heredum careat solacio, porciones
suas, quas habet in terris Chakan et Thuruch vocatis in
Comitatu Gumuriensi existentibus, sub eisdem certis metis
et antiquis, quibus idem possidebat, cum omnibus vtilitatibus et pertinencijs suis, dedisset contulisset et tradidisset
domine filie sue vxori dicti Wrka, et eidem Wrka, sibi et
suis heredibus heredumque suorum successoribus iure
perpetuo pacifice possidendas et habendas. Et Iwan filius
Egidij pro se et pro Pouth fratre suo ; item Paulus filius
Thome pro se et pro Johanne fratre suo, consanguinei
ipsius Bathyk et commetanei terrarum, coram nobis personaliter constituti, huic donacioni seu collacioni plenum

34*

consensum prebuerunt et assensum. Pretcrea `assumpsit obligando se idem Wrka, quod prefatum Bathyk socerum suum usque ad mortem suam deberet conseruare in ipsis terris tanquam patrem naturalem. In cuius rei testimonium ad instanciam dicti Bathyk presentes concessimus sigilli nostri munimine roboratas. Presentibus tamen Magistro Stephano Preposito, Saulo Lectore, Mathya Cantore, Mykow Custode, Martino de Patha, Dominico de Heues, Petro de Kemey, Egidio dc Vng Archidiaconis, et alijs multis. Anno Domini M•CC° nonagesimo secundo Regnante Andrea illustri Rege Hungarie, Lodomerio Strigoniensi et Johanne Colocensi Archiepiscopis; domino nostro venerabili patre Andrea Dei gracia Episcopo Agriensi existentibus.

(Az egri káptalannak 1324. »Lukashius filius Wrka« kérésére kelt átiratából; a budai kir. kamarai levéltárban.)

435.

Az egri káptalannak bizonyságlevele, hogy Halmay-i László és Lőrincz Halmay-i birtokuknak felerészét átengedték Halmay-i Bálintnak. 1292.

Nos Nicolaus de Gara Regni Hungarie Palatinus et Judex Comanorum memorie commendantes tenore presen- cium significamus quibus expedit vniuersis, quod in Con- gregacione nostra Generali Vniuersitati Nobilium Aba Wyua- riensis et de Sarus Comitatuum feria secunda proxima ante festum Beatorum Symonis et Jude Apostolorum prope Ciuitatem Cassa celebrata Michael dictus Bor de Halmay de medio aliorum exurgendo proposuit eo medo, quod dicta possessio Halmay ipsum concerneret, in cuius territorio Stephanus et Valatinus filij Petri filij Valentini filij Bodyzlo de Bolchard quandam terre particulam detinentes vterentur;

cum tamen ipsa terre particula sibi competere deberet, quam rehabere vellet ab eisdem jure admittente. Quo audito idem Stephanus pro se personaliter, et pro ipso Valentino cum procuratorijs litteris nostris exurgendo respondit ex aduerso; quod bene uerum foret, vt ipsi quandam partem prescripte possessionis Halmay, medietatem scilicet porcionis condam Laurencij filij Beylud conseruantes vterentur; et super hoc litteras haberent efficaces. Vbi ipse Stephanus quasdam litteras Capituli Ecclesie Agriensis priuilegiales alphabeto intercisas anno Domini M⁰ ducentesimo nonagesimo secundo exortas nobis presentauit declarantes; quod Ladizlao filio Jacobi filij Both de Halmay, et Laurencio filio Beylud de eadem ex vna parte, ab altera vero Valentino filio Bodyzlo de eadem Halmay consanguineo eoruudem coram ipso Capitulo constitutis, per prefatos Ladizlaum et Laurencium propositum extitisset : quod medietatem porcionis ipsius Laurencij, quam idem habuisset in dicta terra Halmay prope fluuium Harnad in Comitatu Noui Castri existenti, ob veram dileccionem consanguineitatis, et nominc generacionis, sub condicione litteris in eisdem declarata dedissent et contulissent Valentino supradicto et eiusdem heredibus jure perpetuo pacifice possidendam et habendam stb. Pro eo pretitulatam medietatem prescripte porcionis annotati Laurencij filij Beylud in prefata Halmay adiacentem eisdem in causam attractis eo juris titulo, quo eis ex preexhibiti priuilegij fulcimento dinoscitur pertinere, adiudicantes relinquimus et committimus sibi eorumque quibuslibet posteris in sempiternum tenere et habere auctoritate nostra Judiciaria mediante saluo inre alieno stb. Datum vigesimo octauo die Congregacionis nostre predicte in loco memorato anno Domini M⁰ quadringentesimo sexto.

(Eredetie börhártyán, a nádornak kék-zöld selyemzsinóron függő pecsétje alatt; a budai kir. kamarai levéltárban.)

436.

*Az egri káptalannak bizonyságlevele bizonyos birtokcseréről
Guymeri Endre comes fiai és a Maróthi kun nemzetség több
keresztyén tagja közt. 1292.*

A   B   C

Universis presentes litteras inspecturis Capitulum Ecclesie Agriensis salutem in Domino sempiternam. Ad vniuersorum noticiam tenore presencium volumus peruenire, quod
Magister Andreas et Nicolaus filij Comitis Andree filij
Joance de Guymer ab una parte, et Petrus filius Beler,
Koldech filius Gyalma, ac domina Jula relicta Cuchmek,
habens secum paruulum filium suum nomine Nicolaum, videlicet Cumani Christiani dicti de Morouth, nomine suo et vice
Johannis filij Itek, et Byter filij Tezanch de Thos, et omnium
aliorum cognatorum suorum, absencium Cumanorum, ex
parte quorum ad hoc factum in litteris Capituli Agriensis
habebant plenum mandatum, ad nostram presenciam accedentes dixerunt; vt predicti Cumani terras siue possessiones
eorum, ad presens uacuas et habitatoribus destitutas, in
Comitatu Borsiensi existentes, quas ex donacione domini
Bele Regis Quarti pie memorie possidebant, videlicet Kyzer,
Buzech, Pathbanteluk, Sylk, Colbaz, et Wezeken nuncupatas,
et terciam partem terre Rohosnycha uocate, eisdem Magistro
Andree et Nicolao, et eorum posteris in permutacione et
concambio terrarum infrascriptarum dedissent et statuissent,
simul cum suis vtilitatibus omnibus in perpetuum possidendas, priuilegium eiusdem domini Bele Regis, cuius auctoritate predictas terras tenebant, eisdem Magistro Andree et
Nicolao spontanee coram nobis manualiter assignantes; et e
conuerso ijdem Magister Andreas et Nicolaus duas terras seu
possessiones eorum, vnam videlicet Bese suam hereditariam de
Comitatu Borsiensi, et aliam Belad de Comitatu Nitriensi
suam empticiam, ambas plenas populis et refertas, et certis

metis et antiquis terminis limitatas, eidem Petro et suis
fratribus et cognatis Cumanis alijs memoratis, pariter cum
suis pertinencijs tradiderunt et assignauerunt iure perpetuo
habendas pacifice et tenendas. Insuper inter utramque
partem ordinatum et obligatum extitit amicabiliter ac assumptum, vt super factis predictarum terrarum Bese et Belad
appellatarum eosdem Cumanos et eorum posteritates ab omni
lite´ et contencione ijdem filij Comitis Andree et eorum
successores expedient suis laboribus˙ et expensis; et e con-
trario ijdem Cumani et eorum posteri eisdem filijs Comitis
Andree traditarum, quemadmodum est premissum, facient
eciam illud idem in plena possessione et pacifica tenuta
illarum terrarum et possessionum ac vtilitatum suarum, se
ambe partes mutuo et vicissitudinarie in perpetuum indempniter conseruantes. In cuius rey memoriam et perpetuam
firmitatem presentes litteras ad peticionem et instanciam
parcium predictarum sigilli nostri apposicione et munimine
dedimus roboratas. Datum per manus discreti viri Magistri
Cypriani Ecclesie nostre Lectoris anno Domini M°CC° nonagesimo secundo, tercio nonas Julij.

(Eredetje bőrhártyán, melyről a pecsét sárga-vörös-fekete selyemzsinóron függ ; a budai kir. kamarai levéltárban.)

437.

*A pécsi káptalannak bizonyságlevele, hogy Zakadati László
és Miklós comesek tiz girát, Bika helység felerészének kivál-
tása fejében fizettek Máté fiainak. 1292.*

Nos Capitulum Quinqueecclesiensis Ecclesie memorie
commendamus, quod cum iuxta formam litterarum nostrarum
memorialium a data paria prescriptarum vigesimo secundo
die Epiphaniarum Domini Comes Ladizlaus et Nicolaus de

Zakadath dictas marcas in redeincpcionem medietatis terre
Bika Demetrio et Stephano filijs Mathei soluere debuissent
coram nobis, itaque partes preuenientes hunc diem solucionis
in nostram presenciam accesserint; prenominatus Demetrius
pro se et pro eodem Stephano fratre suo in presenciam
astando confessus fuit se recepisse sepedictas marcas decem
ab eisdem Comite Ladizlao et Nicolao. Datum in vigilia
Epiphaniarum Domini.

(A pécsi káptalannak 1293-ki átiratából, mint alább 444. sz. a.)

438.

*A vasvári káptalannak bizonyságlevele, hogy Markus comes.
Ozkemnek fia, és Péter comes, Itemernek fia, bizonyos péres
földre nézve egyezkedtek. 1292.*

Nos Comes Emericus Bubek Judex Curie domini Sigis·
mundi Dei gracia Regis Hungarie damus pro memoria,
quod Mychael litteratus filius Nicolai de Egeruar pro nobili
domina Clara uocata matre sua stb. in octauis festi Beati
Michaelis Archangeli proxime preteriti jn figura nostri
Judicij comparendo contra Nicolaum filium Stephani de
Halastow stb.; prefatus procurator dicte nobilis domine volens
antedictam possessionariam porcionem (inter possessiones
Ozkem et Markosfeulde) eidem domine de iure attinere
debere comprobare, quasdam litteras Capituli Castri Ferrei
patentes in festo Beatorum Petri et Pauli Apostolorum in
anno Domini M ʿCCCʿLXX ᵒ octauo confectas, tenorem quarundam litterarum dicti Capituli priuilegialium in anno
Domini M ᵒCC ᵒ nonagesimo secundo confectarum in se continentes nobis presentauit; in quarum litterarum priuilegialium sepedicti Capituli tenore habebatur : quod Comes
Petrus filius Itemerij ab vna parte, Comes Markus filius Oz-

kem ab altera coram predicto Capitulo constituti recitassent,
quod cum idem Comes Petrus ipsum Comitem Markus ad
presenciam domini Nicolai Palatini ordine judiciario euocas-
set super facto eiusdem terre, que a Herena et Guge de
propinquiori linea consanguineitatis Comitis Itemerij descendentibus ipsi Comiti Markus prouenisset, et ipsa causa
inter partes aliquamdiu fuisset ventilata : tandem partes
propter bonum pacis iuxta sentenciam et arbitrium proborum
virorum in talem pacis et concordie tytulum deuenissent:
quod prescriptus Comes Markus receptis septem marcis a
Comite Petro, reliquisset ipsam terram, racione cuius
agebatur contra ipsum, ipsi Comiti Petro perpetuo possidendam coram Capitulo supradicto. Mete vero ipsius terre in
eisdem litteris conscripte. Quibus quidem stb. Datum in
Wyssegrad duodecimo die termini prenotati (octauarum
festi Natiuitatis Beati Johannis Baptiste) anno Domini
M·CCC·LXXX· octauo.

(Eredetie a budai kir. kamarai levéltárban.)

439.

Chunkudi Márton végrendelete. 1292.

Conuentus Cruciferorum Domus Hospitalis de Jerusa-
lem de Alba omnibus Christi fidelibus tam presentibus quam
futuris salutem in salutis largitore. Quum tempora et eorum
facta labuntur cum eisdem, nec ea memoria hominum
ualet retinere : dignum est, ut ea que aguntur litterarum
testimonio comprobentur. Proinde ad vniuersorum tam
presencium quam futurorum noticiam uolumus peruenire,
quod cum Martinus filius Poka nobilis de Chunkud in lecto
egritudinis positus esset, diem ultimum properare conside-

rans; suum hominem ad nos transmisit, petens et rogans
nos instantissime, ut nostrum hominem ad ipsum transmit-
teremus, coram quo suum conderet testamentum. Nos enim
dignis et iustis peticionibus eiusdem inclinati, unum ex nobis
uirum ydoneum et fidelem duximus transmittendum, qui
post hec ad nos cum Leustachio et Petro filijs Stephani
nobilibus de predicta villa Chunkud rediens dixit, quod
Martinus filius Poka, cum in extremis laboraret, adhuc
tamen bene compos fuit mentis, coram ipso tale condidisset
testamentum : Quod quia ipse heredum solacio careret, nec
preter Leustachium et Petrum prenotatos adeo proximum
haberet, qui nec curam sue anime, nec filiarum suarum ac
uxoris gereret aut gerere deberet; omnes possessiones suas
tam in terris quam uineis et fenetis in Chunkud existentes
dedit, contulit et legauit Leustachio et Petro prenotatis perpetuo possidendas, preter.quintam seu porcionem in predictis
possessionibus domine uxori sue collatam et legatam, ipsa
domina acceptante; quam quidem quintam partem ijdem
Leustachius et Petrus, si redimere uoluerint et ualuerint,
ipsa domina maritante uel ab eis se retrahente, quinque
marcis rediment ab eadem; predictas eciam quatuor filias
suas ac uxorem commisit Leustachio et Petro de fructibus
et utilitatibus possessionum nutriendas. Item Patronatum
Ecclesie Beati Georgij martiris de Chunkud eisdem Leustachio et Petro duxit conferendum. Preterea uniuersorum
noticie uolumus fieri manifestum, quod Leustachius et Petrus
filij Stephani prenotati exhibuerunt nobis litteras nostras
memoriales, in quibus uidimus contineri, quod Poka nobilis
de Chunkud ad quartam partem sororem suam, uidelicet
uxorem Stephani contingentem, de possessionibus suis hereditarijs, ne post mortem ipsius inter filium suum nomine
Martinum, ac Stephanum et filios eiusdem discessio oriretur,
quendam fundum curie super decem iugeribus adiacentem,
super Lukutfev existentem, ex parte meridionali terris
Stephani filij Petri uicinantem, item ex parte occidentali
terris Ecclesie Beati Ladizlai, ex parte autem aquilonis
terris Stephani filij Petri prenotati. Item octo iugera terrarum
arabilium sub Naragh ex parte meridionali terris Stephani
item ex parte occidentali puplice strate, ab aquilone autem

terris Stephani filij Petri uicinancia; item quandam siluam
Pungrach uocatam cum seruo similiter Pungrach uocato
uicinam et conterminalem silue Naragh uocate, ex parte
occidentali terris Philippi, item ab aquilone terris et siluis
Stephani filij Petri supradicti, ab oriente uinee Magistri
Poka et uineis Stephani filij Petri sepedicti, dedit, contulit
eidem Stephano iuxta continenciam litterarum nostrarum
anno Domini M°CC°LX° confectarum perpetuo possidenda.
Item uidimus in predictis litteris nostris memorialibus contineri, quod quia tempore irrupcionis Tartarorum Poka per
pressuram ualide famis in magne inopie et miserie articulum
deuenerat, Stephanus suprascriptus eiusdem inopie succur-
rere uolens, sumptum decem marcarum fecit et expendit
pro eodem; vnde cum sumpmam pecunie prescripte Poka
prenominatus de rebus mobilibus et immobilibus reddere
nequiuisset, nec suam animam pro premissis dampnari
noluisset: de suis possessionibus ad recompensacionem sue
solucionem (igy) pecunie prenotate quandam siluam quindecim iugeribus terre adiacentem, et conterminalem ab aquilone
terris populorum Ecclesie Wesprimiensis, item a parte occidentali strate magne, que uadit ad monasterium Beati
Ladizlai, item a meridionali parte siluis Ecclesie Albensis,
item a parte orientali siluis Adriani filij Nicolai, quas via
cauernea separat, que horh nominatur; item quandam siluam
ab occidente uicinam silue Pophyvan uocate, a parte uero
meridionali siluis Petri filij Nicolai, item ab oriente Okul-
fenevhath, item ab aquilone strate puplice; item sex iugera
terrarum ab occidente uicinancia terris et uineis Stephani
sepedicti, item a parte meridionali et orientali terris
Archiepiscopi Strigoniensis, ab aquilone Naraph; item fenetum duobus falcatoribus sufficiens, et uicinans feneto St(e-
phani) filij Petri; item tria iugera terrarum ab aquilone
uineis Stephani filij Petri sepedicti uicinancia, dedit et
assignauit Stephano sepedicto perpetuo possidenda. Vt igitur
series huius testamenti seu ordinacionis et collacionis stabilis
et firma permaneat, nec per quempiam possit reuocari; ad
peticionem utriusque partis, ac uisis continencijs nostrarum
litterarum memorialium, concessimus nostras priuilegiales
litteras sigilli nostri munimine roboratas. Datum anno Do-

mini M°CC° nonagesimo secundo, IIII. kalendas Octobris. Fratre Michaele Priore, Custodeque eiusdem loci existente.

(Eredetíe bőrhártyán, vörös-zöld selyemzsinóron függő pecsét alatt; a főméltóságú herczeg Batthyáni család levéltárában.)

440.

III. Endre királynak parancsa a pécsi káptalanhoz, hogy Bika helységet tárgyazó több okmányt átírjon László comes, Ábrahámnak fia számára. 1293.

Andreas Dei gracia Rex Hungarie fidelibus suis Capitulo Quinqueecclesiensi salutem et graciam. Fidelitati vestre precipiendo mandamus, quatinus Comiti Ladizlao filio Abraham super terra Bika iuxta Saar existente secundum continencias litterarum suarum super facto eiusdem terre confectarum, prout scilicet in litteris vestris videritis contineri, vestrum priuilegium concordari, tenorem earumdem de verbo ad verbum ipsi vestro priuilegio inseri faciendo, cuius aliud par in camera Ecclesie vestre reponi et diligenter canseruari faciatis. Datum Bude feria quarta proxima post quindenas Pentecostes.

(A pécsi káptalannak 1293-ki bizonyságleveléből, mint alább 444. szám alatt.)

441.

Az egri káptalannak bizonyságlevele, hogy a Hernadnempti-i nemesek Harnadnempti birtokuknak felerészét Porozna helységért cserélték Miklós Náday fiával és érdektársaival. 1293.

Nos Nicolaus de Gara Regni Hungarie Palatinus et Judex Comanorum stb. quod in Congregacione nostra Generali Vniuersitati Nobilium Zemliniensis et de Vngh Comitatuum feria secunda proxima ante festum Beati Jacobi Apostoli anno Domini M°CCC° quinquagesimo primo proxime tunc preteriti prope Ciuitatem Patak per nos celebrata, Mychael filius Johannis filij Theodori de Hoportgh de medio aliorum exsurgendo proposuerat eo modo, quod Thomas et Nicolaus filij Stephani de Harnadnempti possessionariam porcionem suam in eadem Harnadnempti habitam, ipsum instrumentali titulo contingentem detinerent, cuius racionem scire voluerat stb. (Ezek azt válaszolván) quod ipsi hoc non negarent, vt memoratus Mychael in dicta possessione Harnadnempti possessionariam haberet porcionem; sed eciam ipsi cum alijs nobilibus in eadem haberent similiter instrumenta stb.; vnde nos commiseramus, vt ambe partes earum instrumenta super premissis eorum porcionibus in octauis festi Beati Mychaelis archangeli tunc proxima venturi hic Bude contra sese exhibere tenerentur coram nobis, vt hijs visis judicium et justiciam faceremus inter partes prenotatas stb. (A határnap mindazáltal »ad octauas festi Epiphaniarum Domini attunc proxime futuri« elhalasztatván); tandem ipsis octauis festi Epyphanie Domini aduenientibus prefatus Mychael filius Johannis de Hoporcgh actor ad nostram personaliter accedendo presenciam comparuerat, litteras priuilegiales Capituli Agriensis Ecclesie in anno Domini M°CCC° decimo nono confectas, alphabetoque intercisas, tenorem quarundam litterarum memoralium eiusdem Capituli sub anno Domini M°CC° nonagesimo tercio in festo Beati Barnabe Apostoli emanatarum in

se continentes nobis presentauit : in quarum quidem litterarum memorialium dicti Capituli Agriensis tenore inter cetera
habebatur, quod Andre filio Bcdek, et Alexandro filio Elekus
consanguineo suo de Harnadnemptj, qui pro se et pro Petro
ac Stephano filijs Thome filij ipsius Bedek de eadem com-
parnisset ex una parte, ab altera vero Nicolao filio Naday, et
Ramacha filio Nymhez, item Marco et Benedicto filijs Theodori pro se et pro Thekus, Symone et Johanne fratribus suis,
coram dicto Capitulo Agriensis Ecclesie personaliter constitutis, prefati Andreas et alij proposuissent, quod dimidietatem
terre ipsorum Harnadnemptj vocate, per concambium a Magistro Stephano filio Erney pro quadam terra ipsorum Porozna
vocata ad se deuolute, ob veram dileccionem proximitatis cum
omnibus vtilitatibus suis dedissent et donassent Nicolao et
Ramacha, ac filijs Tbeodory consanguineis suis supradictis,
et eorum heredibus perpetuo jure possidendam et habendam
stb. Datum — — — — — — — — millesimo tercentesimo
nonagesimo tercio.

(Eredetie a budai kir. kamarai levéltárban.)

442.

*A pécsi káptalannak bizonyságlevele, hogy Katha, olasz szár-
mazású Gellért orvosnak leánya, és rokonai, Gueresth helységben lévö birtokrészüket átengedték leányának Zeptének és vejének Olufi Miklósnak. 1293.*

Nicolaus Prepositus et Capitulum Quinqueecclesiensis
Ecclesie omnibus presens scriptum cernentibus salutem in
Domino. Ad vniuersorum noticiam volumus peruenire, quod
quedam mulier nomine Katha filia Gerardi Latini fisici de
villa Gueresth, vna cum Petro filio Barlabe, et Iuan filio Re-
chel nobilibus de Gueresth cognatis suis personaliter in nostri
presencia constituta, quandam terram suam seu totam por-

cionem terre sue in Gueresth in ambitu vno sitam ad fluuium
Hodus uno fine, altero vero fine ad partem orientalem adiacentem ; quam quidem porcionem terre auia sua Ech uocata
sibi prius et ab olim in dotem suam deuolutam habendo,
postmodum filia eiusdem Encheberch vocata, mater ipsius
Katha, donec viuereth (így), pacifice possederunt, quibus decedentibus et eadem mulier Katha usque adhuc in pace detinuit et possedit cum omnibus utilitatibus suis et pertinencijs
quibuslibet ac circumstancijs vniuersis, confessa est viua uoce,
se dedisse et tradidisse filie sue Zepte vocate, et marito eiusdem genero suo Nicolao filio Nicolai de Oluph sibi et eorum
heredibus, heredumque suorum successoribus irretractabiliter
et irreuocabiliter jure perpetuo possidendam, tenendam pariter et habendam; prenominatis autem Petro filio Barlabe et
Iuan filio Retel huiusmodi donacioni consensum prebentibus
beneuolum. In cuius rei memoriam presentes litteras nostro
sigillo concessimus roboratas. Actum anno Domini millesimo
CC⁰ nonagesimo tercio, mense Octobri. Stephano Cantore,
Dionisio Custode, Nicolao Decano, ceterisque quam pluribus
ibidem existentibus. Datum per manus Magistri Stephani
Lectoris Quinqueecclesiensis.

(Eredetie bőrhártyán, a vörös selyemzsinóron függött pecsét elveszett; a mélt. báró Révay család levéltárában.)

443.

A pécsi káptalannak bizonyságlevele, hogy Beremeni Péter
Wég nevü birtokát eladta Beke mesternek. 1293.

Nicolaus Prepositus et Capitulum Quinqueecclesiensis
Ecclesie omnibus presens scriptum cernentibus salutem in
Domino. Ad uniuersorum noticiam uolumus peruenire, quod
Petrus filius Petri filij Bueh de Beremen una cum filio suo

Stephano vocato et cum Magistro Jula filio Comitis Nicolai
de generacione sua personaliter in nostri presencia constitutus quandam terram suam Weg uocatam in Comitatu de Borona in vno ambitu situatam, cum pratis et terris campestri-
bus vel arabilibus, sicut ex uisu considerari datur, ad usum
septem aratrorum sufficientem, certis metis et terminis vndique circumdatam et uallatam, sicut iam exprimetur, de uoluntate et permissione predicti Magistri Jula et ceterorum cognatorum vel uicinorum suorum, quorum nomina inferius exprimentur, vendidit Magistro Beke filio Comitis Marcelli et duobus filijs eiusdem Stephano et Mycaeli cognatis suis pro
viginti marcis prius numeratis et receptis ab eisdem, sibi et
eorum heredibus inreuocabiliter iure perpetuo possidendam
et habendam; quam quidem terram predictus Petrus filius
Buchk eidem Magistro Beke pro eisdem uiginti marcis pignori
obligarat, sicut in litteris nostris exinde confectis uidimus
contineri, et postmodum redimere non ualens, per Comitem
Andream filium Petri de genere Budmer, et Budur filium
Budur de Peturdy per partes adductos memorata terra pro
eisdem uiginti marcis fuit extimata coram homine nostro
Symone prebendario per partes adducto. Cursus autem metarum huius terre Wegbala uocate talis est: Incipiendo scilicet
a fluuio Skalćh uocato in commetaneitate terrarum Laurencij
filij Vyd de Lypov, et fratrum suorum filiorum Myscolch, tendit ad dumum vimineum, in quo est meta terrea; deinde proceditur ad unam metam terream erectam iuxta quandam
insulam, vbi cadit in aquam Draucha uocatam; quam trans-
saliens venitur ad metam terream vbi est uallis; postea uadis
(Igy) ad unam magnam uiam, per quam itur in uillam Beremen; in qua uia eundo exit ab eadem, et vaditur per uallem
viminosam ad duas metas terreas, vbi commetaneitas terrarum predicti Laurencij et predictorum filiorum Myscolch terminatur, et incipit tenere commetaneitatem cum terris Petri
fili Buchka, itaque uadit ad pontem Zemdyhyda uocatum;
quo ponte transito per eandem aquam super qua est idem
pons venitur ad locum Seeg dictum; postea uadit ad arborem
nucis terra cumulatam; abhinc curritur in prato per magnum
spacium, et uenitur ad sex arbores pirorum, vbi est meta terrea; supradicta autem aqua Draucha transitur iterato, et

uaditur ad magnum stagnum ad quandam magnam arborem ilicem ferro consignatam vice mete; postea caditur in supra- dictam aquam Scalch, vbi commetaneitas terrarum Petri fili Buchk terminatur, et incipit tenere commetaneitatem cum ter- ris Magistri Johannis fili Ladizlai; in qua quidem aqua Scalch contra cursum eiusdem aque eundo venitur ad priòrem locum, vbi incohatus est cursus harum metarum, ibique ter- minatur. Preterea Magister Jula, et Laurencius filius Vyd de Lypo in presenciarum astantes; item frater carnalis eiusdem Magistri Jula Petrus nomine; item Magister Johannes filius Comitis Ladizlai; item Nicolaus et Andreas filij Petri de Beremen; item Benedictus, Stephanus et Guech filij Myscolch; item Nicolaus et Johannes filij Laurencij predicti, coram ho- mine nostro predicto Symone prebandario, quem ad peticio- nem vtrarumque parcium ad consignandum, vel limitandum extimandumve coram ipso terram predictam duximus trans- mittendum, huiusmodi vendicioni vel empcioni consensum prebuerunt beniuolum et assensum, sicut ipse Symon preben- darius homo noster nobis retulit vina voce. In cuius rei me- moriam presentes litteras nostro sigillo concessimus roboratas. Actum anno Domini millesimo CC⁰ nonagesimo tercio mense Januario. Stephano Cantore, Dyonisio Custode, Nicolao Deca- no, ceterisque quampluribus ibidem existentibus. Datum per manus Magistri Stephani Lectoris Quinqueecclesiensis.

(Eredetie bőrhártyán, a vörös-sárga selyemzsinóron függött pecsét elveszett; a budai kir. kamarai levéltárban.)

444.

A pécsi káptalan átír Bika helységre vonatkozó több okmányt László comes, Ábrahámnak fia számára. 1293.

Nicolaus Prepositus et Capitulum Quinqueecclesiensis Ecclesie omnibus presens scriptum cernentibus salutem in Domino. Ad vniuersorum noticiam volumus peruenire, quod litteras domini Regis de manu Comitis Ladizlai omni quo decuit reuerencia et honore recepimus in hec verba: Andreas Dei gracia Rex Hungarie stb. (következik III. Endre királynak 1293-ki parancsa, mint fentebb 440. szám alatt.)

Idemque Comes Ladizlaus [litteras nostras memoriales nobis exhibuit formam huiusmodi continentes: Nos Capitulum Quinqueecclesiensis Ecclesie stb. (következik a pécsi káptalannak 1291-ki emléklevele, mint fentebb 427. szám alatt.)

Idemque Comes Ladizlaus alias litteras nostras memoriales nobis exhibuit in hec verba: Nos Capitulum Quinqueecclesiensis Ecclesie stb. (következik a pécsi káptalannak 1292-ki emléklevele, mint fentebb 437. sz. a.)

Nos autem mandatis et preceptis Regijs satisfacere cupientes, ut ex debito et ex toto, litteras domini Regis et duarum parcium litteras nostras memoriales non abrasas, non cancellatas, non abolitas, non interlineatas, non transpositas, nec in aliqua sui parte viciatas eius in sigillo, de verbo ad verbum, et de littera ad litteram rescribi, et presentibus sigillum nostrum apponi fecimus eciam iusticia suadente. Actum anno Domini millesimo ducentesimo nonagesimo tercio, mense Julij. Stephano Cantore, Dionisio Custode, Nicolao Decano, ceterisque quam plurimis ibidem existentibus.

Datum per manus Magistri Stephani. Lectoris Quinqueecclesiensis.

(Gróf Báthory Endre országbírónak 1564. »Posonij sabbatho proximo
post festum Purificacionis Beate Marie Virginis« kiadott oktávás átiratából; a főmélt. herczeg Eszterházy család levéltárában.)

445.

*A pozségai káptalannak bizonyságlevele, hogy János, Péter
comesnek fia Gramachnich nevű földet eladta Lóránd bán
fiainak. 1293.*

Nos Capitulum Ecclesie Sancti Petri de Posoga memorie commendantes significamus vniuersis, quod Johanne filio
Comitis Petri pro se, et pro Borichio ac Belud fratribus suis
ab vna parte, Nicolao filio Inocha ab altera coram nobis personaliter constitutis, predictus Johannes confessus est viua
uoce, quod quandam terram suam Gramachnik uocatam suam
porcionem contingentem, quam pater suus a Raitoldo et Mathia filijs Lorandi Bani pro triginta duabus marcis comparauerat, supradicto Nicolao et suis heredibus pro eisdem triginta duabus marcis plene receptis ex uoluntate predictorum
Borichij et Belud fratrum suorum uendidisset perpetuo possidendam; expediturus se assumpmendo ab eisdem fratribus
suis, si processu temporum super hoc facto contradixerint.
Cuius terre prima meta incipit a parte occidentali in capite
riuuli Dolkoki uocati, et ibi sub arbore piri est meta terrea;
inde ascendit ad berch versus aquilonem, et peruenit ad viam
antiquam, et ibi est meta terrea; inde per idem berch tendit
versus orientem, et peruenit ad quoddam kalista, et ibi sub
arbore harazth est meta terrea; et peruenit ad locum vadista
uocatum; inde per idem berch et antedictam viam peruenit
ad viam, que venit a parte meridionali, et ibi sub arbore ybor

35*

est meta terrea; inde flectitur ad meridiem, et peruenitvsque
ad vnum kalista, ubi sunt tres arbores cherasorum, et sub
ipsis meta terrea; inde venit ad arborem pomi, sub qua est
meta terrea; deinde descendit ad tres arbores cherasorum,
et ibi prope est fons, qui dicitur Gramachnikfew in ipsa terra,
a parte orientali commetatur terre filiorum Zabow, ab aliis
vero partibus in eadem. latitudine, qua in capite metarum
ipsa terra extenditur per siluam usque Murzuna, usque ad
Zawam protenditur. Dixit eciam idem Johannes, quod quandocunque presentes nobis fuerint reportate, non obstante
ipsius absencia, litteras nostras priuilegiales faceremus super
hoc facto emanari. Datum infra octauas Beati Michaelis
archangeli anno Domini M°CC° nonagesimo tercio.

(A pozségai káptalannak 1310. »in festo Beati Luce Ewangeliste«
»Comes Nicolaus filius Inocha« kérésére kiadott átiratából; a főmélt.
herczeg Eszterházy család levéltárában.

446.

*A vasvári káptalannak bizonyságlevele bizonyos Nádasdi
Imre comes és Makuai Péter comes közt történt birtokcseréről.
1293.*

Nos Capitulum Ecclesie Beati Michaelis Archangeli de
Castro Ferreo notificamus tenore presencium vniuersis, quod
Comes Emericus filius Itemerij de Nadasd, Dominicus et Emericus filij eiusdem ex una parte; Comes Petrus filius Itemerij
de Makua ex altera coram nobis constituti super predijs suis
infrascriptis huiusmodi concambium se fecisse retulerunt:
Quod Comite Emerico et filijs eiusdem antedictis porcionem
eorum totalem cum omnibus vtilitatibus suis et pertinencijs.
quam hereditario jure in Ozkou possidebant, vt dicebat, Comiti Petro prefato dantibus et conferentibus, tradentibus ac

ac assignantibus in perpetuum pacifice et quiete ac irreuocabiliter possidendam; idem Comes Petrus in eiusdem porcionis concambium terram eque quantitatis et valoris de terra
sua Deregne nuncupata se retulit dedisse, contulisse, tradidisse et assignasse prescriptis Comiti Emerico et filijs eiusdem similiter in perpetuum pacifice ac irreuocabiliter possidendam; ita plene, ut nec ijdem, qui modo premisso concambium habitum super terris suis prenotatis ordinatum, factum,
ratum et firmum conseruandum, in posterum habendum et
tenendum nobis recitarunt, nec heredes eorundem aut cognati
eiusdem concambij titulum reuocandi vnquam ullo tempore
habebunt facultatem. In cuius rei memoriam presentes concessimus litteras sigillo nostro roboratas; Magistris Mychaele
Preposito, Cosma Cantore, Blasio Custode, Symone Decano
existentibus, anno Domini millesimo ducentesimo nonagesimo
tercio.

(A vasvári káptalannak 1363. »feria quinta proxima ante festum Beati
Mychaelis Argangeli« Miklós esztergami érsek számára kiadott átiratából; a budai kir. kamarai levéltárban.)

447.

*Törvénykezési határozat Óvári Konrád mester, s Pál pécsi
püspök és érdektársai, a szerémi vár jobbágyai közt. 1293.*

Datur pro memoria, quod Magister Coraldus de Ouar
de omnibus et uniuersis judicijs, in quibus contra venerabilem patrem dominum Episcopum Quinqueecclesiensem et
Comitem Balugh affinem suum, et Ders fratrem Ders, Petrum
fratrem Salomonis, Michaelem et alios socios et cognatos
ipsorum, jobagiones Castri Syrmiensis de Gormoch, usque ad
datam presencium iuxta formam litterarum iudicialium quorumlibet judicum et nostrorum remanserat, nobis tanquam

judici et parti eius aduersis satisfecit ad plenum persoluendo, exceptis quatuor marcis, quas in quindenis Sancti Michaelis archangeli eidem domino Episcopo et Comiti Balugh iuxta formam aliarum litterarum nostrarum soluere debet coram nobis. Vnde eidem Magistro Corraldo cum omnibus premissis iudicijs, in quibus usque ad presens remanserat, tam in nostro quam ipsarum aduersarum parcium porcionibus, exceptis quatuor marcis, reddimus per omnia expeditum. Datum Bude septimo die festiuit(atis) Natiuitatis Uirginis Gloriose anno Domini M°CC° nonagesimo tercio.

K í v ü l : Pro Magistro Corraldo contra Ders, dominum Episcopum Quinqueecclesiensem, Comitem Balugh et alios super expedicione judiciorum.

(Eredetie bőrhártyán, a záipecsét elveszett; a mélt. báró Révay család levéltárában.)

448.

III. Endre királynak Misser helységet tárgyazó adománya Herculinus pozsonyi bíró számára. 1294.

Andreas Dei gracia Hungarie, Dalmachye, Croacie Rame, Seriue, Gallicie, Lodomerie, Cominie Bulgarieque Rex omnibus Christi fidelibus tam presentibus quam futuris presens scriptum inspecturis salutem in omnium saluatore. Regiam decet Mayestatem precibus condescendere subditorum optatis, horum maxime, qui sibi tempore oportuno commendabilem famulatum instruere fidelitatis inpendisse dinoscuntur. Proinde ad uniuersorum noticiam harum serie volumus peruenire, quod Herculinus fidelis villicus noster de Ciuitate Posoniensi ad nostram accedens presenciam quandam terram nostram Mysser uocatam in Comitatu Posoniensi in Chal(lokuz existente)m vacuam et habitatoribus destitutam a nobis petiuit sibi dari, super qua (oli)m hospites Castri nostri Posoniensis residebant. Nos itaque considerantes fidelitates et grata seruicia dicti Herculini, que nobis a tempore coronacionis nostre cum sumpma fidelitate, non parcendo rebus suis nobis offerendis, et personam suam casibus fortune submittendo; maxime tunc, cum Castrum Posoniense per industriam et miliciam Mathey Comitis Posoniensis Magistri Agasonum nostrorum, dilecti et fidelis nostri, a Nicolao Palatino filio Herrici et castellanis eiusdem recuperatum extitisset. Volentes eidem Herculano pro huiusmodi seruicijs suis nobis fideliter inpensis Regio occurrere cum fauore, predictam terram Mysser vocatam cum omnibus vtilitatibus suis et pertinencijs, sub eisdem metis et terminis, in quibus per priores possessores habitata (igy) extitit et possessa, de gracia speciali sepedicto villico nostro Posoniensi, et eorum (igy) heredibus heredumque suorum successoribus vniuersis dedimus, donauimus et contulimus iure perpetuo et inreuocabiliter possidendam et tenendam. In cuius rei memoriam perpetuamque firmitatem presentes concessimus litteras dupplicis sigilli nostri munimine roboratas. Datum per manus discreti viri Magistri Theodori Albensis Ecclesie Preposti, aule nostre ViceCancellarij dilecti et fidelis nostri anno Domini M°CC° nonagesimo IIII°, Regni autem nostri anno quarto.

(Eredetie bőrhártyán, melyről a pecsétnek töredéke vörös-sárga selyemzsinóron függ; a budai kir. kamarai levéltárban.)

449.

A pécsi káptalannak bizonyságlevele, hogy László comesnek fiai Barazda helység elfoglalásától eltiltották Thechun nemzetségbeli Péter bán fiait. 1294.

Nos Capitulum Ecclesie Quinqueecclesiensis memorie commendamus per presentes, quod cum Magister Laurencius Tuz dictus, et frater eiusdem videlicet Nicolaus, filij Petri Bani de genere Thechun super quibusdam negocijs seu factis inter Magistrum Johannem filium Comitis Ladizlay et ipsos habitis, litteras nostras composicionales emanari fecisset: tandem Magistri Philphus (et) Demetrius filij Comitis Ladizlay filij Cleti coram nobis personaliter constituti, et per eosdem propositum extitit vniformiter pariter et relatum in hunc modum; quod licet inter predictos, videlicet Johannem filium Comitis Ladizlay, fratrem ipsorum, et Laurencium (ac) Nicolaum filios Petri Bani, mediantibus litteris nostris super premissis negocijs modo dicto composicio facta extitisset, sed tamen quemlibet ipsorum a possessione Barazda vocata, que videlicet Barazda separat possessiones Kas et Azynagh, ab intromissione, occupacione, vtilitatum percepcione idem Magistri Philphus (et) Demetrius facie ad faciem prohibuerunt, et prohibendo contradixerunt. Datum in vigilia Natiuitatis Beati Johannis Baptiste anno Domini millesimo CC° nonagosimo quarto.

Kivűl: Prohibicio et protestacio per Magistrum Philphus et Demetrium facta contra nobiles de Azynagh et alios intrascriptos.

(Eredetie bőrhártyán, a pecsét elveszett; a budai kir. kamarai levéltárban.)

450.

*A pécsi káptalannak bizonyságlevele, hogy Kökényes nemzet-
segbeli Mykud bán Nagyfaluban bírt bizonyos földeket Gyula
mesternek és Péternek, Miklós fiainak elzálogositott. 1294*

Nos Capitulum Quinqueecclesiensis Ecclesie memorie
commendamus, quod Mykud Banus filius Mykud, nobilis de
Partibus Ultrasiluanis de genere Kukenes personaliter in
nostri presencia constitutus de terra possessionis sue Nogfolu
vocate in Comitatu de Borona situate et existentis, quandam
particulam terre campestris, ab alijs terris suis per terminos
suos, signa ac per metas seiunctam et separatam, sicut
inferius exprimetur, contiguam et immediate vicinam, conter-
minalemue terris et possessionibus Magistri Jula et fratris
sui Petri, filiorum Comitis Nycolai, impignorauit eisdem
Magistro Jula et Petro cognatis suis pro quinquaginta
marcis prius numeratis, et receptis ab eisdem coram nobis.
Distincciones autem specificacionesve terminorum uel
signorum, cursusque metarum, hanc porcionem terre impignorate, ut est dictum, ab alijs terris ipsius Mykud Bani sepa-
rancium, tales sunt : Incipiendo scilicet de tribus metis
terreis angularibus, quarum vna separat Magistro Jula et
fratri suo, secunda filijs Petri Bani, tercia Mykud Bano
predicto, in quarum uidelicet trium metarum una est arbor
piri magna, tendit ad partem orientalem ad unam metam
terream ; deinde proceditur ad duas metas terreas angulares,
vbi diuertit ad partem meridionalem, et cadit in quandam
magnam uiam, per quam eundo uenitur ad aliam magnam
uiam, per quam de Nogfolu itur in uillam Suklous; quam
quidem uiam directe saliendo uenitur ad quoddam potok,
uidelicet locum aquosum, viminosum et arundinosum uel
iuncosum, et per hunc locum potok dictum in spacio longi-
tudinis vnius iugeris eundo peruenis ad pontem· Budahida
dictum, cuius tamen pontis iam dudum destructi nunc

restant, sicut apparet, trabes siue pedes, in quibus erat
positus pons [predictus; deinde declinat ad partem meridionalem per meatum aquarum non semper fluencium uel
existencium ibidem, sed ex inundacione fontis Topolcha vocati recipit in se aquas, venitur ad quendam puteum non
semper aquosum ; ab inde per hunc eundem meatum aque
uadis ad quandam magnam uiam, per quam de Nogfolu
itur in uillam Hegynazas Harazthy dictam, in qua siquidem
magna via uadis in magno spacio ad duas metas terreas
angulares ex utraque parte huius vie uicinanter erectas prope
uel eciam iuxta siluam uel angulum silue Comitis Boryn et
fratrum suorum, nobilium de Horozthy, uersus meridiem
eleuatas ; ab hinc iuxta eandem siluam in magna via, per
quam de villa Sellend uenitur in villam Sary, proceditur ad
partem septemtrionalem ad unam metam terream iuxta
alterum angulum huius eiusdem silue uersus septemtrionem eleuatam, vbi diuertit ad partem orientalem, ueni-
turque ad terram sabulosam uel arenosam, ubi sunt tres
mete terree angulares; dehinc in commetaneitate seu in
contigua vicinitate terrarum et possessionis Magistri Jula
et fratris sui predictorum proceditur in magno, maiori et
maximo spacio, quod quidem spacium, uel cuius spacij finis
oculo uix potest capi uel comprendi, peruenitur ad supradictas tres metas terreas angulares priores uidelicet et capitales, in quarum una prediximus fore arborem piri, ibique
terminatur. Hoc non pretermisso, quod predictus Mykud
Banus ibidem in presenciarum astando assumpsit, quod s
ipse in iam uentura festiuitate Sancti Andree Apostoli predictas quinquaginta marcas soluendo et refundendo Magistro
Jula et fratri suo Petro coram nobis hanc porcionem terre
sue non redemerit ab eisdem coram nobis, extunc prefata
porcio terrarum limitata, sicut premittitur, et separata ab
alijs terris eiusdem Mykud Bani, in perpetuum ius eorundem
Magistri Jula et fratris sui Petri irretractabiliter omni ter-
giuersacione et litteris Regijs prorogatorijs non obstantibus,
deuoluetur possidenda et habenda iure perpetuo actoritate
(igy) presencium litterarum ; nos autem dabimus litteras
nostras eidem Magistro Jula et fratri suo super perpetuacione prefate porcionis terrarum, sicut idem Mykud Banus

uoluit et rogauit. Hoc eciam exprimentes declaramus, quod
decimacio frugum et vini huius totalis ville Nogfolu et sepedicte porcionis terrarum impignoratarum nostra est, nobis-
que, id est Capitulo Quinqueecclesiensi deuoluta ab antiquo
occasione et racione cultelli nostri Varadiensis uocati, scilicet
pro decimis, quas nobis debebant duodecim uille Monasterij
Varadiensis. Vydus autem sacerdos nomine Comitis Kemen
huic impignoracioni contradixit ibidem; sed Mykud Bauus
asseruit ex aduerso, quod hec porcio terre impignorate in
nulla parte sui uicinatur et contingit terram ipsius Comitis
Kemen. Adhuc si ipse Mykud Banus hanc porcionem terre
impignorate aput eosdem Magistrum Jula et fatrem suum
conseruare non posset, extunc alias idem Comes Mykud de
terris suis tantam terram dare tenebitur eisdem Magistro
Jula et fratri suo Petro. Datum in octauis medij XL-me anno
Domini millesimo CC° nonagesimo quarto.

(Eredetie bőrhártyán, a pecsét elveszett; a budai kir. kamarai levéltárban.)

451.

A nyitrai káptalannak bizonyságlevele a Máté királyi fölo-
vászmester, és Péter Baas mesternek fia közt történt birtokcse-
réről. 1294.

Omnibus Christi fidelibus ad quos — — — — — venerint (Capitulum Ecclesie Nytriensis) salutem in Domino
sempiternam. Ad vniuersorum noticiam tenore presencium
volumus peruenire: quod nobilis vir Matheus Magister
Agasonum domini Regis et Comes Posoniensis, filius Petri
quondam Palatini, ab una parte; Petrus filius Magis(tri
Baas) ab altera coram nobis personaliter constituti in suis
possessionibus tale concambium dixerunt ordinasse et fecisse:

quod dictus Petrus Castrum suum Vgrog vocatum in — —
— — — — — et vniuersas possessiones suas ad ipsum
Castrum pertinentes — — — — — — —Pollusan, Baan,
Nezche, Vgrog, Bancuch, Sythna, Radis, villam sub Castro
Macharnuch et Sonko nuncupatas, cum omnibus vtilitatibus
earundem, non alicuius causa necessitatis coactus per eundem Magistrum Matheum dedit et — — — — — —
sentibus commetaneis et vicinis, scilicet Comite Martino de
Sabacre — — Thoma filio Comitis Mychaelis de eadem pro
patre suo et fratribus suis conparente, ac Magistro Barleo de
Dywek pro se et fratribus suis, nec non pro tota generacione
sua de — — — — — — permittentibus et non contradicentibus, eidem Magistro Matheo et suis heredibus heredumque successoribus iure perpetuo et irreuocabiliter possidendas. Obligans se predictus Petrus, quod si racione concambij
prehabiti dictus Magister Matheus vel successores eiusdem
— — — — — — — — — per quempiam in futurum molestarentur, eosdem expedire et defendere teneretur. E conuerso autem idem Magister Matheus in concambium predictarum possessionum quatuor villas, scilicet Tolmach, Bors,
que quondam Aladarij et Rumani iobagionum — — — —
— — fuit, Muhy et Puth nominatas dedit Petro memorato;
et insuper quinquaginta marcas ab eodem Magistro Matheo
dixit se plenarie recepisse. Assumpmens se obligando Magister Matheus antedictus, quod in eisdem possessionibus dictum Petrum — — — — — — — — fendere non possit in
ipsis possessionibus, in alijs possessionibus [suis equipollentes eidem Petro dare tenebitur, vt assumpsit. Preterea omnes
litteras, omnia instrumenta, si que vel qua super ipsis
possessionibus et Castro per eundem Petrum studiose — —
— — — — — — — — liquit et sopitas. In cuius rei certitudinem, et ad maioris stabilitatis incrementum presentes
litteras concessimus sigilli nostri munimine roboratas. Datum
anno Domini M°CC° nonagesimo quarto. Ecclesie nostre Lectore — — — —.

(Az esztergami káptalannak 1295-ki átirata után, mint alább 462.
sz. a. ; a mélt. gróf Zay család levéltárában.)

452.

A pécsi káptalannak bizonyságlevele, hogy Egyed mester Tamás bán nemzetségéből testvére Péter erdélyi püspök bele-egyezésével Bew nemzetségbeli Mihály mester erdélyfehérvári prépost és Péter székely ispán érdekében javairól intézkedett.
1294.

Nicolaus Prepositus et Capitulum Quinqueecclesiensis Ecclesie omnibus presens scriptum cernentibus salutem in Domino. Ad vniuersorum noticiam harum serie volumus peruenire, quod cum ad iustam peticionem Magistri Egidij, filij Magistri Gregorij de genere Thome Bani, Georgium sacerdotem, prebendarium et capellanum domini Prepositi Ecclesie nostre transmisissemus ad eundem, vt coram eo profiteretur seu confiteretur ordinacionem et donacionem per ipsum factam vel faciendam suis cognatis, sicuti exprimetur; idemque homo noster ad nos rediens nobis retulit viua uoce, quod predictus Magister Egidius filius Magistri Gregorij coram venerabili patre domino Petro Episcopo Transiluano fratre suo, et coram ipso homine nostro, et coram multis alijs, scilicet sacerdotibus, clericis, laicis, virisque nobilibus comprouincialibus, et ceteris inferioris gradus hominibus ad hoc ibidem conuocatis publice proponens, fuit confessus oraculo viue uocis, quod licet discretus uir Magister Mychael Prepositus Ecclesie Sancti Michaelis de Partibus Transiluanis, et Magister Petrus Comes Siculorum, filij videlicet Comitis Stephani filij Ders de genere Bew in linea consangui-nitatis proxima sibi attinerent, et in secundo gradu collate-rali solum distet ab eisdem; siquidem Magistro Gregorio fratre suo carnali viam vniuerse carnis ingresso, per cuius mortem solacio proprie fraternitatis orbatus est et priuatus, eosdem Magistrum Michaelem Prepositum, et Comitem Pe-trum fratrem suum, ex proprio amoris zelo, et ex intime dileccionis affectu in fratres suos suscepit et recepit adop_

tiuos, et ut indissolubilis fraternitatis opem et operam, obsequium et auxilium, tutamen et iuuamen ab eisdem tanquam
fratribus suis carnalibus in uita sua et in euum in omnibus
negocijs, et in quibuslibet suis agendis consequi valeat et
habere semper et ubique; pro eo de possessione sua Ogona
vocata istas terras suas seu possessiones, a uulgo terrestri
Vyznyacatus dictas, csilicet Gaay, Odroha et Dornolch vocatas, vicinantes et continue adiacentes et situatas, cum
montibus, siluis, molendinis, fenilibus et fenetis, vineis et
uinetis, et cum ceteris omnibus vtilitatibus suis et pertinencijs quibuslibet ac circumstancijs vniuersis, certis metis et
terminis vndique circumdatas et vallatas, dedit, contulit et
tradidit prenominatis fratribus suis Magistro Mychaeli Preposito, et Comiti Petro fratri suo, filijs Comitis Stephani, sibi
et per eos suis heredibus et successoribus irretractabiliter et
irreuocabiliter iure perpetuo possidendas, tenendas pariter et
habendas, nichilominus ipso Magistro Michaele Preposito
decedente porcio eiusdem in prefatis terris et possessionibus
absque vlla difficultate et contradiccione cuiuslibet uel
quorumlibet non obstante, eidem Comiti Petro fratri suo
carnali suisque heredibus et posteritatibus in perpetuum
remaneat atque cedat, nec aliter quouis modo ipse Magister
Michael Prepositus, si uellet, quod absit, legare valeat, uel
eciam ordinare; quin prefate possessiones cum omnibus
suis vtilitatibus taliter et omnino Comiti Petro filio Stephani,
suis heredibus et posteris remaneant perpetuo atque cedant
possidende. Ad hec si idem Comes Petrus heredum solacio
decederet destitutus, eciam prenominate possessiones Gaay,
Odroha, et Dornolch vocate eiusdem Comitis Petri heredibus
et posteritatibus, qui de generacione sua in paternis bonis
eidem succedere deberent secundum Regni consuetudinem,
irretractabiliter et irrefragabiliter, inmutabiliterqne cedant
et debeant remanere iure perpetuo possidende, tenende et
habende eodem pleno et plenissimo iure, quo easdem possessiones predicti Magister Michael Prepositus et Comes
Petrus filij Comitis Stephani habuerunt, detinuerunt et possederunt. Hoc non pretermisso, quod iuxta premissas terras et
possessiones Gaay, Odroha, et Dornolch uocatas, sicut
premittitur, metis circumdatas et uallatas, adiacent terre

Magistri Egidij supradicti filij Magistri Gregorij, et terre-
Episcopatus Zagrabiensis; item a parte orientali adiacent
terre Zegue Bani et Iuan Bani; item a parte meridionali
et occidentali adiacent montes seu alpes Posogahouosa
dicte. Hoc tamen declarato, quod sepedictus Magister
Egidius filius Magistri Gregorij cum venerabili patre
domino Petro Episcopo Transiluano, et cum eisdem
Magistro Mychaele Preposito et Comite Petro, et vniuersis
nobilibus comprouincialibus ad hoc vocatis et ibidem presentibus super faciem predictarum terrarum uel possessionum
personaliter accedendo, easdem terras et possessiones Gaay,
Odroha et Dornolch uocatas, metis siue signis seu terminis
circumdatas, ut est prelibatum, coram homine nostro supradicto tradidit et statuit ipsi [Magistro Mychaeli Preposito, et
Comiti Petro filijs Comitis Stephani, cognatis et fratribus
suis, sicut premittitur, in perpetuum possidendas et habendas,
ipsosque filios Comitis Stephani in corporalem possessionem
supradictarum terrarum et possessionum introducendo et
intromittendo deinceps. in perpetuum. Igitur venerabilis pater dominus Petrus Episcopus Transiluanus, frater eorundem,
personaliter comparendo huiusmodi donacioni et collacioni
palam dedit et publice attribuit consensum beniuolum et
assensum liberalem. In cuius rei memoriam presentes litteras
nostro sigillo concessimus roboratas. Actum anno Domini
millesimo CC° nonagesimo quarto, mense Decembri. Stephano
Cantore, Nicolao Custode, Mathya Decano, ceterisque
pluribus ibidem existentibus. Datum per manus Magistri
Galli Lectoris Quinqueecclesiensis.

(Eredetie bőrhártyán, a zöld selyemzsinóron függöt pecsét elveszett;
a budai kir. kamarai levéltárnak Zágrábban lévő részében.)

453.

*A pozsonyi káptalannak bizonyságlevele, hogy Tamás és Tama
vdrjobbágyok Heet nevü örökbirtokukat elzálogosították László
comesnek és testvérének Jakabnak. 1294.*

Nos Capitulum Ecclesie Posoniensis significamus quibus
expedit vniuersis, quod constitutis personaliter coram nobis
Thoma filio Ehun et Thama filio Cizk iobagionibus Castri ab
una parte, Comite Ladizlao pro se et pro fratre suo Jacobo
filio parui Stephani ab altera, ijdem Thomas et Tama sunt
confessi, quod terram ipsorum hereditariam nomine Heet,
šitam inter terras Wolstar et Kengelus, cum omnibus utilitatibus suis ad duo aratra sufficientem propter paupertatem ipsorum et necessitatem imminentum impignorauerint eisdem
Ladizlao et Jacobo fratri suo, incipiendo a festo Sancti Michaelis Archangeli proxime preterito usque ad septimam reuolucionem eiusdem festi; prefatus Tama filius Cizk suam partem pro sex marcis scilicet, Thomas filius Ehun suam partem
pro tribus marcis latorum denaiiorum Viennensium; quam
sumpmam pecunie ab eisdem Ladizlao et Jacobo plenarie se
recepisse sunt confessi. Ipsam impignoracionem Paulus filius
Pink, et Stephanus filius Bulchu, Jacobus filius Georgij, et
Felteu filius Demes de generacione Thome et Tama predictorum in nostri presencia personaliter astantes vnanimiter
approbabant. Facta autem prefata impignoracio in hunc
modum, quod transacta septima reuolucione predicti festi
Thomas et Tama supradicti terram ab eisdem Ladizlao et
Jacobo redimere tenebuntur pro quantitate pecunie supradicte, et si tunc redimere non ualerent, prefati Ladizlaus et
Jacobus ipsam terram tamdiu possidebunt, donec ab ipsis
redimere poterunt ex integro. Obligantes eciam se idem Thomas et Tama, quod quicunque medio tempore ipsos Ladizlaum
et Jacobum racione predicte terre inpetere forsitam attempta-

ret, memorati Thomas et Tama tenebuntur eos expedire pro prijs suis laboribus et expensis. Datum in festo Beati Martin confessoris anno Domini M°CC°LXXXX° quarto.

(Eredetie bőrhártyán, a hátul oda nyomott pecsét szét mállott; a budai kir. kamarai levéltárban.

454.

A zágrábi káptalannak bizonyságlevele, hogy Lapechi Grobsa az Unna melletti birtokát eladja Istvàn bánnak. 1294.

Nos Capitulum Zagrabiensis Ecclesie significamus vni uersis quibus expedit presencium per tenorem, quod nobil viro Grobsa filio Stephani de Lapech ex vna parte, et Jacob Sacerdote pro nobili viro domino suo Stephano Bano ex alter in nostri presencia personaliter constitutis, idem Grobsa dixi et confessus est: quod cum ipse omnes terras seu possessio nes ex ista parte fluuij Wn vocati inter Zakop et terras Epi scopatus Tyniensis Ecclesie existentes, sicut dixit, per morten Ozorias filij Ludgarys proximi sui sine heredis solacio dece dentis, ad ipsum jure hereditario deuolutas, antedicto Ste phano Bano iuxta continenciam priorum nostrarum litterarum perpetualiter vendidisset sub eisdem metis, signis et termini. quibus easdem predictus Ozorias dignoscitur possedisse. fauorem et dileccionem dicti Stephani Bani specialem, con sensit et admisit de bona, spontanea et libera sua voluntat eidem Stephano Bano, vt ipse et ipsius heredes terras, si qu per supradictum Ozorias essent pignori obligate, liberai redimendi sine preiudicio iuris alieni habeant facultate cum eidem Grobsa ad redimendum prefatas terras obligata propria non suppetat facultas, nec aliqui ex proximis ipsiu sint superstites, quibus predicte terre obligate competeren redimende. Obligans se ad expediendum sepedictum Stepha

num Banum et heredes suos ab omni, si quam tam racione
predictarum terrarum vónditarum, quam eciam redimenda-
rum, aut metarum earundem per quempiam in futurum oriri
contingeret questionem, in proprijs suis laboribus et expensis.
In cuius rei memoriam presentibus ad instanciam parcium
sigillum nostrum duximus apponendum. Datum in festo Beati
Egidij anno Domini M°CC° nonagesimo quarto.

(A zágrábi káptalannak 1393. »feria tercia proxima ante festum
Ascensionis Domini« »vir nobilis et miles strenuus Magister Paulus
filius Georgij de Zeren« kérésére kiadott átiratából; a budai királyi
kamarai levéltárnak Zágrábban lévő részében.)

455.

*A keresztesek esztergami konventjének bizonyságlevele, hogy
Malusi Adorján comes és testvérei Malus nevü birtokukat
eladták Beudnek, Bene fiának. 1294.*

Conuentus Cruciferorum Domus Hospitalis Ecclesie
Sancti Regis Stephani de Strigonio vniuersis presentes litteras inspecturis salutem in Domino sempiternam. Ad uniuersorum noticiam tam presencium quam futurorum harum serie
uolumus peruenire, quod Comes Adrianus filius Simonis de
Malus nomine suo et vice ac nomine Petri et Ladizlai filiorum
suorum, ac pro Simone fratre suo, una cum Paulo filio Paska
de Cheke, et Andrea filio Agustini, ac Nicolao filio Laurencij, et Sebastiano de Malus, qui pro se et pro Paulo fratre suo
comparuit; et qui prenominati per nos requisiti dixerunt, se
esse cognatos, commetaneos et vicinos eiusdem Comitis Adriani, ad nostram personaliter accedendo presenciam, coram
ipsis, et presentibus cognatis, commetaneis et vicinis suis
uolentibus, permittentibus et consensum prebentibus, quandam possessionem seu terram suam Malus vocatam empticio

comparatam, cum omnibus utilitatibus et pertinencijs suis, dixit et confessus est uendidisse· quinquaginta marcis plone habitis et receptis Bend filio Bene, et per eum suis posteritatibus jure perpetuo et irreuocabiliter possidendam, tenendam et habendam. Cui quidem possessioni seu terre Malus uocate a parte orientali terra prefati Sebastiaui de Malus, a parte autem meridionali, occidentali et septemtrionali terra prenominati Pauli filij Paska de Malus uicinantur; sicut a partibus premissis, commetaneis et vicinis prenominatis didicimus seriatim. Insuper idem Comes Adrianus de Malus pro se, et pro Petro ac Ladizlao filij suis, et pro Simone fratre suo, firmiter et solempniter assumpsit ipsum Beud filium Bene, et suos posteros, racione predicte possessionis Malus uocate ab omnibus impetitoribus et molestare uolentibus expedire suis laboribus et expensis. In cuius rei memoriam et perpetuam firmitatem ad peticionem et instanciam parcium predictarum presentes concessimus sigilli nostri munimine roboratas. Datum anno Domini millesimo CCᵈ nonagesimo quarto.

(Eredetie bőrhártyán, a sárga-vörös selyemzsinóron függött pecsét elveszett; a budai kir. kamarat levéltárban.)

456.

A zalavári konvent átírja II. Endre királynak Edelych helységet tárgyazó 1214-ki adományát. 1294.

Conuentus Monasterij Beati Adriani de Zala omnibus Christi fidelibus presentibus pariter et futuris presencium noticiam habituris salutem in vero salutis largitore. Cum mundi lábilis condicio sit caduca et geste rei memoria propter vitam breuem hominum caligine obliuionis obfuscata nequeat in ewm perdurare; prouida mens et solicitudo adinuenit, ut que in tempore geruntur, ne simul labantur cum

36*

eodem, litterarum testimon o solidari. Proinde ad vniuersorum noticiam harum serie volumus peruenire, quod vir religiosus dominus frater Paulus Diuina prouidencia Abbas Monasterij de Sancto Gothardo ad nostram personaliter accedendo presenciam, exhibuit nobis quasdam litteras priuilegiales condam domini Andree illustris Regis Hungarie, Dalmacie, Croacie etc. felicis recordacionis, petens nos humili cum instancia, ut easdem de uerbo ad uerbum transscribi, transscriptumque earundem similiter litteris nostris priuilegialibus iuseri, nostroque sigillo autentico communire facere dignaremur. Quarum tenor talis est :

In nomine Sancte Trinitatis et Indiuidue Unitatis. Andreas stb. (következik II. Endre királynak Edelych helységet tárgyazó adománya ; mint Okmánytárunk VI. vagyis a második folyam I. kötetében 367. l.)

Nos igitur iustis et legitimis peticionibus eiusdem fratris Pauli Abbatis fauorabiliter inclinati, predictas litteras priuilegiales prenotati domini Andree Regis Hungarie, vt prefertur, nobis modo premisso exhibitas, non abrasas, non cancellatas, nec in aliqua parte viciatas de uerbo ad uerbum transscribi, transscriptumque earundem presentibus litteris nostris modo qua supra similiter priuilegialibus inseri, nostroque sigillo autentico communiri fecimus cautela pro maiori. Datum feria tercia proxima ante festum Beate Lucie virginis et martiris anno Domini millesimo (ducentesimo) nonagesimo quarto.

(Eredetie bőrhártyán, hártyazsinegen függő pecsét alatt ; a főmélt. herczeg Batthyáni család levéltárában.)

457.

III. Endre király megerősíti IV. Béla és IV. László királyok Vajszló helységet tárgyazó adományait Nempty-i Jakab comes izámára. 1295.

(N)os Nicolaus de Gara Regni Hungarie Palatinus et Judex Cumanorum stb. quod in Congregacione Generali Magnifici domini Nicolai Konth olym similiter Regni Hungarie Palatini Vniuersitati Nobilium Comitatus de Barana feria secunda videlicet in festo Beati Mathei Apostoli et Ewangeliste anno Domini M°CCC° septuagesimo preterita prope villam Nogfalu per ipsum celebrata, Jacobus filius Nicolai de Nempty stb. (Vayzlo helység ügyében a) religiose domine Sanctimoniales de Insula Leporum (ellen pert indítván, ezen tárgyban a fentebbi 431. szám szerint a két fél okmányait előmutatja; s névszerint a felperes részéről) Series quoque dicte quarte littere, vtputa Andree Regis anno ab Incarnacione Domini M°CC° nonagesimo quinto, tercio nonas Maij Regni autem sui anno quinto emanate nos inter cetera edocebat isto modo; quod idem dominus Andreas Rex ad peticionem Comitis Jacobi filij Ambrosi de Nempty prescripta tam priuilegia, videlicet ab ipsis dominis Bela et Ladizlao Regibus loquencia; ac tercium ipsius domini Stephani Regis de uerbo ad uerbum dictis suis litteris priuilegialibus inseri faciens, eadem rata habens et accepta auctoritate eiusdem sui priuilegij innouando confirmasset stb. Datum Bude octuagesimo die octauarum festi Beati Georgij martiris anno Domini milleaimo trecentesimo octuagesimo quarto.

(Eredetie a budai kir. kamarai levéltárban. IV. Béla királynak 1224. adománylevelét lásd Okmánytárunk XI. vagyis a III. folyam I. kötetében 331. l.; IV. László adománylevelét pedig lásd a jelen kötetben fentebb 78. sz. a.; István akkor ifjabb királynak 1268-ki okmányára nézve v. ö. a XI. vagyis a III. folyam I. kötetét 575. l.)

458.

III. Endre királynak rendelete a budai káptalanhoz, hogy Murul helységet, melyet Csák nemzetségbeli Endre comes Sándor comesnek eladott, ennek statuálja. 1295.

Andreas Dei gracia Rex Hungarie fidelibus suis Capitulo Ecclesie Budensis salutem et graciam. Dicunt nobis Comes Andreas filius Adryani, et Petrus ac Johannes filij sui de Sedthwy de genere Chaak, quod cum ipse scilicet Comes Andreas per Magistrum Stephanum filium Marcus, fortissimum tirannum Regni nostri captus, et in sua captiuitate non per modicum tempus fuisset detentus, et per suam propriam facultatem se redimere nequiuisset, a Comite Sandor filio Egidij Castellano nostro de Jenew cognato suo mutuo recepisset quadraginta marcas fini argenti, et sic per eundem ab ipsa captiuitate fuisset absolutus et liberatus. Cum autem idem Comes Sandor suam pecuniam prehabitam sibi reddi et restitui de se postulasset, propter suam inopiam et egestatem sibi imminentem reddere nequiuisset. In cuius igitur pecunie recompensacionem et satisfaccionem quandam possessionem suam Murul uocatam cum omnibus vtilitatibus suis vellent vendere et perpetuare eidem Comiti Sandor possidendam. Super quo fidelitati vestre precipientes damus firmiter in mandatis, quatenus vestrum mittatis hominem idoneum pro testimonio fidedignum, quo presente Laurencius filius Bench, vel Stephanus frater Bele, altero absente homo noster, conuocatis vicinis et commetaneis eiusdem, ac nobilibus comprouincialibus, nec non jobagionibus Castri nostri Bekis vniuersis, in die Cinerum proxime nunc venturo ad faciem predicte possessionis Murul accedat, ac ipsis presentibus, eandem per veteres metas et antiquas reambulando, sciat ab eisdem nobilibus supradictis, et inquirat omnimodam veritatem, vtrum ipsa possessio Murul ipsius Andree et filiorum suorum antedictorum existat, vel digne ipsam vendere possint nec ne. Et si ipsam pertinere ad

eosdem, vel digne disponere vendicioni inuenire possent, contradiccione aliquali non obstante ; extunc ipse Andreas et sui
filij memorati eandem possessionem Murul eidem Comiti San·
dor et suis successoribus vniuersis pro predicta cantitate pecunie vestris litteris perpetuare teneantur ; contradictores vero,
si qui forent, contra eosdem ad nostram citet presenciam ad
terminum competentem, et post hec seriem tocius facti nobis
fideliter rescribatis. Datum in octauis Epiphanie Domini anno
eiusdem M·CC· nonagesimo quinto.

(A budai káptalannak ugyanazon évi jelentéséből, mint alább 463. sz. a.)

459.

Márton comes alországbírónak itélete Vayszló helység tár-
gyában a Nempty-i nemesek és a nyúlszigeti apáczazárda
közt. 1295.

(N)os Nicolaus de Gara Regni Hungarie Palatinus et
Judex Cumanorum stb. quod in Congregacioue Generali Magnifici domini Nicolai Konth olym similiter Regni Hungarie
Palatini Vniuersitati Nobilium Comitatus de Barana ferie
secunda videlicet in festo Beati Mathei Apostoli et Ewangeliste anno Domini M·CCC· septuagesimo preterita prope villam Nogfalu per ipsum celebrata, Jacobus filius Nicolai de
Nempty stb. (Vayzlo helység ügyében a) religiose domine
Sanctimoniales de Insula Leporum (ellen pert indítván, ezen
tárgyban a fentebbi 431. szám szerint a két fél okmányai
előmutatja.)
    1) A felperes részéröl : Prefacta quippe quinta
et vltima littera ab ipso scilicet Comite Martino Vice Judice
Curie ipsius domini Andree Regis loquens Bude septimo die
octauarum Beati Georgij martyris in'dicto anno Domini M·CC
nonagesimo quinto exorta declarabat, quod cum secundum

continenciam litterarum ipsius Comitis Martini memoralium
super facto terre Vayzlo vocate in Comitatu de Baranya existentis inter dominas sorores Ecclesie Beate Virginis de
Insula, pro quibus Paulus et Nicolaus Comites officiales cum
sufficientibus litteris procuratorijs earundem astitissent ab una
parte, et inter Comitem Jacobum filium Ambrosi de Nempty
ex altera, coram ipso Comite Martino contenderetur, et partibus ad exhibendum instrumenta sua seu priuilegia quecunque
haberent super eadem terra emanata octauas festi Beati Georgij martiris idem Comes Martinus assignasset; ipsis octauis
aduenientibus Comes Jacobus predictus coram ipso Comite
Martino personaliter comparendo contra easdem dominas
sorores Beate Virginis, pro quibus idem Paulus et Nicolaus
astitissent, exhibuisset eidem Comiti Martino priuilegium
Andree Regis domini sui, priuilegia dominorum Bele, Stephani
et Ladizlai Regum in se verbaliter continens et firmans; quo
quidem priuilegio ipsius domini Andree Regis viso et perlecto;
et instrumentis dictarum religiosarum dominarum per eosdem
Paulum et Nicolaum Comites officiales earundem coram ipso
Martino exhibitis, quibus dictum priuilegium preualuisset in
hoc facto, considerata consuetudine Regni approbata idem
Comes Martinus vnacum nobilibus in judicio secum assidentibus, eo quod predictum priuilegium per ipsum Comitem Jacobum sibi exhibitum congruum, idoneum, efficax per omnia et
solempne visum fuisset, predictam terram Vayzlo vocatam,
iuxta formam eiusdem priuilegij ipsi Comiti Jacobo reliquisset pacifice perpetuo possidendam, parti aduerse silencium
perpetuum super ipsa terram imponendo slb.

2) Az alperes részéről: Ex serie quippe iam
dicte quinte littere videlicet iam dicti Comitis Martini priuilegialium Bude septimo die octauarum festi Natiuitatis Virginis
Gloriose in prefixo anno ab Incarnacione Domini M°CC° nonagesimo quinto confecte edocebamur isto modo : quod cum
domine sorores de Insula Beate Virginis Budensis Comitem
Jacobum filium Ambrosj de Nempty super facto possessionis
Vayzlo vocate in Comitatu de Baranya existentis coram prefato Comite Martino traxisset in causam, et ipsa causa in presencia eiusdem Comitis Martini diucius fuisset uentilata,
Nicolao et Paulo Comitibus officialibus ipsarum dominarum

pro eisdem dominabus cum euidentibus procuratorijs litteris
ab una parte ; et Fabiano filio Petri officiali predicti Comitis
Jacobi cum procuratorijs litteris Capituli Quinqueecclesiensis
pro eodem Comite Jacobo ex altera comparentibus ; vtrisque
partibus in figura judicij eiusdem Comitis Martini assumpmentibus, per eundem Comitem Martinum decretum fuisset, vt
predicte domine sorores instrumenta seu litteras coram ipso
deberent exhibere, continentes, quod eadem possessio Vayzlo
fuisset et esset ipsarum et Monasterij Virginis Gloriose ab
antiquo ; et e conuerso idem Comes Jacobus similiter litteras
seu instrumenta quecunque habere dinosceretur confecta super
eo, quod ipsa possessio ipsius fuisset et esset, exhibere tenerentur ; terminis itaque secundum continenciam litterarum
suarum exinde confectarum, quamquam officiales ipsarum
dominarum instrumenta seu litteras earundem ad exhibendum
parati fuissent per partes assumptis ; tamen idem Comes
Jacobus in terminis diuersis instrumenta sua in facto possessionis memorate exhibere non curasset, ymo in termino vltimo
ad ipsius Comitis Martini presenciam non venisset nec misisset ; officiales uero predictarum dominarum exhibuissent
patentes litteras domini Andree Regis presentibus superius
sensualiter conscriptas Comiti Martino antedicto. Qui quidem
Comes Martinus ipsas litteras domini Andree patentes verbo-
tenus dictis suis litteris priuilegialibus scribi faciens, et
nemini in suo iure deesse volens, vnacum Baronibus et nobilibus Regni quam pluribus secum in Judicio assidentibus, visis
et perlectis eisdem patentibus litteris dicti domini Andree
Regis, ipsum Comitem Jacobum contra easdem dominas sorores in facto predicte possessionis Vayzlo sentencialiter decre-
uisset fore conuictum, et eandem possessionem eisdem dominabus sororibus seu Monasterio Virginis Gloriose de Insula
reliquisset et statuisset perpetuo pacifice tenendam et habendam. Hoc eciam idem Comes Martinus dictis suis litteris priuilegialibus necessario duxisset inferendum, quod cum Magister Mychael de Castro Ferreo, Notarius Magistri Apor Judicis Curie ipsius domini Andree Regis ex commissione eiusdem
domini sui ad exigendum jura sua in societate vna cum ipso
Comite Martino maneret, et idem Comes Martinus in omnibus
factis seu negocijs suis, et specialiter in facto sigilli sui eidem

tanquam socio suo confideret, idem Magister Mychael priuilegium sub sigillo suo super facto predicte possessionis contra easdem dominas sorores absque suo scitu et consensu eidem Comiti Jacobo dedisse diceretur falso modo et penitus contra jura ; vnde si ita esset sicut diceretur, priuilegium sub sigillo suo contra easdem dominas sorores super facto eiusdem possessionis Vayzlo per eundem Comitem Jacobum per huiusmodi fraudem, dolositatem et maliciam obtentum cassasset et per omnia irritasset ; ita videlicet vt quandocunque, vbicumque et per quemcunque ipsum priuilegium in lucem deductum fieret, viribus careret firmitatis stb. Datum Bude octuagesimo die octauarum festi Beati Georgij martiris anno Domini millesimo trecentesimo octuagesimo quarto.

(Eredetie a budai kir. kamarai levéltárban. Az itélet teljes szövegét lásd Okmánytárunk X. vagyis a második folyam IV. köt. 196. l.)

460.

Chák nemzetségbeli Máté fölovászmester kéri az esztergami káptalant, hogy a nyitrai káptalannak a köste és Péter Baas mesternek fia közt történt birtokcserét tárgyazó bizonyságlevelét átirja. 1295.

Discretis viris amicis suis Capitulo Ecclesie Strigoniensis Matheus Magister Agasonum domini Regis et Comes Posuniensis amicicie continuum incrementum. Transmisimus ad vos vice et loco nostri Comitem Petrum filium Zobozlay super concambium et commutacionem cum Petro filio Magistri Baas factam, petentes — — — — — — quatenus ipsam commutacionem, quemadmodum in litteris Capituli Nytriensis videbitis contineri, vestri gracia priuilegij dignemini roborare. Cuius quidem priuilegij Nytriensis Capituli tenori talis est :

Omnibus Christi fidelibus stb. (következik a nyitrai‾ káptalannak 1294-ki bizonyságlevele, mint fentebb 451. sz. a.)

(As estergami káptalannak 1295-ki átiratából, mint alább 462. sz. a. a mélt. gróf Zay család levéltárában.)

461.

Pál és Kozma, Bazini Kozma comes fiai, egyezkednek a nagyszombati polgárokkal azon feltételekre nézve, melyek alatt javaikon ezek szöllőket bírjanak. 1295.

Nos Paulus et Chosmas filij Comitis Chosme de Bozyn significamus vniuersis quibus expedit per presentes : quod cum ciuibus de Tyerna, et omnibus ad ipsam Ciuitatem pertinentibus, qui in nostra possessione, in quocunque loco fuerit, vyneas habent sytas, in talem concordiam seu composicionem deuenimus : vt de qualibet vinea integra soluent singulis annis nobis tres pensas deuariorum Vyennensium in duobus terminis, videlicet in quadragensima vnam pensam, in vindemio uero duas pensas ; item de media vinea sexaginta denarios, et de quartali vnius integre vynee triginta denarios soluent in duobus terminis supradictis. Preterea volumus, ut seruitori nostro, cui officium nostrum duxerimus pro tempore committendum in vyndemio et in quadragesima de intregra vynea soluant quatuor denarios, de media uero vynea duos denarios, et de quartali unum. Item pro terragio nostro de qualibet vinea integra, quod volgariter purchreht dicitur, duos acones vini cum recto et debito acone ville de Bozyn, et duos denarios soluere teneantur. Item pro tributo de qualibet tunella vini que de possessione et de villa nostra ducitur, sex denarios soluant tantummodo et non plures. Item volumus et concessimus, quod quicun-

··que sine herede obierit siue decessorit, dandi, relinquendi et assignandi, cuicunque voluerint, liberam habeant facultatem quadraginta denarijs persolutis, secundum libertatem nostre possessionis. Hys omnibus datis et persolutis vnusquisque vineam suam colet et laboret; et vinum suum deducatur absque aliquo grauamine siue eciam impedimento. Insuper liberum habeant arbitrium, tunellas ipsorum vino repletas, ad currus suos unusquisque trahendo, nisi uoluntarie voluerit aliquem pro precio conuenire. Item custodes suos habeant in vineis ad placitum eorum, nostrorumque hominum cum consilio conueniendo. Et ut ista composicio seu ordinacio inter nos et nostros successores ac predictos ciues in perpetuum et inuiolabiliter possit permanere, presentes litteras nostras pari uoluntate et consen(su) cum pendenti sigilli nostri munimine fecimus roborari. Datum in dominica Invocauit anno Domini M°CC° nonagesimo quinto.

(Eredetie bőrhártyán, melyről a sárga-zöld és barna-zöld selyemzsinóron függött két pecsét elveszett; a budai kir. kamarai levéltárban.)

462.

Az esztergami káptalan átirja a nyitrai káptalannak bizonyos Máté királyi fölovászmester és Péter bán közt történt birtokcserét tárgyazó bizonyságlevelét. 1295.

Universis presentes litteras inspecturis Capitulum Ecclesie Strigoniensis salutem in Domino sempiternam. Nouerint vniuersi presentes pariter et futuri, quod nobilis vir Comes Petrus filius Zobozlay de genere Ludan nomine et vice Magnifici viri Mathey Magistri Agasonum — — — — — — Comitis Posoniensis domini sui, ab una parte; et Petrus filius Magistri Baas ab altera, ad nostram presenciam acce-

dentes, litteras eiusdem Magistri Mathey de genere Chaak
nebis exhibueruut, formam huiusmodi continentes.:
Discretis viris stb. (következik Máté kir. fölovászmester-
nek 1295-ki levele az esztergami káptalanhoz, mint fentebb
460. szám allat.)

Omnibus Christi fidelibus stb. (következik a nyitrai
káptalannak 1294-ki bizonyságlevele, mint fentebb 451.
szám allat.)

Nos autem tam peticioni Magistri Mathey in litteris
suis nobis directe, quam eciam instancie eiusdem Comitis
Petri filij Zubuzlay hominis seu sui nuncij, vt prediximus, ad
nos transmissi, et eiusdem Petri filij Magistri Baas satis
— — — — — — — — — — priuilegium Capituli Nytriensis, et omnia et singula premissorum in eo contenta rati-
ficauernnt sue oraculo viue uocis; ipsum priuilegium Capituli Nytriensis de uerbo ad uerbum sine additamento et
diminucione in publicam formam — — — — — — — —
— — — — — — — — — — — — — — dum appen-
sione sigilli nostri facientes id eciam communiri. Datum per
manus discreti viri Magistri Cypriani Ecclesie nostre Lectoris,
anno Domini M°CC° nonagesimo quinto, septimodecimo kalendas Nouembris.

(Eredetie bőrhártyán, a melyről zöld-vörös selyemzsinóron a pecsétnek töredéke függ; a mélt. gróf Zay család levéltárában.)

463.

A budai káptalannak jelentése III. Endre királyhoz, hogy Sándor comes Murul helységben statudltatott. 1295.

Capitulum Budensis Ecclesie omnibus Christi fidelibus presentibus pariter et futuris presencium noticiam habituris salutem in omnium saluatore. Ad vniuersornm noticiam harum serie volumus peruenire, quod Comes Andreas filius Adryani de Sedthwy de genere Chaak vna cum filijs suis Petro et Johanne nominatis ad nostram persona- liter acc -dens presenciam exhibuit nobis litteras Excellentissimi Principis Andree Dei gracia illustris Regis Hongarie (így) hunc tenorem continentes:

Andreas Dei gracia Rex Hungarie stb. (következik III. Endre királynak rendelete, mint fentebb 458. sz. a.)

Cum igitur nos iuxta preceptum domini nostri Regis vna cum predicto Laurencio filio Bench homine suo discretum virum Magistrum Thomam concanonicum nostrum ad predicta eius mandata fideliter exequenda pro testimonio transmisissemus, et idem domini Regis homo ac ipsum nostrum testimonium vnacum predicto Comite Andrea filio Adryani et suis filijs ad nos reuersi extitissent; nobis consona voce retulerunt: quod ipsi in prefixo termino vniuersos vicinos et commetaneos ac omnes comprouinciales, nec non populos Castri Bekis supradictos in vnum conuocando, ad faciem memorate possessionis Mvrul accessissent, et ipsam per veteres metas et antiquas presentibus commetaneis, Chowlth videlicet et Emerico filij (így) Vata, ac Pethe filio Theodori, jobagionibus Castri Bekis, Benedicto filio Arews, Michaele de Chorna, Stephano filio Bech, Erenske Thome Maioris Castri, Johanne similiter Maiore Castri, Emerico de Chathar, et Mawricio filio Mike inibi existentibus reambulassent. Cuius metarum cursus hic incipit ex parte terre Gwr vocate ipsam possessionem Mvrul separat quoddam pratum;

et circa ipsum pratum supra eundo in l
sicut ex alia parte eiusdem prati, esset eccle
confessoris, directo modo a parte orientali
terree, quarum vna distingit possessioni Mot
possessioni Murul; et vlterius ad orienteu
quodam monticulo essent similiter due mete
possessionibus distingentes; et adhuc eo r
quodam pratum Balatun dictum essent eciar
ree; deinde vlterius progrediendo in medi
essent similiter due mete terree; et post ho
Balatun dictum transit vltra ad orientem
arabili essent eciam due mete terre; abhinc
eundo circa Gamother dictum circa a parte
eciam due mete terree, vbi post hec prefa
Theodori super quandam particulam terree
tam inter ipsam Kamawlther et inter Hidus
existentem suam esse asserendo; deinde
mawlther supra eundo versus villam Gerla i
labreth dicti a parte septemtrionali est
terrea; et postea versus ipsam villam Gerla
citur omnino pratum; postea peruenit ad
dictum, ipsum Kerthweler transit, et reuer
occidentalem ad quoddam pratum Kwzepret
est vna meta terrea, et per ipsum Kwzepretl
Thwysseszek vocatum, et in eodem Thwysse
terrea; deinde vltra eundo uersus occident
magnum pratum a parte orientali esset v
abhinc autem appropinquassent ad ipsan
ibique Emericus et Chowlth antedicti super
lam terre Pwklustheleke vocatam, que esset
magnam vallem et inter quoddam fossatum
ipsius fossati prohibuissent nomine iuris
scilicet terram Pwklusthelwk dictam a
Beati Nicolai confessoris in ipsa possess
structe cum vna sagita sagitando perueniri
et ipsa terra vnius sagite spectaret et pert
villam Murul, et sic mete terminarentur sup
acto prefati nobiles comprouinciales, jobagi
kis, vicini et commetanei supradicti eand

Murul ad ipsum Andream filium Andree et filios eiusdem pertinere, et digne per ipsos posse vendere et alienare cuicunque vellent affirmassent. Vnde sepe fatam possessionem Murul vocatam, simul cum ecclesia prenotata et vniuersis vtilitatibus suis ac pertinencijs ad eandem intra metas supradictas inclusam idem Comes Andreas, Petrus et Johannes sui filij pro predictis quadraginta marcis fini argenti coram nobis ab eodem Comite Sandor plene habitis et receptis vendiderunt et tradiderunt ac penitus de se alienarunt eidem Comiti Sandor, et per eum suis heredibus vniuersis jure perpetuo et irreuocabiliter pacifice et quiete possidendam, tenendam pariter et habendam, nullo penitus contradictore existente; presentibus nostris litteris priuilegialibus sibi confirmandam. Obligantes se predicti Andreas, Petrus et Johannes filij eiusdem, quod si qui processu temporum ipsum Comitem Sandor uel suos heredes racione ipsius terre Murul vocate molestareut, extunc ipsi et ipsorum heredes modis omnibus expedire teneantur ab omnibus, proprijs eorum laboribus et expensis, ac in ipsa possessione pacifice ac indempniter conseruare. In cuius rey testimonium perpetuamque firmitatem ad predictorum nobilium peticionem presentes concessimus litteras nostras priuilegiales pendentis sigilli nostri munimine roboratas. Datum per manus discreti viri Magistri Andree Lectoris Ecclesie nostre in octauis medij XL-me anno eodem supradicto.

(Az orodi káptalannak 1423. »feria sexta post festum Beate Lucie Virginis« »Gregorius filius Bek de Danffogh« kérésére kelt átiratából; a budai kir. kamarai levéltárban.)

464.

A pécsi káptalannak bizonyságlevele, hogy Gyeur nemzetség-beli Konrád és fia Jakab, s Nempthy-i Lénárdnak fiai egye-netlenségeikre nézve kibékültek. 1295.

Nos Capitulum Quinqueecclesiensis Ecclesie memorie commendamus, quod Magister Corrardus filius Stephani de genere Jeur pro se et pro Jacobo filio suo ab una parte; Dionisius filius Leunardi de Nempthy pro se et pro fratre suo carnali, item pro Petro et fratribus eiusdem filijs Comitis Dominici fratris sui carnalis, item pro filijs Johannis eciam fratris sui carnalis ab altera, personaliter in nostri presencia constitutus, super omnibus et omnimodis destruccionibus, combustionibus, dampnis quibuslibet, uulneribus siue plagis, iniurijs ac super iniuriosis faccionibus quibuslibet, et super discordiarum hinc et inde subortis et illatis, et specialiter super facto mortis Vrbanus seruientis eorundem filiorum Leunardi, quem Sebastianus filius Jacobi interfecit, ut est dictum per partes, secundum modum uel ordinem Judiciorum, et secundum arbitrium virorum nobilium comprouincialium, sibi inuicem mutuo satis-facientes, perpetuam pacem se habere sunt confessi oraculo uiue uocis, et quod neutraque parcium alteram partem super preteritis dampnis quibuslibet, uel iniurijs, et specialiter super facto mortis Vrbanus alteram partem poterit in posterum molestare. Nichilominus predictus Magister Corrardus pro morte prefata predicti Vrbanus, racione scilicet eiusdem Sebastiani, pro quo Sebastiano ipse Magister Corrardus exti-terat fideiussor, persoluit vndecim marcas; item pro dampnis eorundem filiorum Leunardi per eundem Sebastianum irro-gatis eisdem persoluit quinque marcas et dimidiam; item ipse Magister Corrardus racione judiciorum pro eodem Se-bastiano persoluit duas marcas. Quarum omnium marcarum predictarum sumpma facit decem et octo marcas et dimidiam.

Quam pecuniam totam eodem Magistro Corrardo persoluente Dionisio et[Stephano filijs Leunardi, item filijs Comitis Dominici et filijs Johannis, filiorum videlicet Leunardi supradicti; ex quibus et pro quibus predictus Dionisius filius Leunardi personaliter, comparendo recepit pecuniam totam supradictam; cuius quidem pecunie sumpna, et modus solucionis, litteris Ducisse tocius Sclauonie plenius continetur. Preterea predictus Magister Corrardus ibidem inpresenciarum astando nomine sui, ac nomine et vice Comitis Jacobi filij sui, cessit et renuncianit omui accioni sue quam forte nanc uel in posterum super facto terre Beangh aduersus eosdem filios Leonardi de Nempthy mouere potuisset. Datum in octauis Sancti Nicolai confessoris anno Domini millesimo CC' nonagesimo quinto.

Kivül: Pro Magistro Corrardo et filio suo Comite Jacobo contra Dionisium et Stephanum filios Leunardi, et filios Dominici, et filios Johannis super composicione pacis inter ipsos.

(Eredetie bőrhártyán, a zárpecsét elveszett; a mélt. báró Révay család levéltárában.)

465.

A pécsi káptalannak bizonyságlevele, hogy Óvári Konrád mester Johannes Latinus pécsi polgárnak a lovában történt károsításért eleget tett. 1295.

Nos Capitulum Quinqueecclesiensis Ecclesie memorie commendamus, quod Johannes Latinus filius Gebarth ciuis Peechyensis personaliter comparendo dixit, quod Magister Corrardus de Owar illam dimidiam marcam, quam sibi racione cuiusdam equi sui impediti in villa eiusdem Magistri Corrardi apud Nicolaum filium Ledeger de Dabaka impe-

diuerat, legittime debebat, prout in alijs litteris nostris plenius continetur, sibi persoluisset, reddendo super facto huius
equi sui, qui ipse Magister Corrardus pro eodem Nicolao in
ac parte existerat (így) fideiussor, expeditum ubique. Nichilominus mediantibus probis viris fuit ordinatum inter partes,
quod idem Johannes Gallicus predictum equum suum ubicunque inuenerit, retinendi liberam habeat facultatem. Et
eciam predictus Nicolaus in facto fideiussionis antefate ipsum
Magistrum Corrardum dereliquit, et pro eodem Nicolao idem
Magister Corrardus, ut vexacionem suam redimeret, in ac
parte persoluit pecuniam antefatam; prout in memorialibus
litteris nostris presentibus est contentum. Datum in quindenis
Sancti Galli anno Domini millesimo CC° nonagesimo quinto.

K i v ü l : Pro Magistro Corrardo de Ouar contra Johannem Latinum, et contra Nicolaum de Dabalgay.

(Eredetie bőrhártyán, a zárpecsét elveszett; a mélt. báró Révay
család levéltárában.)

466.

*A vasvári káptalannak bizonyságlevele, hogy Sári Márk
Munurosd-i birtokának harmadrészét eladta Domokos és
Imre, Imre fiainak. 1295.*

Nos N. Prepositus et Capitulum Beati Michaelis de
Castro Ferreo presentibus litteris damus pro memoria, quod
Mark filius Laurencij de Sar coram nobis constitutus terciam
partem possessionis sue Munurosd uocate uendidit Dominico
et Emerico filijs Emerici pro uiginti marcis, quas se habere
est professus iure perpetuo, pacifice et quiete possidendam
heredum per heredes. Cui quidem uendicioni Andreas et
Ladizlaus filij Andree consensum prebuerunt et assensum. Et
quamprimum presentes nobis reportate fuerint, nostrum

37*

priuilegium super ipsa uendicione conferemus. Datum in festo-
Beati Demetrij martiris anno gracie M°CC° nonagesimo
quinto.

(Eredetie bőrhártyán, melynek oda nyomott pecsétje elveszett; a-
fömélt. herczeg Eszterházy család levéltárában.)

467.

*A keresztesek esztergami konventjének bizonyságlevele, hogy
Zomuri György és érdektársai Udvarnok helységet eladták
Zuárd mesternek, Wech unokájának. 1295.*

A   B   C

Frater Nicolaus Magister Domus Hospitalis et Conuentus Cruciferorum Ecclesie Sancti Regis Stephani de Strigonio vniuersis presentes litteras inspecturis salutem in filio
Virginis Gloriose. Quum ea que temporaliter aguntur ne
cum tempore dilabantur solent et debent scripti patrocinio
communiri : hinc est, quod ad uniuersorum noticiam tam
presencium quam futurorum harum serie volumus peruenire,
quod Georgius filius Andree de Zomur, et domina Marguich
relicta Damyani Comitis vna cum Dominico filio suo, domina
Kune relicta Endree, domina Chuda relicta Cozme de eadem
Zomur, domina Martina relicta Mathey; Blasius, Lampertus
et Antonius filij Berke ; Salomon, Johannes et Petrus, fratres
ipsorum; Jacobus filius Nicolai, Stephanus filius Ponse'de
eadem Zomur; Endree gener prefati Cozme; et Dyonisius,
Mychael gener prefati Mathey, et Petrus frater Yburharth
gener eiusdem Mathey; vna cum commetaneis et vicinis
ipsorum, videlicet nominatim Pouka filio Petri de Wrsaap,
Dominico et Johanne filijs Gregorij de eadem Wrsaap, qui
pro se et pro Gregorio fratre ipsorum, Nicolao, Petro et
Yoob filijs Antol de eadem Wrsaap, Petro filio Thome de-

Berche, Laurencio, Dominico et Walentino filijs Benedicti, et Andrea filio Michaelis de Wrsee, Luka genero Nicolai filij Petri de Boyna, Comite Benedicto et Nicolao filijs Andree Comitis de Boztuh, qui pro se et pro Johanne ac Beke et Wanch fratribus suis comparuerunt, Salomone filio Samul, Petro filio Andree de Boyna, Benchench et Stephano filijs Benchench, Tordos filio Paulban, Nicolao' et Tompus filijs Martini de Morouch; qui vicini et commetaney personaliter comparendo permiserunt ex communi consilio et voluntate, consensum prebendo et assensum, dixerunt et confessi sunt quandam possessionem seu terram ipsorum Oduornok uocatam, iam dudum vacuam et habitatoribus destitutam, et murum ac lapides de ecclesia eiusdem possessionis propter desolacionem et antiquitatem dicebant esse dissolutos et confractos, cum suis vtilitatibus et pertinencijs, videlicet feneto, nemore, virgultis, arbustis et alijs vtilitatibus, a wenerabili Capitulo Strigoniensi in concambio factam et datam, cum medietate seu parte terre, que medietas siue pars a Corrardo filio Chemeya eis fuit deuoluta, et per eos- dem empticio comparata, vendidisse et assignasse sexaginta marcis coram nobis plene habitis et receptis Magistro Zuard nepoti Wech, et per eum suis posteritatibus iure perpetuo et irreuocabiliter possidendam, tenendam et habendam. Cui quidem possessioni Oduornok uocate a parte orientali terre Nyek et Berche uocate, a parte uero meridionali terra Wrsee nuncupata, a parte autem occidentali terra Boyna, et a parte septemtrionali terra Saap prenominate certis metis et ter- minis distincte et separate vicinantur. Insuper prefati Georgius, domina Marguich, Dominicus filius eiusdem, do- mina Kune, domina Chuda, Martina, Blasius, Lampertus et Antonius filij Berke, Salomon, Johannes et Petrus fratres ipsorum, Jacobus, Stephanus, Endree, Dyonisius, Mychael et Petrus frater Yburharth, tam pro se quam per suos (igy) firmiter et solempniter assumpserunt ipsum Magistrum Zuard et posteros in perpetua possessione predicte terre Oduornok uoca- te, et medietatis seu partis predicte terre conseruare et ab omni- bus impetitoribus et molestare nolentibus expedire suis laboribus et expensis. In cuius rei memoriam et perpetuam firmitatem ad peticionem et instanciam parcium predictarum presentes concessimus sigilli nostri munimine roboratas. Datum anno Domini millesimo ducentesimo nonagesimo quinto, XV. kalendas Decembris.

(Eredetie bőrhártyán, zöld-sárga selyemzsinóron függő pecsét alatt; a budai kir. kamarai levéltárban.)

468.

III. Endre királynak Surán helységet tárgyazó adománylevele Márton comes trencséni várnagy számára. 1296.

Andreas' Dei gracia Hungarie, Dalmacie, Croacie, Rame, Seruie, Gallicie, Lodomerie, Cumanie, Bulgarieque Rex omnibus presentes litteras inspecturis salutem in salutis largitore. Pro sudoribus bene meritorum suorum Nostre conuenit Munificencie Regie appremiare, fidelitas in quo crescat, ceteros sui similitudine ad fidelitatis opera accendendo. Proinde ad vniuersorum noticiam tam presencium quam futurorum volumus peruenire, quod Comes Martinus filius Bugar Castellanus de Trenchinio fidelis noster ad nostram accedens presenciam quandam terram Castri Nyttriensis Suran vocatam a nobis sibi dari postulauit. Verum quia de ipsa terra nobis veritas ad planum non constabat; fidelibus nostris Capitulo Nyttriensi nostris litteris dedimus in mandatis, vt vnum ex ipsis mitterent virum ydoneum pro testimonio, coram quo Renoldus filius Gelardi homo noster, ipsam terram presentibus commetaneis et vicinis reambulando, si inueniret nostre collacioni eam pertinere, statuat eidem possidendam, contradictoribus si qui fuerint contra eundem ad nostram presenciam euocatis. Et preter hec qualitatem, contiguitatem, et omnes circumstancias eiusdem terre nobis rescriberent seriatim. Qui quidem propemodum nobis rescripserunt in hec verba:

Excellentissimo domino suo Andree stb. (következik a nyitrai káptalannak jelentése, mint alább 473. sz. a.)

Nos itaque commendabilem fidelitatem et grata seruicia eiusdem Comitis Martini, que nobis in omnibus expedicionibus nostris, ot specialiter contra Bohemos et Theutonicos pro conseruacione confiniorum Regni nostri continuum conflictum committendo, et eciam contra Barones Regni nostri, qui spiritu infidelitatis incitati contra Nostram nitebantur procedere Maiestatem, exhibuit et impendit, suam personam fortune casibus preliorum propter fidelitatem Nobis et Corone Regie debitam non formidans exponere, attendentes, volentesque prò tot et tantis seruicijs fidelitatum ipsius Comitis Martini eidem occurrere Regio cum fauore, quamquam plura et pociòra mereretur, in aliqualem recompensacionem seruiciorum suorum dictam terram Suran cum suis vtilitatibus et pertinencijs vniuersis, prout olim per ipsum Castrum nostrum Nyttriense habita fuerat, ipsi Comiti Martino, et per eum suis heredibus heredumque suorum successoribus iure perpetuo et irre nocabiliter dedimus donauimus et contulimus possidendam. In cuius rei memoriam firmitatemque perpetuam presentes concessimus litteras dupplicis sigilli nostri munimine roboratas. Datum per manus venerabilis patris Theodori Dei gracia Episcopi Jauriensis Aule nostre Cancellarij dilecti et fidelis nostri anno Domini millesimo CC⁰ nonagesimo sexto, quinto idus Octobris, Regni autem nostri anno septimo.

(I. Károly királynak 1323. XV. kalendas Junij »Martinus filius Bugar« érésére kiadott megerősítő privilegiumából; néhai Rajcsányi Ádám kéziratai közt.)

469.

III. Endre király megerősíti azon örökvallást, melylyel Péter comes Tibornak fia Udol helységet Márton comes alországbirónak átengedte. 1296.

Andreas Dei gracia Hungarie, Dalmacie, Croacie, Rame, Seruie, Gallicie, Lodomerie, Cumanie Bulgarieque Rex omnibus Christi fidelibus presens scriptum intuentibus salutem in Domino sempiternam. Ad vniuersorum noticiam harum serie volumus peruenire, quod Comes Martinus filius Emych de Deuecher Viceiudex Curie nostre fidelis noster ad nostram accedens presenciam exhibuit nobis priuilegium Capituli Budensis super facto possessionis Wdol vocate confectum, petens a nobis cum instancia, vt ipsum priuilegium ratum habere, et nostro dignaremur priuilegio confirmare. Cuius quidem priuilegij tenor talis est:

Nos Capitulum Budensis Ecclesie stb. (következik a budai káptalannak 1296-ki bizonyságlevele, mint alább 471. szám alatt.)

Nos itaque iustis peticionibus ipsius Comitis Martini fauorabiliter annuentes dictum priuilegium Capituli Budensis iuste et legitime emanatum attendentes non abrasum, non cancellatum, non abolitum, nec in aliqua sui parte viciatum, ratum habuimus et acceptum, et presentis priuilegij nostri patrocinio duximus confirmandum. In cuius rei memoriam perpetuamque firmitatem presentes concessimus duplicis sigilli nostri munimine roboratas. Datum per manus venerabilis patris domini Theodori Episcopi Jauriensis, Aule nostre Vice-Cancellarij dilecti et fidelis nostri, anno Domini M°CC° nona-gesimo sexto.

(Eredetie bőrhártyán, n.el)nek vörös-sárga selyemzsinóron függött pecsétje elveszett; a főmélt. herczeg Eszterházy család levéltárában.)

470.

A budai káptalannak bizonyságlevele, hogy Péter comes Tibornak fia, 250 ezüst gira fejében, melyekkel Márton comes alországbirónak birságképen tartozott, ennek Udol helységet elzálogosította. 1296.

Nos Capitulum Budensis Ecclesie memorie commendantes significamus vniuersis presencium per tenorem, quod Comes Petrus filius Tyburchij in nostri presencia personaliter constitutus asseruit proponendo spontanea uoluntate, quod cum ipse et Thomas frater suus filius Comitis Tyburchij fratris sui tanquam actores super destruccionibus possessionum eorum et alijs articulis satis arduis in presencia Comitis Martini Viceiudicis Curie domini Regis contra Comitem Dominicum de Turny dictum de Vysegrad causam habuissent, et ipsam causam eo quod ardua fuerit, ad Specialem Presenciam domini Andree illustris Regis Vngarie domini nostri deduxissent, et contra eundem Comitem Dominicum ipsi facta accione secundum formam judicij mediantibus instrumentis et litteris quam pluribus, videlicet domini Ladizlai quondam Regis Vngarie pie recordacionis, et Viceiudicum eiusdem diuersorum in Presencia eiusdem domini Andree Regis, presentibus eciam venerabilibus patribus domino Johanne Archiepiscopo Colocensi, domino Benedicto Episcopo Waradiensi, Dominico Magistro Tauarnicorum eiusdem domini Regis, Magistro Demetrio Comite de Zolum, Magistro Johanne filio Chaak, Magistro Moys filio Alberty Baronibus, et alijs Nobilibus Regni quam pluribus, qui predicto Judicio Regio interfuerunt, per ipsum Comitem Dominicum in forma Judicij exhibitis, contra ipsos in nota calumpnie legittime conuicti fuissent, pro eo quia ipsam causam in facto destruccionis possessionum eorum tempore ipsius domini Regis

Ladizlai et Viceiudicum eiusdem ordine judiciario requisitam et sopitam suscitassent. Et quia idem Thomas frater suus tamquam conscius sui criminis a Regia Presencia recessisset fugitiue, ipsumque Comitem Petrum, prout ipse idem affirmabat, pro huiusmodi notorio calumpnie vicio dominus Rex eidem Comiti Martino tamquam Judici ad assandum cum ferro candenti in sua facie, quemadmodum in huiusmodi calumpnie vicio conuicti iuxta Regni consuetudinem approbatam signari debent, captum tradidisset; pro qua quidem assacionis nota idem Comes Petrus, ne huiusmodi turpitudinem in facie eius in suum opprobrium sempiternum supportaret, quandam possessionem suam non coactus, nec compulsus, Vdol vocatam, in Comitatu Borsiensi iuxta fluuium Goron, cum insula que est in ipsis aquis Goron, et alijs vtilitatibus ac pertinencijs eiusdem vniuersis, sub eisdem metis et terminis, sub quibus per eundem Comitem Petrum habita fuisse dinoscitur et possessa, pro ducentis et quinquaginta marcis argenti Budensis, in quibus idem Comes Martinus ipsum Comitem Petrum in porcione sua prout judicis pro facto suo premisso misericorditer relaxauit vsque octauas Beati Georgij martiris proxime venturas eidem Comiti Martino pignori obligauit tali modo : quod si in ipsis octauis dictas ducentas et quinquadinta marcas pro redempcione debite possessionis Vdol, quam ad se ipsum solum, exceptis alijs propinquioribus et generacionibus suis dicebat pertinere, in argento mercimoniali ad racionem Budensem eidem Comiti Martino sol u re non posset coram nobis ; extunc eadem possessio Vdol cum omnibus vtilitatibus suis ipsi Comiti Martino deuolueretur perempniter possidenda. Voluit eciam idem Comes Petrus, quod si in ipsis octauis ipsam solucionem ducentarum et quinquagintarum marcarum facere non posset, super perpetuacione dicte possessionis Vdol sepedicto Comiti Martino, contradiccione quorumlibet non obstante, priuilegium nostrum, nullo alio consensu super hoc requisito, dari faceremus. Dixit eciam idem Comes Petrus, vt terminum ipsius solucionis pro eo, quia idem Comes Martinus tam grande factum sibi in tam modico misericorditer relaxauit ; nec cum litteris domini Regis, nec domine Regine, nec racione exercitus, seu alijs racionibus aliquibus faceret prorogari. Datum

quarto die octauarum Pasce domini, anno eiusdem M•CC°
nonagesimo sexto.

(Eredetie bőrhártyán, a pecsét elveszett; a főmélt. herczeg Eszterházy család levéltárában.)

471.

*A budai káptalannak bizonyságlevele, hogy Péter comes
ugyanazon birság fejében Udol helységet Márton comes alországbírónak tulajdonúl átengedte. 1296.*

Nos Capitulum Budensis Ecclesie memorie commendantes significamus vniuersis presencium per tenorem, quod
Comes Petrus filius Tyburchij in nostri presencia personaliter
constitutus asseruit proponendo spontanea uoluntate, quod
cum ipse et Thomas frater suus filius Comitis Tyburchij
fratris sui tanquam actores super destruccionibus possessionum eorum et alijs articulis satis arduis in presencia Comitis
Martini Viceiudicis Curie domini Regis contra Comitem
Dominicum de Turny dictum de Vysegrad causam habuissent, et ipsam causam eo quod ardua fuerit, ad Specialem
Presenciam domini Andree illustris Regis Vngarie domini
nostri deduxissent, et contra eundem Comitem Dominicum
ipsi facta accione secundum formam judicij mediantibus
instrumentis et litteris quam pluribus, videlicet domini
Ladizlai quondam Regis Vngarie pie recordacionis, et Vicciu-
dicum eiusdem diuersorum in Presencia eiusdem domini.
Andree Regis, presentibus eciam venerabilibus pratribus
domino Johanne Archiepiscopo Colocensi, domino Benedicto
Episcopo Waradiensi, Dominico Magistro Tauarnicorum
eiusdem domini Regis, Magistro Demetrio Comite de Zolum,
Magistro Johanne filio Chaak, Magistro Moys filio Alberty
Baronibus, et alijs Nobilibus Regni quam pluribus, qui pre-

dicto Judicio Regio interfuerunt, per ipsum Comitem Dominicum in forma Judicij exhibitis, contra ipsos in nota calumpnie legittime conuicti fuissent, pro eo quia ipsam causam
in facto destruccionis possessionum eorum tempore ipsius
domini Regis Ladizlai et Viceiudicum eiusdem ordine judiciario requisitam et sopitam suscitassent. Et quia idem Thomas
frater · suus tamquam conscius sui criminis a Regia Presencia recessisset fugitiue, ipsumque Comitem Petrum, prout
ipse idem affirmabat, pro huiusmodi notorio calumpnie vicio
dominus Rex eidem Comiti Martino tamquam Judici ad assandum cum ferro candenti in sua facie, quemadmodum in
huiusmodi calumpnie vicio conuicti iuxta Regni consuetudinem approbatam signari debent, captum tradidisset; pro qua
quidem assacionis nota idem Comes Petrus, ne huiusmodi
turpitudinem in facie eius in suum opprobrium sempiternum
supportaret, quandam possessionem suam non coactus, nec
compulsus, Wdal vocatam, in Comitatu Borsiensi iuxta fluuium
Goron, cum insula que est in ipsis aquis Goron, et alijs
vtilitatibus ac pertinecijs eiusdem vniuersis, sub eisdem metis
et terminis, sub quibus per eundem Comitem Petrum
habita fuisse dinoscitur et possessa, pro ducentis et quinquaginta marcis argenti Budensis, dedit, tradidit et assignauit ipsi Comiti Martino et per eum suis heredibus heredumque suorum successoribus irreuocabiliter iure perpetuo
possidendam. Assumpsit nichilominus idem Comes Petrus
dictum Comitem Martinum et suos heredes ab omnibus
impetitoribus racione dicte possessionis molestantibus, et a
propinquioribus de generacione sua, commetaneis et vicinis
possessionis memorate defendere et liberare suo labore pro
prio et expensis; cum idem Comes Petrus diceret, eandem
prossessionem Wdol ad se solumpmodo, exceptis alijs
generacionibus suis, pertinere. Assumpsit insuper idem Comes
Petrus, et se ad hoc firmiter obligauit, vt si ipsam possessionem Wdol eidem Comiti Martino modo premisso venditam
non posset liberare; extunc pro dicta nota calumpnie graua-
retur modo supradicto, et insuper totam porcionem possessionis sue, quam haberet, amitteret ipso facto. In cuius rei
memoriam perpetuamque firmitatem presentes concessimus
litteras sigilli nostri munimine roboratas. Datum per manus

discreti viri Magistri Ladizlai Lectoris Ecclesie nostre anno
Domini M°CC° nonagesimo sexto. Magistro Paulo Cantore
Magistro Gregorio Custode, Stephano Decano; Nicolao, An-
drea et Petro sacerdotibus; Thoma, Jacobo et Benedicto
Magistris, ceterisque Canonicis existentibus.

(III. Endre királynak megerősítő privilegiumából, mint fentebb 469·
szám alatt.)

472.

*Az egri káptalannak bizonyságlevele, hogy Gelybi Ádámnak
özvegye hitbére és jegyajándékai tekintetében kielégíttetett.
1296.*

Omnibus Christi fidelibus tam presentibus quam futuris
presens scriptum inspecturis Capitulum Ecclesie [Agriensis
salutem in omnium saluatore. Ad vniuersorum noticiam
tenore presencium volumus peruenire, quod domina relicta
Adam de Gelyb, filia Petri de Kazmer ad nostram accedens
presenciam proposuit viua voce : quod terciam partem terre
videlicet porcionis ipsius Adam mariti sui, quam habet in
ipsa terra Gelyb, pro dote et rebus paraphernalibus suis
ac pro quarta filiarum suarum, mediante nostro priuilegio ad
ipsum deuolute, cum vniuersis vtilitatibus et pertinencijs suis,
et specinliter cum dimidietate vinee sue, et medietate pomeri
sui, simul cum vniuersis edificijs domorum suarum dedisset,
donasset et contulisset domine filie sue vxori Dyonisij filij
Zeme, et per eam ipsi Dyonisio ac] heredibus ipsorum perpetuo possidendam et habendam. In cuius rey testimonium ad
instanciam eiusdem presentes contulimus sigilli nostri munimine roboratas. Presentibus tamen Magistro Johanne Lectore,
Mykow Custode, Petro de Kemey, [Briccio de Zobolch, Magistro Johanne de Heues Archidiaconis et alijs multis. Anno.

Domini M'CC' nonagesimo sexto; regnaute Andrea illustri Rege Hungarie, Lodomerio Strigoniensi, Johanne Colocensi Archiepiscopis, domino nostro venerando patre Andrea Dei gracia Episcopo Agriensi existentibus.

A   B   C

(Eredetie börhártyán, a zárpecsét elveszett; a budai kir. kamarai levéltárban.)

473.

A nyitrai káptalannak jelentése III. Endre királyhoz, hogy Márton comes trencséni várnagy Surán birtokában statuáltatott. 1296.

Excellentissimo domino suo Andree Dei gracia Regi Hungarie Capitulum Ecclesie Nyittriensis oraciones in Domino tam debitas quam deuotas. Receptis litteris Vestre Celsitudinis honore quo decuit, in quibus nobis precipiebatis, quod nostrum testimonium Comiti Renoldo filio Gelardi homini vestro dare deberemus, coram quo terram Suran Castri vestri Nyttriensis reambularet conuocatis commetaneis et vicinis, et eandem reambulando statueret Comiti Martino filio Bugar, si non fuerit contradictum, contradictoribus ad vestram Presenciam euocatis; ijdem vester et noster homines ad nos reuersi dixerunt nobis, quod super faciem dicte terre Suran accessissent, et eandem reambulassent vacuamque inueniendo, nemine ibidem contradictore existente, statuissent Comiti Martino supradicto, et sicut visu eorum considerari potuit, quantitas ipsius terre sufficeret ad viginti aratra. Cuius quidem terre ab oriente terra Viscup nobilium, a parte meridionali terra Perch, ab occidente terra Kurt nobilium, ab aquilone vero terra nostra Zusan, similiter nobilium de Kurt, sicut ab eisdem recollegimus et dicimus, vicinantur

Datum tercio die octauarum Sancti Michaelis archangeli
anno M°CC° nonagesimo sexto.

(III. Endre királynak 1296-ki adományleveléből, mint fentebb 468.
szám alatt.)

- - - - - -

474.

*A pécsi káptalannak bizonyságlevele, hogy Győri nemzetség-
beli Konrád comes ugyanazon nemzetségbeli István comesnek
Gyarmath helységet eladván, az erre vonatkozó okmányokat
átadta. 1296.*

Nos Capitulum Quinqueecclesiense memorie commendamus, quod nobilis vir Magister Corraldus filius Comitis
Stephani de gnere Jeury personaliter in nostri presencia
comparendo quandam terram suam, seu quandam possessionem suam Yormoth uocatam in Comitatu Symigiensi existentem, Magistro Ders filio Deers de genere Jeury pro
centum marcis veedicioni exponendo, prout in priuilegio
nostro exinde confecto plenius continetur, ista instrumenta
sua seu priuilegia, videlicet confecta super eadem terra
Yormoth, unum par scilicet clare memorie domini Ladizlai
Regis, aliud par vero Capituli Albensis Ecclesie, tercium
par Conuentus Monasterij Waradiensis que ista fuerunt
primo confecta; item quartum par priuilegij domine Ducisse
tocius Sclauonie, et quintum par Comitis Ochuz Judicis Curie
eiusdem, ipse Magister Corraldus dedit et reddidit predicto
Magistro Deers coram nobis. Et quia ab omni impeticione
racione huius terre Yormoth eundem Magistrum Deers et
suos heredes tenebuntur expedire; pro eo ipse Magister
Deers hec eadem priuilegia exhibere et presentare, quandocunque opus fuerit, pro eodem Magistro Corraldo debebit;
prout eciam in predicto priuilegio nostro continetur. Datum

in octauis diei Cinerum anno Domini millesimo CC° nonagesimo sexto.

(Eredetie bőrhártyán, a függő pecsét elveszett; a mélt. báró Révay
család levéltárában.)

475.

*A pozsonyi káptalannak bizonyságlevele, hogy Moyk és test-
vérei sdrosi várjobbágyok örökbirtokuknak egy részét eladták
Ovgeai Péter mesternek. 1296.*

A   B   C

Nos Capitulum Ecclesie Posoniensis significamus vniuersis quibus expedit per presentes, quod constitutis personaliter coram nobis Magistro Petro de Ovgea ab vna parte;
Moyk, Moys, Beke filijs Ywanz, et Ywahun filio Ywahun
jobagionibus Castri de Sorus ab altera; idem Moyk, Moys,
Beke et Ywahun sunt confessi, quod partem terre ipsorum
hereditariam in terra Sorus, sita iuxta aquam Baarus; que
incipiendo ab eadem aqua tendunt versus plagam meridionalem, vna cum terris non arabilibus, scilicet pascuis pé-
corum, que adhuc non sunt diuisa, vendidissent Magistro
Petro pro quinque marcis denariorum, in filios filiorum jure
perpetuo possidendam. Quam summam pecunie Moyk, Moys,
Beke et Ywahun predicti confessi sunt, se plenarie recepisse.
Obligarunt eciam se Moys, Moyk, Beke et Ywahun sepedicti, quod quicumque processu temporum Magistrum Petrum
predictum racione terre predicte inpetere forsitan actem-
ptaret; idem Moyk, Moys, Beke et Ywahun eundem Magistrum Petrum expedire (így) proprijs laboribus et expensis.
In ouius rei memoriam presentes dedimus litteras sigilli nostri
munimine roboratas; anno Domini M°CC° nonagesimo sexto.
Datum in dominica Contate.

(Eredetie bőrhártyán, melyről a pecsét vörös selyemzsinóron függ
a budai kir. kamarai levéltárban.)

476.

A pozsonyi káptalannak bizonyságlevele, hogy Sz. Gyi Ábrahám és fia Tamás Billye nevű birtokot átengedték L(István fiának. 1296.

Nos Nicolaus de Gara Regni Hungarie Palatinu Judex Cumanorum memorie commendantes tenore presen significamus quibus expedit vniuersis, quod in Congregac nostra Generali Vniuersitati Nobilium Posoniensis et Mo ensis Comitatuum feria sexta proxima ante festum F Margarete Virginis prope Ciuitatem Posoniensem celel nobilis domina Anna vocata, filia Farcasij filij Tharo Ladislai filij Stephani de Alfalw alio nomine Arus, cu vero Huanreh Teutonici de medio aliorum exurgendo, co Petrum filium Georgij filij Jacobi filij prefati Stephau eadem Alfalw proposuit eo modo, quomodo prefatus P(filius Georgij quandam possessionem Byllye vocatam D ctus Challokwz titulo empticio sibi pertinere debentem, te1 et vteretur; preterea de medietatibus possessionum Arus Vyfalw prescripte, ac Thykwd nominatarum, porcionibus ' licet prescripti Ladislai filij Stephani aui sui, ius suum quar eo quod ipsa annotato Huanreh Toutonico, homini ignobi impossessionato nupta fuisset, cum possessione habere d ret stb. Vbi ipsa domina duas litteras prefati Capituli Posor sis priuilegiales demonstrauit. Quarum prima feria quarta xima ante festum Natiuitatis Beati Johannis Baptiste in ? proxime transacto preteritum emanata, babens in se ver' ter transscriptiue tenorem litterarum aliarum eiusdem (tuli priuilegialium anno Domini millesimo ducentesimo n gesimo sexto in die Assumpcionis Virginis Gloriose exorta per ipsum Capitulum ad mandatum Regium in eorum co1 uatorio reinuentarum manifestabat, quod accedens ad i] Capituli Posoniensis presenciam Abram dictus Abichk cum Thoma filio suo de Sancto Georgio ab vna parte

altera vero Ladislaus filius Stephani de Challokwz, ijdem
Abram et Thomas asseruissent oraculo viue vocis eorum:
quod quandam villam eorum Billie vocatam in Challokwz
existentem iam dicto Ladislao pro suis seruicijs, et eciam pro
eo, quod ipse eidem Abrae equum et arma militaria quinquaginta marcas valencia dedisset, in filios filiorum cum omnibus
suis vtilitatibus perpetuo possidendam contulisset. Cuius quidem possessionis meta prima inciperet in Elebch ex meridionali parte!; inde directe procedendo iret in Zakalos; et deinde
pergeret ad occidentem in vnam villam Scauol vocatam, que
esset Tauarnicorum, et ibi terminaretur stb. Datum vigesimo
die Congregacionis nostre predicte in loco memorato anno
Domini millesimo quadringentesimo vigesimo primo.

(Eredetie bőrhártyán a budai kir. kamarai levéltárban.)

477.

*A veszprémi káptalannak bizonyságlevele, hogy Fodor László
mester birtokának egy részét nővérének Erzsébetnek átengedte.
1296.*

Capitulum Ecclesie Wesprimiensis omnibus Christi fidelibus presens scriptum intuentibus salutem in Domino sempiternam. Ad uniuersorum noticiam tenore presencium volumus
peruenire : quod Magister Ladizlaus Fudor dictus filius Mortunus nobilis de Wesprimio coram nobis personaliter constitutus vniuersas; possessiones suas in Wesprimio, in Bosuk et
in Kayar hereditario iure habitas et possessas, cum omnibus
utilitatibus suis et pertinencijs, rebus eciam mobilibus, peco-
ribus scilicet et pecudibus uniuersis, quas in eisdem possessionibus (suis) dicebat se habere, Luce filio Lukach genero
suo, et domine Elysabeth sorori sue, consorti eiusdem Luce,
ac Johanni filio eius de eadem sorore sua procreato, qui ade-

rant, ob eximie dileccionis recompensacionem et fauoris — —
— — — — specialius conceptorum se omnino depropriana
de ipsis possessionibus suis et rebus prenotatis, dedit, contulit
et donauit iure perpetuo pacifice et quiete ac irreuocabiliter
sine preiudicio iuris Ecclesie nostre possidendas in filios filiorum; ita plene, quod nec ipse Magister Ladizlaus, nec quispiam cognatorum suorum possessiones premissas et res modo
prefato donatas retro habendi vel requirendi ullo unquam
tempore habeat facultatem. In cuius rei testimonium presentes concessimus litteras sigilli nostri munimime roboratas.
Datum per manus viri discreti Magistri Hermani Lectoris
Ecclesie nostre anno Domini M'CC' nonagesimo sexto, VIII.
idus Julij. Reuerendo in Christo patre domino Benedicto Dei
gracia Episcopo domino nostro, Aule domine Regine Cancellario; discretis viris Magistris Andronico Preposito, Petro
Cantore et Laurencio Custode Ecclesie nostre existentibus.

(Eredetie bőrhártyán, hártyazsinegen függő pecsét alatt; a főmélt.
herczeg Eszterházy család levéltárában.)

478.

*A pécsváradi konventnek bizonyságlevele, hogy Owzdy Pál
Balázs nevű szolgáját szabaddá bocsátotta. 1296.*

Conuentus Monasterij Waradyensis vniuersis Christi
fidelibus presentes litteras inspecturis salutem in Domino. Ad
uniuersorum noticiam tenore presencium volumus peruenire,
quod Paulus filius Benedicti filij Tyburcij de Owzd nobilis de
Comitatu de Barana personaliter in nostri presencia constitutus, proponens et confessus viua voce, quod cum nobilis
domina mater sua in extremis laborans, vltimaque voluntate
sua, quando vltimum viaticum et sacrosanctam in facie Ecclesie recepit vnccionem, rogans petisset ab eo animo diligenti

38*

et precordialiter ac deuote, ut ipse quendam puerum Blasium
nomine, filium ancille sue Melka vocate, de bello contra Booz–
nenses facto in captiuitate adducte, ob suorum propriorum,
ac parentum suorum, ac prenominati mariti sui Benedicti
remissionem peccaminum, manumitteret aureeque libertati
condonando. Nunc autem ipse Paulus ad huiusmodi pias et
deuotas preces domine matris sue, et eciam propter grata seruicia predicte ancille Melka, que ipsa domine matri sue fideliter et indefesse exhibuit et impendit, presentem puerum
Blasium, presentem coram nobis manumisit, recepta eciam vna
marca ab eodem, ac perpetue libertati condonanuit eundi, nec
non commorandi, sibi et omnibus descendentibus ab eodem,
vbicunque voluerint, liberam dans de cetero facultatem; assu-
mendo, ut ipse Paulus eundem Blasium ab omni impetitore
super facto libertatis sue expediet et defensabit semper et
vbique. In cuius rei memoriam et perpetuam firmitatem presentes concessimus litteras sigilli nostri munimine roboratas.
Datum anno Domini M°CC° nonagesimo sexto, mense Sep-
tembri. Petro Decano, et Bohmylo Custode existentibus, ceterisque fratribus nobiscum Deo iugiter famulantibus et deuote.

(Eredetie bőrhártyán, zöld selyemzsinóron függő pecsét alatt; a.
fömélt. herczeg Eszterházy család levéltárában.)

479.

*A túróczi konvent átírja IV. László királynak Palugya hely-
ség részét tárgyazó 1285-ki adományát Liptóvidéki Ipóth és
Leusztách számára. 1296.*

Vniuersis Christi fidelibus presens scriptum inspecturis
Iwanka miseracione Diuina Prepositus Monasterij Beate Vir-
ginis de Thuroch et totus Conuentus loci eiusdem salutem in
Domino sempiternam. Quum vt queuis disposicio gesta sub

tempore in ratitudine habeat, scripturarum testimonijs con-
suenerunt solidari : proinde ad vniuersorum tam presencium
quam futurorum noticiam harum serie volumus peruenire:
quod Ipoth filius Bachlor, et Leustachius filius Aladarij de
Lyptow ad nostram personaliter accedentes presenciam exhibuerunt nobis quasdam litteras priuilegiales domini Ladizlai
olim Illustris Regis Hungarie, super possessione ipsorum
Lybule vocata confectas et habitas, petentes a nobis humiliter et deuote, vt easdem de verbo ad verbum ob maiorem certitudinem et stabilitatem seu rei euidenciam sub testimonio
nostri sigilli rescribi faceremus, specialiter pro eo, vt si ipsum
priuilegium temporis in processu quoquo modo perdi contingerit, donacio Regalis et collacio nequeat per quempiam in
irritum reuocari. Cuias quidem priuilegij tenor talis est:
Ladizlaus D. gr. Hungarie stb. Rex stb. (következik
IV. László királynak 1285-ki adománya, mint fentebb 371.
szám alatt.)

Nos itaque iustis et dignis peticionibus predictorum
Ipoth et Leustachij fauorabiliter inclinati predictas litteras
priuilegiales non cancellatas, non abrasas, nec in aliqua sui
parte viciatus, de verbo ad verbum presentibus insertas ad
maiorem rei euidenciam conscribi faciendo sigillo nostro
authentico duximus consignandas. Datum in octauis Pentecostes anno Domini M^{o}CC^o nonagesimo sexto.

(Hiteles másolata a budai kir. kamarai levéltárban.)

480.

Birtokosztály Lőrincz comes fiai és Miklós, Miklós comesnek fia közt. 1296.

Nos Comes Symon de Rozgon Judex Curie domini Sigismundi Dei gracia Romanorum Regis Semper Augusti, ac Hungarie etc. Regis damus pro memoria, quod Pelbardus de Erdewthelek pro nobili domina Anna vocata cum procuratorijs litteris Capituli Ecclesie Agriensis stb. in octauis festi Beati Jacobi Apostoli in figura nostri Judicij comparendo contra Nicolaum et Stephanum filios Petri filij Kyliani de Lengeld, ac alterum Stephanum filium Pauli de eadem, et Paulum filium Petri Waynode de Vereb proposuit eo modo : quod ipsa domina Anna consors sua esset filia prefati Nicolai de Gwtha ex nobili domina Elizabeth vocata filia nobilis domine Baga vocate, filie Johannis filij Martini de dicta Lengeld propagata, prefataque domina Elizabet vna cum nobilibus dominabus Katha filia Stephani filij Martini de Lengeld in vniuersis juribus possessionariis condam domini Stephani Custodis Strigoniensis, et Georgij Cantoris Agriensis Ecclesiarum, nec non religiosi viri fratris Emerici de Ordine Heremitarum Sancti Pauli per condam dominum Lodouicum Regem in veros heredes et legitimos successores eorundem domini Stephani Custodis Strigoniensis, et Georgij Cantoris, nec non fratris Emerici prefecta extitisset, et ex eo ipsa domina Anna de possessionibus Lengeld predicta ac Bachon et Fanchal vocatis porcionem cum possessione habere deberet, quam rehabere vellet ab vtrisque Stephano, Nicolao et Paulo prenotatis jure exposcente stb. (Erre az ellenbeszéd) quod hoc bene verum foret, vt prefata domina Elizabeth filia dicte domine Baga, vnacum pretitulatis nobilibus dominabus Katha, Kochyna et Elena, filiabus scilicet prefatorum Stephani, Thome et Johannis filiorum Martini in pretitulatis vniuersis possessionibus ac juribus possessionarijs, videlicet Lengeld,

Fanchal et Bathon prefatorum Stephani Custodis, Georgij Cantoris et fratris Emerisi heremite, fratrum vtputa earundem dominarum in veros heredes et legitimos successores per ipsum condam dominum Lodouicum Regem prefecta extitisset; sed eadem domina Elizabeth mater annotati Nicolai de Gwtha non extitisset; nam eadem domina Elizabeth condam Andree de — — anthreuew tradita fuisset in consortem, vbi cadem domina sine prolibus ex hoc seculo migrata extitisset; et ex eo eidem domine Anne nulla porcio de dictis possessionibus deberetur stb. (Bizonyítékúl az alperesek hat okmányt hoznak fel) vnam predicti condam Bothk sub sigillo Capituli Agriensis anno Domini millesimo ducentesimo tricesimo primo priuilegialiter confectam, et aliam clausam sine titulo emanatam stb. Ex tenore alterius earumdem sine titulo tercio die quindenarum Natiuitatis Domini anno eiusdem millesimo ducentesimo nonagesimo sexto emanata, Comitem Chamaz, Johannem, Zepod et Thonpoldum filios Comitis Laurencij, vna cum Nicolao filio Comitis Nicolai fratre eorum, in eorum possessionibus Iwan, Dorogh, Weseken ac Fyzes, Emberesd et Homoktherene vocatis inter se diuisionem celebrasse stb. reperiebatur stb. Datum in Vissegrad quadragesimo die octauarum Beati Jacobi Apostoli anno Domini M°CCCC° tercio decimo.

(Eredetie bőrhártyán, a budai kir. kamara levéltárban.)

481.

Törvénykezési beismervény, hogy Óvári Konrád nyo.'cz gir,.t, melyekkel iktatása fejében tartozott, kifizetett. 129b.·

Datur pro memoria, quod Magister Corrardus oct.' marcas, in quibus nobis racione possessionis Gormoch statucionis soluere tenebatur iuxta Regni consuetudinem approbatam, idem Magister Corrardus nobis persoluit ex integro, et nos ipsum reddidimus in hac parte penitus expeditum. Datum in Posagawar in cratino medij XL-me anno Domini M. CCᵒLXXXXᵒ sexto.

K í v ü l : Pro Magistro Corrardo de Owar expeditorie pro octo marcis.

(Eredetie bőrhártyán, a zárpecsét elveszett; a mélt. báró Révay család levéltárában.)

482.

III. Endre király Konrád mestert és fiát Jakab comest azon birságok alól felmenti, melyekben fogságuk alatt elmarasztaltattak. *1297.*

Andreas Dei gracia Rex Hungarie fidelibus suis uniuersis Judicibus in Regno suo constitutis salutem et graciam. Cum nos Comitem Jacobum filium Magistri Corrardi, et ipsum Corrardum, a judicijs in quibus tempore captiuitatis sue coram quouis Judice per quoscunque conuicti fuerant, reddidimus expeditos ; fidelitati uestre firmiter precipiendo mandamus, quatenus racione judiciorum predictorum dictos Corradum et Jacobum non presumatis molestare seu — — — — — — — — nec aliud facere presumatis ullo modo. Datum Posonij in crastino — — — — — Beate Virginis — — anno Domini M°CC° nonagesimo septimo.

(Eredetie börhártyán, a hátúl oda nyomott pecsétnek töredéke még megvan ; a mélt. báró Révay család levéltárában.)

483.

Máté bíbornok megengedi, hogy a klarissza apáczák számára Pozsonyban zárda épittessék. 1297.

Matheus miseracione Diuina Sancte Marie in Porticu Diaconus Cardinalis dilectis in Christo filiis Ministro Prouinciali Fratrum Minorum in Prouincia Ungarie, Custodi Jauriensi et Guardiano eorundem Fratrum Castri Posoniensis salutem in Domino. Intelleximus, quod quedam religiose mulieres in Castro Posoniensi Strigoniensis Diocesis Domino seruientes, locum habent aptum, vt fiat in eo monasterium Ordinis Sancte Clare, presertim cum sufficientes prouentus habeant ad sustentacionem, eiusdemque Sancte Clare regulam profiteri desiderant, et sub ea Virtutum Domino famulari. Nos igitur loci, in quo huiusmodi monasterium debet construi, vel ipsius iam constructi conditiones et circumstantias nescientes, de vestra prouidentia et circumspectione confisi, vobis super hoc, et super ad negotium ipsum pertinentibus, quatenus ad nos spectant, committimus vices nostras. Ita tamen, quod ad ea, que ex huiusmodi nostra commissione duxeritis facienda, Prouincialis Ministri, ac discretorum fratrum Conuentus Castri Posoniensis, et Prouincialis Capituli Prouincie consensus accedat ; discretionem vestram hortautes actente, quatenus de ipsius monasterij construendi vel iam constructi

conditionibus studeatis perquirere diligenter; et vtrum eius
fundationem Deo gratam esse putaueritis, et tam Ordini Sancte Clare, quam vestro videritis expedire; locumque ipsum
siue monastertum ratione situs et edificiorum factorum vel
faciendorum; nec non utrum ratione prouentuum, vnde possit
sustentari Conuentus, aptum videritis ad obseruantias, que in
eiusdem Sancte Clare regula sunt expresse, et utrum edificari
et incorporari possit, vel sit edificatum sine iuris preiudicio
alieni; et ad id consensus Archiepiscopi et Capituli Strigoniensis, ac Parochialis Presbiteri accesserit, et accedat; et
nihilominus omnia alia rite concurrant, ex quorum considera-
tione vobis plenius elucescet, quid concedendum vel denegan-
dum fuerit in premissis. Posteaquam vero in partem incorpo-
rationis vel edificationis inclinaueritis mentes vestras, ipsamque de consensu Ministri, et dictorum discretorum Fratrum et
Prouincialis Capituli incorporationem duxeritis conceden-
dam, et locus siue monasterium fuerit preparatum, edificatum
et clausum, prout requirit regula dicte Sancte, sex vel quatuor sorores de aliqua vicinarum Prouinciarum ipsius Ordinis
Sancte Clare, quas ad hoc idoneas esse noueritis, ad ipsum
Monasterium Castri Posoniensis Strigoniensis Diocesis procu-
retis transferre inibi moraturas, ad ceteras, quas illic admitti
contigerit, instruendas, quousque de ipsis aliud fuerit ordinatum; prouiso, quod earum translatio fiat, prout personarum
et Ordinis condecet honestatem. Datum apud Urbem Veterem
secundo idus Septembris anno Domini millesimo ducentesimo
nonagesimo septimo, Pontificatus Domini Bonifacij Episcopi
(anno tertio.).

(Néhai Rajcsányi Ádám hátrahagyott kézirataiból.)

484.

A bácsi káptalannak bizonyságlevele, hogy Tamás mester és fia Pál Zoch nevü örökbirtokukat eladták János mester, Eynard fiának. 1297.

Capitulum Ecclesie Bachyensis omnibus Christi fidelibus presentes litteras inspecturis salutem in omnium saluatore. Ad vniuersorum noticiam harum serie volumus peruenire, quod constituty coram nobis Magister Thomas filius. Petri, et Paulus filius eiusdem ex una parte; Magister Johannes filius Comitis Eynardi ab altera; ijdem Thomas et Paulus prenotati quasdam possessiones suas hereditarias Zoch vocatas in Comitatu de Volkow existentes, a parte occidentali ac a parte septemtrionali Magistri Vgryni filij Pous, a parte meridionali Comitis Stephani de Gara, et Blasij filij Mauricij, a parte orientali Abbatis Ecclesie Sancte Crucis de Franka Uilla possessionibus, prout ijdem retulerunt, contiguas ac vicinas, cum fundo duarum villarum Graga et Waradh vocatarum, simul cum omnibus vtilitatibus et pertinencijs suis, sub eisdem metis et terminis, quibus ipsi et progenitores sui easdem possederunt, predicto Magistro Johanni cognato suo ob dileccionem proximitatis ac cognacionis dederunt ac donarunt coram nobis iure perpetuo in filios filiorum possidendas, a nullo unquam cognatorum uel propinquorum suorum processu temporum requirendas. Vt igitur huiusmodi donacio robur perpetue firmitatis possit obtinere, ad peticionem parcium presentes litteras nostras concessimus nostri sigilli priuilegialis munimine roboratas, et alphabeto intercisas. Datum anno Domini M°CC° nonagesimo septimo. Dyonisio Preposito, Laurencio Decano, Jacobo Cantore, Sebastiano Bachiensi, Paulo Syrimiensi, Johanne Sykediensi Archydiaconis; Mi-

·chaele Custode, Paulo Decano, ceterisque Canonicis ibidem Deo famulantibus iugiter et deuote.

(A bácsi káptalannak 1332-ki »feria quarta proxima ante festum Beati Regis« »nobilis uir Magister Ladizlaus filius Smaragdi« kérésére kiadott átiratából; a budai kir. kamarai levéltárnak Zágrábban lévő részében.)

―――――――

485.

A budai káptalannak bizonyságlevele bizonyos birtokcseréről, mely Endre király és Jakab mester, Hernádnak fia közt történt. 1297.

Capitulum Budensis Ecclesie vniuersis Christi fidelibus quibus presentes ostendentur salutem in eo qui est omnium uera salus. Vniuersorum noticie tam presencium quam futurorum harum insinuacione litterarum uolumus fieri manifestum, quod dominus Andreas Dei gracia illustris Rex Hungarie dominus noster in medio nostri ´personaliter astans ab una parte, et Magister Jacobus filius Hernardi ex altera, super quibusdam possessionibus in subsequentibus nominandis tale cambium inter se dixerunt fore ordinatum : quod idem dominus Rex quandam possessionem Monorokerec uocatam in Comitatu Ferrey Castri existentem, que quondam Chepani filij Kazmerij fuerat, et eo heredum solacio destituto de medio sublato iuxta consuetudinem Regni in manus Regias deuoluta, cum uillis ad eandem pertinentibus, videlicet Mendzenth, Zentbpeter, Belud, Heyl, Tothfolu et Fyuzes nuncupatis, cum omnibus utilitatibus et pertinencijs earundem, sub eisdem metis, signis et terminis, sub quibus ipsa possessio totalis per eundem Chepanum habita fuisse dignoscitur pariter et possessa, dedit, tradidit et assignauit eidem Magistro Jacobo, ·et per eum suis heredibus ac suorum heredum successoribus

pacifice et irreuocabiliter possidendam; assumpmendo nichilominus ipsum Magistrum Jacobum ab omnibus occasione dicte
possessionis inpetere, uel in toto molestare nitentibus defensare
Regio cum fauore. In cuius quidem possessionis permutacionem
seu concambium idem Magister Jacobus possessiones suas Vruz-
uar Royka, Zerdahel et Cheturtukhel uocatas, ad se solum modis
omnibus, ut dixit, pertinentes, cum utilitatibus earundem vniuersis, videlicet tributis, piscaturis et locis piscacionum, sub
metis prioribus et antiquis, quibus per ipsum et predecessores suos habite fuisse dinoscuntur, dedit et assignauit eidem
domino nostro Regi habendas iure perennali; obligando se ab
omnibus, et specialiter a generacionibus suis ipsum dominum
Regem occasione possessionum memoratarum defendere suis,
proprijs laboribus et expensis. Iu cuius rei memoriam perpetuamque firmitatem ad instanciam et peticionem eiusdem
Jacobi presentes litteras domino nostro Regi concessimus
sigilli nostri munimine roboratas. Datum per manus discreti
viri Magistri Pauli Lectoris Ecclesie nostre anno Domini
M°CC° nonagesimo septimo. Magistro Ihoanne (így) Cantore,
Magistro Gregorio Custode, Ihoanne Decano, Nicolao, Luca-
chio et Andrea sacerdotibus, Thoma, Jacobo et Petro Magistris, ceterisque Canonicis existentibus.

(Eredetie bőrhártyán, melyről a pecsét vörös-zöld selyemzsinóron
függ; a főmélt. herczeg Batthyáni család levéltárában.)

486.

Az egri káptalannak bizonyságlevele, hogy Miklós Starknak fia és érdektársai, s Iwachin és érdektársai Turóczból Turócz és Chakan örökbirtokukban osztozkodtak. 1297.

Omnibus Christi fidelibus tam presentibus quam futuris presens scriptum inspecturis Capitulum Ecclesie Agriensis salutem in omnium saluatore. Ad vniuersorum noticiam tenore presencium volumus peruenire, quod Nycolaus filius Stark, item Budur et Petrus filij Sank fratres eiusdem de iuxta Turuch ex una parte ; ab altera vero Iwachinus nyger et Pouch filij Egidij, item Paulus, Johannes et Petrus filij Thome, consanguinei eorundem Nycolai et filiorum Sank de eadem iuxta Turuch, coram nobis personaliter constituti retulerunt, quod in duabus possessionibus ipsorum heredi- tarijs Turuch et Chakan vocatis iuxta Turuch existentibus pari consensu talem inter se fecissent diuisionem, quod ip- sam possessionem Chakan cum vniuersis vtilitatibus suis in duas partes equales diuisissent, ex quibus vna pars eidem Nycolao et filijs Sank supradictis, ac heredibus ipsorum, reliqua alia pars Iwachino et alijs antedictis, nec non here- dibus eorundem cessissent perpetuo possidende et habende. Item prefatam possessionem Turuch similiter cum suis vtilitatibus omnibus in tres partes equales, metis infrascriptis distingendo ab inuicem, diuisissent, ex quibus vna pars sita in medio dictarum duarum parcium cum vtilitatibus suis Iwachino et aliis predictis ac heredibus ipsorum perpetuo cessisset possidenda et habenda, relique autem due partes ab utraque parte eiusdem vnius partis existentes cum atti- nencijs suis vniuersis dictis Nycolao et filijs Sank ac suc- cessoribus eorundem similiter perpetuo possidende remansis- sent. Metas autem eiusdem terre Turuch, quibus dicte tres particule terre ab inuicem separantur, partes taliter expres- serunt coram nobis : quod prima meta incipit super fluuio

Turuch ante villam, vbi sunt due mete; deinde ascendit
versus villam, et intrat in eandem, vbi iungit vna meta, et in
ipsa villa ascendit superius, ubi est vna meta; deinde parum
eundo peruenit ad duas metas ; abhinc ascendit superius, et
sub quandam arbore pruni iungit duas metas ; deinde transit
per metas, et peruenit ad magnam viam, iuxta quam est vna
semita, inter quas sunt due mete capitales, et ibi terminatur.
Item in alio loco mete eiusdem terre Turuch incipiunt a
parte occidentali et egrediuntur uersus orientem, et a parte
meridionali Nycolao et fratribus suis predictis eadem terra
cederet, a parte vero aquilonali cederet Iwachino et aliis
supradictis. Item in alio loco similiter in eadem terra metee
incipiunt super fluuio Turuch ab aquilone, vbi sunt due mete,
et ascendit in fluuium Helenna quandoque fluentem ; et
eundo ad orientem peruenit ad aliud flumen, quod descendit
ab aquilone, et per ipsum flumen eundo peruenit ad antiquam metam, vbi sunt due metee; deinde declinut ad partem
orientalem, vbi sunt due metee ; deinde ascendit superius,
et iungit duas metas iuxta viam, et pertransit in ipsa via ad
partem orientalem, et peruenit ad tres metas ; et adhuc eundo
in eadem via venit ad vnam metam antiquam, vbi separat a
Magistro Benedicto filio Detricy; et prope ipsam antiquam
metam sunt due noue metee; deinde declinat ad partem
occidentalem, et iungit quandam arborem kercus, sub qua
est vna meta; deinde cadit in quandam vallem, et ibi sunt
due metee ; abhinc vadit ad vnam metam; deinde ad
quandam arborem salicis, sub qua est vna meta prope viam;
deinde transit ipsam viam ad partem occidentalem, et iungit
eundo quendam locum ereztewyn vocatum, vbi sunt due
metee; et per ipsum ereztewyn transeundo peruenit ad
quoddam nemus naar vocatum, vbi sunt due metee ; inde
descendit ad magnam viam, vbi similiter sunt due metee ;
abhinc transit ipsam viam, et venit prope molendinum Nycolai supradicti, et ibi est ; vna meta dehinc declinat ad partem
orientalem ad decem passus, vbi iungit vnam metam ; abhinc reflectitur ad partem occidentalem, et nenit ad fluuium
Turuch infra molendinum, ubi iungit duas metas, et ibi cadit
in fluuium Turuch, vbi in parte occidentali est vna meta, et
ibi terminatur. Preterea idem Iwachinus et alii fratres sui

predicti duas terras Prepostfelde et Baas vocatas, super quibus questionis mouerant — — — —contra ipsum Nycolaum et filios Sank antedictos, eisdem filiis Sank et Nycolao, nec non heredibus ipsorum reliquissent, et coram nobis reliquerunt pacifice possidendas et habendas ; et e contra ijdem Nycolaus et filii Sank fratres sui quandam — — — Perbes vocatam, super facto cuius lites suscitare uolebant contra eosdem Iwachinum et alios, reliquissent ipsis Iwachino et aliis, et coram nobis reliquerunt sibi et suis heredibus perpetuo iure possidendam et tenendam. In cuius rei testimonium ad instanciam parcium presentes contulimus sigilli nostri munimine roboratas. Presentibus tamen Mykou Custode, Martino de Patha, Symone de Zemlyn, Bernoldo de Sumbun, Nycolao de Borsua, Petro de Kemey, Egidio de Wngh, Briccio de Zobolch, Magistro Johanne de Heues Archidiaconis et aliis multis; anno Domini M°CC° nonagesimo septimo. Regnante Andrea illustri Rege Hungarie, Lodomerio Strigoniensi, Johanne Colocensi Archiepiscopis ; Domino nostro venerabili patre Andrea Dei gracia Episcopo Agriensi existentibus.

A   B   C

(Eredetie bőrhártyán, a vörös selyemzsinóron függött pecsét elveszett ; a budai kir. kamarai levéltárban.)

487.

Az egri káptalannak bizonságlevele, hogy Mihály mester miszlai prépost Sumus, Berethey és Therebey helységekben lévö birtokát átengedte unokatestvérének Egyednek, Péter comes fiának. 1297.

Omnibus Christi fidelibus tam presentibus quam futuris presens scriptum inspecturis Capitulum Ecclesie Agriensis salutem in omnium saluatore. Ad vniuersorum noticiam te-

nore presencium volumus peruenire, quod discretus vir
Magis:er Mychael Prepositus Ecclesie Myslyensis, dilectus
Concanonicus noster ad nostram accedens presenciam proposuit viua voce : quod totam porcionem suam, quam habet iu
terra Sumus vocata iure hereditario ipsum. contingentem
cnm vniuersis vtilitatibus suis, et specialiter cum scssione
sua in eadem porcione sita ; nec non duas possessiones suas
similiter hereditarias Berethey et Therebey nominatas iu
Comitatu Noui Castri existentes cum vniuersis vtilitatibus
earundem ob dileccionem Egidij filij Comitis Petri filij Geor-
gijs fratris patris sui, quem de sacro fonte baptismatis eleua-
uit, dedisset donasset et contulisset eidem Egidio et suis
heredibus iure perpetuo et irreuocabiliter possidendas et
habendas; ea condicione interposita, quod quamdiu ipsc
viueret, vniuersas vtilitates possessionum Berethoy et Therebey predictarum pro usu vite sue plene et integre perciperet
et easdem pacifice possideret; ipso vero in patram (igy)
Domino vocante, prefate due possessiones in ius et proprietatem eiusdem Egidij tanquam hereditarie denoluerentur
pacifice possidende et habende. In cuius rey testimonium ad
instanciam eiusdem Magistri Mychaelis presentes contulimus
sigilli noitri munimine roboratas. Presentibus tamen Magistro
Johanne Lectore, Mathya Cantore, Mykow Custode, Martino
de Patha, Symone de Zemlyn, Bernaldo de Sumbun, Petro
de Kemey, Egidio de Wng, Briccio de Zobolch, Magistro
Johanne de Heues Archidiaconis et alijs multis, anno Domini
M°CC° nonagesimo septimo. Regnante Andrea illustri Regc
Hungarie, Lodomerio Strigoniensi, Johanne Colocensi Archiepiscopis; Domino nostro venerabili patre Andrea Dei gracia
Episcopo Agriensi existentibus.

A   B   C

(Eredetie bőrhártyán, zöld-vörös-sárga selyemzsinóron függő pecsét
alatt ; a budai kir. kamarai levéltárban.)

488.

A kö-i káptalannak bizonyságlevele, hogy Jakab mester Mark comesnek fia Harsanker és Zonuk nevü jószágait átengedte növérének, Tivadar hitvesének. 1297.

Uniuersis Christi fidelibus presens scriptum inspecturis Capitulum Ecclesie de Kew salutem in omnium saluatore. Ad vniuersorum noticiam tenore presencium volumus peruenire, quod Magister Jacobus filius Comitis Marci de Iregh coram nobis constitutus quasdam possessiones suas Harsanker et Zenuk vocatas, quas predictus Comes Mark pater suus pro morte Dominici Greci fratris sui ex donacione domini Stephani illustris Regis Hungarie tunc Ducis Transiluani felicis recordacionis possederat, sicut id vberius in eiusdem priuilegio exinde confecto vidimus contineri, domine sorori sue, vxori videlicet Theodori filij Nester, per eam suis heredibus heredumque ipsius successoribus dedit et donauit iure perpetuo et irreuocabiliter possidendas. Comes eciam Stephanus filius Johannis de eadem Iregh astans personaliter cum Dionisio filio suo coram nobis huic donacioni per eundem Magistrum Jacobum facte consensum prebuit et assensum. In cuius rei testimonium presentes concessimus sigillo nostro roboratas et alphabetho intercisas, anno Domini millesimo CC* nonagesimo septimo. Magistris Luca Preposito, Petro Lectore, Valentino Cantore, Gabriele Custode, ceterisque fratribus in Eccletia Dei existentibus.

(A kö-i káptalannak 1424. »in festo Assumpcionis Virginis Gloriose« »Benedictus dictus Erdős de Dienesfalwa« kérésére kiadott átiratából ; melynek hitelesített másolata őriztetik a budai kir. kamarai levéltárban.)

489.

A nyitrai káptalannak bizonyos Aba comes és Rüt Ábrahám közt történt birtokcserét tárgyazó bizonyságlevele. 1297.

A   B   C

Uniuersis Christi fidelibus presentem paginam inspectu-ris Capitulum Ecclesie Nitriensis salutem in eo qui est salus omnium. Ad uniuersorum noticiam tenore presencium uolu-mus esse manifestum : quod Comes Aba filius Magistri Aba ab una parte, Magister Abraham rufus filius Menoldi ab altera coram nobis personaliter coustituti, in suis possessionibus inter se dixerunt tale concambium ordinasse et fecisse ; quod dictus Comes Aba totam possessionem suam Zobodycba uoca-tam cum castro lapideo Berench nuncupato, et alijs vtilitati-bus et pertinencijs vniuersis eiusdem possessionis, quam qui-dem possessionem mediantibus litteris priuilegialibus incliti Bele Regis pacifice tenuit et possedit, dedit et assignauit eidem Magistro Abraham rufo filio Menoldi, et suis filijs ac posteritatibus successiuis inreuocabiliter possidendam, cum priuilegio Bele Regis, quod eidem restituit coram nobis. Cuius tenor talis est :

Bela D. gr. Hungarie stb. Rex stb. (következik IV. Béla királynak 1251-ki okmánya, mint Okmánytárunk XI. vagyis a harmadik folyam I. kötetében 375. l.)

E conuerso uero in concambium dicte possessionis et castri dictus Magister Abraham possessiones suas, scilicet Kelechen, Saag, Boynch, Guthy, excepto uno fundo curie circa vineam suam, et preter eandem vineam, ac viginti juge-ribus terre superius vineam existentibus ; preterea terram Golgouch Castri ex ista parte Waag, excepta et exempta terra sua ultra Waag similiter Golgouch uocatam, et absque tributo, ubi idem Comes Aba per terram suam Golgouch transeuntibus et uenientibus per viam, que uadit de Rufo

39*

Castro ante ecclesiam Beati Petri Apostoli in nemore, dedit
pro via viginti amplexus in latitudine, in planicie autem quantum competit et sufficit; item de ultra Wag terram Kezlen
(»Kescelen« az 1300-ki példányban) Gaan Reginalem, Ga-
lanta filiorum Vn, et Toutfalu ad eandem pertinentem; item
aliam Galantam, Sur, Beren, Vedered (»emptam a Mychaele,
et aliam terram Vedered habitam per collacionem Regis«
1300-ki péld.); item (terram) Kurtueles (»emptam a Petro
et Ipolyto; item aliam Kurtuelus empcione comparatam a
Ladizlao filio Tolwoy; et terciam Kurteulus emptam ab vduornicis« az 1300-ki példányban), dedit et asignauit Comiti Abe
et filijs suis similiter perpetualiter possidendas; et omnia
instrumenta, cum quibus tenuit et possedit, restituit eidem
Comiti Abe coram nobis. Assummens se firmiter obligando
dictus Comes Aba, quod si Magister Abram et sue posteritates
racione predicte possessionis et castri in futurum per quempiam molestarentur, expedire et defendere teneretur proprijs
laboribus et expensis. Preterea licet nomina quarundam possessionum in tenore priuilegij eiusdem Magistri Abraham rufi
non sint inserta: tamen ad maiorem certitudinem et cautelam
idem Magister Abraham uoluit, quod in tenore priuilegij
ipsius Comitis Abe inserantur. In cuius rei memoriam et perpetue stabilitatis incrementum presentes litteras concessimus
sigilli nostri appensione roboratas. Datum anno Domini
M⁰CC⁰ nonagesimo septimo; Magistro Farkasio Lectore
Ecclesie nostre existente.

(Eredetie bőrhártyán, a vörös-barna selyemzsinóron függött pecsét
elveszett; a budai királyi kamarai levéltárban. Ugyanott találtatik
III. Endre királynak ezen birtokcserét megerősítő 1300-ki okmánya.
is, mint alább 518. sz. a.)

490.

*A pécsi káptalannak bizonyságlevele, hogy Óvári Konrád és
érdektársai a Györ nemzetségből, egyenetlenségeikre nézve
Gyula mesterrel és érdektársaival kibékültek. 1297.*

Nos Capitulum Quinqueecclesiensis Ecclesie memorie
commendamus, quod Magister Corrardus de Owar filius Stephani de genere Yeur pro se et pro quibuslibet seruientibus
suis, et pro omnibus iobagionibus suis, et pro quibuslibet
spectantibus ad ipsum, item Comes Thomas filius Pauli de
genere Yeur pro se et pro quibuslibet spectantibus ad ipsum
ab una parte; nobilis inuenis Magister Jula filius Comitis
Nicolai, et frater suus Petrus, pro se et quibuslibet seruientibus eorum, et iobagionibus suis quibusuis, et pro quibuslibet
spectantibus ad ipsum, item frater Blasius Abbas Monasterij
de Sancta Trinitate pro se et pro omnibus iobagionibus et
populis eiusdem Monasterij, et specialiter Comes Ambrosius
filius Hogous, et Marcus filius Myk officialis eiusdem Monasterij pro se et pro quibuslibet spectantibus ad idem Monasterium ab altera, personaliter in nostri presencia constituti,
super omnibus et omnimodis destruccionibus, dampnis et iniurijs, seu super iniuriosis faccionibus quibuslibet ceterarumue
discordiarum articulis hinc et inde subortis et illatis usque
modo et usque datum presencium litterarum, secundum arbitrium Comitis Andree filij Petri, et Benteuch filij Mark de
genere Budmer, item Johannis filij Philpus de Arpad, Comitis Omoneus filij Michaelis de Topord Castellani de Suklous, aliorumque virorum prouincialium sibi inuicem mutuo
satisfacientes perpetuam pacem se habere sunt confessi oraculo viue uocis, et quod neutra parcium alteram partem super
quibuslibet preteritis dampnis et iniurijs poterit imposterum
molestare. Item utraque pars omnimodas litteras suas in processu causarum suarum contra inuicem usque modo confectas
reddiderunt coram nobis ad cassandum; si quas vero detine-

rent, vigore careant firmitatis, et ubicunque fuerint exhibite, nullius sint momenti uel ualoris. Datum in octauis Sancti Georgij martiris gloriosy anno Domini millesimo CC° nonagesimo septimo.

Kívül : Pro Magistro Corrardo contra Magistrum Julam super composicione pacis facte inter ipsos.

(Eredetie bőrhártyán, a zárpecsét elveszett; a mélt. báró Révay család levéltárában.\

491.

A keresztesek esztergami konventjének bizonyságlevele, hogy Lodomér esztergami érsek és Zegy-i Erney comes közt Surán és Nydrhid helységekre nézve birtokcsere történt. 1297.

Conuentus Cruciferorum Domus Hospitalis Sancti Regis Stephani de Strigonio vniuersis presentes litteras inspecturis salutem in Domino sempiternam. Ad vniuersorum noticiam tam presencium quam futurorum harum serie wolumus peruenire, quod discretus vir Magister Wrkundinus Prepositus Sancti Thome martiris de Strigonio, Comes Andreas de Ayka vice et nomine wenerabilis patris domini Lodomerij Archiepiscopi Sancte Strigoniensis Ecclesie, Domini eorundem, ab una parte; nobilis vir Comes Erney filius Mocha de Zegy ex altera ad nostram accedentes presenciam tale concambium et transmutacionem super quibusdam possessionibus Nyarbyd et Swran uulgariter nuncupatis, ipsum dominum Lodomerium Archiepiscopum Strigoniensem, et prefatus Comes Erney pro se dixerunt inter se fecisse : quod predictus Comes Erney filius Mocha ipsam possessionem suam Nyarbyd uocatam, inter Nyarbyd et villam Kezu sitam, cum omnibus utilitatibus, reditibus, prouentibus et pertinencijs suis, uidelicet fenetis, pascuis, pratis,

pratis, terris arabilibus cultis et incultis, et vniuersis juribus,
sub eisdem metis et terminis, quibus idem Comes Erney a
religioso viro fratre Dominico, Abbate Monasterij Sancti
Ypolity de Zobor et suo Conuentu pro concambio cuiusdem
possessionis sue Kurth nuncupate receperat, dedit tradidit et
contulit eidem domino Lodomerio Archiepiscopo Strigoniensi,
et ex consequenti Archiepiscopatui perpetuo et irreuocabiliter possidendam et habendam. E conuerso autem idem
wenerabilis pater pater dominus Lodomerius Archiepiscopus
Strigoniensis pro transmutacione et concambio ipsius possessionis Nyarhyd dicte dedit et tradidit dictam possessionem Swran uocatam cum omnibus suis vtilitatibus, prouentibus et pertinencijs vniuersis, ex permissione Johannis filij
Petri de Zegy, qui per hominem nostrum requisitus de concambio ipsius possessionis Swran vocate consensum prebuisset et assensum, contulit eidem Comiti Erney, et per eum
suis posteritatibus iure perpetuo possidendam et habendam.
Mete cuius quidem possessionis Swran uocate incipiunt ante
domum Comitis Pauli de Zeg de superiori parte molendini
ipsius Pauli ab oriente, in litore intra est meta; et uadit in
uia erbosa ad occidentem, ubi prope villam in eadem via est
meta; inde in eadem via uadit superius, et iuxta eandem
habet metam in praticulo, et ibi intrat terram arabilem, in
qua habet metam; post hec exit ad magnam viam que de
castro Nytriensi ducit ad Nyarhyd, et iuxta eandem viam
est meta; inde transeundo magnam viam uadit superius in
terra arabili, et sunt multe mete in longitudine inter terras;
inde intrat campum, et uenit usque metam Cheke, sed incipiendo a fluuio Nytra usque ad metam Cheke separatur terra
Comitis Pauli a terris Swran, ibique in campo declinat uersus
septemtrionem, et uadit in monticulo berch uocato ueniens ad
metam angularem, que separat terram Swran a terra Cheuz;
et iterum procedit uersus orientem in campo, et sunt in campo
quinque mete ita longe ab inuicem, quod una ad aliam uix
uideri potest; postera intrat terram arabilem, in qua sunt
quinque mete distincte ab inuicem, quod de una ad aliam
uidetur iuxta terram Feuldkuz, que nunquam aratur; inde
iterum iuxta magnam uiam est meta, et transeundo magnam
viam vadit inferius in terra arbili in via erbosa iuxta uillam

Cheuz uocatam, et usque ad villam sunt septem mete; postea declinat quasi ad orientem, et usque ad fluuium Nitra sunt tres mete; et inde uadit ad paruulum nemus Rakatias dictum, et in litore circa dumum Rakatia, in quo eciam dumo est spina, que ebfa dicitur, et intrat in fluuium Nitria, et dimidia pars ipsius fluuij cedit in ius Monasterij de Chyth, et ultra ipsum fluuium est molendinam filiorum Hunth, cuius dimidia pars propter dimidiam partem aque cedit in ius Monasterij. Vnde ex hoc sciendum est, quod ubicunque terre dicti Monasterij ueniunt ad fluuium Nitra, in omnibus locis dimidia pars aque cedit Monasterio memorato, sicut in priuilegio domini Bele Regis felicis recordacionis metas predictas ipsius terre Swran uidimus contineri. Nec hoc pretermittimus, quod partes aduerse uicissim in ipsis possessionibus in concambium et transmutacionem datis et factis se conseruare tenebuntur, et ab omnibus inpeditoribus expedire suis laboribus et expensis. In cuius rei memoriam et perpetuam firmitatem ad peticionem et instanciam parcium predictarum presentes concessimus sigilli nostri munimine roboratas. Datum anno Domini M°CC° nonagesimo septimo, tercio nonas Septembris.

A   B   C

(Eredetie bőrhártyán, melyről a pecsét vörös selyemzsinóron függ; a budai kir. kamarai levéltárban. Sok lényeges hibával kiadva Fejérnél Cod. Dipl. VI. köt. 2. r. 114. l.)

492.

III. Endie királynak Pabar helységet tárgyazó adománya Máté, Pál és Mihály, Vrbanusnak fiai szdmára. 1298.

Andreas Dei gracia Hungarie, Dalmacie, Croacie, Rame, Seruie, Gallicie, Lodomerie, Cumanie Bulgarieque Rex vniuersis Christi fidelibus presentes litteras intuentibus salutem in eo qui Regibus dat salutem. Licet Regia Maiestas manum munificam porrigere debeat vniuersis; illos tamen, quorum experta probitas laudata est in prosperis et aduersis, prosequi debet munificencia largiori, ut alij eorum exemplo inuitati feruencius ad fidelitatis opera accendantur. Proinde uniuersitati omnium tam presencium quam futurorum harum serie litterarum fieri uolumus manifestum, quod Magister Vgrinus filius Pous de genere Chak Regni nostri Baro fidelissimus ad nostram accedens presenciam, fideles et laudabiles Mathei, Pauli et Michaelis filiorum Comitis Vrbanus personaliter coram nobis astancium famulatus, quos eo tempore, quo idem Magister Vgrinus Nostre Maiestatis uestigia sequebatur, diuersis se fortune casibus obponendo exercuerunt et impenderunt, nobis insinuare curauit; ac inter cetera eorum fidelitatis obsequia hoc precipue enucleare cupiens manifestius explanauit, ut dum Tartari partes Macho obsedissent, et ad Nostre Maiestatis perturbacionem ac detrimentum, et Regni nostri Hungarie deuastacionem se transferre niterentur; Matheus, Paulus et Michael filij Vrbanus predicti, feruore fidelitatis accensi, cum predicto Magistro Vgrino Domino ipsorum fluuium Zava transeuntes, abiecto rerum et persone sue periculo uiriliter dimicauit; ubi prefatus Matheus letali wlnere sauciatus claudicacionis sui pedis est passus orbitatem, et duos Tartaros militari suo exercio (így), prout idem Magister Vgrinus retulit, capite detruncauit; quorum capita idem Magister Vgrinus nobis Bude existentibus transmisit. Ad cuius fidelitatis et uictorie laudabilis remuneracionem predictus Magister Vgrinus estuans feruentissime a nobis humiliter postulauit, vt quandam terram Pabar uocatam in Comitatu de Wolko existentem, cum locis quatuor uillarum ad eandem uillam Pabar attinencium, Jelun, Tvgia, Mihaly et Ereztuen uocatarum, nostre collacioni pertinencium, in recompensacionem seruiciorum Mathei ac fratrum suorum predictorum, cum omnibus suis vtilitatibus ipsis de Regia beniuolencia donare dignaremur. Nos uero, qui ex officio suscepti regiminis merita singulorum metiri debemus, ipsius Magistri Vgrini peticionem iustam, legitmam et racionabilem esse considerantes, predictam uillam Pabar uocatam, cum vtilitatibus suis uniuersis et tributis, ac locis quatuor uillarum memoratarum, et earum omnium usibus uniuersis, iuxta ueteres metas et antiquas, quibus heedem antea limitate fuerant et possesse, de consilio Prelatorum, Baronum et Nobilium Regni nostri fidelium nobiscum consedencium, Matheo et fratribus suis antedictis, ac per ipsos eorum heredibus heredumue suorum successoribus damus, tradimus et conferimus iure perpetuo et inreuocabiliter possidendas, tenendas pariter et habendas. In cuius donacionis testimonium perpetuamque firmitatem presentes concessimus litteras priuilegiales dupplicis sigilli nostri robore communitas seu roboratas. Datum per manus venerabilis patris fratris Anthonij Episcopi Ecclesie Chanadiensis Aule nostre ViceCancellarij anno ab Incarnacione Domini M'CC' nonagesimo octauo, tercio idus Julij, Regni autem nostri anno similiter octauo.

(Eredetie bőrhártyán, a függő pecsét elveszett; a mélt. gróf Zay család levéltárában.)

493.

III. Endre király a Bana-i várnak több jobbágyát rangra emeli. 1298.

Andreas Dei gracia Hungarie, Dalmacie, Croacie me, Seruie, Gallicie, Lodomerie, Cumanie, Bulgariequ omnibus Christi fidelibus tam presentibus quam futuri sens scriptum inspecturis salutem in eo qui est uera Celsitudo Regia et benignitas Regalis sibi subiectos ac dum extollere alciorem, qui sibi fideliter seruierunt; namque euidencius Serenitas Regia Regno prospicit et C quanto diligencius ob fauorem rei publice auget nui bellatorum. Hoc Regali moderamine cogitantes ad uni rum tam presencium quam futurorum noticiam harum volumus peruenire, quod considerantes fidelissima ob et obsequiosissimas fidelitates, que nobis et Regno Radizlaus, Inabur et Boych, filij Radizlai, nobiles ioba quondam Castri nostri de Bana, ut fideliter sic feruen diuersis expedicionibus Regni nostri inpenderunt; spec illud attendentes ex animo et pensantes ex penetralibu dis nostri, quod prefatus Radizlaus, derelicto et qua nichilo habito solo proprio et propria patria procul pos fauorem nostrum et fidelitatem nobis inpendendam, vn: Magistro Demetrio Comite Posoniensi et de Zolum fideli et familiari nostro ad mandatum nostrum specia inpendendum adiutorium seu auxilium karissimo patri Alberto Dei gracia nunc Regi Romanorum et Semper At tunc Duci Austrie, in partes exteras et remotas, uidelice et ultra Renum, non parcendo persone sue, neque reb excepit, ubi inter alios fideles nostros ibidem per Nc Maiestatem destinatos, ut tyro fortis dimicans, in e: Odolphi quondam Regis Alamanie, una cum illis quo stipendijs et sumptibus adduxerat, stragem fecit non mc memoria recolendam; ex quo quidem exercitu Odolp

laudem et gloriam nostram et tocius Nacionis Hungarie com-
prebensis strennuis mulitibus, adduxit ad exercitum et presenciam prefati domini Al. Regis Romanorum captiuis uinculis
mancipatos ad exilarandum et letificandum dominum Al. Regem et ipsius exercitum ex diuersis mundi partibus congrega-
tum. Et licet ob huiusmodi, sicut prefatum est, seruicia multiplicibus laudum preconijs deberet tam ipse Radizlaus, quam
ob ipsum tocius generacionis sue genealogia decorari : tamen
de Consilio Baronum, Consiliariorum, Procerum nostrorum
nostro lateri adherencium, ad instantem nichilominus peticionem et petitam instanciam Magistri Demetrij Comitis Poso-
ɴiensis et de Zolum iam prefati, eisdem Radizlao, Inabur et
Boych filijs Radizlai, Cosme filio Nycolai, Petro filio Vochlo,
Nicolao filio Fonch, Laurencio filio Stephani, Chobo filio
Radizlai, Paznan filio Vyda, Iwanka filio Mantha, Martino
filio Myleth, nobilibus iobagionibus Castri de Bana prope fluuium Wag existentibus, hanc graciam duximus faciendam,
quod de cetero exempti a iobagionatu Castri prefati, cum vniuersis possessionibus, terris et uillis suis prerogatiua nobilium et nobilitatis titulo ab antiquo decoratorum gaudeant et
letentur, et in cetu nobilium Regni nostri cum omnibus possessionibus suis seruatis in omnibus condicionibus et prerogatiuis nobilium habeantur ipsi et ipsorum heredes heredumque
suorum successores pacifice et pariter inconcusse. Vt igitur
huius exempcionis nostre series robur obtineat perpetue firmitatis, presentes concessimus dupplicis sigilli nostri munimine
roboratas. Datum per manus venerabilis patris fratris Anthoni
Dei gracia Episcopi Chanadiensis de Ordine Fratrum Minorum, Aule nostre ViceCancellarij dilecti et fidelis nostri anno
Domini MᵒCCᵒ nonagesimo octauo, Regni autem nostri anno
nono.

(Eredetie bőrhártyán, a függő pecsét elveszett; a budai kir. kamarai
levéltárban.)

494.

III. Endre király megerősíti IV. László királynak Chehy helységet, és Erzsébet királynénak Dobza helységet tárgyazó adományait. 1298.

Andreas Dei gracia Hungarie, Dalmacie, Croacie, Rame, Seruie, Gallicie, Lodomerie, Cumanie Bulgarieque Rex vniuersis Christi fidelibus presentibus pariter et futuris presens scriptum inspecturis salutem in salutis largitore. Ad vniuersorum noticiam harum serie volumus peruenire : quod Magister Jacobus filius Ponych dilectus et fidelis noster ad nostram accedens presenciam, exhibuit nobis priuilegium domini Regis Ladizlai felicis recordacionis, confirmatorium priuilegij domine Elysabeth Regine matris eiusdem super collacione possessionis Chehy uocate confectum; exhibuit cciam priuilegium eiusdem domine Regine super donacione duarum villarum Dubza nuncupatarum datum et concessum, humiliter a nobis petendo, vt ipsa priuilegia acceptare et ratificare, nostroque dignaremur priuilegio confirmare. Cuius quidem priuilegij eiusdem domini Ladizlai Regis tenor talis est :

Ladizlaus D. gr. Hungarie stb. Rex stb. (következik IV. László királynak 1280-ki privilegiuma, mint fentebb 247. szám alatt.)

Tenor eciam priuilegij eiusdem domine Regine super collacione predictarum villarum Dobza confecti talis est :

Elysabeth D. gr. Regina Hungarie stb. (következik Erzsébet anyakirálynénak 1277-ki adománylevele, mint Okmánytárunk IX. vagyis a második folyam IV. kötetében 179. lap.)

Nos itaque peticionibus prefati Magistri Jacobi fauorabiliter inclinati prenotata priuilegia super collacionibus villarum Chehy et Dubza uocatarum habita et obtenta, non abrasa, non cancellata, nec in aliqua sui parte viciata, rata habentes et accepta, de uerbo ad uerbum presentibus inseri faciendo,

:auctoritate et munimine presencium et duplicis sigilli nostri patrocinio duximus confirmanda. Datum per manus discreti viri Magistri Theodori Prepositi Albensis aule nostre ViceCancellarij dilecti et fidelis nostri anno Domini M·CC· nonagesimo tercio, Regni autem nostri anno tercio.

·(Eredetie bőrhártyán, a függő pecsét elveszett; a budai kir. kamarai levéltárban.)

495.

III. Endre királynak iktatási parancsa a szepesi káptalanhoz, hogy János Miklósnak fia Zeek nevü földnek birtokába statuáltassék. 1298.

Andreas Dei gracia Rex Hungarie fidelibus suis Capitulo Scepusiensi salutem et graciam. Cum Johannes filius Nycolai pro morte Jacobi fratris sui quondam seruientis Comitis Bald fidelis nostri, qui in seruicio nobis exhibendo extitit interfectus, quandam terram in Zeek existentem petat a nobis sibi dari, fidelitati vestre precipiendo mandamus, quatenus mittatis hominem uestrum pro testimonio fidedignum, coram quo Magister Elias homo noster conuocatis commetaneis et vicinis reambulet ipsam terram, et statuat eidem Johanni, si non fuerit contradictum, contradictores autem si qui fuerint, ad nostram citet Presenciam ad terminum competentem, et post hec qualitatem et quantitatem dicte terre, nomina contradictorum, diem citacionis et terminum assignatum, ac nomen hominis vestri pro testimonio destinati, cuius opinionis, dignitatis uel ordinis sit in Ecclesia vestra, nobis fideliter rescribatis. Datum Bude in festo Beati Thome martiris anno Domini M·CC· nonagesimo octauo.

(III. Endre királynak 1299-ki adományleveléből, mint alább 502. és 510. sz. a.; a budai kir. kamarai levéltárban.)

· **496.**

A pécsi káptalannak bisonyságlevele, hogy János mester Lászlónak fia Thyuzen birtokát átengedte mostoha anyjának és féltestvéreinek. 1298.

Nos Capitulum Quinqueecclesiense memorie commendamus, quod nobilis juuenis Magister Johannes filius Comitis Ladizlai filij Cleti, vna cum fratribus suis carnalibus et non uterinis persoualiter in nostri presencia constitutus dixit et est confessus viua uoce : quod ipse post obitum patris eorum hanc terram seu uillam eorum Thyuzen uocatam in Comitatu de Wolkow situatam et existentem cessisset nobili domine noucrce sue et filijs eiusdem ad utendum seu ad alendum fratres suos pro tempore, seu usque ad tempora diuisionis faciende inter ipsos, secundum Regni consuetudinem approbatam, donec scilicet fratres sui legitimam peruenerint ad etatem. Datum in octauis Sancti (N)icolay confessoris auno Domini millesimo CC° nonagesimo octauo.

Kívül : Super terra Thyuzen quam cedit Magister Johannes fratribus suis ad utendum.

(Eredetie bőrhártyán, a pecsét elveszett; a budai kir. kamarai levéltárban.)

497.

*A pécsi káptalannak bizonyságlevele, hogy Győri nemzetségbeli
Konrád, s Endrének fiai és érdektársai Saulfelde helységre
vonatkozó perüket barátságosan elintézték. 1298.*

Nos Capitulum Quinqueecclesiensis Ecclesie memorie
commendamus per presentes, quod cum nobilis uir Magister
Corraldus filius Stephani de genere Yeur Marcellum et
Laurencium filios Andree, Nicolaum et Jacobum filios Stephani filij Marcelli super facto cuiusdem terre Saulfelde
uocate in Comitatu de Barana inter terram ipsius Magistri
Corrardi prope Sanctam Trinitatem ordine judiciario conue-
nisset Regio in conspectu, partibusque alterquantibus tandem
et per modum judiciarium, quamquam per modum arbitrij,
de uoluntate et permissione Judicis Curie domini Regis
coram ipso per Magistros Andream et Jacobum, filios Jacou,
et Comitem Thomam filium Andree, Barones Regni, eciam
coram Capitulo Budensi publice facti, predictus Magister
Corraldus se quintodecimo in octauis Ascensionis Domini
prestare deberet sacramentum coram nobis super facto et
super ratificacione quarundem litterarum domini Bele Regis;
ipso autem die sacramenti adueniente idem Magister Corraldus cum suis testibus in nostram presenciam accedendo
paratus erat ad iurandum. Sed mediantibus probis uiris, et
specialiter ad peticionem cognati sui nobilis iuuenis Magistri
Jule filij Comitis Nicolai de genere Magni Jula, prenominatis
vero pueris humiliter suplicantibus et remittentibus publice
huiusmodi iuramentum eiusdem Magistri Corraldi, ipse
Magister Corraldus personaliter in presenciarum comparendo
cessit et renunciauit omni liti sue et accioni, quam forte
nunc vel inposterum super facto huius terre Saulfelde uocate
aduersus eosdem filios Andree et filios Stephani prenotatos
mouere potuisset, permittendo ipsam terram Saulfelde uocatam eisdem Marcello et Laurencio filijs Andree, Nicolao
et Jacobo filijs Stephani, eorumque heredibus heredumque
suorum successoribus et posteris irretractabiliter et irreuoca-

biliter iure perpetuo possidendam, tenendam et habendam eodem pleno iure, quo bone memorie Magister Mour frater carnalis ipsius Magistri Corraldi dignoscitur predictis Marcello et Andree filijs Fabiani pro eorum seruicijs fidelibus ab olim contulisse, dedisse et tradidesse, sicuti in altero priori priuilegio nostro antiquitus exinde confecto plenius continetur. Siquidem utraque pars omnes et omnimodas litteras suas in pro- cessu huiusmodi causarum suarum contra inuicem confectas usque modo reddidit ad cassandum coram nobis; si quas vero detinerent, nigore careant firmitatis, et sint nociue euilibet parcium contra partem aduersam exibenti, et tanquam calumpniatrix habeatur. Datum in uigilia Pentecostes anno Domini millesimo CC° nonagesimo octauo.

(Eredetie bőrhártyán, melyen a hátul oda nyomott pecsétnek töredéke még megvan.)

498.

A vasvári káptalannak bizonyságlevele, hogy Makwai Márton Ozkowban lévő birtokát eladta Péter comes fiainak. 1298.

Nos Comes Nicolaus de Zeech Judex Curie Serenissimi et Magnifici Pincipis domini Lodouici Dei gracia incliti Regis Hungarie stb. quod Paulus Decanus Ecclesie Castri Ferrei — — — — — — in quindenis ferie sexte proxime post festum Beati Georgij martiris stb. (contra nobilem) dominam consor- tem Nicolai filij Michaelis de Egurwar stb. presentauit stb. Quibus quidem litteris exhibitis stb. — — — — procurator dicte nobilis domine quasdam duas litteras, ambas dicti Capi- tuli Castri Ferrei in anno Domini millesimo trecentesimo septuagesimo octauo patenter emanatas, tenorem quarundam aliarum duarum litterarum eiusdem Capituli patencium ad Regium litteratorium mandatum per idem Capitulum in eorum sacristia requisitarum et reinuentarum transcribentes, que

quidem due littere eorum in anno Domini millesimo trecentesimo vigesimo octauo confecte similiter alias duas litteras
eiusdem Capituli modo simili ad Regium litteratorium mandatum in ipsorum sacristia requisitas et reinventas, vnam sub
anno Domini millesimo ducentesimo nonagesimo tercio, et
aliam in anno Domini millesimo ducentesimo nonagesimo
octauo priuilegialiter emanatas transscribebant, eiusdem
domini Palatini judiciario examini curasset exhibere. In
quarum prime, videlicet dicte littere priuilegialis in
anno Domini millesimo ducentesimo nonagesimo tercio
emanate tenore idem dominus Palatinus reperisset, quod
Comes Emericus filius Itemerij de Nadasd, Dominicus
et Emericus filij eiusdem, coram dicto Capitulo personaliter constituti, porcionem eorum totalem cum omnibus
suis vtilitatibus et pertinencijs, quam habere se dixissent in
terra Ozkow nuncupata, vendidissent Comiti Petro filio Itemerij de Makwa pro octo marcis plene receptis ab eodem in
perpetuum pacifice et quiete possidendam Martino et Bors
filijs Chame, cognatis eorundem presentibus, et vendicioni ac
empcioni prescriptis non contradicentibus, immo permittentibus et consensum prebentibus de eisdem liberalem ita plene,
vt nec ydem Comes Emericus et filij eiusdem, nec filij Chame
antedicti, vel heredes eorundem prescriptam porcionem modo
premisso venditam retractandi ab ipso Comite Petro aut filijs
eiusdem vllo vnquam tempore haberent facultatem (l. fentebb
446. sz. a.) In continencia siquidem prescripte alterius littere
annotati Capituli Castri Ferrei in predicto anno Domini millesimo ducentesimo nonagesimo octauo similiter priuilegialiter emanate manifeste per ipsum dominum Palatinum fuisset
repertum, quod Martinus filius Chama de Makwa coram dicto
Capitulo constitutus porcionem suam totam, quam habuisset in
terris Ozkow, vendidisset pro sex marcis Valentino, Benedicto
et Petro, filijs Comitis Petri jure perpetuo pacifice et quiete
inreuocabiliter possidendam heredum per heredes. Dehinc
stb. Datum in Wissegrad sedecimo die quindenarum ferie sexte
proxime post festum Beati Georgij martiris predictarum anno
Domini M°CCC° octuagesimo primo.

(Eredetie a budai kir. kamarai levéltárban.)

499.

A pannonhalmi konventnek bizonyságlevele Ilona, Machia comes nejének végrendeletéről. 1298.

Nos Hermanus Diuina miseracione Abbas et Conuentus Monasterij de Sancto Martino de Sacro Monte Pannonic omnibus Christi fidelibus presentem paginam inspecturis salutem in omnium saluatore. Ad uniuersorum noticiam harum serie volumus peruenire, quod Comes Machya filius Alber de Chou iobagio Comitatus Ferrei Castri pro se et pro domina Elena uxore sua, filia videlicet Dyonisij, coram nobis personaliter constitutus; cuius quidem domine uotum et voluntatem in hac parte, quia ipsa domina propter intestinam inpacati Regni perturbacionem et viarum discrimina ad nos personaliter accedere non potuit, in litteris fratris Ladizlai Prioris et Conuentus Fratrum Predicatorum de Domo Ferrey Castri et quorundam sacerdotum de Dyocesi Janriensi in testimonium conwocatorum, quorum nomina inferius exprimentur, idem Comes Machya nobis exhibuit, ipse et domina consors eius predicta heredum carentes solacio temporalium ex intimo feruore deuocionis affectu, considerantes remuneracionem eterne vite sapienter, salubriter eciam prouidi et edocti procurantes transitoria permutare cum eternis, Ecclesiam Beati Michaelis Archangeli de Castro Ferreo in uita et in morte sibi adoptarunt in patronam, in vlnis eiusdem Sancte Ecclesie usque nouissimam tubam corporibus eorum sepulturam seu mansionem eligendo. Et ut ipsorum memoria per prefatam Sanctam Ecclesiam laudabiliter et salubriter in perpetuum commendetur, antedictus Comes Machya duas possessiones suas, videlicet vnam Korkou vocatam, circa possessionem Olozka, quam a Regali munificencia acquisiuit, et aliam terram Iwankafeldew nuncupatam. Item antedicta domina consors eius totam porcionem suam, quam in eadem Olozka habuit et possedit, tam vide-

40*

licet illam porcionem, que sibi ex parte domine Margarete matris sue deuenerat, cui domine Margarete ipsa porcio ex parte prioris mariti sui pro quinquaginta marcis, et ex parte Dyonisij secundi mariti sui pro viginti quinque marcis cesserat in dotem, nec non pro duodecim marcis per Isou priorem maritum eiusdem domine Elene in expensis redemptam, quam eciam quartam suam, quam eadem domina Elena ibidem possidet iure naturali, porcionem eciam que sibi ibidem in propriam dotem, et aliam possessionem Kurug vocatam circa Mura, que similiter sibi in dotem ex parte Isou prioris mariti sui successerat, cum omnibus vtilitatibus et pertinencijs possessionum predictarum, et cum vna vinea in Cheby existente, ac cum duobus seruis Martino et Valentino vocatis, donauerunt, contulerunt et dederunt predicte Ecclesie Sancti Michaelis in uita et in morte perpetuo et irreuocabiliter possidendas, ad maioris eciam certitudinis euidenciam omnia instrumenta possessionum prefatarum discretis viris Magistro Nicolao Preposito Castri Ferrey et Capitulo Ecclesie sue predictus Comes Machya assignauit coram nobis. Tenor autem litterarum Prioris, Conuentus et sacerdotum talis est :

Nos Prior et Conuentus Fratrum Predicatorum de Ordine Beati Dominici de Ferreo Castro memorie commendantes significamus quibus expedit presencium per tenorem : quod cum nobilis domina vxor Comitis Machya in lectum egritudinis decidisset ; nobis per suum nuncium humiliter supplicauit, ut duos ex nobis ad eam mittere dignaremur, coram quibus ultimum sue voluntatis conderet testamentum. Nos enim peticionibus eiusdem domine legitimis acquiescentes, dominum Priorem et fratrem Blasium ad prefatam dominam duximus transmittendum ; coram quibus prefata domina possessionem suam Olozka vocatam cum omnibus vtilitatibus suis, et alteram Korokou nuncupatam ob remedium et salutem anime sue dedit, donauit et contulit Ecclesie Beati Michaelis archangeli, sub cuius umbraculo et titulo prefata domina et idem Comes Machya sepulturam sibi elegerunt. Nos enim in argumentum maioris euidencie sex sacerdotes viciuarum Ecclesiarum, Paulum Fidelis et Gregorium sacerdotes de Sabbaria, Salamonem de Sancto Lauren-

cio, Paulum de Herman, Stephanum de Vep et Stephanum de Kyniz ad nos fecimus conuocari.

In cuius rey memoriam et perpetuam firmitatem presentes concessimus litteras sigillorum nostrorum munimine roboratas. Datum anno Domini M°CC° nonagesimo octauo. Fratribus Johanne Decano, Andrea Custode, Jacobo Celerario, et alijs quam pluribus Deo deuote famulantibus, et Petro Curiali Comite existentibus.

(Eredetie bőrhártyán, melynek vörös-sárga selyemzsinóron függött pecsétje elveszett ; 4 szombathelyi káptalannak levéltárában. Ugyanott találtatik a fentebbi végrendelet eredetie is.)

500.

A pécsváradi konventnek bizonyságlevele, hogy Loymeri István 60 ekényi földet Loymer helységben eladott Munkács fiainak, István comesnek és Uzának. 1298.

Conuentus Monasterij Waradyensis vniuersis Christi fidelibus presentes litteras inspecturis salutem in Domino. Ad vniuersorum noticiam tenore presencium uolumus peruenire, quod Stephanus filius Benedicti nobilis de Loymer pro se et pro Petro ac Jula filijs Thome de eadem cognatis suis ab una parte, et Comes Stephanus filius Munkaach pro se et pro Vza fratre suo carnali ab altera coram nobis personaliter constituti ; idem Stephanus filius Benedicti de consensu et voluntate predictorum cognatorum suorum, et omnium aliorum proximorum ac cognatorum suorum, nobilium videlicet de Loymer, sexaginta iugera terre sue in villa Loymer cum orto et loco horrey in terra Loymer ipsum Stepha num filium Benedicti contingencia, secundum tenorem priuilegij nostri super facto ipsorum sexaginta iugerum terre et fundi curie prius emanati uel confecti, prout in eodem priuilegio nostro nobis exhibito et perl'ecto plenius vidimus contineri ; cum idem Stephanus filius Benedicti heredum solacio asseratse carere, prenominato Vza genero suo, cui quidem Vza ipse Stephanus filius Benedicti filiam suam in facie Sancte Ecclesie per formamve matrimonij dignoscitur tradidisse, et fratri eiusdem Vza Comiti Stephano prenominato racione cognacionis seu proximitatis, pro tribus marcis ab eisdem Comite Stephano et Vza receptis ex integro sibi, et per eos suis heredibus, heredumque suorum successoribus et posteris jure perpetuo et irreuocabiliter possidenda se vendidisse cat confessus oraculo viue uocis, et vendidit coram nobis. Datum anno Domini millesimo CC° nonagesimo octauo mense Aprili. Bogamerio Decano eodemque Custode existente, ceterisque fratribus vna nobiscum Deo iugiter famulantibus ac deuote.

(Eredetie bőrhártyán, zöld-vörös selyemzsinóron függő pecsét alatt a főmélt. herczeg Eszterházy család levéltárában.)

501.

Törvénykezési okmány, mely szerint Jánusi István mesternek fiai testvérök János halálára nézve az ellenféllel egyezkedtek. 1298.

Datur pro memoria, quod Mychael, Nycolaus et Stephanus filij Magistri Stephani de Janus ex una parte, ab altera vero Abraham filius Ladizlai de Kosuh pro se, et pro Pangaracio fratre suo, Nycolaus filius Matheus, et Dionisius filius Bodwn, ac Laurencius filius Rofoyn de Ders ; item Matheus filius Korrardi pro se et pro Boda et Thoma fratribus suis, coram nobis personaliter constituti ; dixerunt, quod super morte Johannis fratris predictorum filiorum Stephani ablacione rerum suarum et populorum eius, ac super omnibus

alijs dampnis et iniurijs per predictum Abraam et alios
supradictos eisdem filijs Stephani et populis ipsorum illatis,
in talem formam composicionis propter bonum pacis deuenissent : Quod feria quarta proxima post festum Pentecostes
predicti Abraam, Pongoracius, Nicolaus, Dyonisius, Laurencius, Matheus, Boda et Thomas in villa Terebes presente
Magistro Andronico, equaciam, quam a filijs predictis Stephani abstulerant, restituent Mychaeli supradicto. Ex quibus
si aliqui defuerint, Magister Fynta, Johannes cum Abraam,
Nycolaus cum Dyonisio, Laurencius cum Alexio, et Matheus
cum Thoma, eodem die presente ipso Magistro Andronico
iurabunt super eo, quod nullam de equaciis predictis fraudulenter occultassent. Si autem morte vel amissione alique
deessent, restituant alias equas pro eisdem, secundum quod
Mychael cum iuramento presumpserit dicere valorem equa-
rum. Item eodem die et loco sub forma - predicti iuramenti
eidem Mychaeli restituent sedecim equos nominatos ; de quibus si aliquos casu mortis uel amissionis restituere non
possunt, pro quibus, equo non reddito, si dictus Mychael,
cum quatuor nobilibus se quinto iurauerit coram Capitulo
Agriensi nobis in die prime solucionis prestite, quod decem
marcas quilibet amissorum valeat, soluent eisdem filijs
Stephani pro quolibet decem marcas in terminis ad hoc in
die prime solucionis per nos deputandis. Item in quindena
Pentecostes in uilla Pacas coram Comite Belus, Nicolaus et
Dyonisius predicti sedecim pecudes, Matheus et Abraam antedicti viginti duas, Laurencius vero vndecim triennes uel
supra, et non infra, memorato Mychaeli dare tenebuntur.
Item Nicolaus filius Matheus, Laurencius filius Rofaen, Matheus filius Corrardi, et Abraam filius Ladizlai predicti pro
morte predicta, et omnibus damnis et iniurijs modo prehabito
illatis dictis filijs Stephani soluent ducentas marcas in terminis infrascriptis coram nobis; ex quibus quinquaginta
marcas vicesimo secundo die Natiuitatis Beati Johannis
Baptiste, item quinquaginta marcas in octauis Beati Michaelis archangeli, et quinquaginta marcas in octauis Natiuitatis Domini, residuas vero quinquaginta marcas in octauis
Pentecostes partim in denariis pro quatuor currentibus vel
estimacione denariis equiualenti, partim vero in estimacione

condigna. Ad quam summam ducentarum marcarum Nicolaus
filius Matheus soluet octuaginta tres marcas et fertonem;
Laurencius vero filius Rofaen septuaginta duas marcas et
fertonem; Matheus vero et Abraam quinquaginta IIII. marcas et dimidiam. Hoc adiecto, quod si primam et secundam
solucionem non facerent, cum iudicio; si terciam, cum duplo
soluere tenerentur; si uero quartam et vltimam solucionem
pretermitterent, amitterent pecuniam in prioribus terminis iam
solutam; ita tamen, quod de predictis solucionibus alter pro
altero non potest condempnari; et si de rebus, quas ad estimacionem darent, facta fieret inpedicio, soluciones expedire
assumpsissent. Et in die prime solucionis predictus Abraam
et alij memorati coram nobis restituere tenerentur predicto
Mychaeli priuilegium Stephani et Ladizlai Regum, et Conuentus Sancti Stephani de promontorio Waradiensi, ac
honorabilis Capituli eiusdem loci. Terram vero Hodaz in
Comitatu de Zatmar existentem cum suis pertinencijs, Comes Bodun filius Georgij cum omnibus filijs suis, et Nycolaus
filius Matheus ex parte sui et omnium successorum suorum
predictis filijs Stephani iure perpetuo possidendam reliquissent. Item Nycolaus, Abraam, Matheus et Laurencius predicti feria quarta proxima post Pentecosten supradictam sub
forma predicti iuramenti eidem Mychaeli restituent duodecim
equos competentes, et iurabunt super eo, quod plures ex ipsis
non haberent. Et adiecerunt eciam iidem filii Stephani, quod
super ipsa morte, dampnis et iniuriis premissis in premissa
ordinacione per omnia essent contenti, et contra nullum
alium aliquem super ipsis negociis questionem mouerent,
seu aliquem aliam accionem. Preterea in die vltime solucionis predicte omnibus premissis completis iidem filii Stephani, statuendo Emericum filium dicti Johannis coram
nobis, tenerentur dare litteras nostras expeditorias Abraam
et aliis supradictis. Datum quarto die octanarum termini
Beati Barnabe Apostoli anno Domini M°CC° nonagesimo
octauo.

Kívül. Super solucione ducentarum marcarum ad
viccsimum secundum diem Natiuitatis Beati Johannis Baptiste, ad octauas Beati Michaelis, ad octauas Natiuitatis
Domini, et ad octauas Pentecostes pro Abraam filio Ladizlai

et aliis, contra filios Magistri Stephani, nec non supér iura-
mentis et aliis factis ad terminos supradictos.

(**Eredetie** börhártyán, a pecsét elveszett; a budai kir. kamarai
levéltárban.)

502.

*III. Endre királynak Zeek nevü, Szepesmegyében lévö földet
tárgyazó adománya János, Miklósnak fia számára. 1299.*

Andreas Dei gracia Hungarie, Dalmacie, Croacie,
Rame, Seruie, Gallicie, Lodomerie, Cumanie Bulgarieque Rex
omnibus Christi fidelibus tam presentibus quam futuris presens
scriptum inspecturis salutem in Domino sempiternam. Ad
vniuersorum noticiam harum serie uolumus peruenire, quod
Johannes filius Nycolai quandam terram in Districtu de Scepus in Zeek existentem, prope Suburbium Castri nostri Scepi-
siensis similiter Zeek uocatam, a nobis pecijt sibi dari. Verum
quia de qualitate et quantitate ipsius terre, et vtrum nostre
collacioni pertineat nec ne, nobis ueritas non constabat, fidelibus nostris Capitulo Ecclesie Sancti Martini de Scepus dedimus nostris litteris in mandatis, vt vnum mitterent ex ipsis
pro testimonio, coram quo Magister Elias homo noster presentibus commetancis et vicinis reambularet ipsam terram, et si
eandem inueniret nostre collacioni pertinere, statueret predicto
Johanni sine preiudicio iuris alieni; et si non (igy) fieret contradictum, contradictores ad nostram citaret Presenciam ad
terminum competentem. Quod quidem Capitulum nobis demum
rescripsit in hec uerba :

Excellentissimo domino sno Andree stb. Capitulum
Ecclesie Sancti Martini de Scepus stb. (következik a szepesi
káptalannak 1299-ki jelentése, mint alább 510. sz. a.)

634

Nos igitur, quibus ex officio suscepti regiminis incumbit metiri et pensare merita singulorum, et vnicuique iuxta exigenciam suorum meritorum dignis remuneracionibus respondere, commendabilem fidelitatem et grata seruicia seu obsequia dicti Johannis, que nobis in diuersis expedicionibus Regni nostri tam generalibus quam particularibus exhibuit et inpendit, attendentes, volentesque eidem pro tot et tantis seruicijs, Regiis occurrere donatiuis, quamquam plura et pociora mereretur, in aliqualem tamen recompensacionem seruiciorum suorum, et maxime pro morte Jacobi fratris sui, dictam terram Zeek cum omnibus vtilitatibus suis, prefato Johanni filio Nycolay dedimus, donauimus et contulimus sibi et per eum suis heredibus heredumque suorum successoribus iure perpetuo et irreuocabiliter pacifice possidendam. Insinuamus tamen, quod prefatus Johannes ad exercitum nostrum racione prefate terre venire teneatur, sicut ceteri nobiles in Regno Hungarie existentes. Wolumus eciam, quod prenotatus Johannes in presencia Parrochialis Comitis de Scepus pro tempore constitutis (így) in iudicio astare minime teneatur, nisi in Presencia Nostre Maiestatis. In cuius rei memoriam firmitatemque perpetuam presentes concessimus litteras dupplicis sigilli nostri munimine roboratas. Datum per manus venerabilis patris fratris Anthonij de Ordine Minorem Dei gracia Episcopi Chanadiensis, Aule nostre ViceCancellarij, dilecti et fidelis nostri, anno Domini M°CC° nonagesimo nono.

(Eredetie bőrhártyán, melyről a pecsétnek töredéke vörös selyemzsinóron függ ; a budai kir. kamarai levéltárban.)

503.

Roland nádornak itéletlevele, mely szerint a Korythani neme-
sek és Miklós, Miklós comesnek fia közt Buskfeulde helység
határai szabályoztattak. 1299.

Nos Rolandus Palatinus et Judex Cumanorum memorie
commendantes significamus quibus expedit vniuersis presencium per tenorem : quod Comes Lukachius, Nicolaus, Albertus et Ladizlaus filij Pauli de Korythan ex una parte,
ab altera uero Nicolaus filius Comitis Nicolai filij Laurencij
coram nobis personaliter contituti exhibuerunt nobis diuer-
sas litteras nostras contra se in forma litis emanatas; continentes inter cetera, quod in die Congregacionis nostre de
Borsod, memorati filij Pauli super destruccione villarum
prenotati Nicolai Naragh, Ormus et Zdubugh vocatarum, et
desolacione earundem ac edificiorum asportacione, ac dampno centum marcarum eidem Nicolao illato per eosdem,
debebant coram nobis peremptorie respondere; item eodem
die ijdem filij Pauli iuxta tenorem earundem litterarum
nostrarum tenebantur exhibere priuilegium domini nostri
Regis Andree super donacione terre Buskfeulde vocate confectum; quam quidem terram idem Nicolaus nomine terre
sue a terra sua Naragh vocata in valle de Zuha existentis
exceptam et distinctam requirebat ab eisdem; super qua
quidem particula terre memorati filij Pauli Comitem Zeped
filium Laurencij coram domino Rege causam mouisse primitus asseruerunt contra ipsos; et quod ipsum Zeped super
facto ipsius terre coram domino Rege connicissent penitus et
omnino, et super hoc litteras ipsius domini Regis confirma-
torias super ipsa terra se habere dixerunt, quas similiter
statuere debebant iuxta formam earundem. Que quidem
partes ad talem pacis vnionem super omnibus premissis se
dixerunt deuenisse, et conuenerunt coram nobis : Quod ijdem
filij Pauli predictam particulam terre contenciosam Busk-

feulde vocatam reddidissent et reliquissent nomine sui iuris
Nicolao supradicto, et resignauerunt eidem coram nobis;
6 conuerso autem ipse Nicolaus super omnibus accionibus
suis premissis, destruccionibus, desolacionibus, asportacioni-
bus edificiorum et dampnis reddidit in omnibus et per omnia
expeditos Comitem Lukachium et fratres suos supradictos
penitus et omnino. Vnde nos partibus uolentibus et peten-
tibus Magistrum Mychaelem Cancellarium anulei sigilli
nostri, Clementinum filium Gacey de Domok, et Comitem
Petrum filium Dyonisij de Buda vnum ex quatuor Judicibus
Nobilium de eodem Comitatu, cemmetaneum prenotate terre
contenciose, fideles nostros ad reambulandum predictam
particulam terre, et decidendum seu separandum ab alia
terra dictorum filiorum Pauli Korychan predicta per metas
et limitaciones, duximus destinandos cum eisdem; qui quidem Magister Mychael, Clementinus et Petrus simul cum
eisdem partibus ad nos reuersi eodem die, videlicet in crastino Pentecostes protulerunt, quod ipse partes in ipsorum
presencia concorditer dictam particulam terre a memorata
terra Korychan per huiusmodi metas et distincciones sepa-
rassent : Primo incipit prope quandam vallem, que inter
terras Naragh et Ermus predictas descendit versus meridiem;
vbi ipsa vallis iungit vallem modicam Korychweulgh uocatam,
ibi a parte orientali sunt tres mete, que separant inter terras
Naragh, Ermus et Korychan predictas; inde egreditur versus meridiem per eandem vallem Wyseaweulg vocatam,
iungit arbores piri, et pertranseundo ipsas est meta terrea;
inde eundo directe per fluuium potok nocatum, qui fluuius
in ipsa valle tempore aquoso currit, et cadit in fluuium Zuha
uocatum, peruenit ad duas arbores piri, sub quibus iuxta
ipsum fluuium Zwha est vna meta terrea; et pertranseundo
ipsum fluuium eundo directe exilit aliud fluuium similiter
Zuha vocatum; et eundo adhuc uersus meridiem in terra
arabili iungit duas arbores piri, sub quarum vna est meta,
et alia est in meta; adhuc eundo directe per binas et binas
metas ascendit versus Kaza super berch, et peruenit ad tres
metas, que saparant inter Kaza, Korychan et Naragh supradictas, et ibi terminantur. Qui quidem Comes Lukachius et
fratres sui per easdem metas et distincciones dictam parti-

culam terre resignauerunt coram nobis et reliquerunt sepedicto Nicolao irreuocabiliter, pacifice et quiete possidendam.
Hec interiecto, quod eedem partes omnes litteras suas seu
quelibet instrumenta sua contra inuicem habita et obtenta, si
quas in fraudem reseruarent, cassas penitus et inanes reddiderunt et reliquerunt nullo unquam tempore valituras. In
cuius rey memoriam perpetuamque firmitatem presentes
concessimus nostri sigilli munimine roboratas. Datum anno
Domini M°CC° nonagesimo nono.

(Eredetie bőrhártyán, zöld selyemzsinóron függő pecsét alatt; a budai
kir. kamarai levéltárban. Ugyanott találtatik ezen okmánynak átirata
is, melyet az egri káptalan 1406. »feria quinta proxima post festum
Sancti Johannis Apostoli et Ewangeliste ante Portam Latinam«
kiadott.)

504.

*Roland nádornak ítéletlevele a Naragh helységre vonatkozó,
Miklós, Miklós comesnek fia és Zuhai Jakab közti birtokperben.
1299.*

Nos Rolandus Palatinus et Judex Comanorum memorie
commendantes significamus quibus expedit tenore presencium vniuersis; quod in Congregacione nostra Generali,
quam habuimus in Comitatu Borsodiensi Nicolaus filius
Comitis Nicolai filij Laurencij exsurgens contra Jakow rufum
filium Sebastiani de valle Zuha presencialiter astantem proposuit; quod idem Jakow quandam particulam terre sue
occupatam, indebite et sine causa detineret. E conuerso
autem idem Jakow respondit, quod eandem particulam terre
sibi dominus suus prefatus Comes Nicolaus ob seruiciorum
suorum meritis (így) perpetualiter condonasset; sed quia
interim ipse Comes Nicolaus decessisset, sua instrumenta

dixit se non habere per nos requisitus; et quod ipse Comes Nicolaus eandem particulam terre sibi perpetuo non donauerit, submittebat se fidei ipsius Nicolai. Qui quidem Nicolaus dixit, se de morte sui patris non recordari; ideoque ipsum negocium fidei eiusdem Jakow commisit. Idem verò Jakow recognoscens se tanquam vir providus, contra ipsum Nicolaum pro eo, quia esset filius domini sui, juramentum deponere noluit; sed eandem particulam terre reliquit et resignauit Nicolao antedicto, sub eisdem metis et siguis, quibus pro tempore fuisset possessa per eundem. Signa autem ipsius particule terre, per que a sua terra propria separatur, sunt hec, sicut dixit: Primo incipit supra cacumen montis prope quandam fossatam Ladyk pata-(ka) vocatam a parte orientali, vbi est vna meta terrea; inde egreditur versus aquillonem, et in latere ipsius montis cadit in ipsam fossatam Ladykpataka vocatam, et descendendo in eandem cadit in flumen Zuha vocatum; et ibi reflectitur versus occidentem in eodem fluuio, et eundo iungit terram Burk, et ibi tenet metas cum Burk. Datum in crastino octauarum Penthecostes in villa Edelin anno Domini millesimo CC° nonagesimo nono.

(Az egri káptalannak 1406. »feria quinta proxima post festum Beati Johannis ante Portam Latinam« »Petrus filius Mathe de Saka« kérésére kiadott átiratából; a budai kir. kamarai levéltárban.)

505.

*Az esztergami káptalannak bizonyságlevele, hogy Miklós, Péter
comesnek fia Ugrócz várának eladása ellen óvást tett. 1299.*

Nos Capitulum Ecclesie Strigoniensis damus pro memoria, quod Nicolaus filius Comitis Petri filij Baas de My-
kula ad nostram personaliter accedens presenciam sua nobis
protestacione et querimonia puplice demonstrauit, quod Magister Matheus Palatinus filius — — — primum prenominatum
Comitem Petrum patrem suum ad uendendum sibi Castrum
eorum Vgrogh vocatum, simul cum possessionibus ad idem
Castrum pertinentibus vniuersis in Comitatu de Trynchun
existentibus, et nunc ipsum Nicolaum, vt precedens vendicio
sui patris per ipsius confessionem snbsequentem maiori sub-
nixa fundatur firmitate, minis et terroribus, que cadere possent in constantem, coegisset; et tam idem Nicolaus nunc
ad presens, quam predictus Comes Petrus pater eius, primum huiusmodi minis et metu mortis per eundem Matheum Palatinum coacti premissas possessiones et Castrum
vendidisse fuissent confessi et eciam confiteantur; licet alias
nullo modo fuissent vendituri. Vnde prenominatus Nicolaus,
ne ipsius et patris sui prefati ius et iusticia sub silencio
possit ocultari, super huiusmodi sua protestacione nostras
litteras presentes a nobis petit sibi dari. Datum feria quarta
proxima post quindenas Penthecostes anno Domini M°CC°
nonagesimo septimo.

(Az esztergami káptalannak 1344. »in vigilia Beati Laurencij martiris« »Andreas de Mikula« kérésére kiadott átiratából; a budai kir.
kamarai levéltárban.)

506.

Az esztergami káptalannak bizonyságlevele, hogy Péter comes és fia Miklós Ugrócz várát eladták Máté nádornak. 1299.

A   B   C

Universis Christi fidelibus presentes litteras inspecturis Capitulum Ecclesie Strigoniensis salutem in Domino sempiternam. Ad vniuersorum noticiam tenore presencium volumus peruenire, quod nobiles viri Comes Petrus filius quondam Magistri Baas, et Nicolaus filius eius ab una parte; et nobilis vir Comes Petrus filius Zubuzlay de genere Ludan vice et nomine nobilis et honesti viri Mathey Palatini Comitis Posoniensis cum sufficienti procuratorio ab altera, ad nostram accedentes presenciam; idem Nicolaus filius ipsius Petri Comitis presente eodem patre suo quoddam Castrum suum Vgroyg uocatum, cum possessionibus et terris ac alijs iuribus suis vniuersis, ad ipsum Castrum pertinentibus se confessus est uendidisse Matheo Comiti Palatino, et per eum suis heredibus heredumque suorum successoribus; prout idem Petrus Comes pater eius mediantibus nostris et Capituli Nytriensis litteris, pro quadam quantitate pecunie eidem vendidisset perpetuo et irreuocabiliter possidendum, sub eisdem penis et obligacionibus, quibus prenotatus Comes Petrus pater eius in facto uendicionis dicti Castri eidem Matheo Palatino nostris in prefatis litteris se dinoscitur obligasse. In cuius rei memoriam et perpetuam firmitatem presentes ad peticionem et instanciam ipsarum parcium concessimus litteras sigilli nostri munimine consignatas. Datum per manus discreti viri Magistri Cypriani Lectoris Strigoniensis, feria tercia ante festum Beati Laurencij martiris anno Domini M° CC° nonagesimo septimo.

(Eredetie bőrhártyán, melyről a pecsét vörös-zöld selyemzsinóron függ; a budai kir. kamarai levéltárban. V. ö. Fejér Cod. Dipl. VII. köt. 3. r. 108. lap)

As egri káptalannak bizonyságlevele, hogy Miklós Iriszlónak fia és érdektársai Morguna birtokukat eladták Aba nemzetségbeli Péter comesnek. 1299.

Omnibus Christi fidelibus tam presentibus quam futuris presens scriptum inspecturis Capitulum Ecclesie Agriensis salutem in omnium saluatore. Ad vniuersorum noticiam tenore presencium volumus peruenire : quod Nycolao filio Irizlai ; item Melk, Ladizlao et Jacobo filijs Nused, qui pro se et pro Petro ac Stephano fratribus eorum comparuerunt ex vna parte ; ab altera vero Comite Petro filio Georgij de genere Aba coram nobis personaliter constitutis ; prefati Nycolaus et filij sui proposuerunt viua voce, quod quamdam terram eorum aquisitam Morguna vocatam in Comitatu de Sarus existentem ad se solos spectantem, cum vniuersis vtilitatibus et pertinencijs suis, sub eisdem certis metis et antiquis, quibus ipsi possederunt, vendidissent et tradidissent eydem Comiti Petro pro ducentis marcis argenti plene receptis ab eodem, sibi et suis heredibus, heredumque suorum successoribus perpetuo possidendam et habendam. Et Magister Dyonisius vterinus frater ipsius Nycolai pro se et pro Jacobo filio suo, item Synka filius Thome commetaneus eiusdem terre coram nobis personaliter constituti huic vendicioni et empcioni plenum consensum prebuerunt et assensum. Insuper obligauerunt se dicti Nycolaus et filii sui, ac predictos fratres eorundem, et heredes suos, predictum Comitem Petrum et heredes eiusdem vniuersos ab omnibus racione eiusdem terre inpetere nitentibus, preter Omodeum Palatinum, defendere et expedire proprijs laboribus eorum et expensis. In cuius rey testimonium ad instanciam parcium presentes contulimus sigilli nostri munimine roboratas. Presentibus tamen Magistro Johanne Lectore, Mykou Custode Bernaldo de Sumbun, Symone Noui Castri, Alberto de Borsua Archidiaconis, et aliis multis ; anno Domini M·CC· nonagesimo nono. Regnante Andrea illustri Rege Hungarie; Gregorio Electo Strigoniensi, Johanne Archiepiscopo Colocensi ; et domino nostro venerabili patre Andrea Dei gracia Episcopo Agriensi existentibus.

A   B   C

(Eredetie bőrhártyán, melynek barna-zöld selyemzsinóron függött pecsétje elveszett ; a budai kir. kamarai levéltárban.)

503.

A pécsi káptalannak bizonyságlevele Győri nemzetségbeli Konrád mesternek óvásáról Miklós mester, Lőrincz egykori nádornak fia ellen, ki Kopács nevű örökbirtokát elfoglalta. 1299.

Nos Capitulum Quinqueecclesiense memorie commendamus per presentes, quod nobil(is uir Magister) Corrardus de genere Yeur personaliter in nostram presenciam accedendo per modum protestacionis nobis (proposuit) : quod quandam terram suam hereditariam Kopach uocatam · in. Comitatu de Barana situatam uel existentem in eo loco, ubi fluius Draue cadit in Danubium, et in quo est ecclesia in honorem Sancti Sygismundy Regis, cum pisscina sua eciam Kopach uocata, et cum alijs piscinis existentibus in eadem terra, et cum ceteris omnibus utilitatibus suis, Magister Nicolaus filius Comitis Laurencij quondam Palatini a multis diebus et annis detineret indebite occupatam in preiudicium et grauamen et non modicum dampnum eiusdem Magistri Corrardy, prout eciam ipse Magister Carrardus hec premissa per homines suos nobis denuncians frequenter fuit protestatus. Datum in octauis Passce Domini anno eiusdem millesimo CC· nonagesimo nono.

(Eredetie bőrhártyán, a pecsét elveszett ; a mélt. báró Révay család levéltárában.)

A pécsi káptalannak idézési jelentése III. Endre királyhoz.
1299.

Excellentisimo domino suo Andree Dei gracia Regi Vngarie Capitulum Quinqueecclesiense oraciones in Domino. Receptis litteris Comitis Stephani Viceindicis Curie vestre, cum Endere filio Mathey homine vestro hominem nostrum Georgium sacerdotem Ecclesie de uilla Sancte Marie de iuxta Drauam transmisimus ad citantum. Idemque homo uester cum eodem homine nostro ad nos rediens nobis dixit, quod ipse coram eodem homine nostro in crastino festiuitatis Sancte Trinitatis et sequenti die istos, scilicet Symonem et Wz filios Wz Bani de Nempthy citauit in uilla eorum Mathar vocata; villam eorum Nempthy uocatam, et uillicum ex eadem; item Moys filium Michaelis, et uillam suam Zoruosd vocatam citauit in uilla eorum Zoruos; item Magistrum Kemen Comitem de Barana, et Nicolaum fratrem suum, filios Comitis Laurencij quondam Palatini in uillis eorundem Moys et Torda uocatis citauit; item Valentinum de Peturd, et cognatum suum Philpus filium Dominici in uilla eorum Peturd uoćata; contra Johannem Magistrum, et fratres suos Philpus; Demetrium et Ladizlaum, filios Comitis Ladizlai ad vestram Presenciam, terminum uidelicet quindenam festi Natiuitatis Beati Johannis Baptiste assignando. Datum in octauis Sancte Trinitatis anno Domini millesimo CC⁰ nonagesimo nono.

Kívül: Domino Regi pro Magistro Johanne filio Comitis Ledislai et fratribus suis citatoria.

(Eredetie bőrhártyán, melyről a zárpecsét elveszett; a budai kir. kamarai levéltárban.)

———

510.

A szepesi káptalannak jelentése III. Endre királyhoz, hogy János, Miklósnak fia, Zeek nevű föld birtokában statudltatott.
1299.

Excellentissimo Domino suo Andree Dei gracia illustri Regi Hungarie Capitulum Ecclesie Sancti Martini de Scepus inclinacionem et oracionum suarum suffragia deuotarum. Excellencie uestre litteras recepimus in hec verba :

Andreas D. gr. Rex Hungarie stb. Capitulo Scepusiensi stb. (következik III. Endre királynak 1298-ki iktatási parancsa, mint fentebb 495. sz. a.)

Nos itaque Excellencie Uestre mandatis, prout tenemur, in omnibus obedire cupientes, feria tercia proxima ante octauam Beate Agnetis misimus Magistrum Cunciam Ecclesie nostre Concanonicum, coram quo Magister Elias homo uester reambulauit dictam terram in Zeek ad duo aratra sufficientem, et statuit predicto Johanni, presentibus commataneis et uicinis, nullo contradictore penitus existente. Meto uero eiusdem terre hoc ordine distinguntur : Prima meta incipit prope fluuium Channuk uocatum a parte septemtrionali in eo loco, vbi ipsa terra ad terram Saxonum de Suburbio uicinatur, et ibi est meta terrea ; deinde transito ipso fluuio per pratum tendens directe uersus meridiem vadit ad vnam arborem piri ; deinde per directam lineam uersus meridiem uadit ad montem transeundo vnam viam in ascensu ipsius montis, et ibi in monte est meta terrea, que separat ipsam terram a terra Kazmerij ; deinde descendendo de ipso monte vadit usque ad metas terre Nados, et ibi iuxta rubum est meta terrea ; deinde in metis eiusdem terre Nados tendens uersus occidentem uadit in latere cuiusdam berch vɛque ad terram Hermani, et ibi est meta terrea ; deinde super metis eiusdem terre Hermani circuit in monte, declinans uersus septemtrionem vadit ad vnam metam, que est in

supercilio ipsius montis; deinde descendit de monte directe
uersus septemtrionem tendens transita vna uia, qua itur
uersus villam Doman, vadit ad vnam metam, que est prope
ipsam viam in prato; deinde vadit usque ad ipsum fluuium
Cheunuk, et ibi iuxta fluuium est meta terrea; deinde in
eodem fluuio uadit uersus orientem in longitudine vnius
iugeris, et ibi transit ipsum fluuium, et uadit uersus septemtrionem in longitudine duorum iugerum in vno paruulo
riuulo in pratis usque ad metas filiorum Joannis (így);
deinde in eisdem metis reflectitur uersus orientem, et intrat
in vnam viam qua itur uersus Sanctum Nycolaum, in qua
tendit uersus septemtrionem in longitudine duorum iugerum;
deinde exit de illa uia, et declinat uersus orientem, et uadit
in longitudine vnius iugeris; deinde reflectitur uersus meridiem, rediens directe super ipsum fluuium Cheunuk nuncupatum, et in eodem fluuio uadit ad priorem metam, et sic
mete dicte terre terminantur. Datum in octauis Beate Agnetis
anno Domini M°CC° nonagesimo nono.

(III. Endre királynak 1299-ki adományleveléből, mint fentebb 502.
sz. a.; a budai kir. kamarai levéltárban.)

511.

*A vasvári káptalannak bizonyságlevele, hogy Choui Mochia
comes, Pál és Gothárd Chou nevű birtokukat a boldogságos
asszony borszkedi egyházának adományozták. 1299.*

A   B   C   D

Nos Capitulum Ecclesie Beati Michaelis de Castro
Ferreo notum facimus tenore presencium vniuersis, quod
Mochia Comes filius Olbir, Paulus filius Leunardi, Gothardus
filius Itemerij de Chou coram nobis constituti, ob remedium
et salutem — — — — — — — andam possessionem suam

Chou uocatam, cum pomerio et sessione sua, in qua ipse Comes Mochia residebat, contulerunt, dederunt et donauerunt Ecclesie Beate Virginis de Borsked iure perpetuo pacifice et quiete inreuocabiliter possidendam. Hoc adiecto, quod si processu temporis prefata Ecclesia racione possessionis sue sibi donate a quoquam fuerit molestata seu inquietata, ijdem Mochia Comes, Paulus et Gothardus, ac eorum heredes heredumque eorum successores tenentur ipsam Ecclesiam a molestantibus omnibus expedire proprijs laboribus et expensis. Cursus autem metarum ipsam terram circumdancium et ambiencium hoc ordine distinguntur : quod prima meta incipit iuxta aquam Burzaua vocatam, vbi sunt sex mete antique, de qua ibit ad vnam vallem, in qua currit ad partem septemtrionalem, de qua diuertit directe ad orientem, et currit per binas et binas metas vsque magnam viam, ubi coniungitur terris eiusdem Comitis Mochia Poch noncupatis ; de quibus transit ad meridiem, et currendo per magnam viam crebris metis — — — ad metas angulares, vbi copulatur terris Mochia et fratrum suorum Chou nuncupatis ; de quibus similiter per binas et binas metas ad occidentem, et in fine v — — — — subyt aquam Burzaua prescriptam, in cuius alueo redyt ad metas priores, ibique terminatur. Et ipsa possessio tota a plaga meridionali dicte Ecclesie peremnatur, ab aquilone vero Comiti Mochia et fratribus suis remanente et cedente. Preterea in terris Ablanhc uocata ad ipsam Chou pertinentibus, quoddam pratum, quod dictum est sufficere pro decem falcastris, donauit Ecclesie sepescripte. Vt igitur ipsa Ecclesia cum possessionibus sibi donatis gaudeat, gratuletur et perpetuo iure fruatur, ad instanciam et peticionem parcium presens srciptum contulimus nostro sigillo communitum. Domino Nicolao Preposito, Cozma Custode, Toma Cantore, Nicolao Decano Ecclesie nostre existentibus; anno ab Incarnacione Domini M•CC• nonagesimo nono.

(Eredetie börhártyán, a függő pecsét elveszett; a budai kir. kamarai levéltárban.)

*A zágrábi káptalannak bizonyságlevele, hogy Guerchei Wlchk
(Farkas) Merzlopole birtokát eladta Guerchei Marcolfnak és
testvéreinek. 1299.*

Nos Capitulum Ecclesie Zagrabiensis tenore presencium significamus quibus expedit vniuersis, quod constitutis
in nostri presencia ab vna parte Wlchk filio Rodik de Guerche, ab altera uero Marcolph pro se et pro fratribus suis,
scilicet Paznano et Endreych nobilibus de eadem Guerche;
idem Wlchk prenotatus confessus est, se vendidisse quandam
possessionem suam hereditariam Merzlopole uocatam eidem
Marcolph et fratribus suis supradictis, ac eorum heredibus
heredumque suorum successoribus iure perpetuo possidendam, infra consuetudinem Nobilium de Guerche ex antiquo
approbatam, pro decem et octo marcis denariorum banalium,
quas se dixit ab eisdem plenarie accepisse integrabiliter et
habere. Cuius quidem possessionis mete, prout nobis Magister
Bonora socius et concanonicus noster retulit, quem ad reambulandum dictam possessionem miseramus, taliter distinguntur : Prima videlicet meta dicte possessionis incipit in
aqua Coranicha uocata, ubi quidem riuulus Brezeouech uocatus intrat dictam aquam Corauicha; inde uadit supra per
eundem riuulum uersus orientem ad longum spacium, et peruenit sub montem vinearum, ubi intrat alter riuulus Thopo-
loueh uocatus in riuulum Brezeouech prenotatum ; inde procedit per eundem Thopolouech supra, et exit ad montem, et
uenit ad magnam viam ; et per eandem viam procedendo
adiungitur alteri vie, per quam viam itur de villa Dobrenin ad
Stenichnak ; inde flectitur per eandem viam, et tendit ad
septemtrionem ; inde obmittendo dictam viam tendit per montem uersus occidentem per longum spacium, et descendens de
monte uadit per planiciem in longo spacio, et peruenit ad
arborem tulfa cruce signatam, que stat iuxta viam ; inde ten-

dit ultra siluam, et transiens dictam siluam exit ad planiciem,
que wlgo dicitur ret, et per dictam planiciem vadit directe, et
peruenit ad aquam Coranicham superius nominatam, et ibi
commetatur terre Iheseueloque uocate; inde uadit sursum per
dictam aquam Coranicham per longum spacium, et peruenit
ad priorem metam, et sic terminatur. Astiterunt eciam vicini
et proximi commetaneique supradictorum nobilium, scilicet
emptorum et venditoris, Pezk filius Dragzini, Iuahen filius
Craymerij, Gregorius filius Dobrotch, Stephanus et Johannes
filij Icomery, Vid filius Wlkan, Wlk filius Polygrad, Bado-
laus filius Tugoray; qui omnes in nostri presencia suo consensu factam vendicionem ratificabant. In cuius rey memoriam perpetuamque firmitatem presentes contulimus litteras
nostras sigilli nostri pendentis munimine roboratas. Datum
in festo Beate Margarete virginis anno Domini M°CC° nonagesimo nono.

(Eredetie bőrhártyán, sárga-ibolyasszinű selyemzsinóron függő pecsét
alatt; a budai kir. kamarai levéltárnak Zágrábban lévő részében.)

513.

*A jászói konventnek bizonyságlevele, hogy Nempty-i Mihály a
nempty-i szöllőmívelés után járó census-ra nézve a scynai ven-
dégekkel egyezkedett. 1299.*

Nos Oliuerius filius Mathye de genere Ratholt Magister
Tauarnicorum Excellentissimi et Magnifici Principis domini
Lodouici Dei gracia illustris Regis Hungarie, et Judex Curie
domine Elyzabeth eadem gracia Regine Hungarie, eiusdem
domini Regis genitricis stb. quod nobilis domina et honesta
relicta domini Philippi quondam Palatini bone memorie, villicum et hospites de Scyna vniuersos stb. ad octauas diei stre-
narum in anno Domini M°CCC°XL° quinto ad Regie Maiesta-

tis Presenciam traxerat in causam stb. (s többszöri perhalász-
tás után, annak részéröl elöadatik) quod ipsa domina, prout
audisset et intellexisset, hospites de Scynna supradicti de suis
vineis in territorio possessionis ipsius domine Kuzepnemitry
nuncupate situatis, que quidem possessio de aua ipsius domine
sibi fuisset deuoluta, jus racione vinearum predictarum eidem
domine proueniens, vt consuetudo illarum parcium haberetur,
et alias ibi esset consuetum cum vino, vt vsque modo eidem
domine persoluissent, dare recusarent; vellet scire domina
antedicta, quid intencionis dicti hospites haberent, et si super
hoc vellent contraire stb. Quo audicto Nicolaus filius Petri de
eadem Scyna stb. pro eisdem villico et hospitibus vniuersis in
contrarium premissorum respondit eo modo, quod dicti hospites de Scyna iuxta litteratoriam ipsorum libertatem de prenotatis vineis ipsorum in territorio possessionis ipsius domine
Nemity vocate habitis et habendis; videlicet de qualibet
vinea nonnisi medium fertonem, duas tortas et vnum pullum
dare et persoluere tenerentur; sed ipsa domina contra huiusmodi ipsorum libertatem aliquibus annis transactis debitum
ipsarum vinearum cum vino extorsisset in grande iuris ipsorum derogamen. Et ibidem litteras Conuentus de Jazow in
quindenis festi Epiphaniarum Domini anno eiusdem M°CC°
nonagesimo nono petenter confectas presentasset, in quarum
serie stb. Magister Michael nobilis de Nemity ab vna, item
ciues seu hospites de Scyna parte ab altera coram ipso Conuentu constituti, per eundem Magistrum Michaelem propositum extetisset, quod ipse dictam possessionem suam vtilitatibus uolens adornare, eisdem hospitibus de Scyna et quibuslibet alijs hominibus vineas in montibus possessionis ipsius
Nemity plantare et preparare volentibus, liberam dedisset
facultatem, et reditus seu decimas ipsarum vinearum ex sui
et suorum successorum parte ipsis perpetuo relaxasset eo
modo, quod dicti hospites et quiuis alij homines vineas in territorio ipsius possessionis Nemity preparantes et habentes
omni auno ante vindemiam de singulis suis vineis prenotatis
medium fertonem, duas tortas et vnum pullum dare tenerentur; quem censum dicti hospites ministerio viue uocis singulis annis eidem Magistro Michaeli dare et soluere assumpsissent. Obligantes se et suos successores ambe partes, quod si

qua parcium hanc ordinacionem inter ipsos factam quandocunque temporis in processu retractare aut reuocare niteretur;
in facto et pena succubitus facti potencialis duelli conuinceretur ipso facto stb. (A pernek eredménye, hogy a felek akkép
egyezkedtek, miszerint a scynai vendégek a kikötött censuson
kivül egyéb teljesítéssel nem tartoznak). Datum Bude — —
— octauarum diei Cinerum anno Domini M⁰ trecentosimo
quadragesimo septimo.

(Eredetie a budai kir. kamarai levéltárban.)

<hr/>

514.

A szegszárdi konvent Archa nevű birtokának felerészét átan-
gedte nemes jobbágyainak, Illés és Ivánkának. 1299.

Nos Andreas miseracione Diuina Abbas Saxardiensis
et Conuentus loci eiusdem omnibus Christi fidelibus tam
modernis quam futuris presens scriptum inspecturis salutem
in Domino. Quum rerum gestarum recordacio sub obliuionis
cinere solet sepeliri : pulcra igitur inoleuit humani generis
consuetudo, ut ea que aguntur in tempore, litterarum testimonio confirmentur. Proinde ad vniuersorum noticiam harum
serie litterarum volumus peruenire, quod nos quandam possessionem Monasterij Sancti Saluatoris Archa vocatam, pro
debito sex marcarum, in quibus sex marcis Capitulo Albensi
pro multis judicijs tenebantur, et aliunde, de substancijs et
de bonis Ecclesie propter nostram paupertatem soluere non
poteramus, venerabili patri domino J. Dei gracia Archiepiscopo Colocensi pro dictis sex marcis pignore obligauimus,
simul cum nobilibus iobagionibus Ecclesie, assumpto namque
die, videlicet in die medij XL-me eandem possessionem
Archa vocatam a predicto venerabili patre redimere nequi-
uimus, propter inopiam Ecclesie et nostram paupertatem

Elias et Iwanca filij Wde nobiles iobagiones (Ecclesie) nostre de villa Bacha, dimidiam partem ipsius possessionis Arcba vocate a prefato venerabili patre Archiepiscopo Colocensi cum tribus marcis (propri)a eorum pecunia in dicto die medij XL-me ex nostra permissione redemerunt, et nos eandem dimidiam partem ipsius possessionis Arca uocate, per predictos Eliam et Iwancam redemptam cum omnibus utilitatibus et pertinencijs, scilicet cum aqua, loco molendini, et alijs atinencijs eisdem Elie et Iwanca, et eorum heredibus heredumue suorum successoribus reliquimus, dedimus et contulimus pro eisdem tribus marcis, ex consensu fratrum nostrorum, et voluntate omnium nobilium iobagionum Ecclesie nostre perpetuo et irreuocabiliter possidendam, tenendam pariter et habendam, nullo ex ipsis jobagionibus Ecclesie contradicente. Hoc eciam adiecto, quod sessionem circa ecclesiam Beate Virginis in alia terra nostra Zothmar uocata eisdem Elie et Iwanca concessimus et dedimus. In cuius rei memoriam et perpetuam stabilitatem seu firmitatem presentes concessimus sigillorum nostrorum munimine roboratas. Actum anno Domini M°CC° nonagesimo nono. Johanne Decano, Jacobo Custode, et ceteris fratribus fideliter in Ecclesia Dei famulantibus. Andrea filio Haragus Comite existente, alio Andrea filio Boxa similiter Curiali Comite existente; Thoma filio Oncalev, Domiano, Comite Pousa de Apa, Comite Ambrosio de Iwan iobagionibus Ecclesie existentibus, et in presenciarum astantibus.

(Eredetie börhártyán, melynek két zöld selyemzsinóron függött pecsétje elveszett; a budai kir. kamarai levéltárban.)

515.

A keresztesek székesfehérvári konventjének bizonyságlevele,
hogy Glyanus comes fehérvári polgár Lyuliában lévő földeket
elzálogosított Ugali Ivanka comesnek. 1299.

Nos Conuentus Domus Hospitalis de Alba damus pro
memoria, quod Comes Glyanus ciuis Albensis coram nobis
personaliter contitutus quandam siluam suam in Lyulia
existentem a Stephano filio Dedalus, precio, ut dixit, sibi
comparatam, simul cum terra sex iugerum iuxta eandem
siluam a parte orientali et meridionali adiacenti, et quatuordecim iugera terre contra intuitum domus sue, quam habet
in Lyulia a parte meridionali adiacencia ; item quatuor
iugera terree iuxta pratum magnum, et alia quatuor iugera
a Luka de Lyulia, ut dixit, comparata, infra vineam Dominici filij Kelemen iuxta uiam existencia ; fenetum ad quatuor
falcastra sufficiens a Petro filio Andree, et aliud fenetum
Lukuch uocatum similiter ad quatuor falcastra a Comite
Hench quondam ciue Albensi precio, sicut retulit, compara-
tum ; ac sessionem suam cum domibus in eadem existentibus ;
nec non et quandam vineam suam Nogzeulew vocatam,
confessus est Comiti Iuance de Vgal a festo Sancti
Georgij nunc post data presencium proxima venturum,
vsque ad reuolucionem eiusdem festi pro quatuordecim
marcis partim in denarijs, partim in condigna estimacione
ab eodem receptis pignore obligasse pacto tali siue pena
interposita : quod si in predicta reuolucione festi Sancti
Georgij ipse Comes Glyanus redimere non curaret uel non
posset modo prehabito ; duplum ipsarum quatuordecim marcarum incurreret eo facto. Se nichilominus obligando, quod
medio tempore, quamdiu redimere posset, ipsum Comitem
Iwanka super premissis suis impignoracionibus ab omnibus
impetitoribus expedire et tueri proprijs teneretur laboribus et

expensis. Datum feria quinta proxima ante dominicam Letare anno Domini millesimo CC° nonagesimo nono.

(Eredetie bőrhártyán, a zárpecsétnek nyoma látszik még; a főmélt. herczeg Batthyáni család levéltárában.)

516.

Roldnd nádornak végrehajtási parancsa az erdélyfehérvári káptalanhoz Miklós, István mesternek fia ellen. ~~1293. körül.~~
1297. nov. 6

Viris discretis et honestis amicis suis Reuerendis Capitulo Albensis Ecclesie de Partibus Transsiluanis R. Palatinus et Judex Comanorum amiciciam paratam. Noueritis quod cum Nicolaus filius Magistri St. filij Erney pro suis euidentissimis nocumentis Magistro Briccio filio Andree de Bator irrogatis sit conuictus contra eundem in possessionibus suis dampnandus, in nostras tanquam iudicis et ipsius Comitis Briccij tanquam actoris manus iuxta Regni consuetudinem deuolutis. Quocirca amiciam uestram requirimus diligenter, quatenus detis hominem uestrum pro testimonio fidedignum, coram quo Petrus de Periche homo noster accedat super faciem eiusdem possessionis ipsius Nicolay Merk wocate in Comitatu de Zathmar existentis, et eandem conuocatis commetaneis et uicinis reambulando per ueteres metas cum suis utilitatibus omnibus pro dampnis et iniurijs eidem Comiti Briccio illatis statuat ipsi Comiti Briccio tanquam actori, nobis uero tanquam iudicy possidendam, si non fuerit contradictum, contradictoribus uero si qui fuerint contra ipsum Comitem Briccium ad nostram euoctis presenciam ad terminum compitentem, (et) post hec diem citacionis et terminum assignatum, ac nomina contradictorum cum serie tocius facti

nobis rescribatis. Datum in Zalach quinto die Omnium
Sanctorum.

K i v ü l : Capitulo Albensi de Partibus Transsiluania.

(Eredetie bőrhártyán, a zárpecsét elveszett ; a budai kir. kamarai
levéltárban.)

517.

III. Endre király megerősíti IV. Béla és V. István királyoknak Vajszló helységenek adományát tárgyazó okmányait a nyúlszigeti apáczazárda számára. 1300.

(N)os Nicolaus de Gara Regni Hungarie Palatinus et
Judex Comanorum stb. quod in Congregacione Generali Magnifici domini Nicolai Konth olym similiter dicti Regni Hungarie Palatini Vniuersitati Nobilium Comitatus de Baranya
feria secunda, videlicet in festo Beati Mathei Apostoli et
Ewangeliste anno Domini M·CCC° septuagesimo preterito
prope villam Nogfalu per ipsum celebrata, Jacobus filius Nicolai de Nempty stb. (Vayzlo helység ügyében a) religiose
domine Sanctimoniales de Insula Leporum (ellen pert indítván, ezen tárgyban a fentebbi 431. szám szerint a két fél
előmutatja okmányait; s névszerint az alperes részéről fel-
mutatott okmányok közt) : Ex continencia quarte littere
vtputa eiusdem domini Andree Regis priuilegialium anno
Christi M°CCC°, octauo kalendas Junij, Regni autem sui decimo exorte, ipsum dominum Andream Regem ad peticiones
fratrum Mychaelis et Johannis procuratorum memoratarum
religiosarum dominarum prescriptas litteras prefati domini
Stephani Regis iam dictas litteras patentes prelibati domini
Bele Regis verbaliter in se confirmantes, et suas patentes,
non abrasas, non cancellatas, nec in aliqua sui parte vioiatas
de uerbo ad uerbum prescripto suo priuilegio iusertas appro-

basse, ratificasse et eiusdem priuilegij sui patrocinio mediante communisse inuenimus seriose stb. Datum Bude octuagesimo die octauarum festi Beati Georgij martiris anno Domini millesimo trecentesimo octuagesimo quarto.

(Eredetie a budai kir. kamarai levéltárban. IV. Béla királynak 1267-ki okmányát lásd Okmánytárunk XI. vagyis a harmadik folyam I. részében 569. l.; V. István király megerősítő okmányát pedig a jelen kötetben fentebb 82. l.)

518.

III. Endre király megerősít bizonyos birtokcserét Aba és Ábrahám comesek közt. 1230.

Andreas Dei gracia Hungarie, Dalmacie, Croacie, Rame, Seruie, Gallicie, Lodomerie, Cumanie Bulgarieque Rex vniuersis Christi fidelibus tam presentibus quam futuris presens scriptum intuentibus salutem in Domino sempiternam. Ad uniuersorum noticiam harum serie uolumus peruenire: quod Comes Aba filius Comitis Aba ad nostram accedens presenciam exhibuit nobis priuilegium Capituli Nytriensis super concambio seu contractu inter ipsum et Comitem Abram rufum habito confectum; petens cum instancia, vt idem priuilegium ratificare, et nostro dignaremur priuilegio confirmare. Cuius quidem priuilegij tenor talis est:

Uniuersis Christi fidelibus stb. Capitulum Ecclesie Nitriensis stb. (következik a nyitrai káptalannak 1297-ki bizonyságlevele, mint fentebb 489. sz. a.)

Nos itaque iustis et legitimis peticionibus eiusdem Comitis Aba fauorabiliter inclinati, cognoscentes easdem fore iustas et admissioni condignas, dictum priuilegium non cancellatum, non abrasum, nec in aliqua sui parte viciatum, de uerbo ad uerbum presentibus insertum, ratum habuimus et benigno confirmauimus cum fauore, auctoritate presentis scripti dupplicis sigilli nostri munimine roborantes in perpetuum valiturum. Et quia ex eisdem terris seu possessionibus quedam ad collacionem Regiam, quedam uero ad iura Reginalia pertinere dinoscuntur, permutacionem seu contractum huiusmodi inter partes fauore beniuolo fieri permisimus, et eisdem ad id ex consensu Prelatorum et omnium Baronum nostrorum ac Nobilium Regni nostri consensum prebuimus per omnia liberalem; relinquentes easdem terras Regales et Reginales ipsi Comiti Abe, et per eum suis heredibus heredumque suorum successoribus iure perpetuo et inreuocabiliter possidendas. Datum per manus discreti viri Magistri Stephani Archidyaconi de Alba Jule aule nostre ViceCancellarij dilecti et fidelis nostri; anno Domini millesimo trecentesimo, quinto kalendas Octobris, Regni autem nostri anno vndecimo.

(Eredetie bőrhártyán, melynek barna-vörös selyemzsinóron függött pecsétje elveszett; a budai kir. kamarai levéltárban.)

519.

III. Endre királynak Dornoch helységet tárgyazó adománya Péter mester székely ispán számára. 1230.

Andreas Dei gracia Hungarie, Dalmacie, Croacie, Rame, Seruie, Gallicie, Lodomerie, Cumanie Bulgarieque Rex omnibus Christi fidelibus presentem paginam inspecturis salutem in Domino sempiternam. Regie sublimitatis inmensitas omnes eos, qui sibi impendunt fideles famulatus, debet attendere, et eis, qui non tantum sui cruoris effusione, uerum eciam morte corporali Domino suo naturali obsequi non formidant. Proinde ad vniuersorum noticiam harum serie litterarum uolumus peruenire, quod Magister Petrus filius Comitis Stephani Comes Syculorum nostrorum de genere Bev dilectus et fidelis noster ad nostram accedens personaliter Presenciam

exhibuit nobis quoddam priuilegium nostrum super collacione
seu donacione possessionis Castri nostri de Posoga Dornoch
uocate confectum, in eodem Comitatu iuxta fluuium Orioa
existentis, petens a nobis humiliter et deuote, ut eidem
Magistro Petro de benignitate Regia et inspectis suorum
seruiciorum meritis, nec non sui cruoris effusione, que per
singula longum esset enarrare, hanc graciam dare sev facere
ipsi Magistro Petro dignaremur : quod dictam possessionem
Dornoch nuncupatam conferendi, donandi seu legandi cuicumque uoluerit, siue in vita aut in morte, siue viatoribus vel
Ecclesie pro remedio anime, seu proximis suis, liberam et
meram daremus facultatem. Nos siquidem deliberato consilio
Prelatorum, Baronum nostrorum ac Nobilium Regni nostri,
peticionem Magistri Petri Comitis Syculorum nostrorum in
hac parte admisimus Regaliter et liberaliter, tam pro effusione sui sanguinis, quam eciam ob meritoria sua seruicia ;
quia eciam predicta peticio ipsius Magistri Petri iusta et
condigna esse uidebatur; pro eo volentes, concedentes et
benigniter annuentes, cuicumque uoluerit, idem Magister Petrus
dictam possessionem Dornoch liberam habeat facultatem conferendi vel donandi. Et cum nos hanc graciam specialem ipsi
Magistro Petro fecissemus ; confestim in nostri preseneia idem
Magister Petrus confessus est dedisse seu contulisse consorti
sue karissime pro dote et dotalicio, ac rebus parafarnalibus,
nec non secum eciam asportatis. Ita videlicet, quod ipsa
domina similiter plenam et meram, cuipiam uoluerit, donandi
seu conferendi habeat facultatem, et si sibi placuerit, pro se
ipsa reseruare simili modo possit, seu ualeat perpetuo et irreuocabiliter pacifice et quiete possidere. Vt igitur hec nostra
specialis gracia robur optineat perpetue firmitatis, nec processu temporum possit uel valeat in irritum reuocari, presentes concessimus litteras duplicis sigilli nostri munimine roboratas. Datum per manus venerabilis patris fratris Anthonij,
Dei gracia Episcopi Chanadiensis, Aule nostre ViceCancellarij dilecti et fidelis nostri anno Domini M° trecentesimo,
quinto kalendas Nouembris, Regni autem nostri anno decimo.

(Eredetie börhártyán, vörös-zöld selyemzsinóron függő pecsét alatt;
a budai kir. kamarai levéltárnak Zágrábban lévő részében.)

A nyitrai káptalannak bizonyságlevele, hogy Mert és Konch comesek Magyar Zerench helységet eladták Buda mesternek. 1300.

Capitulum Ecclesie Nitriensis omnibus Christi fidelibus presentibus pariter et futuris presens scriptum inspecturis salutem in largitore salutis. Ad vniuersorum igitur noticiam harum serie volumus peruenire, quod Comes Mert et Nicolaus ac Johannes filij sui, item Comes Konch frater eiusdem Mert, et Paulus filius suus ab vna parte ; et Magister Buda ex altera, nobiles videlicet jobagiones Castri Posoniensis coram nobis personaliter constituti, prefati Comites Mert et Konch ac filij eorum antedicti quandam possessionem suam heredi- tariam Magyar Zerench vocatam in Comitatu Posoniensi existentem, alijs possessionibus suis in minori Posonio exi- stentibus pro se reseruatis, prefato Magistro Buda, et per eum suis heredibus heredumque suorum successoribus pro viginti quinque marcis denariorum latorum Viennensium dixerunt se vendidisse et dedisse, ac vendiderunt, dederunt et denauerunt coram nobis cum eisdem circumstancijs et vtilitatibus vniuersis, videlicet sessionibus, terris arabilibus, pratis, agris, syluis, pascuis et nemoribus, ac alijs quibus- cunque, quomodocunque censeantur, sicut per eosdem et suos auos seu progenitores eadem possessio. Magyar Zerench extitit possessa, iure perpetuo pacifice ac irreuocabiliter possidendam, tenendam pariter et habendam ; renunciantes- que ijdem Comites Mert et Konch ac filij ipsorum prefati omni iuri et omni propietati, quod vel quam in ipsa posses- sione Magyar Zerench vocata noscebantur optinere et habere, et totum jus ac vniuersum dominium dicte possessionis et vtilitatum eiusdem in ipsum Magistrum Buda transferentes et eidem donantes, nihilque sibi juris vel perpetuitatis reti- nendo vel reseruando in eadem. Datum quarto kalendas

Aprilis anno Domini millesimo trecentesimo. Magistro Farcasio Lectore Ecclesie nostre existente.

(Bajcsányi Ádám hátrahagyott kézirati gyűjteményéből.)

521.

*A pécsi káptalannak bizonyságlevele, hogy László comes azon
birtokosztályba utólag beleegyezett, melyet testvérei, Kilitnek
fiai tettek. 1300.*

Nos Capitulum Quinqueecclesiense memorie commendamus, quod Demetrius filius Comitis Ladizlai filij Clethy
coram nobis personaliter constitutus confessus est oraculo
viue uocis, ordinacionem seu composionem super facto diuisionis vniuersalis possessionis ipsorum inter Magistrum
Johannem fratrem ipsorum ab vna parte, et inter Philippum
et Ladizlaum Magistrum Concanonicum nostrum ab altera
mediantibus litteris nostris composicionalibus factam per
omnia accepisse ; quemadmodum Philippus et Magister
Ladizlaus supradicti cum eodem Magistro Johanne in absencia eiusdem Demetrij ordinauerant seu composuerant coram
nobis, prout series ordinacionis seu diuisionis parcium
vtrarumque in alijs litteris nostris exinde confectis plenius
continetur. Datum tercia feria proxima post festum Sancti
Mychaelis arcangeli anno Domini millesimo CCC°.

K i v ű l : Pro Magistro Johanne filio Comitis Ladizlai
contra Philippum, Ladizlaum et Demetrium fratres suos.

(Eredetie bőrhártyán, a zárpecsét elveszett ; a budai kir. kamarai
levéltárban.)

522.

A pozségai káptalannak bizonyságlevele, hogy Pálnak fiai Komarycha-i birtokuknak részét eladták Babathowi Marczel comesnek. 1300.

Joannes, Michael et Paulus filii alterius olim Pauli certam quandam particulam terrae suae Komarycha vocatae, cum terris Egidii filii Huntha, filiorumque Raduhna conterminantis, metalibus signis distinctam; tres item vineas, duas quippe in praedictae Komarycha, testiam vero in Garadpothoka terrarum promontoriis situatas, Comiti Marcello de Babathow, eiusdemque fratri Joanni de eadem similiter Babathow, pro 25 marcis coram Copitulo Posegano perennaliter vendunt, anno 1300. Sub Authentico.

(A budai kir. kamarai levéltár lajstromából. Az eredeti Zágrábba vitetett.)

523.

A pozsonyi káptalannak bizonyságlevele, hogy Sz. Györgyi Ábrahám Thykud nevü helységét átengedte Jakab mesternek és László comesnek. 1300.

Nos Nicolaus de Gara Regni Hungarie Palatinus et Judex Cumanorum memorie commendantes tenore presencium significamus quibus expedit vniuersis, quod in Congregacione nostra Generali Vniuersitati Nobilium Posoniensis et Mosoniensis Comitatuum feria sexta proxima ante festum Beate

Margarete Virginis prope Ciuitatem Posoniensem celebrata nobilis domina Anna vocata, filia Farcasij filij Tharo filij Ladislai filij Stephani de Alfalw alio nomine Arus, coniux vero Huanreh Teutonici de medio aliorum exurgendo, contra Petrum filium Georgij filij Jacobi filij prefati Stephani de eadem Alfalw proposuit eo modo, quomodo prefatus Petrus filius Georgij quandam possessionem Byllye vocatam Districtus Challokwz titulo empticio sibi pertinere debentem, teneret et vteretur; preterea de medietatibus possessionum Arus siue Vyfalw prescripte, ac Thykwd nominatarum, porcionibus videlicet prescripti Ladislai filij Stephani aui sui, ius suum quartale, eo quod ipsa annotato Huanreh Toutonico, homini ignobili et impossessionato nupta fuisset, cum possessione habere deberet etc. instrumenta eciam litteralia factum dicte possessionis Thycud contingencia erga prefatum Petrum filium Georgij haberentur; vnde ipsa tam prescriptam suam possessionem Byllye empticiam, quam eciam prescriptum suum ius quartale de medietatibus dictarum possessionum Thykwd et Arus siue Alfalw appellatarum possessionaria dacione mediante a dicto Petro filio Georgij rehabere, dictaque instrumenta in facto dicte possessionis Thykwd emanata pro habendis paribus eorum per eundem Petrum exbiberi vellet coram nobis. Vbi ipse Petrus filius Georgij litteras Capituli Posoniensis sabbato proximo ante dominicam Ramispalmarum anno Domini M° trecentesimo editas demonstrauit explicantes, quod constitutis coram ipso Capitulo Posoniensi Comite Abraam filio Abrae de Sancto Georgio pro se et pro fratre suo Magistro Thoma ab vna parte; et Magistro Jacobo ac Comite Ladislao de circa Homorow ab altera, idem Comes Abraam fuisset confessus viuauoce, quod ipse et filius suus quandam possessionem suam hereditariam Thykud vocatam, iuxta terras Kwze et Ilka vocatas circa Buldur existentes cum omnibus suis vtilitatibus dedisset et contulisset predictis Jacobo et Ladislao suisque heredibus pro meritorijs seruicijs eorum, que sibi multipliciter inpendissent, assumpmendo eos pacifice in eadem conseruare. Mete autem ipsius possessionis, sicut Mychael sacerdos, homo ipsius Capituli Posoniensis, et Farcasius filius Zele homo Comitis Posoniensis, qui ad hoc fuissent desti-nati, eidem Capitulo recitassent, essent tales : quod inciperet

de vna aqua Baast vocata ; iret ad lenchetarlo, que separ**
ret a terris castrensium Peten vocatis, et iret ad orientem ad
Sebeeureme, que totum pertinet ad eosdem Jacobum et Ladislaum, et separat a terris castrensium Peten vocatis; et inde
iret ad terram Jovian filij Kenez ad Fyzes ad partem meridionalem; et inde iret supra Ilkam ad Ludaser, cuius tercia pars
pertinet ad ipsos Jacobum et Ladislaum, due vero partes ad
populos de Ilka, et ibi terminaretur stb. Datum vigesimo die
Congregacionis nostre predicte in loco memorato anno Domini
millesimo quadringentesimo vigesimo primo.

(Eredetie a budai kir. kamarai levéltárban.)

524.

*A pozsonyi káptalannak bizonyságlevele, hogy Jánoki Jakab
comes és testvére Péter comes Chenkezfalva birtokuknak felré-
szét átengedték unokaöcscsüknek Iván, File fiának. 1300.*

Nos Comes Nicolaus de Zeech Judex Curie Serenissimi Principis domini Lodouici Dei gracia Regis Hungarie
Comitatusque de Turuch tenens honorem stb. quod cum
Serenissima Principissa domina Elyzabeth Regina Hungarie
Thomam filium Iwan de Chenkezfolua ob contradictoriam
inhibicionem statucionis cuiusdam particule terre Chenkez-
suria vocate legitime euocacionis modum obseruando contra
se ad octauas festi Beati Martini confessoris stb. in Regiam
Presenciam in causam attraxisset stb. Magister Demetrius
conseruator sigilli anularis dicti domini nostri Regis, et Jakus
Judex Ciuitatis Posoniensis pro eadem domina nostra Regina
stb. quasdam litteras Capituli Ecclesie Posoniensis domino
nostro Regi rescripcionales stb. nobis presentauit, in quibus
manifeste reperiebatur, quod predictus noster Rex prenomi-

·nato Capitulo Ecclesie Posoniensis firmiter precipiendo man·
dasset, quatenus ipsorum mitterent hominem pro testimonio
fidedignum, quo presente Magister Johannes dictus Nemeth
Castellanus de Zeged homo suus Regius vniuersas possessiones quolibet nomine vocatas, in quibuslibet Comitatibus
existentes, ac vineas et domos, nec non alias hereditates
condam Nicolai filij Dominici de Janok hominis sine herede
decedentis, recapere et Serenissime Principisse domine
Elyzabeth Regine genitrici sue karissime statuere deberet
stb. (ennek folytán pedig a statutio Chenkezsurya helységben »feria tercia proxima post octauas festi Beati
Mychaelis archangeli proxime preteriti« megtörténvén »Thomas filius Iuan« ellenmondott, ès perbe idéztetett). Quo audito
prefatus Thomas filius Iwan stb. quasdam litteras patentes
prenotati Capituli Ecclesie Posoniensis anno ab Incarnacione
Domini M'CCC' emanatas nostro judiciario examini presentauit, in quarum tenoribus expresse habebatur, quod constitutis personaliter coram ipso Capitulo Posoniensi Comite
Jacobo de Janok cum Comite Petro fratre suo ab vna parte,
et Iwan filio File filio sororis predictorum Jacobi et Petri ab
altera; idem Comes Jacobus presente Comite Petro fratre
suo et consenciente confessus fuisset oraculo viue uocis, quod
ipse dimidietatem possessionis sue Chenkezfolua vocate,
prout ipsum Comitem Jacobum tangeret cum omnibus vtilitatibus suis, scilicet terris arabilibus et non arabilibus, pratis
fenetis, siluis, aquis piscinis et pascuis pecorum cum pertinencijs suis vniuersis dedisset, donasset, tradidisset et contulisset predicto Iwan, et per eum suis heredibus heredumque suorum successoribus perpetuo possidendam ; et pro eo,
quia idem Iwan in multis casibus fortune, vt multipliciter
sic laudabiliter, fidelia seruicya et meritoria obsequia eidem
Comiti Juobo inpendysset indefesse, promittendo quam pluribus ipsum Iwan adiuuare. Cui eciam donacioni predictus
Comes Petrus consensum prebuisset et assensum. Obligando
se, quod quocunque processu temporum ipsum Iwan racione
prenominate possessionis vellet impetere vel vexare; extunc
idem Comes Jacobus teneretur eum expedire proprijs laboribus et expensis stb. (A peres birtok Tamás, Iván fiának oda
itéltetett). Datum in Wyssegrad sedecimo die octauarum fesit

Beati Martini confessoris predictarum, anno Domini millesimo trecentesimo quinquagesimo septimo.

(Eredetie bőrhártyán, zöld selyemzsinóron függő pecsét alatt; a
budai kir. kamarai levéltárban.)

525.

*A nagyvdradi káptalannak bizonyságlevele bizonyos birtok-
cseréről, mely Zolunai Mihály és Durug comesnek fiai közt
történt. 1300.*

Capitulum Ecclesie Waradiensis omnibus Christi fidelibus presentem paginam inspecturis salutem in omnium
saluatore. Ad vniuersorum noticiam harum serie uolumus
peruenire, quod Mychaele filio Nycolai de Zoluna de genere
Vrusur ab una parte, Laurencio et Nycolao Magistris filijs
Comitis Durug pro se et pro Durug filio Comitis Petri fratre
eorum ab altera coram nobis personaliter constitutis, idem
Mychael quasdam possessiones suas Begech et Kupch uocatas
in Comitatu de Zololch in Nyr existentes uacuas, per eundem
pro sexaginta marcis argenti ipsis filijs Comitis Durug pignori fuerant obligate : et quia eisdem sexaginta marcis
mayoris erant ualoris seu pluris precij, nec per ipsum Mychaelem redimi poterant; ideo in addimentum seu concambium
earundem ijdem filij Comitis Durug quandam possessionem
eorundem similiter hereditariam Keuruszeg uocatam, ut
dixerunt, in eodem Comitatu de Zobolch existentem, eidem
Mychaeli et posteritatibus ipsius dedisse sunt confessi perpetuo possidendam, prefatis possessionibus Begech et Kupch
appellatis ipsis filijs Comitis Durug et successoribus eorundem perpetuo donolutis. Assumpmendo se ijdem filij Comitis
Durug racione predicte possessionis per ipsos date, dictum
Mychaelem; et idem Mychael occasione possessionum per

ipsum datarum, eosdem filios Comitis Durug ab omnibus
molestare uolentibus expedire laboribus proprijs et expensis.
Datum in die Ascensionis Domini anno eiusdem M°CCC°.
Demetrio Preposito, Iwanka Lectore, Iuan Cantore, Martino
Custode Magistris existentibus.

(Eredetie börhártyán, a zöld-vörös selyemzsinóron függött pecsét
elveszett; a budai kir. kamarai levéltárban. V. ö. Fejér Cod. Dipl.
VI. köt. 2. r. 298. l.)

526.

*A vasvári káptalannak bizonyságlevele, hogy Makwai Márton
Makvai helység felerészét átengedte vejének Kuchki Miklósnak.
1300.*

Nos Capitulum Ecclesie Beati Michaelis de Castro
Ferreo notum facimus tenore presencium vniuersis, quod
Martinus filius Chama de Makwa coram nobis personaliter
constitutus dimidietatem possessionis sue Makwa uocate cum
uno loco molendini a parte filiorum Comitis Petri, dedit,
donauit et contulit Nicolao filio Jacobi de Kwohk cum filia
sua domina Jelench, quam idem Nicolaus copulauit. Walen-
tinus et Benedictus filij Petri de eadem Makwa pro se, et
pro Petro fratre eorum comparendo, Ladizlaus filius Johannis
pro se et pro Michaele fratre suo astantes commetanei
consensum prebuerunt et assensum. Quod ut ratum sit, presens scriptum contulimus nostro sigillo communitum; domino
Nicolao Preposito, Cosma Custode, Cantoria vacante, Thoma
Decano Ecclesie nostre existentibus, anno Domini M°CCC°.

(A vasvári káptalannak 1328. »in octauis Pasce« »Dominicus filius
Nicolai, et domina Jelynch consors eiusdem, filia Martini filij Chama«
kérésére kiadott átiratából; a budai királyi kamarai levéltárban.)

527.

*III. Endre királynak vizsgáltatási parancsa a váczi kápta-
lanhoz, a Basdi és Kerekgodei nemesek ellen elkövetett hatal-
maskoddsok tárgyában. 1290—1301.*

Andreas Dei gracia Rex Vngarie fidelibus suis Capitulo
Vaciensi salutem et graciam. Erdev, Petrus, St., Detricus,
Briccius filij Itemeri; Barnabas filius Johannis, Paznanus,
nobiles de Basd et Kerekgode nobis sunt confessi : quod
Macho, Paulus filij Thobie, Valentinus cum fratribus suis,
Chuta, Henricus filius Georgij, Pangracius cum fratribus
suis, Petrus, Nicolaus filij Symonis, Laurencius filius Lack, et
Ladislaus filius Petri, super domos eorum existentes in Erek-
gode manu uenissent armata, et homines destruxissent, ad
valorem centum marcarum dampnum eis intulissent, et fratrem
ipsorum Johannem nomine interfecissent; item quod Petrus
magnus Paznanum predictum insidiando in via mortaliter
uulnerasset clarn luce in foro Paztuk, cum se idem Paznanus
fuge presidio se in villam Paztuk transtulisset. Item Erden
et Petrus ac alij nobiles eciam dixerunt, quod Mathe et Paulus
ac alij complices sui ipsos in vigilia Exaltacionis Sancte
Crucis hoc anno presente circa villam Hetuwegh Waynode
insidiassent in via lite pendente, et eosdem interficere voluissent. Vnde fidelitati vestre mandamus precipiendo, quatenus
vestrum mittatis testimonium ydoneum, cuius testimonio
Nicolaus de Buchina homo noster accedat cum ipsis nobilibus et super premissis sciat, uideat et inquirat omnimodam
ueritatem, et posthec, sicut uobis ueritas constiterit, nobis
fideliter rescribatis. Datum Bude in festo Sancti Demetrij
martiris.

(Eredetie bőrhártyán, a zárpecsét elveszett ; a mélt. báró Mednyánszky
család beczkói levéltárában.)

528.

*Rafajn bánnak főben járó itélete László, Chabanka unokája
ellen. 1290—1301.*

Nos Nicolaus Regni Hungarie Palatinus et Judex Co-
manorum stb. quod Dauid filius Samuelis filij Johannis filij
Chabanka stb in quindenis festi Omnium Sanctorum in anno
Domini M°CCC° quadragesimo quarto preteritis ad nostri Judicij examen personaliter accedendo contra virum Magnificum
Thomam quondam Woyuodam Transiluanum et Comitem de
Zonuk proposuerat eo modo, quod cum ipse accepto homine
nostro, presente testimonio honorabilis Capituli Ecclesie
Agriensis, feria sexta proxima post festum Beatorum Symonis
et Jude Apostolorum tunc preteritum ad faciem quarundam
possessionariarum porcionum suarum in possessionibus
Gyungyus, Bene, Halaz, Sadan, Jenew et Aruk vocatis ipsum contingencium accedendo, easdemque per ueras et antiquas suas metas reambulando sibi statui facere nomine sui
juris uoluisset; predictus Thomas quondam Wayuoda stb.
(ellenmondott, s később ellenmonsának igazolása végett
I. Károly királynak 1327. III. kalendas Julij kelt adománylevelét mutatta fel) praui actus, illicite commissiones, et ne-
pharij infidelitatis processus Samuelis filij Johannis filij Chabanka, et Dauid fratris eiusdem, infidelium, stb. (alapján)
Et ne dictorum infidelium, presertim quondam Ladislai fratris
eorundem, posteris et heredibus processu temporum scintilla
vel alicuius calliditatis dolus resuscitandi litem vel materiam
questionis pateret, seu successores pretextu possessionum pre-
ditarum; super eo, quod primum tempore domini Andree
Regis habito processu judiciario per Ropheyn Banum filium
Nicolai diffinitiua et capitali sentencia stb. legitime fuerat
processum stb. Datum Bude vigesimo die quindenarum residencie Regalis exercitus predictarum (t. i. Epiphaniarum

Domini) anno Domini millesimo tercentesimo quadragesimo sexto.

(Eredetie a budai kir. kamarai levéltárban.)

529.

Törvénykezési határozat, melylyel az Oghuz comesnek oda ítélt eskü királyi rendelet folytán elengedtetik. Év nélkül.

Datur pro memoria, quod cum secundum continenciam litterarum nostrarum memorialium inter Comitem Oghuz filium Buzad ex una parte, et Mychalem filium Mychaelis ex altera confectarum, super facto terre Zamarfolua uocata eidem Comiti Oghuz iuramentum fuisset adiudicatum ; idem Comes Oghuz dominum Regem et suos Barrones (így) requisiuit, ut ipsum iuramentum deberemus reuocare, pro eo quod ipsam terram Zamarfolua mediantibus litteris Capituli Wesprimiensis ab eodem Mychaele comparauit. Vnde ex precepto domini Regis et suorum Baronum habita super hoc deliberacione ipsum iuramentum Oghuz duximus reuocandum ; continenciam litterarum nostrarum memorialium in alijs omnibus obseruando. Datum Albe in octauis Beati Jacobi Apostoli.

K í v ü l : Memoriales pro Comite Oghuz super reuoca-cione iuramenti.

(Eredetie bőrhártyán, a zárpecsét elveszett; a budai kir. kamarai levéltárban.)

530.

János macsói bán Conpai Domokost és Pétert ajánlja Kupsai Tamás mesternek. Év nélkül 1328-29

Johannes Banus de Machou, Comes Syrmiensis, de Wolkou, de Budrug et de Baranya karissimo compatri suo Magistro Thome filio Kupsa, et Demetrio fratri suo inclinacionem cum indissolubile vinculum (így) proximitatis ex afectu. Vestram compaternitatem requirimus reuerenter per presentes, quod Dominicum et Petrum filios Stephani dicti Conpa ad vestram peticionem specialem recipiatis, ut eciam a Domino nostro extitit preceptum, ut protegeremus. Aliud nostri gracia non facturi.

Kívül: Karissimo compatri suo Thome, et Demetrio, filijs Kupsa.

(Eredetie bőrhártyán, a pecsétnek töredéke még megvan; a budai kir. kamarai levéltárban.)

531.

Miklós bán és valkói főispán a közte s Kalmár és Bertalan közt fennforgó peres ügyet választott birák elintézésére bizza. Év nélkül. 1291. nov. 15

Nos Nicolaus Banus Comes de Wolko damus pro memoria, quod cum causa, quam in octauis Beati Andree Apostoli abebamus cum Kalmerio et Bartholomeo coram domino Rege, pari uoluntate prorogauimus ad octauas Epiphanie

Domini arbitrio Magistri J. Comitis Supruniensis et Nycolai
Palatini pro parte nostra, et Magistro F; pro parte vero
Kaymeri et Bartolomei M. Palatanus (így) arbitrabitur; et
quos partes adducerent et acceptabunt, suficiant ad arbitrium
faciendum; locus uero arbiţrij ·in foro Castri. Datum in
Wolk in die Beate virginis Katarine.

K i v ü l. Ad octauas Epiphanie Domini pro Kaimerio et
Barth olomeo.

(Ereletie bőrhártyán, a pecsét elveszett; mélt. Szalay Ágoston úr
gyüjteményében.)

532.

A pécsi káptalannak rendelete István viszlói áldozárhoz, hogy
bizonyos ügyben eljárjon. Év nélkül.

Nos Capitulum Quinqueecclesiense mandamus tibi
Stephano sacerdoti Ecclesie de Vyzlou, quatenus uadas cum
Comite Stephano filio Leonardy de Nempthy vno ex quatuor
Judicibus ad uidendum et sciendum ea super destruccione
duarum uillarum Magistri Petri facta per filium Demetrij de
Chaan, et super recepcione trecentorum porcorum a iobagio-
nibus eiusdem; postmodum veniendo ad nos nobis dicas
viua uoce. Presentes terminamus sub sigillo Notarij nostri.

K i v ü l: Stephano sacerdoti Ecclesie de Vyzlou.

(Eredetie bőrhártyán, a pecsét elveszett; a budai kir. kamarai
levéltárban.)

533.

*A zalavári konventnek bizonyságlevele, hogy Rénald és Princh,
Princh comesnek fiai, Ethuruhi Imre mesterrel törvénykezési
egyességre léptek. Év nélkül.*

Nos Conuentus Monasterij Beati Adriani de Zala damus
pro memeria, quod constituti personaliter coram nobis Reynoldus et Princh Comites, filij Comitis Princh ab una parte;
Magister Emiricus de Ethuruh personaliter pro se et Andrea
filio suo ab altera, propositum et relatum extitit per eosdem
quod super vniuersis causis, quibus iuxta tenorem litterarum
Nicolai Palatini, Capituli Vesprimiensis et Conuentus de
Churle, Magister Bartholomeus frater dictorum Reynoldi et
Princh conuictus extiterat contra Emiricum predictum et
filios ipsius preter partem judicis minus duabus in quingentis
marcis; pro quibus ijdem Emiricus et ipsuis filij in possessionem dicti Bartholomei Lyzou uocatam fuerant legitime
intromissi; pro bono pacis per reformacionem proborum
uirorum taliter concordassent : vt prefati Reynoldus et Princh
deberent soluere quindecim marcas, partim in denarijs
partim in estimacione, coram nobis Emirico et Andree predictis in terminis infrascriptis, feria sexta ante dominicam
Esto Mihi quinque marcas, in octauis medij XL-me quinque
marcas, et in octauis Pasce quinque marcas. Tali obligacione
interposita, quod si primum terminum solucionis obmiserint,
pene judicij; si secundum, pene dupli; si uero tercium,
amittent pecuniam persolutam, et pene duplici judiciorum,
quibus iam dictus Bartholomeus conuictus extiterat, subiace-
bunt Reynoldus et Princh antedicti ; facta autem finali
solucione prescripti Emiricus et Andreas omnes litteras
judiciales N. Palatini, Capituli Vesprimiensis et Conuentus
de Churle, nec non quorumlibet, numero trigintasex, quas se
habere dixerunt, dare et resignare tenentur ipsis Reynoldo et
Princh coram nobis ; quas si non redderent, judicio sexaginta

marcarum subiacerent contra Reynoldum et Princh memoratos, et omnes eedem littere pro cassis per omnia haberentur. Dicimus eciam, quod quilibet terminus solucionum nec cum litteris Regalibus, nec aliqua contradiccione seu inpeticione poterit prorogari. Datum feria sexta proxima ante dominicam Circumdederunt.

K í v ü l : Pro Reynoldo et Princh Comitibus contra Emiricum composicionales.

(Eredetie börhártyán, a zárpecsétnek töredéke még megvan; a budai kir. kamarai levéltárban.)

534.

A zalavári konventnek bizonyságlevele, hogy Miklós comes, Csák bán fiának özvegye az Oltaruch birtokában öt illető részt Ochuz comesnek eladta. Év nélkül.

Nos Conuentus de Zala damus pro memoria, quod domina relicta Comitis Nicolay filij Chak Bani ab una parte, et Ladizlaus filius Kerechen pro domino suo Comite Ochuz coram nobis personaliter astituti (így), eadem dommina porcionem suam in possione Oltaruch uocata, totam dixit se vendidisse Comiti Ochuz pro tanta pecunia, pro quanta viri probi ac discreti ad hoc procandi (így) ante proximum diem Sancti Martini afessoris (így) iusticia mediante poterunt estimare. Predictus itaque Ladizlaus pro domino suo Comite Ochuz ipsi domine persoluit quinque marcas in racionem precij possessionis memorate. At tamen omnibus occasibus postpositis in sequenti octaua Sancti Martini Comes Ochuz precium siue censum totum predicte· possessionis, pro quanto estimabitur, tenetur persoluere coram nobis domine antedicte. Et si sub aliqua fraude persoluere negligeret, amitteret pecuniam prius persolutam, et postmodum predicta domina

535.

Törvénykézési okmány a Koppan nemzetség több tagja közt.
Év nélkül.

Damus pro memoria, quod cum Andreas filius Comitis
Gregorij de Babuna pro se et Magistro Gregorio fratre suo,
Thoma et Petro filijs Nicolai cognatis suis de genere Koppan
contra Johannem filium alterius Nicolai de eadem agere
uoluisset proponendo, quod ipse maiorem porcionem haberet
in terris eorundem communibus, quam deberet, hoc idem ipso
Johanne contra eosdem ex aduerso affirmante, quod ipsa
maior porcio per patrem et alios progenitores suos sibi
remansisset; tandem predictus Gregorius pro se et alijs
cognatis suis supradictis contra eundem in ipso loco egit
coram nobis, quod dictus Johannes esset fur, latro, homicida,
fabricator monete, falsarius, et quod de patre suo sibi falsa
sigilla remansissent, et adhuc membrana cum falso sigillo in
scrinio suo nunc haberetur. Vnde decreuimus, quod quia
idem Johannes solus erat, et accio dicti Gregorij effusionem
sanguinis respicere videbatur, omnis alia lis seu accio supersedere debeat interim, donec accio contra Johannem predictum per eundem Gregorium processa nel emersa fine debito
terminetur. Johannes uero in octauis Pentecostes proxime
uenturis cognatis suis statutis super premissis contra eosdem

respóndere teneatur perhemptorie coram nobis. Datum Bade
sabbato ante dominicam Oculi Mei.

(Eredetie bőrhártyán, melynek hátán az oda nyomott pecsétnek töredéke megvan ; melt. Szalay Ágoston úr gyűjteményében.)

536.

*Törvénykezési okmány Lok nevü föld tárgyában Herrand me-
ster és a sági udvarnokok közt. Év nélkül.*

Datur pro memoria, quod cum secundum continenciam litterarum nostrarum memorialium super terra Lok
vocata inter Magistrum Herrandum ex vna parte, Chening
Comitem vduornicorum de Saag ac alios vduornicos de
eadem causa fuisset ventilata, et ipsam terram eidem
Magistro Herrando decreuissemus permanere, et in quindenis
Apostolorum Petri et Pauli super facto ipsius terre predicti
vduornici comparere debuissent, nouas metas super ipsa
terra iuxta ueteres metas eleuando presentibus Herbordo
Comite filio Osl, Jordano Comite, et testimonio Capituli
Castri Ferrei, in ipsis quindenis predicti vduornici non
comparuerunt, ut assumpserant, nec metas erexerunt, sicut
in litteris dicti Capituli uidimus contineri. Vnde decernimus, quod in quindenis Sancti Regis Stephani secundum
continenciam earundem litterarum nostrarum partes presentibus ipsis nobilibus et testimonio Capituli predicti comparebunt super terra nominata, totum factum suplentes secundum
continenciam litterarum nostrarum priorum prenotate. Et
quia in ipsis quindenis Apostolorum Petri et Pauli predicti
vduornici in ipsa terra non comparuerunt, ut assumpserant;
decernimus ipsos vduornicos in iudicio, ut cum in octauis
Beati Michaelis Archangeli coram nobis comparuerint, soluant
iudicium prenotatum, et seriem facti partes in litteris Capi-

tuli coram nobis exhibebunt. Nec in hoc pretermittimus, quod in octauis Sancti Jacobi Cristianus pro Magistro Herrando domino suo comparuit. Datum in Zalun feria·tercia ante festum Sancti Laurencij.

Kivül: Pró Magistro Herrando ad quindenas Sancti Regis.

(Eredetie bőrhártyán, a főmélt. herczeg Eszterházy család levéltárában.)

537.

Törvénykezési okmány Zemene nevü föld tárgyában Mihály, Mihálynak fia, és Oghuz comes közt. ~~Év nélkül.~~ *1275.*

Datum pro memoria, quod in quindenis Beati Michaelis Archangeli, Michael filius Michaelis, quod personaliter terminum assumpsit super facto diuisionis terre Zemene, et prohybicione terre Felfolu contra Comitem Oghuz filium Buzad, pro quo Jacobus filius Vs seruiens astitit, debet plenarie respondere. Datum iuxta Fuen in crastino Beati Jacobi Apostoli.

Kivül. Pro Comite Oghuz contra Michaelem ad quindenas Sancti Michaelis ad plenam responsionem.

(Eredetie bőrhártyán, a zárpecsét elveszett; mélt. Szalay Ágoston úr
gyüjteményében.)

588.

Törvénykezési okmány Uszldr nevű föld tárgyában a Petróczi nemesek és a nyúlszigeti apáczazárda közt. Év nélkül.

Damus pro memoria, quod causam, quam in vicesimo secundo die residencie exercitus Christoforus, Petrus frater eiusdem, ac generaciones sue, nobiles de Petrwxy, ex quibus et pro quibus ijdem Christoforus et Petrus astiterunt, contra sorores de Insula Beate Virginis, pro quibus Comes St. officialis earundem astitit, super fato terre Vzlar nocate coram nobis habebant, ad quindenam Sancti Georgij duximus prorogandam, ut in ipso termino iuxta examen iudicij domini Regis et Baronum suorum ipsa causa decidatur; quia ambe partes super facto einsdem terre exhibuerunt coram nobis priuilegia et monimenta sua, quibus inspectis non est uisum nobis, ut solus super eodem negocio iudicium faciamus; verum tamen partibus iniunximus, ut in predicta quindena Sancti Georgij ipsa priuilegia et monimenta exhibeant coram domino Rege et Barronibus occasione aliqua non obstante. Datum Bude quinto die post vicesimum secundum diem residencie exercitus.

(Eredetie börhártyán, a zárpecsét elveszett; a budai kír. kamarai levéltárban.)

539.

Törvénykezési okmány Zemeldene nevü föld tárgyában Tprud comes és Simon comes közt. Év nélkül. 1269. ↷

Damus pro niemoria, quod Comite Tprud (így) ab una parte, et Comite Symeone filio Stephani ab altera coram nobis personaliter constitutis — — — extitit per eosdem ut idem Tprud Comes quandam terram suam Zemeldene uocatam — — — — — — Comiti Symeoni uendidisset, et de precio eiusdem — — — — — — — — — — — — — — — — — — — annotato Symeoni — — — — — — — — estimacione condigna — — — — — — — — — — — — de- cime combustionis — — — — — .— — — — — foro resiliret, extunc iudicio — — — dictam terram Symeoni Comiti memorato litteris Capituli — — — — debet assignare, sicut hoc et alia premissa partes spontanea uoluntate as — — — — — — — Thamasteluk II. feria post Ascensionem Domini proxima.

(Eredetie bőrhártyán, igen megrongált állapotban, melynek pecsétje is elveszett; a budai kir. kamarai levéltárban.)

540.

Törvénykezési okmány a kalocsai érsek és testvére Kilitnek makacságból történt elmarasztalása tárgyában. Év nélkül.

278 ...

Datum pro memoria, quod a quindenis Sancti Georgij Kehedin Comes pro domino eorum Ladizlao, Philippo et Gregorio Comitibus comparuit coram nobis octo diebus contra Archiepiscopum Colocensem, et Cletum fratrem eiusdem, qui non comparuerunt, nec miserunt; vnde tenetur in iudicio, nisi se racionabiliter poterint excusare. Datum iuxta Magnam Insulam in vigilia Pentecostes.

(Eredetie bőrhártyán, a pecsét elveszett; mélt. Szalay Ágoston úr gyűjteményében.)

541.

Törvénykezési okmány Sol mester demesi prépost számára Miklós Akusnak fia ellen, bizonyos birtokiktatás elmulasztása tárgyában. Év nélkül.

Datum pro memoria, quod Boduoy de Salus jobagio Castri Zladiensis pro Magistro Sol Preposito Dymisiensi et Ocuz fratre suo coram nobis constitutus egit coram nobis constitutus egit coram nobis contra Nicolaum filium Acus dicendo, quod idem Nicolaus terram ad octo aratra sufficientem in Comirtatu Supruniensi, quam secundum tenorem litterarum nostraum memorialium statuere pro se et pro fratribus suis eisdem Sol Preposito et Ocuz fratri suo assumpserat, non statuisset.

Ad quod Stephanus de uilla Soukfelde officialis ipsius Nicolay pro eodem Nicolao astans respondit, quod idem Nicolaus ipsam terram pro eo statuere non potuisset, quia fratres sui Hohold, Videh et Dyonisius ipsum de dicta terra prohibuissent, et eciam idem paruuli Hohold et Dyonisius coram nobis constituti ipsum Nicolaum prohibuerunt dicentes, nullam possessionem eidem Nicolao alienare permitterent, donec diuisionem in possessionibus faceret cum eisdem; et petebant diuisionem a Nicolao antedicto. Nos igitur decreuimus, ut in octauis Epiphaniarum Domini dictus Nicolaus contra Magistrum Sol Prepositum et fratrem suum peremptorie debeat comparere et soluere iudicium pro eo, quia ipsa causa inter partes diucius fuit uentilata, et ipsam terram, quam pro se et fratribus suis statuere assumpserat, et non statuit; et quia id assumpserat, quod facere non potuit bono modo: compareat eciam peremptorie eodem die contra Hoholdum et Dyonisium fratres suos ad recipiendam diuisionem cum eisdem, si id consonum uidebitur equitati, ut sic ipsis partibus coram nobis constitutis de facto ipsius Prepositi et fratris sui, ac eciam de facto fratrum Nicolay iudicium fiat, prout dictauerit ordo iuris. Dicimus eciam, quod idem Nicolaus soluet alia iudicia, ad que littere fuerint presentate eodem die per Prepositum et fratrem suum antedictos. Datum in Zuhach dominica ante festum Sancti Demetrii martiris.

K í v ü l : Pro Magistro Sol Preposito Dymisiensi et Ocuz fratre suo contra Nicolaum filium Acus.

(Eredetie bőrhártyán, a két zárpecsét közül a nagyobb szétmállott, a kisebb hat sugarú csillaggal zöld viaszban megvan; mélt. Szalay Ágoston úr gyűjteményében.)

542.

Törvénykezési perbe idézés Fülöp mester és testvérei részére Opoy, Opoynak fia ellen. Év nélkül 1270 ῖén͂...ῖ

Datum pro memoria, quod in medio XL-me Opoy filius Opoy, pro quo Edemen Comes seruiens suus astitit, plenarie debet respondere coram nobis contra Philippum Magistrum, Ladizlaum, Gregorium filios Keled, pro quibus Fabianus Comes astitit, et contra Chellcum, pro quo Fylippus filius suus astitit, et ipso die idem Opoy filius Opoy expediet se de omnibus iudiciis, que predicti filii Keled et Chelleus poterunt pretendere racionabiliter. Datum Bude quarto die quindenarum Purificacionis Sancte M(arie).

Kívül: Pro Fylippo Magistro et fratribus suis et Chelleo contra Opoy filium Opoy ad medium XL-e.

(Eredetie bőrhártyán, a zárpecsét elveszett; mélt. Szalay Ágoston úr gyűjteményében.)

PÓTLÉK.

543.

Keled szlavoniai al-bánnak Mosochana nevü földet tárgyazó ítélete Junosa és Crachinus közt. 1234.

Keled Uice-Banus et Comes Zagrabiensis vniuersis ad quos presens scriptum peruenerit salutem in Domino. Nouerit omnium discrecio, quod Junosa accepto pristaldo Crachonum super quadam terra nomine Mosochana nostram traxit ad presenciam. Partibus itaque coram nobis constitutis predictus Junosa proposuit, quod Crachonus memoratam terram ui usurpasset; eam tamen sibi hereditario iure pertinere. Cumque super hoc diuersis modis hinc inde tractatum fuisset, nos cum alijs nobilibus terre, qui aderant, scilicet Petro, Jarozlao et alijs multis, probacionem indiximus hoc modo, ut ipse adhibitis secum quinque testibus idoneis, et prestito sacramento, que impetebatur sibi iustificaret. Termino itaque ad hoc deputato dictus Crachonus uiribus testimonij omnino deficiens adiudicatam sibi probacionem exhibere non potuit. Nos igitur ipsum conuictum esse decernentes inxta iuris exigenciam, sepedictum actorem misimus in possessionem terre, quam racionabiliter optauerat. Deinde pristaldum nostrum nomine Vidomer sibi dedimus, qui presentibus uicinis ipsam terram certis metarum differencijs circumquaque uallaret. Incipit enim meta ipsius terre ab aqua Mosochana, et ibi in rippa eiusdem aque est meta terrea in arboribus piri et gertanfa; inde tendit uersus meridiem per uiam que dicitur borchi; inde ad arborem tulfa, et ibi est meta terrea; inde ad arborem jelsa; inde ascendens ad montem, ubi est mete terrea; inde ad arborem tulfa; inde diuertens uersus occidentem conterminatur terre Petri Comitis; inde descendit per uallem, que dicitur Jazinne, ad aquam Mosochana; et inde per eandem aquam

uenit ad primam metam. Et ne hoc quod per nos iustis modis
diffinitum fuit, recidiue questionis scrupulo possit irritari :
nos in testimonium eiusdem facti dedimus presentem paginam nostri sigilli munimine consignatam. Acta sunt hec anno
M·CC·XXX·IIII·; Domino Colomano Rege et Duce Sclauonie, et Jula Bano existentibus.

(Eredetie bőrhártyán, a pecsét elveszett. Közölte mélt. Várady József
nyugalm. kir. udv. tanácsos úr.)

544.

Okmányi adat az egykori Zách nemzetségnek birtokviszonyairól.
1227. 1243. 1244. 1245. 1295.

1) (N)os Detricus Bubek de Pelseuch Regni Hungarie
Palatinus stb. quod cum Magister Petrus filius Georgij de
Wereb Johannem et Nicolaum filios Nicolai de Balógh, ac
Johannem, Blasium et Demetrium filios Demetrij de Harkyan
pretextu potenciarie peraracionis cuiusdam particule terre
sue ad porcionem possessionariam suam in alia Harkyan
habitam pertinentis, in presencia Comitis Nicolai de Zeech
olym Judicis Curie Regie modum legitime euocacionis obseruando in causam attraxisset stb. (mindkét fél) in facto ipsius
terre litigiose se instrumenta habere et allegare posse alle-
gando, ipsa instrumentalis exhibicio stb. (Bebek Detre nádor
előtt történt ; t. i. »dominus Symon presbiter mint a felperes
ügyvédo felmutatja a váczi káptalannak 1395-ki át író
okmányát, vagyis »litteras «) habentes in se verbaliter tenorem
quarundam litterarum Capituli Wacyensis similiter priuilegialium alphabeto intercisarum in dominica Ramispalmarum
in anno Domini millesimo ducentesimo nonagesimo quinto
(1295.) emanatarum, que · seriem et continenciam aliarum ·
litterarum eiusdem Capituli Wacyensis similiter priuilegia-

Ilum in anno Domini millesimo dqcentesimo vigeaimo septimo (1227.) confectarum per ipsum Capitulum ad mandatum condam domini Andree Regis dicti de Wenecijs in sacristia eorum reinuentarum transscribebant, nostro judiciario examini curarat exhibere; iń cuius quidàm littere iam dicti Capituli Wacyensis in dicto anno Domini millesimo ducentesimo vigesimo septimo subiecte tenore videramus contineri, quod Comes Henche filius Zacharie de Wereb ab vna, parte ab altera Cosmas, Andreas, Mikou, Torda, Irasmus, Barakon filij Tordas de genere Zaah stb. (az okmány teljes szövegét közöltük Okmánytárunk VI. vagyis a második folyam I. kötetében 445. stb. ll.) Quibus quidem litteris exhibitis prefatus procurator dicti actoris premissa per prefatos in causam attractos exhibere assumpta instrumenta exhiberi postulabat per eosdem coram nobis. Quo audito prefati Nicolaus et Johannes filij Nicolai, ac Blasius, personaliter in nostram consurgendo presenciam pro premissis exhibere assumptis instrumentis quasdam duas litteras Capituli Ecclesie Strigoniensis priuilegiales alphabeto intercisas nobis demonstrarant, quarum prima anno Domini millesimo ducentesimo quadragesimo quarto (1244.) exorta manifestarat, quod Zaah filius Wata de genere Zaah vna cum cognato suo Irasmo ad ipsius Capituli Strigoniensis accedens presenciam proposuisset, quod terram suam hereditariam Harkyan vocatam, vicinam et commetaneam terre Laurencij filij Gyure similiter Harkyan vocate ad quatuor aratra et dimidium, presente et consenciente ipso Irasmo, qui tam pro se, quam pro cognatis suis commetaneis, Falkus videlicet filio Pouka, et nepotibus Comitis Alexandri, et alijs cognatis suis, quibus interfuisset, super hoc assensum prebuisset, vendidisset Kyliano filio Augustini, et Nicolao filio Obychk pro quinque marcis sibi plenarie persolutis jure perpetuo possidendam; ita quod due partes eiusdem terre cederent Kyliano, tercia vero pars cederet Nicolao filio Obychk. Cuius quidem terre mete modo litteris in eisdem centento seriatim explicarentur. Reliqua vero earundem anno Domini millesimo ducentesimo quadragesimo quinto (1245.) exorta manifestarat, quod Laurencius filius Gyure de genere Zaah vnacum fratre suo Kazmerio filio Wgrini ad eiusdem Capituli Strigoniensis accessissent presenciam, et ex benepla.

cito eiusdem Kazmerij, qui super hoc tam ex parte sua, quam
fratrum suorum assensum prebuisset, terram ad quatuor aratra de predio suo Harkyan certis metis distinctam confessus
fuisset se vendidisse Kyllano genero suo pro quinque marcis
sibi persolutis jure perpetuo possidendam. In quorum contrarium stb. Datum in Vissegrad trigesimo die octauarum
festi Natiuitatis Beati Johannis Baptiste anno Domini millesimo quadringentcsimo.

(Eredetie a budai kir. kamarai levéltárban.)

2) Nos Karolus Dei gracia Rex Hungarie stb. quod
cum anno Dominice Incarnacionis M°CCC°XXX° feria tercia.
proxima post octauas dominice Resurreccionis aula Nostre
Regie Maiestatis nos Regem, vnacum Serenissima domina.
Regina Elizabeth filia Serenissimi Principis domini Ladislai
quondam incliti Regis Polonie consorte nostra, ac Ducibus
Layus et Andrea filijs nostris conuiuasset; Felicianus filius
Zah de genere Zah, omnium beneficiorum per ipsam Regiam
Excellenciam sibi inpensorum iumemor stb. (következik a
merénylet ismeretes elbeszélése, mely alkalommal a királyi
család »per Johannem filium Alexandri filij Chelen« védelmez-
tetett.) Cumque nos stb. predicti infelicis Feliciani filij Zah
de genere Zah vniuersas possessiones in Comitatibus Neugradiensi et Gumuriensi existentes, quocunque nomine voci-
tatas, et quolibet titulo ipsum Felicianum contingentes,
pretacto Johanni filio Alexandri, Nicolao et Jacobo fratribus
suis eorumque heredibus stb. perpetuo contulissemus; · et
Regni nostri consuetudinariam legem ab antiquo approbatam
volentes obseruare, scribendo fidelibus nostris Capitulo Ecclesie
Agriensis per Petrum filium Galli hominem nostrum Regium stb.
(a statutiót elrendelte); memoratum Capitulum Agriense in
statucione quarumdam possessionum Sumkut et Rusnsua vocatarum in dicto Comitatu Gumuryensi existencium stb. Stephanum filium Dominici dicti Bubek, Nicolaum et Johannem filios
Benedicti filij Detrici stb. (ki ellenmondott;) ad octauas medij XL-me anno Domini M°CCC°XXX° secundo contra ipsos
filios Alexandri ad Nostram Presenciam citatum fuisse scrip-

serat Nostre Maiestati stb. (Ennek folytán az ügy eldöntése
Pál comes országbíróra lévén bízva;) octauis dyei Cinerum
adnenientibus ; cum prefatus Comes Paulus Judex Curie
nostre vna cum Prelatis et Baronibus ac Nobilibus Regni ad
discussionem dicte canse Judiciario pro Tribunali consedis-
sent, pretacti filij Dominici et filij Benedicti ad suam accedentes presenciam, quoddam priuilegium gloriosi Principis domini
Belo quondam incliti Regis Hungarie nostri predecessoris
recolende memorie anno Domini M°CC°XL° tercio (1243.) sub
aurea bulla confectum, sibi demonstrarant, cuius series ipsum
dominum Belam Regem inter alias possessiones seu largifluas
suas donaciones predictam possessionem Sumkut vocatam
Comiti Dittrico caluo filio Mathei auo dictorum filiorum Dominici et filiorum Benedicti, ac Philippo fratri eiusdem Comitis Dettrici sub certis metis et limitibus in recompensacionem
fidelissimorum seruiciorum in filios filiorum corundem perpetuo tradidisse declarasset; premissam autem. possessionem
Rosusna ijdem filij Dominici et filij Benedicti intra metas in
dicto priuilegio auree bulla consignatas adiacere asseruissent.
In cuius priuilegij aurea bulla consignati contrarium ijdem
filij Alexandri filij Chelen quoddam priuilegium eiusdem domini Bele Regis anno Domini M°CC° quinquegesimo octauo
confectum, et alia priuilegia Serenissimorum Principum dominorum Stephani et Ladizlai quondam illustrium Regum Hungarie felicium recordacionum presentassent, in quibus prefatas possessiones Sumkut et Rosusna, tam per resignacionem
ipsius Comitis Detrici calui, quam per formam litis inter ipsum
Comitem Detricum caluum et filios suos, ac Lukachium filium
Philippi et fratres eiusdem ab una; item Joob Episcopum
Quinqueecclesiensem et fratres eiusdem filios prefati Zah,
patris dicti Feliciani de genere Zah parte ab altera ventilate,
per sentenciam dictorum Serenissimorum Principum dominorum Bele, Stephani et Ladizlai Regum eisdem Job Episcopo
et fratribus suis filijs Zah de genere Zah sub hys metis adiu-
dicatas extitisse idem Comes Paulus reperisset : Quod prima
meta, ut in dicto priuilegio domini Bele Regis per ipsos filios
Alexandri exhibito reperiebatur, est Sumkut, per quam separatur a terra Zahij; deinde vadit ad quendam locum, vbi
sunt tres mete veteres de terra et de lapidibus facte, et quarta

noua, per quas separatur a terra Czeryn, et a terra Peleuseuch
in parte meridionali; deinde vadit ad partem orientalem per
berch cuiusdam silue, que vocatur Kukynfeukut, et per eundem berch vadit ad quandam arborem paruam nomine tulfa,
et ibi est meta; et inde vadit ad metam de terra factam, in
qua est arbor nomine tulfa; et inde vadit ad magnam arborem que tulfa, in qua est signum crucis factum; et inde vadit
ad magnam arborem eiusdem nominis, in qua similiter est
signum crucis; deinde vadit ad quandam arborem tulfa
nomine, que est in meta terrea; et inde vadit ad aliam arborem tul, in qua est signum crucis; deinde vadit ad quendam
locum ubi sunt due mete veteres de terra facte, et tercia noua
similiter terrea; deinde vadit ad magnam arborem, que bykfa
dicitur habentem signum crucis; deinde vadit per eundem
berch ad verticem eiusdem silue Kekenfeukuth prenotate
iuxta viam Berencha, que uia est ad partem terre Rosusna, et
ibi est meta terrea, in qua est arbor magna tulfa nomine; et
inde descendit ad vallem Sceuleuskerth; deinde vadit ad
arborem tulfa super qua est signum crucis; deinde vadit ad
aliam arborem eiusdem nominis, in qua est signum crucis;
deinde vadit ad arborem eiusdem nominis crucem habentem;
deinde vadit ad duas arbores prope ad inuicem stantes signatas signo crucis; deinde vadit ad arborem tulfa similiter
signatam; deinde vadit ad arborem eiusdem nominis signum
crucis habentem; et inde descendendo ad rippam Zeuleuske-
rek, que kara dicitur, et ibi est terrea meta, in qua est arbor
magna, que dicitur gyrteanfa; et inde descendendo ad quandam aquam nomine Stinna, iuxta quam est meta terrea, in
qua est arbor gyrtyanfa; deinde vadit supra super aquam
tantum, quantum tribus vicibus trahi possit cum sagitta, et
plus, et ibi exit de aqua, et inter dictam aquam et alium fluuium nomine Rosusna est meta terrea, in qua est ykrusegerfa,
et ibidem iuxta illam aliam arborem egurfa est signum crucis,
et inter aquam Schinna et inter fluuium Rosusna vadit ad
aquilonem per quandam siluam nyresligeth; deinde vadit ad
arborem tulfa signum habentem; et inde vadit per medium
eiusdem nyresligeth ad metam terream, et in eodem nyresligeth vadit ad arborem nyrfa nomine signatam; deinde vadit
inter easdem aquas ad vnum berch, iuxta viam Chytniky, et

ibi est meta terrea, in qua est arbor parua tulfa in dextra parte illius vie; et inde vadit per eundem berch ad arborem signatam, et in eundo prope villam Thoplicha est meta terrea, in qua est magna arbor tulfa; et inde descendendo ad villam predictam est magna arbor tulfa nomine signum crucis habens (Igy), et adhuc propius vadit ad villam Thoplicha, et in dextra parte vnius vie est meta terrea, in qua est arbor tulfa parua; et inde incipit ire per eundem berch, et vadit ad montem, qui est supra villam Thoplicha, et ibi est meta terrea; et inde vadit ad vnam arborem tulgh signatam; et inde vadit ad montem Guerbench nomine, cuius montis pars sinistra est terra Rosusna, et est ibi meta terrea; et inde vadit ad quandam arborem tulfa signatam; dĕinde vadit per berch eiusdem montis ad tulfa in qua est signum crucis; et deinde ad aliam arborem tulg signatam; deinde ad terciam arborem tulgh; et deinde ad quartam arborem similiter signum crucis habentem, ad quam prope est vna meta antiqua de terra, et alia noua similiter, et ille mete sunt in inferiori parte Chytnuk, et iuxta illas signum crucis in magna arbore tulfa; deinde protenditur ad arborem tulfa, in qua est signum crucis; et inde ad aliam arborem signatam; deinde vadit ad duas arbores prope ad inuicem stantes, que dicuntur tulfa signum crucis habentes; deinde vadit ad duas metas terreas, et prope illas in quadam arbore tulfa est signum crucis, et sinistra pars illius berch pertinet ad terram Rosusna; et inde vadit ad duas arbores, que dicuntur tulgfa, in quibus est signum crucis; et inde vadit ad vnam magnam arborem tulgh signatam; et inde vadit supra Chytnyk, et ibi est meta terrea, in qua est arbor parua nomine tulfa harumykru; et inde vadit ad arborem tulgh signatam; deinde vadit ad aliam arborem consimiliter; deinde ad terciam arborem eiusdem nominis signatam cruce; et inde vadit recte supra villam Chytnyk, et ibi est meta terrea, in qua est arbor parua tulfa, prope quam in duabus arboribus tulfa est signum crucis; et deinde vadit ad vnam arborem tulgh signatam; et deinde ad aliam arborem tulgh similiter signatam; deinde ad terciam arborem consimilem et signatam; deinde vadit ad quartam arborem eiusdam nominis consignatam; et inde vadit ad quintam arborem consimilem similiter consignatam; deinde vadit ad quandam lutosam aquam, que dicitur caput Custatonpotoka, et ibi est meta terrea, in qua est magna arbor nomine hasfa, et in eadem est signum crucis; deinde vadit ad duas cruces, quarum vna est in hasfa et alia in tulfa; et inde vadit ad vnam arborem tulg signum crucis habentem; et inde vadit recte ad introitum vnius silue, que dicitur feneuerdeu, et ibi in tribus arboribus sunt cruces, et prope ad illas arborcs est meta de terra et de lapidibus facta, in qua est arbor magna tulfa signata; deinde per eandem feneuerdeu vadit ad uallem per metas veteres et nouas et arborcs signum crucis habentes; et de valle per vnum berch uadit ad montem Ruda per metas veteres et nouas, et per arbores signo crucis consignatas; cuius montis sinistra pars pertinet ad terram Rosusna predictam; et deinde vadit ad vnum liget, cuius pars pertinet ad Rosusna; deinde vadit ad occidentem per magnam viam ad villam Petri filij Elye Thoplicha nomine per metas veteres ad vnam arborem bykfa nomine signum crucis habentem; deinde vadit per metas super quendam montem nomine Wylhaittuk, per quas metas separatur terra Rosusna a quadam terra, que uocatur Pulgla; et deinde procedendo reuertitur ad predictum locum Sumkut ad primam metam, et ibi terminatur stb. Datum in Wysegrad sextodecimo die octauarum dyei Cinerum anno Domini M°CCC°XXX° sexto.

(I. Lajos királynak 1354-ki és 1365-ki megerősítő privileginmaiból; a budai kir. kamarai levéltárban.)

Lightning Source UK Ltd.
Milton Keynes UK
UKHW021946191118
332601UK00022B/1865/P